suhrkamp taschenbuch
wissenschaft 2184

Die in diesem Band versammelten Aufsätze verbinden zwei Behauptungen. Die erste ist, dass die begrifflichen Neuerungen, die die großen Figuren der deutschen philosophischen Tradition, allen voran Kant und Hegel, entwickelt haben – Begriffe wie Selbstbewusstsein, Freiheit, Subjektivität, Logik, Geist und philosophische Methode –, nach wie vor von herausragendem philosophischem Interesse sind, also keineswegs als bloß historische Bestände betrachtet werden dürfen. Die zweite Behauptung lautet, dass eine Reihe klassischer Deutungen dieser Begriffe weder deren Radikalität noch deren philosophisches Potenzial in den Blick bekommt. Dieses Manko präzise zu benennen und zu beheben – und dabei die Aktualität des Deutschen Idealismus zu belegen –, ist das Ziel dieses Bandes.

Robert B. Pippin ist Professor für Philosophie an der Universität Chicago sowie Mitglied des dortigen Committee on Social Thought. Im Suhrkamp Verlag erschien zuletzt: *Kunst als Philosophie. Hegel und die moderne Bildkunst* (2012).

Robert B. Pippin

Die Aktualität des Deutschen Idealismus

Suhrkamp

FAGI

FORSCHUNGSKOLLEG
ANALYTIC GERMAN IDEALISM

Bibliografische Information der Deutschen Nationalbibliothek
Die Deutsche Nationalbibliothek verzeichnet diese Publikation
in der Deutschen Nationalbibliografie;
detaillierte bibliografische Daten sind im Internet
über http://dnb.d-nb.de abrufbar.

suhrkamp taschenbuch wissenschaft 2184
Erste Auflage 2016

Umschlag nach Entwürfen
von Willy Fleckhaus und Rolf Staudt
Druck: Druckhaus Nomos, Sinzheim
Printed in Germany
ISBN 978-3-518-29784-1

Inhalt

Analytischer Deutscher Idealismus Vorwort zur Buchreihe von *James Conant und Andrea Kern* 7

Die Aktualität des Deutschen Idealismus

Einleitung 13

I. Vernunft und Subjektivität

1. Die Form der Vernunft 27
2. Über Selbstgesetzgebung 52
3. Die Freiheit als Schicksal: Verwirklichung und Geschichte bei Hegel 85
4. Moralität: Die subjektive Seite der Sittlichkeit? 97
5. Zu Hegels Behauptung, Selbstbewusstsein sei »Begierde überhaupt« 114
6. Hegel über die politische Bedeutung kollektiver Selbsttäuschung 138

II. Logik und Subjektivität

7. Logik und Metaphysik Hegels ›Reich der Schatten‹ 163
8. Die Logik der Negation bei Hegel 191
9. Eine Logik der Erfahrung? Über Hegels *Phänomenologie des Geistes* 220
10. Brandoms Hegel 245
11. McDowells Idealisten 290

III. Moderne und Subjektivität

12. Der Status der Literatur in Hegels *Phänomenologie des Geistes* 329
13. Ästhetik ohne Ästhetik Zu Hegels Philosophie der Kunst 350

14. Selbstüberwindung, Versöhnung und
Modernität bei Nietzsche und Hegel 383
15. Zurück zu Hegel?
Slavoj Žižek: *Weniger als nichts. Hegel und der Schatten des dialektischen Materialismus* 403

Textnachweise 437
Namenregister 439

James Conant und Andrea Kern

Analytischer Deutscher Idealismus
Vorwort zur Buchreihe

Die Philosophie des Deutschen Idealismus – und damit meinen wir die Philosophie von Kant bis Hegel – scheint vielen durch die analytische Philosophie überholt. Nicht selten wird sie als Gegenprojekt zu dieser Tradition der Philosophie verstanden. Mit der Buchreihe »Analytischer Deutscher Idealismus« wollen wir sichtbar machen, dass die Philosophie des Deutschen Idealismus keinen Gegensatz zur analytischen Philosophie darstellt, sondern umgekehrt ihr Maßstab und Fluchtpunkt ist.

Die Reihe antwortet auf eine intellektuelle und gesellschaftliche Herausforderung, die durch die Renaissance des Naturalismus in den Wissenschaften erneut ins Zentrum der Aufmerksamkeit gerückt ist. Sie liegt in der für uns grundlegenden Frage, wie wir es verstehen können, dass wir geistbegabte Tiere sind, die einerseits das, was sie tun, aus Freiheit tun, deren Leben aber andererseits durch Gesetzmäßigkeiten bestimmt ist, die sie nicht selbst hervorgebracht haben. Es ist offenkundig, dass man diese Frage nicht beantworten kann, indem man ihre eine Seite – die Freiheit des Menschen – leugnet. Eine Naturalisierung des Geistes, die leugnet, dass all das, was das menschliche Leben ausmacht – Denken, Sprechen, Handeln, soziale Institutionen, religiöser Glaube, politische Ordnungen, Kunstwerke etc. –, Gegenstände sind, die, um mit Kant zu sprechen, dem Reich der Freiheit angehören, löst das Problem nicht, sondern kapituliert vor ihm. Doch auch wenn jeder sieht, dass diese Leugnung, die der Szientismus unablässig predigt, nicht das Resultat einer Erkenntnis sein kann, sondern vielmehr Ausdruck einer intellektuellen Hilflosigkeit ist, führt uns diese Reaktion ebenso vor Augen, dass die Frage nach der Einheit von Geist und Natur eine echte Frage ist, bei deren Beantwortung unser Selbstverständnis als geistige Wesen auf dem Spiel steht.

Die beschriebene Situation ist indes nicht neu. Blicken wir ins 18. Jahrhundert zurück, erkennen wir eine ähnliche intellektuelle Lage. Auch damals war es der Fortschritt der modernen Naturwissenschaften, der unser Selbstverständnis als geistbegabte Tiere herausgefordert hat. Der Deutsche Idealismus antwortet auf diese Herausforderung, indem er die Philosophie explizit durch die Frage nach der Einheit von Geist und Natur definiert. Im Angesicht der modernen Naturwissenschaft ringt die Philosophie von Kant bis Hegel darum, die zwei Seiten des Menschen zusammenzubringen: dass er ein Tier ist und doch ein geistiges Wesen, dass er Natur ist und doch Gesetzen unterliegt, die von anderer Art sind als die Gesetze der Natur: Gesetzen der Freiheit. Die Philosophie des Deutschen Idealismus ist von dem Bewusstsein durchdrungen, dass das Begreifen dieses Verhältnisses – des Verhältnisses von Geist und Natur, wie Hegel es zu Anfang seiner *Enzyklopädie der philosophischen Wissenschaften* formuliert – die bestimmende Aufgabe der Philosophie ist. Wenn wir daher mit der Buchreihe »Analytischer Deutscher Idealismus« die Philosophie des Deutschen Idealismus stärken wollen, dann weil wir meinen, dass der Deutsche Idealismus für die intellektuelle Herausforderung, der wir uns gegenübersehen, die maßgebliche Orientierung ist. Der Deutsche Idealismus liegt nicht hinter uns, sondern vor uns. Damit meinen wir, dass die Art und Weise, wie der Deutsche Idealismus seine grundlegenden Begriffe und Ideen, allen voran die Begriffe der Freiheit, der Vernunft und der Selbstbestimmung, entwickelt und artikuliert, dem gegenwärtigen philosophischen Bewusstsein vielfach unbekannt und verstellt ist. Das liegt teilweise daran, wie die Philosophie in Westdeutschland nach 1945 mit diesem philosophischen Erbe umgegangen ist. Sie hat ihre durch den Nationalsozialismus verursachte Verstümmelung viel zu wenig als solche erfasst und zu heilen gesucht. Damit hat sie sich in eine Lage gebracht, in der sie aus sich heraus nicht mehr die Mittel schöpfen konnte, um die Begriffe und Ideen, in denen sie zu Recht ihre Bedeutung sah, so zu artikulieren, dass sie als Maßstab der systematischen Arbeit erscheinen konnten. Für einen großen Teil der Jüngeren wurde dieser Maßstab stattdessen die analytische Philosophie angloamerikanischer Prägung.

So wichtig diese Erneuerung der Philosophie war, so entstand dadurch doch der falsche Eindruck, die analytische Philosophie und die Philosophie des Deutschen Idealismus seien Gegensätze, nämlich Orientierungen und Vorgehensweisen, die nicht nur nichts miteinander zu tun haben, sondern einander ausschließen. Die Bücher dieser Reihe möchten darum auch sichtbar machen, dass der Deutsche Idealismus von Kant bis Hegel nicht nur kein

Gegensatz zur analytischen Philosophie ist, sondern eine Form, und zwar eine maßgebliche Form, der analytischen Philosophie. Der Deutsche Idealismus, als analytische Philosophie, ist eine Reflexion auf elementare Formen des Denkens und damit auf die Quelle unserer grundlegenden Begriffe, die diese Begriffe zugleich als notwendig ausweist. Philosophie ist, so sagt es Hegel, der Versuch, das Denken aus sich selbst zu begreifen. Sie ist ein Begreifen des Denkens, das von keinen »Voraussetzungen und Versicherungen« abhängt, wie er sagt, eine radikal voraussetzungslose Untersuchung der Voraussetzungen des Denkens. Darin liegt der gemeinsame Zug der Philosophie des Deutschen Idealismus: dass die Begriffe, die sie durcharbeitet, von nirgendwo her – von keiner Wissenschaft und keinem Common Sense – übernommen werden, sondern diese Begriffe nur so weit verwendet werden, wie sie als notwendig für das Denken erkannt werden. Diese Einsicht, dass die Philosophie ihre Begriffe nur aus dem Denken selbst nehmen kann, macht den radikalen Anspruch des Deutschen Idealismus aus. Und so ist die Idee der analytischen Philosophie, die Idee der Philosophie als logischer Analyse der grundlegenden Formen des Denkens und der Aussage, nirgends so streng durchgeführt worden wie im Deutschen Idealismus.

Unter dem Label »Analytischer Deutscher Idealismus« versammelt die Buchreihe Texte und Bücher, die auf exemplarische Weise Philosophie als analytische Aufklärung verstehen, im Geist und mit den Begriffen des Deutschen Idealismus. Die analytische Philosophie kommt erst da zu sich selbst, wo sie sich nicht von der idealistischen Philosophie abwendet, sondern auf diese ausgerichtet ist: in ihren Grundbegriffen und in der Radikalität ihrer Methode. Das mag manchen als provokante These anmuten, doch es gibt viele Beispiele, die ihr entsprechen. Gottlob Freges *Begriffsschrift*, die vielen als Gründungsdokument der analytischen Philosophie gilt, ist kein Gegenprojekt zum Deutschen Idealismus, sondern eine Weiterführung der kritischen Philosophie Kants. Und wenn wir uns zwei andere große Werke der analytischen Philosophie vergegenwärtigen, Wilfrid Sellars' *Empiricism and the Philosophy of Mind* (dt.: *Der Empirismus und die Philosophie des Geistes*) und Peter Strawsons *The Bounds of Sense* (dt.: *Die Grenzen des Sinns*), sehen wir, dass sich die herausragenden Repräsentanten der analytischen Philosophie niemals vom Deutschen Idealismus abgewendet, sondern stets dessen Nähe gesucht haben. Das offizielle Selbstverständnis der analytischen Philosophie, in dem sie sich dem Empirismus verschreibt und sich damit dem Deutschen Idealismus entgegensetzt, ist ein Selbstmissverständnis. Der Empirismus, der sich für aufgeklärt hält, weil er die empirischen Wissenschaften zum Maß der Erkenntnis erklärt, ist in Wahrheit der Widersacher der analytischen Philosophie, nämlich der radikalen, der grundlegenden Analyse der Formen unseres Denkens und Verstehens. Soweit der Empirismus die analytische Philosophie dominiert, verdeckt er deren eigentliche Orientierung, die dieselbe ist wie die des Deutschen Idealismus.

Der vorliegende Band von Robert B. Pippin, *Die Aktualität des Deutschen Idealismus,* ist der dritte Band dieser Buchreihe, an deren vorangehende Bände, *Wiedererinnerter Idealismus* von Robert B. Brandom und *Die Welt im Blick* von John McDowell, er nahtlos und kommentierend anschließt. Robert B. Pippin ist Professor für Philosophie an der Universität Chicago sowie Mitglied des dortigen Committee on Social Thought. In dem vorliegenden Band hat Robert B. Pippin Aufsätze zum Deutschen Idealismus versammelt, deren gemeinsame Absicht es ist, die Radikalität der begrifflichen Neuerungen, die die großen Figuren der modernen deutschen philosophischen Tradition entwickelt haben – in Begriffen wie Selbstbewusstsein, Freiheit, Subjektivität, Logik, Geist und philosophische Methode –, zur Geltung zu bringen und deren philosophisches Potenzial aufzuzeigen.

Die Buchreihe wird von einem internationalen Forschungszentrum getragen, dem *Forschungskolleg Analytic German Idealism* (FAGI), das 2012 an der Universität Leipzig gegründet wurde und dessen Arbeit durch ein international besetztes Gremium unterstützt wird (siehe ⟨http://www.sozphil.uni-leipzig.de/cm/fagi/⟩). Ziel des FAGI ist es auch, die Stimme des Analytischen Deutschen Idealismus in die außerakademische Öffentlichkeit hineinzutragen und ihr Gewicht in den Debatten über unser Selbstverständnis zu stärken.

Die Aktualität des Deutschen Idealismus

Einleitung

I.

Die hier versammelten Aufsätze stellen einen Versuch dar, die ungebrochene philosophische Bedeutung der Positionen in der theoretischen und praktischen Philosophie sowie in der Ästhetik aufzuzeigen, welche in der philosophischen Strömung verteidigt wurden, die heute als »Deutscher Idealismus« (beziehungsweise als »Post-Kantianische Deutsche Philosophie« oder – nach dem brillanten Titel von Eckart Förster – als »Die 25 Jahre der Philosophie«) bekannt ist.[1] Zum größten Teil (mit einer Ausnahme) in den letzten etwa fünfzehn Jahren geschrieben, beziehen sie sich zugleich auf frühere Arbeiten von mir und auf andere publizierte Diskussionen und beschäftigen sich überwiegend mit Kant und Hegel sowie der Beziehung zwischen beiden. Es gibt Kontroversen, die mit den grundlegenden Positionen verbunden sind, die hier eingenommen werden. Viele hängen mit interpretatorischen Fragen zusammen und einige auch mit der philosophischen Adäquatheit der Positionen selbst. Ich möchte hier versuchen, den allgemeinen Kontext für diese Kontroversen zu bestimmen, um diese Elemente so als Teile eines allgemeinen Projekts einzuführen.

Im Jahr 1989 habe ich ein Buch mit dem Titel *Hegel's Idealism: The Satisfactions of Self-Consciousness* veröffentlicht.[2] Aufgrund dieses Buches wurde ich bekannt als Verteidiger einer »kantianischen« Interpretation von Hegels Idealismus und einer »nicht-« oder »antimetaphysischen« Lesart von Hegels grundlegender Position in der *Phänomenologie des Geistes* und der *Wissenschaft der Logik*. Es hat sich jedoch herausgestellt, dass dies sehr irreführende Zuschreibungen sind, wie ich zu zeigen versuchen werde. Das »kantianische« Label (oder der Vorwurf) rührte von meinem Versuch her, zu zeigen, dass für Hegel einige brillante kritische Einsichten in der *Kritik der reinen Vernunft* enthalten waren, deren Radikalität und Implikationen Kant nicht gesehen hatte (auch wenn Hegel oft betonte, dass

1 Vgl. Eckart Förster, *Die 25 Jahre der Philosophie. Eine systematische Rekonstruktion*, Frankfurt/M. 2010.

2 Vgl. Robert B. Pippin, *Hegel's Idealism: The Satisfactions of Self-Consciousness*, Cambridge 1989.

es Kants eigene Einsichten waren). Eine Einsicht betraf die Natur einer der beiden Fähigkeiten – Verstand und sinnliche Anschauung –, die nach Kant zusammen notwendig sind für Erfahrung und für die Erkenntnis, die in Erfahrung gründet. Das Vermögen des Verstandes, so Kant, ist in keiner Weise ein rezeptives, anschauliches oder sinnliches Vermögen. Es ist ausschließlich *Spontaneität**, ein schöpferisches oder produktives Vermögen, sowohl in seinem Verhältnis zu den Inhalten der sinnlichen Mannigfaltigkeit als auch in seiner von dieser Mannigfaltigkeit unabhängigen Ausübung, als »Vernunft«, ein Vermögen, das Kant eine »zweckmäßige Tätigkeit«* nannte. Kant hatte gesehen, dass, wenn er damit recht hat, die gesamte rationalistische und empiristische philosophische Tradition als unhaltbar zurückgewiesen werden muss. Hegel folgte ihm begeistert bei dieser Neuausrichtung (obwohl er eher sagen würde, dass »sie neu interpretiert«, anstatt »zurückgewiesen« werden muss). Er versuchte, die Implikationen dieser Behauptung konsistenter und systematischer zu durchdenken, als Kant selbst es seiner Ansicht nach getan hatte, wie auch die einer anderen ungewöhnlichen Behauptung Kants, die in Kommentaren zu dessen Werk immer noch nicht in angemessener Form aufgegriffen worden ist: nämlich dass die Vernunft, als ein solches produktives Vermögen, »mit nichts als sich selbst beschäftigt« ist.

Zweitens machte sich Hegel auch begeistert Kants ebenso revolutionäre Behauptung zu eigen, dass der Verstand ein sich seiner selbst bewusstes und apperzeptives Vermögen ist. Die wahrheitsfähige Einheit, auf die es sowohl für Kant als auch für Hegel ankommt, war das Urteil, und keine Aktivität konnte als Urteilen gelten, wenn der Urteilende nicht wusste, dass er urteilt (oder glaubt, meint, hofft und so weiter). Hegel erkannte, dass Kant gesehen hatte, dass eine solche Apperzeption nicht einfach eine Art von Bewusstsein sein konnte, wie eine Selbstbeobachtung oder eine zweistellige intentionale Relation. Aber Hegel ging noch viel weiter als Kant in der Isolierung und im Durchdenken der Frage, was es für ein Subjekt bedeuten könnte, für sich kein Objekt in seiner sich seiner selbst bewussten Aktivität und dennoch auf sich selbst bezogen zu sein. (Hegel begann, dieses ungewöhnliche Verhältnis des Ich zu sich selbst »Unendlichkeit« zu nennen.) Darüber hinaus

* Hier und im Folgenden: im Orig. deutsch.

gilt für jedes Urteilen gemäß Kants Apperzeptionsvoraussetzung, dass es das Bewusstsein des Urteilens umfasst. Urteilen bedeutet daher, implizit die Voraussetzungen jedes solchen Urteilens zu unterschreiben (die etwa die Festlegung beinhalten, in der Lage zu sein, Gründe für das Urteil vorzubringen, alles abzulehnen, was unvereinbar mit dem Urteil ist, das Urteil in ein konsistentes Ganzes anderer Überzeugungen zu integrieren usw.). Allgemeiner gesprochen: Jeder tatsächliche Akt des Wissens beinhaltet apperzeptiv eine tatsächliche Erkenntnis dessen, *was Wissen ist*. In diesem Sinne ist der Versuch zu wissen, *Erkennen**, der primär ein Urteilen ist, auch eine sich ihrer selbst bewusste zweckmäßige Aktivität: zweckgerichtet (sie zielt auf – nicht weiter qualifiziertes – Wissen*) und selbstkonstituierend (nur die Vernunft kann bestimmen, worauf die Wegnahme solcher Qualifikationen hinauslaufen würde). Im Fall des Verstandes oder des Urteilens, welches durch die sinnliche Anschauung informiert wird, bedeutet dies, dass jeder Vorgang des Urteilens ein Bewusstsein umfasst, dass das Urteil ein Stück »bedingtes« Wissen ist. Und da es ein Bewusstsein eines Versuchs zu wissen ist, kann kein solches Bewusstsein der Vollendung des Strebens nach diesem Ziel ausweichen, diesem »Bedürfnis«*, wie Kant es nannte, das Unbedingte zu erstreben. Solch ein Ziel ist untrennbar von jedem Streben nach dem Ziel des Wissens selbst. All das, so behauptete ich, akzeptierte Hegel und baute darauf in der Methodologie seines wichtigsten Buches auf: der *Wissenschaft der Logik*. Dieser Zusammenhang ist im Detail untersucht in den Aufsätzen von Teil II des vorliegenden Buches.

Schließlich ging Hegel davon aus, dass der zentrale kognitive Zusammenhang in Kants Theorie der Erfahrung, das Verhältnis von Anschauung und Verstand, missverstanden würde, wenn man annähme, dass es sich dabei um eine Art zweistufigen Prozess handelt, der erst die Rezeption der sensorischen Daten an sich und dann die Aufprägung der begrifflichen Form durch den Verstand umfasst. Beginnend mit seinem Jenaer Aufsatz *Glauben und Wissen* nahm Hegel die Hinweise Kants sehr ernst, dass es sich hier nicht um zwei verschiedene Vermögen handelt, die in dieser schrittweisen Form zusammenarbeiten, sondern um eine kognitive Auseinandersetzung mit der Welt, die zwei Seiten hat, welche logisch voneinander unterschieden werden können, aber in ihrer Betätigung untrennbar sind. Das Vermeiden solcher Dualitäten ist nicht nur typisch für Hegels Aneignung von Kant, es gewährt auch einen Blick auf die tiefsten Themen sowohl in seiner Philosophie als auch in der philosophischen Tradition bis weit zurück zu Platons Versuch, das Verhältnis zwischen *noesis* und *dianoia* zu verstehen.

Hegels Idealismus war also kantianisch in diesem Sinne: Er war (a) anti-empiristisch und (b) verpflichtet auf die Hinlänglichkeit der Selbstbestimmung der Vernunft bezüglich ihrer eigenen Voraussetzungen und ihrer Selbstautorisierung. Natürlich gab es auch große Differenzen zwischen den beiden Philosophen, obwohl die meisten von ihnen aus Hegels Sicht auf Kants Missverständnis hinsichtlich seiner eigenen Ergebnisse beruhten. Kants eigener Idealismus ist, richtig verstanden, kein subjektiver, aufprägender Idealismus und sicherlich kein Phänomenalismus, und er ist deshalb nicht zu der Ansicht verpflichtet, dass wir die Dinge an sich nicht kennen, sondern nur Phänomene, eine Art von subjektivem Überbleibsel unserer sinnlichen Auseinandersetzung mit der Welt. All diese Themen spielten dennoch eine Rolle in der Kritik an meinem Buch, als ob *jede* Annäherung an Kant unvermeidlich zu einem subjektiven Idealismus führen müsste. (Ich wurde darauf hingewiesen, dass hegelsche Begriffe nicht subjektiv sind, dass Hegel ein metaphysischer Realist war, weil er davon überzeugt war, dass die Realität nicht davon abhängt, gedacht zu werden. Ebenso sollte ich suggeriert haben, dass Hegel die Unterscheidung von Anschauung und Begriff »zusammenbrechen« lassen wollte und dass Hegel vermutlich die selbstwidersprüchliche Natur der Vernunft gefeiert hat, während Kant klugerweise darin ein Problem sah. All das sind grobe Missdeutungen, die auf einer ebenso groben falschen Dichotomie beruhen.)

Letztlich ignorierten all die jüngeren Versuche, zu zeigen, dass Hegel am Ende doch ein »metaphysischer Denker« gewesen ist, Versuche, die zum Teil auch gegen mein Buch aus dem Jahre 1989 gerichtet waren, die zentrale Rolle Kants in Hegels Denken über die metaphysische Tradition. (Aber unabhängig von dieser Beziehung: Wer bei klarem Verstand könnte bestreiten, dass Hegel »metaphysische Positionen« vertrat? Für ihn war das einfach ein anderes Wort für »philosophische Positionen«. Er hatte Ansichten zur Natur der Freiheit, zur menschlichen Handlungsfähigkeit, zur Natur von Begriffen, Individualität und Universalität sowie zu vielen anderen Themen dieser Art.) Doch er machte oft genug deutlich, dass er Kants Demontage der *modernen rationalistischen* metaphysischen Tradition *zustimmte*, also der Ansicht, dass die reine Vernunft von sich aus die Existenz und Natur *übersinnlicher Entitäten* mit Notwendigkeit bestimmen könnte: Substanzen wie die *res cogitans*, wie Monaden, wie eine monistische Substanz. Kant lag aus Hegels Sicht richtig. Es gibt keine »Dingmetaphysik« oder »*Jenseitsmetaphysik*«*. Aber Kants Angriff ließ diejenige metaphysische Tradition nahezu unberührt und unkritisiert, die auf Aristoteles zurückgeht, die sich nicht mit übersinnlichen Entitäten befasst, sondern mit den Prinzipien der Intelligibilität der gewöhnlichen natürlichen Welt, paradigmatisch der von Lebewesen. Das griff Hegel in seiner *Logik* wieder auf, um Aristoteles von der Verachtung zu befreien, die ihm und der scholastischen Tradition von Descartes oder Hobbes entgegengebracht worden war.

Folglich ist Hegels Absolutes kein Ding und keine Substanz (oder der christliche Gott), und die begrifflichen Artikulationen des Absoluten in seiner *Logik* sind auch kein Anzeichen einer darunterliegenden neoplatonischen noetischen Struktur, deren sinnliche Manifestationen nur Erscheinungen sind, *Schein**, unwirklich. Dies zu verneinen, bedeutet für viele traditionelle Interpreten Hegels, die in der oben erwähnten falschen Dichotomie gefangen sind, dass solche Begriffe nur die Art, wie wir sprechen, kategorisieren, also subjektive Regeln sind, um etwas verständlich zu machen. (Das ist eine sehr vereinfachte, wenn auch standardisierte Interpretation von Kant, aber das ist ein anderes Thema.) Wie auch immer Hegel von Kant beeinflusst war, seine Annahmen sind hier jedenfalls aristotelisch. Der fundamentale Akt, etwas verständlich zu machen, besteht darin, zu sagen, *was es ist*, und die fundamentale philosophische Frage ist, *was es heißt*, von etwas zu sagen, was es ist. Das ist die Untersuchung, die eine Theorie der kategorialen Modi des Seins hervorbringt, der Weisen, in denen die Dinge das sind, was sie sind, und die notwendig sind, damit jedes einzelne Ding verständlich ist als das, was es ist. Es ist zugleich eine Studie der kategorialen Struktur dessen, was ist, *ebenso wie es* eine Untersuchung des Verstandes durch sich selbst *ist*. Es gibt hier keinen Unterschied, da Hegels Annahme die des Aristoteles ist – und in der Tat das grundlegende Prinzip des griechischen und westlichen Rationalismus. Zu sein heißt, auf bestimmte Weise verständlich zu sein. (Das ist ein Grund dafür, warum Platon und Aristoteles etwas annehmen konnten, das heute sehr fremdartig klingt und das Hegel auf seine Weise wiederaufgegriffen hat: das Ganze ist gut. Um Hegels Bemerkungen zur Rationalität und Geschichte zu paraphrasieren: Wer auf das Sein mit der Frage der Intelligibilität blickt, dem blickt es intelligibel entgegen.)

II.

Im Jahr 2008 veröffentlichte ich *Hegel's Practical Philosophy: Rational Agency as Ethical Life*, die Frucht aus 14 Jahren an Forschung und Publikationen zu Hegels Theorien der Freiheit, Handlungsfähigkeit, Sozialität und Geschichte.[3] Viele der wichtigsten Artikel sind hier abgedruckt. Ein zentraler Baustein des Projekts war die Ausarbeitung der Implikationen, die sich aus der Behauptung ergeben, dass alles Denken inklusive der reinen praktischen Vernunft ein produktives Vermögen ist, Spontaneität*. Hegel versteht das so und versteht Kant in dessen besten Momenten so, dass nur das Denken bestimmen kann, was es heißt zu denken, irgendetwas zu denken oder in gelungener Weise auf Objekte bezogen zu denken. Die Analogie zur praktischen Vernunft ist klar. Kant wollte zeigen, dass »reine« Vernunft, das *bloße* Nachdenken darüber, was ich tun sollte, das nicht durch eine erfahrene Neigung geleitet oder motiviert ist, praktisch wirksam sein kann und bestimmen *kann*, was ich tun sollte. Dabei *erfasst* sie jedoch nichts (wie zum Beispiel in der Tradition des Naturrechts); die Vernunft bestimmt für sich selbst, was reine praktische Vernunft ist, und »gibt sich« dabei selbst das »Gesetz«. Diese Sprache der Selbstgesetzgebung ist in der praktischen Philosophie nicht neu. Bereits in der ersten *Kritik* hatte Kant insistiert, »daß die Vernunft« in Bezug auf die Natur »nicht bettle, sondern gebiete«,[4] aber für einige überschritt seine Formulierung in der *Grundlegung* die Grenzen der Verständlichkeit. An der entscheidenden Stelle heißt es:

3 Robert B. Pippin, *Hegel's Practical Philosophy: Rational Agency as Ethical Life*, Cambridge 2008.

4 Immanuel Kant, *Kritik der reinen Vernunft*, B681/A653, in: *Kant's Gesammelte Schriften*, hg. von der Königlich Preußischen Akademie der Wissenschaften, Berlin 1911, Bd. 4.

Der Wille wird also nicht lediglich dem Gesetze unterworfen, sondern so unterworfen, daß er auch als selbstgesetzgebend, und eben um deswillen allererst dem Gesetze (davon er selbst sich als Urheber betrachten kann) unterworfen angesehen werden muß.[5]

Ich habe zu zeigen versucht, dass diese Idee für Hegels Theorie darüber, wie ein Begriff oder eine Norm »sich selbst Wirklichkeit gibt«, zentral war und eine grundlegende Prämisse in seiner Betonung des historischen Charakters des Geistes. (Hegel behauptet an vielen Stellen, dass der »Geist ein Produkt seiner selbst ist«, und ich habe dargelegt, dass dieser selbstkonstituierende Charakter seine Wurzeln in jener kantianischen These hat.) Von Kritikern wurde ich darauf hingewiesen, dass diese Interpretation einer volitionalen Anarchie, einem Konstruktivismus und schließlich einem wilden Relativismus Tür und Tor öffnet, der die Natur der Autorität der Vernunft nicht mehr erklären kann. (Wenn die Autorität meiner Selbstgesetzgebung entspringt, warum habe ich dann nicht die Freiheit, meine Autorisierung wieder zu entziehen?) Die Unterstellung war, dass Kant uns bloß daran erinnern wollte, dass Autonomie in der Ansprechbarkeit auf Gründe besteht und wir nur wirklich frei sind, wenn wir uns Gründe für das geben können, was wir tun. Aber diese Gründe sind entweder Gründe oder nicht; sie rechtfertigen oder nicht; sie hängen nicht davon ab, dass wir sie uns selbst als Gesetz gegeben haben.

Solche Einwände lokalisieren jedoch die These, die Kant formuliert und die Hegel aufgreift, nicht richtig, und sie beruhen auf einer falschen Vorstellung der Selbstgesetzgebung als etwas, das Individuen zu verschiedenen Zeitpunkten tun. Kant spricht aber von allen rationalen Subjekten als praktisch rationalen, und Selbstgesetzgebung ist daher etwas, das immer schon als das Handlungsprinzip bestimmend angesehen werden muss. Es gibt hier eine enge Parallele zum Unternehmen der *Logik*: die Selbstbestimmung des Denkens, was es heißt zu denken. Wenn wir sagen, dass das Objekt des reinen Denkens das reine Denken selbst ist, dann meinen wir nicht, dass sich das Denken hier auf ein spezielles Objekt oder Ereignis bezieht. Wir sollten vielmehr sagen, dass es seine eigene Möglichkeit bestimmt. Und diese Bestimmung ist kein psycholo-

5 Immanuel Kant, *Grundlegung zur Metaphysik der Sitten*, in: *Kant's Gesammelte Schriften*, Bd. 4, S. 431.

gisches Ereignis. Wenn wir uns darauf beziehen, wozu ein Subjekt fähig sein muss, um als Wissender oder Handelnder zu gelten, welche Vermögen es haben muss, dann sollte unsere Konklusion laut Kant eine logische sein, die von unseren Begriffen des Wissens und Handelns abhängt und nicht auf irgendwelche psychologischen Tatsachen referiert.

Wir könnten sogar sagen, dass das Subjekt sich selbstgesetzgebend seine eigenen Gesetze gibt (dass diese Gesetze so verstanden werden müssen, dass sie einen selbstgesetzgebenden logischen Status haben und keine Resultate eines ursprünglichen Akts in der noumenalen Welt sind), und den Gedanken auf diese Weise mit dem in Verbindung bringen, was dann für die spätere deutsche Philosophie, insbesondere für Fichte und Hegel, am anregendsten war. Das heißt, nur die reine praktische Vernunft kann bestimmen, was die Form der reinen praktischen Vernunft ist, ihr oberstes Gesetz. Kant spricht hier von Selbstgesetzgebung, davon, dass man der Autor (*Urheber**) des Gesetzes ist. Aber »Gesetzgebung« ist keine grundlose Gesetzespostulierung, keine volitionale Anarchie. Es ist das Wissen der Vernunft um das, was nach Kant ihr einziges Objekt ist: keine übersinnlichen Objekte, sondern *sie selbst*. In *exakt* demselben Sinn, in dem die Bestimmung des reinen Denkens von jeder möglichen Intelligibilität, seine Bestimmung der eigenen Voraussetzungen des Denkens, nicht mit der Frage konfrontiert ist, ob die Welt mit diesen Voraussetzungen übereinstimmt (sein *heißt* verständlich sein), ist die Gesetzgebung durch die reine praktische Vernunft nicht mit der Frage konfrontiert, ob wir wirklich an ihre Resultate »gebunden« sind. Es gibt keinen solchen zweiten Schritt. Handeln *heißt*, an die Vernunft gebunden zu sein, deren Form die Vernunft selbst bestimmt. (Das sagt uns noch nichts darüber, was die reine Form der praktischen Vernunft ist oder warum sie moralisch von solcher Dringlichkeit ist. Das erste Kapitel des vorliegenden Buches greift diese Themen unter der Überschrift »Die Form der Vernunft« auf.)

Zentral für die Aufsätze, die Teil I versammelt, ist unter anderem die Idee, dass Hegels Theorie der Freiheit keine kausale Theorie ist und nicht auf spezielle psychologische Fähigkeiten referiert, durch die Handlungen als Realisierungen freier Handlungsfähigkeit von natürlichen Ereignissen unterschieden werden können. Vielmehr hat Hegel eine »Verwirklichungs-« und »Identifikationstheorie«.

Ich bin frei, wenn meine vorläufige Absicht oder Festlegung in körperlichen Bewegungen verwirklicht wird, die ich als meine eigenen erkenne und mit denen ich mich identifiziere. Es gibt zeitgenössische Pendants dazu. Eines der Ergebnisse von Elizabeth Anscombes Arbeiten zur Handlungstheorie (in *Absicht* und in anderen Veröffentlichungen) war ebenfalls die Ablehnung eines psychologischen Handlungsmodells, um dadurch die Aufmerksamkeit auf die rationale Form solcher Handlungen zu lenken und eine spezifische Art der Einheit in der diachronen Struktur der Handlung zu betonen.[6] Hegels Ansatz ist gleichermaßen kein psychologischer oder kausaler; er hat allerdings kontraintuitive Implikationen. So ist etwa die rationale Struktur für ihn eine »Innen/Außen«-Struktur. Er behandelt »innere« Ex-ante-Bekundungen von Absichten als vorläufig, die erst »in der Tat« als das verwirklicht werden, was sie sind, und das auf eine Weise, die mir nur retrospektiv erlaubt, herauszufinden, was ich wirklich zu tun beabsichtigt habe. (Seine ungewöhnliche Formulierung ist, dass das Innen das Außen ist und vice versa.) Darüber hinaus denkt er, dass wir uns irren, wenn wir das Subjekt als ein selbstgenügsames Individuum isolieren. Praktische Gründe werden primär als Rechtfertigungen behandelt, die wir einander geben, wenn unsere Handlungen verhindern oder beeinträchtigen, was jemand andernfalls zu tun in der Lage gewesen wäre. Mit anderen Worten geht es eher um eine soziale Praxis als um ein subjektives Vermögen, oder zumindest nicht ausschließlich um eine solche subjektiv besessene Fähigkeit. Tatsächlich kann ich nach Hegels berühmter und kontroverser Ansicht nur als Bürger in einem *Rechtsstaat** »wirklich« frei sein, und ich kann nur ein Bürger sein, wenn ich von anderen, die ich als Anerkennender anerkenne, als ein solcher anerkannt werde. Es ist wichtig zu sehen, dass Anerkennen und Anerkanntwerden für Hegel keinen psychologischen Austausch beinhalten, keine wechselseitige Affirmation, gemeinsam beschlossene Solidarität und kein ausdrückliches Bewusstsein usw. (Das ist meinem Verständnis zufolge die Richtung, in die Axel Honneths Entwicklung der Anerkennungstheorie Hegels Ansatz führt.)

Diese Themen der Sozialität und Geschichte spielen eine wichtige Rolle in Teil III.

6 Vgl. G.E.M. Anscombe, *Absicht*, Berlin 2010.

III.

Der Einfluss dieser Themen auf Hegels theoretische Philosophie ist jedoch schon ein Gegenstand der zwei Kapitel, die Teil II beenden, über die so genannten »Pittsburgher Neo-Hegelianer« Robert B. Brandom und John McDowell. Ich behaupte, dass Brandoms inferentialistische Lesart von Hegels Ansichten über begrifflichen Gehalt überzeugend und erhellend ist, aber zu kurz greift. Allzu einfach ausgedrückt: Brandom lässt Hegel den entscheidenden Schritt tun, darauf zu insistieren, dass die Semantik auf die Pragmatik eingehen muss, aber seine Konzeption von Pragmatik bleibt weit hinter Hegels Ambitionen zurück. Wenn einen Begriff zu verstehen bedeutet, zu wissen, welche Inferenzen eine solche Norm eröffnet, erlaubt und ausschließt, welche Rolle sie in Behauptungen und Inferenzen und in anderen Urteilen beziehungsweise anderen Typen von Urteilen spielen kann, dann ist das zwar alles im Sinne Hegels, aber eine solche pragmatische Dimension ist für Hegel nicht auf die Frage beschränkt, ob ich weiß, welche anderen Behauptungen ich wie machen darf, damit ich als jemand gelten kann, der die gehaltvolle Rolle eines Begriffs verstanden hat. Diese Behauptungen sind eingeflochten in Muster der Rechtfertigung und der Kritik, die letztlich unverständlich sind ohne den größeren Rahmen sozialer Gewohnheiten, Verbote etc. sowie den kollektiven Gesichtspunkt oder das *telos* solcher gemeinschaftlichen Praktiken und Regeln. Die Semantik muss auch auf die soziohistorische, praktische, teleologisch strukturierte Dimension normativer Gewohnheiten eingehen, sie muss eine eher »existentielle« als linguistische Pragmatik sein.

In ähnlicher Form hat mich McDowell in verschiedenen Kontexten dafür kritisiert, dass ich Hegel unterstellt hätte, dafür zu argumentieren, dass man nur dann ein freier Akteur sein könne, wenn man von den anderen »als ein solcher genommen werde«, und dass die Betonung einer solchen Dimension von Sozialität und damit Historizität weit über das hinausgeht, was Hegel will und benötigt. Für McDowell ist es einfach die Initiation in eine Sprachgemeinschaft, das Heranwachsen zu einem kompetenten Sprecher einer natürlichen Sprache, welches von sich aus die notwendigen Fähigkeiten bereitstellt, um als selbstbestimmter, autonomer Akteur zu gelten – als ansprechbar auf Gründe.

Aber McDowells sprachliche Initiation erfüllt nur eine minimale und notwendige Bedingung für diese Ansprechbarkeit auf Gründe. Zum Beispiel müssten wir viel mehr darüber erfahren, worin genau uns eine solche Initiation einführt. Sicherlich stattet sie uns mit mehr aus als nur mit grammatischer Korrektheit. Wir lernen, was das Äußern eines bestimmten Satzes in einem bestimmten Kontext für diejenigen bedeuten würde, zu denen wir ihn sagen. Wir lernen zahlreiche nicht-formalisierbare Kanons der Angemessenheit und Unangemessenheit, den Unterschied zwischen manipulativen und offenherzigen rhetorischen Stilen, die Sprache der Autorität und der Unterwerfung, die Kennzeichen des Respekts und der Verachtung. Wir lernen nicht zuerst diese Dinge und dann, getrennt davon, ihre sprachliche Verkörperung. Ihre normative Natur ist ihre sprachliche Verkörperung. Und der Gehalt all dieser pragmatischen Normen ist abhängig vom institutionellen Leben der Gemeinschaften, in denen sie gelten, um erneut den Anerkennungs-Punkt zu machen. Schließlich wandeln sich solche gemeinschaftlichen Gewohnheiten, womit wir nochmals die Zentralität der Geschichte für Hegels Theorie darüber heranziehen, was es heißt, ein menschliches Wesen, Geist*, zu sein. Dieselbe Art von Meinungsverschiedenheit ergibt sich im Hinblick auf die Implikationen von Kants Erfahrungsholismus, also seiner Behauptung, dass die rezeptiven und aktiven Elemente der Erfahrung logisch unterscheidbar, aber untrennbar sind. Wenn wir Hegels Behauptung hinzunehmen, dass die Formen des Denkens als solche historisch variabel sind, dann bekommen wir ein viel stärker historisiertes Bild, als McDowells Verteidigung der sprachlichen Sozialität und der festgelegten Bestandteile der Wahrnehmung es zulässt.

Im Zusammenhang mit der richtigen Interpretation Hegels stellt sich auch die tiefe Frage nach der Notwendigkeit (oder Überflüssigkeit) der philosophischen Aufmerksamkeit für die konkrete und sich entwickelnde historische Sozialität bei der angemessenen Beschäftigung mit philosophischen Themen und nicht nur diejenige nach den außerphilosophischen Implikationen solcher Auffassungen. In einer umfangreichen Aufsatzsammlung aus dem Jahr 1997, *Idealism as Modernism. Hegelian Variations*, war meine Behauptung, dass Hegel uns eine überzeugende Theorie der philosophischen Bedeutung der Moderne geliefert hat, des möglicherweise bedeutendsten Ereignisses der Menschheitsgeschichte, ganz sicher aber der westlichen

Geschichte.[7] Diese Theorie berief sich auf die Idee der kollektiven, rationalen Verwirklichung der menschlichen Freiheit, die ihrerseits abhängig ist von einer dialektischen Entwicklung der menschlichen Selbsterkenntnis. Das Phänomen selbst ist ungeheuer kompliziert und Hegels Versuch zu verstehen, ist nicht weniger kompliziert. Ich bin nicht zufrieden mit Hegels Position, aber es bleibt ein anregender Versuch. Wir haben bisher niemanden, der *Die Phänomenologie des Geistes Teil zwei* geschrieben hat (selbst *Das Kapital* enthält nur Prolegomena), und diejenigen, die einen solchen Versuch unternommen haben, Nietzsche und Heidegger, haben uns Narrative der Krise und des Verfalls geliefert.

Solch ein Versuch, der Hegels umfassenden Holismus widerspiegelt, ist wahrscheinlich nicht mehr der richtige Weg, um sich dem Problem im Denken zu nähern. Es gibt jedoch Elemente in Hegels Ansatz, die mir sehr wichtig erscheinen, aber heute wenig Anklang finden. Dazu gehört die Idee, dass wir, wenn wir glauben, dass die Philosophie eine zeitdiagnostische Aufgabe hat, Wege finden müssen, die philosophische Bedeutung großer Literatur, der bildenden Kunst und heutzutage des Films oder, allgemeiner, der visuellen fiktionalen Narrative anzuerkennen. Nur so können wir untersuchen, ob verschiedene verbreitete Selbstkonzeptionen der Spätmoderne (und wir brauchen zuallererst solche Ressourcen, um zu wissen, worin diese bestehen könnten) adäquat sind, eine effektive Verwirklichung erlauben, Instanzen eines Selbstbetrugs oder auch miteinander kompatibel sind, und wenn nicht, warum nicht. Wenn wir die Frage auf diese Weise stellen, erscheint ihre Beantwortung nicht nur einfach unmöglich, sondern auf geradezu aberwitzige Weise unmöglich. Aber das bedeutet nicht, dass es keine Wege gibt, auf denen jemand sich diesen Problemen der Kunst und der Frage der Modernität nähern könnte, Wege die eher bruchstückhafte, fragmentierte und unsystematische lokale Erkenntnisse erlauben. Es scheint mir den Versuch wert zu sein, und ich habe ebendies in meinen Arbeiten zur modernen Literatur, zum Hollywood- und zum Kunstfilm und zur europäischen Kunst in der Krise der Moderne getan. Einige der wichtigeren theoretischen Elemente, die dieses Unternehmen voraussetzt, sind in Teil III besprochen.

Aus dem Amerikanischen von Philipp Hölzing

7 Robert B. Pippin, *Idealism as Modernism. Hegelian Variations*, Cambridge 1997.

I. Vernunft und Subjektivität

1.
Die Form der Vernunft

I.

Die Frage der Freiheit ist in der modernen deutschen Tradition nicht nur eine metaphysische Frage. Sie betrifft den Status eines freien Lebens als eines Wertes, in der Tat sogar des »absoluten« Wertes, wie man in dieser Tradition zu sagen pflegte. Ein freies Leben ist von unbedingtem, unvergleichlichem und unschätzbarem Wert, und es stellt die Grundlage eines einzigartigen und, wie gesagt, absolut unqualifizierbaren Respekts dar, den man jedem Menschen als solchem schuldet. So steht jeder, der diese Sicht verteidigt, unter erhöhtem Druck, uns zu erklären, worin ein freies Leben besteht. Kants berühmte Antwort lautet »Autonomie«, wobei dieser Ausdruck zunächst oder zumindest eine Freiheit von äußerer Beschränkung, Zwang und Einschüchterung (»für sich selbst denken«) meint. Noch wichtiger jedoch, meint er ein bestimmtes Verhältnis zu sich selbst. Man wird von mir erst dann behaupten können, ich sei wahrhaft »Herr meiner selbst«, wenn es sich bei den Überlegungen, die bestimmen, was ich tue, um Gründe handelt. Wenn jedoch die Ausübung meiner Vernunft letztlich lediglich darin besteht, rational auf Neigungen, Begierden und Abneigungen *reagieren* zu können, dann lasse ich es weiterhin zu, dass mein Leben von kontingenten Impulsen »beherrscht« wird – so ausgeklügelt und hierarchisch geordnet meine Pläne zur Bedürfnisbefriedigung auch immer sein mögen. Daher, so schließt Kant, bin ich nur dann wirklich autonom beziehungsweise selbstbestimmend, wenn eine für mein Handeln relevante (das heißt normativ maßgebliche) Überlegung die »Form der Vernunft« als solche ist, wie er so oft und doch rätselhafterweise betont. Die vertrautere Bezeichnung für diese notwendige Bedingung der Autonomie ist »kategorischer Imperativ«. Um deutlich zu machen, dass die Unterordnung unter die »Form« der Vernunft als Autonomie gilt, besteht Kant darauf, dass das Moralgesetz als »selbstgesetzt« verstanden wird, dass wir uns je als Urheber dieses Gesetzes betrachten müssen und dass wir an dieses Gesetz gebunden sind, weil wir uns selbst daran binden.

Kants Autonomieverständnis ist jedoch in ein viel umfassenderes und ziemlich komplexes Bild des normativen Verhältnisses zwischen vernünftigen Subjekten und der Welt überhaupt eingebettet, und wir müssen dieses Bild zunächst verstehen – auch, wie der praktische Teil seiner Philosophie dort hineinpasst –, bevor wir zu der Frage zurückkehren können, wie genau Kant die Gleichung aus Freiheit, Autonomie und Selbstgesetzgebung verstanden wissen wollte.

Ein ziemlich typischer und kühner Hinweis auf das Herzstück dieses Bildes findet sich in der *Kritik der reinen Vernunft*, in einer Passage des Abschnitts »Von dem regulativen Gebrauch der Ideen der reinen Vernunft«.[1] Hier beschreibt Kant den unablässigen Versuch der menschlichen Vernunft, Einheit hinter der Mannigfaltigkeit zu finden und die entsprechenden Erklärungsprinzipien auf ein Minimum zu beschränken. Dabei lehnt er die Vorstellung ab, dass wir dies nur aus pragmatischen Gründen tun, etwa um uns Schwierigkeiten zu ersparen oder um uns die Organisation der Ergebnisse empirischer Forschung zu erleichtern. Im Gegenteil, so betont er, gelte in diesem Fall wie auch überall sonst, dass die Vernunft »nicht bettle, sondern gebiete«.[2]

Die Rede vom Gebieten ist Bestandteil des wohlbekannten Gefüges einer an Recht und Politik orientierten metaphorischen Sprache, die Kant verwendet, um seine grundlegende Einstellung zu unserem kognitiven, praktischen und ästhetischen Verhältnis zur Welt auszudrücken. Bereits die kopernikanische Wende der Philosophie hatte nahegelegt, dass Gegenstände besser als »unserer Erkenntnis gemäß« verstanden werden sollten als umgekehrt,[3] und der Verstand selbst wurde als »das Vermögen, Vorstellungen selbst hervorzubringen, oder die Spontaneität des Erkenntnisses« bestimmt.[4] In der gesamten ersten *Kritik* scheint es zumindest so, als beruhe Kants Eintreten für die Möglichkeit apriorischen Wissens jederzeit auf der Idee eines tätigen Intellekts, der vorschreibt, das Gesetz gibt beziehungsweise befiehlt, dass die Erfahrung eine Einheit haben solle, ohne die repräsentationaler Gehalt unmöglich wäre.

1 Immanuel Kant, *Kritik der reinen Vernunft*, *Werke*, Bd. 3/4, Frankfurt/M. 1974. Im Folgenden ›*KrV*‹.

2 *KrV*, A653/B681.

3 Vgl. ebd., BXVI.

4 Vgl. *KrV*, A51/B75.

Wie bereits erwähnt, ist dieser Gedanke auch in Kants praktischer Philosophie von zentraler Bedeutung. An dieser Stelle genügt es, die wohl wichtigste (und doppeldeutige) Passage seiner Moralphilosophie zu zitieren:

Alle Maximen werden nach diesem Prinzip verworfen, die mit der eigenen allgemeinen Gesetzgebung des Willens nicht zusammen bestehen können. Der Wille wird also nicht lediglich dem Gesetze unterworfen, sondern so unterworfen, daß er auch als selbstgesetzgebend, und eben um deswillen allererst dem Gesetze (davon er selbst sich als Urheber betrachten kann) unterworfen, angesehen werden muß.[5]

Und obgleich sich die dritte *Kritik* wohl am weitesten vom Bild eines gesetzgebenden und bestimmenden Subjekts entfernt, enthält die Argumentation auch hier eine seltsame, indirekte Berufung auf ein derartiges Bild: Die Lust am Schönen ist eine Lust, die von der Erfahrung einer formalen Einheit der Apprehension hervorgerufen wird, der Art von Einheit, die sich aus solch legislativen Forderungen ergeben würde, die aber tatsächlich unabhängig von jeder Anwendung solcher Forderungen erfahren wird. Dadurch können wir Lust an der »Zweckmäßigkeit« empfinden, gleichwohl »ohne Zweck«.

Offenbar also behält das gesetzgebende, befehlende Subjekt durch die gesamte kritische Philosophie hindurch Priorität. Das Bild enthält jedoch ein weiteres, entscheidendes Element, seinen wichtigsten und dichtesten Bestandteil. Diese Dimension wird im finalen Eintrag in die Liste der »Reflexionsbegriffe« auf den Punkt gebracht:

Materie und *Form*. Dieses sind zwei Begriffe, welche aller andern Reflexion zum Grunde gelegt werden, so sehr sind sie mit jedem Gebrauch des Verstandes unzertrennlich verbunden.[6]

Unser gesetzgebendes Subjekt bestimmt die *Form* der Erfahrung, die vernünftige Form des Handelns; und die formalen, subjektiven Bedingungen der Erfahrung überhaupt legen die Bedingungen fest, unter denen eine ästhetische Erfahrung lustvoll sein und dennoch von jedem Subjekt vernünftigerweise »verlangt« werden

5 Immanuel Kant, *Grundlegung zur Metaphysik der Sitten, Werke,* Bd. 7, Frankfurt/M. 1974, BA 70, S. 63/64.

6 *KrV*, A266/B322.

kann. Transzendentales Wissen betrifft die Weise der Erkenntnis, die *Erkenntnisart** von Gegenständen beziehungsweise die Form solchen Wissens,[7] und ein reiner Begriff ist nur »die Form des Denkens eines Gegenstandes überhaupt«.[8]

In der Sphäre des Praktischen wird das Moralgesetz beziehungsweise der kategorische Imperativ oft als die »Form der reinen praktischen Vernunft« als solcher bezeichnet. Da nach Kant die menschliche Vernunft ohne Hilfe keine Einsicht in das Gesetz der Natur oder in objektive moralische Eigenschaften haben kann, kann nur Unterordnung unter die Form der reinen praktischen Vernunft eine rationale Ethik begründen. Dies scheint natürlich sehr weit von unserem gewöhnlichen Verständnis der Dringlichkeit moralischer Verpflichtung und der Natur der Behauptung, dass Forderungen dieser Art existieren, entfernt zu sein. (Warum sollte ich der »Unterordnung unter die Form der reinen praktischen Vernunft« so tief verpflichtet sein?) Sicherlich aber ist dies Kants Position. In der zweiten *Kritik* wird gesagt, der »*formale* oberste Grundsatz der reinen praktischen Vernunft«[9] konstituiere »die Autonomie des Willens«,[10] der »*formale praktische Grundsatz* der reinen Vernunft«[11] selbst sei im Rahmen einer solchen Autonomie der »Bestimmungsgrund des Willens«.[12]

Es ist ziemlich offensichtlich, was Kant mit diesen Bemerkungen ausdrücken will: Wenn wir gemäß solchen Grundsätzen handeln, die Kant ›material‹ nennt – wie etwa dann, wenn wir unsere Bedürfnisse befriedigen oder auch wenn wir erstreben, was wir für substanzielle Güter halten –, dann kann man von uns nicht behaupten, wir seien wahrhaft selbstbestimmend, und zwar schlichtweg deshalb, weil wir keine Kontrolle darüber haben, welche Nei-

* Hier und im Folgenden: im Orig. deutsch.

7 Vgl. *KrV*, A12/B26: »Diese Untersuchung, die wir eigentlich nicht Doktrin, sondern nur transzendentale Kritik nennen könnten, weil sie nicht die Erweiterung der Erkenntnisse selbst, sondern nur die Berichtigung derselben zur Absicht hat und den Probierstein des Werths oder Unwerths aller Erkenntnisse a priori abgeben soll, ist das, womit wir uns jetzt beschäftigen.«

8 *KrV*, A51/B75.

9 Vgl. Immanuel Kant, *Kritik der praktischen Vernunft, Werke*, Bd. 7, Frankfurt/M. 1974, A70.

10 Ebd., A59.

11 Ebd., A71.

12 Ebd., A72.

gungen, Impulse und Leidenschaften wir zufällig erleben, oder darüber, warum ein vermeintliches Gut überhaupt für gut gehalten werden sollte. Hingegen handeln wir auf vollkommen selbstbestimmende Weise, solange wir den rein formalen Charakter einer jeden Maxime als einer möglichen Bedingung meiner material motivierten Handlung oder der Setzung eines endlichen Ziels beachten und also fragen, ob die Form der Maxime dem formalen Wesen der Vernunft als solcher gerecht wird – dass sie von jedem geteilt werden kann und dass man für sich selbst keine »Ausnahme« geltend macht. So weit herrscht Klarheit hinsichtlich Kants Absichten. Die Frage allerdings, wie es um den Zusammenhang zwischen dieser Auffassung von Formalität und den gut oder schlecht machenden Merkmalen unserer Gründe bestellt ist, war stets eine tiefe Quelle großer Kontroversen. Und das ist sie noch heute.

II.

So viel zur gängigen Zusammenfassung der kantischen Position und dem vorherrschenden Bild. Man kann wohl sagen, dass wir es hier größtenteils mit einem Bild der »Auferlegung« zu tun haben, dem gemäß die spontane menschliche Vernunft widerspenstigen materialen Gehalten der Anschauung sowie ungezügelten egoistischen Leidenschaften, die unserer sinnlichen Natur entspringen, eine selbstgegebene Form *auferlegt*. Wir können weiterhin sagen, dass diese vernünftige Form den formalen Rahmen vorgibt, in den alle Erfahrung als in ihre Form gezwungen wird und innerhalb dessen die Erfahrung einiger Gegenstände eine ausgewiesen ästhetische und teilbare Lust hervorrufen kann. Wenn man das Bild ohne weitere Qualifikation so beschreibt, stellt es einen äußerst unattraktiven und unplausiblen philosophischen Ansatz dar, der einen kruden Idealismus der Erkenntnis, einen begrenzten, rigoristischen, selbstentfremdeten und motivational undurchsichtigen Moralismus sowie einen instabilen ästhetischen Subjektivismus nahelegt. Und diese Lesart wird umso unattraktiver durch Kants Vorschlag, dass die Quelle all dieser Formen die selbstgesetzgebende Tätigkeit der Vernunft ist – als ob wir jene Formen, die wir der störrischen sinnlichen Materialität auferlegen, tatsächlich *produzierten*. Was ich meinerseits vorschlagen möchte, ist, dass dieses

Bild der Auferlegung nur oberflächlich betrachtet mit Kants Bild übereinstimmt. Meine Strategie wird darin bestehen zu zeigen, dass die Lesart der selbstursprünglichen und selbstgesetzgebenden Auferlegung den tiefsten Einsichten der theoretischen Philosophie nicht gerecht wird. Schließlich möchte ich auch auf die Implikationen eingehen, die dies mit Blick auf die praktische Philosophie haben könnte.

Doch bevor ich mich den Details zuwende, will ich einen sich unmittelbar aufdrängenden Grund benennen, der bereits *prima facie* Zweifel daran weckt, dass das Bild der Auferlegung korrekt sein kann: Es schreibt Kant eine Position zu, die er unmöglich einnehmen kann. Die Tatsache, dass Kant glaubt, die Form der Erfahrung habe mit der urteilenden Form des Denkens zu tun, und der Umstand, dass er meint, die vornehmliche Tätigkeit des Verstandes bestehe im Urteilen, kann trotz alledem nicht bedeuten, dass er die empirische Erfahrung selbst (beispielsweise Wahrnehmungen) so auffasst, als *bestehe sie im Urteilen*, das heißt in der gleichsam prädizierend klassifizierenden Anwendung begrifflicher Form auf sinnliche Materie, wie etwa beim prädizierenden Klassifizieren. Denn in dem Fall müsste Kant meinen, dass die Wahrnehmung eines roten Rechtecks auf dem Tisch vor mir in einer stillen und, wie man annehmen müsste, blitzschnell urteilenden Aktivität besteht, die *in jeder Wahrnehmungsepisode* vollzogen wird, in einem Token des Typs ›Vor mir befindet sich ein rotes Rechteck‹. Wenn dies nicht der Fall ist – und mit Blick auf die außerordentliche Vielfalt sinnlichen Gehalts in jedem Augenblick der Erfahrung wäre alles andere unplausibel –, muss man immer noch der Tatsache gerecht werden, dass Kant nichtsdestoweniger darauf besteht, dass Erfahrung ohne die »Tätigkeit« des Verstandes nicht möglich wäre. Wie also sollen wir diese »Tätigkeit« verstehen?

Obgleich Kants Auffassung der Form praktischer Rationalität manche Kommentatoren außerdem zu der Annahme verleitet haben mag, dass die eigentliche Ausübung dieser praktischen Rationalität schlicht in der »Anwendung« eines Universalisierungstests auf explizit formulierte Maximen *bestehe* – ganz so, als bestünde moralisches Überlegen darin, seine Aufmerksamkeit ausdrücklich auf die *richtige logische Form einer materialen Maxime* zu richten, ihre Universalisierbarkeit zu prüfen und dann, je nachdem, ob die Maxime »durchgeht« oder nicht, mit dem Handeln fortzufahren oder von der Handlung abzusehen –, findet sich in den vielen Beispielen, die Kant für gewöhnliches moralisches Überlegen anführt, nichts, das solch eine Interpretation nahelegen würde.

Es stimmt zwar, dass Kant in den berühmten vier Beispielen des zweiten Abschnitts der *Grundlegung* so schreibt, als führe ein Handlungssubjekt, das über die Richtigkeit einer möglichen Handlung im Zweifel ist, einen Universalisierungstest durch und erkenne im Zuge dessen einen »Widerspruch«, mithin, warum eine falsche Handlung falsch wäre. Jedoch hat uns Kant schon vorher mitgeteilt, dass er diese Beispiele nicht verwendet, um die gewöhnliche moralische Erfahrung zu beschreiben, sondern um einen abstrakt philosophischen Punkt zur Geltung zu bringen. Kants Beispiele sollen uns ebenso wenig offenbaren, was tatsächlich geschieht, wenn man einen möglichen Handlungsvollzug als unzulässig bewertet, wie seine Behauptung, die Form unserer Wahrnehmung sei urteilsförmig, nahelegen soll, eine Wahrnehmung bestehe aus Urteilen. Im ersten Abschnitt macht er deutlich:

> So sind wir denn in der moralischen Erkenntnis der gemeinen Menschenvernunft bis zu ihrem Prinzip gelangt, welches sie sich zwar freilich nicht so in einer allgemeinen Form abgesondert denkt, aber doch jederzeit wirklich vor Augen hat und zum Richtmaße ihrer Beurteilung braucht. Es wäre hier leicht zu zeigen, wie sie, mit diesem Kompasse in der Hand, in allen vorkommenden Fällen sehr gut Bescheid wisse, zu unterscheiden, was gut, was böse, pflichtmäßig, oder pflichtwidrig sei.[13]

Und etwas weiter in diesem Absatz heißt es:

> Er wird alsdenn so gar subtil, es mag sein, daß er mit seinem Gewissen, oder anderen Ansprüchen in Beziehung auf das, was recht heißen soll, schikanieren, oder auch den Wert der Handlungen zu seiner eigenen Belehrung aufrichtig bestimmen will, und, was das meiste ist, er kann im letzteren Falle sich eben so gut Hoffnung machen, es recht zu treffen, als es sich immer ein Philosoph versprechen mag, ja ist beinahe noch sicherer hierin, als selbst der letztere, weil dieser doch kein anderes Prinzip als jener haben, sein Urteil aber, durch eine Menge fremder, nicht zur Sache gehöriger Erwägungen, leicht verwirren und von der geraden Richtung abweichend machen kann.[14]

13 Kant, *Grundlegung*, BA 20, 21, S. 30/31.

14 Ebd., BA 21, 22, S. 31.

Nur, um dies klarzustellen: Kant erklärt im weiteren Verlauf, dass wir die Philosophie zwar in keinem Falle brauchen, um uns darüber klar zu werden, *was wir tun sollen.* Jedoch führt uns die Selbstliebe derart in Versuchung, dass wir fortwährend Argumente gegen unseren moralischen Standpunkt und für die Befriedigung unseres Verlangens nach Glückseligkeit ersinnen. Entsprechend bedarf selbst die gemeine Menschenvernunft kritischer Philosophie, entweder als einer Grenze oder aber als eines Korrektivs dieser Versuchungen. Allerdings sind die elaborierten, detaillierten Formulierungen und Reformulierungen des Moralgesetzes im zweiten Abschnitt und die kasuistischen Diskussionen von Beispielen nur für diese defensive Aufgabe zweiter Ordnung relevant. Klarerweise soll es sich bei ihnen weder um Artikulationen gewöhnlichen moralischen Wissens handeln, noch sollen sie selbst Bestandteile der besagten »gemeinen Menschenvernunft« sein.

Und so ergibt sich die Frage: Was wäre ein angemessenes Verständnis der Verwirklichung reiner praktischer Vernunft – der *tätigen Vernunft*, so könnte man sagen –, wenn sie kein derartiges kontinuierliches Testverfahren ist?

III.

Der Schlüssel zu dem, worum es Kant geht, liegt in einem angemessenen Verständnis dessen, was er *Spontaneität* nennt – was wir allgemein als das Problem der begrifflichen oder vernünftigen Tätigkeit bezeichnen können, einer Tätigkeit, die Kant als grundlegend gesetzgebend auffasst. Die allgemeinste Charakterisierung dieses Merkmals des menschlichen Bewusstseins, das diese Tätigkeit begrifflich oder vernünftig macht (»normativ« im weitesten Sinne), beschreibt dieses Bewusstsein als apperzeptiv. Das Argument lautet, dass jeder mögliche Objektivitätsanspruch der Erfahrung (jede intentionale Bestimmtheit, das heißt, dass Gedanken überhaupt von Gegenständen handeln können) als ein Verhältnis zu verstehen ist, das etabliert werden muss, und nicht als eines, das Ergebnis des *allein* sinnlichen Verkehrens mit der Welt wäre – als genügte allein schon die Gegenwart sinnlicher Gegenstände und die von ihnen ausgehenden Modifikationen unserer Sinnlichkeit, um den Inhalt bewusster Gedanken gewissermaßen festzulegen oder auszulösen. Dies bedeutet, dass alles gehaltvolle Bewusstsein ein Selbstverhältnis im Verhältnis zu Gegenständen ist, obgleich dieses Selbstverhältnis in keinem dyadischen intentionalen Verhältnis oder einer schlichten Selbstbeobachtung bestehen kann, wenn man keinen Regress riskieren möchte. In seinem klassischen Aufsatz *Der Empirismus und die Philosophie des Geistes* drückt Wilfrid Sellars diesen Gedanken aus, indem er sagt, Wahrnehmen bestünde darin, »sozusagen eine Aussage zu machen oder eine Behauptung aufzustellen«.[15]

Es fällt nicht leicht, diesen Gedanken auszubuchstabieren, da sich der Charakter der begrifflichen Tätigkeit, die hier am Werk ist, schwer beschreiben lässt. Wie bereits bemerkt, bedeutet es sicherlich nicht, dass Erfahrung tatsächlich aus einer Reihe unmöglich vieler assertorischer Urteile besteht. Das Entscheidende aber ist, dass man von keiner bewussten Hinwendung zu irgendeinem Inhalt sagen kann, sie stoße einem Subjekt einfach so zu, sondern, dass es sich hierbei je um Ausübungen dessen handeln muss, was Kant Spontaneität nennt – selbst, wenn wir es nicht mit einer Tätigkeit zu tun haben, die man als solche im Blick hat. (Immer wenn dies in irgendeiner Weise nötig wird – etwa im Falle einer Infragestellung oder einer Unregelmäßigkeit –, kann jede Instanz eines solchen Dafürhaltens in ein Urteil verwandelt werden; die Instanz muss so beschaffen sein, dass sie jederzeit für eine solche explizite Behauptung verfügbar ist.) Dies bedeutet, dass in meiner gesamten bewussten Hinwendung zur Welt eine Art implizierter, fortwährender Ansprechbarkeit für die normativen Dimensionen aller Erfahrung enthalten ist, man könnte sagen, eine Art omnipräsenter ständiger Offenheit dafür, ob ich es richtig mache, eine Offenheit, die »offen *gehalten*« werden muss – all dies sind Merkmale meiner Hinwendung zur Welt. Genau dieses Merkmal meiner Hinwendung ist dafür verantwortlich, dass ein gänzlich psychologistisches oder naturalistisches Verständnis des Bewusstseins für Kant und seine Erben auf immer unvollständig bleibt. Ich möchte behaupten, dass in dem, was Kant als eine Art praktischer Apperzeption verstehen muss, ein paralleles Phänomen im Spiel ist und somit auch eine parallele Versuchung zur Miss- und Überinterpretation. Bewusstsein besteht nicht aus Urteilen, und die moralische Hin-

15 Wilfrid Sellars, *Der Empirismus und die Philosophie des Geistes*, Paderborn 1999, §16 (dt. Übers. geändert von C.B.S.).

wendung und Ansprechbarkeit (die Kant als *gemeine Menschenvernunft** bezeichnet) besteht nicht in der Durchführung von Universalisierungstests.

Ich möchte nun ein paar Vorschläge aufgreifen, die Wilfrid Sellars zu diesem Thema unterbreitet, und ihre Implikationen innerhalb einiger seiner Beiträge betrachten. Der erste und wichtigste Vorschlag stammt aus *Science and Metaphysics*, § 33, wo er zur Bekräftigung der Behauptung, dass »es ein radikaler Fehler wäre, geistige Akte als Handlungen darzustellen«, über unser sinnliches Für-wahr-Halten schreibt, es sei »Unsinn so zu sprechen, als geschehe unser Für-wahr-Halten von etwas ›absichtlich‹. Etwas für wahr zu halten, ist eher ein Akt im aristotelischen Sinn von ›Wirklichkeit‹ als in dem spezifisch praktischen Sinn, der mit Vollzügen assoziiert wird.«[16]

(Wenn Sellars über sinnliches Für-wahr-Halten spricht – etwa über das Für-wahr-Halten dessen, dass dort ein Buch auf dem Tisch liegt –, verstehe ich ihn so, dass er sich auf das Wahrnehmen, im Sinne des Bemerkens, wie er sagt, eines Buches auf dem Tisch bezieht und nicht meint, man halte es für wahr, dass das, was dort auf dem Tisch liegt, ein Buch ist. Er spricht sehr bewusst nicht über urteilendes Für-wahr-Halten.)

Was wir verstehen wollen, um uns von jeder Sorge eines möglichen Intellektualismus oder einer »Über-Intellektualisierung« der sinnlichen Erfahrung zu befreien, wie sie im letzten Abschnitt beschrieben wurde, ist, wie ein Verständnis sinnlichen Für-wahr-Haltens als aristotelische »Wirklichkeit« uns bei diesem Befreiungsakt helfen kann. Diese Bemerkungen sind jedoch Teil eines umfassenderen sellarsschen Bildes, das die Begriffe der Form und des Inhalts sowie der Wirklichkeit und Möglichkeit enthält, und wir benötigen ein paar zusätzliche Elemente dieses Bildes, bevor wir die ganze Wirkkraft seiner Behauptungen über »begriffliche Aktualisierung« würdigen können. Insbesondere müssen wir einen kontroversen Aspekt von Sellars' Kantinterpretation berücksichtigen – nicht um diesen Aspekt zu verteidigen, sondern nur um eines besseren Verständnisses dieses einen Themas willen.

Was wir als den »Inhalt der Erfahrung« bezeichnet haben,

16 Wilfrid Sellars, *Science and Metaphysics. Variations on Kantian Themes*, London 1968, § 33, S. 74. (Dt. Übers. hier und im Folgenden von C.B.S.)

kommt bei Sellars als eine Mannigfaltigkeit empirischer Anschauungen in den Blick, sobald wir erkennen, dass diese empirischen Anschauungen begrifflich informiert sind, begriffliche Form haben.

Betrachten wir im Folgenden eine Passage aus Sellars' Aufsatz »Some Remarks on Kant's Theory of Experience«, in der er seine berühmte Zurückweisung der Auffassung erläutert, Kants Unterscheidung von Verstand und Anschauung falle mit der Unterscheidung von begrifflich und nicht-begrifflich zusammen:

Die Struktur dessen, was Kant denkt, tritt viel deutlicher hervor, wenn wir ihn so interpretieren, dass er sich über den Unterschied zwischen *allgemeinen* begrifflichen Vorstellungen (sortalen und attributiven) auf der einen Seite und *Anschauungen* als einer besonderen Klasse von *nicht-allgemeinen* begrifflichen Vorstellungen auf der anderen Seite im Klaren ist. [...] ›Anschauliche‹ Vorstellungen bestünden hierbei aus solchen begrifflichen Vorstellungen von Einzelnem (grob gesagt, Individualbegriffen), deren Form etwa durch den Ausdruck

›diese-Linie‹

im Gegensatz zu

›die Gerade, die ich gestern gezeichnet habe‹

veranschaulicht werden kann, wobei es sich bei letzterem Ausdruck um einen Individualbegriff handelt, der die Form einer definiten Kennzeichnung hat.[17]

Was wir verstehen wollen, ist also die Idee derjenigen begrifflichen Tätigkeit, die für diese anschaulichen Vorstellungen eines »Dieses-solches« relevant ist, für den Inhalt der Erfahrung als einer Erfahrung unterschiedener, partikularer Gegenstände und Ereignisse.

Dies ist der Sinn, in dem Sellars seine eigene Version von Kants Behauptung einer »gleichen Funktion« formulieren kann, einer Variante von Kants Aussage aus A 79/B 105 der ersten *Kritik*: »Dieselbe Funktion, welche den verschiedenen Vorstellungen *in einem Urteile* Einheit gibt, die gibt auch der bloßen Synthesis verschiedener Vorstellungen *in einer Anschauung* Einheit, welche, allgemein ausgedrückt, der reine Verstandesbegriff heißt.« Bei Sellars lesen wir:

17 Wilfrid Sellars, »Some Remarks on Kant's Theory of Experience«, in: ders., *Kant's Transcendental Metaphysics: Sellars' Cassirer Lectures, Notes and other Essays*, Atascadero 2002, S. 272. (Dt. Übers. hier und im Folgenden von C.B.S.)

In der Rezeptivität tun wir dasselbe wie in der ›Spontaneität‹ der Einbildungskraft, aber wir tun es auf solche Weise, dass wir für eine Anleitung durch die Gegenstände empfänglich sind, die wir dann vorstellen.[18]

»Dasselbe« meint das Erfassen, doch »*in* der Rezeptivität« ist eine dialektische Idee, die wir erst dann verstehen können, wenn wir mehr über Sellars' Ansatz erfahren haben.

Zum besseren Verständnis benötigen wir vor allem die folgende Passage. Sellars warnt uns hier vor einer Versuchung (einer Versuchung, die, wie ich glaube, oft eine Rolle spielt, wenn man Kant eine »Überintellektualisierung« unterstellt).

Die Versuchung besteht darin, sich den ›Inhalt‹ eines Akts als Entität vorzustellen, die in ihm ›enthalten‹ ist. Wenn jedoch die ›Form‹ eines Urteilsakts jene Struktur ist, vermöge derer ihm gewisse *generisch* logische oder epistemische Kräfte zukommen, dann muss der Inhalt jener Charakter sein, vermöge dessen der Akt *spezifische* Modi dieser generisch logischen oder epistemischen Kräfte innehat.[19]

Es ist also nicht der Fall, dass wir uns die logische ›Subjekt-Prädikat‹-Form oder die kategorische ›Substanz-Eigenschaft‹-Form oder irgendeine allgemeine Form als »leere« Behälter vorstellen sollten oder in irgendeiner Weise analog leeren Konturen oder Gussformen, die entweder durch Sinneseindrücke des Typs ›Tom ist groß‹ »gefüllt« werden, wenn wir etwa auf den großen Tom treffen, oder die hinreichend stimuliert werden, um Sinneseindrücke mit der ›Tom-ist-groß‹-Form zu prägen. »Tom ist groß« *ist* einfach die besondere Weise, in der die *S-ist-P-Form* wirklich ist, die Weise, in der diese Form das Unterscheidungsvermögen, zu dem das Verfügen über die *S-ist-P-Form* befähigt, in der Wirklichkeit manifestiert. Diese Form ist ganz einfach dadurch »materialisiert«, dass sie diesen spezifischen Modus der Verwirklichung des Vermögens darstellt, nicht dadurch, dass sie irgendein Stoff ist, der geformt wird. Und eine empirische Anschauung, die Wahrnehmung eines Einzelnen, genauer die Wahrnehmung eines Einzelnen-samt-Attribut, oder die Bestimmung eines spezifischen zeitlichen Verhältnisses zwischen Ereignissen sind Weisen, in denen jedes solche generische Vermögen bei sinnlichen Wesen wie uns unterscheidend und spezifisch verwirklicht ist.

18 Ebd., S. 273.
19 Ebd., S. 274/275.

Wir können schon jetzt feststellen, dass nichts an diesem Ansatz des Kognitivismus oder des Intellektualismus schuldig ist. Vielleicht wäre »Explizitismus« der treffendere Ausdruck. Wenn man eine visuelle Wahrnehmung des sich nähernden großen Tom hat, dann schließt dies die eben beschriebene Weise der Verwirklichung ein, ohne dass man denkt oder urteilt, »Da ist dieser große Tom« oder »Tom ist groß«, oder dass hier irgendeine Anwendung von Begriffen auf sinnliches Material stattfinden würde. Genauso wie die praktische Vernunft des *phronimos* in Aristoteles' Darstellung *in* der Art und Weise besteht, wie er sich Aspekten der Ereignisse und Möglichkeiten, mit denen er konfrontiert ist, zuwendet, sie ignoriert, selektiert und bei ihnen verweilt (oder auch nicht), *ist* das visuelle Wahrnehmungsvermögen für uns ein begriffliches Vermögen. Das heißt aber nicht, dass es sich hierbei nicht um ein »wahrhaft sinnliches Vermögen visuellen Wahrnehmens« handeln würde, sondern dass es sich *mehr noch* um ein »begriffliches« beziehungsweise urteilendes Vermögen handelt. Und weil es sich hier um ein solches begriffliches Vermögen handelt (ein apperzeptives, wie Kant sagt), kann dieses Vermögen, wie wir sehen, stets darauf »eingestellt« beziehungsweise dafür »offen« sein, dass es in Wirklichkeit zum Beispiel nicht Tom ist, den wir sehen.

Ich sehe den großen Tom stets auf eine Weise, die für Hinweise darauf offen ist, dass es nicht Tom ist, den ich sehe, denn wenn ich es sinnlich für wahr halte, dass dies dort Tom ist, dann bin ich mir dieses Für-wahr-Haltens als eines solchen apperzeptiv bewusst. Es ist allerdings nicht so, dass ich ein Bewusstsein von Tom habe, und darüber hinaus auch ein Bewusstsein meines Für-wahr-Haltens, sondern dass ich mir Toms *in dieser Weise* bewusst bin, in genau diesem adverbialen Sinn. Dies ist die Weise, wie wir *sehen*; nicht jedoch ein Sehen, das außerdem von einem selbstbewussten Ich »überwacht« wird.

Und hier können wir nun vielleicht auch die von Sellars vorgeschlagene Rede von Form und Materie sowie Wirklichkeit und Möglichkeit ganz und gar aufnehmen, mithin die interessanteste Art von Hylemorphismus, den Leib-Seele-Hylemorphismus. Gemäß der üblichen Analogie (aus Buch zwei von Aristoteles' *De Anima*) ist es so: Wenn das Auge der Körper (Materie) ist, dann ist das *Sehen*, also das Sehvermögen, seine Seele (Form), die spezifische Weise ihrer Betätigung beziehungsweise die erste Wirklichkeit ihres Körpers. (Die beiden lassen sich also nicht wirklich trennen, auch wenn man eine logische Unterscheidung treffen kann; ein »totes« Auge ist kein Auge mehr, außer vielleicht dem Namen nach.)

In einem menschlichen, sinnlich-rezeptiven Wesen also, das sinnlichen Eindrücken ausgesetzt ist, bestünde diese spezifische Wirklichkeit – die besondere Weise der Betätigung einer solchen Fähigkeit bei Wesen wie uns – in besonderen begrifflichen Anschauungen (Instanzen von »dieses-solches«). Die große Versuchung, der laut Sellars widerstanden werden sollte, ist die Versuchung zu glauben, man müsse im Falle solcher Wesen, wie wir sie sind, das sinnlich Mannigfaltige von der Form unterscheiden, die es bestimmt. Das Vermögen des Auges zu sehen, ist nichts, das dem materiellen Auge »hinzugefügt« wird, als könne es ein Auge geben, dass in jeder Hinsicht mit einem normalen Auge identisch wäre, das jedoch nicht sehen kann und dem das Vermögen zu sehen dann »beigegeben« werden würde. Das Vermögen zu sehen *ist* die besondere Betätigung dieses Körpers.

Analog gilt: Wenn Kant berühmterweise behauptet, dass »Anschauungen ohne Begriffe blind«[20] sind, dann meint er nicht, dass wir zunächst Subjekte blinder Anschauungen sind, von denen man sagen kann, sie würden zu »gehaltvollen« und »leitenden« Anschauungen, »nachdem« Begriffe auf sie angewandt wurden. Es gibt keine blinden Anschauungen, die darauf warten, begrifflich gehaltvoll zu werden. Kants Absicht besteht darin, die Vorstellung eines nicht-begrifflichen Gehalts zurückzuweisen; nicht darin, die anfängliche Blindheit von Anschauungen zu qualifizieren. Blinde Anschauungen sind ebenso wenig Anschauungen, wie tote Augen Augen sind. Entsprechend wäre es ebenso falsch, Fragen wie etwa diese zu stellen: »Wie leiten oder beschränken Sinneseindrücke die Anwendung von Begriffen?« oder »Wie können wir unsere Urteile über Tatsachen oder unsere Erfahrungen der Tatsachen mit den Tatsachen selbst vergleichen?« Die Erfahrung ist nicht von Sinneseindrücken geleitet, sie *ist* sinnliches Bewusstsein und kann ein solches sinnliches Bewusstsein, das sich auf einzelne Gegenstände und Ereignisse bezieht, nur sein, wenn sie ein Vermögen des Unterscheidens besitzt, ein Vermögen des Begreifens, das sinnlich verwirklicht wird. Ebenso gilt auch, dass Inhalte der Erfahrung Tatsachen *sind*. Jede Weigerung, auf Basis solcher Erfahrungen zu

20 *KrV*, A51/B75.

urteilen, resultiert aus dem, was wir sonst noch erfahren, und nicht aus irgendwelchem Vergleichen.

Es ist also nicht der Fall, dass vorgebliche Akte des Sehens uns in dem Sinne aufgenötigt werden, dass wir einfach *auf andere Weise genötigt* wären, wenn wir korrigieren würden, was wir fälschlicherweise gesehen zu haben glaubten. Ich habe versucht zu erklären, warum dies nicht der Fall ist. Vorgebliche Akte des Sehens sind ebendies, sie sind an sich *vorgeblich*, in Kants Worten: Sie sind Produkte der Apperzeption und somit immer der möglichen Korrektur *unterworfen*, nicht der wechselnden Nötigung. Und all dies soll keineswegs nahelegen, dass Erkenntnisansprüche allein in unserer Hand liegen – als *könnten* wir unverantwortlich urteilen, dass sich ein Elefant im Seminarraum befindet, wenn sich in Wirklichkeit keiner darin befindet.

Die begrifflichen Fähigkeiten, die in einer sinnlichen Erfahrung (das heißt richtig verstanden, in empirischen Anschauungen der Welt) ins Spiel gebracht beziehungsweise verwirklicht werden, werden letztlich in jener Art von Verwirklichung in Anspruch genommen, die eine nahtlose und allgemein unproblematische sinnliche Erfahrung der Welt verlangt. Doch diese Fähigkeiten (dieselben Fähigkeiten) können auch noch auf andere Weise ins Spiel gebracht werden, auf einer anderen Ebene, nämlich dann, wenn in einer solchen Erfahrung die Verwirklichung einer Ordnung von Reflektiertheit und assertorischem Behaupten gefragt ist, die, obgleich stets verfügbar, zumeist nicht gefragt ist. Diese Art der Verwirklichung ist immer dann verlangt, wenn Unstimmigkeiten in unserer sinnlichen Erfahrung auftreten (etwa wenn wir zu einem späteren Zeitpunkt Aspekte der Welt wahrnehmen, die mit dem, was wir zuvor wahrgenommenen zu haben glaubten, unvereinbar sind, oder wenn eine Frage aufkommt wie »Hast du den Würfel tatsächlich gesehen?«). Was sich unterscheidet sind *die Weisen der Verwirklichung*, nicht *die Beziehung zum Willen.*

Natürlich handelt es sich bei diesen Vorschlägen hier wirklich nur um Vorschläge; sie tragen noch nichts dazu bei, zu belegen, dass Kant keine Position der »Auferlegung« in diesem Sinne vertreten hat. Wir haben jedoch bereits die Passage aus A79 zitiert, in der Kant von »derselben Funktion« spricht, und es gibt weitere Passagen ähnlicher Art. In B138, in der Deduktion der zweiten Ausgabe, schreibt Kant:

> Die synthetische Einheit des Bewusstseins ist also eine objektive Bedingung aller Erkenntnis, nicht deren ich bloß selbst bedarf, um ein Objekt zu erkennen, sondern unter der jede Anschauung stehen muss, *um für mich Objekt zu werden.*

Und es kostet ihn viel Mühe zu betonen, dass dies das Problem der Objektivität nicht in ein Problem der subjektiv notwendigen Einheit verwandelt:

> Denn z. B. der Begriff der Ursache, welcher die Notwendigkeit eines Erfolgs unter einer vorausgesetzten Bedingung aussagt, würde falsch sein, wenn er nur auf einer beliebigen uns eingepflanzten subjektiven Notwendigkeit, gewisse empirische Vorstellungen nach einer solchen Regel des Verhältnisses zu verbinden, beruhete. Ich würde nicht sagen können: die Wirkung ist mit der Ursache im Objekt (d.i. notwendig) verbunden, sondern ich bin nur so eingerichtet, daß ich diese Vorstellung nicht anders als so verknüpft denken kann; welches gerade das ist, was der Skeptiker am meisten wünscht; denn alsdenn ist alle unsere Einsicht, durch vermeinte objektive Gültigkeit unserer Urteile, nichts als lauter Schein.[21]

Der Sinn all dieser Metaphern besteht natürlich darin, eine Art begrifflicher Tätigkeit zu beschreiben, die sich von assertorischem Urteilen, begrifflichem Klassifizieren (»dies ist ein A, das ist ein B etc.«) oder auch überlegtem Regelfolgen unterscheidet, und dies auf möglichst viele verschiedene Weisen. Man kann wohl behaupten, dass wir uns nicht erfolgreich auf Gegenstände beziehen können, ohne ein sortal unterscheidendes Vermögen zu aktualisieren. Zugleich aber kann man darauf bestehen, dass sich die Aktualisierung dieses Vermögens im Falle der sinnlichen Gegenwart eines Gegenstandes durchaus von seiner Verwirklichung beim urteilenden Klassifizieren unterscheidet.

IV.

Ich möchte nun behaupten, dass dies in praktischen Zusammenhängen sogar noch klarer ist, besonders mit Blick auf die praktische Apperzeption, jenes Selbstverhältnis, vermöge dessen das, was ich tue, *diese* meine Tat ist und nicht jene Tat oder etwas, das mir zustößt oder das ich erleide. Die vollständige Behauptung, die eine

21 *KrV*, B168.

längere, separate Diskussion verdienen würde, lautet, dass meine Absicht (in diesem Zusammenhang begrifflich vermittelte Geistigkeit) als der Handlung »innerlich« verstanden werden sollte, nicht als »davor« oder »dahinter« – ganz ähnlich wie im Falle unserer Diskussion der Rationalität des *phronimos.*

Wenn ich eine Handlung beginne und dann weiterverfolge, weiß ich offensichtlich, was ich tue und habe irgendein Verständnis des ›Warum‹. Deshalb kann von mir behauptet werden, dass ich meine Aufgabe »wissentlich« angehe, ohne dass dies bedeuten muss, dass ich während der Entwicklung des Handlungsgeschehens ständig prüfe, ob meine Absicht erfüllt wird, ob die Handlung immer noch zu der Handlungsbeschreibung passt, unter der ich mich der Absicht verschrieben habe, oder auch, ob ich die Handlung nach wie vor für gerechtfertigt erachte. Ganz eindeutig kann man von mir behaupten, dass ich mir all dieser Dinge bewusst bin, ohne *auf* Absicht, Handlungsbeschreibung und -bewertung *»als solche«* zu achten (genauso wie man von mir sagen kann, ich hätte Gründe für mein Handeln, ohne dass ich jemals Gründe erwogen hätte). Um zu dem Punkt unserer Analogie mit der Erkenntnis zurückzukehren: Ebenso wenig wie Erfahrung, sinnliches Wissen etwa, aus einer Reihe von empirischen Urteilen besteht, so besteht auch die Rechtschaffenheit eines Lebens nicht in einer Art Selbst-Überwachung und Selbst-Prüfung. Anders gesagt, gibt es hier keine Spur von »Auferlegung«. Ein rechtschaffenes, moralisches Leben ist kein solches, in dem sich ein Individuum zu irgendeinem Zeitpunkt entschieden hätte, den kategorischen Imperativ zum übergeordneten Prinzip der Wahl sämtlicher seiner Entscheidungen zu machen, als gäbe es ein noumenales Moment der Kür: eine Wahl zwischen dem radikal Bösen und dem *summum bonum.* Vielmehr beinhaltet solch ein Leben eine Vielzahl unterscheidender und evaluativer Fähigkeiten, die in sinnlich-verkörperter Weise verwirklicht werden, wenn dies zu bestimmten Gelegenheiten verlangt ist. Schon vor jedem vermeintlichen Moment des Überlegens sind Fähigkeiten des Unterscheidens, des Wahrnehmens, der Relevanzeinstufung, der affektiven Reaktionen usw. längst auf Weisen zur Anwendung gekommen, die begrifflich komplex sind und direkt beurteilt werden können, sollte etwas geschehen, das dies erfordern würde.

Wir wollen nun ein letztes Mal zur Analogie mit der Erkenntnis zurückzukehren. Wenn Kant sagt »Der unbestimmte Gegenstand einer empirischen Anschauung heißt *Erscheinung*«,[22] dann meint er meiner Lesart nach, dass eine solche Erscheinung artikuliert ist, ohne dass bereits irgendeine explizite Artikulation »stattgefunden« hätte (er muss dies meinen, da er ebenfalls sagt, dass wir von Erscheinungen *wissen*). Zum Zwecke einer solchen Artikulation müsste ich innehalten und darüber nachdenken, was genau ich gesehen habe, was relevant wäre, um eine sich mir stellende Frage zu beantworten, usw. Sie, die *Erscheinung*, ist *für mich* unbestimmt. Wie ich an früherer Stelle bemerkt habe, kann ich ebenso auch mehrere Gründe für mein Handeln haben, ohne dass bereits irgendein *Erwägen von Gründen* (*reasoning*) stattgefunden hätte. Im Vorfeld einer solchen Artikulation meinerseits, könnte man auch von diesen Gründen sagen, sie seien *noch* unbestimmt für und durch mich; auch in diesem Fall müsste ich innehalten und darüber nachdenken, warum ich gerade dieses oder jenes getan habe. Oder man könnte sagen: *Der unbestimmte Gegenstand einer menschlichen Absicht ist eine phänomenale Handlung.*

Was in der Praxis als hervorstechend, als von ethischer Relevanz betrachtet wird, selbst auch was beispielsweise in der Arbeitsteilung einer gut funktionierenden egalitären Gesellschaft (Rasse, Geschlecht etc.) »richtiggehend« *unbemerkt* bleibt, in einer Gesellschaft von rationaler Form; welche Ereignisse Fragen aufwerfen, Beachtung verlangen und welche nicht; wer der Moralgemeinschaft als wertvoll gilt und wer nicht, und so fort. All dies kann man in unserer praktischen Welt als von großer, wohl beachteter, jedoch unreflektierter Bedeutung ansehen. Manches davon ist so tief greifend unreflektiert und so tief verinnerlicht, dass man sich nur schwer vorstellen kann, es überhaupt in Frage zu stellen. Wir haben all dies »im Geiste«, ohne irgendetwas davon »vor dem Geiste« zu haben. Und dennoch ist es zutiefst unplausibel, dass solche historisch und kulturell recht variablen, gemeinsamen Formen der Praxis »allein durch sich selbst« irgendeine unmittelbare, direkte Präsenz in unserer Erfahrung haben, als drängten sie sich unserer Aufmerksamkeit von selbst auf oder täten dies »von außen«. Hier ist ein hochkomplexes begrifflich oder normativ interpretatives Bezugssystem am Werk, das aktual und der Reflexion zugänglich ist, ohne dass dieses Am-Werk-Sein eine Angelegenheit expliziter

22 *KrV*, A20/B34.

»reflexiver Bekräftigung« wäre, oder auch das Ergebnis einer artikulierten moralischen Bewertung, die etwa als mentales Ereignis »stattfände« und so zu einem bestimmten Bestandteil dieser normativen Aufmerksamkeit würde.

Dies zeigt uns einen alternativen Weg auf, oder zumindest den Beginn eines solchen Weges, wie wir die Idee des autonomen Individuums verstehen können. Zu Recht betrachtet der Common Sense die Freiheit von äußerer Beschränkung, von Zwang, Gefahr und so fort als Minimalbedingung für diese Art der Selbstregierung. Allgemein akzeptieren wir auch, was Kant als Bedingung dafür anführt, dass es sich hierbei um ein Selbstregieren im eigentlichen Sinne handelt: Es sollte vernünftig sein.

Wenn wir unter dem Einfluss eines Drangs oder einer Leidenschaft stehen, der beziehungsweise die uns in Versuchung führt, etwas zu tun, von dem wir wissen, dass wir keinen guten Grund haben, es zu tun, oder sehr guten Grund, es zu unterlassen (oder, um die Komplexität des Falls drastisch zu erhöhen: wenn wir dies wissen könnten, stünden wir nicht unter dieser Art Einfluss), und wir den Drang dennoch befriedigen, dann sind wir geneigt zuzustimmen, dass etwas schiefläuft. Denn dann *führen* wir unser Leben nicht im eigentlichen Sinn. Aber wir scheuen vor dem zurück, was allgemein als der nächste Schritt Kants gilt: Wir sind erst dann vollkommen vernünftig, wenn wir unsere Handlungsgründe einer Überlegung unterziehen, in der wir sie daraufhin prüfen, ob sie mit der Form der Vernunft als solcher vereinbar sind. Dieser Schritt öffnet dem Rigorismus und dem leeren Formalismus Tür und Tor und erzeugt auch die tiefe Beunruhigung bezüglich schwieriger motivationaler Fragen. Doch diese Sorgen erscheinen in einem anderen Licht, wenn wir zugestehen, dass Kant mit der »Form der Vernunft« eine Fähigkeit zur Beurteilung meint, die ebenso wenig als Kriterium isoliert werden kann, wie es »Substanzen« oder »Ursachen« in der Erfahrung gibt oder wie wir das Sehen verstehen können, ohne es als das Sehen einer Art von Auge aufzufassen – sei es das Auge eines Menschen, einer Fledermaus oder etwa das einer Fliege. (Es gibt kein »Sehen als solches«, es gibt nur spezies-spezifische Verwirklichungen dieser Fähigkeit.) Und die Sache erscheint auch dann in einem anderen Licht, wenn wir die Wirklichkeit der Vernunft in einem menschlichen Leben als Fähigkeit zur Rechtfertigung verstehen, die spezifisch für beziehungsweise relativ zu der

Art und Weise ist, in der eine Lebensform zu einer gegebenen Zeit Rechtfertigungen und Akte der Anerkennung verlangt oder auch nicht verlangt. Die Idee der Autonomie als einer Fähigkeit des Individuums, »für sich selbst zu denken«, die Idee solchen Denkens, das nur dann ein für das Selbstregieren notwendiges, eigentliches Überlegen ist, wenn es vernünftig ist, sowie die Idee eines »formal« verstandenen Maßstabs der Rationalität, den Kant, wie ich nahelege, nicht teilt – all dies sieht ganz anders aus, wenn wir bedenken, wie Kant die Begriffe der »Form« und der »Aktivität« in der theoretischen Philosophie verstanden wissen wollte.

Zugegeben: Im praktischen Kontext gibt es *tatsächlich* Dinge, die wir »absichtlich« tun. Es gibt dort wirklich Handlungen, die uns obliegen und nicht lediglich Verwirklichungen sind. Aber diese Handlungen werden ziemlich weit »flussabwärts« initiiert, im Lichte eines Verständnisses des Kontextes möglichen Handelns, der verfügbaren Alternativen und der relevanten Bewertungskriterien. Weiterhin gibt es praktisch relevante Instanzen sinnlichen Für-wahr-Haltens, die wohl kaum daraus resultieren, wie wir die Dinge zu sehen »beschließen«, und es ist nur in solchen bestimmten Kontexten der Fall, dass vernünftige evaluative Fähigkeiten ins Spiel gebracht werden – und dies wiederum auf Weisen, die nicht nur »unsere Sache« sind. (Wir entscheiden nicht, was wodurch gerechtfertigt ist.) Es gibt natürlich Überlegungen, im Falle derer nicht klar ist, was wir tun sollen: Ist diese bestimmte Handlung ein Verrat an der Freundschaft oder an dem, was ein guter Freund tun sollte? Doch die Bedingungen des Überlegens und die relevanten Entscheidungsmöglichkeiten müssen dennoch als Aspekte der Verwirklichung unserer vernünftigen Fähigkeiten angesehen werden und nicht als etwas, das letztlich durch eine »freie Wahl« entscheidbar ist. Beim erkennenden Überlegen verhält es sich ebenso: Habe ich da gerade einen Hund oder einen Wolf gesehen? Wie die richtige Antwort lauten muss, wird von niemandem letztlich einfach »beschlossen«.

V.

Dies klingt nun zugegebenermaßen immer weniger nach dem historischen Kant. Freilich schien er zu denken, dass Freiheit mindestens der Fähigkeit bedarf, von dem, was wir zu tun geneigt sind – vielleicht sogar sehr stark geneigt sind –, »zurückzutreten«, wie es oft heißt, und zu überlegen, was wir tun sollten oder vielleicht tun werden, und *dies schlicht als vernünftige Denker*, nachdem wir sämtliche Erwägungen außer einer beiseite gesetzt haben: was zu tun vernünftig wäre. Vielen schien Kants Auffassung der moralischen Verantwortung nahezulegen, dass wir jede Handlung als gewählt ansehen sollten und dass wir uns in Fällen moralischer Versuchung wie Aufseher zu verstehen haben, die mit einem Schalter ausgestattet sind und Zugang zu einem Handbuch für Testverfahren haben: Handle entweder aus Selbstliebe oder entschließe dich, nur nach solchen Maximen zu handeln, die verallgemeinert werden können, und zwar gemäß den Regeln des Handbuchs. Solch eine Wahl wäre natürlich nur in Kants noumenaler Welt möglich, unbedingt und somit nicht in der Zeit – und also eine Entscheidung, für die wir alleinige und absolute Verantwortung tragen. Außerdem kann es, im Lichte dessen, was als Kants Verständnis des moralischen Konflikts angesehen wird – ein Kampf zwischen Neigungen, die alle auf die eine oder andere Weise Arten von Selbstliebe sind, und demjenigen, von dem wir wissen, dass es das Richtige ist –, einfach keine Kontinuität zwischen Kants praktischer und seiner theoretischen Philosophie geben, falls der letzteren, wie oft behauptet worden ist, kein Bild der Auferlegung zugrunde liegt. Gemäß dem kanonischen Kant *ist* das moralische Leben sicherlich wirklich ein Kampf darum, den widerstrebenden Leidenschaften der Selbstliebe, denen wir natürlicherweise unterworfen sind, die »Forderungen der Vernunft« *aufzuzwingen*. Und, wie bereits zugestanden, gibt es sicherlich Textstellen, in denen er zu sagen scheint, dass die Frage, ob unser Leben als mit der Form der Rationalität in Übereinstimmung befindlich und also als autonom gelten kann, tatsächlich eine Sache der stetigen Prüfung von Maximen auf Universalisierbarkeit ist oder auch auf Konformität mit irgendeinem moralischen Ideal (etwa der Achtung von Personen als Zwecken) – was angeblich dem Universalisierbarkeitstest gleichkommen soll.

Wir sind nun schon zu weit fortgeschritten, als dass wir uns an dieser Stelle den Feinheiten der Kant-Exegese zuwenden könnten, aber ich finde, wir sollten zumindest zögern, bevor wir den Schluss ziehen, dass Kant im Falle seiner theoretischen und ästhetischen Philosophie zwar kein Vertreter der Idee der Auferlegung war, dies dafür aber auf seine praktische Philosophie zutrifft. Man beachte folgenden Hinweis auf die Komplexität seiner Position.

Sehr früh im ersten Buch seiner *Religionsschrift* bekundet Kant in einer bemerkenswerten Fußnote seine tiefe Sympathie für Schiller, den Autor einer der berühmtesten kleinen poetischen Einwände gegen Kant (dass ich, wenn ich meinem Freund helfe, einen Weg finden sollte, ihn nicht zu mögen, denn sonst fände sich für den Kantianer in solch einer Handlung kein moralischer Wert). In seinem Lob von Schillers Aufsatz *Über Anmut und Würde* gibt Kant zwar zu, dass Handlungen, die aus Pflicht getan werden, nie »anmutig« sind (stattdessen erwecken sie »Ehrfurcht«), ist aber überraschenderweise mit Schiller darin einig, dass etwas nicht stimmt, dass es etwas zu beanstanden gibt an der Vorstellung einer Person, die die Erfüllung ihrer Pflicht als die beschwerliche Auferlegung, so muss man sagen, einer Beschränkung dessen erlebt, was sie eigentlich tun will, einer Person, die ihrer Pflicht also stets widerwillig oder missmutig nachkommt. Kant schreibt:

> Frägt man nun, welcherlei ist die ästhetische Beschaffenheit, gleichsam das Temperament der Tugend, mutig, mithin fröhlich, oder ängstlich-gebeugt und niedergeschlagen? So ist kaum eine Antwort nötig. Die letztere sklavische Gemütsstimmung kann nie ohne einen verborgenen Haß des Gesetzes statt finden und das fröhliche Herz in Befolgung seiner Pflicht (nicht die Behaglichkeit in Anerkennung desselben) ist ein Zeichen der Echtheit tugendhafter Gesinnung.[23]

Es stimmt, dass Kant hier über die Tugend schreibt und nicht über die Autonomie als solche (wenn Tugend so etwas meint, wie die Autonomie als Zweck zu haben), doch seine übergreifende Einsicht scheint sich auf die Wahrhaftigkeit der moralischen Motivation zu beziehen, einer allgemeineren Bedingung des moralischen Werts sowohl individueller Handlungen als auch der Tugendhaftigkeit des gesamten Lebens. Selbst in einzelnen Fällen also, wenn es darum geht, ob das Moralgesetz der übergeordnete Faktor in der Entscheidung war, scheint diese Bemerkung ein viel komplexeres System von Bedingungen zur Erlangung dieser Verpflichtung, des »pflichtmotivierten« Geisteszustandes, nahezulegen, als Willensstärke oder Entschlusskraft erreichen könnten. Und da unsere moralische Berufung stets von uns verlangt, nach einem derartigen Zustand des Pflichtbewusstseins zu streben – ob als regierendes

23 Immanuel Kant, *Die Religion innerhalb der Grenzen der bloßen Vernunft*, *Werke*, Bd. 8, S. 671, Fn. 6.

Prinzip aller unserer Handlungen (Tugend) oder eines einzelnen Akts –, sind solche Bedingungen wesentlich für das Erreichen dessen, was die Moralität verlangt. Die Erfahrung des Moralgesetzes als schmerzliche Einschränkung dessen, was man eigentlich tun will, ist laut Kant – selbst dann, wenn man letzten Endes das tut, was die Pflicht verlangt, weil sie es verlangt – Beleg dafür, dass man »das Rechte« noch nicht »wahrhaft« zum bestimmenden Grund des eigenen Handelns gemacht hat. (Er sagt, dass wir ohne die rechte »fröhliche Gemütsstimmung« nie wissen werden, ob wir die wahre Liebe zum Guten erlangt haben, das heißt, ob wir jenen Zustand erlangt haben, den Kant als das »aufgenommen haben« solch einer Überlegung bezüglich des moralisch Guten »in die eigene Maxime« bezeichnet).[24] Anders gesagt, ist selbst die Tatsache, dass das Moralgesetz in einem Konflikt mit der Selbstliebe »gewinnen« mag, noch kein Beweis für eine moralisch richtige Handlung, sondern bestenfalls ein »gesetzeskonformes« Befolgen.

Kant ist natürlich bekannt für seine Skepsis bezüglich der Frage, ob wir jemals mehr als eine solche zulässige Befolgung erreichen können, doch er legt nahe, dass das Bild eines Dualismus sinnlicher Neigungen und einem beschränkenden, regulierenden Moralgesetz, also ein Ansatz der Auferlegung, nichts ist, was wir als die Standardposition akzeptieren sollten; ein solches Bild ist keine angemessene Vorstellung eines moralischen, oder weiter gefasst, eines autonomen Lebens. (In diesem Abschnitt deutet sich an, dass die Unterordnung meines Willens unter den kategorischen Imperativ eine notwendige Bedingung für Autonomie sein mag, jedoch keine hinreichende.) Und dies gibt den Blick auf eine Menge anderer Aspekte frei, die normalerweise nicht mit dem kanonischen Kant assoziiert werden. Wenn nämlich ein angemessenes autonomes Leben kein bloßes Regieren über unser rebellisches, affektives Leben einschließt, dann ist es auch wahr, dass wir es nicht schaffen, in der richtigen affektiven Stimmung – der Vermeidung eines Dualismus von affektgesteuerter Materie und vernünftiger Form – zu sein, einfach indem wir uns dazu entscheiden, wie etwa, wenn wir uns dazu entscheiden würden, das Erfüllen unserer Pflicht zu lieben.

Die Bedingungen, die erfüllt sein müssen, damit wir in einer Lage sind, in der wir der moralischen Richtigkeit die übergeord-

24 Ebd.

nete Relevanz in unserem Tun einräumen, hängen dann ihrerseits nicht nur von uns ab, sondern setzen eine Art Sozialisierung und Bildung sowie ein Bestehen liebevoller Beziehungen zu den Eltern und zu anderen Mitgliedern des von Kant so genannten »ethischen Gemeinwesens« voraus. Dies würde nahelegen, dass die Form einer Handlung nicht isoliert als vernünftig gelten könnte; dass ihre Form davon abhängt, ob die Form des gesamten Lebens vernünftig ist, was dann im eben vorgeschlagenen Sinne wiederum davon abhängen mag, ob die Lebensform der Gemeinschaft vernünftig ist. Das könnte bedeuten, dass hier eine gewisse Ökonomie geteilter emotionaler und evaluativer Reaktionsfähigkeit erreicht wurde, die mit dem Gefüge aus Selbstverständnis, Kultur und Erziehungspraktiken der Gemeinschaft verwoben ist – all dies derart, dass die Möglichkeit des Erlangens (der »Verwirklichung«) von Autonomie eher als eine soziale, denn als eine individuelle Leistung anzusehen ist.

Ich will die These, die ich hier aufstelle, letztmalig zusammenfassen, und zwar diesmal mit Blick auf die entscheidende Annahme der Selbstgesetzgebung. Es gibt verschiedene Ebenen in Kants Beharren darauf, dass wir uns selbst als die »Urheber« des Gesetzes ansehen können müssen, und dass dieses Gesetz selbstgesetzt ist und nicht lediglich – sozusagen – selbstverwaltet. Dies schließt klarerweise auch das Element des schlichten ›Für-sich-selbst-Denkens‹ mit ein – dass man nicht gezwungen, ›nicht eingeschüchtert‹, ›nicht unter Druck gesetzt‹ oder irgendwelchen Einflüssen oder Impulsen ausgesetzt ist, die in irgendeiner Weise für die eigenen Entscheidungen verantwortlich sind. Zweitens muss es bedeuten, dass mich keine andere Überlegung als die Vernunft selbst motiviert, wenn ich mich dafür entscheide, alles, was ich tue, zu beschränken und mir Ziele zu setzen, die sich im Einklang damit befinden, »was vernünftig ist«. Hier deutet sich ein Paradox an (beziehungsweise lässt sich ein unendlicher Regress erahnen). Doch noch wird keine dieser Formulierungen der starken Rede von »Urheberschaft« und Selbstgesetzgebung gerecht. Kant sagt nicht, dass ich die vernünftige *Exekutive* in dieser legislativen Analogie bin, sondern, dass ich die *Legislative* bin. Es muss also eine dritte und tiefere Fassung von Autonomie geben. Die Rede von Selbstgesetzgebung kann aber sicher auch nicht bedeuten, dass man für sich selbst formuliert, was als vernünftig *gelten* soll. Die Form der Vernunft *ist* schlicht die

Form der Vernunft. Doch Kants Sprache legt nahe, dass diese Form motivational träge (nur eine logische Form) und unbestimmt ist, ohne dass und bis ich sie als übergeordnetes praktisches Prinzip meines Lebens setze. (Sie ist dann die vernünftige Form *meines Lebens*; mein Leben wäre jedoch nicht, wie es gewöhnlich mit Blick auf Kant heißt, so zu verstehen, dass es *die Form eines reinen, praktisch-vernünftigen Wesens hat.*)

Ich kann dieses Prinzip nicht als *das* Gesetz setzen, doch ich setze es so, dass ich es zu *meinem* Gesetz mache. (Das muss ich tun, wenn es mein Gesetz *sein* soll.) Hier zeichnet sich erneut der Schatten des Paradoxes ab. Wenn man die Angelegenheit so versteht, wird es für Kant sehr schwierig, die Form der Vernunft, einfach als solche verstanden, von ihrer »verwirklichten« Gestalt als Lebensprinzip zu unterscheiden. Denn dies wird weitgehend von der konkreten Form des Lebens selbst abhängen.

Selbstverständlich klingt all dies zunehmend weniger nach dem klugen Mann aus Königsberg als vielmehr nach dem weisen Schwaben aus Stuttgart, aber an sich sollte uns das kaum beunruhigen.

Aus dem Amerikanischen
von Carolin Böse-Sprenger und Sebastian Stein

2.
Über Selbstgesetzgebung

I.

Kants Behauptung, dass Moralität eine Sache der Vernunft ist, zählt offensichtlich zum Vermächtnis der gegenwärtigen englischsprachigen Philosophie. Hauptsächlich dank des Einflusses von John Rawls und seinen zahlreichen Schülern in der Kantforschung wurde diese kantische Position wieder zu einer aktuellen Alternative in Diskussionen über Moraltheorie. Sie bildete ein ebenso großes lebendiges Vermächtnis für seine Nachfolger im Deutschen Idealismus, obwohl das Wesen dieser Verbindung immer noch nicht recht verstanden ist. Bevor ich mich also dem zuwende, was ich für den zentralen Punkt der gegenwärtigen Aneignung der idealistischen Moraltheorie halte (die Idee der »Selbstgesetzgebung«), würde ich gerne mit einer kurzen Bemerkung zu Hegel beginnen, deren Relevanz, wie ich hoffe, gegen Ende dieses Beitrags über Kant deutlich wird.

Eine allgemein übliche und verständliche Ansicht von Hegels ethischer Theorie nimmt an, dass Hegel eine Theorie der »sozialen Rolle« des richtigen menschlichen Verhaltens hat. Vom »richtigen« Tun nimmt man an, dass man es durch die Berufung auf die soziale Rolle, die man einnimmt, erklären kann. Da ja Hegel regelmäßig das moderne sittliche Leben als ein vernünftiges beschreibt, bedeutet dieser letzte Punkt, dass die Berufung auf diese ethischen Rollen für ihn eine normative oder berechtigte Berufung darstellt und dass eine derartige Berufung als praktische Vernunft, als eine Rechtfertigung funktionieren kann.[1] Aussagen wie »weil ich Vater bin«, »weil

1 Seitdem der Philosophie durch Hegel jede präskriptive Funktion abgesprochen wurde, unterstellen viele, dass ihre Darstellung rein beschreibender oder erklärender und nicht normativer Natur ist. Aber das hieße, die falsche Schlussfolgerung zu ziehen, da Hegel genauso deutlich darauf bestand, dass das Innehaben solcher modernen Rollen vernünftig *ist*, dass diese Rollen in gewisser Weise die Arbeit des Geistes darstellen, selbst wenn man bestreiten würde, »was ein rein rational Handelnder wollen würde«. Vgl. Robert B. Pippin, »Hegel's Ethical Rationalism«, in: ders., *Idealism as Modernism: Hegelian Variations*, Cambridge 1997; sowie »The

dies ein guter Geschäftsmann tun sollte« oder »weil ich Bürger bin« kämen für Hegel als Kandidaten praktischer Gründe in Frage.

Oberflächlich betrachtet ist dies unbefriedigend. Jedes praktische Argument, das mit dieser Art Rechtfertigung schließt, erscheint offensichtlich unvollständig und erfordert einen weiteren abschließenden Schritt, der die Vertretbarkeit und Gutheit dieser Rollen überhaupt allgemein und objektiv verteidigt. Es scheint, dass nur ein solch letzter Schritt diese Überlegungen gegenüber jemandem, der eine Rechtfertigung verlangt, abzuschließen vermag. Wir können den Anspruch erhöhen, indem wir hinzufügen, dass solche Rollen für die Identität einer Person »wesentlich« wurden und dass ich nicht einmal anfangen könnte, darüber nachzudenken, was zu tun ist, würde ich nicht als dieser oder jener damit anfangen, als Familienmitglied, als Unternehmer, Arbeiter, Fachmann oder als Bürger. Aber dieser Schritt nährt nur den Verdacht, dass derartige Überlegungen keine wirklich normative Rolle spielen, sondern stattdessen irgendeine psychologische oder soziale Notwendigkeit beschreiben, die die Möglichkeit praktischen Denkens absteckt. Es mag interessante Dinge geben, die über die soziale Identität von jemandem zu sagen wären, aber ohne einen weiteren Schritt, nach dem wir Ausschau halten, besteht kein einsichtiger Grund anzunehmen, dass das, »was meine soziale Identität erfordert«, jene Art praktischer Vernunft sein könnte, deren verbindliche Kraft Andere anzuerkennen hätten. Außerdem stellt der Versuch, diesen nächsten Schritt zu tun und die Beweisführung mittels der Behauptung abzuschließen, dass derartige soziale Funktionen unerlässliche Bestandteile eines jeden guten oder erfolgreichen Lebens sind oder dass sie als Ergebnis eines vernünftigen historischen Prozesses zu werten wären, ein hoffnungsloses Unterfangen für die meisten modernen Philosophen dar; die meisten von ihnen sind zu dem Schluss gekommen, dass eine »Pluralität« von gleichermaßen berechtigten wie inkommensurablen Behauptungen über die letzten Ziele und Werte des menschlichen Lebens anzunehmen ist, und sie würden nach den Erfahrungen des 20. Jahrhunderts jeden Begriff eines historischen Fortschritts als panglossianisch ansehen.

Dies ist eine selbstverständliche und einleuchtende Auffassung

Realization of Freedom: Hegel's Practical Philosophy«, in: Karl Ameriks (Hg.), *The Cambridge Companion to German Idealism*, Cambridge 2000.

der Begrenzungen dessen, was man für eine hegelsche Position hält. Behauptungen über die normativen Dimensionen sozialer Rollen müssen, wie wir glauben, besonders was Rechte oder berechtigte Ansprüche betrifft, einer vollständigen »*reflexiven* Begründung« standhalten, einer vernünftigen Verteidigung also, die nicht unsere sozialen Rollen voraussetzt, sondern sie schließlich bestätigt (falls überhaupt), und nur auf diese Weise kann von solchen Behauptungen gesagt werden, dass sie als verbindliche praktische Gründe für jedes nachdenkende Individuum zu gelten haben.

Diese Auffassung scheint selbstverständlich und unvermeidlich. Sie ist jedoch bereits theoretisch ziemlich »dicht« und führt sozusagen direkt auf eine kantische Position der Verpflichtung oder auf die verbindliche »Quelle von Normativität«.[2] Wenn eine jede Art von Überlegung als ein berechtigter praktischer Grund nur gelten kann, wenn sie die Prüfung durch irgendeine Art reflexiver Begründung besteht – und es gibt solche Prüfungen, die von manchen Überlegungen bestanden werden, und wir können solche Überlegungen akzeptieren oder zurückweisen, *weil* sie durchgekommen oder durchgefallen sind –, so behaupten wir, dass die Vernunft in gewisser Weise praktisch sein kann, dass das Bestehen der reflexiven Begründungsprüfung auf grundlegender, fundamentaler Ebene, die am meisten zählt, der entscheidende Bestandteil der vernünftigen Quelle der Normativität ist und dass er Handelnde wenigstens motivieren kann. Und wir haben wenigstens der Behauptung einen klaren Weg gebahnt, dass die Frage, was wir tun sollen (besonders die Frage, was wir niemals tun sollen), letztendlich eine Sache der praktischen *reinen* Vernunft ist, dass es also eine Form reflexiver Vernunft gibt, die nicht schon an die Verfolgung kontingenter, materieller Ziele gebunden ist, und es ebenso »praktisch sein kann«, dass alle unsere Handlungen durch die Berufung auf einen solchen apriorischen Begründungstest als zulässig oder auch nicht beurteilt werden können. So betrachtet, kann das *Sich-Vorfinden* in einer bestimmten sozialen Rolle niemals einen Grund dafür abgeben, irgendetwas zu tun. Ich habe in reflektierender Weise die Anforde-

2 Allerdings besteht ein anderer erster Weg, den Unterschied von Kants und Hegels Ansatz hervorzuheben, darin, anzumerken, dass Hegel einen anderen Weg eingeschlagen hat, da er überhaupt kein Interesse an der Widerlegung eines moralischen oder normativen Skeptizismus zeigt, vielmehr dies für gänzlich unnötig hält.

rungen einer solchen Rolle als Handlungsprinzip zu *übernehmen*, aktiv von mir eine Handlungsweise zu fordern und zu entscheiden, ob ich von dem, wovon ich in Anspruch genommen bin, auch in Anspruch genommen sein sollte oder nicht.

II.

Und damit kommt auch die andere, bereits sehr vertraute Seite der Kant-Hegel-Dialektik zu diesem Sachverhalt in den Blick. Die Liste der Gegenfragen ist bekannt: In welchem Sinn kann von uns behauptet werden, dass wir durch das, was ein rein praktisch vernünftig Handelnder zum geforderten Gesetz zu machen hätte, normativ gebunden oder verpflichtet sind? In welchem Sinne bin ich, einfach als Handelnder, den Erfordernissen einer reflexiven Begründung »verpflichtet«? Gibt es überhaupt so einen Test? Das heißt, folgt aus einer solchen Verpflichtung irgendetwas Handlungsleitendes, und gibt es überhaupt eine kohärente Theorie der menschlichen Motivation, die die motivationale Wirksamkeit einer solchen, stets vorrangigen Verpflichtung begründen könnte? Im hegelschen Denken entstehen und gründen unsere gegenseitigen Ansprüche und unsere normativen Regeln in den sich immer schon vollziehenden Lebensweisen, Verbindungen, Institutionen und Abhängigkeiten. Von einigen dieser Verbindungen und Abhängigkeiten wird gesagt, dass sie als konstitutiv für die Existenz eines individuell handelnden Menschen (in einer bestimmten historischen Epoche) anzusehen sind, und ein jedes reflexives Absehen von solchen Einbindungen stellt ein künstliches Konstrukt dar, dessen vermeintliche Rechtfertigung (falls es überhaupt eine bestimmte geben kann) einer philosophischen Fantasiewelt gleichkommt und in keiner Beziehung zu den Erfordernissen eines konkreten menschlichen Lebens steht.[3]

Damit sind wir beim vertrauten Hin und Her zwischen Kant und Hegel. Nach Hegels Theorie reflektieren solche sozialen Verpflichtungen und Abhängigkeiten nicht einfach nur *Meinungen* über die Werte, die von Einzelnen aus unterschiedlichen Gründen vertreten werden. Diese Verpflichtungen reichen sehr viel »tiefer«

3 Offensichtlich zählt die lange Zeit der kindlichen Abhängigkeit von einer bestimmten Gemeinschaft für die hegelsche Seite zu einem der nicht-abstrahierbaren Merkmale, die hier zur Debatte stehen.

und sind in gewisser Hinsicht Lebensformen oder, in den Worten Hegels, »Gestalten des Geistes«. Aus der Perspektive Kants betrachtet, sieht all dies davon ab, wie radikal wir uns in konkreter Weise von solchem Erbe lösen *können*, über es nachdenken und es möglicherweise zurückweisen und damit in einer rein rationalen (oder unpersönlichen oder von uns selbst absehenden) Weise bestimmen können, was getan werden sollte. In Korsgaards Worten: »Ein guter Soldat befolgt die Befehle, aber ein guter Mensch massakriert keine Unschuldigen«.[4]

Wir sollten jedoch sofort anmerken, dass *sowohl* für Kant *als auch* für Hegel dieses wechselseitige Verstehen unseres praktischen Lebens als lediglich passiv geprägtes, das nur den Einfluss der Sozialisation und der Gewöhnung, des Sittenkodex und der Rollen ausdrückt, bedeutet, dass die Menschen sich gegenseitig die nötige Achtung, Würde und den Wert der Art von Wesen, die sie sind, versagen. Wir haben einen Anspruch auf eine solche Achtung, da das Leben, das wir führen, an uns ist und aktiv von uns *geführt* wird.[5] Welche sozialen Rollen wir auch immer innehaben und welche Konventionen wir auch immer befolgen, wir haben sie irgendwie zu den unseren gemacht; sie dienen uns als Normen und Ideale, die wir aktiv und mit einiger Berechtigung gegenüber uns selbst und Anderen aufrechterhalten und die wir wie jedes andere Ideal festhalten können, ohne ihm doch gerecht werden zu können. Sie sind nach Hegel durchaus nicht einfach Regeln und Neigungen. Der Wert unseres Lebens besteht darin, dass es ein freies ist, und seine Freiheit ist an die Fähigkeit einer gewissen Reflexion gebunden, die genuin vernünftig und nicht einfach expressiv ist. Der zur Debatte stehende Widerspruch betrifft die Art dieser Handlung, »ihrer Aneignung« oder »der Anerkennung ihrer Autorität« und damit Hegels Ablehnung der Gleichsetzung dieser Dimension (die

4 Christine Korsgaard, *Creating the Kingdom of Ends*, Cambridge 1996, S. 102.

5 Zur Bedeutung von reflexiver, subjektiver Loyalität in Hegels Theorie des objektiven Geistes vgl. Robert B. Pippin, »Hegel, Freedom, The Will: The Philosophy of Right«, in: Ludwig Siep (Hg.), *Klassiker auslegen: G.W.F. Hegel, Grundlinien der Philosophie des Rechts*, Berlin 1997, S. 1-33; Robert B. Pippin, »Hegel on the Rationality and Priority of Ethical Life«, in: *ders., Idealism as Modernism*; sowie ders., »Hegel on Institutional Rationality«, in: *The Southern Journal of Philosophy*, Vol. XXXIX, Supplement, »The Contemporary Relevance of Hegel's Philosophy of Right« (2001).

Hegel einfach »Subjektivität« nennt) mit individuell »reflexiver Rechtfertigung«, besonders wenn diese als das Praktische der reinen Vernunft verstanden wird. Und das bringt mich schließlich zu meinem Hauptthema zurück: Kant über selbst-gesetzte Normen der Vernunft.

III.

Am klarsten lässt sich die Radikalität der kantischen Behauptung über den einzig möglichen Ursprung der normativen Verpflichtungen zeigen, indem man seine Behauptung wiederholt, dass wir immer nur zu dem verpflichtet sind, wozu wir uns aus unserer Perspektive der ersten Person *selbst* vernünftigerweise verpflichten können.[6] Das ist Kants Lösung des Problems der Verpflichtung, das von der Ausweglosigkeit herrührte, die durch das göttliche Gebot und die Traditionen des Naturrechts geschaffen wurde.[7] Wenn die Menschen pflichtgebunden sein können und sich einem allgemeinen Gesetz unterwerfen können, dann müssen sie in der Lage sein zu erklären, wie sich dies mit einer anderen unverzichtbaren Prämisse von Kants protestantischem Unternehmen vereinbaren lässt, nämlich, dass Menschen gänzlich *Subjekte* ihres eigenen Lebens sind und nicht irgendeiner normativen Autorität *unterworfen* sind, die sie nicht aus ihrer Perspektive der ersten Person reflektierend billigen können. Und die einzige Art, wie dies möglich ist, besteht darin, dass sie *sowohl* Gesetzgeber als *auch* Unterworfene der Gesetze sind, die sie befolgen. Nichts in Bezug auf den Stand der Dinge, die Geschichte, meine soziale Rolle, die Natur oder selbst Gott kann als praktische Vernunft fungieren, wenn ich diese Überlegung nicht als Grund zum Handeln auffasse, und in diesem Tun gebe ich mir, in Kants Sprache, selbst das Gesetz. Und es kann von mir nur dann gesagt werden, dass ich einen solchen Wert wirklich verleihe (und nicht etwa, sagen wir, nur eine überkommene, sozialisierte

6 Was es notwendigerweise heißt, eine solche Perspektive der ersten Person einzunehmen, zeigt Christine Korsgaards »Morality as Freedom«, in: dies., *Creating the Kingdom of Ends*, S. 162-187.

7 Eine Lösung, von der viele glauben, dass sie von Pufendorf stammt. Vgl. besonders Kapitel 7 in: Jerome B. Schneewind, *The Invention of Autonomy*, Cambridge 1998, S. 118-140.

Haltung zum Ausdruck bringe), wenn ich dies mit Vernunft tue.[8] Es ist ein großer und umstrittener Schritt, in Erweiterung dieser Behauptung zu sagen: Da ja reflexives Denken auf diese Weise die »Quelle des Wertes« ist, sind wir durch eine Form von »regressiver« Argumentation mit einer Art von moralischer Notwendigkeit unbedingt an die Vernunft selbst und ihre reinen allgemeinen Forderungen gebunden und damit in der Lage, unser Leben führen zu können; dieser Schritt ist indes verständlich, und wir werden ihn zu gegebener Zeit untersuchen. Wie Korsgaard richtig sagt, ist die Beschäftigung mit einer solchen reflexiven Begründung »für Kant kein Weg zur Rechtfertigung der Moral (mich selbst nur dem unterwerfend, was ich reflexiv billigen kann); es ist die Moral selbst«.[9] (Ab jetzt werde ich von Korsgaards Auslegung Kants als repräsentativ für gegenwärtige Lesarten Kants Gebrauch machen. Es gibt natürlich noch andere Ansätze, aber verschiedene Aspekte ihres Projektes scheinen mir die Attraktivität dieses reflexiven Begründungsideals am besten zu zeigen.)

So werden in dieser berühmten, dichten dialektischen Behauptung der *Grundlegung* insgesamt sowohl die Attraktivität der kantischen Position gegenüber der angeblich hegelschen als auch deren potenzielle Paradoxa deutlich. »Der Wille wird also nicht lediglich dem Gesetze unterworfen, sondern so unterworfen, daß er auch *selbstgesetzgebend*, und eben um deswillen allererst dem Gesetze (davon er selbst sich als Urheber betrachten kann) unterworfen, angesehen werden muß.«[10]

Natürlich ist die erste Bemerkung, die über Kants Behauptung zu machen ist, die, dass sie *metaphorisch* ist. Die Vorstellung von gewissen gesetzlosen Personen, die einen Grundsatz aufstellen oder einführen oder zum Gesetz machen und »nur« auf diese Weise daran gebunden sind – andernfalls überhaupt nicht gebunden sind –,

8 Vgl. Christine Korsgaards Zusammenfassung in: »Kant's Formula of Humanity«, in: dies., *Creating the Kingdom of Ends*, S. 123: »[...] in unserem Handeln betrachten wir uns, als ob wir einen wertverleihenden Status aufgrund unserer vernünftigen Natur hätten. Wir handeln, als ob unsere eigene Wahl die ausreichende Bedingung für den Wert ihres Objekts sei: Diese Haltung ist (als subjektives Prinzip) in die vernünftige Handlung eingebaut.« (Dt. Übersetzung v. J.B.)

9 Ebd., S. 89. Zweifellos wird dieser Anspruch in anderer Weise wieder die Frage der so konstruierten Rechtfertigung der Moralität aufwerfen.

10 Immanuel Kant, *Grundlegung zur Metaphysik der Sitten*, *Werke*, Bd. 7., Frankfurt/M. 1974, BA 71, 72.

macht es sehr schwierig, sich vorzustellen, auf welcher »Basis« ein derartig gesetzloses Subjekt entscheiden könnte, welches Gesetz überhaupt zu erlassen ist.[11] Sofern man nicht *schon* durch die Nötigung der Vernunft gebunden ist – auf welcher Basis könnte man sich einer solchen Nötigung »selbst unterwerfen«? Wenn die vernünftige Reflexion und letztlich auch die reflexive Rationalität selbst die Quelle aller menschlichen Werte darstellen, dann scheint die ganze Vorstellung von Urheberschaft und Gesetzgebung *dieses* Prinzips grundlos zu sein, und es taucht dann eher das Bild eines melancholischen Dänen auf, der zum »Sprung« bereit ist, oder das eines verängstigten, kurzsichtigen Franzosen, der »zur Freiheit verdammt ist«, als das Bild des pflichtbewussten Weisen aus Königsberg.[12]

Natürlich sind einige Aspekte der metaphorischen Dimension der »Selbstverursachung des Gesetzes« nicht so unklar. »Die Vernunft gibt das Gesetz«, wenn wir einfach aufgrund von Gründen entscheiden, was zu tun ist, und wenn wir so verfahren, bestimmen *wir*, was als entscheidend gilt; das kann nicht irgendjemand anders oder irgendeine andere Autorität tun, wenn nicht auch *wir* es sind, die so bestimmen. Und indem wir so bestimmen, stützen wir uns immer auf ein Gesetz von gewisser Allgemeinheit. »Weil mir gerade so war«, kann uns niemals zur gesetzlichen Norm werden, selbst wenn wir dies glauben. Anders sieht es mit dem Grundsatz aus: »Ich tue immer das, wozu ich im Augenblick geneigt bin«. Das aber lässt immer noch die Grundlage dieser Bestimmung – »wir selbst

11 Vgl. Römer 2,14; vgl. ferner Christine Korsgaard, *The Sources of Normativity*, Cambridge 1996, S. 100.

12 Die vielleicht verständlichste zeitgenössische Darstellung des von Kant angenommenen Prinzips kann, nicht überraschend, in John Rawls' *Theorie der Gerechtigkeit* (Frankfurt/M. 1987, § 84) gefunden werden: »Das Selbst geht den von ihm gesetzten Zwecken voraus.« Der Sinn meiner Erwiderung auf diesen Anspruch ist ähnlich dem von Nagel in seinen abschließenden Einwänden zu Korsgaards Buch *The Sources of Normativity*. Er macht Einwendungen gegen Korsgaards Darstellung geltend, *warum* jemand sein Leben für einen Anderen opfern könnte. Korsgaard behauptet: Weil genau seine »Identität« auf dem Spiel steht und er nicht mit sich im Reinen leben könnte, wenn er die Anderen verriete. Nagel entgegnet, wie ich meine, völlig zu Recht, dass »die wirkliche Erklärung in dem besteht, was immer es sein mag, das es ihm unmöglich *macht*, mit sich zu leben, und dass dies kein Grund der ersten Person gegen den Verrat ist« (ebd., S. 206). Dies könnte den richtigen Einwand darstellen, ohne, wie ich glaube, irgendeine notwendige Bindung an das, was Nagel »Realismus« nennt, einzugehen.

als Urheber« – im Dunkeln und trägt somit nicht dazu bei, die paradox reflexiven Formulierungen Kants zu erklären – zum Beispiel, dass die Vernunft sich selbst zum Objekt hat, dass der Wille sich selbst will usw.

Natürlich könnten sich auf einer ausreichend allgemeinen Ebene selbst derart unkantische Vorläufer wie Christian Wolff einer solchen Rhetorik bedienen. Da wir nach Wolff sehr wohl aus Vernunft wissen, was das Gesetz der Natur vorschreibt, bedarf eine vernünftige Person keines weiteren Gesetzes; vielmehr ist sie sich durch Vernunft selbst Gesetz.[13] Und weiter führt Wolff aus:

> Da eine vernünftige Person sich selbst Gesetz ist und keiner anderen Verpflichtungen als ihrer natürlichen Pflichten bedarf, können für diese Person Belohnungen und Bestrafungen keine Handlungs- bzw. Unterlassungsmotive sein. Der Gute tut demnach das Gute, weil es gut ist, und unterlässt das Böse, weil es böse ist; in diesem Fall wird er gottgleich, denn niemand kann ihn mehr dazu verpflichten, das Gute zu tun oder das Böse zu unterlassen: Er tut beides vielmehr aus der Vollkommenheit seiner Natur heraus.[14]

Obwohl Wolffs Sprache der Autonomie freilich etwas eingeschränkt ist durch seinen rationalistischen Perfektionismus (die Vernunft hat bei einer solchen Gesetzgebung ein intelligibles Objekt und ist nicht, wie bei Kant, sich selbst intelligibles Objekt) und ebenso durch die Flucht in den Begriff eines »von Natur aus innewohnenden Motiviertseins«, eine Ausflucht, die Kant sich nicht leisten kann, bleibt die Betonung einer Art von Autonomie und einer flexiblen Interpretierbarkeit eines Sich-selbst-Gesetz-Seins dennoch ziemlich beeindruckend. Aber der Unterschied zu Kants Version ist ebenso eindrucksvoll. Kant behauptet nicht nur, dass wir empirische Erwägungen ausschließen und uns darauf verlassen, was die reine Vernunft und keine andere Überlegung uns zu tun gebietet. Er behauptet etwa Folgendes: *Die reine praktische Vernunft bestimmt, dass ihr Gesetz die Bedingung der reinen praktischen Vernunft sein soll und auf diese Weise unterwirft sie sich der Autorität dieses Gesetzes.* Diese Trennung der reinen praktischen Vernunft von sich selbst und die anschließende Wiedervereinigung ist das, was metaphorisch so verwirrend ist. (Zunächst, ohne eine gewisse

13 Christian Wolff, *Gesammelte Schriften*, New York 1976, Abteilung 3, *Deutsche Ethik*, § 24.

14 Ebd., § 38.

nicht-metaphorische Auslegung, sieht die Situation so aus, wie sie Nietzsche beschreiben könnte, wo Selbstregierung oder Selbstbeherrschung zugleich und vielleicht untrennbar Selbstversklavung bedeutet.)

Wenn wir einige Passagen aus Kants *Religionsschrift* heranziehen, können wir vielleicht die Vorstellung von der Verantwortung eines Menschen plausibler machen, sich einen Lebensplan »zum Gesetz zu geben«, indem er bestimmt, dass das moralische Gesetz und nicht die Eigenliebe das immer übergeordnete Prinzip aller seiner Entscheidungen sein soll. Das wäre eine Art zu »wählen«, sich selbst dem Gesetz zu unterwerfen.[15] Aber das wäre keine Erklärung dafür, warum man überhaupt pflichtgebunden *ist* (was gerade das Problem ist), sondern lediglich eine Erklärung, bis zu welchem *Grade* man das bereits bindende Gesetz anerkennt und ihm im Verlaufe eines gesamten Lebens Folge leistet. Wir wollen uns gewiss nicht anmaßen zu behaupten, dass das moralische Gesetz nur für jene verpflichtend ist, *die es allererst zu etwas Bindendem gemacht haben*, und dass es nicht etwa anderweitig bindend wäre. Dieser Passus wird uns dazu sicherlich auch nicht die Tür öffnen, aber offenbar stellt er uns vor die Frage nach der Vereinbarkeit von Kants Betonung der Autonomie und der menschlichen Quelle aller Werte einerseits mit seiner Betonung einer unbedingten, oder sagen wir, unumgänglichen Verpflichtung andererseits.

IV.

Später in der *Grundlegung* wird wenigstens klarer, was Kant mit seinem Autor- beziehungsweise »Urheber«-Prinzip *ausschließen* will, und das weist uns deutlicher die Richtung. Er sagt, dass das Akzeptieren der Autorität eines »äußeren« Gebots oder das Akzeptieren eines Handlungsverlaufs, der notwendig ist, um einen sinnlichen Trieb zu befriedigen, eine Vermeidung gerade unseres Status als Handelnder darstellt, dass es ein Fliehen vor der unumstößlichen Sichtweise der ersten Person überhaupt bedeutet, aus der heraus wir unser Leben zu führen haben. (Es ist schwierig, dies klar auszudrücken, da es für Kant offensichtlich sehr wichtig ist, dass der

15 Vgl. Korsgaard, »Morality as Freedom«, S. 164-167, und ihre Rede von einer »Begründung aus Spontaneität«.

Anschein, kommandiert oder bestimmt *zu sein*, selbst eine Täuschung darstellt, ja in vielen Fällen eine gewollte Selbsttäuschung ist.) Indem wir uns befehligen oder bestimmen »lassen«, sind wir tatsächlich alles andere als passiv, sondern bestimmen uns selbst, nach solchem Grundsatz zu handeln, und diese Behauptung bringt uns der »Unentrinnbarkeit« näher, die das kantische Urheberprinzip beinhalten muss. Dazu eine repräsentative Stelle:

Nun kann man sich unmöglich eine Vernunft denken, die mit ihrem eigenen Bewußtsein in Ansehung ihrer Urteile anderwärts her eine Lenkung empfinge, denn alsdenn würde das Subjekt nicht seiner Vernunft, sondern einem Antriebe, die Bestimmung der Urteilskraft zuschreiben. Sie muß sich selbst als Urheberin ihrer Prinzipien ansehen, unabhängig von fremden Einflüssen, folglich muß sie als praktische Vernunft, oder als Wille eines vernünftigen Wesens, von ihr selbst als frei angesehen werden.[16]

V.

Hier deuten sich verschiedene mögliche Arten und Weisen an, die Behauptung Kants von einer »Urheberschaft des Moralgesetzes« weniger metaphorisch auszulegen. Wir wiesen bereits darauf hin, dass die meisten dieser Versuche paradoxerweise das zu verneinen suchen, was die Metapher selbst als möglich nahelegt: einen Zustand des Nicht-verpflichtet-Seins anzunehmen, der durch einen Akt der Urheberschaft und der Unterwerfung zu einem Zustand des Verpflichtetseins wird. Die Argumentation läuft auf eine solche Leugnung hinaus, und die Strategie ist in dem gerade zitierten Passus bereits mit der Leugnung evident, dass es »möglich ist zu denken«, dass die Vernunft von irgendwo anders her gelenkt werden *könnte* als von der Vernunft selbst, und diese Strategie geht auch aus Kants Behauptung über die praktische Notwendigkeit hervor, nach der wir stets »unter der Idee der Freiheit« und damit unter vernünftig erwogenen Gründen handeln. Eine derartige Strategie muss dieses Ziel erreichen, obwohl sie auch zeigt, dass es trotzdem in *gewisser* Hinsicht (wenn nicht in offensichtlicher Hinsicht) »an uns liegt«, ob wir uns von der Vernunft leiten lassen oder nicht.

16 Kant, *Grundlegung*, BA 101.

Das heißt, für Kant sind unmoralische oder ungerechte Handlungen deshalb falsch, weil sie eine Verletzung der minimalen, formalen Zwänge der Rationalität darstellen, und nur dadurch, dass wir solchen Zwängen unterworfen sind, kann von uns überhaupt gesagt werden, dass wir Handelnde sind. Ferner muss auch gesagt werden, dass es uns in gewisser Weise überlassen bleibt, ob wir uns solchen Zwängen unterwerfen oder nicht, wenngleich der Versuch, sich solchen Anforderungen zu entziehen, bereits zeigt, dass wir trotzdem schon dem Gesetz Unterworfene sind. Um diesen Punkt einfacher auszudrücken, könnte man sagen, dass für Kant, trotz des Anscheins, den seine Grammatik nahelegt, die »Person« keineswegs eine substanzielle oder metaphysische Kategorie ist, sondern auf die eine oder andere Weise eine praktische Errungenschaft darstellt, und die Zuschreibung des Personbegriffs an einen anderen stellt eine Zuschreibung und nicht eine Beschreibung dar. Wie Fichte sagen würde, setzt das Ich sich selbst; und wie Hegel sagen würde, ist der Geist ein »Resultat seiner selbst«. Aber wir schweifen ab.

Eine Art, dies zu zeigen (nämlich dass es einen solchen buchstäblichen »Akt« nicht geben kann oder dass der Akt der Selbstunterwerfung immer schon stattgefunden haben muss), besteht darin aufzuzeigen, dass wir irgendwie immer schon die grundlegende Verpflichtung für alles, was wir tun, übernommen haben, und sie besteht darin, zeigen zu können, dass irgendwie dieses »schon« und die Behauptung der Unvermeidbarkeit und Notwendigkeit die Selbstgesetzgebung nicht aufhebt, die von der aktiven Sprache der »Urheberschaft« gefordert wird. (Man könnte sagen, dass wir der Vernunft nicht deshalb verpflichtet sind, weil wir uns an sie binden, sondern dass die Vernunft »konstitutiv« für die »bindende« Gesetzgebung ist, ohne die es keine Normen gibt und ohne die es folglich keine Möglichkeit gäbe, sein Leben zu führen.)[17] Dies ist als ein »Regress«-Argument bezeichnet und von Korsgaard in eine wohlbekannte Formulierung gebracht worden, wenngleich eine etwas andere Version kürzlich auch Allen Wood vorgeschlagen hat.[18]

17 Korsgaard gebraucht diesen Ausdruck in *The Sources of Normativity*, S. 234.

18 Vgl. Korsgaard, »Kant's Formula of Humanity«, und ihre Analyse von Kants *Grundlegung* (S. 428-429) über die praktische Version der Vernunft in ihrem »Regress aufs Unbedingte« (S. 119-131). Woods Darstellung in seinem Buch *Kant's Ethical Theory* (Cambridge 1999) stützt sich auf die starke Behauptung über den »objektiven« Wert, von dem sein Kant behauptet, dass er von einem jeden, der

VI.

Ich werde auf die moralischen Dimensionen dieser Art Fälle noch eingehen. Aber bevor wir zu den Problemen der praktischen Unvermeidbarkeit und implizit zu den unbestreitbaren Verpflichtungen kommen, müssen wir zunächst die gesamte Vorstellung von *uns* als denjenigen, die sich selbst Regeln oder Normen zum Gesetz machen und unserer Bindung an sie durch »Selbstbindung«, ihrer Metaphorik etwas entkleiden. Korsgaard und andere haben argumentiert, dass gewöhnliche Fälle von hypothetischen Imperativen dies ganz einfach zeigen können und so die Sprache der Selbstgesetzgebung entmystifizieren. Das ist deshalb wichtig, weil die zweckrationale Form für gewöhnlich als eine unproblematische Anwendung des praktischen Denkens angesehen wird und, so wäre anzunehmen, den Blick für das frei macht, was die praktische Vernunft angeblich von uns fordern kann (worauf die so genannte »Normativität der instrumentellen Vernunft« hinausläuft),[19] sowie auch dafür, ob die Sprache der Selbstgesetzgebung und Urheberschaft in diesem Kontext überhaupt einen Sinn ergibt.

Die grundlegende Idee eines solchen Ansatzes ist nicht kompliziert. Wenn ich mir ein Ziel setze, wenn ich es nicht nur (im kantischen Sinne) zu verfolgen »wünsche«, sondern mich tatsächlich dazu entschließe, es verfolgen zu »wollen«, so kann man von mir auch behaupten, »dass ich mich selbst dazu verpflichtet habe«, die Mittel zu erlangen, die zu dessen Erreichung notwendig sind. Indem ich mir selbst eine Regel gebe (um ein Ziel zu erreichen), habe ich mir zugleich eine andere gegeben und mich an diese gebunden (um die Mittel zu erlangen), *ob mir das nun explizit bewusst ist oder nicht. Ich* mache die Regeln für das Spiel, das ich zu spielen entscheide, und so kann man von mir sagen, dass ich mich dazu verpflichtet habe, nach diesen Regeln zu spielen. Wenn ich mich »rational dazu verpflichtet habe«, gewisse Mittel zu erlangen,

willentlich dieses Ziel (irgendein Ziel) setzt, angenommen werden muss. Sein Regress bezieht sich auf den Wert der »Quelle« dieses *Guts*. Ich habe einige Einwände gegen diese Auffassung vorgebracht, in Robert B. Pippin, »Kant's Theory of Value: On Allen Wood's *Kant's Ethical Thought*«, in: *Inquiry* 43 (Summer, 2000), S. 239-265.

19 Christine Korsgaard, »The Normativity of Instrumental Reason«, in: Garrett Cullity, Berys Gaut (Hg.), *Ethics and Practical Reason*, Oxford 1997, S. 215-254.

dann »*habe* ich mich selbst verpflichtet«, einfach indem ich mir ein entsprechendes Ziel gesetzt habe, und damit hat die Vernunft sich *bereits* als praktische erwiesen, ihre internen Bedingungen erfüllt und sich wirklich als handlungsmotivierend erwiesen. Zum Beispiel muss nicht jeder, der auf dem College Erfolg haben will, Organische Chemie belegen, aber wenn ich mich dazu entschließe, an der medizinischen Fakultät zu studieren, und wenn man mir sagt, wie wichtig eine gute Note in Organischer Chemie für die Zulassung ist, dann muss ich mein Ziel entweder aufgeben oder an meiner Verpflichtung festhalten, indem ich die dafür notwendigen Mittel erlange. Aus Kants Sicht ist das Entscheidende dabei keineswegs das vorhersehbare Moment, dass sich jemand, der sich entschließt, Medizin zu studieren, sehr wahrscheinlich, ja fast mit Sicherheit, für den Chemieunterricht einschreiben wird. Dies wäre eine Art Dritte-Person-Perspektive, die Überzeugungen bezüglich zu ergreifender Mittel als Tor oder Weichenstellung für das Begehren ansieht, in dem Sinn, dass Überzeugungen bezüglich zu ergreifender Mittel lediglich den Fluss des motivationalen Begehrens eines Ziels lenken, während das Begehren immer noch die ganze wirklich motivierende Arbeit leistet. In diesem Fall erscheint es wirklich künstlich, mit den Anhängern Humes zu sagen, dass mein Wunsch, Arzt zu werden, in dieser Weise die motivierende Kraft bleibt und dass diese Kraft durch die »Organische Chemie geleitet« wurde, sodass ich auf dem Wege dahin irgendwie auch den Wunsch danach verspürte. Hier ist deutlich mehr im Spiel, denn wenn ich vom Standpunkt der ersten Person aus spreche, kann ich wirklich von der Nützlichkeit der Organischen Chemie überzeugt sein und trotzdem *nicht* »automatisch« zur Einschreibung schreiten. Es gelingt mir vielleicht nicht wirklich, das zu tun, von dem ich überzeugt bin, dass *es vernünftigerweise zu tun wäre*, selbst wenn ich mich dem betreffenden Ziel und den dafür erforderlichen Mitteln verpflichtet habe. Und wenn dem so ist, dann müssen wir etwas zugeben, das Hume in der Tat nie eingestanden hat, nämlich dass es so etwas wie die *praktische Vernunft* gibt, dass es eine »Normativität der instrumentellen Vernunft« gibt, wie Korsgaard sich ausdrückt, oder dass wir es, in Kants Worten, mit einer Frage des rationalen »Erfordernisses« (oder der *Nötigung*) des Willens in zweckgerichteten Fällen zu tun haben. Wie man diese Dinge letztlich sieht, ist von großer Bedeutung (und Hegel würde dem zustimmen): dass nach Korsgaard »vernünftig sein eben autonom sein *ist*« (meine Hervorhebung) oder dass »von der Vernunft regiert zu sein« und »sich selbst regieren« ein und dasselbe ist. Es gibt da draußen keine Gesetze, die wir beachten müssen oder an die wir unser Verhalten anzupassen hätten. Es gibt nur die Gesetze, die wir uns selbst geben und an die wir deshalb gebunden sind, weil wir uns auf sie verpflichtet haben, sodass wir, wenn wir uns nicht an sie hielten, überhaupt gar nichts entschieden hätten; wir wären dann nicht vernünftig, *das heißt*: Subjekte, Personen, Handelnde.[20] (Das etwas Verwirrende hierbei ist der sehr wichtige Punkt, dass Subjekt zu sein zugleich *bedeutet, die Möglichkeit zu haben, es nicht zu sein*, etwas, das uns bereits sehr viel Aufschluss gibt über den ausschließlich praktischen und nicht metaphysischen Status von Subjektivität in der nachkantischen Tradition.)

In dieser Behauptung steckt sehr viel. Die Schwierigkeiten treten da auf, wo wir in diesem Falle, ebenso wie in dem ambitionierteren Fall der moralischen Verpflichtung oder Selbstgesetzgebung, feststellen wollen, worauf all dies im Einzelnen hinausläuft und was es eigentlich bedeutet, »sich selbst« in Fällen wie diesem »zu regieren«. Und ich werde zu zeigen versuchen, wie das Modell individuell Handelnder, die sich von ihren Anliegen und ihrer Lebensführung »lösen« oder entbinden und sich dann reflektierend ganz allgemeinen Handlungsprinzipien verpflichten oder diese unterstützen, durch das Vertrauen in eine »vorgesetzliche« Form praktischer Überlegung von einer paradoxen Situation in die andere führen wird. Wie wir gesehen haben, ist dies eine umfassende Frage; sie betrifft den Sinn dieses im Wesentlichen modernen Insistierens darauf, dass eine Überlegung nur dann als ein echter Grund zum Handeln angesehen werden kann, wenn wir »ihn zu dem unseren machen« und ihn auf eine Weise annehmen, dass wir ihn verteidigen können (wenn auch nur uns selbst gegenüber), und wenn man von uns sagen kann, dass wir ihn angenommen haben, weil wir derartige rechtfertigende Überlegungen anerkennen. Für Korsgaard bedeutet dies, dass eine Person nicht *zweckrational* handelt und sich demnach nicht »selbst regiert« und dass ihr Leben

20 Vgl. den unverzichtbaren Aufsatz von: Dieter Henrich, »Der Begriff der sittlichen Einsicht und Kants Lehre vom Faktum der Vernunft«, in: Gerold Prauss (Hg.), *Kant: Zur Deutung seiner Theorie vom Erkennen und Handeln*, Köln 1973, S. 223-254.

nicht ihr eigenes ist, wenn sie lediglich ein Ziel anstrebt, eine gewisse Vorstellung von den angemessenen Mitteln dazu hat und diese Mittel dann *de facto* verfolgt. Nach Korsgaard muss eine Person diese Mittel auch deswegen verfolgen, weil sie glaubt, sie verfolgen zu sollen, dass dies zu tun vernünftig ist und dass diese vernünftige Identifikation der Mittel eine Norm darstellt, der die Person gerecht werden kann oder auch nicht – all das, damit sie als selbstregierend und nicht als nur »zufällig vernünftig« gilt.

Dies ist eine ziemlich kontroverse Art und Weise, die Sache darzustellen, weil in einer solchen Darstellung bereits eine Ambiguität zwischen der »Führung« und der »Motivation« durch Vernunft besteht (Ausdrücke, die Korsgaard als Synonyme zu behandeln neigt). Nochmals, ein Anhänger Humes könnte Ersteres sicherlich akzeptieren. Wie bereits bemerkt, tut die praktische Vernunft bei Hume genau das: Sie führt uns zu den Mitteln, die uns tatsächlich zu einem Zweck führen. Insofern wir überhaupt vernünftig sind, folgen wir dieser Führung, wobei hier vernünftig zu sein einfach heißt, dass nichts kausal durcheinandergeraten ist. Aber in *diesem* Sinne von Führung wäre (wie Korsgaard zeigt) eine *Nichtbefolgung* dessen, was eine derart führende Vernunft gebietet, alles andere als ein Versagen der Vernünftigkeit. Es muss schon ein Fehler, ein Zusammenbruch, eine Unkenntnis oder ein Versagen der Erinnerung etc. vorliegen oder auch ein Sinneswandel in Bezug auf das Ziel. Um ein *rationales Versagen* nachzuweisen, müssen wir zeigen, dass wir durch die Erfordernisse der Vernunft motiviert sind, wenn wir vernünftig handeln, und dass wir diese Forderungen missachten können, obwohl wir sie anerkennen und akzeptieren. Das ist ein ziemlich anderer und weit umstrittenerer Sachverhalt, und ich glaube nicht, dass irgendetwas von dem, was Korsgaard sagt, diese Behauptung rechtfertigt. Wenigstens an diesem Punkt ist der gesamte Begriff der »Selbstverpflichtung« gegenüber einer instrumentellen Norm und eines »Durchhaltens« oder »Versagens«, selbst da, wo man noch verpflichtet ist, vage und metaphorisch und bedarf der Klärung.

VII.

Ein Hauptproblem bei alledem ergibt sich aus Kants komplizierter Behauptung, dass

> [w]er den Zweck will, [...] (so fern die Vernunft auf seine Handlungen entscheidenden Einfluß hat) auch das dazu unentbehrlich notwendige Mittel [will], das in seiner Gewalt ist. Dieser Satz ist, was das Wollen betrifft, analytisch; denn in dem Wollen eines Objekts, als meiner Wirkung, wird schon meine Kausalität, als handelnder Ursache, d. i. der Gebrauch der Mittel, gedacht, und der Imperativ zieht den Begriff notwendiger Handlungen zu diesem Zwecke schon aus dem Begriff eines Wollens dieses Zweckes heraus.[21]

Wenn es aber *analytisch* ist, dass »wer immer den Zweck, zugleich die Mittel will«, dann haben wir uns nicht ein normatives Gesetz *in Rücksicht auf diese Mittel auferlegt*, und die Richtung, die wir soeben verfolgten, ist irrelevant; wir sollten zu Hume zurückkehren. Nach Kants starker Analytizitätsbehauptung ist jemand, der nicht die Mittel verfolgt, die zur Erreichung des Zieles notwendig sind, dem er sich verpflichtet hat, nicht irrational und scheitert nicht an der fehlenden Übereinstimmung mit einer Norm, die er sich selbst auferlegt hat. Er lässt nur erkennen, dass er einen solchen Zweck letztlich nicht »wirklich« wollte; er wünschte ihn nur. Das Kriterium, der Test dafür, dass man ihn »wirklich« wollte, *besteht* im Wollen der Mittel.[22] Man mag sich selbst und allen anderen erzählen, dass man an der Aufdeckung der kapitalistischen Klassenunterschiede arbeitet, und man mag einen gewissen Betrag an Geld spenden, aber der Luxuswagen, der Brioni-Anzug und die Villa in der Toskana verraten viel mehr über unsere wahren Ziele.

Es gibt in dieser Passage aber eine Art Ausstiegsklausel; die Klausel »so fern die Vernunft auf seine Handlungen entscheidenden Einfluß hat«. Und das ist auch gut so, weil Kant neben der Behauptung über Analytizität auch behauptet, dass hypothetische Imperative *Imperative* sind, und das muss bedeuten, »dass wir Normen, die wir annehmen, auch nicht beachten können«. Vielleicht können wir, mit anderen Worten, zugeben, dass es Fälle von Selbst-

21 Kant, *Grundlegung*, BA 44, 45.

22 Vgl. oben das »schon [...] gedacht« und das »zieht den Begriff notwendiger Handlungen zu diesem Zwecke schon aus dem Begriff eines Wollens dieses Zweckes heraus«.

täuschung, wie den unseres Salonsozialisten, geben kann. Es gibt aber auch Fälle, in denen die richtige Analyse dessen, was passiert, wenn die Mittel zu einem bestimmten Zweck nicht ernsthaft aufgesucht werden, ein Versagen der Rationalität direkter zeigt; wir sind irrational, und das heißt einfach: Wir halten uns nicht an die Normen, die wir uns selbst gesetzt und an die wir uns selbst gebunden haben. Das kann selbstverständlich auch vorkommen. Wir möchten mit jeder Faser unseres Wesens an die medizinische Fakultät gehen, aber die Angst vor Mathematik gewinnt die Oberhand, wenn wir es mit Organischer Chemie zu tun bekommen, und so schreiben wir uns stattdessen in Kunstgeschichte ein. Das heißt, wir können ein Ziel aufrichtig wollen, aber es nicht fertigbringen, die Mittel dazu zu wollen, einfach weil der normative Anspruch der Vernunft versagt. In solchen Fällen sollten wir das Prinzip der Analytizität sorgfältiger formulieren: Jeder, *der Gründe hat*, ein bestimmtes Ziel zu verfolgen, *hat auch Gründe*, die entsprechenden Mittel zu verfolgen. Oder: Wer ein Ziel verfolgt (eine Zielsetzung stellt letztlich auch immer einen normativen Sachverhalt dar), *sollte* die Mittel verfolgen. Wir müssen das so ausdrücken, denn der entscheidende Punkt dafür, dass die instrumentelle Vernunft eine Vernunft, eine normative Vernunft sein kann, besteht darin, dass sie in der Lage sein muss zu scheitern; dass sie angenommen und aufrechterhalten, aber im entscheidenden Augenblick auch umgangen und ignoriert werden kann. Andernfalls wäre die Sprache der Normen und hypothetischen Imperative unangemessen, und wir könnten gleich darüber reden, was die Leute, angesichts dessen, was sie sonst so tun, höchstwahrscheinlich tun werden.

Korsgaard führt dazu einige plausible Beispiele an. Ein Mann, der glaubt, dass eine Spritze ihn vor einer tödlichen Krankheit bewahren könnte, und der davor auch bewahrt werden möchte, wehrt diese Spritze dennoch ab, weil er furchtbare Angst vor Nadeln hat. Er gibt hier nicht etwa den Zweck zu überleben auf, um stattdessen dem anderen Zweck, nicht von Nadeln gestochen zu werden, den Vorzug zu geben. Und dann haben wir da noch das klassische Filmszenario des Western oder des Bürgerkriegsfilms. Tex wurde ins Bein geschossen, und er wird sterben, wenn das Bein nicht amputiert wird. Als seine Kameraden sich anschicken, die Amputation vorzunehmen, bittet Tex sie in äußerster Qual und Angst, nicht zu amputieren. Aber wir nehmen seine Proteste nicht für bare Münze, ebenso wenig wie seine Kameraden. Wir wissen (vermutlich), dass das, was er wirklich wollen muss, darin besteht, am Leben zu bleiben, und wir wissen, dass seine Proteste ein irrationaler Einbruch von Angst und Furcht sind und dass er nicht *wirklich* vorzieht, die Amputation um jeden Preis zu vermeiden oder gar zu sterben, anstatt sich einer solchen Operation ohne Betäubung zu unterziehen.

VIII.

Es scheint sich hier um einen klaren Fall zu handeln, dennoch sollten wir uns davor hüten, zu weit gehende Schlussfolgerungen daraus zu ziehen. Es bleiben drei Probleme.

Zunächst einmal ist es schlichtweg nicht einfach zu sagen, wann eine Person »wirklich« einen Zweck gewollt hat und lediglich irrational daran scheiterte, die Mittel zu erlangen, zu denen sie sich selbst in normativer Weise verpflichtet hat. Wenn wir nicht von Anfang an von falschen Voraussetzungen ausgehen wollen und als Bedingung des Handelns nur verlangen, dass wir uns klugerweise stets mit dem langfristigen Nutzen gegenüber dem kurzfristigen Gewinn (was Nagel letztlich tut) befassen, dann haben wir kein eindeutiges und gewiss kein apriorisches Recht zu bestimmen, was das »wahre Ziel« einer Person in Fällen wie dem obigen wirklich ist. Im Falle unseres Salonsozialisten scheint es angebrachter zu sein, davon auszugehen, dass er sich nicht wirklich das Ziel gesetzt hat, die Klassenverhältnisse abzuschaffen, selbst wenn er den Glauben daran aufrichtig zu beteuern versucht, und der beste Beweis für diese Selbstverleugnung liegt darin, dass sein Handeln keinerlei ernsthafte Absicht erkennen lässt, die Mittel zu erlangen, um dieses Ziel zu erreichen. Was unterscheidet diesen Fall von anderen, bei denen wir vielleicht sagen würden: Er *hat* sich ja das Ziel gesetzt, aber er ist »schwach« und kann nur den Vorsatz nicht einhalten, sich die Mittel zu beschaffen? Warum kann man nicht sagen: Die Tatsache, dass er sich die Mittel nicht beschafft, ist in der Tat ein guter Beweis dafür, dass er sich dieses Ziel gar nicht wirklich gesetzt oder es gewollt hat? Im Fall von Tex und dem »Spritzenvermeider« verlassen wir uns auf die Annahme, dass das Ziel, am Leben zu bleiben, ein offensichtliches ist, und so sprechen wir einfach von seiner »Schwäche«. Aber wäre es denn so abwegig, sich vorzustellen, dass jemand eine entfernte Wahrscheinlichkeit für weniger wichtig erachtet als das Vermeiden eines unmittelbaren Schmerzes, sodass es nichts gibt, das uns zwingt zu sagen, dass er »schwach« ist; oder a priori zurückzuweisen, dass jemand vielleicht eher sterben möchte, als sich einer Prozedur zu unterziehen, die für ihn vielleicht schlimmer sein könnte als der Tod selbst; oder dass jemand keine Ahnung davon hat, was für ihn das Wichtigste ist, und sich selbst in jede dieser beiden Ansichten hineindenken kann? (Korsgaard möchte sagen, dass »die Pflicht im Allgemeinen eine Realität des menschlichen Lebens darstellt«. Aber was sich hier abspielt, sieht kaum danach aus, dass Tex einer »Verpflichtung aus dem Wege geht«. Es wäre sicherlich seltsam, wenn einer seiner Freunde ihm sagen würde: »Aber Tex, dadurch, dass du lebst und am Leben bleiben willst, hast du dich vernünftigerweise dazu verpflichtet, dir dein Bein amputieren zu lassen.«) Ich würde die Wette wagen, dass es in den meisten Fällen dieser Art, in denen Leute (sogar sich selbst gegenüber) bekennen, sich ein Ziel gesetzt zu haben, sich dann aber um die notwendigen Mittel nicht bemühen, sehr viel wahrscheinlicher ist, dass sie sich entweder ein solches Ziel gar nicht gesetzt haben oder es sich bezüglich dieses Ziels wieder anders überlegt haben, sobald sie mit den Schwierigkeiten der Mittel konfrontiert wurden, oder, was am wahrscheinlichsten ist, dass sie sich das Ziel für gewöhnlich nur in eingeschränkter Weise setzen, wie wenn man sagt »Solange es mich nichts weiter kostet, ist meine Wertschätzung sehr hoch.« (Dies scheint genau die Weise zu sein, in der die meisten Leute das Ziel, verheiratet zu bleiben, »bis dass der Tod sie scheidet«, zu akzeptieren bereit sind.)[23]

Zweitens ist es alles andere als klar, wie wir, aus kantischer Sicht, festlegen sollen, aus welchen Bestandteilen unsere irrationale Unfähigkeit, einer Norm zu entsprechen, die wir uns angeblich selbst auferlegt haben, bestehen soll. Wenn Korsgaard Faktoren anführt, die vielleicht erklären können, wie Menschen angeblich »irrational

23 In *The Sources of Normativity* gibt es eine Passage, wo Korsgaard genau diesen Punkt zu machen scheint. Sie weist auf Fälle hin, in denen »Regeln und Prinzipien *konstitutiv für und deshalb innerhalb der* Handlungen selbst sind. Wenn ich gehen will, muss ich einen Fuß vor den anderen setzen: Das stellt keine Regel dar, die meinem Gehen äußerlich ist, oder mich wie die Wände eines Labyrinths einengt, oder gegen die ich mit einigem Aufwand rebellieren könnte.« (S. 234, meine Hervorhebung.)

und willensschwach« werden, erwähnt sie Dinge wie »Schrecken, Trägheit, Schüchternheit oder Depression«, und sie geht sogar so weit, von »Kräften« zu sprechen, die eine Empfänglichkeit für die Vernunft »blockieren«.[24] In Bezug auf Tex hören wir: »Richtig wäre zu sagen, dass die Furcht Tex irrational macht.«[25] Und in einem ähnlichen Passus lesen wir, dass »Ängstlichkeit, Trägheit und Depression [...] versuchen werden, meinen Willen zu kontrollieren oder zu beherrschen«.[26] Sie betont, dass ich, um mein Leben zu führen, die Kontrolle über mein Schicksal aktiv zu ergreifen habe, dass ich »bewusst die Zügel in die Hand zu nehmen und mich selbst zur Ursache dieses Ziels zu machen habe«.[27] Wenn ich dies unterlasse, dann »werde ich, als Handelnder betrachtet, nicht existieren«, und deshalb ist »die Übereinstimmung mit dem instrumentellen Prinzip konstitutiv dafür, einen Willen zu haben, in gewisser Weise das, was uns allererst einen Willen gibt«.[28]

Zunächst lässt sich mit Sicherheit sagen, dass Korsgaards kantische Bewunderung der Autonomie außer Kontrolle gerät. Wenn ich durch die Nichtübereinstimmung mit einem instrumentellen Prinzip *aufgehört habe, ein Handelnder zu sein*, dann haben wir es hierbei sicherlich nicht mit dem Scheitern *meiner* Rationalität zu tun. Es klingt mehr wie: *Ich* bin nicht an der Verwirklichung einer Verpflichtung gescheitert; irgendwas ist *mir* in all diesen Beispielen zugestoßen, das diese Verwirklichung verhinderte. Etwas »*blockierte*« die motivierende Kraft der Vernunft; Furcht »*ließ* mich unvernünftig *werden*« usw., genau das also, was unser Anhänger Humes früher sagen wollte. Dies kann ein Zusammenbruch der Motivationskraft der Vernunft sein, aber es hört sich hier alles nach Krankheit oder äußerem Eingriff an, nicht nach *meinem* Scheitern oder *meiner* Schwäche. Was ist aus dem kantischen »Inkorporationsprinzip« geworden (das Korsgaard akzeptiert),[29] nach welchem

24 Korsgaard, »The Normativity of Instrumental Reason«, S. 229.

25 Ebd., S. 238.

26 Ebd., S. 246.

27 Ebd., S. 227.

28 Ebd., S. 247.

29 Vgl. insbesondere: Korsgaard, »Kant's Formula of Humanity«, S. 110-114; vgl. dazu auch Passagen aus der *Metaphysik der Sitten* (S. 387 und S. 392; diese Passagen waren in jüngsten Diskussionen um Kant ziemlich einflussreich, wie die Arbeit von Tom Hill zeigt) und besonders auch den Aufsatz über den *Mutmaßlichen Anfang des Menschengeschlechts* und die *Religionsschrift*.

Ängste, Wünsche und Neigungen, obwohl sie mich geneigt machen können, etwas zu tun, niemals durch ihr bloßes Auftreten als Beweggründe in Betracht kommen, dass sie vielmehr einer Maxime einverleibt und vom Handelnden als gute Gründe genommen werden müssen, damit sie als meine Motive zählen? Wenn wir uns dieses Inkorporationsprinzip zu Herzen nehmen, überzeugt Korsgaards Darstellung des »Scheiterns« oder der »Schwäche« noch weniger, da ich irgendeine gegenwärtige Angst, Aversion oder Antizipation als etwas Wertvolles zu berücksichtigen habe, und wenn ich dies tue, lenke ich *mich* selbst von meinem ursprünglichen Ziel ab, und ich scheitere in diesem Fall nicht, indem ich einer Verpflichtung nicht folge.[30] Es stellt, mit anderen Worten, einen großen Unterschied dar, ob von diesen emotionalen Faktoren gesagt wird, dass sie meinen Willen »kontrollieren« *oder* ihn »beherrschen«, um Ausdrücke zu verwenden, die Korsgaard synonym gebraucht.[31] Sie

30 Ich denke, was hier vor sich geht, entspringt der christlichen Sprache von »Schwäche« und dem ihr korrespondierenden Appell an die »Stärke«, diese aufzulösen. Die Auffassung des gesunden Menschenverstands, der diesen Sachverhalt als irrational beschreibt, stellt einen guten Ausgangspunkt dar, um den Anfang zu machen. Dieser würde behaupten, dass die Weigerung von Tex aufgrund der Dringlichkeit der Situation, der fehlenden Zeit und der Krisenbedingung »irrational« ist, und er würde von Tex verlangen, unter diesen ungewöhnlichen Umständen eine Entscheidung zu treffen, die er sehr wahrscheinlich nicht treffen *würde*, wenn er dazu in der Lage wäre, ruhig und bei vollem Bewusstsein über die Tatsachen und Konsequenzen nachzudenken. Wir können hinzufügen (und tun dies auch meist), dass der gesunde Menschenverstand den »wirklichen Tex« als den ruhig überlegend Agierenden identifiziert. Aber dies ist eben ein Stück weit Fantasie. Indem er sich der Amputation widersetzt, ist Tex nicht »zu schwach«, um der »wirkliche Tex« zu sein. In einem solchen Widerstand drückt er nur etwas aus und entdeckt etwas von diesem wirklichen Tex, etwas von der Natur seiner Lebensverpflichtung, dem Gewicht der Furcht vor Schmerz, seiner Fähigkeit (oder deren Fehlen), ein ideales Bild seiner selbst heraufzubeschwören und sich darauf zu stützen usw. Indem er sich widersetzt, ist er nicht die »schwache« Version des wirklichen Tex. *Er ist einfach Tex.*

31 Vgl. auch Korsgaard, »Morality as Freedom«, wo sie schreibt: »Die Person, die aus Selbstliebe handelt, ist im Ganzen nicht aktiv wollend, sondern erlaubt sich einfach, vom passiven Teil ihrer Natur kontrolliert zu werden, was in der Folge bedeutet, ganz von der Natur kontrolliert zu werden. Aus der Perspektive der noumenalen Welt betrachtet, sind Zwecke, die wir unter dem Einfluss einer Neigung annehmen, statt dem der Moralität, nicht einmal dem Schein nach meine eigenen.« (S. 168) Etwas an dieser Argumentation geht deutlich fehl, weil die *meisten* unserer sinnlichen Ziele »unter dem Einfluss einer Neigung« angenom-

sind nicht synonym. Gilt Ersteres, »Kontrolle«, so haben wir es, wie Korsgaards Beispiele nahelegen, mit keiner irrationalen Handlung, sondern mit überhaupt keiner Handlung zu tun, mit einem Zusammenbruch des Handelns und nicht mit dessen Scheitern; gilt Letzteres, »Beherrschung«, so haben wir einen Fall, in dem etwas als wertvoller als etwas anderes betrachtet wird, und somit vielleicht einen Fall von Ignoranz oder Dummheit, aber nicht einen von Schwäche oder Böswilligkeit.

Des Weiteren, wenn wir ein paar Schritte zurücktreten und davon ausgehen, dass ich ursprünglich für den Charakter, der diese emotionalen Stürme hervorbringt, verantwortlich bin (dass ich ihn »gewählt« habe und also mit den gegenwärtigen Konsequenzen, als von mir verschuldet, zu leben habe, selbst wenn ich jetzt nichts mehr dagegen tun kann), werden wir nicht nur alle möglichen Arten von »moralischen Schicksals«-Problemen einführen, einschließlich der sozialen Bedingungen und Gelegenheiten (oder dem Fehlen derselben), unter denen ein solcher Charakter gebildet wurde (und damit jede starke Ansicht einer »Verantwortlichkeit für meinen Charakter« untergraben), wir werden damit auch wieder die nicht plausible Vorstellung von einem charakterlos Handelnden einführen, der einen Charakter wie einen Anzug von der Stange wählt.[32] In der Tat wird diese nicht einleuchtende Vorstellung bereits von Korsgaards ungewöhnlicher Sprache nahegelegt: dass man sich durch Verpflichtung auf eine instrumentelle Norm »selbst« allererst einen Willen »gibt«. Obwohl wir uns keine bessere gegenwärtige Darstellung des Weges von Kant zu Fichte (und seinem *Ich*, das sich selbst setzt) wünschen können, bin ich mir nicht sicher, ob wir diese Büchse der Pandora öffnen sollten.[33]

men wurden, und genau genommen ist die Vorstellung, dass sich jemand »erlaubt«, kontrolliert zu werden, aber dabei *nicht* »aktiv wollend« sei, inkohärent. Es scheint mir nicht viel gewonnen, wenn man einfach in diesen sauren Apfel beißt und auf diese Weise behauptet, dass auf der Grundlage dieser Erwägungen das »Böse nicht verständlich ist« (S. 171).

32 Was Korsgaards Versuch betrifft, den Begriff glaubhaft zu machen, vgl. »Morality as Freedom«, S. 181.

33 Was Korsgaard sagen will (deutlich in der zweiten ihrer kürzlich gehaltenen Locke-Vorlesungen), ist, dass es nicht einfach nur *tautologisch* sein kann, dass jemand, der den Zweck will, auch die Mittel will (und damit: dass jemand, der die Mittel nicht will, die Zwecke nicht gewollt haben kann), weil sonst die klare normative Kraft von Forderungen wie »du solltest mit diesem Zahn wirklich den

Schließlich drittens, obwohl es wichtig ist zu betonen, dass wir kein normgeleitetes Leben führen können, solange wir nicht sowohl die Autorität dieser Normen anerkennen als auch an ihnen scheitern können, gibt es sehr wohl andere Möglichkeiten, ein solches Scheitern auszudrücken und zu erklären, als durch die problematische (und bei Kant paradoxe) Berufung auf Schwäche oder irgendwelche anderen christlichen Begriffe einer Gebrechlichkeit, die für gewöhnlich an die Sinnlichkeit (oder irgendeinen derartigen Begriff von Sünde) geknüpft sind. Wenn wir feststellen, dass wir keine Gelegenheit ergreifen, um die Mittel zu einem Ziel zu erlangen, von dem wir annahmen, dass es ein Ziel von uns war, und etwas, was wir erlangen wollten, kann man von uns einfach sagen, dass wir nicht dem Ideal entsprechen, das wir von uns hatten. Jemand findet einfach heraus, dass er nicht derjenige ist, für den er sich hielt, dass er die ganzen Jahre fest davon überzeugt war A zu suchen, aber sich dann zeigt, dass dies gar nicht der Fall ist. Natürlich könnten wir sagen, dass er nicht die »Willenskraft« oder die Entschlusskraft hat, obwohl er sich auf A festgelegt hat, aber wir haben bereits die Paradoxie dieser Ansicht gesehen. Es scheint angemessener zu sein, die Sprache der Selbsterkenntnis und der Selbsteinschätzung heranzuziehen, und sich darauf zu konzentrieren, was seine Handlungen über die Ziele verraten, die ihm wirklich wichtig sind.[34]

Zahnarzt aufsuchen« schwer zu erklären wäre. Der Anhänger Humes hat kein Problem damit, so etwas wie eine praktische Vernunft überhaupt zu bestreiten, und so stellt es keinen Einwand dar, ihn darauf aufmerksam zu machen. (Das heißt, er akzeptiert, dass man nicht sagen kann, es sei unvernünftiger, die fortlaufenden Zahnschmerzen einer schnellen Lösung bei dem gefürchteten Zahnarzt vorzuziehen.) Allgemeiner gesagt, finde ich es richtig, dass Korsgaard die Anhänger Humes dafür kritisiert, wie sie die motivationale Wirksamkeit irgendeines verfolgten Zwecks kausal bewirkt erklären, aber ich bezweifle, dass dies bedeutet, hypothetische praktische Prinzipien seien Normen in ihrem Sinne. Eine »expressivistische« Darstellung der Handlung und eine Darstellung einer zeitlich revidierbaren, provisorischen Theorie der Motivationen (wir *wissen* nur äußerst selten, ob wir wirklich für einen Zweck optierten oder nicht, bis wir sehen, was wir tatsächlich *zu tun* gewillt sind) könnten das Bild einer nicht-kausalen Darstellung ausfüllen. Vgl. dazu Robert B. Pippin, *Hegel's Practical Philosophy: Rational Agency as Ethical Life*, Cambridge 2008.

34 Die Idee wäre also: Diejenigen, die einen Zweck verfolgen, den ein genauer oder genauerer Gebrauch der Vernunft nicht rechtfertigt, sind »unvernünftig«, selbst

IX.

Jedoch scheint an diesem Punkt unserer Suche nach einer entmetaphorisierten Auffassung der starken »Urheberschafts«-Interpretation der Autonomie eine genauere Berücksichtigung eines Aspekts des Problems, das wir vorher kurz streiften, verlangt zu werden. Wir scheinen in Schwierigkeiten zu geraten, wenn wir irgendeine vorgesetzliche Situation zu wörtlich nehmen, wohingegen wir versuchen sollten, die Möglichkeit einer solch vorgeblichen Option stärker zu unterminieren, selbst wenn wir immer noch versuchen, die wesentlichen Momente der Urheberschaft und Selbstunterwerfung beizubehalten. Eine solche Option zu erwägen, um ihre normative Unmöglichkeit zu zeigen, wäre das erforderte Argument. Dieses bringt uns näher an die Position, die von dem ausgeht, »zu dem wir uns verpflichtet haben«.

Tatsächlich haben wir selbst im instrumentellen Fall nicht all das angesprochen, von dem es heißt, einer Norm der instrumentellen Vernünftigkeit »nicht gerecht geworden zu sein«. Wir haben gesehen, dass dies in Korsgaards Darstellung in gewisser Weise bedeutet, als Handelnder zu scheitern; nicht selbst den Verlauf meines Lebens bestimmt zu haben, sondern zugelassen zu haben, dass er von außen *bestimmt* wurde. (Wir haben ebenfalls gesehen, dass es in einer kantischen Perspektive unklar ist, wie wir unser Tun beschreiben sollten, da dieses Tun trotz der irreführenden Worte »zulassen« und »erlauben« tatsächlich ein Tun *ist.*) Im Augenblick geht es aber darum, dass wir beschreiben sollten, was für uns bei unserer Verpflichtung auf dem Spiel steht, wenn wir die Ansprüche der Vernunft etwas gründlicher beachten. Wir »gelangen nicht einfach dorthin« und sind solchen Ansprüchen gegenüber nicht automatisch empfänglich oder kommen diesen nach. Der Punkt ist, dass wir uns verpflichten müssen und an dieser Verpflichtung festzuhalten haben, denn sonst sind wir nicht die Subjekte unseres Lebens. Oder anders gesagt: Was *bedeutet* uns diese Verpflichtung? Denn nach Korsgaards Kantverständnis ist es so, dass ich, wenn ich mich an diese Verpflichtungen nicht halte, als dieser Handelnde nicht existiere, und somit rührt dieses große Interesse an der Ver-

wenn dieses Streben nicht auf einen schwach handelnden »Willen« zurückgeführt werden kann.

nunft »in tiefster Weise von unserem Gefühl her, wer wir eigentlich sind«.[35] Unsere gesamte »praktische Identität« steht auf dem Spiel.

Im Allgemeinen wird praktische Identität »[...] besser verstanden als eine Selbsteinschätzung, bei der man sein eigenes Leben für lebenswert hält und seine Handlungen der Ausführung für wert erachtet«.[36] Es wird da viele Zufallsversionen geben – Professor, Ehemann, Freund, Amerikaner –, und obwohl ich in einer jeden eine praktische Identität nur dadurch erlange, dass ich mich auf die Normen verpflichte, die diese Identität jeweils konstituieren, könnte man von mir sagen, dass ich eine davon »angenommen«, eine andere »aufgegeben« habe, und nichts, was meine Normen betrifft, muss irgendeinen Anspruch dir gegenüber darstellen.[37] Aber es ist der nächste Schritt in der Entwicklung dieses Gedankens, der uns zur kantischen Moraltheorie zurückführt. Gibt es »besondere Arten und Weisen, wie wir über unsere Identität nachdenken *müssen*«? Wenn es diese gibt, sind dies dann die gesuchten »moralischen Identitäten«, deren Verlust »schlimmer als der Tod« wäre?[38]

Zunächst könnten wir sagen, dass allein die Tatsache ausreicht, dass wir menschliche Wesen sind oder eine allgemeine Eigenschaft des Menschseins haben, die wie diese unausweichliche Identität

35 Korsgaard, *The Sources of Normativity*, S. 18.

36 Ebd., S. 101.

37 Vgl. ebd., S. 239-241. Korsgaard beruft sich oft auf eine Forderung wie die folgende: »[...] im Augenblick des Handelns habe ich mich mit dem Prinzip meiner Wahl zu identifizieren, wenn ich mich überhaupt als der Urheber der Handlung betrachten will« (S. 241).

38 Zweifellos haben uns diese Behauptungen über die praktische Identität irgendwie in die Nähe der Betrachtungen über die »soziale Rolle« gebracht, die wir am Anfang in Augenschein genommen haben. Die Unterschiede treten nun ebenfalls deutlicher hervor. In dieser Sichtweise Kants müssen diese Rollen, wenn sie als normative Nötigungen funktionieren sollen, als Resultate einer reflexiven Begründung eines jeden Individuums betrachtet werden. Ein Individuum muss in der Lage sein, sich als *Urheber* der Rolle und ihrer Beziehungen zu sehen. Auf der anderen Seite sind für Hegel die praktischen Rollen die ersten Voraussetzungen für jeden reflexiven Inhalt, und dies nicht als einer an Tatsachen orientierten Beschränkung, sondern als Ausdruck der objektiv normativen Struktur des modernen sittlichen Lebens selbst. Wie bekannt, ist in Kants Darstellung eine grundlegende moralische Identität mit dazugehöriger Verpflichtung ausgesprochen, die jede andere kontingente Verpflichtung ausspielt, und seine Gründe dafür werden uns zu den wichtigsten Äußerungen der selbst-gesetzgebenden Metapher zurückführen.

fungieren kann, sodass diese »zu verlieren« bedeuten würde, ein erkennbar menschliches Leben, eine jegliche Art des Daseins, das für einen Menschen von Wert sein könnte, zu verlieren. Oder wir könnten das zumindest so lange sagen, wie wir auch hier dem kantischen »Urheberschafts«-Prinzip vertrauen. Wir können unser Leben gar nicht *führen*, ohne Urheber zu sein und uns auf eine solche praktische Identität zu verpflichten, aber deshalb verfügt der »Wert«, überhaupt eine praktische Identität zu haben, wie auch die notwendigen Bedingungen einer solchen Identität *nicht über denselben Status wie solche besonderen Rollen oder Identitäten*. Der Wert reflexiven Denkens selbst – die Bedingung dafür, dass irgendetwas auf eindeutig menschliche Weise für uns von Bedeutung ist – entsteht nicht aus den zufälligen Bindungen und Abhängigkeiten; an ihm müssen wir festhalten, wollen wir überhaupt *irgendeine* Identität aufrechterhalten. Wir haben als Menschen dadurch Wert, dass wir uns selbst als Menschen achten, und die Einführung dieses Begriffs der praktischen Identität macht durch diese Art Regress angeblich transparenter, *warum wir nicht anders können, als unsere Menschheit »zu achten«*.[39] Die Richtung, die das Urheberschaftsprinzip einschlägt, führt angeblich auf diese Schlussfolgerung. Etwas wertzuschätzen und sich selbst an die Verpflichtung zu halten, es zu erlangen, ist schon das Achten dieser Fähigkeit selbst, die Anerkennung, dass wir nicht durch unser *bloßes Sein* menschlich sind; wir haben Ziele zu setzen und uns an Normen zu halten, und damit geht notwendig die Achtung dieser Fähigkeit einher.[40]

Auf diese Weise hängt aller Wert an der Achtung der Menschlichkeit; andere Formen der praktischen Identität spielen zum Teil deshalb eine Rolle, weil die Menschlichkeit dies erfordert. Diese »menschliche« Identität und die Verpflichtungen, die sie mit sich bringt, sind deshalb *unvermeidlich und vorherrschend*, wenn man

39 Korsgaard, *The Sources of Normativity*, S. 121. Die woodsche Version dieses Schritts ist ähnlich, weil sie aber eine durchaus seinsförmige Verpflichtung beinhaltet, ist sie weitaus umstrittener: Ich zeige »eine Achtung mir selbst gegenüber, die mich an meinem vernünftigen Plan festhalten lässt« (vgl. Wood, *Kant's Ethical Theory*, S. 119). Ich würde annehmen, dass ich an meinem Plan ganz einfach deshalb festhalte, weil ich immer noch den Zweck will, selbst wenn meine Begierde in eine kaum als solche bemerkte ruhige Leidenschaft überginge.

40 Korsgaard, *The Sources of Normativity*, S. 129: »Wenn wir unser Menschsein nicht als normativ behandeln, kann keine unserer anderen Identitäten normativ sein, und dann können wir überhaupt keinen Grund zum Handeln haben.«

auch, angesichts der Züge, die das menschliche Leben aufweist, nicht sagen kann, dass man sie, wie die Identität einer Substanz im Verlauf der Zeit, einfach besitzt. Diese Behauptung – dass unsere menschliche Identität eine Art Resultat darstellt, eine Setzung, die wir vornehmen und über den Lauf der Zeit aufrechtzuerhalten haben – pflegt begierig aufgenommen zu werden und die große spekulative Gymnastik der späteren Idealisten hervorzurufen; besonders nun, da die ganze Identität eines Subjekts auf dem Spiel steht, ist die dialektische Dimension eines Subjekts als eines ungewöhnlichen »Resultats seiner selbst« deutlich ins Blickfeld geraten. Und es bildet die Quelle einiger von Kants eigenen hochspekulativen Momenten. (Die Berufung der zweiten *Kritik* auf ein »Faktum« der Vernunft, in dem, was als eine ungewöhnliche »Darstellung« der Realität der menschlichen Freiheit erscheint, verweist bereits auf diesen Begriff des Machens, der in der Wortwurzel von *Faktum* enthalten ist, nämlich »facere«, das heißt »machen«. In diesem Sinne ist die »Anerkennung« der normativen Ansprüche der Vernunft gerade nicht das, was die alltägliche Bedeutung von Tatsachen oder die Kenntnis einer Tatsache implizieren würde; es handelt sich vielmehr um ein »Hervorbringen« oder um so etwas wie Selbstgesetzgebung und Selbstunterwerfung unter eine solche Norm. Anders gesagt, die Verpflichtung zu praktischer Vernunft ist eine Tat, ein »Faktum«, etwas, das wir tun, nicht etwas, das wir passiv zur Kenntnis nehmen oder akzeptieren; es ist ein Erwirktes.)[41]

X.

Aber all dies bringt uns nur bis hierher und noch nicht zu irgendeiner *notwendigen moralischen Identität*. Was das Argument zunächst, und bekannterweise, zeigt, ist nur, dass man, um irgendeine grundlegende Kohärenz im Handeln zu erhalten, die Achtung der Menschheit in *der eigenen Person* zu unterstellen und *die eigene* reflexive Fähigkeit zu achten hat. Für eine unvermeidliche moralische Identität einzu-

41 Oder zumindest wäre dies ein ziemlich abenteuerlicher Weg, die Faktum-Forderung im Geiste von Korsgaards recht fichteanischem Kantianismus zu lesen. Im Hinblick auf eine allgemeine Diskussion der Faktum-Stelle vgl. Karl Ameriks, »Pure Reason of Itself Alone Suffices to Determine the Will«, in: Otfried Höffe (Hg.), *Kants Kritik der praktischen Vernunft*, Berlin 2002, S. 42-57.

treten würde heißen, dass man keinen derartigen Wert einführen kann, ohne die Menschheit überhaupt für einen Wert zu halten, das heißt eine solche reflexive lebensführende Fähigkeit in einem jeden zu achten. Um dies zu zeigen, versuchen manche, in einer Art »transzendentaler Beweisführung« zu demonstrieren, dass wir mit unserer eigenen privaten, unvermeidlichen, normativen Verpflichtung unserer eigenen Menschheit gegenüber zugleich den Wert der Menschheit in einem anderen, in einem jeden, anzuerkennen gezwungen sind. Aber selbst wenn sich dies erfolgreich zeigen ließe, scheint dies doch höchstens zu zeigen, dass ich den Wert der Menschheit einer jeden Person *für* ihn oder sie anzuerkennen habe, und nicht, dass *ich deine* Menschheit wertzuschätzen habe. Anspruchsvollere Versuche, wie die von Korsgaard und Nagel, beginnen damit zu leugnen, dass meine Wertschätzung meiner eigenen Menschheit wirklich als lediglich *meine* Wertschätzung *meiner eigenen* Menschheit verstanden werden kann. Sie argumentieren auf verschiedene Weise, dass es, welche Gründe ich ursprünglich, von Anfang an, auch immer gehabt haben mag, Gründe der Wertschätzung der Menschheit selbst sein müssen, und das bedeutet, dem Wert der Menschheit überall, wo es Menschen gibt, verpflichtet zu sein. Ich *kann* sie *nicht* nur in meinem Falle allein wertschätzen, so die Begründung; es kann keine »Gründe« geben, sie *derart* zu achten. Und da ich die Menschheit an ihr selbst wertzuschätzen habe, um meine Instantiierung ihrer zu achten, bin ich hinsichtlich der Menschheit als einem Zweck an sich verpflichtet und so weisen wir eine moralische Identität auf.

Die Frage, ob dieses Argument eine solche moralische Verpflichtung auf einen allgemeinen Wert gründet, ist eine, die offenkundig mindestens ein ganzes Buch erfordern würde. Aber es ist ebenso unklar, was genau durch den Anspruch begründet wird, was »der Wert unserer eigenen Menschheit« und damit der innere Wert der Menschheit selbst involviert. Korsgaard macht außerordentlich reichlichen Gebrauch von der Schlussfolgerung, derart reichlich, dass sie sie unmittelbar verdächtig macht. Sie behauptet zum Beispiel, dass unsere Wertschätzung, unsere Sorge um uns und unser Vergnügen an unserer animalischen Natur eine Verpflichtung auf den Wert der animalischen Empfindungsfähigkeit, wo immer wir sie antreffen mögen, voraussetzt und uns so eine Möglichkeit gibt, über unsere Pflichten nichtmenschlichen Tieren gegenüber nachzudenken. Dies scheint mir ziemlich übertrieben, und die Quelle des Unbehagens liegt darin, wie viel sie daraus ableitet, dass sie bemerkt, dass wir unsere animalische Natur in gewisser Weise wertzuschätzen haben. Ich glaube nicht, dass ich irgendwelche Ansichten darüber habe, ob die *Animalität* ein schätzenswertes Ding ist oder nicht, selbst wenn ich einiges Vergnügen an *der meinen* habe, und ich kann nicht sehen, dass ich eine solche Ansicht zum Ausdruck bringe, wenn ich etwa Kälte und Schmerz zu vermeiden trachte. Und diese Frage weist auf die größere, ähnlich gelagerte Frage hin, die hinsichtlich des allgemeinen Wertes der Menschheit auf dem Spiel steht. Eine jede solche moralische Identität, die uns selbst nur als einen unter vielen ansieht, stellt in den Begriffen von Rawls, die Korsgaard übernimmt, einfach eine »Idee«, eine Darlegung des Problems, noch keine »Konzeption«, eine Spezifizierung der wirklichen Antwort dar. Nehmen wir einmal an, dass wir, indem wir die Fähigkeit zur reflexiven Begründung für die Quelle der Werte halten, dem Wert selbst verpflichtet sind und dass ich diese Verpflichtung nicht aufrechterhalten kann und also auch kein Handelnder bin und keine Identität haben kann, wenn ich diese Fähigkeit bei anderen nicht achte. Das ist immer noch lediglich eine Idee, keine Konzeption, eine Darlegung des Problems, nicht dessen Lösung. Zum einen wissen wir nicht, wie bedeutend dieser Wert sein müsste. Wenn dieser Wert automatisch einen Trumpf gegenüber allen anderen Werten darstellte, würde es schwerfallen, die Arten von wirklichen Konflikten zu verstehen (nicht nur den Widerstand gegen die Pflicht), die in den Konflikten zwischen unseren kontingenten praktischen Identitäten und einer solchen vermeintlichen moralischen Identität aufbrechen. Und wenn er so wichtig ist, dass er von unschätzbarem Wert ist, bin ich dann unmoralisch, wenn ich für mein eigenes Amüsement Risiken eingehe und so das Vergnügen am schnellen Fahren über die sichere Aufrechterhaltung meiner reflexiven Begründungsfähigkeit stelle?

XI.

Wichtiger aber ist, dass wir aus einer deduktiven Analyse eines vernünftig Handelnden allein keine inhaltliche Bestimmung einer derartigen Verpflichtung ableiten können, noch können wir irgendeine Vorstellung von dem, was den Wert der Menschheit ausmacht, daraus gewinnen, und auch das Wesen der Freiheit als reflexives Begründen lässt sich so nicht begreifen. Gegeben eine »allgemeine« Vorstellung von uns selbst als einem unter vielen und als jemandem, dessen Bewertungen nicht von Überlegungen abhängen, zu denen ich nicht auch dich als berechtigt ansehen will, (denn nur so viel gestattet uns das Regress-Argument zu sagen), sind die verschiedenen »Konzeptionen«, die eine solche Verpflichtung manifestieren könnten, weit umfassender, als die spezifischen Konzeptionen der »Nachaufklärung«, die Korsgaard benennt. Wie sie des Öfteren betont, wird eine solche Vorstellung durch eine Konzeption »kraft der praktischen Identität« befriedigt. Wir müssen die explizit menschliche Art und Weise verstehen, in der Personen Werte anerkennen und sich an diese halten, bevor wir verstehen können, was sie insbesondere bei Anderen vielleicht unvernünftigerweise ignorieren. Wie sie betont, »hat sich die menschliche Identität in verschiedenen sozialen Welten auf unterschiedliche Weise konstituiert. Sünde, Schande und moralisches Unrecht – all diese repräsentieren Vorstellungen von dem, was man nicht tun kann, ohne herabgewürdigt oder beeinträchtigt zu werden, ohne den Verlust der Identität zu erleiden, und sie repräsentieren damit Vorstellungen von dem, was man nicht tun darf.«[42] Und »die Vorstellung von moralischem Unrecht, wie wir es heute verstehen, gehört zu der Welt, in der wir leben, der Welt, wie sie von der Aufklärung hervorgebracht wurde und in der die eigene Identität die Beziehung zur Menschheit selbst ist«.[43]

Stimmt, sagen wir überzeugten Hegelianer, aber ein derart weitreichendes Zugeständnis setzt schon die ganze Auseinandersetzung zwischen Kant und Hegel voraus und schließt den Kreis, indem es uns zu den Alternativen des Anfangs zurückführt. Wenn die explizit moralische Verwirklichung des Reziprozitätserfordernisses, die in jeder reflexiven Zielsetzung liegt, auf diese Weise eine Frage der »Geschichte« ist und wir über die normative Autorität dieser historischen Epoche *nichts mehr* sagen können, dann sind die formalen Erfordernisse, die überall in Kraft sind, nirgends auch nur entfernt so wichtig wie die Tatsache, dass die Verwirklichung dieser Erfordernisse soziohistorisch spezifisch ist. Das macht es un-

42 Korsgaard, *The Sources of Normativity*, S. 117.
43 Ebd.

wahrscheinlich, dass es irgendein deduktives Verständnis der tiefsten praktischen oder moralischen Identität eines Menschen geben kann und dass ein Verständnis dieser Identität, so legitimierend es auch immer sein mag, wahrscheinlich entwicklungsmäßig, nicht deduktiv, sein wird.

XII.

In dieser Beziehung scheint Hegel sich als kantischer zu erweisen als Kant selbst. Wie wir bereits mehrfach gesehen haben, besteht die offensichtliche kantische Ansicht darin zu sagen, dass es keinen besonderen Grund dafür gibt, unserem historischen Ort in der »Spätmoderne« irgendeine normative Autorität zuzusprechen, wenn diese Lebensform nicht selbst reflexiv gerechtfertigt werden kann. Aber angesichts des Weges, den wir zurückgelegt haben, wäre der bloße Versuch, dies zu tun und ein solches Kriterium zu erfüllen, und zwar in der Weise, wie »wir« einen solchen Versuch verstehen würden, lediglich ein Ausgehen von falschen Voraussetzungen und wäre wiederum ein *Manifestieren* der Form des Lebens, die wir autorisieren wollten. Mit Hegel gesprochen kann der rationale Status der Aufklärungsmoderne philosophisch belegt werden, aber weder mittels einer deduktiven Methodologie noch durch eine Analyse des Handlungsbegriffs. Wir brauchen eine andere Art der Erklärung dafür, wie wir uns diese historisch spezifischen Bindungen, Abhängigkeiten, sozialen Rollen und sozialen Ideale »zu eigen machen«, eine alternative Art und Weise der Erklärung ihres gesetzten *(legislated)* Charakters sowie unserer Unterwerfung unter solche gesetzten Resultate. Hegels Intuition ist hier ganz nützlich. Er richtet unsere Aufmerksamkeit auf die Erfahrung normativer Insuffizienz, auf den Zusammenbruch einer Lebensform (einer Situation, in der wir uns diese nicht mehr »zu eigen« machen können), und versucht dadurch, durch eine solche *via negativa*, eine allgemeine Theorie der positiven normativen Autorität zu liefern.

Aber das ist natürlich ein anderes Thema, und es würde einige Arbeit erfordern zu zeigen, wie sich alles ändert, wenn wir Normen als etwas ansehen, das im Laufe der Zeit kollektiv gesetzt und weniger durch individuell vernünftige Zustimmung gewählt worden ist. Ich habe hier nur zu zeigen versucht, dass es unwahrscheinlich ist, dass eine Erklärung der Subjektivität des moralischen Lebens sich auf so etwas wie einen individuellen Zustimmungstest berufen kann.

Aus dem Amerikanischen von Jürgen Brenner

3.
Die Freiheit als Schicksal: Verwirklichung und Geschichte bei Hegel

Hegels System in der *Enzyklopädie* reflektiert eine offensichtliche philosophische These. Unter der Voraussetzung, dass es eine »Wissenschaft der Logik« oder irgendeine Erklärung der Möglichkeit des Erklärens gibt, folgt nach Hegel, dass jede wirkliche Erklärung einer Sache, das heißt jede Realphilosophie, notwendig und unvermeidlich eine vollständige Trennung zwischen Natur- und Geistphilosophie erfordert. Diese Trennung scheint auf den ersten Blick Hegels Version eines der ältesten Dualismen der westlichen Philosophie darzustellen. Gemeint ist jener Dualismus, der ursprünglich zwischen Seele und Leib, Form und Materie, dann in seiner postcartesianischen Ausprägung zwischen Geist und Körper, *res cogitans* und *res extensa*, und schließlich in seiner postkantianischen Form zwischen dem Reich der Notwendigkeit und dem Reich der Freiheit angenommen wurde. Wenn die Frage, warum sich jede Erklärung entweder auf die Natur oder auf den Geist bezieht, von Belang ist, scheint die naheliegende Antwort eine Form dieses metaphysischen Dualismus vorauszusetzen. Wir würden demnach beide Kategorien brauchen, weil die Welt aus zwei Substanzen besteht.

Obwohl die Struktur der Realphilosophie Hegels an einen metaphysischen Dualismus erinnert, ist es nicht schwer nachzuweisen, dass dies nicht seine Position sein kann. Dagegen spricht in erster Linie, dass er Kant ausdrücklich dafür dankt, das Problem der Natur des »Ich« und der menschlichen Subjektivität beziehungsweise des Denkens und Handelns als Äußerungen dieser Subjektivität auf eine Weise formuliert zu haben, die keine metaphysische Verpflichtung eingeht. In der Heidelberger *Enzyklopädie* kontrastiert Hegel die metaphysische Vorstellung eines Seelendings mit dem, was Kant richtigerweise an dessen Stelle setzt: »die reine Identität des Selbstbewusstseins mit sich selbst« oder einfacher »die Freiheit«. Darüber hinaus ist Hegel sehr darum bemüht, die Kategorie »Geist« von anderen metaphysischen oder empirischen Substanzvorstellungen zu unterscheiden. Betrachten wir zum Beispiel einen Auszug aus dem Fragment zur Philosophie des subjektiven Geistes, das kurz nach Veröffentlichung der *Grundlinien der Philosophie des Rechts* verfasst wurde (1822-1825):

Die Philosophie des Geistes kann weder empirisch noch metaphysisch sein, sondern hat den *Begriff* des Geistes in seiner immanenten, notwendigen Entwicklung aus sich selbst zu einem Systeme seiner Tätigkeit zu betrachten. [...] [D]ie metaphysische Betrachtungsweise will es nur mit dem Begriffe zu tun haben, ohne seine Erscheinung; der Begriff wird so nur ein Abstraktum, und die Bestimmungen desselben ein toter Begriff. Der Geist ist dies wesentlich, tätig zu sein, das heißt, sich und zwar nur seinen Begriff zur Erscheinung zu bringen, ihn zu offenbaren.[1]

Wie dieses Zitat bereits erkennen lässt, hält Hegel die systematische Philosophie in einem weiten Sinne für »*selbst*bestimmend«, und er glaubt, dass sie eine vollständige immanente Entwicklung ausdrückt.[2] Keinesfalls aber hält Hegel sie für eine Reflexion einer »objektiven« Bestimmung eines »Subjektes«, als ob die Welt selbst einfach zurückweisen würde, angemessen von »äußerlichen« Manifestationen der Natur erfasst zu werden, weil sie der letztlich spontanen, immateriellen Eigenschaften des Geistes bedarf. Dies würde den Entwicklungsmetaphern widersprechen, die Hegel zur Beschreibung der Erforderlichkeit und Unvermeidlichkeit geistiger Kategorien gebraucht. Denken erfordert gleichsam für *sich* genommen eine Unterscheidung zwischen Natur und Geist. Es begrenzt und bestimmt für sich die angemessenen, sich zu eigen gemachten Unterscheidungen.

Freilich können auch solche Entwicklungsmetaphern irreführend sein, weil sie die Radikalität des hegelschen Ansatzes nicht einfangen. Sie lassen an ein aristotelisches Modell denken, wonach sich ein inneres Potenzial, die *dynamis* der Materie, auf eine organi-

1 G.W.F. Hegel, »Fragment zur Philosophie des Geistes«, in: ders., *Berliner Schriften 1818-1831*, *Werke*, Bd. 11, Frankfurt/M. 1986, § 11, S. 524. Natürlich gibt es verschiedene Gründe, Hegel keinen klassischen Dualismus zuzuschreiben. Hegel ist eindeutig der entschiedenste Gegner des Dualismus in der Philosophiegeschichte. Ich werde im Folgenden deshalb einfach voraussetzen, dass diese ontologische Unterscheidung, was auch immer mit ihr im Einzelnen gemeint sein mag, jedenfalls keinen traditionellen Dualismus bedeuten kann. In seinem bahnbrechenden Buch *Das Körper-Seele-Problem*, Frankfurt/M. 1992, hat Michael Wolff sorgfältig textliche Anhaltspunkte dokumentiert, die diesen Punkt meiner Ansicht nach überzeugend und ohne Einschränkung beweisen.

2 Vgl. im Zitat: »[...] in seiner immanenten, notwendigen Entwicklung [...]«.

sche Weise in einer zweckgerichteten, voll entfalteten Wirklichkeit, der *energeia* der Form, realisiert. Hegel selbst weist nachdrücklich auf Aristoteles hin, wenn es um ein Vorbild und einen Vorgänger für seine Darstellung geht. Außerdem passen die nichtdualistischen Konnotationen des aristotelischen Seelenbegriffs, der die Seele nicht als eine abgetrennte Substanz, sondern als reines Lebensprinzip des Leibes versteht,[3] recht gut zu Hegels nicht-dualistischem Geistbegriff. Dies sollte aber nicht darüber hinwegtäuschen, dass Hegels Aristotelesverständnis von Anfang an idiosynkratisch ist. Bereits seine Übersetzung von »energeia« als »Tätigkeit«, »Aktuosität« oder gar »Subjektivität« gibt eine seltsame fichteanische Auffassung von Aristoteles zu erkennen. Offenkundig betrachtet Hegel »Aktualisierung« als eine Art *Selbst*bestimmung, die selbstgerichtet und praktisch zielorientiert ist, und nicht als eine Art organischen Wachstums- oder Reifungsprozesses. Dies wiederum unterstellt eine sehr starke These der spekulativen Philosophie, wonach weder die natürliche Welt nicht-natürliche Eigenschaften und Vermögen verwirklicht, noch ein ursprünglich Absolutes sich selbst »äußerlich«, das heißt als Natur, denkt, bevor es »in sich selbst« als Geist zurückkehrt. Die hegelsche These unterstellt, dass Denken im Grunde die höchste Manifestation der Freiheit ist, und dies muss auf irgendeine Weise implizieren, dass die Denkbestimmungen »Natur« und »Geist« selbstauferlegte Bestimmungen sind. Mit anderen Worten: Weder die *Existenz der natürlichen Welt* noch die *Existenz sich selbst bestimmender Personen* hängen von »Selbstbestimmungen des Denkens« ab, sondern die *Begriffe* der »Natürlichkeit« und »Geistigkeit« sowie ihre normative Funktion für die wechselseitige Erhebung von Ansprüchen.

Wenn wir die Dualität von Natur und Geist verstehen wollen, müssen wir diese für Hegel grundlegende These, die für die gesamte ontologische Entwicklung vom reinen Begriff bis hin zur Religionsgeschichte gilt, beachten. Wie Hegel in der Einleitung der Heidelberger Ausgabe bemerkt, ist die *Enzyklopädie* eine »Wissenschaft der Freiheit«. Ja, überhaupt jede logische Entwicklung ist als eine Verwirklichung der Freiheit zu begreifen. Darin liegt gleichsam das Herzstück der hegelschen Philosophie. Es ist das Schicksal des Geistes, sich selbst zunächst unvollständig als Natur

3 Nach Aristoteles ist die Seele bzw. der Geist für den Leib, was das Sehen für das Auge ist. Vgl. *Über die Seele,* II.1., 412b (Hamburg 1995, S. 63).

und am Ende vollständig als sich seiner selbst bewusste Freiheit im subjektiven, objektiven und absoluten Geist zu verwirklichen. Jede angemessene Darstellung der in Hegels systematischer Philosophie entfalteten Ontologie muss deshalb folgenden zwei Punkten gerecht werden:

1. der Dualität, auf deren Grundlage die gesamte Realphilosophie organisiert ist, also der Dualität von Natur und Geist;

2. der entwicklungstheoretischen Darstellung, auf die Hegel zurückgreift, um die Notwendigkeit seiner Dualitätsthese zu rechtfertigen.

Dies macht es erforderlich, seine Thesen über das »Werden« des Geistes zu erläutern. Dasselbe gilt für andere Thesen, die ähnlich merkwürdig sind, zum Beispiel die These, dass der Geist nicht das »Andere« der Natur, sondern die Wahrheit derselben sei. Diese Punkte müssen nun näher bestimmt werden:

1.′ Die Dualität hat nichts mit einem metaphysischen Dualismus gemein. Sie bedeutet nicht, dass Hegel sich auf ein apriorisches Wissen von zwei verschiedenen Substanzen festgelegt hätte.

2.′ Die Entwicklung ist nicht organisch zu verstehen, sondern gibt den selbstbestimmenden Charakter des »reinen« Denkens wieder. Die zur Diskussion stehende Entwicklung reflektiert die »Verwirklichung der Freiheit« und muss deshalb als eine Art normative Selbstgesetzgebung verstanden werden.[4]

Dies sind sehr schwierige Desiderata, die kaum in diesem Rahmen erfüllt werden können. Um ihnen zumindest im Ansatz gerecht zu werden, reicht es allerdings, auf eine entscheidende Annahme

4 Vgl. G.W.F. Hegel, *Enzyklopädie der philosophischen Wissenschaften im Grundrisse II*, *Werke*, Bd. 9, Frankfurt/M. 1986, § 249. Hegel beschreibt die Natur als ein »System der Stufen«, bemerkt aber sogleich, dass es offensichtlich nicht der Fall sein kann, »daß die eine aus der anderen natürlich erzeugt würde, sondern in der inneren, den Grund der Natur ausmachenden Idee. Die Metamorphose kommt dem Begriff nur als solchem zu […]«.

Hegels hinzuweisen. Hegel scheint davon auszugehen, dass Menschen ab einem gewissen Stadium der Entwicklung ihres Selbstbewusstseins sich *selbst* nicht mehr länger verstehen können, indem sie sich ausschließlich auf explanatorische Kategorien der Natur berufen. Sich etwa auf die ausgedehnte Materie, die in Raum und Zeit lokalisiert und dem Kausalgesetz unterworfen ist, zu berufen, reicht nun für ein Selbstverständnis nicht mehr aus. Stattdessen wird es erforderlich, sich auf praktische Vernunftgründe zu berufen, sich zu rechtfertigen und zu verantworten, sich gegenseitig zur Rechenschaft zu ziehen, was im Kontext der Natur unangemessen wäre. Dass Hegel mit solchen *Grenzen* in der Reichweite und der Anwendbarkeit von Kategorien der Natur rechnet, ist für das Verständnis seiner Aussagen über den Geist von entscheidender Bedeutung. Auf der einen Seite sind diese Grenzen keine Grenzen im Sinne Kants, nach dessen Ansicht die festgestellte reine Phänomenalität der Natur Raum für die Annahme eines noumenalen menschlichen Handlungsvermögens schafft. Auf der anderen Seite sind diese Grenzen nicht metaphysisch. Sie sind nicht an die Existenz von etwas Nicht- oder Übernatürlichem gebunden.

In *welchem* Sinne ist es dann aber überhaupt *notwendig*, Begriffe wie den des Handlungsvermögens, der Handlung, des Grundes und der sozialen Norm, also die Sprache des Geistes heranzuziehen? Mein Vorschlag lautet, dass diese Grenzen im Grunde praktisch und historisch zu verstehen sind. Ab einem gewissen Grad organischer und vor allem sozialer Komplexität ist es nicht mehr länger angemessen beziehungsweise wird es *praktisch* unmöglich, die Natur weiter als Grund, Rechtfertigung oder im weitesten Sinne als Erklärung heranzuziehen.[5] Wie Hegel im letzten Paragraphen der *Enzyklopädie* bemerkt, ist es »die sich wissende Vernunft, [...] die sich in Geist und Natur entzweit«. Es handelt sich, anders formuliert, um »das Sich-Urteilen der Idee in die beiden Erscheinungen«.[6] Zu verstehen ist deshalb gar nicht eine vermeintlich reale ontologische Trennung. Zu verstehen sind vielmehr unsere Gründe für das *Konstruieren* und *Einführen* einer solchen norma-

5 Ebendies meint Hegel in der *Wissenschaft der Logik*, wenn er die Anwendung des Begriffes der Kausalität auf das organische und geistige Leben »unstatthaft« nennt (*Wissenschaft der Logik II*, *Werke,* Bd. 6, Frankfurt/M. 1986, S. 227).

6 G.W.F. Hegel, *Enzyklopädie der philosophischen Wissenschaften im Grundrisse III*, *Werke*, Bd. 10, Frankfurt/M. 1986, § 577.

tiven Unterscheidung. Offensichtlich ist es in diesem Rahmen nur möglich, die Konturen einer solchen Interpretation zu skizzieren. Ich beschränke mich auf die Erläuterung der generellen These.

Der Geist ist eine selbstauferlegte Norm, ein Bereich von Gründen, den wir konstituieren und aufrechterhalten und der allein dadurch »existiert«, dass er konstituiert und aufrechterhalten wird. In diesem Sinne ist die Entwicklungsgeschichte des subjektiven, objektiven und absoluten Geistes als eine kollektive historische Leistung zu verstehen. Der Geist ist demnach ein durch menschliche Tätigkeit zunehmendes Vermögen, die Reichweite kollektiver Selbstbestimmung zu vergrößern beziehungsweise die Abhängigkeit von der Natur und die Berufung auf dieselbe zu verringern und damit das zu erweitern, was unter Berufung auf Vernunftgründe, Rechtfertigungen und Normen kohärent und kollektiv angeordnet und verfügt werden kann. Versteht man den Geist im Ausgang von Hegels antidualistischer These und trägt man seinem Insistieren darauf, dass die Entwicklung des Geistes eine selbstbestimmte Entwicklung sei, in vollem Umfange Rechnung, so ist der Geist keine Emergenz einer nicht-natürlichen Substanz, sondern reflektiert allein das wachsende Vermögen von immer noch natürlich situierten Wesen, die stets erfolgreicher eine Form normativer und genuin autonomer Gleichgesinntheit erzielen.[7] Hegel auf diese Weise zu verstehen, fängt am besten ein, was er tatsächlich über die Emergenz des Geistes sagt. Man wird damit auch am besten seiner These gerecht, dass die Entwicklung des Geistes eine zunehmend größere Verwirklichung der Freiheit reflektiert, die auf eine größere Empfänglichkeit für und Bestimmung durch die Vernunft hinausläuft.

Einige Passagen aus der Einleitung der Philosophie des Geistes in der Berliner *Enzyklopädie* machen eindeutig klar, dass für Hegel der Geist selbst eine Art historischer Errungenschaft darstellt, also mehr eine tatsächliche *Etablierung* und weniger eine rein organische *Emergenz* von Freiheit ist. Ich zitiere nun eine Passage aus den Kehler-Griesheim-Nachschriften, die diesbezüglich besonders wichtig ist.

7 Eine umfassende Verwirklichung der Freiheit bedeutet eine größere Reichweite unserer Empfänglichkeit für und Aufnahme von praktischen Vernunftgründen, also eine Erweiterung, die durch das Versagen von eingeschränkteren Berufungsmöglichkeiten gerechtfertigt wird.

> […] das Wesen des Geistes ist, daß er frei sei, dazu gehört, daß er frei für sich sei, nicht in dem unmittelbaren natürlichen stehen bleibe. Auf unserer Stellung, nach der wir auffassen, was wir menschlichen Geist nennen, haben wir den Geist in einem Verhältniß, das ein Verhältniß der Mitte ist zwischen zwei Extremen: die Natur und Gott; der Anfangspunkt für den Menschen, der andere der absolute Endzweck, das absolute Ziel. Betrachten wir den Geist nach dieser Stellung, die in unserem Bewußtsein ganz geläufig ist, fragen wir überhaupt, was der Geist ist, so ergibt ich aus dieser Stellung, die der Geist zwischen zwei Extremen hat, daß die Frage noch in sich schließe wo der Geist herkommt und wo der Geist hingeht […]. Der Geist fängt von der Natur überhaupt an […;] das Extrem, wo der Geist hingeht, ist seine Freiheit, Unendlichkeit, an und für sich sein. Das sind die zwei Seiten, aber fragen wir, was der Geist ist, so ist die unmittelbare Antwort diese, der Geist ist diese Bewegung, dieser Prozeß, diese Thätigkeit, von der Natur auszugehen, sich von der Natur zu befreien, es ist dieß das Sein des Geistes selbst, seine Substanz.[8]

An einer späteren Stelle in diesem Abschnitt gebraucht Hegel die paradoxe Formulierung, der Geist sei »ein Produkt«, ja sogar ein »Resultat seiner selbst« und »seine Wirklichkeit [sei …] nur, daß er sich zu dem gemacht hat, was er an sich ist«.

Passagen wie diese beinhalten einige wichtige Implikationen für die oben aufgeworfenen Fragen. Sie liefern eine Antwort auf die Frage, welche Rolle die Entwicklungsthesen in Hegels Ontologie spielen, und sie deuten an, wie eine umfassende Darstellung des Geistes auszusehen hat. Wenn die fragliche Entwicklung eine Geschichte der Selbstbefreiung des Geistes von der Natur ist, der Geist allein die »Bewegung« ist, die diese Befreiung bewerkstelligt, und

> [die] Vernunft […] die substantielle Natur des Geistes [bildet]; […] nur ein anderer Ausdruck für die Wahrheit oder die Idee [ist], welche das Wesen des Geistes ausmacht […,][9]

dann bedeutet die fragliche Entwicklung, dass die Reichweite und Autorität der Vernunft und damit des Selbstbewusstseins anwächst, dass es im Bereich der Vernunftgründe selbst zu einem Zuwachs kommt. Es geht demnach um die voranschreitende Etablierung einer Domäne, in der die Forderung nach und die Empfänglichkeit

8 Hegel, *Enzyklopädie*, § 377 (siehe: M.J. Petry, *Hegels Philosophie des subjektiven Geistes*, Bd. 1, Dordrecht 1978, S. 6).

9 Hegel, *Enzyklopädie*, § 387, Zusatz.

für Vernunftgründe angemessen sind. Unser »Schicksal« besteht in diesem Sinne darin, den Forderungen der Autonomie nicht entgehen zu können. Erklärt und gerechtfertigt wird eine solche Entwicklung durch eine Art praktischer Logik in der Teleologie der Handlungen. Ab einem gewissen Grad ihres Verständnisses für die Quellen von Normativität werden Subjekte darauf bestehen, dass man sich in seinen Handlungen an Prinzipien und Normen hält. Liegt nur ein partielles und unvollständiges Verständnis einer derartigen Selbstregulierung vor, so führt dies dagegen zu Konflikten und Autoritätskrisen, von denen Hegel annimmt, dass sie zusammenhängend erzählt werden können. Wird das Selbstverständnis in seiner Reichweite und Autorität beschränkt, reflektieren die Tätigkeiten des Geistes bloß Gewohnheiten und »anthropologische« Abhängigkeiten von Brauch, Land und Mythos, oder wir verstehen uns selbst in einer Weise, die noch zu sehr den natürlichen Abhängigkeiten, Zyklen und Bedingungen der Natur verbunden ist.[10] Auch die Prinzipien der Selbstregulierung werden in solchen unvollkommenen Stadien unzureichend verstanden. Sie spiegeln daher das wider, was Hegel die *Positivität* als Eigenschaft des Rechts nennt. Ebenso reflektieren sie damit korrespondierende Formen einer Entfremdung von der natürlichen und sozialen Welt. In einem Stadium, in dem ein Subjekt aus der sittlichen Substanz »heraustreten« und die Fähigkeit erwerben soll, sich an Prinzipien zu binden, für sie einzutreten und sie nicht bloß auszudrücken, können Prinzipien, die an eine Positivität im unvollkommenen Verständnis gekoppelt sind, tragisch konfligieren, wie Hegel in seiner Interpretation der Tragödie von Sophokles zeigt. In einem Entwicklungsstadium, in dem die Fähigkeit, für Prinzipien einzutreten und sich an sie zu binden, als gänzlich subjektiv erfahren wird, gleichsam als Theatermaske, die man nach Belieben an- und ablegen kann, drückt *Rameaus Neffe* von Diderot und die Komödie im Allgemeinen den Grad unseres Selbstverständnisses am besten aus.

Zum Teil ist diese Betrachtungsweise der hegelschen Darstel-

10 In diesem Sinne kann behauptet werden, man würde aus einem Fehlschlag und seiner Korrekturmöglichkeit »lernen«. Genauer geht es darum, als Resultat eines fehlgeschlagenen Versuches den Begriff einer lebendigen, absichtsvollen Natur zu gewinnen, um uns selbst in unseren Erklärungen gegenseitig rechtfertigen zu können. Das Zeugnis griechischer Philosophie, Literatur und Religion lässt dies besonders deutlich erkennen.

lung vertraut. Im Allgemeinen wird zugestanden, dass die hegelsche Logik der Entwicklung wesentlich als eine Logik der Entwicklung des Selbstbewusstseins und der Selbstbestimmung beziehungsweise als eine Logik der Autonomie aufzufassen ist. Ihre Eindeutigkeit zeigt sich freilich nur in der Retrospektive. Vorhersagbar oder deterministisch ist sie in keiner Weise. Zumindest die Kernidee, die dieser Auffassung zugrunde liegt, ist verständlich, wenn auch höchst kontrovers: dass nämlich unsere epistemischen, ethischen und religiösen Praktiken viel mehr von uns abhängen und unser Handlungsvermögen viel stärker reflektieren,[11] als wir uns bewusst sein können, während wir handeln. Im Nachhinein verstehen wir klarer und umfassender, als wir es vorher vermochten, dass solche Praktiken allein deshalb existieren, weil sie dauerhaft gesetzt und aufrechterhalten werden. Dass wir uns erst »im Nachhinein« vollständig hinter unsere Taten und Praktiken stellen und uns selbst in ihnen zu sehen vermögen, kann allerdings bereits »jetzt« herangezogen werden, um ein solches zeitbezogenes Versagen, das zur »bestimmten Negation«, zu einem bestimmten Begriffs- und Normenwechsel führt, zu erklären.

Die Position bleibt problematisch und kontrovers, vor allem wenn sie so knapp dargestellt wird, dass wichtige Aspekte unberücksichtigt bleiben. Es wäre zu klären, wie und in welchem Sinne von Unvollkommenheit, Entfremdung, Positivität, Konflikt und Aporie behauptet werden kann, sie würden zu einer derart bedeutsamen kollektiven Veränderung führen oder sie erfordern. Ebenso wäre zu klären, wie wir die verschiedenen Modi, in welchen sich die angenommene innere Negativität darstellt, verstehen sollen: phänomenologisch, begrifflich oder logisch, historisch, politisch usw. Die Idee, dass vorhergehende Entwicklungsstadien nur teilweise erfolgreiche Versuche reflektieren, das anzustreben, was wir Modernen aus Hegels Sicht besser oder vielleicht sogar alleinig zu tun in der Lage sind, ist nur zu verteidigen, wenn ihre Implikationen vollständig ausgeführt werden. Dazu gehört nicht zuletzt eine Erläuterung der Position, die Hegel in Bezug auf die Moderne einnimmt. Trotz dieser Schwierigkeiten scheint mir der skizzierte Vorschlag nicht unplausibel oder gar von Anfang an verloren zu

11 Dies geschieht auf unvollständige Weise, weil wir nicht im vollen Umfang verstehen, dass derartige Praktiken partielle Versuche unserer vollen, autonomen *Selbst*regulierung darstellen.

sein. Dass er zumindest vertretbar ist, folgt bereits aus dem unterschiedlichen Gewicht der maßgeblichen Texte. Weil Thesen über das praktische und normative Misslingen und die Selbstgesetzgebung des Denkens mehr im Kontext der *Phänomenologie des Geistes* und der *Wissenschaft der Logik* angesiedelt zu sein scheinen als in der *Enzyklopädie*, sollten wir, was die systematische Form der Darstellung in der Letzteren betrifft, vorsichtig sein. Hegel bemerkt am Ende der *Enzyklopädie* explizit, dass die Vermittlung des Begriffs hier die äußerliche Form des Übergehens hat, und eine derart deutliche Abwertung[12] eröffnet eine große Bandbreite für alternative Formulierungen der dargestellten Entwicklung.

Andere wichtige Implikationen der Weise, in der Hegel mit dem selbstbestimmenden Schicksal der Ontologie umgeht, sind noch kontroverser und werfen noch mehr philosophische Fragen auf. Eine dieser Implikationen betrifft den Begriff des Geistes selbst. Es fragt sich, was es heißen kann, den Geist nicht-substanziell, sondern als eine Art historische Leistung zu verstehen. Da eine solche Leistung als die Verwirklichung der Freiheit anzusehen ist, bezieht man damit eine recht radikale Position hinsichtlich der Natur der Freiheit und des Geistes. Vor allem wird die Freiheit in einer anderen Weise ausgelegt als in den meisten modernen Standardauffassungen. Da der Geist nichts anderes ist als die Leistung der sozialen Praxis des Rechtfertigens und des Zur-Rechenschaft-Ziehens, vermeidet Hegels Position die inkompatibilistische Annahme einer distinkten Form kausaler Handlungsfähigkeit. Hier liegt mit anderen Worten eine Zustandstheorie der Freiheit und keine Kausaltheorie der Freiheit vor. Hegels Freiheitsauffassung hat viel mehr mit der stoischen und spinozistischen gemeinsam als mit der cartesianischen und kantischen. Der Zustand der Freiheit ist ein Zustand des Selbst- und Fremdbezugs, der vor allem durch Hegels Rede vom »bei sich selbst sein« und »anerkannt sein« bekannt geworden ist. Er soll »objektiv« in den modernen Lebensformen verwirklicht sein, die im Begriff der »Sittlichkeit« vollständig zusammengefasst sind.

All das führt sehr weit. Ich möchte hier nur den Vorschlag machen, dass diese Auffassung mit ihren Verbindungen zur modernen Version des Aristotelismus, zum Pragmatismus und zum Ge-

12 »Äußerlich« ist bei Hegel so gut wie immer ein Schimpfwort.

schichtsverständnis der Linkshegelianer und der Kritischen Theorie genuin hegelianisch, also nicht etwa ein Anachronismus oder eine Verzerrung von Hegels Zielen ist. Darüber hinaus ist diese Auffassung philosophisch von großem Interesse. Sie stellt eine interessante Alternative zum modernen naturalistischen Kompatibilismus und den postkantianischen Handlungstheorien dar.[13] Natürlich wirft sie für jeden, der diese Position ernst nimmt, auch eine Reihe schwieriger Fragen auf. Ich habe bereits das Problem angesprochen, sich auf Unvollständigkeit, Entfremdung und Konflikt als Erklärungen des begrifflichen und sozialen Wandels zu berufen. Wie sich gezeigt hat, hängt damit die kontroverse Interpretation der historischen Entwicklung im Sinne einer teleologischen Entwicklung zusammen. Ebenfalls angesprochen wurde die Theorie der Moderne oder der absoluten Verwirklichung, die diese Darstellung vorschlägt. Das ist zwar alles schon problematisch genug. Dennoch müsste man noch zwei weitere Problemfelder berücksichtigen.

Erforderlich wäre erstens eine adäquate Darstellung der Beziehung zwischen dem hier in Frage stehenden Zustand und demjenigen, was auf andere Weise und unabhängig davon mit den Begriffen der modernen Naturwissenschaft erklärbar ist. Sicher kann man in gewisser Hinsicht behaupten, Tätigkeiten und Praktiken »supervenierten« über natürlichen Zuständen. Aber das allein wäre für Hegel ebenso sicher eine zu schwache Darstellung. Denn Hegel will, wie wir gesehen haben, eine starke These über die Notwendigkeit und Unentbehrlichkeit geistiger Kategorien und nicht bloß ihre logische Möglichkeit ohne Annahme eines Dualismus verteidigen. Die Behauptung der praktischen Notwendigkeit einer solchen Form von Selbstregulierung macht allein kaum ein Argument aus. Zweitens müsste ein bestimmter Zustand des Selbst- und Fremdbezugs als rational erläutert werden, und da Hegel instrumentalistische und formale kantianische Begriffe praktischer Vernunft zurückweist, bräuchten wir dafür eine vollständige hegelianische Darstellung von Rationalität als sozialer Praxis, die Handlungen in ihren Vernunftgründen adäquat verständlich macht. Schließlich müsste eine solche Theorie mit unseren starken Intuitionen bezüglich Schuld, Reue, moralischer Verantwortung und Strafe

13 Man denke an die »could have done otherwise«-Bedingung und die »unverursachte Ursache«.

konfrontiert werden. Hegels Darstellung nimmt offensichtlich zurück, was im Zentrum der christlichen und modernen Konzeption des Handlungsvermögens steht, nämlich die vorhergehende Überlegung und die kausale Kraft des Handlungsgrundes, und geht zu einer Auffassung über, die sich eher einer retrospektiven und kollektiven Betrachtungsweise verdankt. Es geht ihm darum, dass wir »uns in unseren Taten werden sehen« können, indem wir ein Verständnis erreichen, das uns im Nachhinein in die Lage versetzt, unsere Taten anzunehmen und uns hinter sie zu stellen. Dies widerspricht dem, was wir von uns selbst fordern zu müssen glauben, um unsere Praxis des Sich-gegenseitig-zur-Rechenschaft-Ziehens verteidigen zu können. Da die Ideen der unverursachten Ursache, der strikt und absolut individuellen moralischen Verantwortung sowie eine Konzeption moralischer Gründe, die als formal und daher universal bindend aufgefasst werden, philosophische Phantasmen sind, lohnt es sich aber, ausführlicher zu bedenken, wie Hegels Antwort auf diese und ähnliche Fragen zu verstehen ist.

Aus dem Amerikanischen von Susanne Brauer

4.
Moralität: Die subjektive Seite der Sittlichkeit?

I.

Eine verständlicherweise weitverbreitete Auffassung von Hegels Theorie der Sittlichkeit lautet, dass Hegels Theorie des richtigen menschlichen Verhaltens eine Theorie der »sozialen Rolle« ist. Was »richtiges« Handeln ist, soll durch Berufung auf die soziale Rolle, die man innehat, gerechtfertigt werden. Da Hegel außerdem das moderne sittliche Leben wiederholt als rational beschreibt, scheint der zuletzt genannte Punkt zu bedeuten, dass die Berufung auf eine solche soziale Rolle einen normativen oder rechtfertigenden Charakter hat, dass eine solche Berufung als praktischer Grund, als Rechtfertigung fungieren kann. »Weil ich Vater bin«, »weil ein guter Geschäftsmann genau das tun sollte« oder »weil ich Bürger bin« – solche Aussagen gehören offenkundig zu der Art von Kandidaten, die Hegel als »praktische Gründe« ansehen muss. Sicher sagt Hegel in der »Einführung« zu den *Vorlesungen über die Philosophie der Geschichte* auch: »[...] man muß ferner wissen, daß allen Wert, den der Mensch hat, alle geistige Wirklichkeit, er allein durch den Staat hat«,[1] und er geht noch weiter, wenn er sagt: »In dem Leben eines Volks hat in der Tat der Begriff der Verwirklichung der selbstbewußten Vernunft [...] seine vollendete Realität.«[2]

Würde man diese Position nur vordergründig betrachten, wäre sie sehr unbefriedigend. Es scheint auf der Hand zu liegen, dass jedes praktische Argument, das mit einer solchen Rechtfertigung abgeschlossen wird, unvollständig ist, dass noch ein weiterer, ein letzter Schritt erforderlich ist, mit dem die Berechtigung und das Gute im Erfüllen dieser Rolle (oder auch die Existenz solcher Rollen überhaupt) allgemein und objektiv gerechtfertigt werden. Für jemanden, der eine Rechtfertigung verlangt, könnte nur ein solcher letzter Schritt, so scheint es, die Berufung auf diese Überlegung

1 G.W.F. Hegel, *Vorlesungen über die Philosophie der Geschichte*, *Werke,* Bd. 12, Frankfurt/M. 1989, S. 56.

2 G.W.F. Hegel, *Phänomenologie des Geistes*, *Werke,* Bd. 3, Frankfurt/M. 1989, S. 264. (Im Folgenden ›*PhG*‹).

vervollständigen. Wenn wir hinzufügen, dass eine solche Rolle für die Identität einer Person »essentiell« werden kann, könnten wir die Hürden weiter erhöhen: Man könnte nicht einmal anfangen, über sein Tun nachzudenken, würde man mit dem Nachdenken nicht als *irgendetwas* oder *irgendjemand* anfangen, als Familienmitglied, als Fabrikant, Arbeiter, Fachmann oder als Bürger. Aber dieser Schachzug verstärkt nur den Verdacht, dass solche Überlegungen, wenn man sich in dieser Weise auf sie beruft, in Wirklichkeit keine normative Rolle spielen, sondern dass sie eine psychologische oder soziale Notwendigkeit beschreiben, welche die Möglichkeit praktischer Überlegungen *einschränkt.* Vielleicht gäbe es etwas Interessantes über die soziale Identität einer Person zu sagen, aber ohne den von uns gesuchten weiteren Schritt gibt es keinen eindeutigen Grund zu der Annahme, dass das, »was meine soziale Identität erfordert«, einen praktischen Grund liefern könnte, dessen bindende Kraft auch andere anerkennen müssen.

Viele Hegel-Kommentatoren beharren unbeirrt darauf, dass eine derart unbefriedigende Reaktion auf einer ungenügenden Würdigung der Radikalität von Hegels Position beruht. Folgt man einer konventionellen Auffassung, hat Hegel so etwas wie eine »Theorie der Freiheit des vernünftigen Handelns« vertreten, aber er lehnt jede Auffassung der Vernunft ab, die in ihr ein bloß reflexives Vermögen sieht, das ein Individuum allein besitzt und nur von diesem in einzigartiger Weise ausgeübt wird. Einer weitverbreiteten Meinung zufolge behandelt Hegel *die wahre Natur der Realität* in einer Art historisierenden, platonischen oder neuplatonischen Art und Weise *als objektive Vernunft*, und zwar derart, dass vernünftig sein *heißt*, in den sich entfaltenden Artikulationen des Absoluten einfach den richtigen Ort einzunehmen, das heißt, in den sozialen Rollen, die diese historisch artikulierte Wahrheit widerspiegeln, zu *sein.* Und Hegels Sprache scheint »Vernunft« in einigen Fällen zur Substanz zu machen, indem sie ihr wie einem Subjekt Aktivitäten zuschreibt, so zum Beispiel, wenn er schreibt: »Die substantielle Freiheit ist die an sich seiende Vernunft des Willens, welche sich dann im Staate entwickelt.«[3] In den *Grundlinien* lesen wir an einer Stelle, die von ungebremstem hegelschem Schwung getragen wird:

3 Hegel, *Philosophie der Geschichte*, S. 135.

Daß das Sittliche das System dieser Bestimmungen der Idee ist, macht die Vernünftigkeit desselben aus. Es ist auf diese Weise die Freiheit oder der an und für sich seiende Wille als das Objektive, Kreis der Notwendigkeit, dessen Momente die sittlichen Mächte sind, welche das Leben der Individuen regieren und in diesen als ihren Akzidenzen ihre Vorstellung, erscheinende Gestalt und Wirklichkeit haben.[4]

Der Zusatz zu diesem Paragraphen geht noch darüber hinaus, wenn er betont, dass solche »sittlichen Bestimmungen« oder sozialen Rollen »die Substantialität oder das allgemeine Wesen der Individuen« sind und dass die Individuen deshalb etwas bloß »Akzidentielles« sind.[5]

Passagen wie die erwähnte werfen eine Reihe von Fragen auf. Nicht die geringste unter ihnen ist die, ob Hegels politische Philosophie heute überhaupt von Interesse sein kann. Aber die Behauptungen über die objektive Vernunft enthalten noch etwas viel Spezifischeres, nämlich, ob wir die Objektivität in ihrem vollen metaphysischen Umfang betrachten oder ob wir uns auf die extreme Bindung der Normen an Institutionen konzentrieren, die in Hegels Philosophie des objektiven Geistes enthalten zu sein scheint. Diese spezifische Dimension betrifft das, was man heute als Hegels Theorie des Handelns bezeichnen würde, und damit auch die korrespondierenden Begriffe der Handlung, Absicht, Verantwortung und dergleichen. Das Problem ist simpel. Was ein Ereignis oder einen Prozess zu einer Handlung macht, liegt einer gegenwärtig weitverbreiteten Auffassung zufolge darin, dass er in einer von zahlreichen möglichen Beschreibungen als absichtsvoll bezeichnet wird; was eine Beschreibung zur Beschreibung einer Absicht macht, ist der Umstand, dass eine Person glaubt, Gründe für eine bestimmte Tat gehabt zu haben. Wenn wir uns an solchen Passagen wie der oben zitierten orientieren, sieht es zunächst so aus, als könnte man die hegelsche Beschreibung eines Handelnden, der eine Tat ausführt, in diesen Begriffen fassen, aber das wäre eine bloße *Façon de parler.* Wie der *Handelnde* die Absicht formuliert und in welcher Weise *er* sie als Rechtfertigung seines Handelns betrachtet, scheint nicht wirklich beim Handelnden zu liegen. Er fungiert offenbar mehr als »Vermittler« einer ethischen Substanz, als Vehikel zum Ausdrücken

4 G.W.F. Hegel, *Grundlinien der Philosophie des Rechts*, *Werke*, Bd. 7, Frankfurt/M. 1986, §145, S. 294.
5 Ebd.

der objektiven Vernunft. Das hat nun fast den Anschein, als ließen wir uns verleiten, die völlig unplausible und wenig interessante Behauptung aufzustellen, es gebe in Wirklichkeit keine Handlungen, sondern nur – gemäß einer metaphysischen Theorie der Wirklichkeit – Ereignisse. (Anders ausgedrückt hieße das, die einzig wahre, in der Welt statthabende Aktivität sei die »Veräußerlichung« des Absoluten in der Natur und die »Rückkehr zu sich selbst als Geist«.)

Angesichts dessen, dass Hegel die Möglichkeit der Handlung und besonders die Möglichkeit, Handlungen zu erklären und zu rechtfertigen, sehr häufig ausdrücklich an die Absichten des Subjekts bindet oder daran, wie es einen möglichen Handlungsverlauf »subjektiv« aufnimmt oder ansieht, scheint mir dies der falsche Weg für eine Annäherung an Hegel zu sein. (Denn schließlich erwartet man bei einem »dialektischen« Philosophen ebendies, dass es nämlich sowohl eine subjektive wie eine objektive Seite gibt.) Insbesondere möchte ich behaupten, dass Hegel auf der subjektiven Rolle der praktischen Vernunft beharren kann, ohne sie in das Bild des »Vermögens« (oder in das Modell der »reflexiven Billigung«), gegen das er sich wendet, eingeschlossen zu sehen. Strittig ist jedoch, was als *Inhalt* einer intentionalen Beschreibung anzusehen ist, und auch, worin »das Spielen einer Rolle« im praktischen Überlegen besteht. Im Folgenden werde ich wiederholt auf diese beiden Probleme zurückkommen. Das, was uns an Hegels Darstellung überrascht, und das, was einen hegelschen »Objektivismus« der Gründe oder eine Art Missachtung der »subjektiven Seite« bei der Beschreibung und Erklärung von Handlungen nahelegt, ist nicht einfach der Umstand, dass er die Beschreibung, nach der eine Handlung absichtsvoll *ist*, mit der Beschreibung der Absicht gleichsetzt, die der Handelnde anerkennen würde. Entscheidend für unser Verständnis ist aber, dass in einer solchen Darstellung der Bezug auf die Absichten eines individuellen Subjekts nicht eliminiert, sondern eigentlich als vorläufig behandelt wird, als etwas, das keinen privilegierten oder endgültigen Status hat. Metaphorisch gesprochen heißt das, die Subjekte haben keine Besitzansprüche hinsichtlich der Interpretation der Bedeutung ihres Tuns und sie sind keineswegs unfehlbare Quellen der Absichten oder Gründe, aus denen die Handlung (in Wirklichkeit) vollzogen wurde, obwohl sie ein *gewisses* Recht auf »Eigentum« haben und eine sehr wichtige *Quelle* bei der Bestimmung der »wahren Absichten« darstellen. Ich möchte das folgendermaßen beschreiben: Hegels Position ist insgesamt gesehen die, dass eine vorläufige Beschreibung der Handlung und Absicht eher als Eröffnungszug bei Verhandlungen mit der öffentlichen Welt verstanden werden sollte, wo sie sich dann als bloße Einbildung erweisen könnte.

Die Diskussion muss in zwei Schritten erfolgen. Zuerst ist zu untersuchen, wie das Handeln und die praktische Vernunft in Kapitel fünf der Jenaer *Phänomenologie* dargestellt werden. Dabei möchte ich den Zusammenhang aufzeigen beziehungsweise herstellen, der nötig ist, um bei Hegel den Status der Perspektive, die das Subjekt beim Handeln auf seine Absichten hat, angemessen zu verstehen (keinesfalls um diese Perspektive zu eliminieren). Hegel lehnt sowohl die Ontologie von einzelnen, selbständigen und sich irgendwie selbst antreibenden Organismen ab, die auf dem Modell einzelner, bestimmter, Handlungen verursachender »Intentionen« (das heißt Glaubensvorstellungen und Wünschen) gründen, als auch jedes Modell der praktischen Vernunft als reflexiver Überprüfung und letztgültiger Billigung einer möglichen Handlung durch einen isolierten Handelnden. Um zu zeigen, wie er diese Behauptungen verteidigt, ohne sich zu dem oben erwähnten »Objektivismus« oder Anti-Subjektivismus zu verpflichten, müssen wir seine explizite Diskussion des Handelns im zweiten Teil der *Grundlinien der Philosophie des Rechts*, im Kapitel über die *Moralität*, untersuchen.

II.

In der *Phänomenologie*-Diskussion wird deutlich, dass Hegel von uns verlangt, »unseren Blickwinkel« tatsächlich zu »erweitern«, wenn wir die Beschaffenheit eines rational und daher frei *Handelnden* betrachten, ihn also so zu erweitern, dass sich *in* dem Bild des Handelns ein kontextuelles und zeitliches »Feld« sowohl, wie man sagen könnte, »hinter« dem vertrauten, Beschlüsse fassenden und handelnden individuellen Subjekt als auch, wie man ebenfalls sagen könnte, »vor« ihm erstreckt, sodass die Rezeption *der Tat* und die Reaktion darauf als konstitutives Element der Tat angesehen werden, als Komponente dessen, was letztlich bestimmt, *was getan worden ist.* In den Einwänden Hegels gegenüber einer kausalen oder voluntaristischen Theorie des begründeten Handelns spielt ein solches soziales »Bild« eine große Rolle, denn es wird behauptet, dass eine angemessene Handlungsbeschreibung einerseits von dem bereits hergestellten Kontext aus Überlegung und Handlung abhängt (was es in einem solchen Kontext bedeuten könnte, wenn man diesen oder jenen praktischen Grund hat) und andererseits davon, welche Absicht und welche Handlungsbeschreibung einem selbst von anderen zugeschrieben werden. Wenn dem so ist, dann kann man der durch den Handelnden selbst ausgedrückten Absicht keine besondere Priorität zubilligen. (Um es noch einmal zu betonen: Das bedeutet nicht, die Formulierung des Handelnden zu *ignorieren* oder ihr *keine* Beachtung zu schenken.) Die Idee besteht darin, dass der Inhalt der Absicht nur dann angemessen bestimmt werden kann, wenn man eine Beziehung zu einer Handlungsbeschreibung herstellt, die dem Willen vorausliegende Bedingungen einschließt und die vorläufig und zeitlich fließend, sozusagen in Zeit und Erfahrung instabil ist.

Die Bedeutung der wirklichen sozialen Welt, die jedem vermeintlich individuellen Entschluss zum Inhalt von Absicht und Tat *vorausliegt*, ist vielleicht der bekannteste Aspekt von Hegels Position. Seine Auffassung ist ganz klar die, dass die praktische Rationalität, deren Ausübung Freiheit konstituiert und die Bedingung schafft, unter der man seine Taten wirklich als die eigenen erfährt, immer »institutionsgebunden« ist, dass niemand einen wie immer gearteten, wirksamen praktischen Grund haben kann, etwas zu tun, wenn er bloß als ein »rein rationaler«, einzelner, sich selbst bestimmender Handelnder verstanden wird. Folgt man diesem Aspekt von Hegels Position, dann gibt es keinen »Ort«, außerhalb solcher Institutionen, von dem aus gesehen man sagen könnte, man habe mehr Grund, zu handeln oder ein Handeln zu unterlassen, als man Grund hat, einen Springer oder einen Bauern zu ziehen, wenn man sich nicht in einem Schachspiel befindet. Die offenkundige Einschränkung hier – dass vor allem eine Diskussion über die Gründe, Schach zu spielen, möglich sein muss – wird von Hegel akzeptiert, aber nicht so dargestellt, als führe sie eine vor-institutionelle Perspektive ein. Tatsächlich funktioniert die ganze *Rechtsphilosophie* in der Weise, dass Hegel zeigt, wie jeder, der ein institutionelles Spiel spielt (oder vorliegende Rechtfertigungen anbietet, annimmt, ablehnt oder modifiziert), genauso gute Gründe hätte (Gründe, die sich zur Gänze daraus ergeben, dass er versucht, dieses eine Spiel zu spielen), ein anderes Spiel zu spielen. Wir können daher Gründe, die für abstrakte Rechtsansprüche relevant sind (wie zum Beispiel: »Das ist mein Eigentum, deshalb darfst du es nicht wegnehmen«, oder: »Ich habe das im Vertrag nicht vereinbart, also darfst du das nicht verlangen«), von Gründen unterscheiden, die für moralische Urteile relevant sind (»Nein, weil das mein Gewissen verletzt«), sowie von Gründen, die für ein sittliches Leben relevant sind (»weil ich Vater bin«, »weil ein guter Geschäftsmann vertrauenswürdig sein muss«, »weil mein Vaterland in Gefahr ist«). Was wie eine rein rationale Überlegung zu den Grenzen einer normativen Institution aussehen mag, ist in Wirklichkeit der Einfluss einer anderen unausweichlichen, bereits etablierten, institutionellen Verpflichtung. Nach Hegels Auffassung sind menschliche Subjekte ganz und gar und in hohem Maß immer bereits historisch und sozial *in Bewegung*, und selbst bei ihren Versuchen, darüber nachzudenken, was irgendjemand irgendwann tun sollte, gehen sie von einer institutionellen Position aus. Wenn wir bei dem Versuch einer Idealisierung von dieser Position abrücken, rücken wir auch von den Bedingungen der Möglichkeit praktischer Rationalität ab. Die Konventionen des sittlichen Lebens, die bestimmen, welche Arten von Gründen in welchem Kontext angeboten werden können und wie sehr man darüber hinaus dadurch verpflichtet ist, dass man sie anbietet, sind mit anderen Worten keine Regeln, auf die man sich berufen und die man gleichzeitig in Frage stellen kann; sie stellen Kriterien dar, die entscheiden, was als Anspruch oder als Herausforderung einer Behauptung zählt.

Aber diese Berufung auf eine etablierte, institutionelle, historische Wirklichkeit ist nur ein Aspekt von Hegels Beharren auf der »Wirklichkeit« praktischer Gründe. (Es ist jedoch bereits hier offenkundig, dass Hegels Wortwahl, wenn er von einem Übergang vom Inneren zum Äußeren spricht, eine ganz objektivistische Sicht der praktischen Rationalität – als wäre das Subjekt ein bloßer Vermittler des Weltgeistes – sehr unwahrscheinlich macht.) Wie bereits angemerkt, enthält seine grundlegende Kritik an einem allgemeinen, modernen Bild des Handelns eine andere und tiefere Dimension der Wirklichkeit beziehungsweise einen Hinweis darauf, wie wir die spezifische logische Struktur des Handelns verstehen sollten. Das wirft folgende Frage auf: Wie kann, *»nachdem«*

ein Handelnder zu handeln begonnen hat, die »Entfaltung« einer Tat in der Zeit und für andere sowohl eine wesentliche Dimension dessen darstellen, was das Handeln zum Handeln macht, als auch dessen, was dem vermeintlichen Augenblick der Entscheidung »vorausgeht«. Die ausführlichste Diskussion dieser Frage findet sich in der zweiten Hälfte von Kapitel fünf über die praktische Vernunft der Jenaer *Phänomenologie*. Dort behauptet Hegel, dass unser konventionelles, modernes Verständnis des Handelns einen Fehler enthält, da hier die innere Absicht von der äußeren Manifestation des »Inneren« auf plumpe, verzerrende Weise getrennt und so versucht wird, die Tat durch Bezug auf die isolierte, gesonderte Absicht als deren erste Ursache zu erklären. Nachdem Hegel die strittigen Elemente in dieser Weise neu zusammengefügt hat, lässt uns das Argument mit der Frage zurück, welchen Status die Bezugnahme auf das »Innere« hat.

»An ihren Früchten sollt ihr sie erkennen«, zitiert Hegel,[6] und er hätte vielleicht hinzugefügt: »*nur* an ihren Früchten oder Taten«. Erst nach der Manifestation oder nach dem Ausdruck kann man retrospektiv bestimmen, was beabsichtigt gewesen sein muss (*auch* das Subjekt selbst). Und selbstverständlich erscheint es etwas paradox zu behaupten, dass man, erst nachdem man tatsächlich gehandelt hat, wissen kann, was man zu tun beabsichtigte. Das ist ein zweiter Punkt, der noch genauer bestimmt werden muss; es ist aber kaum zweifelhaft, dass Hegel etwa diese Position einnimmt. Man beachte »Die entwickelte Natur des *wirklichen* Handelns erfährt nun das sittliche Selbstbewußtsein an seiner Tat [...]«, »das Individuum kann daher nicht wissen, was es ist, eh es sich durch das Tun zur Wirklichkeit gebracht hat.«[7]

Man sollte auch Formulierungen aus der *Enzyklopädie* berücksichtigen, die noch etwas weiter reichen:

Man pflegt so namentlich zu sagen, es komme bei den Menschen nur auf ihr Wesen an und nicht auf ihr Tun und ihr Betragen. Darin liegt nun zwar das Richtige, daß dasjenige, was ein Mensch tut, nicht in seiner Unmittelbarkeit, sondern nur als vermittelt durch sein Inneres und als Manifestation seines Innern zu betrachten ist [...], wohingegen jener Berufung der Menschen auf ihr von dem Inhalt ihres Tuns unterschiedenes Wesen nur

6 G.W.F. Hegel, *Enzyklopädie der philosophischen Wissenschaften im Grundrisse I, Werke*, Bd. 8, Frankfurt/M. 1986, § 140, S. 277.

7 Hegel, *PhG*, S. 347.

die Absicht zugrunde zu liegen pflegt, ihre bloße Subjektivität geltend zu machen und sich dem, was an und für sich gültig ist, zu entziehen.[8]

Oder man betrachte folgende, ebenfalls der *Enzyklopädie*, der *Logik*, entstammende Passage, die etwas später folgt:

Der Mensch, wie er äußerlich, d.i. in seinen Handlungen (freilich nicht in seiner nur leiblichen Äußerlichkeit) [ist], ist er innerlich; und wenn er *nur* innerlich, d.i. *nur* in Absichten, Gesinnungen tugendhaft, moralisch usf. und sein Äußeres damit nicht identisch ist, so ist eins so hohl und leer als das andere.[9]

Eine umfassende Darstellung von Hegels Position enthält die folgende Passage:

Was es sei, das es tut und ihm widerfährt, dies hat es getan und ist es selbst; es kann nur das Bewußtsein des reinen Übersetzens *seiner selbst* aus der Nacht der Möglichkeit in den Tag der Gegenwart, des *abstrakten Ansich* in die Bedeutung des *wirklichen* Seins und die Gewißheit haben, daß, was in diesem ihm vorkommt, nichts anderes ist, als was in jener schlief. [...] Das Individuum kann also, da es weiß, daß es in seiner Wirklichkeit nichts anderes finden kann als ihre Einheit mit ihm oder nur die Gewißheit seiner selbst in ihrer Wahrheit, und daß es also immer seinen Zweck erreicht, *nur Freude an sich erleben.*[10]

Schließlich enthält diese Position eine Implikation, die Hegel ohne Zögern akzeptiert, die aber eine Reihe schwieriger Fragen aufwirft. Denn wenn es vor und unabhängig von der Tat *keine* Möglichkeit gibt zu bestimmen, was ein Handelnder intendiert hat, wenn es einzig und allein »in der Tat« liegt, dass wir eine solche Bestimmung geben können, dann haben wir es nicht nur mit einer ungewöhnlichen retrospektiven Bestimmung der Absicht, die auch für den Handelnden selbst gilt, zu tun, sondern daraus folgt auch, dass wir *die Handlung* nicht durch Bezugnahme auf eine solche separate Absicht spezifizieren können. Wofür man die Handlung hält, ihr Sinn, ihr Zweck und ihre Implikationen behalten nichts von der privilegierten Autorität, die man dem Handelnden intuitiv zuschreibt. Bei einem solchen Ansatz hat man keinerlei gesetzlich geschützten Besitz an der Tat und man kann nicht einseitig bestimmen, »was getan wurde«. Das muss sozusagen innerhalb einer

8 Hegel, *Enzyklopädie I,* § 112, S. 234.

9 Ebd., § 140, S. 275.

10 Hegel, *PhG*, S. 299/300.

konkreten sozialen Gemeinschaft ausgehandelt werden, deren Teilnehmer bestimmen müssen, welcher Art »diese« Tat in der Praxis ist, auf welche Weise die Regeln hier greifen. Die eigene Absicht ist folglich doppelt »wirklich«: Sie ist dort draußen »in« der Tat, und die Tat dort draußen ist wesentlich »für andere«. Bei der Beschreibung von Handelnden, die sich damit brüsten, sich nicht darum zu kümmern, was andere denken, integer zu sein und an sich unabhängig vom Urteil der Kritiker, oder die der Meinung sind, da gäbe es eine *Sache selbst*, die durch ihre Absicht bestimmt ist, merkt Hegel an:

> Allein indem sie etwas tun und hiermit sich darstellen und dem Tage zeigen, widersprechen sie unmittelbar durch die Tat ihrem Vorgeben, den Tag selbst, das allgemeine Bewußtsein und die Teilnahme aller ausschließen zu wollen; die Verwirklichung ist vielmehr eine Ausstellung des Seinigen in das allgemeine Element, wodurch es zur *Sache* aller wird und werden soll.[11]

III.

Man sollte hier sofort hinzufügen, dass es keinen Grund zu der Annahme gibt, damit werde Entschuldigungen Tür und Tor geöffnet, die – wie man vielleicht behaupten könnte – bereits von Hegel nahegelegt werden, wie zum Beispiel folgende: »Ich wusste nicht, ich konnte nicht wissen, was ich wirklich beabsichtigte, als ich X ausführte (ich habe meine Absicht erst hinterher entdeckt), daher kann man mich dafür nicht individuell verantwortlich machen, kann man mir die Tat nicht zuschreiben.« Aber das ist bloße Sophisterei und bietet uns eine gute Gelegenheit, um noch einmal etwas Wichtiges zu wiederholen. Wie wir mehrfach gesehen haben, will Hegel den »Zugriff« des Subjekts auf das, was getan werden soll und warum es getan wird, nicht als kritischen Faktor bei der Zuordnung der Tat zu einem Subjekt eliminieren (seine Argumentation ist in den bekannten Einwänden gegen eine Bezeichnung des Ödipus als »Vatermörder« enthalten.[12] Eine solche subjektive Dimension gibt es also immer, alles, was man als Tat bezeichnen kann, enthält eine Absicht. Hegel wendet sich aber gegen die Be-

11 Ebd., S. 309.

12 Siehe Hegel, *Grundlinien,* § 117, S. 217 und § 118, S. 219.

hauptung, dass der *Inhalt* dieser Intention *ex ante* festgelegt und bestimmt ist. Jede neue Formulierung ist notgedrungen vorläufig. Häufig, sogar meistens, verläuft die Durchführung der Tat *wie* beabsichtigt, und es gibt kein Problem. Einer gewissen Beschreibung nach ist die Tat absichtsvoll und in solchen Fällen heißt absichtsvoll, dass das Subjekt davon ausgeht, es habe Gründe, gerade so zu handeln, und angesichts *dieser* Gründe handelt, und in der sozialen Welt »zirkulieren« diese Gründe dann als erfolgreiche Rechtfertigungen. Wo sich aber die Handlungsbeschreibung und die entsprechende Absicht, der Plan der Handlung etc., in der Zeit entwickeln müssen, entstehen für Hegel Situationen, die »erweisen«, ob man wirklich tun will, was man ursprünglich beabsichtigte. In diesen Fällen *gibt* es noch eine wirkliche, innere, subjektive Absicht, sie manifestiert sich aber nur in der Tat vollkommen, und *wenn* sie »sich zeigt«, spielt sie bei der Zuordnung der Tat zum Handelnden (das heißt einiger Dimensionen der Tat, nicht der Tat insgesamt) eine entscheidende Rolle. Die Tatsache, dass der Handelnde nicht wirklich sicher sein kann, dass er so handeln wird, wie er *ex ante* wissentlich intendierte, berührt also für Hegel die Frage der Zuordnung nicht. Die feige Selbsttäuschung eines Handelnden kann nicht als Entschuldigung gelten und von unwissentlichen Absichten spricht Hegel nicht. Früher oder später liegt eine wirkliche Tat vor, und sie offenbart die Absicht des Handelnden und was man ihm zuschreiben kann.

Das heißt, Hegel erkennt sehr deutlich, dass es einen Unterschied zwischen einer »*Handlung*« gibt, einer Tat, die man jemandem zuschreiben kann, und einer bloßen »*Tat*« als etwas, das durch jemanden geschieht (besonders etwas, das man zwar freiwillig, aber unwissentlich getan hat), das man ihm aber nicht als etwas zuordnen kann, für das er Verantwortung oder Schuld trägt.[13] Außerdem können bei der Ausführung eines Planes zahlreiche unvorhergesehene und keinesfalls vorhersehbare Kontingenzen eingreifen, und was tatsächlich geschieht und was man beabsichtigt hat, wird dann vielleicht auseinanderfallen. Hegel will ein Subjekt eindeutig nicht in der Weise verantwortlich machen, als manifestierte das äußere, zufällige Ereignis notwendigerweise das, was dieses Subjekt in Wahrheit tatsächlich beabsichtigte. Diese Betonung der Wichtig-

13 Vgl. ebd., § 118.

keit der »subjektiven« Seite des Handelns führt uns nun schließlich zur Rede von Moralität.

Das heißt: Wie wir bereits in früher zitierten Abschnitten zur ›spekulativen Identität‹ des Inneren und Äußeren gesehen haben, hat Hegel keinerlei Absicht, das Innere mit dem Äußeren *zusammenfallen* zu lassen. Das heißt auch: »Darin liegt nun zwar das Richtige, daß dasjenige, was ein Mensch tut, nicht in seiner Unmittelbarkeit, sondern nur als vermittelt durch sein Inneres und als Manifestation seines Innern zu betrachten ist.«[14]

In einem weiteren Sinn ist die subjektive Dimension das, was Hegel das »Recht des Subjekts in der Handlung seine Befriedigung zu finden« nennt.[15] Dieses Prinzip ist in Hegels Philosophie von größter Bedeutung, da es in der Interpretation der philosophischen Bedeutung des Christentums kulminiert und damit die Grundlage für Hegels gesamte Theorie der modernen Welt ist. Am berühmtesten ist seine Aussage über die Griechen: »Sitte und Gewohnheit [ist] die Form [...], in welcher das Rechte gewollt und getan wird«,[16] und seine Behauptung: »Der griechische Geist als Mitte geht von der Natur aus und verkehrt sie zum Gesetz seiner selbst aus sich; die Geistigkeit ist daher noch nicht absolut frei und noch nicht vollkommen aus sich selbst, Anregung ihrer selbst.«[17]

Diese Dimension des Handelns – was das Subjekt selbst zu tun glaubt und warum es denkt, es sollte so handeln – nennt Hegel die »Subjektivität«, welche »die Bestimmtheit des Begriffs ausmacht« und damit herstellt, was er den »Standpunkt« oder die »Sphäre der Moralität« nennt. Es ist klar, dass er diesem Handlungselement (im Gegensatz zum bloßen Ereignis) in einer für ihn typischen Weise Gerechtigkeit widerfahren lassen will und dass er verstehen will, welche normative Bedeutung die Beachtung dieses Aspekts bei unserer Bewertung der Handlung hat. Unter bestimmten Bedingungen ist ein moralischer Standpunkt angemessen und erforderlich. Diese Bedingungen schließen das sehr allgemeine und weitreichende Recht ein, dass jeder mit der Ehrerbietung behandelt wird, die freien Wesen gebührt (wir dürfen niemanden zum eigenen Vorteil umbringen oder berauben, sei diese Person nun Mitglied un-

14 Hegel, *Enzyklopädie I,* § 112, S. 234.

15 Hegel, *Grundlinien*, § 121.

16 Hegel, *Philosophie der Geschichte*, S. 308.

17 Ebd., S. 293.

serer sittlichen Gemeinschaft oder nicht), und sie schließen auch bestimmte objektive, historische Bedingungen ein, das heißt, »in Zeiten, in denen die Wirklichkeit eine hohle geist- und haltungslose Existenz ist, mag es dem Individuum gestattet sein, aus der wirklichen in die innerliche Lebendigkeit zurückzufliehen«.[18] Es ist aber auch klar, dass Hegel die Grenzen dieses Kontexts und dieser Bedingungen verstehen will. Das heißt, er will verstehen, was vor sich geht, wenn diese eine Dimension in einer angemessenen Beschreibung der Handlung überbewertet wird oder ausschließlich als Grundlage dient, wie in seinen berühmten Appellen an die Herrschaft des »Gewissens« und der gleichzeitigen, intensiven Kritik daran. (Bereits im Zusatz zu § 108 erwähnt er die Grenzen eines *ausschließlich* moralischen Standpunkts;[19] in § 121 ermahnt er uns, die wahre Identität des »Selbstbewußtseins des Menschen« und »der Objektivität der Tat« nicht zu vergessen; und in § 124 tut er zweierlei, er wiederholt die Lehre der *Phänomenologie* sowie die dort veränderte Betonung – »Was das Subjekt ist, ist die Reihe seiner Handlungen« – und er verweist uns direkt auf das Buch. Tatsächlich zeigt sich bei sorgfältigem Lesen, dass Hegel im ganzen Kapitel über Moralität sein Publikum beständig ermahnt, nicht zu meinen, der *Inhalt* der Absicht oder Intention könne ohne Rückgriff auf das bestimmt werden, was wirklich getan worden ist.)

Hegel fährt dann fort, die Dimensionen dieser unverzichtbaren, aber noch beschränkten Sichtweise, den moralischen Blick auf das Handeln auszubuchstabieren. Man hat das »moralische Recht«, zu erwarten, dass einem eine Handlung nur insoweit zugeordnet wird (dass man nur insoweit für »schuldig« gehalten wird), »daß im Dasein desselben [d.i. des moralischen Willens] nur anerkannt werde, was innerlich als Vorsatz bestand«.[20] Aber ein solcher »Vorsatz« wird nicht willkürlich postuliert. Ich habe immer einen Grund, der rechtfertigt, warum ich so handle, und Hegel bezeichnet ihn als »meine Absicht« und stellt ihn in seiner natürlichsten und »unmittelbaren« Erscheinung als Sorge um das eigene Wohl dar. Wie

18 Hegel, *Grundlinien*, § 138, S. 260.

19 Vgl. ebd., § 108, S. 207: »Das Selbstbestimmen ist in der Moralität als die reine Unruhe und Tätigkeit zu denken, die noch zu keinem *was ist* kommen kann. Erst im Sittlichen ist der Wille identisch mit dem Begriff des Willens und hat nur diesen zu seinem Inhalte.«

20 Ebd., § 114, S. 214.

er im Zusatz des § 121 erklärt, kann es mein »Vorsatz« gewesen sein, jemanden umzubringen, aber um die Tat zu begründen, ist das noch viel zu allgemein ausgedrückt; ich habe außerdem einen besonderen Grund oder eine »Absicht«, so etwas zu tun (für mich ist das Morden nicht der Zweck des Mordes), und um die Beziehung zwischen Vorsatz und Absicht zu erklären, führt Hegel die sprachliche Unterscheidung von Allgemeinem und Besonderem ein.

Jedoch, so argumentiert er im weiteren Verlauf, kann man die Sphäre der Gründe nicht einfach nur als eine besondere betreten, deren Gründe allein für einen selbst gelten. In diesem Fall bestünden hier keine Gründe und die Tat wäre absichtslos. Das heißt letztlich, allgemeine Erwägungen über das Wohl müssen an eine universale Aussage über das »Gute« gebunden sein. Wenn dieses Gute von einem moralischen Standpunkt aus aufrechterhalten werden soll, dann muss auch eine »unendlich subjektive« Beziehung zum Guten möglich sein oder das, was Hegel Gewissen nennt. Er merkt an, dass vom moralischen Standpunkt aus gesehen nur ein sehr allgemeiner Auftrag besteht, »das Gute« anzustreben,[21] und für eine auf dem Gewissen beruhende Moralität bedeuten diese Abstraktheit und Unbestimmtheit eine große Gefahr, letztlich die Gefahr einer Selbstgewissheit, die so extrem sein kann, dass sie »das Böse« konstituiert.

Das bringt uns zu einer der wichtigsten und umstrittensten Behauptungen Hegels: der Priorität und der Superiorität der Sittlichkeit gegenüber dem abstrakten Recht oder der Moralität. Damit würde aber eine neue, unabhängige Diskussion eröffnet. Ich habe hier versucht hervorzuheben, dass nichts in Hegels Darstellung des moralischen Standpunkts auf eine Spannung zu der Position der *Phänomenologie* hindeutet, nach der es unmöglich ist, beim Verstehen einer Tat das »Innere« vom »Äußeren« zu trennen. Das Moralitätskapitel eignet sich gewiss nicht für eine unabhängige Diskussion von Hegels »Theorie des Handelns«. Wäre dies möglich, würde man Hegels Position missverstehen. Sicher räumt Hegel ein, dass es nicht dem »Recht entspricht«, jemandem eine Tat und eine Absicht nur auf der Grundlage des Geschehens zuzuordnen. Man muss das »moralische« Beharren auf dem Recht auf Wissen, dem Recht auf Befriedigung der Subjektivität usw. akzeptieren, und das

21 Ebd., § 137, S. 259.

heißt, dass man sowohl den Akt der Beschreibung als auch die Zuordnung der Verantwortlichkeit angesichts der »Vermittlung des Inneren« näher bestimmen muss. Aber zwischen der Darstellung in *Phänomenologie* und *Rechtsphilosophie* besteht keine Spannung, weil Hegel zwei verschiedene Fragen ganz deutlich voneinander trennt: Erstens: Welche Rolle soll das Ausdrücken der Absicht (und die Handlungsbeschreibung des Handelnden) in einer endgültigen Bestimmung dessen spielen, was getan worden ist und wer in welchem Maße verantwortlich war? Und zweitens: Wie können wir den *Inhalt* einer solchen Absicht bestimmen? Die letzte Frage umfasst nicht nur die interpretierende Aufgabe, zu wissen, was es für unser Gemeinwesen heißen würde, dieses oder jenes zu tun, sondern auch, zu verstehen, welche Beziehung zwischen dem besteht, was man tatsächlich getan hat, und dem, was dadurch über die wahre Absicht ausgedrückt wurde, ungeachtet der eigenen Versicherungen. Das sind keine leichten Aufgaben, und sie geben häufig Anlass zu Fehlern.

Wenn dies zutrifft, dann bedeutet das, dass man die »Gegenwart« des Subjekts »in« der Tat genau verstehen muss, um Hegels Position ganz zu begreifen. Offenkundig wird das Fortführen einer zweckgerichteten Tätigkeit in der Zeit, das angemessene Reagieren auf Hindernisse, Herausforderungen, unvorhergesehene Umstände usw., dieser Auffassung nach als eine an Normen gebundene oder Regeln folgende Aktivität verstanden. Die Individuen formulieren ihre Absichten (unter Berücksichtigung der Normen) nicht solipsistisch, und in ihren Formulierungen werden diese Absichten durch eine Vielzahl sozialer Konventionen, Anstandsformen usw. eindeutig beschrieben. Die erfolgreiche Umsetzung einer Absicht muss auch den Aspekt enthalten, dass einem diejenige Absicht, die man selbst zu haben glaubt, von anderen zugeschrieben wird und dass man eine Übereinkunft darüber erreicht, was genau man getan hat. Dieses Kriterium setzt eine fortwährend wache Sensibilität für ein solches gemeinsames Verständnis und für normative Adäquatheit voraus.

Die Merkmale von Hegels Darstellung des objektiven Geistes sind keine Manifestationen individueller Glaubensvorstellungen, die einer bewussten Überprüfung leicht zugänglich sind, sie können es jedoch sein. Sie können aber genauso gut tief verborgen, eine Gewohnheit und weitgehend unanfechtbar sein. Aber sie sind nicht völlig unanfechtbar, und deshalb treten die deutlichsten Manifestationen einer Subjektivität, die sich in Bindungen manifestiert, dann auf, wenn Hegel den tatsächlichen oder drohenden Zusammenbruch von Anstandsnormen, von Anfechtungen innerhalb der normativen Praxis erörtert, die nicht mithilfe dieser Normen gelöst werden können. So spielt Antigone nicht bloß die Rolle der Schwester. Wenn diese Rolle mit dem sittlichen Leben der Polis in Einklang gebracht werden muss, muss Antigones Schwester-Sein zu einer »Auffassung« werden, die sie gegen andere mögliche Auffassungen – die Klugheit von Ismene und die Gegnerschaft Kreons – vertreten muss. Man kann sich leicht eine verstörte Antigone vorstellen, die sich absolut sicher ist, dass sie tun muss, was eine Schwester tut, aber durch Kreons Gegnerschaft und Ismenes Zögern an sich selbst irre wird und nur »im Glauben« handelt. Doch dadurch begreift man Antigones schon fast fanatisch zu nennende Ausführung ihrer Rolle nicht. In solchen Augenblicken der Krisis und des Zusammenbruchs kann daher der Charakter der Verpflichtung, den solche Rollen besitzen, in den Blick geraten und verlangen, dass man sie wie eine Norm behandelt. Das heißt nicht, dass den Subjekten stets eine Art sokratischer Unabhängigkeit zur Verfügung steht, dass immer eine Form »reflexiver Billigung« verfügbar ist, etwa derart, dass man uns verantwortlich macht, wenn wir sie nicht annehmen. Das Subjektive und das Objektive sind viel enger verbunden als bei Hegel, und man sollte fairerweise bereits jetzt darauf hinweisen, dass das Entstehen einer solchen Subjektivität auch ein seinem Wesen nach objektives, historisches Phänomen ist. (Es ist bekannt, dass Hegel Sokrates als Manifestation einer objektiven Krise der griechischen Polis darstellt.) Und es bedürfte einer Untersuchung zahlreicher weiterer Beispiele in Hegels Unterfangen, eine typologische und narrative Darstellung solcher Erfahrungen von Unzufriedenheit zu entwerfen, bevor man verstehen könnte, wie dieses Phänomen der »Negation« funktioniert – dass nämlich Gründe heute, anders als früher, durch äußere Umstände, Rollen und Ereignisse geliefert werden. Dies würde unter anderem ein Lesen der *Phänomenologie* unter einer solchen neuen Fragestellung erfordern; dann jedoch wäre man zumindest auf dem Wege, eine ganze Reihe der einflussreichsten und wichtigsten Behauptungen Hegels zu verstehen: dass die Geschichte (was getan worden ist und was sich in dem, was getan worden ist, ausdrückt) menschliche Selbsterkenntnis nicht bloß illustriert, sondern für sie essentiell wichtig ist, dass die Prinzipien eines Regimes, vielleicht seine konstitutiven Prinzipien, nur vorläufiger Ausdruck von Bindungen sind und dass sich seine wirklichen Bindungen in dem ausdrücken, was tatsächlich getan wurde (hier finden sich Ansätze einer »Ideologiekritik«). Vor allem aber würde man vielleicht verstehen, warum Hegel sowohl eine Ethik der Absicht als auch eine Ethik der Konsequenzen so einseitig und unbefriedigend findet und in welcher Weise er ein Freiheitskonzept verteidigen will, das weder die unvermeidliche Entfaltung desjenigen, der man zufällig ist, noch den willkürlichen Beginn desjenigen, der man sein will, enthält.

5. Zu Hegels Behauptung, Selbstbewusstsein sei »Begierde überhaupt«

I.

Kant zufolge unterscheidet sich ein Gegenstand in unserer Erfahrung von einem bloßen subjektiven Spiel unserer Vorstellungen durch seine regelgeleitete Einheit.[1] Seiner berühmten Definition nach ist ein Objekt lediglich »das, in dessen Begriff das Mannigfaltige [...] vereinigt ist«.[2] Entsprechend muss Bewusstsein selbst als eine unterscheidende und vereinigende Tätigkeit verstanden werden. Es ist ein im Wesentlichen urteilendes und nicht ein Sinneseindrücke passiv aufnehmendes Bewusstsein. Kants Hauptinteresse im Gang der Deduktion gilt erstens dem Aufweis, dass die fraglichen Regeln keine gänzlich empirischen, insgesamt aus Erfahrung abgeleiteten Regeln sein können und dass es für Regeln, die nicht abzuleiten sind, oder reine Verstandesbegriffe, wiederum Regeln geben muss. Zweitens geht es ihm darum zu zeigen, dass diese nicht abgeleiteten Regeln objektive Gültigkeit besitzen, dass sie nicht subjektive Setzungen sind, die einem unabhängig erlangten Mannigfaltigen auferlegt werden, dass die apriorische »synthetische Einheit des Bewußtseins [...] also eine objektive Bedingung aller Erkenntnis [ist], nicht deren ich bloß selbst bedarf, um ein Objekt zu erkennen, sondern unter der jede Anschauung stehen muß, um für mich Objekt zu werden«.[3] Kant scheint zu erkennen, dass er den Eindruck vermittelt, das Bewusstsein sei für ihn ein zweistufiger Prozess, nämlich die Aufnahme von Sinnesdaten, gefolgt von der Konzeptualisierung solcher Daten, doch bemüht er sich, bei der Verfolgung des erwähnten zweiten Beweisziels seine Leser eines Besseren zu belehren.

Abgesehen von einigen Kantianern gibt es nicht viele Philosophen, die noch glauben, Kant habe mit diesem Argument bewie-

1 Immanuel Kant, *Kritik der reinen Vernunft*, *Werke*, Bd. 3/4, Frankfurt/M. 1974. Im Folgenden ›*KrV*‹.

2 Kant, *KrV*, B137.

3 Kant, *KrV*, B138.

sen, wir besäßen synthetisches Wissen a priori, obwohl der Kraft der kantischen Argumentation weithin Bewunderung entgegengebracht wird, zumindest was Kausalität und Substanz anbelangt. Erhebliches Interesse besteht jedoch weiterhin an dem grundlegenden Bild, das Kant von der Natur des Bewusstseins entwirft. Denn im Mittelpunkt des Ansatzes steht ein Element, das Urteil, das sich nicht einfach mental ereignet, so als sei sein synthetisches Wirken durch sensorische Stimuli zufällig ausgelöst. Urteilen ist, obgleich keine aktive Handlung, zu der man sich entscheidet, so doch eine *Tätigkeit*, die *durch* ein Subjekt, zuweilen unter ungewissen Bedingungen, aufrechterhalten und bestimmt wird, das heißt, Urteilen ist eine normativ strukturierte Tätigkeit. (Regeln des Urteilens beziehen sich darauf, worüber geurteilt und wie unsere Erfahrung strukturiert werden sollte; es sind keine Regeln, die beschreiben würden, wie wir tatsächlich urteilen.) Und, um zu dem Punkt zu gelangen, an dem Hegel ins Spiel kommt und der Gegenstand des Folgenden sein wird: Urteilen muss inhärent *reflexiv oder apperzeptiv* sein. (Ich kann keine *Tätigkeit aufrechterhalten*, kann nicht versuchen, etwas richtig aufzufassen, ohne in einem bestimmten Sinn zu wissen, dass ich das tue.) Daher ist sich jegliches Bewusstsein inhärent, obwohl selten explizit, seiner selbst bewusst. Doch was könnte mit »inhärent« oder mit »in einem bestimmten Sinn wissen, dass ich das tue«, gemeint sein? Auf *welche* Art stehe ich im Verhältnis zu mir in einem bewussten Verhältnis zu einem Gegenstand, insbesondere wenn das Verhältnis, um eine sartresche Ausdrucksweise zu verwenden, »nichtthetisch«, keine zweiseitige intentionale Beziehung ist? Hegels berühmteste Erörterung dieser Fragen findet sich in den ersten vier Kapiteln seiner in Jena geschriebenen *Phänomenologie des Geistes* von 1807.[4] Die ersten drei Kapitel des Buches sind unter der Überschrift »Bewußtsein« angeordnet, das vierte Kapitel ist einfach mit »Selbstbewußtsein« betitelt. (Dieses vierte Kapitel hat nur einen Unterabschnitt namens »Die Wahrheit der Gewißheit seiner selbst«, der im Mittelpunkt der folgenden Erörterung stehen wird.)[5] Folglich könnte man, vor allem angesichts der

4 G.W.F. Hegel, *Phänomenologie des Geistes*, *Werke*, Bd. 3, Frankfurt/M. 1989. Im Folgenden ›*PhG*‹.

5 Dies ist ein ziemlich typischer hegelscher Titel, und er kann in die Irre führen. Mit »Die Wahrheit der Gewißheit seiner selbst« meint Hegel *nicht*, wie es den Anschein hat, die Wahrheit *über* die Gewissheit des Selbst von sich. Er meint

außerordentlich deutlichen Worte, mit denen Hegel der kantischen Apperzeptionslehre seine Referenz erweist,[6] erwarten, dass die fraglichen Abschnitte etwas mit den oben erwähnten Punkten Kants zu tun haben, also mit der Frage des selbstbewussten Charakters von Erfahrung und der Möglichkeitsbedingungen so verstandener Erfahrung. Es gab zudem einigen verständlichen Disput über das Verhältnis der ersten drei Kapitel zum vierten. Da das vierte Kapitel die Begierde, das Leben, den Kampf um Anerkennung auf Leben und Tod zwischen entgegengesetzten Subjekten ebenso wie eine daraus resultierende gesellschaftliche Struktur von Herrschaft und Knechtschaft erörtert, fällt es nicht leicht zu erkennen, wie hier die Diskussion der sinnlichen Gewissheit, der Wahrnehmung und des Verstandes ihre *Fortsetzung* findet. Manche sehr einflussreiche Kommentatoren wie beispielsweise Alexandre Kojève schenken den ersten drei Kapiteln praktisch keinerlei Aufmerksamkeit. Sie schreiben, als sollten wir das Kapitel über das Selbstbewusstsein als eine freistehende philosophische Anthropologie isoliert betrachten, als eine Theorie der inhärent gewalttätigen und in Klassen gespaltenen Natur menschlicher Gesellschaftlichkeit. (In Kojèves Erwägungen gibt es niemals einfach Menschen: Sie sind immer schon Herren und Knechte.)[7] Andere machen geltend, dass Hegel im vierten Kapitel schlicht den Gegenstand gewechselt und sich der Problematik der Sozialität zugewandt habe. Wir können erkennen, warum es für Hegel natürlich gewesen sein mag, an diesem Punkt den Gegenstand zu wechseln, doch ist es ein anderer Gegenstand. (Nachdem er die notwendige Rolle des Selbstbewusstseins im Bewusstsein eingeführt hat, wechselt Hegel verständlicherweise das Thema und wendet sich fokussierten Fragen zu wie: Was *ist* Selbst-

vielmehr, wie wir noch sehen werden, dass die Wahrheit der Gewissheit seiner selbst überhaupt keine Angelegenheit der Selbstgewissheit ist. Dieses Verhältnis von subjektiver Gewissheit und ihrer Verwirklichung in Wahrheit gehört zu den Grundstrukturen der *Phänomenologie des Geistes*. Ihre elementarste Form ist etwas in der Art von: Die Wahrheit des Inneren ist das Äußere.

6 »Es gehört zu den tiefsten und richtigsten Einsichten, die sich in der Kritik der Vernunft finden, daß die *Einheit*, die das *Wesen des Begriffs* ausmacht, als die *ursprünglich-synthetische* Einheit der Apperzeption, als Einheit des ›*Ich denke*‹ oder des Selbstbewußtseins erkannt wird« (Hegel, *Wissenschaft der Logik*, *Werke*, Bd. 6, Frankfurt/M. 1986, S. 254).

7 Alexandre Kojève, *Hegel, eine Vergegenwärtigung seines Denkens. Kommentar zur Phänomenologie des Geistes*, Frankfurt/M. 1975.

bewusstsein? Was ist ein Selbst? Was heißt es, ein Wesen zu sein, für das Dinge sein können, um uns der Sprache Robert Brandoms zu bedienen, der eine eigene Lesart der Auffassung bietet, Hegel habe den Gegenstand gewechselt.)

II.

Hier ist nun, geradeheraus, die These, die ich Hegel zuschreiben möchte. (Das heißt: dem Hegel im vierten Kapitel der *Phänomenologie*. Das gesamte Buch ist eine permanente Meditation über das Selbstbewusstsein, über das »Seiner-selbst-bewusst-Werden« des *Geistes**.) Ich denke, Hegels Position besagt, dass wir alle Dimensionen des Selbstbewusstseins missverstehen, vom apperzeptiven Gewahrwerden über die einfache, explizite Reflexion unseres Selbst bis hin zum praktischen Sichwissen unserer so genannten »Identität«, wenn wir auch nur eine seiner Formen als irgendwie betrachtend oder folgernd oder unmittelbar, oder auf irgendeine Art durch eine zweiseitige intentionale Beziehung gekennzeichnet ansehen. Wie auch immer wir etwas über uns erfahren (oder was auch immer wir über unseren Bezug zur Welt als selbstverständlich annehmen), es geschieht nicht durch das Betrachten eines Gegenstands, so wenig wie durch das Konzeptualisieren einer inneren Anschauung oder durch eine unmittelbare Selbstgewissheit. Vom kleinsten Gefühl des Gewahrwerdens eines überhaupt vorhandenen Bewussten (des Urteilens) bis zu den komplexen Versicherungen dessen, wer ich bin, meiner eigenen Identität und meiner tiefen Überzeugungen, behandelt Hegel, so würde ich sagen, das Selbstbewusstsein (1) als eine in gewisser Weise praktische Errungenschaft. (Das heißt, dass man, wo bei Kant von Aktivität und Spontaneität die Rede ist, dies in einem ganz wörtlichen und praktischen Sinn verstehen muss, als ein Tun mit teleologischer Struktur.) Ein solches Verhältnis muss als ein *Resultat* verstanden werden und niemals als das, was es zweifellos zu sein scheint, ein unmittelbares Sich-seiner-selbst-gegenwärtig-Sein; häufig verlangt es ein Ringen oder sogar einen Kampf der einen oder anderen Art. Es ist in jedem Fall eine Art Geisteshaltung, die es einzunehmen gilt, und es hat nichts damit

* Hier und im Folgenden: im Orig. deutsch.

zu tun, den geistigen Blick introspektiv nach innen zu richten. Nun scheint *sehr* schwer zu verstehen zu sein, warum jemand denken sollte, dass, sagen wir, mein Gewahrsein nicht bloß der Vorlesung, die ich gerade halte, sondern jedwede Art meines Gewahrseins dessen, dass ich dabei bin, eine Vorlesung zu halten, eine solche praktische Aktivität einschließen sollte. Sich seiner selbst derart gewahr zu sein scheint mühelos; dazu gehören weder gefühlte Begierde noch Ringen oder Kampf, und wenn ich einen Bericht darüber abgeben würde, was mir der Fall zu sein scheint, käme mir dieser sogar unfehlbar vor. Hegel jedoch behauptet, dass seine Auffassung sich einfach ergibt, sobald nur der Irrtum erkannt wird, der darin liegt anzunehmen, das Selbst sei in jedwedem Selbstgewahren dem prüfenden Blick des Geistes unmittelbar präsent. (Wenn das Verhältnis des Selbst zu sich *nicht* unmittelbar oder direkt sein kann, lautet für Hegel der Schluss eindeutig, dass es in der einen oder anderen Art *geschaffen werden* muss.) Und endlich schließt (2) für Hegel ein solches Streben und Schaffen notwendigerweise ein Verhältnis zu anderen ein, es ist inhärent sozial. Warum aber sollten andere Menschen Teil der Intimität und Privatheit sein, die mein Verhältnis zu mir charakterisieren?

Die zentrale kurze Passage, in der sich der *practical turn*, die »praktische Wendung«, der *Phänomenologie des Geistes* findet, lautet: »Dieser Gegensatz seiner Erscheinung und seiner Wahrheit hat aber nur die Wahrheit, nämlich die Einheit des Selbstbewußtseins mit sich selbst, zu seinem Wesen; diese muß ihm wesentlich werden, d. h. es ist *Begierde* überhaupt.«[8] Die Passage setzt freilich einen umfassenden Zusammenhang voraus – es geht um die Art, wie Hegel den Doppelcharakter des Bewusstseins zu erörtern beginnt (als Bewusstsein eines Gegenstandes, eines Diesen-solchen [*this-such*], und als nicht-propositionales Bewusstsein oder implizites Gewahren, dass ich ihn als ein Dieses-solches nehme) und entsprechend den Gegensatz oder, wie er sagt, die »Negativität«, die dadurch ins Bewusstsein eingeführt wird, den Umstand, dass das Bewusstsein nicht einfach in seinen Inhalten aufgeht (sich mit ihnen »identifiziert«), sondern auf das, was es denkt, festgelegt »ist und nicht ist«. Um das zu verstehen, ist die folgende Passage aus der »Einleitung« von Nutzen: »Das Bewußtsein aber ist für sich selbst sein *Begriff*,

8 Hegel, *PhG*, S. 139.

dadurch unmittelbar das Hinausgehen über das Beschränkte und, da ihm dies Beschränkte angehört, über sich selbst«.[9]

Tatsächlich trifft Hegel hier zwei Feststellungen. Die erste ist die Prämisse seiner Schlussfolgerung, dass nämlich das »Bewußtsein [...] für sich selbst sein Begriff« ist. Wenn wir das richtig verstehen, ist auch zu begreifen, warum er sich zu dem »dadurch«, zu der Inferenz also berechtigt sieht, das Bewusstsein sei unmittelbares »Hinausgehen« über jedwede Beschränkung, die es »für sich selbst« setzt. Hegel will damit sagen, dass normative Maßstäbe und Formen, die im menschlichen Bewusstsein zum Zuge kommen, dem »Bewusstsein zu eigen« sind, das Subjekt *folgt* ihnen, es sind keine psychologischen Denkgesetze. Das ist Hegels Version des kantischen Prinzips, dem zufolge die Menschen keinen Gesetzen oder Normen unterworfen sind außer solchen, denen sie sich selbst unterworfen haben. (Hegel packt dies in die Formulierung »für sich selbst«.) Damit ist nicht gemeint, bei Kant oder Hegel würden sich Episoden der Selbstunterwerfung, explizite Akte der Verpflichtung oder ähnlich Lächerliches finden, sondern einfach, dass die Normen, die regeln, was wir denken oder tun, nur insofern als das Denken und Handeln leitende Normen anzusehen sind, als die Subjekte derartige Beschränkungen anerkennen und ihnen gehorchen; sie folgen den Regeln, sie werden nicht durch sie regiert. Wie Verpflichtung instituiert wird und wie sie an Wirksamkeit verliert, sind Gegenstände, die Hegel durchaus interessieren, doch haben sie nichts zu tun mit individuellen Entscheidungen zur Verpflichtung, die zu einem bestimmten Zeitpunkt getroffen werden. Oder, um noch einmal Kant ins Spiel zu bringen: Wissende und Handelnde sind nicht dadurch zu erklären, dass sie Naturgesetzen unterworfen sind (obwohl sie ihnen, als gewöhnliche Objekte, durchaus unterworfen *sind*), sondern nur im Rekurs auf ihre Vorstellung von Gesetzen und ihre Selbstunterwerfung unter diese.

Das Bewusstsein ist also immer schon ein »Hinausgehen« über jedwede Norm in dem Sinne, dass es nicht, etwa aus psychologischen Gründen, an bestimmten Beschränkungen gewissermaßen festhängt; das Bewusstsein ist stets in der Lage, Normen zu verändern, wo es um ein angemessenes Wahrnehmen, Schlussfolgern, Gesetzgeben oder Handeln geht. Selbstverständlich gehören zur

9 Ebd., S. 74.

Wahrnehmung physiologische Prozesse, die über die Jahrhunderte und über kulturelle Unterschiede hinweg gattungsidentisch sind, doch gehören zum sinnlichen Wissen gleichermaßen Normen des Gewahrseins, der Unterscheidung, der Vereinigung, des Ausschlusses und der begrifflichen Organisation, die nicht nach der Art physiologischer Gesetze funktionieren. Und deshalb (wie Hegel sagt: »dadurch«) muss es von uns heißen, dass wir immer auf sie angewiesen bleiben und dennoch über sie »hinausgehen«.

Die zweite Aussage, die Hegel in der zitierten Passage trifft, bezieht sich darauf, wie ein solches Bewusstsein noch auf andere Weise »über sich selbst« hinausgeht.[10] Neben der Behauptung, das Bewusstsein sei die »Negation« dessen, was sich ihm darstellt, es nehme nicht bloß auf, sondern bestimme, was der Fall ist, findet sich die Behauptung, auch das gewöhnliche, alltägliche Bewusstsein gehe *immer* »über sich hinaus«. Es gehe also niemals *gänzlich* in seinem Gegenstand auf, befinde sich niemals einfach oder ausschließlich in einem Zustand der Wahrnehmung, sondern bestimme stets mit Nachdruck seine eigene begriffliche Tätigkeit, und das auf eine Art und Weise, dass sich sagen lässt, es vergewissere sich seiner oder bestätige sich selbst, was zu Urteilen und Imperativen führe, sei dabei jedoch zugleich potenziell »selbstnegierend«. Das heißt auch, es sei sich darüber im Klaren, dass das, was es für ausgemacht hält, möglicherweise nicht ausgemacht ist. Es steht in gewisser Weise »über« den Dingen, deren es sich versichert, um eine bildliche Redeweise zu verwenden, die Hegel bisweilen wählt.

Die große Frage, die sich, Hegel zufolge, aus der Darstellung des Bewusstseins in den ersten drei Kapiteln der *Phänomenologie* ergibt, lautet: *Was heißt* es für ein Wesen, nicht bloß die Eindrücke der Welt auf die Sinne aufzunehmen, sondern in der Auseinandersetzung mit den Gegenständen *für sich* zu sein? Was heißt es im Allgemeinen *für ein Wesen, für sich zu sein*, für sich zu sein, aber in seinem Verhältnis zu dem, was es nicht ist, in Frage zu stehen? (Das Problem entsteht in der *Phänomenologie des Geistes* mit der »kantischen« Offenbarung im Kapitel über den Verstand, wo es, im Versuch, die wahre Natur des Wesens von Erscheinungen zu erfassen, heißt, dass »der Verstand [...] nur *sich selbst* erfährt«,[11] was, so Hegel, das Problem aufwirft, dass »das Erkennen dessen,

10 Ebd.
11 Ebd., S. 135.

was das Bewußtsein weiß, indem es sich selbst weiß, noch weiterer Umstände bedarf«.[12])

Doch dann folgt plötzlich eine deutlich polemischere, zudem ziemlich unvorbereitete und überhaupt nicht erkennbar kantische Behauptung, die ich oben bereits zitiert habe: »Dieser Gegensatz seiner Erscheinung und seiner Wahrheit hat aber nur die Wahrheit, nämlich die Einheit des Selbstbewußtseins mit sich selbst, zu seinem Wesen; diese muß ihm wesentlich werden, d.h. es ist *Begierde* überhaupt.«[13] Hegel spricht an dieser Stelle über den »Gegensatz« zwischen Erscheinung und Wahrheit; nachdem er zuvor die Frage nach dem »negativen« Verhältnis des Bewusstseins zur Welt und zu sich zusammengefasst hat. »Es ist hiermit für es das Anderssein *als ein Sein* oder als *unterschiedenes Moment*; aber es ist für es auch die Einheit seiner selbst mit diesem Unterschiede als *zweites unterschiedenes Moment*.«[14] Das heißt, dass man zwar annehmen mag, das Bewusstsein könne ein Urteil bejahen, doch da es dabei jede vermeintliche unmittelbare Gewissheit negiert, weil es zudem immer »über sich hinaus« geht, verlangt die mögliche »Einheit seiner selbst«, das heißt die Befriedigung, dass das, was es als ausgemacht ansieht, tatsächlich der Fall ist und mit allem anderen in Einklang gebracht werden kann, was es als ausgemacht ansieht und nach den einschlägigen Normen beurteilt hat, das *Erringen* einer »Einheit seiner selbst« und keine unmittelbare Gewissheit. (Dies ist ein Echo der kantischen Position, wonach die Einheit der Apperzeption geschaffen werden müsse, also die Inhalte unter die Einheit der Apperzeption »zu bringen« seien.)

Allerdings ist die Bemerkung, mit der Hegel an dieser Stelle die Aussage, Selbstbewusstsein sei »Begierde überhaupt«, kommentierend einleitet, wenig hilfreich. Als handle es sich um eine Apposition, erklärt er: »[D]iese [Einheit des Selbstbewusstseins mit sich selbst] muß ihm wesentlich werden«. Doch genau hier findet sich der erste Hinweis auf eine »praktische Wendung«, in Hegels Andeutung nämlich, dass es notwendig ist, das Selbstbewusstsein als eine *Einheit, die geschaffen werden muss*, zu verstehen, dass es einen »Gegensatz« zwischen dem Selbstbewusstsein und seiner selbst gibt, eine Art Selbstentfremdung, die wir, so scheint He-

12 Ebd., S. 136.
13 Ebd., S. 139.
14 Ebd., S. 138.

gel nahezulegen, zu überwinden motiviert sind. Die Einheit des Selbstbewusstseins mit sich selbst »*muß ihm wesentlich werden*«*, muss zum Wesen des Subjekts der Erfahrung werden; und dies ist eine praktische Wendung der Ausdrucksweise, der letztlich beinahe unbemerkte Dreh- und Angelpunkt, an dem die Diskussion plötzlich ins Praktische umschlägt. (Wie wir noch sehen werden, wird die Einheit des Selbstbewusstseins mit sich selbst schließlich »wesentlich« als Ergebnis einer angenommenen Begegnung mit einem anderen, ihm entgegengesetzten selbstbewussten Wesen; eindeutig praktisch ist das in dem Sinne, in dem man zu jemandem sagen kann: »Du verschwendest deine Chancen voranzukommen, deine Karriere muss dir wesentlich *werden*.«)

Im sich anschließenden Absatz bringt Hegel die Themen zusammen: »Das Selbstbewußtsein, welches schlechthin für sich ist und seinen Gegenstand unmittelbar mit dem Charakter des Negativen bezeichnet oder zunächst *Begierde* ist, wird daher vielmehr die Erfahrung der Selbständigkeit desselben machen.«[15] Da das selbstbewusste Moment des gewöhnlichen empirischen Bewusstseins viel eher einer Art Selbstbestimmung gleicht, gewissermaßen einem Sich-Entschließen oder Sich-Verpflichten (einem Sich-selbst-Setzen im Sinne Fichtes), als einer einfachen Selbstbeobachtung oder einem direkten Gewahrwerden, beginnt Hegel erneut, das Bewusstsein als »Negation« der Unabhängigkeit und Andersheit der Welt zu diskutieren. Die Unbestimmtheit, Undurchdringlichkeit, Fremdheit, mögliche Unübersichtlichkeit und Zusammenhangslosigkeit, die sich uns bieten, überwinden wir, indem wir klären, was zusammengehört, indem wir Gegenstände über ihre Veränderungen hinweg verfolgen usw.

In einer weiteren unerwarteten Wendung schlägt Hegel daraufhin vor, die einfachste und naheliegendste Erfahrung ebendieses strebenden oder begehrenden Fürsichseins in Augenschein zu nehmen, das er »Leben« nennt. »Der Gegenstand [...] ist durch diese Reflexion-in-sich *Leben* geworden. Was das Selbstbewußtsein *als seiend* von sich unterscheidet, hat auch insofern, als es seiend gesetzt ist, nicht bloß die Weise der sinnlichen Gewißheit und der Wahrnehmung an ihm, sondern es ist in sich reflektiertes Sein, und

15 Ebd., S. 139/140.

der Gegenstand der unmittelbaren Begierde ist ein *Lebendiges.*«[16] Das ist die ganz grundlegende Erfahrung dessen,[17] was es heißt, dass es einem um sich selbst geht, während man sich auf die Welt einlässt. Gegenstände sind nicht bloß äußerlich existierende Dinge, sind *»nicht bloß die Weise der sinnlichen Gewißheit und der Wahrnehmung«* (obwohl sie das auch sind), sondern sie werden nun zugleich (um über den leeren Formalismus des »Ich bin das Ich, das diese Gedanken denkt« hinauszugelangen) als *Gegenstände für das lebendige Subjekt* betrachtet, als Gefahren oder als Mittel oder auch als gleichgültig im Hinblick auf die Erhaltung des Lebens. Eine derart rohe, schlichte Qualität des *Für-sich* des lebendigen Bewusstseins (eine Form des Selbstverhältnisses, die wir mit den Tieren teilen) bleibt nicht lange im Fokus von Hegels Interesse, doch wenn es nun plausibel wird zu denken, dass er tatsächlich den Versuch unternimmt, der Fragestellung, die im Abschnitt über das Bewusstsein aufgeworfen wird, mehr Raum zu geben (und dabei weder das Thema zu wechseln noch die Problematik und das Beweisziel bloß in einem übertragenen Sinn zu wiederholen), weist das darauf hin, dass sich Hegel, wie bereits erwähnt, entschieden von Kants transzendental-formaler Auffassung der apperzeptiven Natur des Bewusstseins entfernt. Für Kant ist das Ich im Bewusstsein »für-sich« nur in dem Sinne, als das Ich (wer oder was auch immer das sei) in der Lage sein muss, alle meine Vorstellungen zu begleiten. Die Welt wird als eine kategorial geordnete Welt erfahren, weil ich sie in gewisser Weise ordne (ich *denke* sie), und ein solches Tun findet seinen Auslöser nicht bloß in den sinnlichen Inhalten der Erfahrung; dieses Tun wird vorgenommen, doch ich tue dies lediglich in dem formalen Sinn der Herstellung einer zeitlichen Einheit der Bewusstseinsinhalte, also darin, alles unter die Einheit eines formal gefassten apperzeptiven Ich zu bringen. (Jeglicher Inhalt muss so beschaffen sein, dass ein einziges kontinuierliches Ich ihn denken kann.) Das »Ich« *ist* gerade die bewirkte Einheit. Das Verhältnis des Subjekts zu Objekten ist nur in diesem Sinne ein Selbstverhältnis, doch Hegel führt nun etwas ein, das anders und auf den ersten Blick wie eine willkürliche Verschiebung des Themas wirkt, und zwar eine Verschiebung des Themas hin zur Erhaltung meines eigenen Lebens als des grundlegenden, ersten oder elementarsten

16 Ebd., S. 139.

17 Mit anderen Worten: die Erfahrung mit den wenigsten Voraussetzungen.

Modells dieses Selbstverhältnisses, das nicht länger bloß die Unterscheidung zwischen, sagen wir, dem Aufeinanderfolgen von Vorstellungen und der Vorstellung des Aufeinanderfolgens aufrechterhält.

Willkürlich allerdings ist das nicht, denn Hegel widerspricht, wie er es auch weiterhin durchweg tun wird, einer Sichtweise, die das »Ich« in »Ich denke« nur als formalen Indikator eines »Ich«, eines »Er« oder »Es« ansieht, das denkt. Die sich davon abhebende Perspektive Hegels lässt zwar zu, allgemeine Aussagen über die notwendige Einheit der Erfahrung zu treffen und, indem man von jeglicher Bestimmung eines derartigen Subjekts abstrahiert, zur Untersuchung der Bedingungen einer solchen Einheit überzugehen, doch wird man mit dem Versuch, die Bedingungen zu spezifizieren, nicht weit kommen, ohne etwa eine genauere Bestimmung bereits des Begriffs des Subjekts der Erfahrung vorzunehmen. Eine solche kritische Position knüpft an eine sehr weit verbreitete Unzufriedenheit mit Kants erster *Kritik* (die Hegel teilte) an, die bis heute ihren größten Schwachpunkt darstellt: die Willkür, die Kants Kategorientafel innewohnt, der Umstand, dass Kant keinen Weg findet, vom »Das: *Ich denke,* muß alle meine Vorstellungen begleiten können«[18] zu deduzieren, *was* das Ich notwendig denken *muss*, welche Formen es einsetzen muss, um seine Vorstellungen zu denken. Die Leere des kantischen »Ich« steht in einem direkten Zusammenhang mit der fehlenden Fundierung und Willkür seiner Kategorientafel.

Um zu verstehen, was Hegel Kant vorwirft, müssten wir freilich tief in seine Kritik des kantischen Formalismus eintauchen. Doch auf was es nun ankommt, ist ein klareres Verständnis dessen, was Hegel vorschlägt, nicht so sehr dessen, was er zurückweist. Ich möchte darum die Themen des vierten Kapitels der *Phänomenologie* kurz zusammenfassen (wenn wir erst einmal begonnen haben, es in der skizzierten Weise zu lesen).

Versteht man, wie angedeutet, ein seiner selbst bewusstes Bewusstsein als ein in der einen oder anderen Weise strebendes Bewusstsein, so bestünde die unmittelbarste Verkörperung dieses Strebens in der Aufmerksamkeit des Selbst für sich als lebendiges Wesen. So ist es unmittelbar für sich im Verhältnis zu anderen Ge-

18 Kant, *KrV*, B131.

genständen. Lebendige Wesen, wie Tiere, leben nicht in der Weise, in der Nichtlebendiges (beispielsweise Gestein oder ein Telefon) bloß existiert; Lebewesen müssen bestrebt sein, am Leben zu bleiben. Das Leben gilt es zu führen und zu erhalten, und zwischen meinem Leben in diesem Augenblick und den Dingen, die ich tun muss, um das Leben in Zukunft zu erhalten, klafft eine Lücke; und diese ist gemeint, wenn Bewusstsein *Begierde* genannt wird: ein Mangel oder eine Lücke, und in diesem Sinn die Negation von Gegenständen als Hindernissen. Lassen sich Bewusstsein und Begierde so eng verknüpfen, wie Hegel es anstrebt (das heißt: identifizieren), so ist Bewusstsein ein nicht isolierbares Vermögen des Registrierens und Reagierens, das demjenigen Lebewesen zu eigen ist, das bewusst ist. Wir sind hier, sofern man dem zu folgen bereit ist, weit von einer Sichtweise entfernt, die ein sich seiner selbst bewusstes Bewusstsein als eine Art Zuschauer einer laufenden Aufführung betrachten würde, und nähern uns einer Perspektive an, die es als eingreifend, als handelnd ansieht, als ein Wesen, dessen praktische Befriedigung seiner Begierden wesentlich ist, um die Weise zu verstehen, in der die Welt ursprünglich Sinn ergibt oder ihm überhaupt verständlich ist. (Offensichtlich hat diese Behauptung starke Ähnlichkeit mit Heideggers Insistieren darauf, die einzigartige Weise des In-der-Welt-Seins des *Daseins** sei *Sorge**, und gleichermaßen mit Heideggers nachdrücklichem Beharren darauf, dies habe nichts damit zu tun, dass das Subjekt seine pragmatischen Befürchtungen auf einen vermeintlich neutralen, direkt wahrzunehmenden Gehalt projizieren würde.)

An manchen Stellen versucht Hegel, sich von der eher allgemeinen und abstrakten Sicht auf Lebendiges und die Begierde zu entfernen und den besonderen Charakter der Begierde näher zu bestimmen, insofern sie »Selbstbewußtsein« ist, wie die Identifikation beider behauptet. Hegel geht es, genauer gesagt, darum, ein zweckhaftes Tun, das ein bloß natürlicher Ausdruck der Begierde ist, sowie eine entsprechende Form von Selbstbewusstsein, von Handlungen zu unterscheiden, die unternommen werden, um eine Begierde als solche zu befriedigen, das heißt von Handlungen eines Wesens, das im Handeln nicht nur ein Selbstgefühl verkörpert, sondern gemäß einer Vorstellung von sich handelt. Hegel möchte zwischen natürlicher beziehungsweise animalischer Begierde und menschlicher Begierde unterscheiden und versucht entsprechend, eine Reihe von Begierden und Befriedigungen, wie sie bei Tieren fortwährend entstehen und vergehen, von der Begierde solcher Wesen abzugrenzen, *für die* ihre Begierden Gegenstände der Aufmerksamkeit sein können, die thematisiert werden und letztlich auch *Gründe* sein können, denen gemäß man handelt oder auch nicht handelt. Und er identifiziert darüber hinaus eine weitere Bedingung dieser Unterscheidung, in der vielleicht berühmtesten Formulierung der *Phänomenologie des Geistes*. Sie lautet: »*Das Selbstbewußtsein erreicht seine Befriedigung nur in einem anderen Selbstbewußtsein*.«[19] Und in einer anderen, ebenfalls berühmten Passage spezifiziert Hegel: »Das Selbstbewußtsein ist *an* und *für sich*, indem und dadurch, daß es für ein Anderes an und für sich ist; d. h. es ist nur als ein Anerkanntes.«[20]

III.

Der Gedanke ist also, dass jegliches bestimmte Bewusstsein gewissermaßen positional ist, etwas, das eine Position gegenüber dem Gegenstand seiner Absichten einnimmt, eine Position, die sich als ein Urteilen verstehen lässt, und dass es nur verortet *sein* oder eine Position haben kann, wenn das einschließt, aktiv *Position zu beziehen*, wenn es also apperzeptiv ist. Aber dies letztere Sichwissen als ein Handeln ist *nicht* positional. Es ist dies nicht, weil sein apperzeptives Selbstgewahren nicht von einem Gegenstand herrührt, sondern eher etwas in der Art einer praktischen Verpflichtung ist, eine Art Entwurf des Selbst nach draußen, in die Welt und in die Zukunft (um es in der Sprache des Entwerfens zu formulieren); es ist dies nicht im gleichen Sinne, in dem mein Wissen um mein Tun nicht beobachtend oder introspektiv ist. Habe ich ein solches Wissen, geht es darum, in angemessener Weise *weiterzumachen*. (Was es also für mich heißt, dass ich mir dessen gewahr bin, eine Vorlesung zu halten, während ich sie halte, bedeutet für mich permanent, jetzt und in Zukunft, die Angemessenheitsregeln eines solchen Tuns zu befolgen, etwas, das gewiss nicht von allein geschieht und das in Frage gestellt werden kann. Das Ausdehnen oder Entwerfen oder Aufrechterhalten von Verpflichtungen aus der Gegen-

19 Hegel, *PhG*, S. 144.
20 Ebd., S. 145.

wart in alle jeweils entsprechenden Kontexte und auf die Zukunft hin ist es, was Hegel »Begierde« und ihre Befriedigung nennt.) In Hegels Diktion heißt das, wie wir sahen, die Einheit des Selbstbewusstseins muss dem Subjekt »wesentlich werden«, und er klärt uns darüber auf, dass *das heißt*, das Selbstbewusstsein sei »Begierde überhaupt«. In gewissem Maße bedeutet das, kein sich seiner selbst bewusstes Bewusstsein ist in der Lage, nur eine »Position« einzunehmen und keine andere. Was es heißt, eine Position zu haben, ist den verschiedenen Inferenzen, Ausschlüssen und zusätzlichen Verpflichtungen in Zukunft und in anderen Situationen geschuldet, die jene Position oder Verpflichtung nach sich ziehen würde; viele darunter sind zu dem Zeitpunkt, da eine Position behauptet wird, zweifellos nicht evident, doch werfen sie das Problem der Einheit mit sich selbst auf und führen zugleich die orektische Dimension ein, in einer Weise fortzufahren, die meine einmal eingegangenen Verpflichtungen verwirklicht.

Wenn die Rede von Verpflichtung, Inferenz und praktischen Entwürfen, zumal im zeitgenössischen Kontext, vertraut klingt, möchte ich die Relevanz der Terminologie von Robert Brandom unumwunden eingestehen; ich werde seine Interpretation gleich diskutieren. Brandoms Begrifflichkeit trifft einen Punkt Hegels ausgesprochen gut, nämlich dass sich das Selbstbewusstsein, in der Weise, in der es sich selbst versteht, selbst konstituiert; ich bin der, der ich selbst zu sein meine, was funktional entsprechend unterschiedlich ausfällt, je nachdem, wie die sich selbst konstituierenden Wahrnehmungen variieren. Es kann sich für mich herausstellen, dass ich nicht der bin, der ich zu sein meine, doch bleibt eine solche irrtümliche Selbstvorstellung doch eine wesentliche Dimension dessen, was und wer ich bin. (So *bin* ich möglicherweise ein Schwindler oder mache mir etwas vor.)[21] Sich ihrer selbst bewusste Wesen haben daher keine Naturen, sie haben Geschichten. Und das ist an dieser Stelle tatsächlich der entscheidende Punkt Hegels, der sich in vielen Formulierungen bekräftigt findet. »Der Geist«, so sagt er, »schafft sich selbst.«

Brandom führt, darauf will ich hinaus, insofern er in erster Linie seine eigene Darstellung (und nicht die Hegels) im Auge hat, was

21 Vgl. Robert B. Brandom, »The Structure of Desire and Recognition: Self-Consciousness and Self-Constitution«, in: *Philosophy and Social Criticism* 33 (2007), S. 127-150, hier S. 128.

das Verhältnis zwischen einem begründenden, wahrnehmenden Austausch mit der Welt und der Rolle des Sozialen für das Konstituieren von Wahrheitsansprüchen anbelangt (Brandom spricht von »verlässlichen unterscheidenden Reaktionsdispositionen« und »Score Keeping«),[22] erneut den Zweischritt ein, den Kant und Hegel zu vermeiden suchten, und isoliert dergestalt die soziale Natur des Selbstbewusstseins. Er konzentriert sich auf das Problem von Selbstbewusstsein und Sozialität und vertritt dabei eine eigene, quasi sellarssche Theorie des Wahrnehmungsgehalts. (Wie ich zeigen werde, gelingt es ihm nicht, das vierte Kapitel der *Phänomenologie* zu den ersten drei adäquat ins Verhältnis zu setzen.)

Mit anderen Worten, wenn Brandom in der ihm eigenen Terminologie die Bewegung nachzeichnet, die Hegels Argument im Text vollzieht, erhellt das eine Menge von dem, was auf diesen geheimnisvollen Seiten passiert. Die Fragestellung lautet nun in etwa, was dem Bild einer unterscheidenden Reaktionsfähigkeit *hinzuzufügen* wäre, wie sie ein Gegenstand seiner Umwelt gegenüber an den Tag legt (etwas, das Eisen tun kann: auf feuchte Umgebungen reagiert es, indem es rostet, auf andere, indem es nicht rostet), damit unterscheidende Reaktionen herauskommen, die intentional sind, die nicht bloß verursachte Antworten auf die Welt sind, sondern gewissermaßen einschließen, die Welt als in bestimmter Weise beschaffen zu nehmen. Es ist dies eine Protointentionalität, wie sie typischerweise Tiere an den Tag legen: Sie klassifizieren praktisch, sie nehmen, wenn sie hungrig sind (also Begierde zeigen), die Objekte in ihrer Umwelt als Nahrung (als Befriedigung der Begierde). Allerdings bedeutet unterscheidend auf Nahrung zu reagieren und sie von Nichtnahrung zu unterscheiden nicht ipso facto, den Hunger zu stillen (wie es der Fall wäre, wenn wir uns immer noch auf der Ebene des Eisens bewegten). Das Tier muss etwas *tun*, um seinen Hunger zu stillen, und es muss, was es tut, auf angemessene Weise tun; mitunter schließt das mehrere Schritte und sogar ein Zusammenwirken mit anderen Tieren ein. Das Tier muss bestimmte Nahrung auftreiben und fressen. Dass ein Tier nicht einfach auf

22 Ich werde nicht versuchen, Brandoms theoretischen Ansatz insgesamt darzustellen; vgl. etwa Robert B. Brandom, »The Centrality of Sellars's Two-Ply Account of Observation to the Arguments of ›Empiricism and the Philosophy of Mind‹«, in: ders., *Tales of the Mighty Dead*, Cambridge 2002, S. 348-368, sowie meinen Aufsatz »Brandoms Hegel« in diesem Band, S. 245-289.

Nahrung reagiert, die sich in seiner Umwelt findet, sondern Dinge als Nahrungsmittel nimmt, lässt sich auch so formulieren, dass für das Tier die Möglichkeit besteht, einen Unterschied zwischen Erscheinung und Wirklichkeit zu treffen. Es kann Dinge für Nahrung halten, die dies nicht sind, und aus seinen Fehlern lernen. Oder es reagiert und wird nur aktiv, diese bestimmte Nahrung zu fressen, wenn es hungrig ist, wenn es, protointentional, Nahrung als das nimmt, was *jetzt* zu fressen ist.[23]

So weit vollzieht diese Redeweise, wie ich meine, sehr wohl nach, worum es Hegel geht. Nachdem er (vernünftigerweise) ein gewisses Maß an Empirismus zugestanden hat – ohne sinnlichen Kontakt zur Welt gibt es kein Wissen über sie –, macht er geltend, dass eine solche wahrnehmende Berührung allein unmöglich eine Welt ergibt, die wir erfahren könnten. Wir müssen verstehen, wie Subjekte die Dinge als das nehmen, was sie für sie sind, und das heißt, wir müssen die Art von Wesen verstehen, denen Dinge erscheinen, welche so (apperzeptiv) für dies und jenes gehalten oder nicht gehalten werden können. Brandom stellt, wie ich denke, zu Recht fest, dass das zumindest bedeutet, zwischen einer bloß unterscheidenden Reaktionsfähigkeit und einem begehrenden, unterscheidenden Bewusstsein, praktischer Klassifizierung (oder einem »Dafürhalten«) zu differenzieren, was letztlich die Grundlage für ein Verständnis dessen ist, dass Dinge etwas für ein Subjekt sein können und nicht nur Reaktionen auslösen.

Der nächste Schritt ist der entscheidende. Was müssen wir *nun* dem Bild hinzufügen, um nicht nur Protointentionalität, sondern wirkliche Intentionalität zu verstehen, nicht nur eine Art Empfinden der eigenen Lebendigkeit, wenn es darum geht, Begierden zu befriedigen, sondern echtes Selbstbewusstsein? Was bedeutet es für ein *Selbst*, für sich zu sein? Eine Möglichkeit, dies zu betrachten, sieht folgendermaßen aus: Das bisher Gesagte, sowohl in dem Brandom gewidmeten Abschnitt als auch zuvor, zeigt, dass wir wissen müssen, was es braucht, um zwischen dem, was ich zu sein meine, und dem, was ich bin, eine Unterscheidung einzuführen,

23 »Eine Begierde ist mehr als die Neigung, auf die eine oder andere Art zu handeln, da die Handlungen, mit denen man auf Gegenstände zu reagieren neigt, die Begierde befriedigen mögen oder nicht, je nachdem von welchem Charakter diese Gegenstände sind.« (Vgl. Brandom, »The Structure of Desire and Recognition«, S. 133, dt. Übers. hier und im Folgenden v. T. A.)

und wir müssen dies tun, ohne zu unterstellen, man missverstehe sich als Gegenstand. Sich selbst auf eine bestimmte Art zu nehmen, bringt es vielmehr mit sich, sich einen gewissen autoritativen Status zuzusprechen, der stets vorläufig sein wird. Ein solches Tun könnte in einem gewissen psychologischen Sinn »aufrichtig« sein, aber es würde dennoch nicht zu dem passen, was jemand, der sich solche Autorität zuspricht, in den Augen der anderen, auf die es ankommt, zu sagen oder zu tun hätte. Brandom schreibt, diesen Punkt resümierend: »[U]m etwas als ein *Selbst* nehmen zu können, ist es erforderlich, diesem Selbst Haltungen zuschreiben zu können, denen entschieden *normative* Bedeutung zukommt: sich von einer Welt der *Begierden* hin zu einer Welt der *Verpflichtung*, der *Autorität* und der *Verantwortung* zu bewegen.«[24]

Wie Brandom aufweist, bedarf die Bewegung aus jener Welt hinaus notwendigerweise zum einen der Einführung einer sozialen Dimension in die Auffassung Hegels und zum anderen einer angemessenen begehrenden Haltung »gegenüber« einer solchen Bewegung. Sich selbst normative Bedeutung zuzusprechen oder jemandes Autoritätsanspruch anzuerkennen kann nicht Ausdruck einer Empfindung oder einer Vorliebe sein; es sind Behauptungen, die für alle gelten sollen.[25] (Die radikale Behauptung Hegels, die an dieser Stelle nicht Gegenstand sein soll, besagt, dass eine solche Autorität zu haben nichts anderes bedeutet, als dass sie – unter den richtigen Bedingungen und in richtiger Weise – anerkannt wird.)[26]

24 Brandom, »The Structure of Desire and Recognition«, S. 135.

25 In Brandoms Formulierung: »Damit jemand eine solche Bedeutung *für* sich hat – nicht nur *an* sich etwas ist, *für* das Dinge etwas sein können, sondern dies ebenso *für* sich ist –, muss jene Bedeutung etwas sein, das Dinge *für* einen sein oder haben können.« (»The Structure of Desire and Recognition«, S. 139)

26 Das mündet in ein vertrautes »Anerkennungsparadox«. Die radikale Behauptung ist, so lässt sich leicht zeigen, inhaltlich inkohärent. Es kann nicht sein, dass einer dadurch Autorität hat, dass anerkannt wird, dass er welche hat, weil der Anerkennende sie nur auf der Grundlage anerkennt, dass es einen Grund gibt, jene Autorität einzuräumen. *Jener* Grund aber kann nicht lauten: »Du verdienst Anerkennung, weil ich dich anerkenne«, das wäre ein offensichtlicher Zirkelschluss. Wenn es eine immanente Grundlage dafür geben muss, Anerkennung zu verdienen, dann ist klar, dass es auch jemanden geben kann, der Autorität hat, die nicht anerkannt wird. Das ist ein altes Problem. Es findet sich in gewissem Sinne in Aristoteles' Feststellung, dass Ehre nicht das höchste menschliche Gut sein kann, weil einer für etwas geehrt wird, das höher steht, als geehrt zu werden,

Die begehrende Haltung eines solchen Sich-Dafürhaltens, auf die es ankommt, ist notwendigerweise die *Begierde* nach Anerkennung durch andere.

Die Schlüsselfrage lautet somit: Wie schafft es Hegel, von dem Bild animalischer Begierde (für die die Welt in einer bestimmten Art beschaffen ist) zu einem begehrenden Selbstbewusstsein zu *gelangen*, zu einem Selbstbewusstsein also, das sich selbst für ein dafürhaltendes hält und dergestalt versteht, dass sein »Dafürhalten« ein normatives Phänomen ist? Und was rechtfertigt Hegels Behauptung, dass eine notwendige Bedingung der Möglichkeit dieses Phänomens das Streben danach sei, andere anzuerkennen und von anderen Subjekten anerkannt zu werden? Was Hegel an diesem Punkt, wie ich denke, sagen möchte – wenn er zu erklären versucht, warum wir ein monadisch verstandenes, sich seiner selbst bewusstes, begehrendes Bewusstsein nicht für befriedigend halten können, ein begehrendes Bewusstsein, das in der Lage und zugleich gewahr ist, praktische Klassifizierungen vorzunehmen, und das deshalb einen normativen Sinn dafür besitzt, was angemessenes und was nicht angemessenes Klassifizieren ist, das aber in keinem Verhältnis zu einem anderen derartigen sich seiner selbst bewussten, klassifizierenden Bewusstsein oder aber als den Annahmen anderer gegenüber indifferent vorgestellt wird –, ist einfach, ausgehend von der offenkundigen empirischen Prämisse, dass es in einer endlichen Welt andere derartige Subjekte gibt, festzustellen, dass diese anderen Subjekte eine solche reine Selbstbezogenheit *nicht zulassen werden und dies aus ihrer Sicht auch nicht können*. Die Skizze, die wir bislang von einer sich ihrer selbst bewussten theoretischen und praktischen Intentionalität besitzen, bietet somit lediglich die Gewähr, dass es nicht nur einen Konflikt geben wird, sondern dass der Konflikt, ausgehend von den Voraussetzungen, mit denen wir es hier zu tun haben, zudem grundsätzlicher Art sein wird, ein Konflikt, der zunächst, so die Vorstellung, nur durch den Tod eines

einer wird geehrt für das, was er tat und was die Ehrung verdient. Das Problem findet sich auch in der Diskussion um die Frömmigkeit im *Euthyphron*. Vgl. hierzu die fruchtbare Diskussion zur »Nichtanerkennung« von Heikki Ikäheimo und Arto Laitinen, »Analyzing Recognition: Identification, Acknowledgement and Recognitive Attitudes Towards Persons«, in: Bert van den Brink, David Owen (Hg.), *Recognition and Power: Axel Honneth and the Tradition of Critical Social Theory*, Cambridge 2007, S. 33-56, hier S. 53-56.

der beiden Kontrahenten oder durch die völlige Unterwerfung des einen unter den anderen zu beenden ist. Dieser Umstand wird in Hegels Erläuterung der Form von Sozialität, von der wir seiner Meinung nach abhängen, eine beträchtliche Rolle spielen.[27]

Hier folgen nun einige Passagen, in denen Hegel seine Behauptungen beispielhaft ausführt. Die entscheidenden Formulierungen finden sich an einer bereits zitierten Stelle.[28] Hegel stellt dort die Befriedigung einer animalischen Begierde, deren Subjekt, Brandom zufolge, die Dinge auf bestimmte Art nimmt, dann jedoch diese Gegenstände einfach negiert oder seine Begierde befriedigt, einer anderen gegenüber. Einem solchen Subjekt mag durch das Objekt der Begierde in gewissem Sinne Widerstand oder, etwa im Falle von Raub- und Beutetieren, Gegenwehr entgegengebracht werden, doch ist solch ein Widerstand gerade kein Infragestellen, sondern ähnelt eher einem Hindernis. (Die Richtigkeit der Klassifizierungen oder die Berechtigung, sie vorzunehmen, wird nicht in Frage gestellt.) Mit einer Negation des Gegenstandes auf diese Art entwickelt sich eine andere Begierde. Hegel schreibt: »Die Begierde und die in ihrer Befriedigung erreichte Gewißheit seiner selbst ist bedingt durch ihn, denn sie ist durch Aufheben dieses Anderen; daß dies Aufheben sei, muß dies Andere sein.«[29] In dieser Situation lässt sich nicht davon sprechen, dass einer das Subjekt seiner Begierden, sondern nur, dass er seinen Begierden unterworfen sei. Die

27 An dieser Stelle möchte ich meinen Ansatz von dem Axel Honneths in seinem unlängst erschienenen Aufsatz »Von der Begierde zur Anerkennung. Hegels Begründung von Selbstbewusstsein« absetzen (in: Klaus Vieweg, Wolfgang Welsch [Hg.], *Hegels Phänomenologie des Geistes. Ein kooperativer Kommentar zu einem Schlüsselwerk der Moderne*, Frankfurt/M. 2008, S. 187-204). (1) Ich denke, Honneths Lektüre der ersten drei Kapitel der *Phänomenologie* ist nicht feinkörnig genug, um zur Erklärung von Hegels Beweisziel im vierten Kapitel beizutragen. So führt es möglicherweise in die Irre, von »welterzeugenden Erkenntnisleistungen« (ebd., S. 190) zu sprechen. (2) Auf dieser Grundlage »psychologisiert« Honneth meiner Ansicht nach das Problem, dem Hegel sich stellt, wenn er ein psychologisches Drama ähnlich dem von Donald Winnicott entworfenen unterstellt, in dem ein Kleinkind, das sich zunächst seiner Omnipotenz der Welt gegenüber sicher ist, die eigene »ontologische Abhängigkeit« (ebd., S. 199) erfahren muss, insbesondere die Abhängigkeit von einer anderen Person (ursprünglich der Mutter). (3) Die in Frage stehende Unterscheidung zwischen animalischer und menschlicher Begierde scheint mir nicht scharf genug gezogen.

28 Hegel, *PhG*, S. 143.

29 Ebd.

unterstellte Unabhängigkeit als Subjekt der eigenen Gedanken und Taten ist tatsächlich eine Form der Abhängigkeit, und die Annahmen eines solchen Subjekts können nicht als normative Annahmen gelten. Das heißt: »Das Selbstbewußtsein vermag also durch seine negative Beziehung ihn [seinen Gegenstand] nicht aufzuheben; es erzeugt ihn darum vielmehr wieder, so wie die Begierde.«[30] All das ändert sich freilich, wenn es unter den Gegenständen, die ein Selbstbewusstsein erstrebt, einen Gegenstand gibt, der kein Objekt ist, sondern ein anderes Subjekt; als ein solches Subjekt ist es nicht einfach zu »negieren« (und als Objekt nur zu zerstören), sondern, wenn es die Begierde des ersten Subjekts befriedigen soll, »muß [es] diese Negation seiner selbst an sich vollziehen«.[31] (Wenig später formuliert Hegel dies weniger abstrakt: Das Selbstbewusstsein hat einen selbständigen Gegenstand vor sich, »über welchen es darum nichts für sich vermag, wenn er nicht an sich selbst dies tut, was es an ihm tut«.[32])

Wir sollten uns an diesem Punkt an das Faktum erinnern, dass ein sich seiner selbst bewusstes Bewusstsein immer schon »über sich selbst« hinausgeht;[33] das dadurch hervorgerufene Problem aber, das Problem der Einheit des Selbstbewusstseins mit sich selbst, »muß ihm wesentlich werden«.[34] Eine Form der Befriedigung ist die einfache Befriedigung der Begierde; die Einheit mit sich wird hergestellt, indem die Lücke, der Mangel innerhalb des Selbst, die Begierde, beseitigt wird. Doch kommt eine andere Art der Befriedigung ins Spiel, sobald die Behauptungen oder Annahmen eines Subjekts als solche einem anderen Subjekt gegenüberstehen, das sie bestreitet, das eigene Behauptungen dagegenstellt, oder sobald ein Tun, das unausweichlich das berührt, was andere gegebenenfalls zu tun in der Lage wären, durch ein Wesen, dessen Taten mit jenem Tun kollidieren, zurückgewiesen und nicht bloß behindert wird.[35]

30 Ebd.

31 Ebd., S. 144.

32 Ebd., S. 146.

33 Ebd., S. 74.

34 Ebd., S. 139.

35 Brandoms Darstellung und seine Darstellung Hegels tendieren dazu, diese Entwicklungsstufe des für eine befriedigende Sozialität Notwendigen zu überspringen: die Frage, wer auf welche Weise in der Lage ist zu entscheiden, ob die behauptete Autorität tatsächlich berechtigt ist. Ich habe an anderer Stelle gezeigt, dass Brandoms Rede von der sozialen Aushandlung solcher Fragen zu irenisch

In diesem Fall ist das Herstellen einer Einheit nicht die einzige Möglichkeit. Wie Hegel im Weiteren zeigen wird, ist es keine Antwort auf solche Herausforderungen, auf solches Infragestellen (das Auflösen solcher Verschiedenheit in einer Einheit wird dem Selbstbewusstsein nicht »wesentlich«), wenn das andere Subjekt einfach vernichtet wird; das Selbstbewusstsein findet keine Befriedigung und stellt die oft erwähnte Einheit (Selbstbefriedigung) nicht her. (Es wäre weiter in der Position eines Subjekts animalischer Begierde, den eigenen Begierden unterworfen.) Die Präsenz eines anderen »Dafürhaltens, das sich selbst für ein Dafürhaltendes hält« und so ein potenzielles Infragestellen und nicht bloß ein Hindernis ist, bewirkt, dass das normative Problem, ob die eigenen Annahmen über die Welt so sind, wie sie sein sollten, für die Versöhnung mit sich wesentlich wird; mit anderen Worten, die Konfrontation von Affirmation und Negation lässt sich nicht gewissermaßen auf der Ebene des Animalischen auflösen. Das heißt: »*Das Selbstbewußtsein erreicht seine Befriedigung nur in einem anderen Selbstbewußtsein.*« Oder: »Erst hierdurch ist es in der Tat [Selbstbewußtsein]; denn erst hierin wird für es die Einheit seiner selbst in seinem Anderssein«.[36]

In Hegels Darstellung finden sich allerdings kein umstandsloses Kriterium, keine Methode, kein Verfahren und keine Norm, die eine Lösung des Konflikts zuließen. Was immer dem einen als Angeben und Erfragen von Gründen gelten mag, ist womöglich dem anderen der willkürliche Ausdruck des Durchsetzungswillens des ersten oder ein bloß strategischer Zug. Hegel macht entsprechend geltend, dass der primitive Ausdruck normativer Verpflichtung, die einzige zur Verfügung stehende *Verwirklichung** der Behauptung *als* Behauptung, darin besteht, das Leben selbst einzusetzen. »Die *Darstellung* seiner aber als der reinen Abstraktion des Selbstbewußtseins besteht darin, sich als reine Negation seiner gegenständlichen Weise zu zeigen, oder es zu zeigen, an kein bestimmtes *Dasein* geknüpft, an die allgemeine Einzelheit des Daseins überhaupt nicht, nicht an das Leben geknüpft zu sein.«[37] Hegel formuliert eine solche Behauptung nicht aufgrund anthropologischer Annahmen

ist (wie Brandom selbst mutmaßt); sie unterstellt zu viel von dem, was Hegel als dialektisch komplex und problematisch ins Spiel bringen möchte. Vgl. meine Erörterungen in »Brandoms Hegel«, in diesem Band, S. 245-289.

36 Hegel, *PhG*, S. 144 f.

37 Ebd., *PhG*, S. 148.

über die zentrale Bedeutung der Ehre im menschlichen Leben, sondern weil mit dem Zusammenkommen der wesentlichen, kleinsten Elemente von Sozialität, der wahrhaft menschlichen Gesellschaft selbstbewusster Wesen, denen es gegeben ist, die von ihm behauptete Befriedigung zu schaffen, ein Problem auftaucht, nämlich dass wir, sobald wir realisieren, dass Bewusstsein immer schon »über sich selbst« hinausgeht, ohne weitere Voraussetzungen beginnen müssen. Hegel schlägt daher vor, das Problem in einem ganz engen Sinn als einen Kampf zu denken; so gelangen wir zu dem berühmten Bild. »Das Verhältnis beider Selbstbewußtsein[e] ist also so bestimmt, daß sie sich selbst und einander durch den Kampf auf Leben und Tod *bewähren.*«[38]

Im weiteren Verlauf des Kapitels zeigt Hegel die praktische Inkohärenz jeglichen Versuchs, den Konflikt durch den Einsatz bloßer Machtmittel oder durch erzwungene Anerkennung zu lösen. Klar ist, dass es für die Versöhnung von Subjekten, wie Hegel sie hier begreift, eines gewissen Rückgriffs auf praktische Vernunft bedarf und letztlich des Teilens einer universellen Norm.[39] Und es ist wahr, dass Hegel eine »pragmatische« oder »historisierte« oder »dialogische«[40] Sicht darauf hat, was als Inanspruchnahme von Gründen gilt. Hegel versteht praktische Vernunft als eine Art Austausch von Rechtfertigungsgründen unter Personen, unter denen das Handeln eines jeden das berührt, was andere gegebenenfalls zu tun in der Lage wären, und zwar unter den Bedingungen einer jeweiligen Gemeinschaft. Doch darzustellen, was das umfasst,

38 Ebd. Der Rede vom »Prüfen«, »Bewähren« etc. kommt eine zentrale Bedeutung zu für das, was Hegel meint, wenn er von der »Verwirklichung« eines Begriffs oder einer Norm spricht, oder auch, wenn er an verschiedenen Stellen in seinem Buch den Gegensatz von subjektiver Gewissheit und Wahrheit behandelt, schließlich für das Argument im fünften Kapitel, wenn er, bezogen auf das Handeln, die Vorstellung zurückweist, der innere Antrieb bewirke die äußerlichen, körperlichen Taten, und stattdessen eine spekulative Identität von Innerem und Äußerem favorisiert. Eine sehr viel ausführlichere Darstellung dieses Problems findet sich in meiner Untersuchung *Hegel's Practical Philosophy: Rational Agency as Ethical Life*, Cambridge 2008.

39 Vgl. Terry Pinkards konzisen Abriss zu diesem Problem in seiner Untersuchung *Hegel's Phenomenology: The Sociality of Reason*, Cambridge 1996, S. 57.

40 Im Sinne der Verknüpfung von Dialog und Rationalität, wie Gadamer sie Platon zuschreibt; vgl. Hans-Georg Gadamer, *Platos dialektische Ethik. Phänomenologische Interpretationen zum »Philebos«*, Leipzig 1931.

nimmt letztlich den Rest des Buches ein, die Entwicklungs- und Erfahrungsweisen, die eine »Phänomenologie« ausmachen.

IV.

»Selbstbewußtsein ist Begierde überhaupt.« Hegel zufolge, so mein Argument, ist das jeglichem Denken und Handeln zukommende apperzeptive Element nicht selbstbezüglich, sondern »sich setzend«; es bedeutet, im Hinblick auf das, was man denkt und tut, Verantwortung zu übernehmen oder Autorität zu beanspruchen. In Hegels Darstellung gibt es einen Übergang von einer primitiven, noch als natürlich zu erklärenden Gestalt eines solchen Annehmens hin zu einem solchen, von dem gezeigt wird, dass es sich nur in Gegenwart eines anderen solchen Selbstbewusstseins vollständig ausbildet, und das insbesondere, wenn es durch dies Letztere in Frage gestellt wird. Das ist der Ausgangspunkt einer sozial vermittelten Auffassung von Intentionalität als solcher, doch auf dieser frühen Stufe der Darstellung können wir keine vorgängige Verständigung über die Vernunftregeln erwarten, um den Kampf um Anerkennung aufzulösen, um die Autorität der eigenen Behauptungen zu bestätigen, einen Kampf, der unter den Prämissen der bisherigen Darstellung Hegels unausweichlich ausbrechen muss. Das Entstehen *gemeinsamer Verpflichtungen* muss ebenfalls, wie alles in der *Phänomenologie*, als Entwicklung und Erfahrung gezeigt werden, und das läuft gegebenenfalls auf nichts Geringeres hinaus als auf eine philosophisch informierte Erzählung über die westliche Moderne. Für Hegel ist das Problem somit nicht so sehr die logische Struktur der Verpflichtungen und schließlich ihre wechselseitige Anerkennung, sondern zu verstehen, was es heißt, Verpflichtungen *einzugehen*, welcher Bedingungen es bedürfte, solcherart *gemeinsame Verpflichtungen* entstehen zu lassen etc. Hegel möchte nicht einfach durch ein metonymisches Bild (die Bereitschaft, natürliche Bindungen zu opfern) erklären, was es bedeutet, verpflichtet zu sein, sondern er möchte fragen, *wie* irgendjemand dazu kommen kann, sich an eine solche Verpflichtung, und darüber hinaus in einem solchen Maße, gebunden zu sehen. Eine derartige Herangehensweise mag manchen als ein Verwischen der Trennungslinien zwischen der Philosophie und soziologischen, historischen, sozialpsychologischen und anthropologischen Ansätzen erscheinen. Ich denke, sie ist es nicht, doch das ist eine andere Frage. An dieser Stelle habe ich vor allem versucht, eine Interpretation der ungewöhnlichen Behauptung Hegels anzubieten, jede sich ihrer selbst bewusste Erfahrung und die menschliche Begierde seien untrennbar verbunden.

Aus dem Amerikanischen von Thomas Atzert

6.
Hegel über die politische Bedeutung kollektiver Selbsttäuschung

I.

Die philosophische Wiederbelebung des Deutschen Idealismus nach dem Zweiten Weltkrieg war von diversen Interessen motiviert und konzentrierte sich auf eine Reihe verschiedener Texte. Wenn ich »Wiederbelebung« sage, meine ich damit nicht nur den Versuch, die untersuchten Positionen zu verstehen und ihre Einflüsse und Wirkungen nachzuvollziehen. Dieses Ziel ist schon ambitioniert genug, vor allem, wenn man die ungewöhnliche Sprache bedenkt, die eigens vom Idealismus erschaffen wurde, um neue gedankliche Zusammenhänge zu artikulieren – eine Sprache, die leider größtenteils verloren gegangen ist und erst wieder erlernt werden muss. Vielmehr jedoch läuft die Idee der Wiederbelebung auf den Versuch hinaus, die tatsächlichen philosophischen Errungenschaften dieser Tradition nachzuvollziehen (beziehungsweise zu beurteilen, ob es tatsächlich welche gab), wobei dies mit Blick auf eine Vielzahl aktueller Themen geschieht. Das bedeutet, dass man sich den Texten in der Erwartung nähern sollte, von ihnen lernen und herausgefordert werden zu können. Und manchmal verlangt es, die verschiedenen Positionen in eine klarere philosophische Sprache zu übersetzen oder sie in vertrauteren Worten wiederzugeben. Trotz all der Kontroversen, die diese Herangehensweise bisher stets provoziert hat, stellte sie für mich einen ausreichend bescheidenen Anspruch dar. Natürlich hätte diese Herangehensweise keinen Sinn, wenn einem nicht gleichzeitig daran gelegen wäre, Anachronismen und übereilte Übersetzungsprozesse zu vermeiden. Man möchte etwas von einem bestimmten Philosophen lernen und ihn nicht dazu missbrauchen, eigene Gedanken zu vermitteln. Hier tut man gut daran, sich zu erinnern, dass es ein exemplarisches Vorbild für diese wahrhaft philosophische Weise der Auseinandersetzung mit historischen Texten gibt: Hegels eigene Behandlung der Protagonisten der Philosophiegeschichte. Im Folgenden möchte ich mich auf einen Aspekt von Hegels Projekt konzentrieren, von dem ich glaube, dass er von hohem Wert für die Gegenwart ist. Um dorthin zu gelangen, müssen wir jedoch erst eine Reihe von Vorüberlegungen anstellen.

II.

Hegel ist berühmt für seinen Ausspruch, dass die Philosophie »ihre Zeit in Gedanken erfaßt«. Die Implikationen dieser Aussage werden unmittelbar deutlich in den *Grundlinien der Philosophie des Rechts*, die auf die Vorrede, in der die Aussage vorkommt, anschließen. Hegels *Grundlinien* sind nämlich keine Abhandlung über jene Institutionen, von denen er glaubt, dass sie für die Gerechtigkeit eines jeden überall und zu jeder Zeit konstitutiv seien. Zwar stellt der Text eine Analyse des typisch modernen Verständnisses und der Verwirklichung des Vertragswesens, des Verbrechens, der rechtlichen und moralischen Verantwortung, des moralischen Gewissens, der modernen Kernfamilie, der Marktwirtschaft sowie moderner politischer Institutionen dar. Dennoch handelt es sich bei dem Text offensichtlich weder um eine empirisch-soziologische Studie über das tatsächliche Funktionieren solch einer Gesellschaft noch ist sie eine rein normative Einschätzung dieser besonderen Charakteristika im Lichte eines übergeschichtlichen Ideals.

Des Weiteren scheinen die *Grundlinien* relativ selbständig dazustehen. Hegels Argument für die Unvollständigkeit des abstrakten Rechts und der Moralität als Zugängen zum Verstehen von *Recht** scheinen nicht von einer historischen Theodizee abzuhängen oder gar von irgendwelchen Aussagen über einen umfassenden, historischen Entwicklungsprozess. Und falls sie dies tun, scheint dieses Element in gewisser Weise isolierbar und der Text selbst wird sich auf sie nicht zum Zwecke der Rechtfertigung berufen. Auch scheint das Argument für diese Unvollständigkeit und für ein angemesseneres Verständnis des *Rechts* im Kontext der *Sittlichkeit** nicht auf systematischen Überlegungen zu beruhen, die es erfordern würden, dass wir die Kategorie des objektiven *»Geistes«** innerhalb der Struktur des »subjektiven« und des »absoluten« *Geistes* verstehen oder dass der objektive *Geist* eine bestimmte Position in der en-

* Hier und im Folgenden: im Orig. deutsch.

zyklopädischen Darstellung der Gesamtheit der möglichen philosophischen Wissenschaften einnimmt. (Dies ist der Fall, obwohl Hegel unter anderem in der »Vorrede« sagt, dass sein *Grundriss** die »spekulative Erkenntnisweise« impliziere, welche von der »alten Logik« und der »Verstandeserkenntnis« unterschieden werden müsse. Er bemüht diesen letzten Ausdruck, um die gesamte Metaphysik vor seiner eigenen zu charakterisieren. Außerdem macht er sehr deutlich, dass er sich auf seine *Wissenschaft der Logik* bezieht. Dennoch scheint eine derartige Berufung auf die Details einer spekulativen Logik nicht ins Spiel zu kommen, um sie für die ineinander verwobenen Aussagen der *Grundlinien* zu nutzen. Dies wirft sofort die Frage auf, wie *»zeitgebunden«** Hegels Begriff des *Rechts* tatsächlich ist, und damit einhergehend, wie wir seine Bedeutung für unsere eigene Zeit verstehen sollen – eine ganz andere Zeit, die beispielsweise von Massenkonsumgesellschaften, einer globalisierten Wirtschaftsordnung, vollkommen verschiedenen Heirats- und Scheidungsgewohnheiten und einem hochkommerzialisierten und manipulierbaren öffentlichen Raum geprägt ist. Manche Interpreten haben behauptet, dass es trotz dieser Unterschiede ausreichend viele verbleibende Berührungspunkte mit Hegels Rechtsphilosophie gibt, sodass diese noch immer direkte Relevanz für uns haben kann. Einige Kommentatoren beziehen sich dabei auf Hegels Analyse der Beschränktheit kontraktualistischer Staatstheorien, der Grenzen liberaler Begriffe des Rechtsschutzes oder auch auf seine Gründe, auf der Unterscheidung von Staat und Zivilgesellschaft zu insistieren. In Abgrenzung von diesen Lesarten möchte ich hier einen anderen Gedankengang verfolgen und stattdessen die Reichhaltigkeit von Hegels Ansatz im Allgemeinen betonen sowie auch einen seltsam anmutenden Aspekt dieses Ansatzes hervorheben, den ich bereits im Titel dieses Aufsatzes habe anklingen lassen.

Allerdings erweisen sich beide Aspekte seiner originellen und einflussreichen Aussage, dass die Philosophie eine zeitdiagnostische Aufgabe innehabe, als schwer verständlich. Mit »beide Aspekte« meine ich erstens die Frage, was genau man unter der »Zeit« des Philosophen verstehen sollte, und zweitens, was »in Gedanken erfaßt« bedeuten soll. Wir haben hier nur wenig Platz, deshalb möchte ich pro Aspekt nur je einen Vorschlag unterbreiten. Auf die erste Frage scheint es eine einfache, eindeutige Antwort zu geben. Der übergreifende Name für die geschichtlichen Institutionen und

Praktiken, die Hegels Aufmerksamkeit auf eine bestimmte Zeit lenken, lautet *»Geist«*, egal ob dieser in subjektiver, objektiver oder absoluter Form verwirklicht ist, ob er Gegenstand einer besonderen Art der Analyse ist, einer Phänomenologie, und egal ob er als *Weltgeist** oder als *Volksgeist** verstanden wird. Dem Argument zuliebe wollen wir annehmen, dass sich *»Geist«* auf eine Art von Geistigkeit bezieht, deren Formen (die »Gestalten des Geistes«) sich im Laufe der Zeit wandeln. Auch gilt, dass Hegel konkrete Gestalten des *Geistes* niemals als additive Ansammlung von individuellen Einstellungen behandelt, das heißt als Mehrheitsansichten, oder gar als direktes Objekt intentionaler Einstellungen wie etwa Überzeugungen. Und obwohl es gewisse Ähnlichkeiten gibt, hat der Geist bei Hegel nie die Funktion einer vorausgesetzten »Lebensform« inne, wie man sie etwa bei Wittgenstein findet, oder die Funktion des Begriffs der *»Welt«** wie beim frühen Heidegger. Klarerweise hält Hegel es für möglich, dass man einem solchen kollektiven Subjekt Zustände und Fähigkeiten zuschreibt, die in vielerlei Hinsicht mit denen übereinstimmen, die wir auch Einzelpersonen zuschreiben. Dies geht weit über die Zuschreibung gemeinsamer, tief verwurzelter Verpflichtungen sowie Annahmen und Dispositionen hinaus. Ja, wir können sogar sagen, dass eine geschichtliche Gestalt des *Geistes* über sich selbst und seine Verpflichtungen reflektieren und im Laufe der Zeit ein immer höheres Niveau an Selbstbewusstsein erreichen kann (zum Beispiel in und mittels der Schaffung von Kunstwerken). Außerdem lässt sich sagen, dass der *Geist* Dinge tut, für die er verantwortlich ist. (Dies trifft vor allem auf Staaten zu, die in unserem Namen als Bürger handeln.) Wir können hier also von einem Kollektivakteur sprechen. Dieses Postulat einer gemeinsamen Geistigkeit ist keine bloße Fiktion oder eine nur heuristische oder theoretische Setzung. Vielmehr hat sie einen ontologischen Status; solche Entitäten existieren *tatsächlich*. Selbstverständlich kann man nicht behaupten, der *Geist* verhalte sich in jeder Beziehung wie ein Individuum oder ein Akteur. Er ist nicht in derselben Weise körperlich und kann nur in einem höchst metaphorischen Sinne »Gefühle haben« (zum Beispiel im Falle einer Massenhysterie oder -panik oder in Momenten wie dem französischen Terreur). Zwar trägt er eine Vergangenheit mit sich, auf die er sich bezieht, aber der *Geist* erinnert sich seiner Vergangenheit nicht, wie ein Individuum dies tut, und so fort. Dennoch ist Hegel durchaus bereit, mit seinen Behauptungen über ein solches kollektives Subjekt sehr weit zu gehen, und wir werden uns in Kürze einer seiner ehrgeizigsten und zunächst sehr unplausibel erscheinenden Behauptungen zuwenden.

Schließlich gilt noch: Wenn Hegel den *Geist* als ein »*Ich*, das *Wir*, und *Wir*, das *Ich* ist«[1] bezeichnet, dann verschreibt er sich dem Gedanken einer dialektischen Beziehung zwischen solch einem kollektiven beziehungsweise gemeinschaftlichen Subjekt und den individuellen Personen, die an ihm teilhaben. Anders ausgedrückt, ist eine solche Gemeinschaftlichkeit nur möglich, wenn sie in irgendeiner Weise durch die Einstellungen und Verpflichtungen ihrer Teilnehmer konstituiert wird. Es gäbe sie nicht, wenn es diese Einstellungen und Verpflichtungen nicht gäbe. Dies mindert keineswegs die Wirklichkeit des *Geistes* als *Geist*; solche Einstellungen und Verpflichtungen erlangen *durchaus* den Status kollektiven Handelns. Aber die Abhängigkeitsbeziehung verläuft für Hegel bekanntermaßen in beide Richtungen. Individuen sollten nicht als *ex ante* atomistische, selbstgenügsame Quellen solcher Verpflichtungen verstanden werden, ganz so als ob der *Geist* nur als Resultat konstitutiver Handlungen *geistloser** und atomistischer Individuen existierte. Diese Individuen sind nur die Individuen, die sie sind, weil sie immer schon innerhalb solcher Kollektive »geformt« beziehungsweise *gebildet** werden. (Entsprechend insistiert Hegel: »Die bewußte Individualität hingegen geistlos als *einzelne* seiende Erscheinung zu nehmen, hat das Widersprechende, daß ihr Wesen das Allgemeine des Geistes ist.«[2]) Dies ist nun vollkommen hegelsch ausgedrückt, artikuliert aber eigentlich eine ziemlich alte Idee, die sich bei einem Philosophen findet, der sowohl auf Hegel als auch auf Kant großen Einfluss ausübte, nämlich Aristoteles' Behauptung, dass ein menschliches Wesen außerhalb der Polis nicht als ein menschliches Wesen gedacht werden kann. Ein solches Wesen ist entweder ein Tier oder ein Gott. Aber Hegels Betonung der Bedeutung beider Abhängigkeitsrichtungen und sein Historismus verkomplizieren dieses Bild erheblich. Die gegenseitige konstitutive Abhängigkeit ist der Grund dafür, dass Hegel wiederholt Aussagen treffen kann, die ansonsten eher rätselhaft anmuten würden,

1 G.W.F. Hegel, *Phänomenologie des Geistes*, *Werke*, Bd. 3, Frankfurt/M. 1989, S. 145. (Im Folgenden ›*PhG*‹.)

2 Hegel, *PhG*, S. 230.

wie etwa die, dass der Geist ein »Produkt seiner selbst ist«.[3] (*Geist* ist diese konstitutive Beziehung; das Produkt von Individuen, die selbst die Produkte ihrer Teilhabe am *Geist* sind. Der *Geist* hat keine substanzielle Existenz außerhalb dieser gegenseitigen Reflexion.)

All diese Überlegungen beziehen sich nur auf das erste der beiden Elemente in Hegels berühmter Aussage über die Aufgabe der Philosophie: ihre Zeit als *Geist*. Was könnte er mit dem zweiten Element meinen, den *Geist* ihrer Zeit »in Gedanken zu erfassen«? Auch dazu möchte ich einen Vorschlag unterbreiten. Manchmal klingen Hegels Aussagen ziemlich unplausibel. So sagt er zum Beispiel, dass die Philosophie dem, was sonst als zufällig erscheint, die Form der Notwendigkeit gibt. Wenn er dies etwa über die Entwicklung der empirischen Wissenschaften anmerkt,[4] kann es so klingen, als glaubte er, dass der tatsächliche Verlauf dieser Entwicklung nicht anders hätte sein können. Wenn dies dann auch noch unterstützt wird durch die Behauptung einer sich selbst wandelnden, zugrunde liegenden metaphysischen Entität – eines »kosmischen Geistes« oder »Gottes« –, die sich gemäß einem notwendigen Gesetz der Teleologie entwickelt, erscheint sein Ansatz aussichtslos. Auf einer etwas bescheideneren Ebene allerdings (und mir scheint, dass er selbst so verstanden werden möchte) meint er vielleicht, dass signifikante Wandlungen der Kunstgeschichte, der Politik- und Religionsgeschichte oder auch Veränderungen kollektiver ethischer Verpflichtungen mithilfe eines philosophischen Ansatzes verständlich gemacht werden können. Solch ein Ansatz beruht auf einer Art praktischen Widerspruchs, der eine etwas vertrautere Form von Notwendigkeit mit sich bringt, und zwar die Form, die dem Gedanken entspricht: »Wer den Zweck will, der *muss* die Mittel wollen beziehungsweise will diese *notwendig*.« (Wäre dies nicht der Fall, hätten wir einen Beweis dafür, dass er den Zweck nicht gewollt hat.) Wenn eine kollektive Unternehmung, die einen gewissen Zweck verfolgt, kollektiv herausfindet, dass eine Bindung an diesen Zweck unmöglich ist, ohne sich zu einem weiter gehenden, umfassenderen Zweck zu verpflichten, dann muss die Unternehmung entweder dieses neue Ziel verfolgen oder aber aufgegeben werden.

3 Vgl. M.J. Petry, *Hegels Philosophie des subjektiven Geistes*, Bd. 1, Dordrecht 1978, S. 6.

4 G.W.F. Hegel, *Enzyklopädie der philosophischen Wissenschaften im Grundrisse I, Werke*, Bd. 8, Frankfurt/M. 1989, § 12.

Sollte sich andererseits herausstellen, dass die gewählten Mittel eine Verwirklichung des Zwecks unmöglich machen, *müssen* andere Mittel ergriffen werden, und zwar nicht willkürlich. Sie *müssen* ausgetauscht werden, um praktischer Inkohärenz zu entgehen. Ein philosophischer Ansatz, der von der Vernünftigkeit einer solchen teleologischen Unternehmung ausgeht, kann dies beweisen. Er verleiht dem, was ansonsten als zufälliger Wandel erscheinen würde, die Form (praktischer) Notwendigkeit. Über den relevanten philosophischen Ansatz habe ich gesagt, er *gehe davon aus,* eine solche teleologische Unternehmung sei vernünftig. Damit wollte ich an die hegelsche Maxime erinnern, die in den *Vorlesungen über die Philosophie der Geschichte* ausgerufen wird: »Wer die Welt vernünftig ansieht, den sieht sie auch vernünftig an.«[5] Auch dies ist ein Leitmotiv, das zahlreiche eigenständige Aufsätze verdient hätte.

III.

Es stellt sich erneut die Frage, inwiefern man einen kollektiven beziehungsweise einen Gruppen-Akteur so auffassen kann, als wäre er der praktischen Vernunft und Selbstkorrektur fähig. Um dies zu verstehen, müssen wir gedanklich weiter ausholen. Die weitestgehenden Überlegungen würden die lange Geschichte der Behandlung kollektiver Entitäten als Akteure einbeziehen oder zumindest die Erwägung und Verneinung dieser Möglichkeit, insbesondere innerhalb rechtlicher Kontexte und im Zusammenhang mit der Frage der Haftbarkeit. Dabei kann man mindestens bis ins 13. Jahrhundert zu Innozenz IV. zurückblicken, der diese Frage im Unklaren beließ, da er unternehmerische Rechtssubjekte als »ficta« bezeichnete, als konstruiert. Damit konnte er zweierlei gemeint haben, und beides wurde ihm zugeschrieben: einerseits »ficta« im Sinne bloßer Erfindung, das heißt im Sinne von »irreal«. Andererseits konnte »ficta« aber auch »unnatürlich« – obgleich wirklich und nicht erfunden – heißen. (Innozenz schien hauptsächlich daran interessiert zu sein, ob Kollektivakteure, wie zum Beispiel die Pariser Universität, eine Seele haben und folglich exkommuniziert werden können. Er kam zu dem Schluss, dass sie keine haben und somit

5 G.W.F. Hegel, *Vorlesungen über die Philosophie der Geschichte, Werke,* Bd. 12, Frankfurt/M. 1986, S. 23.

nicht exkommuniziert werden können.) Diejenigen Gegenwartsphilosophen, die eine substanzielle Auffassung der Wirklichkeit von Kollektivakteuren verteidigen wollen, wie etwa Philip Pettit, argumentieren wie folgt: Solange von einer Entität gesagt werden kann, sie erfülle die allgemeinen Bedingungen der Handlungsfähigkeit – und zwar als Individuum *oder* als Gruppe[6] –, sollte diese Entität als ein Akteur aufgefasst werden, dem Zwecke, Vorstellungen und reflexive Einstellungen zugeschrieben werden können. Pettit behauptet, dass es drei dieser Bedingungen gibt und dass sie von vielen Gruppen erfüllt werden: Erstens muss die Fähigkeit vorhanden sein, vernünftige Zwecke als Kollektiv zu verfolgen (das heißt: Zwecke, von denen *gewusst* wird, dass man sie hat und verfolgt; Kollektivakteure müssen sich also selbst als Akteure vorstellen und dürfen nicht lediglich als Unternehmen vorgestellt werden, die einen unterstellten Zweck verfolgen). Zweitens muss der Akteur die Fähigkeit haben, verlässliche Vorstellungen der Wirklichkeit zu formen und auf diese Vorstellungen reagieren zu können. Drittens benötigt er die Fähigkeit, so zu handeln, dass seine Zwecke entsprechend diesen Wirklichkeitsvorstellungen vorangebracht werden. Das Letztgenannte schließt außerdem die Fähigkeit ein, angemessen auf das im Verlaufe solch einer Verwirklichung erworbene Wissen zu reagieren und das eigene Handeln anzupassen, wenn Schwierigkeiten oder inkompatible Verpflichtungen in Erfahrung gebracht werden. Die Erfüllung dieser drei Bedingungen ist vereinbar mit einer Vielzahl institutioneller Körperschaften, repräsentativer Vereinigungen und diversen Steuermechanismen. Außerdem geht Pettit davon aus, dass solche Gruppen nicht durch einfache Mehrheitswahlen zustande kommen, denn dies liefe darauf hinaus, dass es sich bei der Rede von Kollektivakteuren, von *Geist*, lediglich um eine *Façon de parler* handelt, um eine Weise auszudrücken, was die meisten Leute wollen oder glauben. Viele wertvolle Zwecke können nur durch die Beteiligung an einer Gruppe erreicht werden und das so genannte »diskursive Dilemma« in der Rechtstheorie beweist, dass es irrational wäre, sich an einer solchen Gruppe zu beteiligen, wenn die einzigen überlegten Entscheidungsverfahren mehrheitlich wären, das heißt eine bloße Summe individueller Präferenzen. Es ließe sich nämlich leicht zeigen, dass hier eine Si-

6 Oder seinetwegen (nicht Hegels wegen) auch als Roboter.

tuation entstehen kann, in der sich die Gruppe zu einem Zweck verpflichten müsste, den alle Gruppenmitglieder als einzelne Individuen ablehnen würden. Wir müssen uns an dieser Stelle jedoch nicht mit den Einzelheiten des Arguments (das von einer Reihe disjunktiver Entscheidungen abhängt) auseinandersetzen. Es handelt sich hier lediglich um eine weitere Weise, dafür einzutreten, dass echtes Kollektivhandeln nur in dem reflexiven Verfahren eines wirklichen Prozesses bestehen kann, durch Überlegen dazu zu kommen, eine Stimme oder Ansicht zu bilden – ein Prozess, der mehr ist, als ein nur summarisches Verfahren.

Die Lektion dessen ist, dass eine Gruppe erst dadurch zum Kollektivakteur wird, dass sie eine bestimmte Art rationaler Einheit aufweist, eine Einheit, die wissentlich erlangt und erhalten werden muss. Das heißt auch, dass die Gruppe empfänglich ist für Widersprüche in ihren Gruppenverpflichtungen, für empirische Fakten, die nicht den geteilten Überzeugungen entsprechen, und für einen Prozess der Ausbildung von Verpflichtungen und Überzeugungen, der genuin bildend ist und nicht nur Ausdruck einer Ansammlung individueller Verpflichtungen und Überzeugungen. In diesem Sinne könnte sich ein Kollektivakteur, wie etwa »die Polis« des alten Theben, für eine rationale Einheit dieser Art halten, aber bei der Realisierung ihrer Verpflichtungen feststellen, dass sie kollektiv bestimmten Auffassungen familiärer und politischer Pflichten anhängt, die praktisch unvereinbar sind. Es scheint dann so – oder wird kollektiv so aufgefasst –, als weise der *Geist* die erforderliche rationale Einheit auf, doch schließlich entdeckt er, dass dem nicht so ist. Dies mündet in eine Tragödie; die bestehenden Verpflichtungen müssen korrigiert werden. Man kann sagen, die Gemeinschaft habe hier dazugelernt und entsprechend dem Gelernten gehandelt, wie beispielsweise im Falle der Einrichtung des Mordgerichts auf dem Areopag, die in den *Eumeniden* des Aischylos beschrieben wird – um eine weitere Tragödie zu nennen.

IV.

Zugegebenermaßen befasst sich Pettit mit vielfältigen gesellschaftlichen Institutionen und Themen, die in keiner besonderen Beziehung zueinander stehen müssen. Das heißt, er positioniert sich nicht bezüglich der Frage, ob verschiedene Kollektivakteure, wie zum Beispiel Firmen, Universitäten, Krankenhäuser, Armeen, Staaten und Kirchen, selbst als Elemente eines »gemeinsamen Bewusstseins« – um den Titel eines von Pettits Büchern zu verwenden[7] – angesehen werden können oder als solche verstanden werden müssen – ganz so, wie ja auch Individuen überhaupt nur innerhalb zweckorientierter Gruppen bestimmte Individuen sind. Doch es bedarf keiner großen Gedankensprünge, um zu sehen, dass dies eine notwendige Erweiterung seines Ansatzes wäre. Erstens trifft auf viele Individuen zu, dass sie Mitglied mehrerer dieser Gruppen sind und sich andernfalls widersprüchlichen oder inkompatiblen Verpflichtungen aussetzen würden. Ein Bewusstsein um solche Konflikte wäre unvermeidlich und also praktisch inkohärent, wenn es keine Möglichkeit gäbe, verschiedene Kollektivakteure zumindest als vereinbar anzusehen. Doch auch »vereinbar« würde noch nicht ausreichen, um den anspruchsvolleren Status von *Geist* zu erreichen. Um diesen Status zu erlangen, benötigen wir eine gemeinsame, geteilte Geistigkeit, in der sich institutionelle Verpflichtungen nicht gleichgültig gegenüberstehen, selbst wenn sie logisch vereinbar sind. Vielmehr sollten diese Verpflichtungen eine genuine Einheit bilden oder als Unterfangen verstanden werden, die *zusammengehören*. Genau *diese* bestimmten künstlerischen Praktiken etwa wären dann künstlerische Praktiken, denen sich Personen verpflichtet fühlen, die in genau *jene* religiösen Praktiken involviert sind, die in genau *dieser* Zivilgesellschaft leben, auf genau *solcherlei* Universitäten gehen, die *diese* Vorstellung der Aufgabe von Armeen teilen, *diese* politische Verfassung befürworten usw. Eine derartige umfassende Einheit wäre nur ein anderer Name für »*Geist*«. Universitäten müssen die religiösen Überzeugungen ihrer Studenten berücksichtigen; Religionen müssen die Bedürfnisse von Armeen in Rechnung stellen usw. Wir können *Geist* als die höchste selbstverbindende rationale Form von Einheit einer Gesellschaft zu einer gegebenen Zeit verstehen.

Es lässt sich kaum bezweifeln, dass Hegel an ein solches überstrukturelles Subjekt als eine substanzielle Einheit denkt. In dem Abschnitt der *Phänomenologie*, in dem er den Begriff des *Geistes* einführt, bezeichnet er ihn als

7 Vgl. Philip Pettit, *The Common Mind: An Essay on Psychology, Society and Politics*, Oxford 1993.

diese absolute Substanz, welche in der vollkommenen Freiheit und Selbständigkeit ihres Gegensatzes, nämlich verschiedener für sich seiender Selbstbewußtsein[e], die Einheit derselben ist; *Ich*, das *Wir*, und *Wir*, das *Ich* ist.[8]

Auf diesem Abstraktionsniveau beschreibt Hegel ein bestimmtes Kollektivsubjekt, nämlich den westlichen *Geist*, als den ausgewiesenen Erben seines griechischen Ursprungs, insofern er in einem praktischen, zweckgerichteten Unterfangen begriffen ist: dem im Zuge der Geschichte ausgefochtenen Kampf um ein vollkommenes Selbst-Verständnis, der vorangetrieben wird durch fortwährende Zusammenbrüche der Kohärenz seines Selbstbewusstseins – wobei diese Zusammenbrüche Ausdruck der erwähnten praktischen Widersprüche sind. Hier befinden wir uns nun auf einem so hohen Abstraktionsniveau, dass einer umfassenden Verteidigung dieses Ansatzes nichts Interessantes mehr hinzuzufügen ist. Es bleibt uns allerdings noch ein kleinerer, überschaubarerer Gegenstand zu untersuchen.

V.

Vor langer Zeit formulierte Platons Sokrates den Gedanken, dass es eine aufschlussreiche Analogie zwischen den Teilen der Seele und deren wechselseitigen Beziehungen einerseits sowie den entsprechenden Teilen der Polis und deren Wechselbeziehungen andererseits gibt. Aber wie weit können wir dabei gehen, die Kategorien der Bewertung und Analyse, die im Kontext der Rede über Individuen ihren angestammten Platz haben, auf unser Verständnis von *Geist* zu übertragen? Psychische und politische Einheit (und auch Gesundheit) sind *das* Hauptthema der *Politeia*, auf das sich gewiss auch Hegel konzentriert. Doch er scheint noch viel weiter zu gehen als Platon.

Ein Phänomen (dem sich auch Pettit widmet) ist die kollektive *akrasia*. Man kann sich leicht vorstellen, dass eine Gemeinschaft auf dem erforderlichen Abstraktionsniveau ihre Bindung an sehr verschiedene Handlungsweisen zum Ausdruck bringt; Gleichheit

8 Hegel, *PhG*, S. 145.

vor dem Gesetz zum Beispiel. Jeder Angeklagte sollte genau denselben Status, dieselben Ansprüche und Freiheiten haben wie jeder andere. Die Verpflichtung darauf ist formal im Grundgesetz verankert und wird in zahlreichen Riten und öffentlichen Erklärungen implizit und explizit bekräftigt. In der Praxis stellt sich jedoch heraus, dass reiche Leute erhebliche Vorteile genießen und die Verurteilungsrate von Personen oberhalb einer gewissen Einkommensgrenze auffallend niedrig ist. Jeder weiß um diesen Umstand und jeder kennt und bejaht die kollektive Verpflichtung auf das Prinzip der Gleichheit vor dem Gesetz. Doch niemand tut etwas. Ein plausibler Erklärungsversuch für diesen Fall von Irrationalität wäre, dass die Verpflichtung zwar ernst gemeint ist (oder zumindest nicht heuchlerisch oder in zynisch betrügerischer Absicht erfolgt), aber die Kosten und der Aufwand ihrer Umsetzung gleichzeitig so hoch sind, dass es einfacher ist, auszuweichen, gute Miene zu machen, unabänderliche Widrigkeiten vorzuschützen oder einmalige Ausnahmen zu verlangen, wann immer das Thema aufkommt. Wenn wir uns sowohl Individuen als auch den *Geist* als eine Art Einheit verschiedener motivierender Stimmen vorstellen, die sämtlich um Aufmerksamkeit und Solidarität buhlen, können wir uns leicht ausmalen, dass es hier Anreiz gibt, einer Stimme den Vorzug vor einer anderen zu geben, und zwar derjenigen Stimme, die den leichtesten Weg verspricht oder den, der dem eigenen Interesse am meisten dient. Wie dies in jedem speziellen Fall genau geschieht, mag nicht immer leicht nachvollziehbar sein, besonders da dieser Widerspruch dem Bewusstsein oder der öffentlichen Artikulation ja auch zugänglich ist. In zahlreichen Passagen der *Phänomenologie*, wie etwa in »Die Tugend und der Weltlauf« oder in »Die schöne Seele«, die sich nicht zum Handeln durchringen kann, scheint Hegel so etwas zum Ausdruck zu bringen. So verlangt etwa der Standpunkt der *Tugend**, dass der Handelnde jeden Aspekt seiner Individualität »opfere«, das heißt seine Rolle im *Weltlauf** aufgebe. Wenn es aber darauf ankommt, im Sinne dieser vollständigen Selbstaufgabe zu handeln, vermag die *Tugend* sich nicht dazu durchzuringen. Sie kann ihren eigenen Prinzipien nicht gerecht werden, ohne praktisch inkohärent zu sein. (Hier müssen wir anmerken, dass das, was uns hier als »Schwäche« erscheinen mag, vielleicht eigentlich das Resultat eines unvollständigen und verzerrten praktischen Selbstwissens sein könnte.) Und Hegel verwendet die Sprache der Stärke und der Kraft, um das Dilemma der *schönen Seele** zu beschreiben:

Insofern nun der seiner selbst gewisse Geist als schöne Seele nicht die Kraft der Entäußerung des an sich haltenden Wissens ihrer selbst besitzt, kann sie nicht zur Gleichheit mit dem zurückgestoßenen Bewußtsein und also nicht zur angeschauten Einheit ihrer selbst im Anderen, nicht zum Dasein gelangen; die Gleichheit kommt daher nur negativ, als ein geistloses Sein, zustande.[9]

Wie aber könnte man von einem der möglichen Motive in eine Richtung »gezogen« werden, ohne sich dabei der Forderungen kohärenter Rationalität ebenso klar bewusst zu sein – ganz so als wäre man nicht in dieser Weise »gezogen«? Welches Problem hier auch immer bestehen mag, es scheint im Falle einer Gruppe nicht größer zu sein als im Falle eines Individuums, und in beiden Fällen scheint es gleichermaßen vertraut.

An einer Stelle in der *Phänomenologie* beginnt Hegel eine Diskussion dessen, was er »die Welt des sich entfremdeten Geistes«[10] nennt, und in seinen Erklärungen zahlreicher anderer Phänomene kehrt er immer wieder zu dieser Charakterisierung zurück. Bei diesen anderen Phänomenen handelt es sich um kollektiv geteilte Ideale, wie etwa Staatsmacht und Reichtum, oder um die Verfügbarkeit und Unausweichlichkeit einer Perspektive auf jede Handlung – einerseits der niederen, entlarvenden, deflationistischen Perspektive des Dieners, die Hegel als *Niederträchtigkeit** bezeichnet; andererseits aber auch einer wohlwollenderen, großherzigen Perspektive, die er *Edelmütigkeit** nennt.

Dies ähnelt der Situation, die Hegel in seiner Einschätzung der philosophischen Bedeutung der Tragödie beschreibt, mit dem Unterschied, dass die konfligierenden Verpflichtungen in einem Zustand höherer *Bildung** und kultureller Reife keine tragische Entscheidung erzwingen, die beinhaltet, dass gutes Handeln zugleich falsches Handeln ist. Ein solcher Zustand der Entfremdung ist ein irrationaler Zustand, der sich jedoch auf einem selbst-reflexiven Niveau befindet, auf dem – im Lichte der erreichten Stufe des Selbstwissens einer Gemeinschaft – keine reflexive Kohärenz möglich ist und eine gewisse Selbsttäuschung notwendig und möglich wird. Es ist wichtig zu bemerken, dass Hegel diese Situation als

9 Ebd., S. 491.
10 Ebd., S. 362.

einen *selbst*-entfremdeten *Geist* beschreibt. Denn das bedeutet, dass es sich hierbei nicht um eine zufällige Manifestation handelt, die zu einem bestimmten gegebenen Zeitpunkt einfach eintritt. Die Situation ist dem *Geist* nicht zugestoßen, vielmehr hat der *Geist* etwas getan, um sie herbeizuführen; er hat *sich* selbst entfremdet. Dieses Phänomen kann also anhand der oben erwähnten Idee der praktischen Notwendigkeit und des praktischen Widerspruchs philosophisch verständlich gemacht werden. Die beschriebene Situation ist aber nicht nur so zu verstehen, dass der *Geist* sich in diesem reflexiven Sinn von sich selbst entfremdet, sondern auch so, dass Individuen die Ansprüche, die mit ihrer Beteiligung an der kollektiven Einheit einhergehen, nicht länger als widerspruchsfrei erfüllbar erfahren können. Die Individuen sind somit von ihrer eigenen kollektiven Identität entfremdet; sie sind an sie gebunden und zugleich von ihr abgestoßen. Außerdem sind die Prozesse, mit denen die wechselseitigen Abhängigkeiten der individuellen und kollektiven Identität geformt werden, sicherlich nicht notwendig festgelegt und können ebenso in Frage stehen wie jedes andere Ergebnis dieses Formierungsprozesses. Man mag sich durchaus mit verschiedenen Arbeitsmöglichkeiten, verschiedenen Optionen idealer, allgemeiner Verpflichtungen oder politischen Entscheidungen konfrontiert sehen, die nicht als möglicher Ausdruck der eigenen Verpflichtungen und Talente erfahren werden. Als einzig verfügbare Optionen können sie »sonderbar«, fremdartig, bloß vorhanden und so fort anmuten, und dies obwohl man sie mit dem, was man sagt und tut, freiwillig und wirksam bejaht. Wie im Falle der *akrasia* muss all dies jedoch nicht als Beweis dafür gelten, dass die Kollektividentität oder Akteurschaft nicht das ist, als was sie sich darstellt, nur weil Entfremdung stattfindet. Vielmehr deutet die Erfahrung selbst darauf hin, dass etwas schiefläuft, dass es an der nötigen Einheit fehlt – an etwas, das für die eigene praktische Identität essenziell ist – und dass die Verwirklichung dieser Identität unmöglich ist.

Doch wenn dieses Phänomen nur von einer Art Täuschung hervorgebracht werden kann, existiert auch eine natürliche Verbindung zum nächsten Phänomen. Hegel äußert sich nämlich wie folgt. Am Anfang seiner Diskussion von »Der wahre Geist. Die Sittlichkeit« weist er zunächst darauf hin, dass die allgemein geteilte, ethische Substanz der Polis in der klassischen Periode

> […] sich also in ein unterschiedenes sittliches Wesen [spaltet], in ein menschliches und göttliches Gesetz. Ebenso das ihr gegenübertretende Selbstbewußtsein teilt sich nach seinem Wesen der einen dieser Mächte zu, und als Wissen in die Unwissenheit dessen, was es tut, und in das Wissen desselben, das deswegen ein betrogenes Wissen ist.[11]

Hier spricht Hegel letztlich über die Art und Weise, in der Kreon und Antigone miteinander streiten, nämlich so, als wären sie blind für die Plausibilität der Gegenargumente des jeweils anderen, aber doch nicht wirklich blind. Dieser Aspekt von Hegels Ansatz ist auffallend modern, aber nicht vielbeachtet. Zwar weiß jeder der Streitenden, was er tut, wenn er seine jeweilige Position verteidigt, doch indem er vorgibt, die Beziehung der eigenen Behauptungen zu glaubhaften Gegenargumenten des Gegenübers nicht zu verstehen, weiß er nicht, was er mit diesem Absolutismus eigentlich anrichtet, und erhebt, wie wir bemerkenswerterweise sagen müssen, keinen falschen Wissensanspruch, sondern artikuliert ein *betrogenes Wissen**. So führt Hegel sämtliche klassischen Probleme des Selbstbetrugs ein. Wie ist es einem Subjekt im Zuge der individuellen Manifestation des *Geistes* möglich, sowohl zu wissen, was es weiß, *als auch* nicht zu wissen beziehungsweise sich irgendwie blind dafür zu machen, was es weiß?

Diese Formulierung ist wohl kaum ein *hapax legomenon* in Hegels Werk. Das allgemeine Thema des *Betrugs** führt er im *Vernunft*-Kapitel, im Abschnitt mit dem Titel »Das geistige Tierreich, und der Betrug, oder die Sache selbst« ein. In diesem Abschnitt besteht er auf dem sozialen – das heißt dem öffentlichen und performativen, und somit sozial abhängigen – Charakter von Handlungen. An einer Stelle bemerkt er:

> Indem in dieser Abwechslung das Bewußtsein *ein* Moment für sich und als wesentliches in seiner Reflexion, ein anderes aber nur äußerlich an *ihm* oder für die *anderen* hat, tritt damit ein Spiel der Individualitäten miteinander ein, worin sie sowohl sich selbst als sich gegenseitig sowohl betrügen als betrogen finden.[12]

Dies scheint wie eine regelrechte Revolte der Täuschung und Selbsttäuschung, und auch hier gilt es wieder zu bemerken, dass Hegel nicht von individuellen Pathologien spricht. Wie im Falle

11 Ebd, S. 328.
12 Ebd., S. 308.

der kollektiven *akrasia* besteht auch hier eine allgemeine Spaltung zwischen einem kollektiven Selbstverständnis und dem, was ein solcher kollektiver oder über-kollektiver Akteur tatsächlich tut. In allen drei Fällen, die wir betrachtet haben, liegt das Problem im Erreichen der rationalen Einheit, die für rationales Handeln notwendig ist. In der Tat scheinen diese Rekurse auf Selbsttäuschung viel entscheidender beziehungsweise umfassender zu sein als *akrasia*. Der oben erwähnte Fall der geäußerten Verpflichtung auf die Gleichheit vor dem Gesetz, der keine wirksame Handlung entspricht, ist viel wahrscheinlicher ein Anzeichen dafür, dass *keine solche Verpflichtung besteht*. In diesem Sinne kann es kollektive Selbsttäuschung durchaus geben. Sieht man es so, bedeutet das, dass die interessante Originalität der hegelschen Theorie der Selbsttäuschung in diesem und in vielen anderen Fällen darin besteht, dass sie nicht ausschließlich psychologisch ist. Es geht hier also nicht um Subjekte, die in ihrem Inneren etwas vor sich selbst »verstecken« und sich damit Anlass zu einer Jagd nach den tiefer liegenden, wirklichen Motiven ihres Handelns geben. Die *Wirklichkeit* eines Handlungsmotivs kommt nur im Handeln zum Vorschein, darin, was jemand zu tun gewillt ist. Erst in diesem Vollzug manifestiert sich Selbsttäuschung, jene besagte Spaltung. Wenn wir uns sowohl individuelle als auch Kollektivakteure als eine Vielzahl möglicher Stimmen für verschiedene Motive vorstellen, werden wir betrachten, wie ein Akteur sich zu einer zwar möglichen Absicht bekennen mag, die sich jedoch nicht in Taten niederschlägt, und wie er sich dann selbst täuscht. Dies kann eine plausible, aber immer noch falsche Beschreibung des Inhalts der Handlung beinhalten. So zumindest scheint die zentrale Behauptung des Abschnitts über »die Sache selbst« zu lauten. Ebenso gut kann auch für die schöne Seele gelten, dass sie ihrem Verständnis der Handlung nicht verpflichtet ist, weil sie nicht entsprechend handelt. Sie ist nicht schwach, sondern unterliegt der Selbsttäuschung.

Auch in seiner Auseinandersetzung mit Diderots Stück *Rameaus Neffe*, auf dem Gipfel der Sozial- und Selbstentfremdung in der *Phänomenologie*, bringt Hegel den Begriff der Täuschung wieder ins Spiel. In seiner Besprechung »des Musikers« will er zum Ausdruck bringen, dass die Behauptung des Neffen, er sei ohne Identität und somit fähig, schauspielerisch in jede mögliche Rolle zu schlüpfen – die Behauptung also, dass es im Grunde keinen Unterschied gibt zwischen einem Schauspiel und echten sozialen Rollen –, nicht nur falsch ist und andere täuscht, sondern auch einen Fall von Selbsttäuschung darstellt.

Der Inhalt der Rede des Geistes von und über sich selbst ist also die Verkehrung aller Begriffe und Realitäten, der allgemeine Betrug seiner selbst und der anderen, und die Schamlosigkeit, diesen Betrug zu sagen, ist eben darum die größte Wahrheit.[13]

Schließlich gibt es da noch Hegels pointiertestes Beispiel, das des modernen Moralismus. Dieser kommt auf, wenn ein Akteur, Kollektivakteur oder ein überstruktureller Kollektivakteur wie der *Geist* die Rolle des moralischen Richters einnimmt und jeden einer rigorosen moralischen Prüfung unterzieht, in der die jeweiligen Subjekte stets für mangelhaft befunden werden; als niemals wahrhaft pflichtgemäß, sondern immer nur im Dienste des Eigeninteresses handelnd. (Auch hier meint die Rede davon, der *Geist* könne die Rolle des moralischen Richters einnehmen, dass es ein Mittel des kollektiven Selbstverständnisses gibt, das kein nur summarisches Resultat ist und das sich der Wahrung solcher Ideale verschreibt.) Ein solch rigoroses Aburteilen ist, wie Hegel zu zeigen sucht, irrational, ja sogar selbstwidersprüchlich; und Hegel legt nahe, es sei nicht davon auszugehen, dass jemand so eine Position einnimmt, *ohne sich dieses Widerspruchs auch bewusst zu sein.* Der Moralismus verlangt, dass Individuen nicht die sind, die sie sind, dass mithin die Moral fordert, man müsse sich an Standards anpassen, die so streng sind, dass sie sich unmöglich erfüllen lassen. Hegel legt außerdem nahe, dass diese Einsicht letztlich die Oberhand gewinnt und dass dies dann zu so etwas wie dem christlichen Eingeständnis führt, »wir seien alle Sünder«, was wiederum eine Art gegenseitiger Vergebung bewirkt. Dies ist ein eigenartiges Moment der *Phänomenologie,* das den Anschein erweckt, Hegel würde meinen, dass die Bürde dieses rigorosen Moralismus und der entsprechend erforderten Selbsttäuschung unmöglich zu tragen sei. Während viele der anderen Übergänge im Buch auf die intellektuelle oder begriffliche Einsicht in einen praktischen Widerspruch zu folgen scheinen, scheint der Widerspruch, den wir hier antreffen, existenzieller und dramatischer zu sein. Für unsere Zwecke spielt das jedoch keine

13 Ebd., S. 386/387.

Rolle; Hegel lag hier offenbar in jeder Hinsicht falsch. Klarerweise kann eine Selbsttäuschung der beschriebenen Art ziemlich leicht ertragen werden. Natürlich hat ein selbsttrügerischer Moralismus in der post-hegelschen Welt, das heißt in unserer Welt, nahezu epidemische Ausmaße erreicht. Und daran tragen nicht allein diejenigen »Schuld«, die sich selbst täuschen, sondern auch deren Publikum. Leichtgläubigkeit ist ebenfalls eine Art der Selbsttäuschung (»nur das zu hören, was man hören will«) und ebenso sträflich. Wie Bernard Williams betont, haben sich in solchen Fällen Betrüger und Betrogener regelrecht miteinander »verschworen«.

VI.

Dies lässt uns mit vielen Fragen zurück. Zum einen: Obwohl Hegel den Begriff der Selbsttäuschung in einem antiken Kontext verwendet, handelt es sich bei ihm nicht um einen antiken Begriff, denn er scheint in der entsprechenden Literatur nicht aufzutauchen. Daher stellt sich die Frage: Wann wurde dieser Begriff zum ersten Mal zu einem bedeutenden analytischen Werkzeug und kann uns dies über ein Charakteristikum des Zustands der Moderne selbst ins Bild setzen?

Weiterhin stellt sich die Frage nach der Möglichkeit des Begriffs der Selbsttäuschung beziehungsweise die Frage danach, wie man den Anschein des vollkommen Paradoxen ausmerzt, der darin liegt. Vor dem Hintergrund von Hegels ungewöhnlicher Sicht auf die Innen-Außen-Beziehung des Handelns habe ich hierzu einen Vorschlag unterbreitet. Doch die umfassendere Frage verlangt eine Rückkehr zu früheren Überlegungen bezüglich der Relevanz von Hegels Betrachtung des geschichtlichen *Geistes*.

Aus Hegels Sicht gibt es in der Tat Grund zu glauben, dass die Komplexität unserer Situation etwas ziemlich Neuartiges hervorbringt, das nur seine Philosophie – mit den Ressourcen zur Erklärung der »positiven« Rolle des Negativen sowie der Wirklichkeit des kollektiven Handelns und der kollektiven Subjektivität – begreiflich zu machen vermag. So scheint das Leben in modernen Gesellschaften ein Bedürfnis nach eigentümlich dissoziativen kollektiven doxastischen Zuständen zu wecken, eine Wiederholung der verschiedenen Figuren im Drama der Selbsttäuschung, das die *Phäno-*

menologie erzählt. In diesem Drama glauben wir aufrichtig daran, fundamentalen Prinzipien und Maximen verbunden zu sein, denen wir – gegeben, was wir tun – eigentlich in keiner Weise verbunden sind. (Nach Kierkegaard sind die meisten modernen Menschen in diesem Sinne »Christen« – das heißt, dies ist der Sinn, in dem sie es *nicht* sind. Und dieser Verweis ist nicht müßig. Wie sonst könnte man sich so etwas wie einen »Verein reicher, christlicher Diebesbarone« erklären – der irgendwo existieren muss – oder auch das Phänomen kommunistischer Milliardäre?)[14] Prinzipien können bewusst und aufrichtig anerkannt sowie öffentlich bekannt werden, ohne jedoch – als die Prinzipien, die sie sind – in eine erträgliche, kohärente Lebensweise integriert werden zu können. (Die sozialen Bedingungen der Selbsttäuschung innerhalb eines solchen Kontextes können dabei helfen zu zeigen, dass das Problem nicht richtig beschrieben wird, wenn wir davon sprechen, dass viele Individuen zufällig einer Selbsttäuschung anheimfallen. Die Analyse ist nicht moralischer Natur, sie handelt nicht von Individuen. Vielmehr geht es hier um die Frage des historischen *Geistes* in dem Sinn, der in diesem Aufsatz verständlich gemacht werden soll.) Oder aber wir *sind* verschiedenen Handlungsweisen verpflichtet, die wir – wiederum völlig aufrichtig und mittels verschiedener repräsentativer Verfahren, die dem *Geist* zu einer gegebenen Zeit zur Verfügung stehen – dennoch leugnen würden; selbst wenn unsere Handlungen uns auch in diesem Fall wieder verraten.[15] In seinen frühen

14 Trotz Kierkegaards explizitem und geringschätzigem Anti-Hegelianismus ist diese Situation – vor dem Hintergrund dessen, dass Hegel »[d]as Einzige, *um den wissenschaftlichen Fortgang zu gewinnen* [als] die Erkenntnis des Satzes, dass das Negative ebensosehr positiv ist«, definiert – *durch und durch hegelianisch* (*Wissenschaft der Logik I, Werke*, Bd. 5, Frankfurt/M. 1986, S. 49). In Kierkegaards Worten: Diejenigen, die sich für Christen halten, sind eigentlich keine Christen, wobei dies nicht heißen soll, dass sie Muslime, Juden oder Atheisten sind, sondern, dass sie NICHT-Christen sind. Umgekehrt gibt es aber auch eine grundlegende Weise, nicht Christ zu sein (wenn man die enorme Schwierigkeit oder vielleicht auch Unmöglichkeit dessen erkennt) – welche gleichsam die einzige Weise darstellt, Christ zu sein. (Dies berührt einen wohlbekannten Einwand gegen Hegel, den Einwand, er verwechsle Gegensätzlichkeit mit Widersprüchlichkeit.) Ich verwende Kierkegaard als ein extremes Beispiel, doch es gibt zahlreiche vertrautere Fälle »Wir alle *glauben*«, dass die globale Erwärmung zu einer nie dagewesenen Katastrophe führen wird. Oder etwa nicht?

15 In *Hegel's Practical Philosophy* (Cambridge 2008) versuche ich zu zeigen, welche Auffassung subjektiver Geistigkeit und objektiver, öffentlicher Taten wir nach

Schriften hat Hegel behauptet, dass das Verlangen nach moderner Philosophie selbst als das Bestreben aufkommt, das zu versöhnen, was die moderne Philosophie in »Entzweiung« zurückließ;[16] und ein besonders einschlägiger Fall von Entzweiung ist die besagte entfremdete Beziehung zu uns selbst. Dies scheint vor allem in der politischen Welt vorzukommen.

Denn es trifft ja zu, dass in der modernen Politik – wie vielleicht seit jeher – massiv, unverblümt und vorsätzlich betrogen und getäuscht wird. Teilweise wird das sogar gutgeheißen und nicht nur als nötiges Übel in Kauf genommen. Ich denke hier an Machiavellis berühmten Punkt, dass sich die Bedürfnisse und Interessen einer Regierung in einem hinreichenden Maße von denen einzelner Individuen unterscheiden, sodass sich Täuschungspraktiken durchaus rechtfertigen oder sogar als tugendhaft betrachten lassen.[17] So behauptete zum Beispiel die NSA, sie täte nicht das, was sie laut Snowdens Unterlagen bewiesenermaßen tat, und über Letzteres war man sich dort sicher im Klaren. Zweifellos war auch Selbsttäuschung Teil der Rechtfertigung, doch die NSA wusste, dass sie log, dass sich die Balken bogen. Es gibt zahlreiche weitere Beispiele und diese beschränken sich nicht auf die Politik. Zigarettenunternehmen etwa verharmlosten das Risiko des Rauchens, obwohl sie es bereits besser wussten. Und diese Reihe ließe sich endlos fortsetzen.

Doch die spezielle Art der kollektiven Selbsttäuschung, die Hegel identifizierte – und ich würde sogar sagen, er identifizierte sie als Erster –, ist ein anderes und unter Umständen verbreiteteres Phänomen. Ohne dieses Phänomen scheint die gesamte politische Welt – Politik verstanden als das Feld, auf dem sich die Entäußerung eines ganz bestimmten Kollektivakteurs, der Regierung, abspielt – heutzutage unverständlich zu sein, wie Williams hervorhebt. Politische Akteure stellt man sich, und sie sich selbst, so vor, als wären sie Schauspieler in Seifenopern, die Rollen spielen, in denen sie weder zynischerweise vorgeben bestimmte Positionen

Hegel benötigen, um solche Zustände zu verstehen. In diesem Zusammenhang deute ich an, warum wir sie nicht als Ausnahmen oder isolierte rätselhafte Vorfälle betrachten sollten. Siehe dazu *Hegel's Practical Philosophy,* Kapitel 6.

16 Vgl. G.W.F. Hegel, »Differenzschrift«, in: *Jenaer Schriften 1801-1807*, *Werke*, Bd. 2, Frankfurt/M. 1986, S. 20.

17 Vgl. Bernard Williams, *In the Beginning was the Deed: Realism and Moralism in Political Argument*, Princeton 2005, S. 157.

zu vertreten, von denen sie wissen, dass sie falsch sind (nicht immer oder zumindest meistens nicht), noch diese Rollen bequem und authentisch ausfüllen – man denke nur an die Theatralik, die Übertreibung, das »Posieren« und die Rhetorik des »übermäßigen Beteuerns«. Williams' Beschreibung ist recht bemerkenswert.

Man nennt sie beim Vornamen oder sie bekommen dieselben witzigen Spitznamen wie Darsteller von Seifenopern, haben dieselben grob skizzierten Charaktere, denselben Hang zum Triumph und zur Erniedrigung, der schematisch mit den Aktionen anderer Darsteller verknüpft ist. Und man glaubt ihnen wie man Darstellern von Seifenopern glaubt: Man folgt der Einladung, sich halbherzig auf sie einzulassen.[18]

Weiter heißt es:

[...] die Politiker, die Medien und das Publikum verschwören sich darin vorzugeben, entscheidende Realitäten würden in Rechnung gestellt, man würde sich der wirklichen Welt verantwortungsvoll annehmen.[19]

Und natürlich nimmt man sich der Welt nicht an. Die gesamte Strategie stellt einen Versuch dar, ebendies zu vermeiden.

Trotz des hier Gesagten bin ich mir bewusst, dass man die Glaubwürdigkeit und Plausibilität sehr strapaziert, wenn man behauptet, dass all diese Phänomene am besten erklärt werden, indem man sagt, dass der *Geist* – in diesem Fall der gemeinschaftliche *Geist* einer Nation – in seinen Selbstverständnissen eine kollektive Selbsttäuschung vollzieht. Meine Überlegungen sollten lediglich als Vorschlag dienen. Einen solchen Vorschlag zu unterbreiten heißt allerdings, dass es womöglich eine andere und bessere Weise gibt, die *»Aktualität«** von Hegels sozialer und politischer Philosophie zu verstehen, als im Sinne eines institutionellen Ansatzes, der »verbleibende Berührungspunkte« betrachtet. Das Problem der *Aktualität* ist nämlich in der Tat eng mit der allgemeinen Frage kollektiver Selbsttäuschung verknüpft. So wie ich es hier dargestellt habe, handelt es sich bei diesem Phänomen um ein Mittel, um die Anerkennung dessen zu vermeiden, von dem man trotz allem weiß, dass es wahr ist: die Anerkennung der Tatsache, dass es eine Spaltung zwischen bewussten Handlungsprinzipien und den tatsächlichen resultierenden Handlungen gibt. Das Bedürfnis nach

18 Ebd., S. 163 (dt. Übers. v. C.B.S.).
19 Ebd., S. 164.

einer solchen Strategie wird einsichtig, wenn man die Hauptaussage der *Grundlinien der Philosophie des Rechts* bedenkt, die lautet, dass praktische Irrationalität das unausweichliche Ergebnis wäre, wenn man die Institutionen des abstrakten Rechts und der Moral nicht als Momente eines übergreifenden, gemeinsamen ethischen Lebens beziehungsweise einer *Sittlichkeit* begreifen würde. Wenn es stimmt, dass zahlreiche gemeinsame Prinzipien unzureichend, irrational und praktisch widersprüchlich erscheinen würden, wenn es keine ethische Gemeinschaft und deren Unterscheidbarkeit von der Zivilgesellschaft gäbe, dann ist dieses Bedürfnis verständlicherweise groß und umso größer. Mein Vorschlag wäre, dass dies genau die Situation ist, in der wir uns in anonymen Massengesellschaften befinden, in denen der Mangel an dem, was nach Hegel einer echten Gemeinschaftlichkeit, einer *Sittlichkeit*, gleichkommt, ein gefühlter und nicht allein unbestimmter Mangel ist. Abschließend möchte ich vorschlagen, dass ein Verständnis dieser Situation eine entscheidende Rolle spielt, wenn es darum geht einzusehen, dass die weite Verbreitung des Phänomens der Selbsttäuschung wünschenswert ist, insofern es uns auf eine Art moralischen Verfalls – ein moralisches Duckmäusertum und eine Uneigentlichkeit – von Individuen hinweist, wobei es sich hier selbst um einen Fall derjenigen Selbsttäuschung handelt, die Hegel an der Institution der Moral aufdeckt.

Aus dem Amerikanischen von
Carolin Böse-Sprenger und Sebastian Stein

II. Logik und Subjektivität

7. Logik und Metaphysik
Hegels ›Reich der Schatten‹

Der § 24 der Logik in Hegels *Enzyklopädie der Wissenschaften* stellt eine erste und wohl die wichtigste Hürde dar, wenn man zu bestimmen sucht, was Hegel unter einer *Wissenschaft der Logik* versteht. Der Abschnitt enthält eine Behauptung, die den Leser unmittelbar ins Zentrum einer weit zurückreichenden Deutungskontroverse katapultiert:

Die *Logik* fällt daher mit der *Metaphysik* zusammen, der Wissenschaft der *Dinge* in *Gedanken* gefaßt, welche dafür galten, die *Wesenheiten der Dinge* auszudrücken.[1]

Die hier implizierte Auffassung, die Logik falle erst *jetzt* mit der Metaphysik zusammen, nachdem wir die traditionelle metaphysische Idee, dass »Gedanken« als »Wesenheiten der Dinge« zu verstehen sind, in irgendeiner Weise hinter uns gelassen haben, ist eine ziemlich vielschichtige Behauptung, und wir werden später zu ihr zurückkehren. Zuerst müssen wir uns jedoch mit dem großen Thema der Beziehung zwischen Logik und Metaphysik selbst auseinandersetzen. Ich schlage vor, zuerst etwas zum historischen Kontext der Logik im Werk Kants und in der Zeit nach Kant zu sagen. Ferner möchte ich einige der Kunsttermini vorstellen, mittels deren Hegel die Bedeutung der Behauptung, dass Logik jetzt Metaphysik sei, erklären möchte (Abschnitt I). Anschließend spekuliere ich darüber, was Hegel mit »Metaphysik« (Abschnitt II) meinen könnte, und werde daraufhin hinreichend eingrenzen, was Hegel unter einer Logik versteht, um so die substanzielle Gleichsetzung von Logik und Metaphysik einsichtig zu machen (Abschnitt III). Zum Schluss möchte ich einige Implikationen offenlegen, die diese Sichtweise hinsichtlich einer Interpretation der *Wissenschaft der Logik* insgesamt enthält (Abschnitt IV).

1 G. W. F. Hegel, *Enzyklopädie der philosophischen Wissenschaften I, Werke*, Bd. 8, Frankfurt/M. 1986.

1. Logik fällt mit Metaphysik zusammen

Zu Beginn müssen wir etwas zum historischen Kontext sagen, in den die Behauptung des § 24 eingeordnet werden muss. Dieser hat mit dem zentralen Problem zu tun, das Kant in die Welt der Logiktheorien eingeführt hat und das die Frage nach Hegels Verhältnis zu dieser Neuerung provoziert: die Beziehung des Begriffs zum Gegenstand.[2]

Bei dieser Neuerung handelt es sich um Kants berühmteste und wichtigste; sie betrifft die allgemeine Logik, verstanden als apriorische Reflexion auf die Relationen zwischen Ideen. Kants eigene Position ist natürlich eine Kritik an vorhergehenden Behauptungen zu dieser reflexiven Tätigkeit, eine Kritik, die sich sowohl an die moderne, von Descartes herkommende und sich in Arnaulds und Nicoles *Logik von Port-Royal* aus dem Jahre 1662 niederschlagende Tradition richtet als auch an die metaphysische Tradition nach Leibniz und Wolff. Descartes glaubte, dass Klarheit bezüglich der Beziehungen zwischen Ideen den Geist näher an die Träger philosophischer Wahrheit, an die klaren und bestimmten Ideen, heranführen könne, die passiv durch das »Licht der Vernunft« gewusst werden. Für Leibniz und Wolff sind die Gesetze des Denkens schlicht die »Gesetze der Wahrheit« (um Freges Ausdruck zu verwenden) und eine allgemeine Logik *ist* demnach schlicht eine Logik der Gegenstände, da alle philosophische Wahrheit ebendas ist, was Kant »analytisch« nennt, und man diese durch logische Analyse allein erlangt. Und da man, unter dem Eindruck der modernen Naturwissenschaften, Universalien nicht länger als die ›wahrhaft realen‹ strukturellen Elemente des Universums ansah, konnten

2 Eckart Förster hat kürzlich betont (in: *Die 25 Jahre der Philosophie: Eine systematische Rekonstruktion*, Frankfurt/M. 2012), wie wichtig es ist, zwischen der frühen kritischen Frage einer möglichen Beziehung zwischen reinen Begriffen und Gegenständen und der späteren Formulierung des Problems synthetischer Urteile a priori zu unterscheiden. Gewiss sind dies zwei verschiedene Fragen: ›Wie kann ein Prädikat, das nicht analytisch im Subjekt enthalten ist, dem Subjekt a priori zugeschrieben werden?‹ versus ›Hat ein reiner Begriff einen Gegenstand?‹ Letzten Endes aber *ist* das »Dritte«, wie Kant sagt, die »Bedingung«, die diese Verbindung ermöglicht, eine Beziehung zu einem Objekt mittels der reinen Formen der Anschauung, und das gilt für alle möglichen sinnlichen Gegenstände. Die Frage, ob dies eine wichtige Unterscheidung für die moralische und ästhetische Philosophie ist, ist zu kompliziert, um in diesem Zusammenhang behandelt zu werden.

auch Beziehungen zwischen Ideen nicht länger in dieser scholastischen Weise als Entwurf realer Beziehungen verstanden werden. Mary Tiles fasst dies trefflich zusammen. Sie argumentiert, Kant bestehe darauf, dass

> […] allgemeine Logik kein Wissen (von Gegenständen) vermitteln kann oder irgendwelche Regeln der Erkenntnis, die mit dem Erlangen von Wissen von Gegenständen zu tun haben. Eine begriffliche Beziehung, die auf der Basis einer logisch-begrifflichen Analyse beruht, kann leer sein, da es möglicherweise gar keine Gegenstände gibt, die unter den Begriff fallen. Allgemeine Logik kann nur logische Möglichkeiten und Unmöglichkeiten darstellen. Sie ist nur ein negativer Prüfstein für Wahrheit, das Vermeiden des formalen Widerspruchs.[3]

Und sie fährt fort,

> Allgemeine Logik ist lediglich eine Logik der Beziehung zwischen Ideen, des Vergleichs von Begriffen. Und die möglichen Beziehungen können schnell erschöpft werden: Es sind Inklusion, Exklusion und Überschneidung […].[4]

Wo nun sollen wir Hegel einordnen? Meiner Meinung nach muss er in dieser wie auch in vielerlei anderer Hinsicht eindeutig in der post-kantischen Welt verortet werden. Dies zeigt sich schon darin, wie er sich in § 24 von dem vormaligen Verständnis der Metaphysik distanziert, jener Metaphysik, die Gedanken mit den »Wesenheiten« der Dinge identifiziert. Er stimmt mit einer allgemeinen Logik gemäß der Tradition von Port-Royal und Wolff darin überein, dass so verstandenes logisches Schließen zu *keinem* Wissen von Gegenständen führt. Besonders aber stimmt er dem Gedanken zu, dass Vernunft und Verstand diskursive Betätigungen sind und nicht einfach passiv »erhellt« werden. Da Hegel, mit Sellars gesprochen, als der große »Feind der Unmittelbarkeit« gilt, verlässt er sich weder auf, noch erwähnt er eine solche rezeptive Anschauung. Die klarste Beschreibung der Weise, wie Hegel zwei Drittel seiner Logik, die objektive Logik, verstanden wissen will, lautet so: »Das, was hier *objektive Logik* genannt worden, würde zum Teil dem entsprechen,

3 Mary Tiles, »Kant: From General to Transcendental Logik«, in: Dov M. Gabbay u. a. (Hg.), *Handbook of the History of Logic*, Bd. 3, Oxford 2004, S. 85-130, hier S. 92. (Übers. hier und im Folgenden v. S.S. und C.B.S.)

4 Ebd.

was bei ihm [Kant] die *transzendentale Logik* ist.«[5] Kurz darauf formuliert er den Kern dieses Gedankens so deutlich wie irgend möglich:

> Die objektive Logik tritt damit vielmehr an die Stelle der vormaligen *Metaphysik*, als welche das wissenschaftliche Gebäude über die Welt war, das nur durch *Gedanken* aufgeführt sein sollte.[6]

Wie sich zeigen wird, versteht Hegel die transzendentale Logik und somit das »Problem der Gegenstände« zwar nicht auf die gleiche Weise wie Kant, doch es ist wichtig zu untersuchen, in welchen Punkten Hegel sich Kant verbunden fühlt. Meiner Ansicht nach zeigt sich in Textstellen wie den eben zitierten sowie weiteren, die ich später noch zitieren werde, dass Hegel der Kritik Kants am vormaligen Verhältnis von Logik und Metaphysik beipflichtet und dass er diese Kritik in sein eigenes Denken integrieren möchte. Hegel akzeptiert also, dass eine Bestimmung des logisch Möglichen keinen Beitrag zum Wissen dessen leisten kann, was der Fall ist. (Wie wir noch sehen werden, bedeutet dies nicht, dass Hegel glaubt, eine neukonzipierte transzendentale Logik leiste keinerlei metaphysischen Beitrag.)

Schließlich gilt sowohl für Kant als auch für Hegel, dass die relevante Einheit einer jeden Logik nicht die Proposition oder irgendeine statische, formale Struktur ist, sondern vielmehr Akte des Überlegens und Behauptens. Daher ist jene Logik, die Modell der transzendentalen Logik sowie auch von Hegels Wissenschaft ist, stets eine Logik des Urteilens, die zu der unvermeidlichen Frage nach der Rolle der »Subjektivität« in der Logik führt, die Frege so sehr beschäftigte.

Die folgende Textstelle nun enthält die typische Auffassung Hegels dazu, worum es in der *Wissenschaft der Logik* geht. Hegel erklärt uns nur, dass sich das Werk mit der »Wissenschaft des reinen Denkens« beschäftigt, und er fährt dann in demselben Abschnitt fort, indem er sagt, dass diese Wissenschaft

> [...] zu ihrem Prinzip *das reine Wissen* habe, die nicht abstrakte, sondern dadurch konkrete lebendige Einheit, daß in ihr der Gegensatz des Bewußtseins von einem subjektiv *für sich Seienden* und einem zweiten solchen *Sei-*

5 G. W. F. Hegel, *Wissenschaft der Logik I, Werke*, Bd. 5, Frankfurt/M. 1986, S. 61.
6 Ebd., S. 61.

enden, einem Objektiven, als überwunden, und das Sein als reiner Begriff an sich selbst und der reine Begriff als das wahrhafte Sein gewußt wird. Dies sind sonach die beiden *Momente*, welche im Logischen enthalten sind. Aber sie werden nun als *untrennbar* seiend gewußt, nicht wie im Bewußtsein jedes *auch* als *für sich seiend*; dadurch allein, daß sie zugleich als *unterschiedene* (jedoch nicht für sich seiende) gewußt werden, ist ihre Einheit nicht abstrakt, tot, unbewegend, sondern konkret.[7]

Alles, was Hegels Ansatz so einzigartig macht, ist in diesem Paragraphen versammelt, daher müssen wir uns langsam vortasten, vor allem mit Blick auf die Kernaussage, die aus zwei Teilen besteht: Sie ist (i) eine doppelte Identitätsaussage, da sie besagt, dass das Sein selbst ein reiner Begriff ist und ein solcher reiner Begriff ein Sein. Dies würde gewiss eine Beziehung zwischen Logik und Metaphysik herstellen, und zwar die einer Identität. Doch dies soll gelten, obwohl Hegel uns (ii) warnt, dass es sich hier um eine sehr besondere Art von Identität handelt, nämlich um eine Identität, die paradoxerweise mit der durchgängigen Verschiedenheit von Sein und Begriff verträglich ist. Dieses Bestehen auf einer Verschiedenheit macht zumindest sofort deutlich, dass Hegel nicht sagen will, dass das, mit dem wir es hier zu tun haben, eine abstrakte, immaterielle Entität ist beziehungsweise dass dies Entität*en sind* – so wie etwa der Realist Universalien versteht, wie ein Ideen-Monist oder ein Pantheist ›alles‹ begreift oder wie ein Platonist Ideen auffassen mag. In all diesen Fällen *gäbe* es in Wirklichkeit oder in Wahrheit nur oder ausschließlich Universalien beziehungsweise Ideen beziehungsweise Geist; es gäbe keine durchgängige »Verschiedenheit« und somit nichts »*Unterschiedenes*«.

Eine etwas früher erfolgende Spezifikation der angesprochenen Identität aus der Einleitung verschafft uns eine etwas tiefere Ahnung bezüglich dessen, wie wir vorgehen sollten. Sie führt außerdem ein Leitmotiv ein, das überall in die *Logik* eingewoben ist, das jedoch, wie ich behaupten möchte, bislang noch nicht erfolgreich interpretiert worden ist. Die Textstelle, von der die Rede ist, enthält eine sehr viel hegelianischere Spezifikation dessen, was Hegel in der erwähnten Identitätsbehauptung von Sein und Begriff mit »Sein« meint:

7 Ebd., S. 57.

Als *Wissenschaft* ist die Wahrheit das reine sich entwickelnde Selbstbewußtsein und hat die Gestalt des Selbsts, daß *das an und für sich Seiende gewußter Begriff, der Begriff als solcher aber das an und für sich Seiende ist.*[8]

Der Ausdruck »das an und für sich Seiende« verkompliziert die Sache natürlich noch mehr als der Verweis auf das bloße »Sein«. Was könnte es bedeuten, dass etwas »für sich« existiert? Soll es dies allein sein, was mit dem »*gewussten* Begriff« identisch ist? Und was meint Hegel, wenn er »gewusst« mit »Begriff« verbindet? (Warum sagt er nicht einfach ›mit dem Begriff identisch‹, wie er es als Begriffsrealist tun würde?)

Die Lage ist nun schlagartig recht kompliziert. In einem gewissen Maße kommt hier der Einfluss Aristoteles' auf Hegel zum Tragen. Dinge sind die bestimmten Dinge, die sie sind »im Lichte« oder »aufgrund« ihres Begriffes beziehungsweise ihrer substanziellen Form. Diese Form sorgt für ihre Bestimmtheit. In gewisser Weise verkörpern solche Dinge daher das Maß dessen, was es wahrhaft heißt, ein *solches* Ding zu sein, und sie instantiieren ihr Wesen in einem höheren oder niedrigeren Grad. Ein Wolf ist nicht einfach, an sich, Wolf, sondern in einem gewissen Maße eine bessere oder schlechtere Exemplifikation dieses Begriffs »für sich«. Der Gegenstand ist nicht einfach, »wie er ist«; er ist »für« seinen Begriff (in einem gewissen Sinn bedeutet dies hier »um willen seines Begriffs«) und dadurch ist der Gegenstand er selbst. (Ein bloß »existierender« Wolf ist somit kein »eigentlicher« Wolf. Dieser würde wahrhaftes ›An-und-für-sich-Sein‹ einschließen, das heißt, die Verwirklichung der Wolfheit. Hegel wird uns später darauf hinweisen, dass es sich in der *Wissenschaft der Logik* um »Wirklichkeit« dreht und nicht um Existenz.)[9]

Zu einem gewissen Anteil allerdings hat der Ausdruck »für sich«

8 Ebd., S. 43. Es gibt ähnliche Passagen auch in der *Philosophie des Geistes*: »was *gedacht* ist, *ist*; und daß, was *ist*, *ist* nur, insofern es Gedanke ist« (siehe Hegel, *Phänomenologie des Geistes*, *Werke*, Bd. 3, Frankfurt/M. 1986, § 465). Ab diesem Punkt der *Enzyklopädie* aber ist offensichtlich, dass Hegel nicht nur über das bloß Existierende spricht, um sich plötzlich in Bischof Berkeley zu verwandeln und zu behaupten, *esse est percipi*. Was ein Ding wirklich ist, ist sein Begriff, und ein Begriff ist kein selbständiger »Gedanke«, sondern ein Moment in einem Netzwerk von einander gegenseitig definierenden Regeln des Bestimmens. Siehe auch die folgende Fußnote zu *Wirklichkeit*.

9 Mit *Wirklichkeit* meint Hegel die Einheit von Begriff und »Realität«. Vgl. *Enzyklopädie*, § 215.

seine eigentliche Heimat in Hegels *Seinslogik* (in der sich ein Abschnitt befindet, der genau diesen Ausdruck bespricht). Wie Hegel erklärt, hat dies damit zu tun, wie der Ausdruck umgangssprachlich verwendet wird – etwa, wenn ich sage, »Ich bin für mich selbst«.[10] In einem logischen Sinn meint der Ausdruck eine gewisse, angenommene Idee einer intern bestimmten Identität begrifflichen Gehalts, den dieser »für sich« besitzt, anstatt zu sein, was er ist, da er durch seine Beziehung zu anderen Dingen bestimmt ist, indem er also für andere ist. (Diese Trennung beziehungsweise dieser strenge Dualismus einer Bestimmtheit gänzlich für sich und einer solchen »für andere« wird sich in der Logik des Seins als falsche Opposition erweisen. Tatsächlich ist es das Hauptanliegen einer solchen *Seinslogik*, ebendies zu demonstrieren – die Komplementarität dieser Begriffe im Gegensatz zu ihrer Gegensätzlichkeit.)

Obwohl dem so ist (dass sich die Idee des »für sich« und die Idee des »für ein anderes« als voneinander abhängig herausstellen werden), hat der allgemeine Begriff eines Seienden an und für sich die Idee des Seienden als die Idee eines bestimmten und intelligiblen Seienden eingeführt. Es ist, was es ist, und nichts anderes (es ist »an sich«), aber es ist dies nur vermöge der Eigenschaften, durch die es sich sinnvollerweise von seinen Gegensätzen unterscheiden lässt (Eigenschaften, die bestimmen, was ein Ding »für sich« ist). Seine Bestimmtheit ist somit sowohl abhängig von einer Pluralität als auch von einer Einheit von Bestimmungen beziehungsweise Denk-Bestimmungen beziehungsweise Prädikaten oder Begriffen.[11]

Doch selbstverständlich versichern sich gewöhnliche Seiende nicht ihrer selbst, sie *behaupten* nicht für sich selbst, was sie sind, und so wendet sich Hegel recht schnell den Weisen zu, in denen das Denken solche Bestimmtheit bestimmt. (Es ist kein Zufall, dass Hegel dem »Begriff« ein »*gewusst*« beifügt. Wie er fortwährend betont, ist ein Begriff eine »Gedankenbestimmung« und diese »Bestimmung« Ergebnis eines Akts des Bestimmens beziehungsweise der Prädikation.) Demnach hängt alles, so mein Vorschlag, von der weitreichenden Behauptung ab, mit der das obige Zitat beginnt,

10 Vgl. Hegel, *Wissenschaft der Logik I,* S. 175/176.

11 Standardgemäß werden Universalien so verstanden, dass sie Einheit stiften, indem sie Einzelgegenstände als Instanzen derselben Art zusammenfassen. Einzelgegenstände oder logische Subjekte vereinen die zahlreichen Begriffe, die sie instantiieren. Vgl. Tiles, »Kant«, S. 111.

der Behauptung, dass »*Wahrheit*« (die Wahrheit des Seins, die Bestimmung dessen, was Dinge wirklich sind) Selbstbewusstsein (Formen des selbstbewussten Urteilens) *ist.*[12] Dies bedeutet, dass ein Gegenstand (ein empirischer Gegenstand oder ein bestimmter Gegenstandsbereich, ein Ereignis oder eine Beziehung zwischen Ereignissen, eine Möglichkeit oder ein Wert) im Rahmen dessen als *an und für sich* existierend verständlich ist, was Hegel »die Wissenschaft der Dinge *in Gedanken gefasst*«[13] oder die »Wissenschaft der reinen Idee«[14] nennt. In diesem Sinne muss der Gegenstand aufgefasst werden, wie er ist (an sich, in seiner bestimmten Seinsweise), *aber damit auch in seiner Verständlichkeit*, im Lichte seines hinreichenden Grundes, so zu sein, wie er ist, der Modalität seiner bestimmten Verständlichkeit. Und er ist nur verständlich, insofern er durch das Denken aufgefasst, insofern er durch das Denken verständlich gemacht wird. Dies heißt nicht, zu behaupten, dass der Gegenstand nur als ein denkend aufgefasster Gegenstand existiert oder dass das Denken, von dem seine Bestimmtheit abhängt, als eine subjektiv-mentale Episode verstanden werden sollte. Wir haben bereits gesehen, wie Hegel sich von dem leibnizschen Verständnis einer solchen Berufung auf einen hinreichenden Grund distanzieren möchte.[15] Momentan wissen wir über seinen eigenen Ansatz aber nur, dass Hegel nicht glaubt, uns stehe lediglich die allgemeine Logik im Sinne Kants (oder Freges) und ein empirischer Wissenserwerb zur Verfügung. Aber was darüber hinaus? Dies ist die Frage, um die sich alles dreht. Das Denken kann Objekte bestimmen, aber nicht, indem es sich auf das Licht der Vernunft beruft, nicht auf »unmittelbare« Weise. Wir erinnern uns: Zwei Drittel der Logik decken sich mit Kants transzendentaler Logik und können als Nachfahre einer vorkantischen Metaphysik gelten. Dies muss noch viel weiter erläutert werden, doch für Hegel ist äußerst wichtig, dass ein Nachdenken über Dinge, insofern sie verständlich sind, zugleich ein Nachdenken über sie im Lichte des einzigen Seienden

12 »*Oder der Begriff der Wissenschaft ist, daß die Wahrheit das reine Selbstbewußtseyn sey* …« (Dies ist die leichter zugängliche Formulierung der Erstausgabe der *Wissenschaft der Logik* von 1812.)

13 Hegel, *Enzyklopädie I,* § 24.

14 Ebd., § 19.

15 Laut Hegel ist die letztendliche, logische Form aller wahren Urteile also nicht analytisch.

sein muss, für das Seiendes verständlich sein kann, mit Blick also auf das vernünftige Seiende. (Ansonsten hätte die Frage nach seiner Verständlichkeit keinen Sinn.) Und vernünftige Verständlichkeit ist selbstbewusste Verständlichkeit in Gestalt diskursiver geistiger Akte eines solchen Verständlichmachens, die als solche ausgeführt werden.

Natürlich sollten wir uns davor hüten, Hegel einen Psychologismus oder einen subjektiven Idealismus zu unterstellen, aber wir sollten hier nicht *derart* vorsichtig sein, dass wir die Tatsache aus den Augen verlieren, dass *die Wissenschaft der Logik* eine Wissenschaft ebensolcher Akte ist, die als »logische« Akte aufgefasst werden, das heißt im Lichte ihrer Eigenschaft, alles mögliche angemessen verständlich zu machen und ihm seinen hinreichenden Grund zu geben, so zu sein, wie es ist. Natürlich gibt es viele verschiedene Arten solcher hinreichenden Gründe, und so muss die Aufgabe der *Wissenschaft der Logik* recht ehrgeizig und umfassend sein, besonders da Hegel jeder Behauptung einer radikalen Inkommensurabilität dieser Gründe widerspricht. In diesem Sinne ist Hegel Monist, und zwar logischer Monist. Es gibt bei ihm keine inkommensurablen Bereiche vernünftiger Verständlichkeit – ob kognitiv, moralisch oder ästhetisch –, wie es sie zum Beispiel bei Kant gibt.[16] (Und selbst Kant war darum bemüht, sich in seinen Ausführungen der zweiten und dritten Kritik auf denselben allgemein-logischen Rahmen zu berufen.) Doch der simple Punkt, um den es jetzt zunächst geht, besteht darin, dass das Sein eines jeden Seienden ein bloßes, unbestimmtes und ununterscheidbares Sein wäre, wenn es nicht begrifflich bestimmt oder artikulierbar wäre – im mindesten Sinne also die Manifestation eines Begriffs. Schon in der *Metaphysik* des Aristoteles heißt es, etwas zu sein bedeute, ein Bestimmtes zu sein, und dieses Prinzip der Bestimmung kann »für sich« aufgefasst werden. Es ist dies, was Hegel den »Begriff« nennt (und bei Aristoteles substanzielle Form heißt) und was Hegels Hauptfrage der *Logik* aufwirft: Wie lässt sich, vor dem Hintergrund der vielen verschiedenen Weisen, in denen man Gegenstände als das, was sie

16 Dies soll nicht bedeuten, dass es für Hegel keine unterschiedlichen Weisen der Verständlichkeit gibt (zum Beispiel philosophische, ästhetische, und religiöse); bloß sind diese nicht inkommensurabel. Siehe zum Beispiel die entsprechende Diskussion in Pippin, »Hegel's Logic of Essence«, in: *Schelling Studien* 1 (2013), S. 73-96, hinsichtlich der »Modalität« der ästhetischen Dimension.

an sich sind, verstehen kann, begrifflicher Gehalt oder, wie Hegel sagen würde, begriffliche Bestimmtheit begreifen? Die Antwort auf diese Frage wird von zwei sehr problematischen Elementen des hegelschen Projekts abhängen: erstens von der oben erwähnten Behauptung, dass die Form des Begriffs die Form eines Selbst sei und dass die Wahrheit entsprechend Selbstbewusstsein sei; sowie zweitens von der Auffassung, dass die Weise, diesen Inhalt zu verstehen, darin besteht, diese Begriffe als »selbst-negierend« zu verstehen, dies jedoch so, dass uns ein positives Ergebnis winkt. Diese beiden Elemente von Hegels Ansatz sind es auch, die zur Erklärung dessen beitragen, wie Hegel sich – angesichts seiner Ablehnung des angeblich übermäßig subjektivistischen Ansatzes Kants – die Möglichkeit einer apriorischen Bestimmung objektiven Inhalts denkt.

II. Metaphysik

Kehren wir nun jedoch zu der Identitätsbehauptung zurück und fragen wir uns, was »Metaphysik« meint? Adrian Moore hat kürzlich vorgeschlagen, dass wir angesichts der Vielzahl metaphysischer Projekte den Begriff der Metaphysik so weit wie möglich fassen sollten. Er bietet folgende programmatische Definition an: »[Metaphysik ist] der umfassendste Versuch, die Dinge zu verstehen.«[17] Richtigerweise merkt Moore an, dass auch Hegel sein eigenes Unternehmen so beschreibt. Zum Beispiel sagt er:

> […] Metaphysik heißt nichts anderes als der Umfang der allgemeinen Denkbestimmungen, gleichsam das diamantene Netz, in das wir allen Stoff bringen und dadurch erst verständlich machen.[18]

Moore stellt ferner richtigerweise fest, dass sich die Idee des Verständlichmachens über »die Bedeutung von etwas, de[n] Zweck von etwas, oder die Erklärung von etwas«[19] erstrecken kann (wie auch in Hegels Werk, besonders mit Blick auf die verschiedenen

17 Adrian Moore, *The Evolution of Modern Metaphysics: Making Sense of Things*, Cambridge 2012, S. 6. (Dt. Übers. von S.S.)

18 G.W.F. Hegel, *Enzyklopädie der philosophischen Wissenschaften im Grundrisse II*, Werke, Bd. 9, Frankfurt/M. 1986, § 246.

19 Moore, *The Evolution of Metaphysics*, S. 5.

»Logiken« und ihre unterschiedlichen Annahmen). In ihrer ambitioniertesten Fassung bei Hegel schließt diese Idee die Auffassung der bestimmten Identifizierbarkeit von allem als dem, was es ist, und nichts sonst ein. Wenn man die Metaphysik so versteht, dann ist klar, dass sie, wenngleich sie Adäquatheits- und Erfüllungsbedingungen hat, nicht über solcherart Wahrheitsbedingungen verfügt, denen eine Tatsachenbehauptung untersteht. Die Bestimmung dessen, *wann etwas wirklich verständlich gemacht wird*, gehört nicht derselben Ordnung an wie etwa die Aufgabe zu bestimmen, »was das Feuer entfacht hat« oder »warum Wasser gefriert«.[20] Das Verständlichmachen dessen beispielsweise, warum es eine Praxis wie künstlerisches Schaffen gibt, was es bedeutet, dass es diese Praxis gibt, und welchen Sinn sie haben mag, enthält eine Frage, die sofort verkümmert, sobald man davon ausgeht, dass sie nur bedeuten kann: »Was hat dazu geführt, dass menschliche Wesen besonderes Vergnügen an bestimmten Artefakten haben?« Die Frage lädt eher zu Spekulationen über eine »adäquate« Erklärung ein, statt über eine faktisch-wahre; und klarerweise muss es ein Desiderat einer jeden solchen Erklärung sein, dass das Verständnis, das wir hier gewinnen, mit anderen Verständnissen in Einklang steht.[21] Wenn dem nicht so wäre, hätten wir es mit einem schier sinnlosen Sachverhalt zu tun.

Im Lichte unserer Absichten ist es von Interesse, dass Moore zwischen dem Verständlichmachen von Dingen (das heißt sie einsichtig machen, etwas, das wir im Falle jeder der erwähnten Modalitäten leisten müssen) und dem *Verständlichmachen von Verstehen* unterscheidet, wobei er Letzteres der Logik und der Philosophie

20 Formuliert man es auf diese allgemeine Weise, wird dadurch das traditionelle Verständnis von Metaphysik reformiert. Zum Beispiel: Wie können wir verstehen, dass ein Ding über gravierende Änderungen seiner Eigenschaften hinweg bleibt, was es ist? Oder, wie können wir verstehen, dass Sokrates und Platon beide Menschen (was haben sie gemeinsam?) und zugleich verschiedene Individuen sind? Hegel betont, dass viele Formulierungen klassisch metaphysischer Fragen in Gestalt von Widersprüchen oder drohenden Widersprüchen auftreten und also als etwas, das die Verständlichkeit bedroht.

21 Und etwas wird verständlich gemacht, das heißt, Verständlichkeit wird hergestellt. Wie im Zitat erwähnt wird, werden Anwärter auf ein solches Verständlichmachen in so ein Netz des Erzeugens von Verständlichkeit »hineingebracht«. Moore lässt auch Raum dafür, dass Verständlichkeit mit Mehl, Wasser und Hefe erzeugt wird (ebd., S. 6).

der Logik zuschreibt. Und dies trifft in einem gewissen Maße auch auf unsere Lesart von Hegels Logik zu. Auch Hegel macht, wie ich zu zeigen versucht habe, verständlich, wie wir uns Dinge verständlich machen. Doch da er dieses Verständlichmachen nicht als spezies-spezifische »subjektive« Fähigkeit versteht, sondern als konstitutiv für jeglichen Sinn, würde Hegel nicht behaupten, dass das Verständlichmachen des Verstehens keine Rolle im »Verständlichmachen von Dingen« spielt oder auch nur von diesem verschieden sei.

Ich möchte vorschlagen, dass Hegel genau *dies* – die Untrennbarkeit dieser Fragen, den Umstand, dass wir das Verständlichmachen nicht verstehen können, ohne dass es zutrifft, dass bestimmte Weisen des Verständlichmachens *auch bereits Dinge verständlich gemacht haben, wie sie sind* – meint, wenn er sagt, Logik *sei* Metaphysik oder das ›an und für sich Seiende‹ *sei* der Begriff.[22] Sobald wir zum Beispiel die Rolle des Wesens (*essence*) und der Erscheinung (*appearance*) als Weisen des Verständlichmachens verstehen, haben wir uns *dadurch* das Wesen und die Erscheinung *verständlich gemacht* und damit auch die Welt, in der beide unabdinglich sind. (Wir haben nicht irgendein spezies-spezifisches Merkmal menschlicher Subjekte, die sich Dinge verständlich machen, verständlich gemacht, sondern wir haben uns verständlich gemacht, wie die Welt verständlich sein kann.)

Die grundlegende Einheit des Verständlichmachens bei Aristoteles, Kant und in modifizierter Gestalt auch bei Hegel ist der prädikative Akt. Indem wir *diese* Weise des Verständlichmachens, ihre Voraussetzungen und Implikationen, verstehen, *machen* wir uns das, was es gibt, auf die einzig mögliche Weise verständlich. Was existiert, muss bestimmt sein, und seine »Bestimmungen« sind schlicht seine Prädikate, deren Inhalt von den Funktionen abhängt, die sie in möglichen Urteilen haben.[23] (Wir werden in Kürze Kants

22 Dies kann man auf vielerlei Arten ausdrücken: Es lässt sich von uns nicht behaupten, dass wir unsere Praxis des Verständlichmachens selbst verständlich machen, ohne dass wir auch wirklich Dinge verständlich machen. Andernfalls würden wir verständlich machen, wie wir in dem Versuch des Verständlichmachens scheitern. Dies ist natürlich selbst ein legitimes Projekt, aber eines, das sich zu ersterem parasitär verhält.

23 Das Urteil ist die grundlegendste oder zumindest vertrauteste Einheit der Bedeutung. Es ist selbst auf eine Weise grundlegend bedeutsam, die von seinen möglichen Funktionen in Inferenzen abhängt, wobei diese Inferenzen wiederum

tiefempfundene Sorge bezüglich dieser Vorgehensweise besprechen.)

Dieses Abstraktionsniveau nun droht eine Reihe wichtiger Unterschiede zu verwischen. Eine Bedeutung dessen, was es heißt, »Verstehen verständlich zu machen« – und hierbei mag es sich um die Bedeutung handeln, an die Moore denkt –, läuft vielleicht lediglich auf den Begriff der Logik hinaus, die in Kants Sinne inhaltsleer und im Sinne des frühen Wittgenstein tautologisch ist – auf die bloßen, konstitutiven Formen jedes möglichen Sinns beziehungsweise jeder möglichen Verständlichkeit, deren Negation in keinem erdenklichen Sinn überhaupt begreiflich ist.[24] Als Kant die Logik als die »Wissenschaft der Verstandesregeln überhaupt« bezeichnete,[25] wollte er abstecken, was *mögliches Denken als solches* konstituiert, und nicht, was wir als Menschen verstehen können beziehungsweise welchen Regeln wir folgen sollten. Kant ging es darum, was Sinn *sein könnte.*[26] Was jedoch Hegel an einem jeden solchen absteckenden Projekt interessiert, ist dasselbe, was auch Kant interessiert: Die generelle Idee der Angemessenheit solcher absolut allgemeinen Formen der Verständlichkeit – egal welcher momentanen Theorie formaler Logik – hinsichtlich des Nachdenkens über jedes mögliche gegenstandsbezogene Denken; bei Kant das Verhältnis von allgemeiner und transzendentaler Logik. Dies beinhaltet den *unmittelbaren Einfluss* einer solchen logischen Form auf die Frage nach der Möglichkeit gegenstandsbezogenen Denkens; den Einfluss etwa der Subjekt-Prädikat-Form auf ein Denken von Substanzen und ihren Eigenschaften oder den Einfluss von

in ihren systematischen Beziehungen untereinander zu verstehen sind. Somit ist die ultimative Einheit der Bedeutung »das Ganze«. Meistens aber sind die inferenziellen und systematischen Implikationen nicht notwendig für die Bedeutung, die es in allen möglichen lokalen Kontexten zu erfassen gilt.

24 Eine Darstellung dieser verschiedenen »Sinne« (bei Kant, Frege und Wittgenstein) findet sich in: James Conant, »The Search for Logically Alien Thought: Descartes, Kant, Frege and the *Tractatus*«, in: *The Philosophy of Hilary Putnam*, *Philosophical Topics*, Vol. 20, No. 1 (1991), S. 115-180.

25 Immanuel Kant, *Kritik der reinen Vernunft*, *Werke*, Bd. 3/4, Frankfurt/M. 1974, A52/B76. (Im Folgenden ›*KrV*‹.)

26 Dies ist etwas komplizierter, da Kant manchmal so spricht, als sei Diskursivität das Charakteristikum einer Spezies; besonders dann, wenn er sie mit Gottes anschauendem Intellekt vergleicht. Da es aber so etwas wie Gottes anschauenden Intellekt nicht gibt, müssen wir uns hier nicht damit beschäftigen.

Antezedens-Konsequenz-Beziehungen auf das Denken notwendiger Verknüpfungen zwischen Ereignissen. Kant legt die Idee eines solchen unmittelbaren Einflusses unabhängig von jeder transzendentalen Deduktion nahe, und man versteht sehr viel von Hegels Denken, ausgehend von einer Behauptung über Kants »metaphysische Deduktion« – dass eine solche »Deduktion« bereits eine beachtliche Menge Philosophie enthält und dass sie einen Fortschritt darstelle. Das heißt, dass für Hegel der direkte Einfluss einer allgemeinen Logik auf jede mögliche transzendentale Logik tatsächlich eine andere Art und Weise darstellt, die Identitätsbehauptung aus § 24 der *Enzyklopädie* zu treffen, und keine bloße Wiederholung oder Umstrukturierung der die Angelegenheit betreffenden logischen Tatsachen. (In Kants Sprache ausgedrückt, besagt § 24, dass Urteilsfunktionen Kategorien *sind.*) Das schließt auch Kants Ahnung einer spekulativen »Identität« ein, die Hegel, wie oben zitiert, explizit ausrief. Es ist also weit wichtiger, als Kant zuzugeben bereit war, die angemessene philosophische Spezifikation dieser Denkformen und besonders ihrer Verhältnisse untereinander zu verstehen. (Zumindest kommt diese Lesart in Frage, wenn wir sehen, dass die »Subjektivität«, die wir mit dem Ausdruck »Bedingungen der Möglichkeit der Erfahrung« ansprechen, das ist, was Hegel als »absolute« Subjektivität – die Idee einer unbeschränkten, ungebundenen Subjektivität – bezeichnet hätte, und nicht Kants offizielle »endliche« Subjektivität.)[27]

Es spielt also auch bei Kant eine Rolle, dass bereits die Formen des möglichen Denkens die einzig möglichen Formen des Denkens von Dingen bestimmen beziehungsweise mit diesen identisch sind und dass die logische Beschaffenheit möglichen Verstehens die Form des einzig möglichen Verstehens von Dingen ist. Und es ist bei Kant von recht unmittelbarer Bedeutung, dass die Subjekt-Prädikat-Form mit den Substanzen und Eigenschaften *in der Welt* zu tun haben sollte. Es ist, so könnte man sagen, die innige Beziehung oder sogar Untrennbarkeit von allgemeiner und tran-

27 Kants eigentlicher Satz dieser Identität ist das höchste Prinzip synthetischer Urteile und beschwört den gleichen Gedanken herauf: dass die Bedingungen der Möglichkeit der Erfahrung zugleich auch die Bedingungen der Möglichkeit der Gegenstände der Erfahrung sind. Siehe dazu meine Diskussion der »Identitätstheorie« in: *Hegel's Idealism: The Satisfaction of Self-Consciousness*, Cambridge, 1989, S. 79-88.

szendentaler Logik, für die sich Hegel interessiert.[28] (Letztendlich wird Hegel sagen wollen, dass die allgemeine Logik, so wie Kant sie versteht, nicht als eine basale Form verstanden werden sollte, der Inhalt schlicht »hinzugefügt« wird. Vielmehr ist die basale Form möglichen Denkens, das Verständlichmachen, auf einen Inhalt bezogen und jede allgemeine Logik eine Abstraktion dieser Modi des Denkens. Bevor dieser Punkt noch klarer werden kann, werden wir uns näher mit dem apperzeptiven Charakter des Denkens, auch der allgemeinen Logik, auseinandersetzen.)

In Kants Terminologie könnte man sagen, dass die metaphysische Deduktion etabliert werden kann, noch *bevor* wir durch die Deduktion lernen, dass alles, was es – angesichts unserer sinnlichen Anschauungsformen –, »für uns« heißen kann, dass etwas eine Substanz mit gewissen Eigenschaften ist, darin besteht, dass es etwas Beharrliches in der Zeit ist, das temporale Veränderungen durchmacht; oder dass alles, worauf es »für uns« hinauslaufen kann, dass etwas eine notwendige Verknüpfung von Ereignissen ist, in einer Sukzession gemäß einer Regel besteht. Hegel wird uns weitere Gründe dafür nennen, das Verhältnis von allgemeiner und transzendentaler Logik – in Moores Worten, die Beziehung zwischen dem Verständlichmachen des Verstehens und dem Verständlichmachen von Dingen – für inniger zu halten als zunächst gedacht.

III. Logik

Kants Idee einer inhaltsleeren Logik läuft natürlich nicht darauf hinaus, dass die Begriffe einer allgemeinen Logik uninterpretierte Zeichen sind oder als solche betrachtet werden können; Kants logische Konstanten (die logischen Funktionen der Urteile) sind eindeutig bestimmte Arten der Unterscheidung und Bekräftigung (Wie viel? Welcher Art? Ist so oder ist nicht so? Ist entweder so

28 Dies ist auch für so manche Querele zwischen Kant und gewissen Kommentatoren und Historikern verantwortlich – als ob schon das die Logik als solche »kontaminiere«. Siehe zum Beispiel: William und Martha Kneale, *The Development of Logic*, Oxford 1962, S. 355. »Denn es war Kant mit seinem Transzendentalismus, der damit begann, eine seltsame Mischung aus Metaphysik und Epistemologie zu erzeugen, die er und andere Idealisten des neunzehnten Jahrhunderts als Logik präsentierten.« (dt. Übers. v. S.S.)

oder nicht so? Falls dies und jenes, dann dies oder das.),[29] doch ihr Anwendungsbereich ist vollkommen unbeschränkt und an keine besondere Art oder Menge von Gegenständen gebunden. Bereits dies aber verkompliziert die Beziehung zwischen allgemeiner Logik und den »Formen des Denkens mit Rücksicht auf den möglichen Gegenstand der Erfahrung«, der transzendentalen Logik, weil es Teil der kantischen Erkenntnistheorie und kein Theorem seiner Logik ist, dass Inhalt für endlich wissende Subjekte nur rezeptiv verfügbar ist, für uns also sinnlich.[30] (Obwohl sich Kant auf die aristotelische Logik stützt, wäre Aristoteles diese Unterscheidung nicht eingefallen. *Die grundlegenden Arten des Seins* zeigen sich bei ihm in Gestalt sortaler Prädikationen, wie etwa »Sokrates *ist ein Mensch*« oder »dies *ist ein Stein*«, die *Substanzen* einordnen, und »ist weiß« und »ist musikalisch«, *Qualitäten, die qualitative Weisen des Seins* bezeichnen. Das hat Hegel wohl gemeint, als er sagte, die alte Metaphysik habe schlicht angenommen, dass Gedanken die »Wesenheiten« der Dinge oder selbst Dinge, substanzielle Entitäten, seien.)[31]

Die traditionelle Kantinterpretation mag nahelegen, dass Kant hier einen Schritt hinzufügen möchte – ganz so, als ob er skeptisch gewesen wäre hinsichtlich der Frage, warum »unsere« Weisen des Einordnens der Dinge irgendetwas mit der »sortalen Realität« der

29 Man kann Kants Projekt auch so beschreiben: Er bedient sich der logischen Konstanten, die für die Bewertung des Erfolgs einer jeden Inferenz wesentlich sind – alle, ein, einige, ist, ist nicht, ist-kein, wenn ... dann, entweder ... oder: die so genannten synkategorematischen Ausdrücke –, und interpretiert sie als *Ausdrücke* (als kategorematisch, das heißt als Träger referenzieller Bedeutung) oder »reine Verstandesbegriffe«. So bereitet er sich auf einen »Schritt« vor, von dem Hegel denkt, dass er eben dadurch schon gemacht worden sei: Wie man von der Tafel der logischen Funktionen des Verstandes zur Tafel der Kategorien, das heißt zu den Begriffen möglicher Gegenstände, gelangt.

30 John McFarlane betont dies in: »Frege, Kant, and the Logic in Logicism«, *The Philosophical Review* 111 (2002), S. 25-65. Die fragliche Neuerung – dass laut Kant die allgemeine Logik »keinen Inhalt« hatte – ist jedoch, wie ich in Kürze darlegen werde, nicht sogleich offensichtlich. Und die Behauptung, dass für »vor-kantische« Logiker die Logik schlicht mit der Ontologie zusammenfalle (anstatt von einem besonderen Gegenstand zu handeln, nämlich dem Denken), ist kontrovers (jedenfalls für die Port-Royal-Logiker). Ich möchte mich für diese Einsicht bei Clinton Tolley bedanken.

31 Vgl. die Diskussion um Aristoteles als den Begründer der Wissenschaft der Logik im Zusatz zu § 20 der *Enzyklopädie*.

Welt zu tun haben sollten. Doch diese Betrachtungsweise von Kants Umgang mit dem Verhältnis von allgemeiner und transzendentaler Logik – die wir hier als eine mögliche Perspektive auf die Identitätsbehauptung des § 24 der *Enzyklopädie* untersuchen – ist Teil eines sehr viel umfangreicheren Systems interpretativer Behauptungen, die ihrerseits umfangreiche Schwierigkeiten aufwerfen.

Die Schwierigkeit, von der die Rede ist, wird jeder kennen, der mit der Standardinterpretation von Kant vertraut ist. Wir können sie als Zwei-Stufen-Modell bezeichnen. Gemäß diesem Modell, kommt »zuerst« die sinnliche Rezeptivität (entsprechend »unseren« besonderen nicht-begrifflichen, reinen Formen der Anschauung), und »danach« folgt die begriffliche Artikulation beziehungsweise Synthesis, die aufgrund der apriorischen Auferlegung kategorialer Form möglich ist. In einem gewissen Maße ergibt sich dieses Bild aus Kants Verständnis des Urteilens, wonach ein Bestandteil des Urteils eine Weise ist, sich auf Gegenstände zu beziehen, und ein anderer Bestandteil eine Weise, etwas über den Gegenstand auszusagen. Doch da für Kant wie für Frege interpretierte Begriffe Extensionen bestimmen, scheint ein solches Bild einer Trennbarkeit und voneinander unabhängiger Beiträge zum Wissen problematisch. Das heißt, falls diese Idee eines möglichen unabhängigen Beitrags seitens der Sinnlichkeit – ob als Kantinterpretation oder für sich genommen – zweifelhaft ist (wenn etwa die zwei Quellen des Wissens begrifflich distinkt, aber untrennbar sind), dann muss die Unterscheidung zwischen allgemeiner und transzendentaler Logik, die ja auf dieser Vorstellung eines Gegensatzes von »inhaltslos« und »inhaltsvoll« beziehungsweise »von außen mit Inhalt bestückt«, beruht, ebenfalls überdacht werden.[32]

Wenn ich von der Notwendigkeit spreche, den Unterschied von allgemeiner und transzendentaler Logik neu zu denken, meine ich Folgendes: Nichts von dem, was wir bisher über allgemeine Logik

32 Hier sollten wir Michael Wolffs Warnung beherzigen: Ebenso, wie wir Kants Behauptung, die allgemeine Logik habe *keinen* Inhalt, nicht überinterpretieren sollten, sollten wir Hegels positive Behauptung zum logischen Inhalt mit Vorsicht genießen. Die *Wissenschaft der Logik* ist nicht die Philosophie der Natur der Philosophie des Geistes; sie hat nicht ihren Inhalt. Dies ist ein weiterer Grund, sie nicht substanziell, als »Einrichtung des Universums« zu verstehen. Vgl. Michael Wolff, »Hegels Dialektik – eine Methode? Zu Hegels Ansichten von der Form einer philosophischen Wissenschaft«, in: A.F. Koch u. a. (Hg.), *Hegel – 200 Jahre Wissenschaft der Logik*, Hamburg 2014, S. 71-86.

erfahren haben, läuft auf eine Theorie dessen hinaus, was wir heute als eine Theorie logischer Wahrheit oder Falschheit bezeichnen würden. Vielmehr handelt es sich bei ihr – in dem Sinn, den wir mit Blick auf Hegel skizziert hatten – um eine Logik der allgemeinen Verständlichkeit. (Wenn man darin fehlgeht, die »Normen des Denkens« zu erkennen, denkt man nicht in dem Sinne falsch, dass man einen Denkfehler begeht, sondern es handelt sich hier gar nicht um Denken, um keinen Akt des Verständlichmachens. Die Idee von Dingen die »außerhalb« der Grenzen des Denkbaren liegen, ist ein Nicht-Gedanke, ein *sinnloser Gedanke**).[33] Und gerade weil sie dies ist, kann die strikte Unterscheidung zwischen einer primären, inhaltsleeren allgemeinen Logik einerseits und einer apriorischen transzendentalen Logik, den Formen des möglichen Denkens von Objekten, andererseits kaum so streng sein, wie Kant dies darstellen möchte.[34] Zum einen beruht Kants Auffassung, wie gesagt, auf einer recht zweifelhaften strikten Trennung zwischen der Spontaneität des Denkens (als formale Einheit herstellend) und dem in der Sinnlichkeit Gegebenen (als der alleinigen »Quelle des Inhalts«).[35] Sollte dies nicht haltbar sein, und es gibt Grund zu der Annahme, dass selbst Kant von keiner derart strikten Trennung ausging, dann kann auch die Unterscheidung zwischen Formen des Denkens einerseits und Formen des Denkens der Gegenstände andererseits keine Sache strikter Trennung sein.[36] Das Seiende

33 Hier möchte ich Clinton Tolley, »Kant and the Nature of Logical Laws«, in: *Philosophical Topics*, 34 (1/2) (2006), S. 371-407 zustimmen. Mehr zu diesem Punkt findet sich in: Michael Wolff, »Der Begriff des Widerspruchs in der Kritik der reinen Vernunft. Über das Verhältnis von formaler und transzendentaler Logik«, in: B. Tuschling (Hg.), *Probleme der »Kritik der reinen Vernunft*, Berlin 1984, 178-202, hier: S. 186. Bezüglich des bloßen »Anscheins« von Bedeutung siehe Conant, »The Search for Logically Alien Thought«.

34 Wolff merkt dies aus verschiedenen Gründen an (vgl. »Hegels Dialektik«).

35 Hier möchte ich dringend hinzufügen, dass das Ablehnen strenger Trennbarkeit keine Ablehnung der Unterscheidbarkeit ist. Hegel denkt nicht, dass es keine sinnliche Rezeptivität oder Anschauungen gibt. Er glaubt auch nicht, dass es *infima species* oder »Begriffe« von Einzeldingen gibt. Siehe Pippin, »Concept and Intuition: On Distinguishability and Separability«, in: *Hegel-Studien* 40 (2005), S. 25-39.

36 Wolff legt uns nahe, das Verhältnis von formaler und transzendentaler Logik mit Hegel nicht als *»vorgeordnet«*, sondern als *»beigeordnet«* zu denken, und dies scheint vernünftig zu sein. (Vgl. Wolff, »Der Begriff des Widerspruchs in der Kritik der reinen Vernunft«, S. 196.) Weiterhin legt er nahe, dass die allgemein-

im Lichte seiner Verständlichkeit zu betrachten (was Hegel als »die Wissenschaft der Dinge in Gedanken« bezeichnet) bedeutet nicht, es im Lichte irgendeiner spezies-spezifischen, subjektiven Fähigkeit zu betrachten, ebenso wenig wie die Betrachtung wahrheitsfunktionaler Beziehungen zwischen Sätzen einer Logik eine Betrachtung dessen ist, wie wir zufällig mit Sätzen umgehen. Zu sein *heißt,* verstehbar zu sein; dies ist das Grundprinzip der griechischen Metaphysik und der Philosophie selbst.

Die folgende Äußerung, die sich bei Kant findet, ist eine jener Formulierungen, die direkt dem zuwiderlaufen, was Hegel für die allgemeine und fehlgeleitete Tendenz der *Kritik* hält, Begriffe als subjektive Klassifikationen anzusehen, die wir auf einen von außen gegebenen Inhalt anwenden – was die Frage erforderlich macht, ob Begriffe im konkreten Fall wirklich »passend« sind und ob die nicht-abgeleiteten Klassifikationen unserer begrifflichen Vermögen mit einem solchen Inhalt zusammenhängen, ihm berechtigterweise »auferlegt« werden können.[37] (Ich behaupte nicht, dass dieses Bild einer Auferlegung Kants Bild ist, sondern dass Hegel sich in seinen kritischen Momenten auf Textstellen stützt, die im Sinne dieses Bildes verstanden werden können – wie es Generationen von Interpreten getan haben –, und Textstellen wie die folgende nicht in Augenschein nimmt.) Gemäß dieser nun folgenden Formulierung, gibt es nur solchen Inhalt, der durch die logische Form des Urteils konstituiert wird. Folglich findet auch keine strenge Trennung von allgemeiner und transzendentaler Logik statt.

Dieselbe Funktion, welche den verschiedenen Vorstellungen *in einem Urteile* Einheit gibt, die gibt auch der bloßen Synthesis verschiedener Vorstellungen *in einer Anschauung* Einheit, welche, allgemein ausgedruckt, der reine Verstandesbegriff heißt. Derselbe Verstand also, und zwar durch eben dieselben Handlungen, wodurch er in Begriffen, vermittelst der analytischen Einheit, die logische Form eines Urteils zu Stande brachte, bringt auch, vermittelst der synthetischen Einheit des Mannigfaltigen in der Anschauung überhaupt, in seine Vorstellungen einen transzendentalen Inhalt,

logische Fassung des »Satzes vom Widerspruch« zur Folge hat, dass dieser keine unbedingte, sondern nur bedingte Geltung hat.

37 Hegel selbst, in seinen Jenaer Jahren, klingt zuweilen so, besonders in *Glauben und Wissen*. Bezüglich einer Darstellung der Unterschiede zwischen seiner reifen und seiner frühen Auffassung siehe Béatrice Longuenesse, *Hegel's Critique of Metaphysics*, Cambrigde 2007, S. 192-238.

weswegen sie reine Verstandesbegriffe heißen, die a priori auf Objekte gehen, welches die allgemeine Logik nicht leisten kann.[38]

Es ist nicht leicht zu verstehen, was genau Kant meint, wenn er sagt, »bringt vermittelst der synthetischen Einheit des Mannigfaltigen in der Anschauung überhaupt in seine Vorstellungen einen transzendentalen Inhalt«, doch im weitesten Sinn trifft Kants Aussage sicherlich zu. Die universale beziehungsweise allgemeine Logik kann nicht bestimmen, *welche* Prädikate zu *welchen* Subjekten gehören und welche Ereignisse notwendig auf welche Ereignisse folgen. Wir können nicht bestimmen, welche wirklichen, konkreten »synthetischen Einheiten« es gibt, einfach indem wir einige von ihnen denken. Aber wenn wir den Ausdruck »dieselbe Funktion« ernst nehmen, dann spezifizieren die Spezifikationen der logischen Formen der Einheit in einem Urteil *genau dadurch* dasjenige, was Kant hier, auf leicht rätselhafte Weise, als »transzendentalen Inhalt« bezeichnet. Diese Textstelle bringt uns sehr nah an Formulierungen heran, die sich häufig in Hegels *Logik* finden und denen gemäß der Begriff sich selbst seine eigene Wirklichkeit gibt. Kants Passage über »dieselbe Funktion« könnte sogar als eine Anmerkung zu dieser Behauptung gelesen werden.[39]

Dies bedeutet natürlich nicht, dass wir nicht trotzdem eine formale Logik, beispielsweise im Sinne von Formen der angemessenen logischen Inferenz, konzipieren können, die angereichert durch entsprechende variable Werte auch valide Ergebnisse liefert.[40] Es heißt nur, dass die Verknüpfung zwischen solchen inferenziellen und begrifflichen Formen sowie Formen des Denkens von Gegenständen eine sehr innige und apriorische Verknüpfung ist. (Kant interessiert sich für diese Verknüpfung, aber beschränkt sich auf einen Parallelismus der Tafel der logischen Funktionen zu urteilen

38 Kant, *KrV*, A79/B105.

39 Vgl. Hegels Anmerkungen dazu in der *Wissenschaft der Logik I*, S. 36 und S. 38/39 sowie *Enzyklopädie*, § 41, Zusatz 2. Der Unterschied zu Kant wird am deutlichsten in § 24 der Enzyklopädie, wo Hegel sagt, dass das Verhältnis von Begriff, Urteil und Syllogismus zu Themen wie Kausalität nur *innerhalb* der Logik hergestellt werden kann und folglich nicht durch die Verknüpfung einer transzendentalen Ästhetik mit einer transzendentalen Logik. Man kann auch bemerken, dass Kant selbst uns auf recht hegelsche Weise erklärt, was ein Objekt ist: Ein »Objekt aber ist das, in dessen Begriff das Mannigfaltige einer gegebenen Anschauung vereinigt ist« (*KrV*, B137).

40 Vgl. Wolff, »Hegels Dialektik«.

und der Tafel der Kategorien. Um den früheren Punkt noch einmal zu wiederholen: Die schiere Tatsache, dass es solch einen Parallelismus gibt – warum sollte er bestehen? –, deutet bereits auf eine tiefer gehende Verknüpfung hin.) Diese tiefere Verknüpfung bedeutet, dass solche Formen mögliche Formen wohlgeformter Urteile und angemessener Inferenzen sind *und zugleich* Formen des Denkens von Gegenständen, von Gegenständen, die als verstehbar aufgefasst werden. Diese letzteren Formen konstituieren alles das, was Gegenstände sein können; sie sind die Formen der Gegenstände, und zwar ohne Kants Einschränkung »nur für uns«, denn er beruft sich in seiner Formulierung dieser Behauptung nicht auf nichtbegriffliche Formen der Sinnlichkeit.

Kant scheint sich mit zwei einander ausschließenden Alternativen konfrontiert zu sehen. Entweder haben Begriffe – als Begriffe – Gegenstände oder ihre Gegenstände werden ihnen von außen gegeben. Hegel stellt eine dritte Alternative in Aussicht: Eine strenge Trennung von Begriff und anschaulich aufgefasstem Gegenstand ist unmöglich, und daher ist Kants Berufung auf die Form des Außerbegrifflichen als eines weiteren, beitragenden Faktors irreführend und überflüssig. Hegel stimmt folgender Aussage Kants also zu und verneint lediglich, Kant müsse außerdem noch beweisen, dass es ein solches Mannigfaltiges geben muss:

> Die reinen Kategorien sind aber nichts anders als Vorstellungen der Dinge überhaupt, so fern das Mannigfaltige ihrer Anschauung durch eine oder andere dieser logischen Funktionen gedacht werden muß [...].[41]

(Mary Tiles bemerkt zu Recht, dass »Kategorien *die Begriffe sind, die Gegenstände auf diese Weise rahmen*«, und dass sie dies leisten, ohne auf außer-begriffliche Formen der Sinnlichkeit angewiesen zu sein.)[42]

Im Gegensatz dazu scheint es Kants Ansicht zu sein, dass, erstens, alle Akte des Denkens, alle Vorstellungen einen intensionalen Inhalt haben, sodass es möglich ist, reine Akte des Denkens nicht nur im Sinne eines intensionalen Inhalts zu denken (also

41 Kant, *KrV*, A245.

42 Vgl., Tiles, »Kant«, S. 109 (Hervorhebung R.P.). Man beachte auch ihren interessanten Vorschlag, dass eine so verstandene transzendentale Logik die »Eingrenzung von Bereichen möglicher Interpretation als innerhalb ihres Aufgabenbereichs liegend« werten könnte (ebd.).

als Träger *logischen Inhalts*, wie etwa der Subjekt-Prädikat-Form) sondern auch im Sinne realen, objektiven, extensionalen Inhalts (Substanzen und Eigenschaften). Wir können daher »Kategorien« formen. Laut Hegel befinden wir uns damit bereits im Herzen der spekulativen Philosophie. Aber da unsere Erfahrung nach Kant von nicht-begrifflichen Formen der Anschauung abhängt, haben wir es hier nur mit *angenommenen* Kategorien zu tun. Wir können nicht ohne weiteres Zutun wissen, dass oder wie solch »transzendentaler Inhalt« den so geformten Inhalt bestimmt. (Aufgrund des unabhängigen Status der reinen Formen der Anschauung soll es keine Garantie geben können, dass sinnliche Gegenstände *tatsächlich* mögliche Gegenstände des reinen Verstandes sein können – was immer der diesem Verstand »eigene« Inhalt sein mag.) Das weitere Zutun, das wir (nach dieser traditionellen Kant-Lesart) leisten müssen, ist die transzendentale Deduktion, nach deren Durchführung wir angeblich wissen, dass es in unserer Erfahrung Substanzen, im Sinne eines in der Zeit und durch Veränderungen hindurch Beharrlichen, das solchem Wandel unterliegt und dem Eigenschaften innewohnen, gibt und geben muss. Dies beweist angeblich, dass transzendentaler Inhalt nicht *nur* intensional ist, sondern dass ihm sinnlich aufgefasste Gegenstände korrespondieren. Doch noch einmal: Wenn Kants eigene Andeutungen dahingehend, dass es keine strenge Trennung zwischen Begriff und Anschauung gibt, stimmen, dann liegt einer so verstandenen Strategie ein Missverständnis zugrunde. Dies scheint mir Hegels Behauptung zu sein und es erklärt zum Teil auch die Gestalt der *Wissenschaft der Logik*.[43] Kant glaubt,

43 Siehe die *Prolegomena*, § 9, für klarere Formulierungen des in diesem Lichte betrachteten Themas. Ich danke Clinton Tolley (»Hegel's Development of Kant's Transcendental Logic«, in Kürze erscheinend) für viele dieser Formulierungen. Er verknüpft jedoch das Problem der allgemeinen und der transzendentalen Logik nicht in dieser Weise mit dem Problem von Begriff und Anschauung. Dies macht es schwieriger, die vollständige kantische Position darzustellen, die ich oben zu beschreiben glaube. Außerdem gestattet es dem Kantianer zu antworten, dass – da Hegel dieses Thema vernachlässigt – die unauflösliche Verflechtung von Denken und Inhalt/Gegenstand, die Tolley richtigerweise als im Herzen von Hegels Lehre »der Idee« liegend diagnostiziert, schlicht wie eine Lehre von »*Gedanken-Inhalten*« aussehen könnte, etwas, das uns nicht zur Logik als Metaphysik bringt (es sei denn, die Welt besteht aus abstrakten Dingen, den Wesenheiten, aus jenen abstrakten Gegenständen, die den Inhalt von Subjekt- und Prädikatausdrücken ausmachen, und nicht aus Substanzen und Eigenschaften).

dass wir nicht wissen können, *dass es irgendetwas gibt*, das durch die reinen Kategorien bestimmt ist – zum Beispiel Substanzen. Es bedarf der Deduktion, um dies zu beweisen. Doch da die Formen des Denkens laut Hegel gar nichts anderes tun, als zu bestimmen, was ein Gegenstand *sein kann,* fasst er Kants Frage auf, als frage sie lediglich: ›Wie wissen wir, dass es überhaupt Gegenstände gibt?‹ Diese Frage jedoch ist weder für Kant noch für Hegel von Interesse, da sie von Annahmen abhängt, die beide Denker ablehnen würden.

Das heißt, wenn Hegel zu erklären versucht, was *er* – im Gegensatz zu Kant – tut, indem er »Inhalt in die Logik einführt«, macht er deutlich, dass er weder von der Vielzahl empirischen Inhalts, der angeschauten Mannigfaltigkeit, spricht noch lediglich von gedanklichem Inhalt im Sinne des logischen Gehalts – etwa der Subjekt-Prädikat-Form. Stattdessen sagt er etwas, das zwar näherer Erläuterung bedarf, das aber die eben schon zur Sprache gekommene Idee Tiles' aufruft, dass die Kategorien den »Rahmen« der Bedeutung jeder möglichen Bezugnahme auf Gegenstände bilden.

Mit dieser Einführung des Inhalts in die logische Betrachtung sind es nicht die *Dinge*, sondern die *Sache*, der *Begriff* der Dinge, welcher Gegenstand wird.[44]

Hegel macht dies ein wenig klarer, indem er über den Begriff eines solchen Inhalts sagt:

Dieser [der Begriff] wird nicht sinnlich angeschaut oder vorgestellt; er ist nur Gegenstand, Produkt und Inhalt *des Denkens* und die an und für sich seiende Sache, der Logos, die Vernunft dessen, was ist, die Wahrheit des-

Wir hätten dann eine Wissenschaft dessen, was »für das Denken existiert«, doch dieser Inhalt klingt immer noch nach »Gedanken-Dingen«. Tolley will Kant auf die Unterscheidung zwischen Akt, Inhalt und Gegenstand verpflichten (was ich als eine »Brentano/Husserl«-Lesart von Kant bezeichne), um darauf zu bestehen, dass es einen gewissen *Unterschied des Inhalts* des Gedankens hundert möglicher Taler einerseits und hundert wirklich angeschauter Taler andererseits gibt. Hegel aber kann zugeben, dass es einen Unterschied zwischen dem Vorstellen und dem Haben von hundert Talern gibt, ohne dass eine solche, distinkte anschauungsbezogene Fähigkeit dem *begrifflichen Inhalt* etwas »hinzufügen« müsste. Die Möglichkeit *dieses* Inhaltes ist bereits verwirklicht. In »Hegel's Logic of Essence« lege ich nahe, dass dies eine sellarssche Position ist, die sowohl Kants als auch Hegels Sicht des Form-Inhalt-Verhältnisses zu klären hilft.

44 Hegel, *Wissenschaft der Logik I,* S. 29.

sen, was den Namen der Dinge führt; am wenigsten ist es der Logos, was außerhalb der logischen Wissenschaft gelassen werden soll.[45]

Der Ausdruck »Vernunft dessen, was ist« bedeutet, dass Hegel hier nicht logischen Inhalt meinen kann (wie »Subjektausdruck«, »Disjunktion«, oder »Antezedens«), und dies wird innerhalb der *Wissenschaft der Logik* und der *Enzyklopädie* auch auf andere Weise betont:

Indem Denken als tätig in Beziehung auf Gegenstände genommen wird, das *Nachdenken über* etwas, so enthält das Allgemeine als solches Produkt seiner Tätigkeit den Wert der *Sache*, das *Wesentliche*, das *Innere*, das *Wahre*.[46]

Erneut müssen wir ein besonderes Augenmerk auf folgende Formulierungen legen: Der Begriff muss als das »Produkt des Denkens«, als »das Produkt seiner Tätigkeit« verstanden werden. Es lässt sich von Begriffen nicht sagen, dass sie an sich aufgefasst werden, dass sie einen Inhalt besitzen, der schlichtweg erfasst wird. Hegel sagt, alle Entwicklung in der *Phänomenologie* und der *Logik* »beruht allein, wie die Entwicklung alles natürlichen und geistigen Lebens, auf der Natur der *reinen Wesenheiten*, die den Inhalt der Logik ausmachen«.[47] In § 20 der *Enzyklopädie* bespricht Hegel nochmals die Rede des »Produkts« und gibt an, das Thema der Logik sei das Denken, verstanden als Tätigkeit, was bedeutet, dass es, das Denken, das »tätige Allgemeine« beziehungsweise das »sich betätigende« Allgemeine ist, da die Tat oder das Hervorgebrachte das Allgemeine ist. Anschließend fährt er fort, dies ausführlich von einem psychologischen Begriff des Denkens als einer geistigen Tätigkeit zu unterscheiden.

Diese Formulierungen können nur im Lichte der *Begriffslogik* vollständig verstanden werden, jedoch machen sie uns auch mit einigen Aspekten von Hegels Idealismus vertraut, die wir im Hinterkopf behalten sollten. Wie diejenigen Interpreten oftmals betonen,

45 Ebd., S. 30. Vgl. auch S. 43-44: »Dieses objektive Denken ist denn der *Inhalt* der reinen Wissenschaft. Sie ist daher so wenig formell, sie entbehrt so wenig der Materie zu einer wirklichen und wahren Erkenntnis, daß ihr Inhalt vielmehr allein das absolute Wahre oder, wenn man sich noch des Worts Materie bedienen wollte, die wahrhafte Materie ist – eine Materie aber, der die Form nicht ein Äußerliches ist, da diese Materie vielmehr der reine Gedanke, somit die absolute Form selbst ist.«

46 Hegel, *Enzyklopädie I,* § 21.

47 Hegel, *Wissenschaft der Logik I,* S. 17.

die sich gegen eine Lesart von Hegel im Sinne Klaus Hartmanns[48] wenden, der ihn als Kategorientheoretiker bezeichnete, zielt Hegels Logik auf *Wahrheit* im so genannten »ontologischen Sinn«.[49] Hegel interessiert sich für das, was wirklich ist, für das, was es »in Wahrheit« gibt, was »wahrhaftes Sein« ist, und nicht dafür, worauf wir in unserem Verstehen der endlichen, empirischen Welt allgemein festgelegt sind. Und was es laut Hegel in Wahrheit gibt, das heißt, was »das Absolute« ist, ist die Idee, verstanden als Einheit von Begriff und Realität beziehungsweise als wahre Wirklichkeit. Endliche existierende Objekte gelten nicht als das, was es in Wahrheit gibt, da sie nicht vollkommen mit ihrem Begriff übereinstimmen. Um Hegels eigenes Beispiel aus der *Philosophischen Propädeutik* zu verwenden: Ein »schlechtes« Haus ist seinem Begriff nicht angemessen, aber zugleich ist es dies doch, denn sonst wäre es kein Haus. In diesem Sinne gilt, dass das Haus sowohl mit sich identisch ist, dass es ist, was es ist, als auch nicht mit sich identisch ist, nicht ist, was es ist – es existiert als eine Art Widerspruch.[50] (Wie Theunissen herausstellt, ist dies bereits als Anzeichen dafür zu werten, dass Hegels berühmter Begriff des Widerspruchs nicht Aristoteles' Gesetz vom ausgeschlossenen Widerspruch verletzt.)[51] Diese Idee einer wahren Realität, die im Begriff eines jeden Gegenstands liegt, der Umstand, dass jeder endliche Begriff, eben aufgrund seiner Endlichkeit, kein vollkommener Ausdruck des Begrifflichen selbst ist, sowie auch die Idee, dass die ultimative Wirklichkeit, das wirklich Wirkliche, die Wirklichkeit der Begriffe in der Idee beziehungsweise der Begriff der Begriffe ist, scheint darauf hinzudeuten, dass wir es im Falle Hegels mit einem Platonismus zu tun haben, der »Grade des Wirklichen« annimmt.

Diese Lesart würde jedoch Hegels ständigen Verweisen auf die Subjektivität, auf das tätige Allgemeine, auf Taten und das Hervor-

48 Klaus Hartmann (Hg.), *Die ontologische Option: Studien zu Hegels Propädeutik, Schellings Hegel-Kritik, und Hegels Phänomenologie des Geistes*, Berlin, New York, 1976.

49 Rolf-Peter Horstmann, *Ontologie und Relationen. Hegel, Bradley, Russell und die Kontroverse über interne und externe Beziehungen*, Königstein/Ts. 1984, S. 45.

50 Michael Theunissen, *Sein und Schein: die kritische Funktion der Hegelschen Logik*, Frankfurt/M. 1978, S. 348.

51 Der Sinn, in dem ein Mann kein Mann ist (nicht vollständig beziehungsweise vollkommen das, was ein Mann ist), ist nicht derselbe Sinn, in dem er ein Mann ist (das Individuum kann unter diesen Begriff subsumiert werden). (Vgl. ebd.) In Kapitel vier bespreche ich dies ausführlicher.

gebrachte nicht gerecht. Begriffe sollen Momente desjenigen Prozesses sein, in dem das Denken versucht, seine eigene Möglichkeit (die Möglichkeit des Denkens dessen, was der Fall ist) zu bestimmen, und nicht etwa wahrgenommene Realitäten, eidetische Dinge. Der Punkt dessen, dass Hegel der endlichen, empirischen Realität das Gütesiegel einer wahren Wirklichkeit verweigert, besteht nicht darin zu behaupten, ihr »eigne« ein im traditionellen Sinne geringerer Grad an Realität. Der Punkt ist vielmehr, dass endliche Gegenstände, *im Lichte ihrer Endlichkeit betrachtet,* niemals die Möglichkeit ihrer eigenen Verständlichkeit offenbaren können. Ein empirisches Hinsehen auf endliche Details wird uns lediglich eine Anzahl von Eigenschaften beziehungsweise eine Sukzession von Ereignissen, bloße Assoziationen, bescheren, jedoch nichts, was uns dem Grund der Möglichkeit selbst, der Identifikation solcher bestimmten Eigenschaften und Ereignisse näherbringen kann. Dafür müssten wir solche endlichen Gegenstände im Lichte der Begriffe verstehen, die für ihr verständliches Erfassen und Erklären nötig sind, und das werden wir niemals mittels empirischer Beobachtungen erreichen, und – vor dem Hintergrund von Hegels Angriff auf sämtliche Gestalten der Unmittelbarkeit – auch nicht mittels intellektueller Anschauung. Dieser Prozess, im Zuge dessen das Denken seine eigene Möglichkeit bestimmt, mag immer noch recht vage sein und ist es auch, und die Isolierung und Identifikation der *notwendigen* Momente solcher Selbstbestimmung legt großes Gewicht auf diesen Begriff der *Notwendigkeit* (so auch auf den Prozess der inneren Selbst-Negation, durch den diese Momente identifiziert werden), doch diese Probleme führen zu eben der Aufgabe, mit der Hegels Ansatz uns konfrontiert. Diese Lesart erlaubt es uns außerdem einen Sinn zu sehen, in dem Hegels Ansatz Kants Idee einer apriorischen Spezifikation von Inhalt allein durch das »Denken« nahesteht, wobei Hegel allerdings ohne Kants distinkte, abtrennbare Formen der Rezeptivität auskommt sowie auch ohne jede Berufung auf einen anschauenden Verstand, der alles, was er denkt, durch bloßes Denken »erschafft«. Und dies soll uns für den Moment genügen. Natürlich ist es eine entscheidende Frage, worum es sich bei den besagten »Wesenheiten« handelt, doch die oben erwähnte Reihe logischer Kategorien verschafft uns eine vage Vorstellung.[52]

52 Wie bei Aristoteles wird es dann möglich sein zuzugeben, dass viele existierende Dinge nicht wirkliche, wahre Seiende sind, da sie keine wahren Einheiten sind,

IV.

Normalerweise wird die *Wissenschaft der Logik* nicht so verstanden, als ginge es ihr darum, die Möglichkeit des Sinns in einer Weise verständlich zu machen, die zugleich als eine Weise zählt, Gegenstände verständlich zu machen. Wie ich bereits gesagt habe, stellt dies eine Möglichkeit dar, Kants Auffassung des Verhältnisses von allgemeiner und transzendentaler Logik beziehungsweise die metaphysische Deduktion zu verstehen. Eine transzendentale Logik wird hier nicht als eine Behauptung erster Ordnung über Gegenstände verstanden, sondern – in diesem Lichte betrachtet – als Ansatz zu einem Verständnis jeder möglichen Weise, in der wir uns Dinge verständlich machen können. Dies ist keine Behauptung die sprachliche Bedeutung betreffend, sondern die Verständlichkeit selbst; sie betrifft unsere Möglichkeiten des Verständlichmachens. Eine Welt, in der es nichts als Eigenschaften gibt oder in der kein Ereignis notwendig mit einem anderen verknüpft ist, wäre keine in diesem Sinne verständliche Welt.[53] Für einige grenzt auch das noch an eine Art von Idealismus. (Es ist der Ausdruck »unsere« in der gerade formulierten Aussage enthalten.)

wie etwa Artefakte und Lebewesen. Wilfrid Sellars zum Beispiel stellt sich einen Bildhauer vor, der auf die Frage, was in der Ecke steht, reagiert und sagt: »Das ist nichts. Nur ein Stück Marmor.« Wie Sellars sagt, gilt für Aristoteles: »[S]olange etwas kein Artefakt oder ein Lebewesen ist, ist es kein (veränderliches) Seiendes, sondern bestenfalls Material für Seiendes« (*Philosophical Perspectives*, Springfield 1967, S. 78). Hegel würde dies nicht so ausdrücken. Was bei Aristoteles die Rolle genuiner Einheit spielt, ist bei Hegel die begriffliche Artikulierbarkeit, und bei Hegel findet sich die These von ›Graden der Wirklichkeit‹ in einem ausreichenden Maße, um zu sehen, warum er sagen sollte, dass selbstbewusste Subjektivität den Gipfel, den Höhepunkt des Prozesses der begrifflichen Artikulation markiert.

53 Dies nun mag wie eine seltsame Assoziation anmuten, doch eine gebührende Beachtung der Einwände Strawsons gegen Kants »subjektiven« Idealismus in *Die Grenzen des Sinns* sowie auch dessen, was Strawson als die Nachfolge des Kantianismus präsentiert, kann uns einen interessanten Hegelianismus offenbaren (siehe: Peter F. Strawson, *Die Grenzen des Sinns*, Königstein/Ts. 1992). Dazu müssen wir lediglich betonen, dass rein gar nichts »jenseits der Grenzen des Sinns« liegt. In diese Richtung tendieren auch John McDowells Aufsätze der Abschnitte II und III in: *Die Welt im Blick*, Berlin 2015, sowie seine Idee einer »Ungebundenheit des Begrifflichen«. (Ich übergehe hier Positionen wie die von David Lewis: dass das, was wir *in der Tat* haben, eine solche Welt, eine Fülle von Eigenschaften, ist.)

Dieser Ansatz eröffnet eine Sichtweise auf Hegel, wonach er – statt sich auf eine rein sinnliche Mannigfaltigkeit, auf die Annahme abtrennbarer Formen der Anschauung, berufen zu müssen – das Problem einer möglichen Bestimmtheit von Inhalt zu hinterfragen beginnt, indem er mit der bloßen Möglichkeit des Denkens von etwas überhaupt, mit dem Denken, dem Sein, beginnt. Doch insofern Hegel an der Annahme festhält, dass das Urteil, der Akt des Aussagens, die primäre Einheit der Verständlichkeit bildet, glaubt er nicht, dass wir den Begriff so zur Anwendung bringen, dass wir einen Inhalt erfassen. Das Denken des Seins erfordert, was alles Denken erfordert: einen Akt der Bestimmung. Doch eine solche Bestimmung ist genau das, was die bloße Nominalisierung der Kopula nicht leisten kann. Mit diesem negativen Ergebnis haben wir etwas Positives erreicht: Wir sind am Beginn des restlichen Weges der *Wissenschaft der Logik* angelangt.

Aus dem Amerikanischen von
Carolin Böse-Sprenger und Sebastian Stein

8.
Die Logik der Negation bei Hegel

I. Das Problem

Hegel neigt dazu, einige ungewöhnliche Bemerkungen zu dem Begriff zu machen, den er manchmal als »Negation«, manchmal als »Negativität« und manchmal als »das Negative« bezeichnet. Wie er diesbezüglich verstanden wurde, ist zur Quelle der vernichtendsten Kritik seines gesamten philosophischen Unternehmens geworden. So heißt es, er verwechsle logische Negation mit wirklicher Entgegensetzung in der Welt; er glaube, alles in der Welt Existierende sei selbstwidersprüchlich und dass man somit im Falle widersprüchlicher Urteilspaare beide widersprechenden Urteile akzeptieren könne; oder einfach, seine Aussagen zu Negation und Widersprüchlichkeit könnten nicht auf kohärente Weise verstanden werden. Auch muss jeder Hegel-Interpret der Tatsache ins Auge blicken, dass Hegel den Begriff der Negation in vielen verschiedenen Kontexten auf verschiedene Weise verwendet hat. Wir müssen daher zunächst diese zahlreichen Kontexte in den Blick bekommen, bevor wir verstehen können, was ihnen gemeinsam ist (falls überhaupt Gemeinsamkeiten bestehen). Im Folgenden möchte ich einen solchen groben Überblick geben und den Grundstein zu einer Interpretation der Logik der Negation in der *Wissenschaft der Logik* legen.

Die wichtigsten Bedeutungen, in denen von Negation gesprochen wird, sind die folgenden. Zum einen findet sich die Aussage, das *Denken selbst* solle als »negierende« Tätigkeit verstanden werden. Dies soll zweierlei bedeuten. Erstens bezieht es sich auf die vermeintlich »negative« Dimension des Urteilsaktes selbst; zweitens hängt es mit der Frage zusammen, warum Hegel denkt, dass jeder einzelne Akt des Bestimmens (oder der Prädikation) selbst als eine Art des Negierens verstanden werden sollte. Es ist freilich nicht sogleich klar, was das Aussagen dessen, dass *S P ist,* mit irgendeiner dieser beiden Bedeutungen von Negation zu tun haben könnte. Die zweite Bedeutung ist vertrauter: warum und wie der bestimmte Inhalt eines Begriffs primär im Lichte von *Kontrasten* verständlich ist, das heißt in seinem negativen Verhältnis zu und somit in Abhängigkeit von dem, was er nicht ist. (In der *Seinslogik*, in der dies das operative Verständnis der spekulativen Negation ist, ist das ein Kontrast zwischen Gegenteilen – zwischen Quadrat und Nicht-Quadrat oder Kreis und nicht einfach zwischen allem, was »nicht quadratisch« ist.) Auf den ersten Blick ist auch dies eine schwierige Angelegenheit: Warum sollte etwa das *S-Sein von S, und also der Umstand, dass es nicht nicht-S ist*, irgendetwas mit Entgegensetzung oder Dialektik zu tun haben? Und schließlich gibt es da auch noch das verwickelte Problem des Widerspruchs.

II. Denken als Negieren

Bereits in der Jenaer *Phänomenologie* spricht Hegel von der »ungeheure[n] Macht des Negativen« und identifiziert diese dort schlicht mit der »Energie des Denkens, des reinen Ichs«.[1] In der ersten Ausgabe der *Wissenschaft der Logik,* in einer Anmerkung, die Hegel in der überarbeiteten Version von 1831 streicht, bezeichnet er die Negation als »das wahrhaft Reale und Ansichseyn« und schreibt, Negativität sei die »abstracte Grundlage aller philosophischen Ideen, und des speculativen Denkens überhaupt«. Erst in unserer Zeit, der »neuere[n] Zeit«, so Hegel, hätten wir begonnen, dies zu verstehen.[2] In einem Kommentar zu diesem »neueren« Verständnis, den Hegel im letzten Band der *Logik* formuliert, ist er gleichermaßen bemüht, die überragende Wichtigkeit dieses Verständnisses herauszustellen, wie er schwer verständlich ist:

> Die betrachtete Negativität macht nun den *Wendungspunkt* der Bewegung des Begriffes aus. Sie ist der *einfache Punkt der negativen Beziehung* auf sich, der innerste Quell aller Tätigkeit, lebendiger und geistiger Selbstbewegung, die dialektische Seele, die alles Wahre an ihm selbst hat, durch die es allein Wahres ist; denn auf dieser Subjektivität allein ruht das Aufheben des Gegensatzes zwischen Begriff und Realität und die Einheit, welche die Wahrheit ist.[3]

Ein bestimmter Aspekt dessen, worauf Hegel hinauswill, insbesondere seine Bestimmung der Negativität als »der Energie des

1 G.W.F. Hegel, *Phänomenologie des Geistes, Werke*, Bd. 3, Frankfurt/M. 1986, S. 36.
2 Ebd., S. 37.
3 G.W.F. Hegel, *Wissenschaft der Logik II, Werke,* Bd. 6, Frankfurt/M. 1986, S. 563.

Denkens, des reinen Ichs«, und sein augenfälliger Verweis auf die »Subjektivität«, ist innerhalb der gesamten *Logik* von Bedeutung.[4] In anderen Zusammenhängen wird deutlich, dass er sich auf den apperzeptiven Charakter des Urteilens als auf dasjenige bezieht, was dafür sorgt, dass der Urteilsakt selbst den Status sowohl eines inhärent »Negativen« als auch Positiven hat.[5] Urteilen *ist* auch das Bewusstsein des Urteilens; Handeln *ist* das Bewusstsein des Handelns. Urteilen ist kein geistiges Ereignis, das schlicht stattfindet; *ich* urteile; und ich urteile in dem Bewusstsein, dass ich urteile. Handeln ist keine bloße körperliche Bewegung; *ich* handele; und ich handele in dem Bewusstsein, dass ich eine bestimmte körperliche Bewegung initiiere. In jedem Fall gibt es nur *einen* Akt und nicht zwei.[6] In der *Wissenschaft der Logik* möchte Hegel das Problem des ontologischen Status der »Negativität«, des Nichtseins, dessen, was *nicht* die Fülle oder Gegenwart des »positiven Seins« ist, als ein »logisches« und nicht »phänomenologisches« Problem behandeln. Doch sind dies immer noch verschiedene Weisen der Behandlung desselben Themas. Am einfachsten gesagt, sprechen wir sowohl über die logische Struktur des (apperzeptiven) intentionalen Bewusstseins als auch über den ontologischen Status der Agentschaft selbst. Was es heißt, zu behaupten, dass die Verständlichkeit eines jeden Bewusstseinsinhalts, aus Hegels (kantischer und post-kantischer) Perspektive, kein allein »*positives*« Phänomen ist, lässt sich am besten anhand einer Entgegensetzung verstehen: Wenn es so wäre (»allein positiv«), wäre die Subjektivität so etwas wie ein bloßer komplexer Registrierungs- und Reaktionsapparat (mit dem ontologischen Status eines Thermometers).[7] Das heißt, betrachten wir die Sache nun »logisch«, und das heißt, nicht als Problem des sinnlichen beziehungsweise erfahrenden Bewusstseins

4 Vgl. G.W.F. Hegel, *Enzyklopädie der philosophischen Wissenschaften I, Werke*, Bd. 8, Frankfurt/M. 1986, § 45, S. 121-123; *Wissenschaft der Logik I, Werke*, Bd. 5, Frankfurt/M. 1986, S. 174; *Wissenschaft der Logik II*, S. 253 (»Der Begriff, insofern er zu einer solchen *Existenz* gediehen ist, welche selbst frei ist, ist nichts anderes als *Ich* oder das reine Selbstbewußtsein.«); sowie ebd., S. 254-255, die deutlichste Passage.

5 Vgl. dazu die Passage der *Berliner Phänomenologie* auf S. 195.

6 Vgl. Sebastian Rödl, *Selbstbewusstsein*, Frankfurt/M. 2011, sowie meinen Aufsatz: »The Significance of Self-Consciousness in Idealist Logic«, in: *Proceedings of the Aristotelian Society*, Vol. 114 (2014), S. 145-166.

7 Ein Beispiel für so einen »Positivismus« finden wir in Quines Auffassung, ebenso auch in jedem szientistischen, erkenntnistheoretischen Naturalismus.

selbst, sondern als eine wahrnehmungsbasierte *Behauptung* – ein empirisches Urteil über die Welt (»Dort liegt ein rotes Buch auf dem Tisch.«) –, so lautet der Gedanke, dass es keine derartige Behauptung geben könnte, wenn sie lediglich einer Wahrnehmungsepisode des Subjekts abgerungen wäre.[8] Man geht »nicht« einfach vollkommen in der Gegenwart der Welt auf, verhält sich »nicht« gänzlich und rein reaktiv gegenüber den Stimuli der Sinnlichkeit. Und dieses »*nicht*« ist der Anfang (aber sicherlich nicht das Ende) aller logischen Belange der Negation, die in Hegels Philosophie auftreten – sowohl auf der phänomenologischen als auch auf der logischen Ebene. Mit jedem derartigen Urteil »negiere« ich die reine Unmittelbarkeit beziehungsweise bloße Gegebenheit sinnlichen Gehalts, das heißt, ich negiere sie *als* unmittelbar und vermeintlich gegeben und beziehe gewissermaßen Position in Bezug auf das, was es gibt, was der Fall ist.[9] Was Denken ist, *ist* diese »Negation«. (Man könnte sagen: Man *nimmt* einen Standpunkt ein, anstatt in einen Zustand *versetzt* zu werden.) Und da jedes Denken sich letztlich als ein bloßes ›Scheinen, dass etwas der Fall ist‹, erweisen könnte, ist diese Möglichkeit konstitutiv dafür, dass es sich bei einem Akt allererst um ein Urteilen handelt. Dass Urteilen als solches, intern, gemäß seiner Natur als Urteilen, potenziell selbst-negierend ist, anstatt schlicht anders bestimmt zu sein, bedeutet nicht, dass ein Urteil einfach auf unbestimmte Weise »anders« ist als ein rein positiver Reaktionsmechanismus. Die Möglichkeit solcher Selbstnegation ist konstitutiv für seine Möglichkeit als Urteil.

Dies heißt natürlich nicht, dass jedes Urteil eine Einschränkung enthält, deren man sich bewusst ist – als wäre die wahre, logische Form eines jeden Urteils das geradezu lächerlich zögerliche »Ich behaupte p, doch, soweit ich weiß, könnte ich auch falsch liegen«. Das konstitutive Merkmal, dessen man sich in einer philosophi-

8 Da die Wahrnehmung sowohl für Kant als auch für Hegel Begriffe einschließt, muss sie auch als apperzeptiv verstanden werden, aber auf ihre ganz eigene Weise. Die zwei Weisen der Verwirklichung begrifflicher Fähigkeiten sind unterschiedlich, wenn auch verknüpft, aber es bedürfte einer längeren Untersuchung, um auseinanderzusetzen, wie es sich mit diesen Unterschieden und Zusammenhängen verhält. Vgl. John McDowell, *Die Welt im Blick*, Berlin 2015, und Robert B. Pippin, »Concept and Intuition: On Distinguishability and Separability«, in *Hegel-Studien* 40 (2005), S. 25-39.

9 Vgl. Hegel, *Enzyklopädie I*, § 12, S. 55-58.

schen Logik bewusst ist, besteht in dem Umstand, dass Urteile potenziell auf Gründe und Revisionen antworten, und zwar *einfach als Urteile*. Die Tatsache, dass sie falsch eingeordnet werden, wenn sie als »gänzlich positiv« behandelt oder etwa als rein geistige Ereignisse angesehen werden, bedeutet nicht, dass sie stattdessen in einem bestimmten »Bereich« des Nicht-Seins »angesiedelt sind«. Es bedeutet einfach, dass zu behaupten, etwas sei der Fall, keine Behauptung wäre, wenn diese nicht *immer schon*, in ihrer bloßen Existenz, möglicher Revision unterläge. Es ist dies der Sinn von »nicht gänzlich positiv«, den Hegel zum Ausdruck zu bringen versucht.

In einer Passage der *Berliner Phänomenologie* (dem *Phänomenologie*-Abschnitt der *Berliner Enzyklopädie*) wird der Zusammenhang zwischen dem phänomenologischen Punkt und der logischen Struktur des Urteils deutlich, wenn auch die genaue Bedeutung dieses Zusammenhangs noch unklar bleibt:

Ich ist nun diese Subjektivität, diese unendliche Beziehung auf sich, aber darin liegt, nämlich in dieser Subjektivität, die negative Beziehung auf sich, die Diremtion, das Unterscheiden, das Urtheil. *Ich urtheilt, dieß macht dasselbe zum Bewußtsein*, stößt sich von sich ab, dieß ist eine logische Bestimmung.[10]

Insofern ich ein praktisches handelndes Subjekt bin, reagiere ich nicht nur kausal auf Neigungen und Begierden; auch hier gibt es keine »Fülle des positiven Seins«. Vielmehr störe beziehungsweise negiere ich das rein positive Sein (das, was ich zu tun geneigt bin beziehungsweise was ich als etwas erfahre, das ich tun will), indem ich überlege und bestimme, was ich tun soll. Keine Neigung kann je als ein Handlungsgrund gelten, es sei denn, sie wird in eine Maxime integriert, als Teil eines allgemeinen Grundsatzes, den man

10 G.W.F. Hegel, *The Berlin Phenomenology*, hg. v. M.J. Petry, Berlin 1981, S. 2. Dies ist Hegels Weise, den Punkt zu machen, den er für Fichtes Punkt hält. Um mehr über sein Verhältnis zu Fichte und dieses Thema zu erfahren, vgl. mein »Fichte's Alleged One-Sided, Subjective, Psychological Idealism«, in: Sally Sedgwick (Hg.), *The Reception of Kant's Critical Philosophy. Fichte, Schelling and Hegel*, Cambridge 2000, S. 147-170, sowie »Zurück zu Hegel?« in diesem Band, S. 403-436. In seinen *Vorlesungen über die Geschichte der Philosophie* sagt Hegel, dass das Wesentliche im Denken ist, dass es »von der Negation abhängt« (zitiert nach: Peter Rohs, *Form und Grund. Interpretation eines Kapitels der Hegelschen Wissenschaft der Logik*, Bonn 1982, S. 38).

für Handlungen dieser Art hat. (Oft handelt es sich hierbei um einen recht impliziten »Grundsatz«, der vielleicht nie als solcher bewusst ist, über den das Subjekt aber trotzdem verfügt und der sich in dem manifestiert, was das Subjekt tut.) Wenn also Hegel uns in der Vorrede zur *Phänomenologie des Geistes* daran erinnert, dass wir die »Substanz« »auch als Subjekt« denken müssen, dann will er uns nicht dazu anhalten, dass wir das Subjekt bloß als Attribut der Substanz oder als eine Erscheinung dessen, was im Grunde Substanz bleibt, oder als ein Epiphänomen der Substanz zu denken. Der ganze Witz des spekulativen Idealismus besteht vielmehr darin, die *Substanz* als *Nicht*-nur-Substanz (nicht also als das, was ich »die Fülle des positiven Seins« genannt habe) zu denken, das heißt als die Negation der *bloßen* Substanz als solcher; und außerdem das Subjekt als Substanz zu denken, als etwas, das Nicht-nur-Subjekt ist (das wäre Fichtes Vorschlag). Dies ist sehr viel verlangt. Die nächstliegende erste und allgemeine Annäherung an das, was Hegel sagen will, ist aristotelisch: Subjektivität (Denken und Handeln im Einklang mit Normen) ist das typische Am-Werk-Sein (*energeia*, hegelsche *Wirklichkeit**) derjenigen biologischen Lebensform, welche die menschliche, auf Gründe ansprechbare Substanz ist. Dies entspricht dem Sinn, in dem Aristoteles sagt: Wenn das Auge der Leib ist, dann ist das *Sehen* seine Form, das heißt, dies ist seine besondere Weise, am Werk zu sein. Dieses Am-Werk-Sein nun wäre vollkommen missverstanden, verstünde man es so, als verpflichte es zu der Annahme einer besonderen, etwa immateriellen Substanz. Und genauso sollten wir auch jenes Am-Werk-Sein betrachten, das Hegel »Subjekt« nennt. Doch das ist nur ein Teil des Weges und wir müssen uns nun den Einzelheiten von Hegels Behandlung dieses unter logischen Gesichtspunkten verstandenen Problems zuwenden.

III. Synthese und *Ur-teilen**

Um uns einen groben Überblick darüber zu verschaffen, was Hegel sagt, müssen wir uns auf gewissermaßen bildliche Weise vorstellen, wie er Kants Grundmodell des »Verständlichmachens«

* Hier und im Folgenden: im Orig. deutsch.

(beziehungsweise das, was Hegel dafür hält) modifiziert. Statt den grundlegenden Akt des Verstehens als einen Akt der Synthesis unabhängiger, ursprünglich unverbundener atomarer Elemente zu denken – entweder in der Subsumtion eines Einzeldings unter einen Begriff oder als Einschluss eines Begriffs in einen anderen, sollten wir uns selbst so verstehen, dass wir, sowohl in der Erfahrung als auch in der logischen Reflexion, mit »Ganzen« (*wholes*) *beginnen,* und niemals mit empirisch oder logisch subsententialen Einfachen (*simples*) oder Atomen.[11] Der Akt des Verständlichmachens beginnt mit ursprünglichen und intern komplexen Einheiten einer bestimmten Art, die artikuliert, unterschieden, werden müssen, um verständlich zu sein, bei deren Artikulation jedoch diese ursprüngliche, aber unartikulierte Einheit verloren geht, das heißt, nicht vollständig in prädikativer Weise ausgedrückt werden kann, und die daher wiederhergestellt werden muss: »[Das Urteil] ist insofern die *ursprüngliche Teilung* des ursprünglich Einen«.[12]

Dies erklärt zum Teil, wie der Anfang der *Logik* aufgebaut ist. Die maximal unbestimmte, allumfassende und alles-einschließende Einheit (von überhaupt allem), das »Sein«, muss durch eine »Negation« solcher Unbestimmtheit bestimmt werden (etwas, das angesichts seiner absoluten Unbestimmtheit unmöglich sein

11 Vgl. die abschließenden Bemerkungen Michael Wolffs in: »Der Begriff des Widerspruchs in der ›Kritik der reinen Vernunft‹«, in: Burkhard Tuschling (Hg.), *Probleme der Kritik der reinen Vernunft*, Berlin 1984, S. 178-202, hier: S. 201, sowie Sally Sedgwicks Hervorhebung des Organizismus in *Hegel's Critique of Kant: From Dichotomy to Identity*, Oxford 2012, bes. Kapitel 2).

12 Vgl. G.W.F. Hegel, *Die Wissenschaft der Logik II*, S. 304. Dies ist das Vermächtnis Hölderlins in Hegels Denken, das Dieter Henrich so gewissenhaft nachvollzogen hat (vgl. *Der Grund im Bewußtsein: Untersuchungen zu Hölderlins Denken* (1794-1795), Stuttgart 2004). Hegel fährt mit der Behauptung fort, dass das synthetische Verständnis der Einheit des Urteilens solchen Urteilen angemessen ist, die »bloße Vorstellungen« enthalten. Doch in einer kurzen, dichten Passage bringt er die gegenteilige Ansicht zum Ausdruck, die sich dort schemenhaft andeutet. Eine entsprechende Stelle lautet: »[D]as *Prädikat* dagegen als das *Allgemeine* erscheint als diese *Reflexion* über ihn oder auch vielmehr als dessen Reflexion in sich selbst, welche über jene Unmittelbarkeit hinausgeht und die Bestimmtheiten als bloß seiende aufhebt, – *als sein Ansichsein.* Insofern wird vom Einzelnen als dem Ersten, Unmittelbaren ausgegangen und dasselbe durch das Urteil in *die Allgemeinheit erhoben*, so wie umgekehrt das nur *an sich* seiende Allgemeine im Einzelnen ins Dasein heruntersteigt oder ein *Für sich seiendes* wird.« (ebd., S. 307.)

muss).[13] Das Projekt der *Seinslogik* besteht darin, jene begrifflichen Fähigkeiten aufzufinden, die nötig sind, um bestimmte einzelne Gegenstände in ihrer Einzelheit verständlich zu machen. Das bestimmte Sein (*Dasein*) ist (gehen wir dem Argument zuliebe für den Moment davon aus, Hegel hätte dies überzeugend gezeigt) die notwendige Negation (oder weitere Bestimmung) der bloßen Unbestimmtheit (*Sein*). Und das bestimmte Sein ist selbst bestimmt kraft der *besonderen* Art der Negation, die Hegel *Anderssein* nennt; beziehungsweise kraft der gegensätzlichen Beziehungen zu anderen Einzelnen oder anderen Begriffen.[14] Diese Gegensätze werden sowohl durch »qualitative« als auch durch »quantitative« Prädikate hergestellt sowie auch dadurch, dass Quantitäten auf eine Weise »gemessen« werden, die deren Relation einem qualitativen Unterscheiden zugänglich macht. Das Hauptargument des ersten Buches der *Logik* ist, dass es (im Rahmen der Annahmen einer *Seinslogik*) keine wirkliche Erklärung dafür gibt, *warum* ein Ding diese Eigenschaften hat, Eigenschaften, die es nicht verlieren kann, ohne aufzuhören, dieses Ding zu sein, und dass es also auch keine Theorie irgendeiner bestimmten Beziehung zwischen dem Einzelnen und seinen mannigfaltigen Eigenschaften geben kann. (Diese Situation ist vergleichbar mit derjenigen, die sich in der *Phänomenologie des Geistes* zwischen dem Kapitel zur Wahrnehmung und dem Verstandes-Kapitel ergibt.) Das macht eine »Bewegung« in Richtung der *Wesenslogik* erforderlich, in der ein Ding nicht auf negative Weise mit anderen Dingen oder seinen logischen Gegenteilen kontrastiert wird, sondern in der es als *selbst*-negierend beschrieben wird. Ein Wesen ist etwas anderes als (»es ist nicht«) seine bloßen Erscheinungen, aber es muss sich in seinen Erscheinungen zeigen, ist nur in Bezug auf diese bestimmt (die schließlich *seine* Erscheinungen sind, und somit nicht »gleichgültig« ihm gegenüber).[15]

13 Die höhere Allgemeinheit, die nötig ist, damit ein Prädikat seine Funktion in einer Bestimmung erfüllen kann, ist hier offensichtlich nicht möglich. Dies ist das Argument, auf das Aristoteles sich stützt, um dem Sein den Status des höchsten Genus abzusprechen.

14 Dies ist nicht und kann keine Unterscheidung von *allem* sein, das es nicht ist, sondern, im Falle von Begriffen, nur von entgegengesetzten Prädikaten sowie, im Falle von Dingen, von solchen Dingen, die ihm »entgegengesetzt« sind. Mehr dazu in Kürze.

15 Darum stellt die *Wesenslogik* den Rahmen der Frage dar, wie man angemessen über die Beziehung zwischen einem handelnden Subjekt und seinen Hand-

IV. Logische Bewegung

Ich möchte vorschlagen, dass die Idee eines logischen »Fortschritts« beziehungsweise der »Bewegung« innerhalb der *Logik* von einem Thema zum nächsten im Lichte einer Annahme verstanden werden sollte, für deren Verteidigung es einer ganzen Untersuchung bedürfte: dass Hegels *Logik* als eine Erklärung der notwendigen Elemente des Verständlichmachens oder des Erklärens als solchen zu verstehen ist. Im Lichte dieser Annahme stellt ein solcher Fortschritt eine zunehmend erfolgreichere Darstellung der *Bestimmtheit* derjenigen begrifflichen Ressourcen dar, die nötig sind, um eine solche Erklärung zu leisten.

Wie schon gesagt, bedürfte es eines ganzen Buches, um diese *Lesart** zu verteidigen, doch sie kann leicht missverstanden werden (und wurde dies auch). Entsprechend sind zumindest ein genauerer Kontext und eine nähere Qualifikation vonnöten.

Der Kontext ist kantischer Natur. Kants berühmteste und wichtigste Neuerung in der Logik betrifft die allgemeine Logik, verstanden als apriorische Reflexion auf die Beziehungen zwischen Ideen. Kants Perspektive ist die einer Kritik vergangener Behauptungen zu dieser reflexiven Tätigkeit. Im Werk Kants stellt die Logik weit mehr dar als die bloße Untersuchung gültiger Schlussformen, doch weit weniger als die Beschreibung der Gesetze, denen das Denken gehorcht oder gehorchen sollte (wie in der *Logik von Port-Royale*), oder als die Gliederung einer basalen ontologischen Struktur (wie in Wolff'schen Logikansätzen). Nach Kant beschreibt die Logik die Bedingungen der Möglichkeit jeder möglichen Bedeutung; sie beschreibt Unterscheidungen und Relationen, ohne welche Bedeutung nicht möglich wäre. Somit deckt sie mehr ab als wahrheitsfunktionale Sätze (wie bei Frege), nämlich auch Imperative und ästhetische Urteile.

Die erwähnte Qualifikation betrifft das Verhältnis zwischen einer so verstandenen Logik und der Wirklichkeit. Hegels weitreichendste Beschreibung dessen, was er selbst tut, findet sich in § 24 der *Enzyklopädie*:

lungen nachdenkt, wie Yeomans richtig herausgestellt hat. Vgl. Christopher Yeomans, *Freedom and Reflection. Hegel and the Logic of Agency*. Oxford 2012. Ich selbst befasse mich mit diesem Thema in: »Hegel's ›Logic of Essence‹«, in: *Schelling-Studien* I (2013), S. 73-96.

Die *Logik* fällt daher mit der *Metaphysik* zusammen, der Wissenschaft der *Dinge* in *Gedanken* gefaßt, welche dafür galten, die *Wesenheiten der Dinge* auszudrücken.

Ein weiterer Hinweis darauf, worum es sich bei dieser Logik handelt, darauf, dass sie die Stelle der Metaphysik einnehmen solle, offenbart, dass Hegel in der Tat in Begriffen denkt, deren Wegbereiter Kant war. Die entsprechende Stelle findet sich in einem Zusatz in der *Naturphilosophie*:

[D]enn Metaphysik heißt nichts anderes als der Umfang der allgemeinen Denkbestimmungen, gleichsam das diamantene Netz, in das wir allen Stoff bringen und dadurch erst verständlich machen.[16]

Nichts von alledem bedeutet, dass Hegel entweder nur daran interessiert ist, »wie wir über Dinge nachdenken müssen«, statt mit der Wirklichkeit selbst befasst zu sein, oder die Wirklichkeit auf das beschränkt, was wir uns verständlich machen könnten. Er führt also nicht die Unterscheidung von Ding-an-sich und Erscheinung wieder ein.[17] Beide dieser fehlgeleiteten Lesarten fassen die Bedingungen des Verständlichmachens als spezies-spezifische Fähigkeiten auf. Hegel aber macht sehr deutlich, dass er solches Verständlichmachen nicht in dieser Weise begreift, sondern dass er es als für die Möglichkeit des Sinns konstitutiv ansieht. Niemals würde er sagen, dass dieses Verständlichmachen für das »Verständllichmachen von *Dingen«* unwichtig oder gar von ihm getrennt sei. Bei Kant tritt die Logik als eine Beschreibung der Bedingungen möglichen Sinns auf, als Beschreibung der Unterscheidungen und Relationen, ohne

16 Hegel, *Enzyklopädie*, § 249, Zusatz.

17 Dies ist eine verbreitete Fehlinterpretation meines *Hegel's Idealism: The Satisfactions of Self-Consciousness,* Cambridge 1989. Ein meiner Ansicht nach richtiges Verständnis von Hegels Auffassung dessen, was Metaphysik ist, bespreche ich in »Logik und Metaphysik: Hegels ›Reich der Schatten‹«, in diesem Band, S. 164-190. Darin setze ich mich außerdem mit der ebenfalls verbreiteten irrigen Auffassung auseinander, man laufe Gefahr, die Logik zu »subjektivieren« oder das in ihr enthaltene Projekt mit dem der *Phänomenologie* zu verwechseln, wenn man den apperzeptiven Charakter des Urteils als einer logischen Wahrheit betont, wie Hegel es oft tut. Diese irrige Auffassung nahm ihren Anfang mit Dieter Henrichs »Anfang und Methode der Logik«, in: ders., *Hegel im Kontext*, Frankfurt/M. 1971, S. 73-94, und wurde zuletzt wiederholt in Stephen Houlgates *The Opening of Hegel's Logic: From Being to Infinity*, West Lafayette 2006.

die Sinn nicht möglich wäre. Die Fragen, die sich aus Hegels »Erweiterung« von Kants Logik ergeben, lauten nun: »Wie bestimmen wir, welche diese Bedingungen sind?« und »Können sie berechtigterweise auf das beschränkt werden, was die Vermeidung des logischen Widerspruchs erlaubt, kann also die »Leere«, die Kant diesen Formen zuschreibt, aufrechterhalten werden?«[18]

Dies – die Untrennbarkeit dieser Fragen, die Tatsache, dass wir das *Verständlichmachen nicht verständlich machen können*, ohne dass Weisen des Verständlichmachens immer schon *Dinge verständlich machen, wie sie sind* – ist es, was Hegel meint, wenn er sagt, die Logik *sei* Metaphysik oder das Seiende an und für sich *sei* der Begriff.[19] Sobald wir beispielsweise die Rolle des Wesens und der Erscheinung als Weisen des Verständlichmachens verstehen, haben wir uns *dadurch* Wesentliches (*essences*) und Erscheinungen (*appearances*) *verständlich gemacht*, und damit auch *die Welt*, in der sie unabdinglich sind. (Wir haben nicht irgendein spezies-spezifisches Merkmal menschlicher Subjekte, die sich Dinge verständlich machen, verständlich gemacht, sondern wir haben uns verständlich gemacht, wie *die Welt* verständlich sein kann.)

Wir können das Denken also durchaus von dem Gedachten unterscheiden (die Welt ist kein Gedankending; Denken ist eine diskursive Tätigkeit; die Welt ist keine diskursive Tätigkeit) und dennoch darauf bestehen, dass die Welt »aus solchen Dingen [besteht], die gedacht werden können«.[20] So läuft zum Beispiel auch die tiefgründig anmutende (sogar Heidegger'sche) Behauptung, dass es bei Hegel keine ontologische Kluft zwischen dem Denken und der Welt gibt, darauf hinaus, dass »man denken kann, daß

18 Vgl. Hegel, *Die Wissenschaft der Logik I,* S. 43. Die Hauptfrage ist diese: Kant glaubte, er verfüge über eine Weise, bloß logische Möglichkeit von »wirklicher« Möglichkeit (beziehungsweise logisch möglichen Sinn von »wirklich« möglichem Sinn) zu unterscheiden, und zwar durch Berufung auf die reinen Formen der Anschauung. Hegel weist diese Vorstellung zurück, doch er sieht seine *Logik* eindeutig nicht von Überlegungen zum bloß logisch Möglichen bestimmt. Wie also ergibt sich *sein* Begriff des »wirklich« Möglichen?

19 Dies lässt sich auf ganz verschiedene Weise ausdrücken: Man kann nicht von uns behaupten, dass wir unser Verständlichmachen der Dinge verständlich machen, es sei denn, wir machen tatsächlich *Dinge* verständlich. Andernfalls würden wir lediglich verständlich machen, wie unser Verständlichmachen scheitert – ein Unterfangen, das zwar möglich, aber von ersterem abhängig ist.

20 John McDowell, *Geist und Welt*, Frankfurt/M. 1996, S. 52/53.

z. B. *der Frühling begonnen hat*, und genau das, daß *der Frühling begonnen hat*, auch der Fall sein kann«.[21] *Was* ich denke, wenn ich weiß (wahrerweise denke), dass etwas der Fall ist, ist das, was der Fall ist. Wenn wir dies kantisch formulieren, ist es also gewissermaßen ein *Gemeinplatz*, dass »die Form des Denkens die Form der Dinge *ist*«.[22] Die Schwierigkeiten bestehen nicht in Bezug auf das, was ich weiß, wenn ich weiß, was der Fall ist, sondern sie betreffen die Frage, wie ich in der Lage sein kann zu wissen, was der Fall ist – sowohl empirisch (da ich die Vorboten des Frühlings sehe) als auch, und insbesondere, dann, wenn die Behauptung lautet, dass jedes Ereignis a priori eine Ursache hat. Hegel formuliert dies so:

Die ältere Metaphysik hatte in dieser Rücksicht einen höheren Begriff von dem Denken als in der neueren Zeit gang und gäbe geworden ist. Jene legte nämlich zu Grunde, daß das, was durchs Denken von und an den Dingen erkannt werde, das allein an ihnen wahrhaft Wahre sei; somit nicht sie in ihrer Unmittelbarkeit, sondern sie erst in die Form des Denkens erhoben, als Gedachte. Diese Metaphysik hielt somit dafür, daß das Denken und die Bestimmungen des Denkens nicht ein den Gegenständen Fremdes, sondern vielmehr deren Wesen sei, oder daß die *Dinge* und das *Denken* derselben, (wie auch unsere Sprache eine Verwandtschaft derselben ausdrückt) an und für sich übereinstimmen, daß das Denken in seinen immanenten Bestimmungen, und die wahrhafte Natur der Dinge, ein und derselbe Inhalt sei.[23]

Wie wir gleich noch sehen werden, wird es sich als wichtig herausstellen (zumindest für Hegel), dass diese Beschreibung einer »Identität« (»ein und derselbe Inhalt«) auf philosophisches beziehungsweise spekulatives Denken zutrifft; auf ein Denken, das sich mit dem »wahren Seienden« oder »der Wirklichkeit« beschäftigt. Daher ergibt sich die Identität innerhalb des Unterschieds von Sein und Denken als Herzstück der hegelschen Version des Rationalismus.[24]

21 Ebd., S. 52.

22 Dies ist die Ausdrucksweise, die Sebastian Rödl und John McDowell bevorzugen.

23 Hegel, *Wissenschaft der Logik I*, S. 38.

24 Vgl. diese Formulierung aus der *Phänomenologie*, S. 181-182. »Diese Kategorie nun oder *einfache* Einheit des Selbstbewußtseins und des Seins hat aber an sich *den Unterschied*; denn ihr Wesen ist eben dieses, im *Anderssein* oder im absoluten Unterschiede unmittelbar sich selbst gleich zu sein. Der Unterschied *ist* daher aber vollkommen durchsichtig, und als ein Unterschied, der zugleich keiner ist.«

Dies bedeutet, dass es eine zugrunde liegende Art von Argument in der Demonstration der Bestimmtheit des Verständlichmachens gibt, das, obwohl es in jeder der drei »Logiken« anders auftritt, dennoch Gemeinsamkeiten aufweist, die es vernünftig erscheinen lassen, durchweg von einer dialektischen Methode zu sprechen. Dieser Prozess beziehungsweise dieses Argument beziehungsweise diese Methode beinhaltet ein Verhältnis zwischen dem, was Hegel als das Selbstverhältnis beziehungsweise die *Selbstbeziehung** bezeichnet – manchmal auch als »Identität« einer Art von begrifflichem Gehalt, der in der fraglichen Bestimmung eine Rolle spielt –, und der internen »Negation« dieser Selbstgenügsamkeit (der Herausstellung der Abhängigkeit dieser Bestimmtheit von einer gegensätzlichen Beziehung zu Entgegengesetzten oder von einer anderen Art von Gegensatz, wie etwa zu den Erscheinungen oder zu dem, was Hegel das Seiende an und für sich nennt) sowie schließlich der erfolgreichen Negation dieser Negation.[25]

Innerhalb dieses immer noch vagen Bildes einer unbestimmten Einheit und einer bestimmten Negation dieser Einheit haben wir festgestellt, dass Hegel klarerweise behaupten möchte, dass jede solche »erste« Bestimmung auch als logisch problematisch angesehen werden muss. Noch wissen wir nicht, welcher Art dieser problematische Status ist oder warum er besteht. In der *Seinslogik* hängt er mit dem Verhältnis der »internen« Bestimmtheit eines Begriffs, sowie mit dem Verhältnis zwischen dieser »internen« Bestimmtheit und der externen Abhängigkeit des Begriffs von Ausschlussbeziehungen mit Entgegengesetzten zusammen. Dies führt zu den Gegensätzen, die wir brauchen – zum Beispiel zu dem Gegensatz zwischen den Begriffen des Einen und des Vielen in der Logik der Qualität, oder zu dem Gegensatz der Kontinuität und der Trennung in der Logik der Quantität –, beide Gegensätze sind nötig, können aber zumindest auf dem Grunde der Annahmen der *Seinslogik* noch nicht erfolgreich erzeugt werden. Zwar müssen sie gegensätzlich sein, jeder aber scheint *auch* ein »Moment« der

25 Das soll natürlich nicht heißen, dass selbst diese vage Aussage ohne weiteres Zutun richtig wäre; oder dass wir, wie Falk gezeigt hat, ohne Weiteres sagen können, dass Selbstbeziehung und Identität dasselbe sind (vgl. H.-P. Falk, *Das Wissen in Hegels Wissenschaft der Logik*, München 1983, S. 47). Wie Falk bemerkt, ergibt sich das schon daraus, dass Dinge sich nicht selbst zu sich selbst in Beziehung setzen; dies ist eine Metapher von Hegel. Doch wofür ist es eine Metapher?

Verständlichkeit des je Anderen zu sein. (Kontinuität muss stets die Kontinuität getrennter Momente sein; und jede Getrenntheit wiederum tritt nur innerhalb von Kontinuierlichem auf; all dies ist entscheidend für die Weise, in der Hegel die kantischen Antinomien begreift.) So gelangen wir zu der seltsamen Behauptung, dass die Negation (gegensätzliches Unterscheiden) *selbst* negiert werden muss. Die ursprüngliche Negation, etwa die zwischen Kontinuität und Trennung, ist als einfache Negation unzureichend (keines ist das je andere), weshalb diese Auffassung der Negation negiert werden muss. Mit Blick auf die *Seinslogik* insgesamt muss die Vorstellung der Negation, das allgemeine »negative« Verhältnis zwischen einem Einzelnen und den Bestimmungen, kraft deren es mit dem, was nicht ist, in Gegensatz gebracht wird, selbst negiert werden – sie kann nicht so stehen bleiben, wie sie ist und muss neu gedacht werden. Wie sich herausstellt, bedeutet dies, dass wir einen neuen Ansatz mit einer anderen Logik benötigen, ein Verständnis des Verhältnisses zwischen einem Ding, verstanden als Substrat beziehungsweise »Wesen«, und seinen »Erscheinungen«. Anders als Kant glaubte, kann *dieses* Wesen nicht unerkennbar sein (kein bloßes Ding-an-sich), ohne dass der Ansatz in die bloße Unbestimmtheit zurückfällt. Hier ist die bestimmte Verständlichkeit keine Funktion des Verhältnisses zu Anderen, sondern sie ist nun eine Selbstbeziehung des Wesens zu seinen Erscheinungen, eine Funktion dessen, wie sich das Wesen »zeigt« beziehungsweise wie es sich manifestiert. Alle diese Erscheinungen sind *nicht*, was das Wesen »wesentlich« ist. Und dennoch, wenn Hegel damit recht haben sollte, dass das »Wesen erscheinen muss«, um als das bestimmt zu sein, was es ist, dann muss diese Negation (Erscheinungen sind nicht das Wesen) »negiert« und das Wesen in seiner eigenen Möglichkeit verstanden werden, im Lichte seines grundlegenden »Begriffs«.

Diese Ausführungen fassen hunderte Seiten der *Logik* zusammen, doch der zunächst wichtigste Punkt ist, dass wir uns erinnern, dass jeder solche Akt des Bestimmens einen apperzeptiven Versuch der Prädikation beziehungsweise prädikativen Bestimmung darstellt, sodass also jedes solche Bestimmen stets einer reflexiven Bewertung dessen unterliegt, ob der Inhalt tatsächlich bestimmt wurde. Dies ist der Grund, warum es von der Negation heißt (Hegel hätte vielleicht einfach »Selbstbewusstsein« oder »Apperzeption« gesagt), sie sei »die Energie des Denkens, des reinen Ichs«. Dies ist die wichtigste interpretative Behauptung, die ich zum Status der Negation in Hegels *Logik* machen möchte. Jede Bestimmung jeder Art von Inhalt stellt in der *Logik* die Negation einer untragbaren Unbestimmtheit dar, die man positiv begreifen können muss (nämlich als Negation der Negation), damit die Bestimmung verständlich ist. Dieser Gedanke ist in jedem Moment der *Logik* verfügbar, da wir die möglichen Funktionen des Urteilens untersuchen, die, wenn überhaupt, auf selbstbewusste Weise zugeschrieben werden. Zu Beginn der *Seinslogik* ist der Versuch einer Bestimmung (durch gegensätzliche Beziehungen zu anderen Einzelnen) nicht erfolgreich, so stellen wir fest. Und damit befinden wir uns nun am Anfang jenes Weges, der uns zu dieser ähnlichen Dreifaltigkeit der Negation als Position-Negation-Negation führt.

So soll also die Reflexion darüber, was es heißen würde, überhaupt etwas auf bestimmte Weise verständlich zu machen, oder wie Kant sagte, die Reflexion auf den Begriff des Urteils selbst, in dieser Weise inhaltlich reich an notwendigen Momenten in Bestimmungsakten sein. Die Vorstellung, *derart* viel Inhalt aus einem so spärlichen Beginn zu ziehen, ist ein erstaunlicher Gedanke, besonders angesichts der enormen Rolle, die dem ungewöhnlichen »dialektischen« Verständnis von Negation zukommen soll.

V. Negation und spekulative Wahrheit

Wir können uns diesem Thema auch auf anderem Wege nähern, und zwar, indem wir uns die hegelsche Unterscheidung zwischen der gewöhnlichen Wahrheit beziehungsweise Richtigkeit (wenn ich etwa sage, dass es draußen regnet und es tatsächlich regnet) und der spekulativen Wahrheit ins Gedächtnis rufen. Im weitesten Sinne definiert Hegel letztere nicht als die »Übereinstimmung eines Begriffs mit der Wirklichkeit«, sondern als »Übereinstimmung des Begriffs mit sich selbst«. (Ein Beispiel wäre: Das Wesen »muss selbst erscheinen, damit es seine Erscheinung ist und nicht ist«.) Darauf etwa bezieht er sich in Beispielen wie dem des »wahren Hauses«, eines Hauses, das seinen Zweck als Haus bestens erfüllt.[26] Und Hegel gibt noch weitere Beispiele, wie etwa das des »wahren Freundes«.

26 Hierbei handelt es sich um eines von Hegels sehr frühen Beispielen aus der *Philosophischen Propädeutik* der Nürnberger Zeit, wahrscheinlich aus dem Jahre 1809.

Dies sind Beispiele für eine so genannte »ontologische« Theorie der Wahrheit, nicht für die Korrespondenz- oder Kohärenztheorie. Wichtig daran ist das sehr allgemeine Modell des Verständnisses der Rolle der »Negation« in der spekulativen Philosophie, die hier ersichtlich wird. Dieses Modell beinhaltet zwei Bedeutungen, in denen ein Ding ist, was es ist, und auch nicht ist, was es ist. Bei der ersten Bedeutung handelt es sich um die vertraute Weise, in der zum Beispiel von einem altersschwachen Pferd gesagt werden kann, es sei ein Pferd, aber kein wahres Pferd; es sei nicht »wirklich«, wie ein Pferd sein sollte. In ebendiesem Sinn, zum Beispiel im Falle jeder der begrifflichen Bestimmungen der *Seinslogik*, ist jede Bestimmung nur diese eine Bestimmung und keine andere, so etwa im Falle der Begriffe der »Endlichkeit« oder der »Getrenntheit«. Hegel will zeigen, dass zum Beispiel der Begriff der Endlichkeit mit den Ressourcen einer *Seinslogik* nicht isoliert, nur als bestimmte Endlichkeit allein, bestimmt (ihr Inhalt spezifiziert) werden kann. Sie ist Endlichkeit, aber sie ist *nicht* alles, was über Endlichkeit gesagt werden müsste, um erfolgreich als ebendiese[27] bestimmt zu sein. Ihr Begriff stimmt nicht mit sich überein.

Dies wird klarer, wenn wir im Gegensatz dazu Reflexionsurteile betrachten, wie sie in der *Wesenslogik* beheimatet sind. Hierbei handelt es sich nicht um Urteile wie: »Dies ist ein Pferd« oder »Die meisten Schwäne sind weiß«, sondern um Urteile wie (um Hegels eigene Beispiele aus der *Enzyklopädie* zu verwenden): »Diese Pflanze ist heilsam« (sie ist nicht zufällig heilsam, sondern als das Ding, das sie ist); oder »Dieses Instrument ist nützlich« (es tut, was das Instrument tun soll); oder »Diese Art der Bestrafung dient der Abschreckung« (sie erreicht, was Bestrafungen erreichen sollen). Wie wir sehen werden, sind Werturteile wie »Diese Handlung ist gut« oder »Dies ist ein schlechtes Haus« paradigmatische Beispiele für Urteile innerhalb der *Begriffslogik*. Sie spezifizieren Dinge nicht qualitativ, indem sie sie

27 In den *Grundlinien* sagt Hegel in der Tat Dinge wie: »Wahrheit in der Philosophie heißt das, daß der Begriff der Realität entspreche« (G.W.F. Hegel, *Grundlinien der Philosophie des Rechts*, *Werke*, Bd. 7, Frankfurt/M. 1986, Zusatz § 21, S. 73), doch diese Aussage macht Hegel im Lichte einer Annahme, mit der das Werk beginnt, im Lichte der Annahme, dass der Begriff *sich* seine Wirklichkeit »*gibt*«. Diese Behauptung ist schwer zu verstehen, aber sie steht im Einklang mit Hegels allgemeinem Verständnis der spekulativen Wahrheit als dem »mit sich selbst übereinstimmenden Begriff«.

von anderen Dingen unterscheiden; sie identifizieren nicht Erscheinungen, in denen sich das »Wesen« eines Dings zeigt; sondern sie verstehen den Inhalt ›im Lichte seines Begriffs‹. (Wie gesagt, geht es der Logik nicht um diese Urteile als solche, sondern um metabegriffliche Bedingungen ihrer Möglichkeit, und also um ihre innere Angewiesenheit auf qualitative Negation, Endlichkeit, Wesen, Erscheinung, Allgemeinheit beziehungsweise den ganzen Gegenstand der *Logik*.)

Besonders wichtig und schwierig ist die Frage, warum Hegel denkt, dass eine typische Bestimmung der *Seinslogik*, etwa qualitative Bestimmung wie in den obigen Beispielen, nicht angemessenen bestimmen kann, was es für ein Ding heißt, dasjenige zu sein, das es ist; warum selbst eine wesentliche Prädikation (»Wölfe jagen im Rudel« im Gegensatz zu »manche Wölfe sind grau«) ein Ding nicht auf angemessene Weise bestimmt; warum aber Urteile wie »Dieses Haus ist ein gutes Haus« oder »Diese Strafe wirkt abschreckend« (sowie vermutlich auch »dies ist ein guter Wolf«) Dinge *sehr wohl* erfolgreich bestimmen. Es ist schwer hier eine Kontinuität, und also eine zunehmende Angemessenheit in dieser vermeintlichen Reihe auszumachen, statt einfach drei verschiedene Arten bestimmender Prädikation zu sehen.

Dementsprechend gibt es sogar einen noch allgemeineren Sinn, in dem die Berufung auf Negation relevant ist. Denn jede begriffliche Bestimmung ruft an einem bestimmten Punkt der Logik ein gewisses Verständnis begrifflicher Bestimmtheit auf den Plan. (In der *Seinslogik* ist es das einem Begriff Entgegengesetzte, verstanden als sein »Anderes«; mit dem es, wie Hegel sagt, »äußerlich« in Beziehung steht, von ihm unterschieden ist.) Doch ein jedes so geartete Verständnis eines Begriffs ist, obwohl es ein Verständnis begrifflicher Bestimmtheit ist, dies zugleich auch nicht. Denn es schließt nicht ein, was »ein Begriff (oder eine Fähigkeit der begrifflichen Bestimmung) *wirklich* ist«. Letzteres ist der *Logik* erst an ihrem Ende verfügbar.

VI. Negation und Widerspruch

Diese Bestimmung jedoch produziert diese negative Konsequenz, weil die Endlichkeit durch den abstrakten Kontrast zu ihrem Gegenteil, dem Nicht-Endlichen beziehungsweise Unendlichen, gedacht wird, im Lichte der Annahme also, dass die Endlichkeit das Nicht-Endliche, Unendliche darin ausschließt beziehungsweise ihm entgegensteht, dass sie *Endlichkeit ist*, bloß *dieser* Begriff, der als solcher abgesteckt ist. Was wir jedoch anerkennen sollen, ist, dass diese negative Bestimmung wesentlich zu der Bestimmtheit gehört, die nötig ist, um die Endlichkeit allererst als solche unterscheiden und abgrenzen zu können. (Andernfalls gäbe es nichts zu negieren, und wenn doch, dann wäre diese Negation, was Hegel betrifft, »äußerlich«, das heißt nicht für die Bestimmtheit des fraglichen Dings konstitutiv.)[28] In einem allgemeinen Sinn muss man also sagen, dass ein Ding, um das zu sein, was es ist – in diesem Fall ein grundlegender Begriff beziehungsweise eine Kategorie – sein Gegenteil »einschließt«, oder genauer, sein Verhältnis zu seinem Gegenteil. Keines dieser »Momente« der Negation aber enthält einen Widerspruch im aristotelischen Sinne, denn »ist« und »ist nicht« meinen, obgleich beide zur selben Zeit von demselben Gegenstand ausgesagt werden, nicht dasselbe. Doch aus vielerlei Gründen möchte Hegel ein so analysiertes Stadium als einen »Widerspruch« bezeichnen, wobei einer dieser Gründe in der Verwendung dieses Ausdrucks liegt.[29] (Dies gilt, obwohl sich der Widerspruch als solcher

28 Wenn man die Sache so beschreibt, ruft man eine alte Kritik an Hegel auf. Die bekannteste stammt wahrscheinlich von Friedrich Trendelenburg, *Die logische Frage in Hegels System: Zwei Streitschriften*, Leipzig 1843, S. 12-19. Sie besagt, dass Hegel prädikative Negation mit einem tatsächlichen »Gegensatz« von Dingen verwechselt, der besteht, wenn etwa kollidierende, sich bewegende Objekte oder positive und negative Magnetpole u. Ä. »entgegengesetzt« sind. Was könnte Hegel meinen, wenn er nahelegt, dass die Bestimmtheit eines Begriffs die negative Beziehung zu seinem Gegenteil einschließen muss, und dies, weil jede »Sache«* dem »entgegengesetzt«* sei, was sie nicht ist. Die Kritik (der gemäß Hegel »Widerspruch«* mit »Widerstreit«* verwechselt) tritt wieder auf in Günther Patzig, »Widerspruch«, in: Hermann Krings u. a. (Hg.), *Handbuch philosophischer Grundbegriffe,* München 1974, S. 1694-1702, sowie Charles Taylor, *Hegel,* Cambridge 1975, S. 234. Sie wurden auf wirksame Weise widerlegt in Michael Wolff, *Der Begriff des Widerspruchs. Eine Studie zur Dialektik Kants und Hegels.* Königstein/Ts. 1981, sowie ders., »Über Hegels Lehre vom Widerspruch«, in: Dieter Henrich (Hg.), *Probleme der Hegelschen Logik,* Stuttgart 1986, S. 107-128. Mehr dazu folgt in Kürze.

29 Eine verbreitete Charakterisierung von Hegels Position ist daher ziemlich irreführend. Es ist wahr, dass die Identität eines Dings, das einschließt, »was es in seinem Verhältnis zu dem ist, was es nicht ist. (Vgl. Brady Bowman, *Hegel and the Metaphysics of Absolute Negativity,* Cambridge 2013, S. 94 [dt. Übers. hier und

auf eine »Reflexionsbestimmung« der Wesenslogik beschränken würde, wenn Hegel sorgfältiger mit seiner Terminologie umgegangen wäre. Die unaufgelösten »Entgegensetzungen« der *Seinslogik* bestehen in unaufgelösten Inkonsistenzen zwischen der unabhängigen Selbstgenügsamkeit eines Dings und der Abhängigkeit desselben von einem Gegensatz zu seinem Komplement.)[30] Wie Michael Wolff betont, nehmen wir in vielerlei Kontexten keinen Anstoß an der so genannten »Existenz« von Widersprüchen. Auch sagen wir Dinge wie, ein Mensch »widerspreche« sich oder einer Behauptung werde durch die Wirklichkeit »widersprochen« oder es *gebe* »performative Widersprüche«. In diesem weitergefassten Sinne nennt Hegel diese Resultate »widersprüchlich«.[31] Der eher technische, »reflexive« Sinn tritt erst an späterer Stelle, in der *Wesenslogik*, auf. Der Versuch, den Inhalt eines Begriffs im Lichte gewisser Annah-

im Folgenden v. S.S. und C.B.S.].) Doch *dieses* Verhältnis ist sein *Nicht-Sein dessen, was-es-nicht-ist*, und dies impliziert in keiner Weise eine »Kontradiktion« im formallogischen Sinne. Etwas *anderes* zu behaupten, als dass das P-Sein von S »einschließt«, dass es *nicht* nicht-P ist, wäre allerdings *tatsächlich* eine Kontradiktion. Man kann also nicht den Schluss ziehen, dass »endliche Dinge und endliche Bestimmungen ihr Sein oder ihre Identität generell in einem entgegengesetzten Anderen haben und insofern sind (das heißt ihr Sein in dem haben), was sie nicht sind (das heißt kraft ihres Nicht-Seins)« (ebd., S. 94). Viele Ausdrücke solcher Aussagen bedürfen der Verstärkung (»haben ihr Sein in«, oder »kraft ihres Nicht-Seins«), doch die allgemeine Aussage, dass Bestimmtheit negativen Ausschluss erfordert, hat nichts damit zu tun, dass etwas »*ist*, was es nicht ist«. Es kommt zu einem Widerspruch, wenn etwa ein Leibnizianer denkt, dass die Identität eines Dings allein dadurch etabliert werden kann, dass man intrinsische, nicht-relationale Eigenschaften betrachtet und sich dann anschließend – in diesem Glauben – auf relationale Eigenschaften bezieht, vielleicht sogar auf ausschließende Relationen, um das Ding erfolgreich zu identifizieren. Dies ist genau die Art von Widerspruch, die ich diskutiere.

30 Dies unterscheidet sich immer noch vom Gegenstand der *Begriffslogik*. Der Begriff des Begriffs ist ein Begriff unter vielen Begriffen, die es gibt; er ist als besonderer Begriff von jedem anderen verschieden. Aber er ist auch allgemein identisch mit der Begrifflichkeit aller anderen Begriffe, und in diesem Sinn ist er mit allen anderen Begriffen identisch. Diese »Differenz und gleichzeitige Identität« unterscheidet sich vom *Anderssein* der *Seinslogik* sowie vom Widerspruch als Reflexionsbestimmung.

31 Wolff, *Der Begriff des Widerspruchs*, S. 22-24. Wolffs allgemeiner Punkt, dass die Rede von einem objektiven Widerspruch ein »Paronym« sei, verdient mehr Diskussion, als hier geleistet werden kann. Siehe auch ders., »Über Hegels Lehre vom Widerspruch«, S. 112 ff.

men zur Bestimmtheit zu bestimmen, gelingt nur, indem solchen Annahmen widersprochen wird (wenn sie nicht zur selben Zeit als konsistente Annahmen aufrechterhalten werden können), sodass sie revidiert werden müssen. Wenn wir diesen Prozess personifizieren, dann ist es im einfachsten Sinne so, dass dem, was jemand zu sagen beabsichtigt, durch das »widersprochen« werden kann, was tatsächlich gesagt wird, oder was er meint sagen zu müssen oder zu können.[32] Hegel selbst verweist ganz am Schluss auf dieses Verständnis der selbstnegierenden Entwicklung der *Logik*, wenn er seine eigene Methode rückblickend beschreibt; und er merkt an, dass die abstrakte Behandlung ihrer allgemeinen Momente dem »Meinen« beziehungsweise der Bewusstseinslosigkeit bezüglich dessen geschuldet sei, was die Methode eigentlich behandelt.[33] Sie kann nicht sagen, was sie sagen will. Wie Rüdiger Bubner es formuliert, erklärt sich der »Prozesscharakter der Logik«[34] aus einem Mangel an Übereinstimmung in der Weise der Exposition (der *Darstellung*) und dem, was verständlich gemacht werden soll (der Sache).

Tatsächlich provoziert Hegel am Anfang der *Logik* die Assoziation seines Vorhabens mit einem ziemlich alltäglichen Sinn des *praktischen* Widerspruchs, dann nämlich, wenn er die Radikalität des anfänglichen Moments der reinen Unbestimmtheit und Unmittelbarkeit zu erklären versucht:

Soll aber keine Voraussetzung gemacht, der Anfang selbst *unmittelbar* genommen werden, so bestimmt er sich nur dadurch, daß es der Anfang der Logik, des Denkens für sich, sein soll. Nur der Entschluß, den man auch

32 Vgl. Rüdiger Bubner, »Strukturprobleme dialektischer Logik«, in: Ute Guzzoni u. a. (Hg.), *Der Idealismus und seine Gegenwart*, Hamburg 1976, S. 36-52. Wie Bubner deutlich macht, beginnt man gemäß dieser allgemeinen Analogie mit einer »Unmittelbarkeit« der Absicht, welche negiert wird durch die konkrete Bestimmtheit dessen, was man sagen kann, ihre Vermittlung, woraufhin man schließlich dahin gelangt anzuerkennen, was intendiert war, indem man anerkannt hat, was nicht darin ausgedrückt worden ist, was man gesagt hat – in Hegels komplizierter Terminologie formuliert, ist dies die Rückkehr in die vermittelte Unmittelbarkeit. Das ist dasselbe allgemeine Modell, dessen sich Hegel in seiner Handlungstheorie zur Erläuterung der Beziehung von Absicht und Tat bedient. Vgl. mein *Hegel's Practical Philosophy: Rational Agency as Ethical Life*. Cambridge 2008.

33 Hegel, *Wissenschaft der Logik II*, S. 554-555.

34 Bubner, »Strukturprobleme«, S. 45. Er beschreibt diesen Punkt auch als eine »Diskrepanz zwischen Anspruch und Leistung« (ebd., S. 49).

für eine Willkür ansehen kann, nämlich daß man das *Denken als solches* betrachten wolle, ist vorhanden.[35]

Was man in diesem hochgradig hypothetischen Sinne zu tun »beschlossen« hat (denken wir an das reine Denken als solches), stattet uns, gemessen an dem, was einem zu tun gelungen (oder eher nicht gelungen) ist, mit einer weiteren Bedeutung der Rolle des Negativen aus. Alles dies ist zwar immer noch recht metaphorisch, doch wir befinden uns hier, so möchte ich nahelegen, auf der richtigen Spur.

Auf einer etwas abstrakteren Ebene, versucht Hegel einen allgemeinen Ansatz dazu zu entwickeln, warum dies geschieht, und dies hat allgemein mit der Untrennbarkeit von »Setzung« und »Negation« im Bestimmen zu tun.[36] Diese grundlegende und unkomplizierte Idee eines »Gegensatzes« des Denkens mit sich selbst, die Hegel derart ins Spiel bringt, ist tatsächlich recht simpel, und trotzdem macht er letztlich viel Aufhebens darum. Die einfachste, vielleicht sogar triviale Fassung dieser Idee lautet schlicht, dass beispielsweise die Idee des *Lebendigen* leer wäre, wenn nichts Lebendiges jemals stürbe. (Der Inhalt des Begriffs des Lebendigen ist ein solcher Inhalt nur innerhalb dieses Gegensatzes.) Wenn nichts jemals in Ruhe und alles stets in Bewegung wäre, dann hätte die Idee der Bewegung keinen wirklichen Halt. Gäbe es nichts Beklagenswertes, dann gäbe es auch nichts Lobenswertes. Oder betrachten wir Hegels spekulativstes Beispiel: Wenn alles *nur* das wäre, was es ist, und nichts sonst (»keine Entität ohne Identität«),[37] dann hätte die Idee der Identität selbst keinen Inhalt. Bestimmte Identität bedarf *irgendeiner* Art von Selbst-Differenzierung, um als Identität verständlich zu sein. Andernfalls wären wir außerstande,

35 Hegel, *Wissenschaft der Logik I,* S. 68. Indem er so einen Anfang »willkürlich« oder gewollt nennt, betont Hegel die praktische Natur dieses Moments. Dass man *überhaupt irgendetwas* denken soll – als Inhalt verstanden –, ist nicht die Konklusion eines Schlusses und muss nicht so verstanden werden, als gründete es in einer Vorannahme. Es genügt schlicht, sich auf ein Unterfangen dieser Art einzulassen: überhaupt alles auf kohärente Weise als Gegenstand des Denkens aufzufassen.

36 Dies ist die logisch abstrakteste Fassung desselben Punktes, der auch bei Kant auf dem Spiel steht: die Unterscheidbarkeit und doch Untrennbarkeit von Begriff (Negation) und Anschauung (Position).

37 Vgl. W. V. O. Quine, *Ontologische Relativität und andere Schriften,* Frankfurt/M. 2003.

den Unterschied zwischen »A« und »A = A« zu verstehen (wie wir es müssen). Demnach ist die Bestimmung eines jeden Dings eben darin zugleich auch ein bestimmter Ausschluss; und nur durch diesen Ausschluss kann das Ding bestimmt sein. Umgekehrt trifft das ebenso zu. Dass die Seele nicht sterblich ist, bestimmt gar nichts, wenn dadurch lediglich die Zuschreibbarkeit dieses Prädikats ausgeschlossen ist; was die Seele stattdessen *ist*, befindet sich im logischen Raum dann bloß »irgendwo anders«, *potenziell überall*, außer im »Raum des Sterblichen«. Anhand dieser Bestimmung wollen wir sagen, dass die Seele nicht-sterblich *ist* beziehungsweise dass sie unsterblich ist, also etwas, das ewig lebt. Eine solche Überlegung veranlasste Kant, unter der Bestimmung der Qualität nicht nur die prädikative Negation, sondern auch so etwas wie Begriffs- beziehungsweise Gegensatz-Negation zu fassen, »unendliche« Urteile in der Urteilstafel beziehungsweise qualitative »Limitation« in der Kategorientafel.[38]

Es ist die vielfache Ignoranz dieser Abhängigkeit von Gegensätzen und Ausschlüssen sowie auch eine isolierte Betrachtung von Begriffen, die dazu führt, dass der Entschluss nicht zum Erreichten passt, dass die Darstellung darin scheitert, *die Sache** zu erfassen. Was wir aber offensichtlich trotzdem noch verstehen müssen, ist, wie Hegel beabsichtigt, uns das Verhältnis zwischen jeder internen »*Selbstbeziehung* und demjenigen aufzuzeigen, was diese bestimmterweise nicht ist; und warum, das heißt unter welchen Annahmen, dies in der bestimmten Identifizierung jedes der zu untersuchenden Begriffe zum Problem wird.

Alles dies aber nur einführend. Der Standpunkt, auf dem wir uns hier befinden, ist zu voraussetzungsreich, um uns weiterzubringen. Wenn wir beispielsweise den oben genannten Punkt zur bestimmten Negation nicht noch weiter ausarbeiten, dann scheint das Grundmodell der in Rede stehenden Negation *in der Tat* noch immer die Prädikat- oder Satznegation zu sein, als handle es sich bei der Art von Bestimmung, um die es hier geht, um die Aussage »Das Endliche ist nicht das Unendliche« oder »Es ist nicht der Fall, dass das Endliche das Unendliche ist«. Dies kann recht irreführend sein.[39] Außerdem tendiert man dazu, das Augenmerk auf die ers-

38 Vgl. die entsprechende Diskussion in: Paul Redding, *Analytic Philosophy and the Return of Hegelian Thought*, Cambridge 2007, S. 93-101.

39 Es gibt einen allgemeinen Sinn, in dem diese einführende Darstellung als Mo-

ten Beispiele zu richten, auf die man in der *Seinslogik* stößt, und auch das kann irreführend sein.[40] Obwohl das Thema der Negation innerhalb der *Logik* Kontinuität aufweist, verändert es sich in der *Wesens-* und *Begriffslogik* auch. Wenn wir uns an Hegels eigene Verknüpfung allgemeiner und transzendentaler Logik halten, dann sollten die bisher angestellten Überlegungen nicht als Angelegenheit formaler Klarheit in einer Reflexion auf die Logik des Urteilens verstanden werden. Wie Hegel eindringlich betonte, untersuchen wir nicht, wie wir über gewisse Dinge nachdenken (beziehungsweise wie wir über sie sprechen oder gar nachdenken »müssen«). Es geht vielmehr um »mögliche Verständlichkeit überhaupt« und also um das *in-seiner-Verständlichkeit-Sein* oder, wie Hegel schlicht sagt: Es geht um *die Sache* und nicht um »unsere Weise« des Verständlichmachens.

Oder, um ein knapperes, klareres Beispiel dafür zu nennen, was Hegel für eine allzu »abstrakte« Unterscheidung von logischer Form und Inhalt hält, so soll sich der Widerspruch als Gegenstand der allgemeinen Logik im Sinne Kants »auf bloß formale Weise« erläutern lassen. In zahlreichen Erläuterungen Kants läuft er letztlich auf ~(p & ~p) hinaus oder, in seiner prädikativen Gestalt, auf ~([S ist P] & [S ist ~P]). Kant selbst allerdings (und dies ist Quelle der emphatischsten Lobesbekundungen Hegels gegenüber Kant) hat in den mathematischen Antinomien gezeigt, dass das, was formal wie ein Widerspruch, p und ~p, aussehen mag (beziehungsweise was

dell des Folgenden genommen werden kann. Doch dafür muss sie auf einem sehr hohen Abstraktionsniveau geschehen: als Beschreibung einer Unhaltbarkeit feststehender und unabhängiger Inhalte, wie Michael Wolff bemerkt (in: »Hegels Dialektik – eine Methode? Zu Hegels Ansichten von der Form einer philosophischen Wissenschaft«, in: A.F. Koch u. a. (Hg.), *Hegel – 200 Jahre Wissenschaft der Logik*, Hamburg 2014, S. 71-86).

40 Wie Terry Pinkard deutlich macht (in: *Hegel's Dialectic: The Explanation of Possibility*, Philadelphia 1988, S. 26), trifft es zu, dass Hegel sagt, der Anfang sei »der Grund der ganzen Wissenschaft« (Hegel, *Wissenschaft der Logik I*, S. 69). Er wird sogar noch deutlicher: »So ist der Anfang der Philosophie, die in allen folgenden Entwicklungen gegenwärtige und sich erhaltende Grundlage, das seinen weiteren Bestimmungen durchaus immanent bleibende« (ebd., S. 71). Aber das kann bedeuten: Dies folgt *aus der Einsicht, dass kein Anfang mit bloßem Sein gemacht werden kann*, und der Anerkennung dessen, dass jeder solche Anfang »Dasein« sein muss. Diese These zur Rolle der Bestimmtheit ist das, was »überall immanent bleibt«. Meiner Lesart nach sagt Hegel dies in der *Wissenschaftt der Logik I*, S. 122-123.

tatsächlich *formal* widersprüchlich ist) *kein Widerspruch sein muss*, jedenfalls dann nicht, wenn wir die Verbindung zwischen »dem Begriff« und »der Sache selbst« angemessen verstehen. Wenn es um Sätze geht wie »Die Welt hat einen Anfang in der Zeit« und »die Welt hat keinen Anfang in der Zeit«, dann ist es nicht der Fall, dass, wenn einer der beiden Sätze wahr ist, seine Negation falsch sein muss, und umgekehrt. Sie können sich, wie in diesem Fall, konträr und nicht kontradiktorisch verhalten. Sie können, wie in den Beispielen, die Kant selbst anführt, um seinen Standpunkt bezüglich der Antinomien klarzumachen, *beide* falsch sein. (In demselben Sinn können Sub-Konträre beide wahr, jedoch nicht beide falsch sein.) Wenn in Kants Beispielen etwa von demjenigen die Rede ist, was er *Weltall**, das Welt-Ganze, nennt, dann ist die Disjunktion »›Das Welt-Ganze bewegt sich‹ oder ›Das Welt-Ganze bewegt sich nicht‹« letztlich eine Aussage über Konträre, sodass das Gesetz vom ausgeschlossenen Dritten nicht greift. Gleiches gilt in dem noch simpleren Fall »Der Stein riecht gut« und »Der Stein riecht nicht gut«.[41] Gestein hat keinen Geruch, und somit sind beide Urteile falsch.[42]

Worin aber bestünde nun ein nicht-formales Verständnis von Negation, eines, das nicht auf die Funktion einer logischen Konstante beschränkt wäre, eines, das eine wirklich philosophische Leistung zu erbringen hätte?

VII. Reale Entgegensetzung

Wir untersuchen die Formen der Negation, von denen Hegel behauptet, dass sie in der Möglichkeit einer in verschiedenen Kontexten bestimmten Verständlichkeit, unter verschiedenen Annahmen zur Bestimmtheit, vorausgesetzt sind. Sehr grob zusammengefasst, lassen sich diese »Arten« der Bestimmtheit durch Aussagen wie, erstens, »Sokrates ist weiß«, »Rosie ist ein Hund« oder »Kupfer ist ein elektrischer Leiter« ausdrücken; zweitens durch Aussagen wie »Eine solche Pflanze ist heilsam«, »Diese Bestrafung ist effektiv« oder

41 Kant, *KrV*, A503/B531; Wolff, *Der Begriff des Widerspruchs*, S. 193 ff.

42 Michael Wolff, »Über das Verhältnis zwischen logischem und dialektischem Widerspruch«, in: *Hegel-Jahrbuch* (1979), S. 340-348, hier: S. 341-342, sowie ders., *Der Begriff des Widerspruchs*, S. 13 ff.

»Wölfe jagen im Rudel«; und drittens durch Aussagen, die Hegel als richtige »Urteile« bezeichnet, wie etwa »Dies ist ein gutes Haus« oder »Das ist schlecht für Pferde« und »Diese Handlung ist gut«.

In derartigen möglichen Bestimmungen, so heißt es, seien zahlreiche Begriffe höherer Ordnung vorausgesetzt, die von »Endlichkeit« über »Wesen« und »Gesetz« bis hin zu »Allgemeinheit«, »Leben« und sogar »Methode« reichen. Keiner dieser Begriffe kann als empirisch abgeleitet verstanden werden; sie sind in jeder empirischen Bestimmung (in verschiedener Weise und in verschiedenen Kontexten) vorausgesetzt und ihr Inhalt beruht sowohl auf »internen« selbst-bezüglichen »Momenten« als auch auf einer »externen« Abhängigkeit von Relationen zu gegensätzlichen oder in anderer Weise »negativen« »Momenten«.

Der Inhalt einer wahren Aussage *ist* das, was der Fall ist, und also sind diese konstitutiven Momente einer jeden möglichen verständlichen Aussage die »Formen der Wirklichkeit«. Jede behauptbare Aussage (vielfältiger Art) muss Ausdruck einer solchen begrifflichen Spezifikation der Verständlichkeit sein; und diese Verständlichkeitsbedingungen konstituieren die Möglichkeit verständlicher Träger von Wahrheit (Urteile). Die Formen der Verständlichkeit sind die Formen dessen, was wahr sein kann, auch wenn sie die Frage danach, was, ganz konkret, wahr ist, nicht entscheiden. Wir wollen sowohl etwas über die materialen Ausschlussbeziehungen wissen, die nötig sind, um Begriffe höherer Ordnung zu unterscheiden und mit Inhalt zu versehen, als auch, warum es im Lichte der spezifischen Annahmen jeder »Logik« beim Spezifizieren der besagten internen und externen Beziehungen ein internes Problem geben sollte, eine unvermeidliche Inkonsistenz oder Antinomie.

Dies nun rüstet uns für eine kurze Rekapitulation der »Wirklichkeit des Widerspruchs« bei Hegel. Eine gute Einführung in dieses Problem gibt Michael Wolff. Das Hauptanliegen seiner wichtigsten Schrift zu diesem Thema betrifft den Status des Widerspruchs in Hegels dialektischer Logik, und zwar erhellt mit Blick auf sein Verhältnis zu Kants Verständnis von Dialektik. Der Widerspruch als solcher ist eine Reflexionsbestimmung, ein Moment der *Wesenslogik*, und wir benötigen für diesen Kontext noch einiges mehr an Vorwissen. Beispielsweise sind wir der Frage nach dem Status der »Negation der Negation« in Hegels spekulativer Logik noch nicht einmal nahegekommen.

Doch wenn wir uns an den groben Überblick halten, den ich gegeben habe, dann finden sich bei Wolff einige Punkte, die wir uns vor Augen führen sollten. Wie hinlänglich bekannt ist, betrachtet Hegel den Widerspruch, den Status der Negation und der Negativität überhaupt, als *etwas Wirkliches* und nicht bloß als das Resultat einer logischen Operation mit Prädikaten oder Propositionen. Nach Auffassung Wolffs gibt es zwei wichtige Zusammenhänge, die man erwägen muss, um zu verstehen, wie Hegel zu dieser Behauptung kommt.

Zunächst müssen wir uns Kants Unterscheidung zwischen logischem Widerspruch, dialektischem Widerspruch (paradigmatisch in den Antinomien) und dem, was Kant als reale Entgegensetzung bezeichnete, ins Gedächtnis rufen. Ersteren Widerspruch versuchte Kant ganz im Lichte seiner Analytizitäts-Lehre zu definieren, die am deutlichsten in solchen Beispielen zum Tragen kommt, in denen von ein und demselben Subjekt ein und dasselbe zugleich bejaht und verneint wird (beziehungsweise wo logisch falsche Aussagen gemacht werden). Dialektische Widersprüche allerdings sind Illusionen; sie sind nur scheinbare Widersprüche. Offensichtlich ist dies die Idee, für die Hegel sich interessiert, besonders angesichts seiner abweichenden Meinung dazu, wo der Anschein des Widerspruchs seinen Ursprung hat. Kant glaubte, dass im Falle der mathematischen Antinomien (die ersten beiden) eine Art Kategorienfehler bezüglich des Gegenstands der Antinomien die wahre Auflösung der Antinomien verstellt. Diese Verwirrung betrifft zum einen »die Welt«, wenn man sie für ein solches Ding hält, das einen Anfang in der Zeit und eine Grenze im Raum haben kann, und zum anderen die »komplexe Substanz«, das heißt, die Art von Ding, das aus einfachen Teilen oder aber aus unendlich oft teilbaren Teilen bestehen kann. In der Analyse zeigt sich, dass beide Thesen in Wirklichkeit *konträre Gegensätze* sind, und daher beide falsch sein können (was sie auch sind), obwohl sie nicht gleichzeitig wahr sein können. Von der Welt lässt sich weder sagen, sie habe einen Anfang, noch, sie habe keinen; von einer komplexen Substanz lässt sich weder sagen, sie bestehe aus einfachen Teilen, noch, sie sei unendlich oft teilbar. Im Falle der dynamischen Antinomien stoßen wir durch angemessene Reflexion auf das Subjekt unserer These darauf, dass das Subjekt zweideutig ist und einmal als Ding an sich oder als Erscheinung aufgefasst werden kann. Sobald wir uns darüber aufgeklärt haben, erkennen wir, dass es sich bei beiden Thesen um einen sub-konträren Gegensatz, nicht um einen kontradiktorischen, handelt; sie können nicht beide falsch sein, aber sie können beide wahr sein (und sind dies). Beide Fälle sollen uns einen indirekten Beweis für die Wahrheit des transzendentalen Idealismus liefern.

Dieselbe Art der Aufklärung eines Schein-Widerspruchs gilt auch für gegenwärtige »Zwei-Aspekt«-Interpretationen dieses Idealismus. Es kann allerdings so scheinen, als sei diese Lesart der Textpassagen, die sie zu stützen scheinen,[43] zu einem Widerspruch gezwungen. Ein und derselbe Gegenstand ist aus der einen Perspektive gesehen zu spontaner Kausalität fähig, und unterliegt von einer anderen Perspektive aus gesehen der Notwendigkeit. Dies ist angeblich ein nur scheinbarer Widerspruch, der als solcher erkennbar wird, sobald wir wissen, wie man Erscheinungen und Dinge an sich als zwei verschiedene, mögliche »Aspekte« unterscheidet (falls wir dies können). Das ist nicht die Weise, in der Hegel dafür argumentiert, dass Freiheit und Notwendigkeit als komplementär statt kontradiktorisch verstanden werden können, aber »reflexive Lösungen« wie diese stehen nach Kant auf dem Programm. (Das heißt, es mag andere »Kontextualisierungen« als diese geben, durch die sich etwas, das als Widerspruch erscheint, als nicht widersprüchlich erweisen lässt. Insbesondere mag es andere Weisen geben, die Strategie der subkonträren Gegensätze durchzuführen, nach der beide Thesen wahr sind.)[44]

Wichtig für ein Verständnis der Annahmen, die in Hegels Ansatz Eingang finden, ist laut Wolff auch, dass Kant ein früher Verfechter von Newtons Theorie des Verhältnisses von Gegensätzen in der Natur beziehungsweise positiver und negativer Größen war (seit seinem frühen Aufsatz zu diesem Thema aus dem Jahre 1763). So kann etwa ein Gegenstand in Ruhe sein, weil ihm eine bewegende Kraft mangelt, doch es wäre falsch, alle negativen Möglichkeiten so zu denken. Ein Gegenstand nämlich kann auch aufgrund einer entgegengesetzten Kraft in Ruhe sein, die seiner Bewegungskraft entspricht. Kritiker wie Crusius waren über die Idee, dass Kräfte positive und negative Werte haben, entsetzt.[45] Kant aber ver-

43 Kant, *KrV*, A35/B51 und A360.

44 Ebd., S. 343.

45 Ebd., S. 343.

stand, dass solche »Werte« (und auch darin ist er für Hegel ein wichtiger Wegbereiter) ihre jeweiligen Werte *relativ zueinander* und nicht absolut haben. Er erkannte, dass es sich bei ihnen um relative Werte handelt, die sogar willkürlich umkehrbar sind. Bei einem Zusammenstoß zweier Körper verändert sich die Beschleunigung des einen Körpers im Verhältnis zu der Kraft, die seiner Bewegung entgegengesetzt ist (diese »negiert«). In demselben Sinn ist eine Geldschuld von einhundert Dollar nicht einfach als Mangel an einhundert Dollar zu verstehen. Vielen Menschen fehlen einhundert Dollar und dennoch haben sie keine Schulden. Die Schuldigkeit ist die »Negation« eines Guthabens von einhundert Dollar, und steht zu diesem sogar in Widerspruch.

Wolff zeigt weiterhin, dass Hegels Überlegungen zur Wirklichkeit der Negation auch durch Entwicklungen in der Mathematik, über die er durchaus im Bilde war, beeinflusst wurden. Denn Mathematiker begannen just zu verstehen, dass negative Zahlen nicht nach dem Vorbild der Subtraktion verstanden werden können beziehungsweise dass es, hegelsch gesprochen, etwas »Positives« an negativen Zahlen gibt, das sich u. a. in ihren Summen offenbart. (Eine Rechnung wie $(-4) + (-5) = -9$ kann nicht erklärt werden, wenn das negative Vorzeichen auf die Subtraktion beschränkt ist. Die Idee einer Addition »subtrahierter Quantitäten« ergibt keinen Sinn.)[46]

In dem Sinn also, in dem wir logische Gegenteile als einander entgegengesetzt, als nicht gleichgültig gegeneinander, dargestellt hatten (dass ein Pferd ein Säugetier ist, bedeutet nicht nur, dass ihm die Eigenschaften von Reptilien fehlen, sondern es schließt diese aus, kann sie nicht besitzen), kann nun die Wirklichkeit solcher Gegensätzlichkeit, die Unmöglichkeit des Verständlichmachens – selbst wenn man sie nur beschreibt, ohne zuzugestehen, dass es so eine Wirklichkeit gibt – als Fortsetzung dieser Überlegungen betrachtet werden. In einem weniger strengen Sinn (Hegels Sinn) kann sie als eine Gestalt des Widerspruchs betrachtet werden, insofern die qualitative Bestimmung eines Dings sein Gegenteil ausschließt beziehungsweise ihm »widerspricht«.

Dies ist nicht der Sinn von Widerspruch, der die gesamte *Logik* durchzieht, doch es stattet uns mit einem ausreichenden Hinter-

46 Ebd., S. 347 ff.

grund aus, um (a) anzuerkennen, dass Hegel weder verrückt noch ein rätselhafter Heraklitianer ist, wenn er sagt, dass »alles widersprüchlich ist«[47] und um (b) eine Analyse der besonderen Aspekte einer solchen Negation der Unbestimmtheit und dann auch der Negation solcher Negation an den wichtigen Übergangsstellen der Logik zu ermöglichen. Dies allerdings ist auf jeden Fall ein Thema für zukünftige Diskussionen.

Aus dem Amerikanischen von
Carolin Böse-Sprenger und Sebastian Stein

47 Vgl. Wolff, *Der Begriff des Widerspruchs*, S. 198, und das allgemeine Prinzip: Wann immer Hegel den Satz des Widerspruchs zurückzuweisen scheint, weist er jede formalistische Vorstellung des Satzes zurück, wonach dieser bedingungslose Gültigkeit habe. Was welchem widerspricht, lässt sich nicht formal, wie in den Beispielen der Antinomien, als Kontrarität und Sub-Kontrarität ausdrücken. Vgl. den ähnlichen Punkt zur Unauslöschbarkeit des »Kontextes« im Falle solcher vermeintlich formalen Bestimmungen in Reddings *Analytic Philosophy and the Return of Hegelian Thought.*

9.
Eine Logik der Erfahrung?
Über Hegels *Phänomenologie des Geistes*

I.

Hegels Charakterisierungen der neuen, von ihm entwickelten philosophischen Form, der *Phänomenologie des Geistes*, stellen vor allem deswegen ein Problem dar, weil sie so zahlreich sind. Bei einigen handelt es sich um klar erkennbare Reformulierungen oder Spezifizierungen anderer, in vielen Fällen aber scheinen die Beschreibungen inkonsistent zu sein oder unterschiedliche Perioden in Hegels Denken widerzuspiegeln, das sich während der Jenaer Zeit zwischen 1802 und 1806 rasch entwickelte. Ursprünglich war eine Phänomenologie eine »Wissenschaft der Erfahrung des Bewusstseins«. Sie ist auch eine »Wissenschaft der Phänomenologie des Geistes«. Sie stellt eine Einführung in das wissenschaftliche System dar und bildet zugleich den ersten Teil eines solchen Systems. Die *Enzyklopädie* bezeichnet die *Phänomenologie des Geistes* als »die wissenschaftliche Geschichte des Bewußtseins«. Im Hauptteil nennt Hegel das Werk den »Weg der Seele, welche die Reihe ihrer Gestaltungen, als durch ihre Natur ihr vorgesteckter Stationen, durchwandert, daß sie sich zum Geiste läutere, indem sie durch die vollständige Erfahrung ihrer selbst zur Kenntnis desjenigen gelangt, was sie an sich selbst ist«.[1] Berühmt ist seine Bezeichnung der *Phänomenologie* als »Weg des *Zweifels*«, ja, als »Weg der Verzweiflung«,[2] und als »ausführliche Geschichte der *Bildung* des Bewußtseins selbst zur Wissenschaft«.[3]

Und das ist erst der Anfang. Gleich auf den ersten Seiten der »Einleitung« und in der »Vorrede« erhalten wir nicht nur eine Einführung, werden wir nicht nur mit dem ersten Teil des Systems, seiner Selbstreinigung, der Selbsterkenntnis des Geistes und der »Geschichte« der Bildung des natürlichen Bewusstseins bekannt

1 G.W.F. Hegel, *Phänomenologie des Geistes*, *Werke*, Bd. 3, Frankfurt/M. 1989, S. 72. (Im Folgenden ›*PhG*‹.)

2 Ebd.

3 Ebd., S. 73.

gemacht, sondern auch mit der »Einsicht des Geistes in das, was Wissen ist«,[4] mit der »Leiter« zum Standpunkt der Wissenschaft, mit einer Darstellung, wie der Geist »[...] dem Negativen ins Angesicht schaut« und »bei ihm verweilt«[5] und wie man zu einem Verständnis des »Wahren« als »des bacchantischen Taumels« gelangt, »an dem kein Glied nicht trunken ist; [...] weil jedes, indem es sich absondert, ebenso unmittelbar [sich] auflöst«,[6] und dies alles im beständigen Kampf mit dem Zweifel und der Verzweiflung. In einem etwas prosaischeren Bild der »Vorrede«, einem Bild, das Hegels einzigartigen, schöpferischen Beitrag zur Philosophie in eindeutiger Weise kennzeichnet, bemerkt Hegel, dass die *Phänomenologie des Geistes* einem Bedürfnis dient, das für unser Zeitalter typisch ist: »[...] das Allgemeine zu verwirklichen und zu begeistern«. Sie erreicht dies »[...] durch das Aufheben der festen bestimmten Gedanken«, das heißt, indem sie »die festen Gedanken in Flüssigkeit« bringt und auf diese Weise die »reinen Gedanken« zu »Begriffen«, nämlich »geistigen Wesenheiten« macht.[7]

Außerdem muss sich jeder ernsthafte Leser mit einer Anzahl alter und relativ ungelöster philologischer Fragen auseinandersetzen. Da gibt es zum einen das berühmte Problem der alternativen, auf ihre Hauptlinien zurückgeführten Version der »Phänomenologie« in der *Enzyklopädie* und zum anderen Hegels eigene Zusammenfassung der *Phänomenologie des Geistes* – als »Propädeutikum« – für seine Nürnberger Studenten. In beiden Zusammenfassungen schließt das Werk mit dem *Vernunft*-Kapitel, was endlose Fragen im Hinblick auf zwei berühmte Problemkreise aufwirft: Fragen zur Rolle der Behandlung des historischen Geistes und der Religion im veröffentlichten Werk und Fragen nach dem systematischen Ort der *Phänomenologie*; nämlich ob sie, auf der einen Seite, als Einführung oder Propädeutikum, oder, auf der anderen Seite, als zweites Moment einer Philosophie des subjektiven Geistes zu verstehen ist. Auch hinsichtlich der vermeintlichen Einheit oder Unvollständigkeit des Textes (manches spricht für ein Palimpsest) und den, so scheint es, häufigen Meinungsänderungen Hegels in Bezug auf sein System und seine Einleitung ergeben sich komplizierte Fragen.

4 Ebd., S. 33.
5 Ebd., S. 36.
6 Ebd., S. 46.
7 Ebd., S. 37.

Angesichts dieser Probleme möchte ich zunächst vier relativ unumstrittene Thesen zu dem Buch vortragen, die in ihrer Gesamtheit unmittelbar zu der Frage führen, die ich untersuchen möchte. Erstens, der Hauptgegensatz des Werkes besteht eindeutig zwischen dem ursprünglichen Selbstverständnis in seiner Beziehung zur Welt, zu den eigenen Handlungen und zu anderen, zwischen dem also, was Hegel als *Bewusstsein* oder *natürliches Bewusstsein* oder manchmal auch als den Blickwinkel des *Verstandes* bezeichnet, und dem erreichten Selbstverständnis als Geist. In einer traditionelleren philosophischen Terminologie würde man dies als eine neue Theorie der Subjektivität bezeichnen; was es heißt, ein erkennendes und handelndes Subjekt zu sein, sich eine Meinung zu Tatsachen und Ereignissen zu bilden und sich zum Handeln zu entschließen, eine Theorie, die im Gegensatz zur cartesischen Wendung nach innen, zum kantischen Transzendentalismus, zum christlichen Dualismus und zu den Modellen selbstbestimmten individuellen Handelns wie dem von Kant steht. Worauf dieser neue Begriff von Subjektivität hinausläuft und was der Geist ist, das ist sicher die zentrale Frage des Buches; der Kern von Hegels Anspruch wird aber zweifellos am Ende der ersten drei Kapitel mitgeteilt, wo er verkündet: »Hiermit ist schon der Begriff *des Geistes* für uns vorhanden«, und wo er seine berühmte Ausgangsbestimmung vorträgt: »*Ich*, das *Wir*, und *Wir*, das *Ich* ist«.[8]

Zweitens, was immer die *Phänomenologie des Geistes* sonst sein mag, ihre Logik, die Art und Weise, wie sie ihre Argumentation vorträgt, die sie zur letztlich erfolgreichen Selbsterkenntnis und Sozialität des Geistes liefern will, ist, allgemein gesprochen, entwickelnd und nicht deduktiv oder analytisch. Die späteren Teile gründen oder stützen sich – zumindest so viel kann man wohl sagen – auf das, was in den früheren Passagen durchscheint, insbesondere auf die Unangemessenheit oder Partikularität des Standpunktes, der in einem Teil eingenommen wird, und auf eine gewisse Verbesserung oder Korrektur oder eine umfassendere Perspektive.

Einige Kommentatoren haben sogar behauptet, diese Entwicklungslogik habe in Wirklichkeit einen narrativen Charakter und ihre Logik oder die Kohärenz ihrer Anordnung stehe der Logik eines Bildungsromans näher als einer logisch immer konsistenteren

8 Ebd., S. 145.

Behandlung von immer selbstbewussteren Voraussetzungen. Das geht sicher zu weit, denn obwohl die Unklarheit des Anfangs, die man für eine eher dramatische oder literarische Vorstellung der narrativen Entwicklung anführen könnte, evident ist, weil Hegel auf der *lebendigen* und *flüssigen* Form einer solchen Rationalität besteht, will Hegel zeigen, dass die Entwicklung und Selbstverwirklichung des Geistes ein rationaler Prozess ist.

Drittens, die *Maschine*, die alles vorantreibt, ist die *Negation* in einem allgemeinen Sinn, genauer gesagt ist sie eine Art Selbst-Negation. Das natürliche Bewusstsein ist, so heißt es, einer Art von ihm selbst ausgehender *Gewalt* ausgesetzt. Dem liegt die Vorstellung eines Subjekts zugrunde, das einen Standpunkt, eine Weltorientierung, ein Selbstverständnis oder eine Praxis verkörpert, die dadurch entsteht, dass das Subjekt (offenbar unumgänglich oder unvermeidlich) allmählich ein gewisses Ungenügen an seinen eigenen tiefsten Prinzipien und Verpflichtungen entwickelt. Eine derartige Unzufriedenheit, was immer das sein mag, ist nichts, was demjenigen, der das Subjekt der Narration ist, zustößt, sie ist *selbst*verursacht. In der »Vorrede«, wo Hegel fast das ganze Buch wie in eine Formel gepresst darstellt, kommentiert er »[...] die Vermittlung des Sichanderswerdens mit sich selbst« und bestimmt, wie er das häufig tut, die wahre menschliche Subjektivität als »die reine *einfache Negativität*«.[9] Diese beiden Vorstellungen – die sich entwickelnde Natur des Geistes und seine selbst-negierende Qualität – werden in der *Enzyklopädie* in der recht paradoxen und häufig vorgenommenen Charakterisierung des Geistes als eines »Produktes seiner selbst« verbunden und bilden die Grundlage für die Behauptung, dass das Absolute »wesentlich *Resultat* [...] ist«.[10]

Viertens, und dieser Punkt ist der wichtigste, sagt Hegel explizit, dass diese Wendung gegen sich selbst *nicht* zu verwechseln sei mit dem, was wir unter *kritischem Nachdenken* verstehen, dem Versuch, ungeprüfte Annahmen zu überprüfen, nichts als gegeben hinzunehmen, selbst zu denken und nicht blind der Führung anderer zu folgen; allgemein gesprochen, darauf zu achten, ob man eine Norm oder ein Prinzip, dem man sich verpflichtet fühlt, reflexiv verteidigen kann. Denn, wie Hegel in der »Einleitung« kurz erläutert,

9 Ebd., S. 23.
10 Ebd., S. 24.

müssen alle Versuche dieser Art genau die Sünde begehen, gegen die sie auftreten: Jeder bestimmte Versuch einer solchen Reflexion muss als Maßstab oder Kriterium etwas Unreflektiertes enthalten, damit man überhaupt voranschreiten kann. Besonders möchte ich betonen, dass Hegel sagt, in der *Phänomenologie des Geistes* gehe es *nicht* um die Geschichte oder nicht in erster Linie um die Geschichte einer derartigen Erziehung, als handele es sich um eine Sokratische Erweiterung dessen, was im Leben oder in einer Kultur *überprüft* wird. In den wichtigsten Abschnitten der »Einleitung« stellt Hegel zunächst fest, dass der *Zweifel*, um den es in diesem Buch geht, *nicht* der üblichen Vorstellung vom Zweifel entspricht, den er »ein Rütteln an dieser oder jener vermeinten Wahrheit« nennt. Er spricht stattdessen von »diesem sich vollbringende[n] Skeptizismus«[11] und von einer Erfahrung des Sich-Verirrens, die so tief greifend ist, dass sie den Verlust seiner selbst einschließt. Dies alles stellt er explizit der Redewendung gegenüber, mit der Kant das praktische Motto der Aufklärung definiert hatte: *sapere aude*. Für manche Kommentatoren (wie zum Beispiel Ludwig Siep) entspricht dieser Unterschied einem Unterschied in den Sinngehalten der *Erfahrung*, auf die Hegel sich beruft.[12] Der kritische, reflexive Sinn bezieht sich bloß auf die Korrektur falscher Glaubensvorstellungen und setzt an deren Stelle zwar keine wahren, aber doch durch die Erfahrung besser begründete Glaubensvorstellungen. Der dramatischere Sinn, den Hegel im Auge zu haben scheint, befindet sich in größerer Nähe zu einer völligen *Umkehrung* des Bewusstseins oder einer Konversion, einer Veränderung, bei der wir an religiöse Erfahrungen oder eine tief greifende politische Sinnesänderung denken. Ich denke, es trifft zu, dass Hegel eher an die letzte Art von *Erfahrung* denkt, und darin liegt das Problem. Denn diese Form ist genau die Form, von der wir annehmen, dass sie mit ziemlicher Sicherheit *keinen logos*, keine Rechtfertigung besitzt. Sie scheint uns zuzustoßen, aus vielerlei Gründen, und die Vorstellung, dass wir das in Wirklichkeit selber ins Werk setzen und es eine Wissenschaft von der Erfahrung in *diesem* Sinn, dass es eine *Logik* in einer solchen Erfahrung als Teil einer kollektiven zielge-

11 Ebd., S. 72.

12 Ludwig Siep, *Der Weg der Phänomenologie des Geistes. Ein einführender Kommentar zu Hegels ›Differenzschrift‹ und ›Phänomenologie des Geistes‹*, Frankfurt/M. 2000, S. 63 f.

richteten Aktivität geben könnte, scheint allem zu widersprechen, was wir wissen.[13]

So wirft die Frage des Geistes die Frage nach dem Status der Sozialität (im Gegensatz zu reflektierten Individuen und selbstbestimmt Handelnden), nach der Natur einer Entwicklungslogik oder einer Form rationaler Entwicklung von *lebendigen, sich bewegenden, flüssigen* Begriffen und der etwas masochistischen Vorstellung der Selbst-Negation auf. Die letzte Frage ermöglicht meiner Meinung nach den besten Ausblick auf die anderen: Warum beruft Hegel sich hier auf einen selbst auferlegten Zweifel, der an *Verzweiflung* grenzt, um die Natur der phänomenologischen Entwicklung zu beschreiben; und wenn es nicht der »Zweifel ist, dass meine Vorstellungen vielleicht nicht wahr sind« oder der Zweifel, ob »ich wirklich das Recht habe, normative Ansprüche zu erheben, wie ich es tue«, um was für eine Art von Zweifel oder Verzweiflung handelt es sich dann? Mit einem anderen eindrucksvollen Bild gesprochen, das Hegel viel später in der *Phänomenologie des Geistes* verwendet, um das Problem zu beschreiben, vor das uns der Geist stellt (das er in gleicher Allgemeinheit am Anfang seiner *Vorlesungen über die Ästhetik* wiederholt): Was heißt es, wenn man sagt, dass der Geist oder sogar die menschliche Existenz selbst wie eine *Wunde* ist, die man (1) sich selbst zugefügt hat und die (2) der Geist selbst heilen kann und, noch erstaunlicher, (3) eine, die nach ihrer Heilung keine Narben hinterlässt? Anders ausgedrückt: Wittgensteinianer sprechen manchmal davon, durch ein *Bild gefangen genommen* oder *ergriffen* zu sein. Hegel scheint sich dagegen der Frage zuzuwenden, was es für ein »Bild« oder eine Gestalt des Geistes heißt, den Griff zu lockern, keine Loyalität mehr zu verlangen, in gewisser Weise zu scheitern, und das *alles in einer Art und Weise, die nicht bloß eine soziologische oder historische, sondern eine philosophische Erklärung zulässt.* Hegel scheint tatsächlich anzunehmen, dass die *Heilung* dieser Verlusterfahrung, eine so erfolgreiche Heilung, dass keine Narben zurückbleiben, genau *darin* besteht, dass man in einem solchen Prozess einen philosophischen Sinn erkennt. Dazu ist natürlich eine Antwort auf die wichtigste Frage nötig: Was heißt es,

13 Diese beiden Streitfragen – dass eine derartige Erfahrung selbst gemacht und dass sie rational erklärbar ist – sind miteinander verbunden. Das Verbindungsglied könnte Kants Moderne sein: die Behauptung, dass die Vernunft nur das am besten kennt, was sie macht, dass die Vernunft nur sich selbst kennt.

»absolutes Wissen« erlangt zu haben, und inwiefern kann man *von diesem* sagen, es heile die Wunde der Existenz ohne Narben?

Es liegt auf der Hand, dass uns diese Frage dazu zwingt, unser Augenmerk auf die überraschend wenigen »metaphänomenologischen« Abschweifungen in der *Phänomenologie des Geistes* über die *Phänomenologie des Geistes* zu richten und eine sozusagen demythologisierende Arbeit von uns verlangt, eine Vorgehensweise, bei der die Begriffe *Wunde*, *selbst zugefügt/selbst auferlegt*, *heilen*, *Narben*, *Flüssigkeit*, *dem Tod ins Angesicht sehen* und *Gewalt* weniger metaphorisch und mehr prosaisch erscheinen. Hierbei werde ich im Folgenden kurz verweilen.

II.

Vorher muss man jedoch ein Interpretationsproblem ansprechen. Die hier zitierte Sprache hat einen sehr dramatischen Ton und scheint auf das existenzielle Scheitern einer Gestalt des Geistes zu verweisen, das sich vielleicht so auch in der attischen Tragödie oder der Französischen Revolution manifestiert. Doch gibt es in der *Phänomenologie des Geistes* eine große Anzahl von Übergangsstadien, die offenbar keine derartige Vorstellung des Scheiterns enthalten. In diesem Zusammenhang erinnern wir uns an die ersten drei Kapitel sowie an die zahlreichen Übergangsstadien des fünften Kapitels. Mit der Erkenntnis, dass sinnliches Unterscheiden die aktive Tätigkeit des Verstandes erfordert, oder mit der Erkenntnis, dass die »Physiognomie« sich selbst widerlegt, scheint keine Verzweiflung, kein kühnes dem Tod ins Angesicht Schauen, keine Zögerlichkeit gegenüber dem Negativen, keine religiöse Konversion verbunden.

Ich vermute, dass Hegel in der *Phänomenologie des Geistes* zwei unterschiedliche Fragen im Auge hat, Fragen, die getrennt gestellt werden müssen, wenn man sowohl verstehen will, *warum* der Geist phänomenologisch verstanden werden muss, als auch, *was* es heißt, den Geist phänomenologisch zu verstehen; ein Ansatz, der vom sechsten Kapitel an sehr viel stärker an die historische Wirklichkeit gebunden scheint. Es besteht also mit anderen Worten ein Unterschied zwischen der Frage nach möglichen *Modellen* einer erkennenden und handelnden Subjektvität oder vermeintlichen

Kandidaten für einen solchen Status, die eigentlich nicht als Erfahrungsmodelle dienen können, weil sie fragmentarische, partikulare und daher entstellte »Gestalten« eines möglichen Erfahrungssubjekts sind, einerseits und auf der anderen Seite einer sich auflösenden, *wirklichen* (wie er sie nennt) Erfahrung im vollen Sinne, wie sie *von* einer historischen Gestalt des Geistes erfahren wird, die jetzt hinreichend komplex verstanden wird, um als vollständiges Subjekt der Erfahrung zu gelten, von der sich aber zeigen lässt, dass sie gerade dadurch ihre eigene Befriedigung unterminiert. Diese Unterscheidung zwischen einem Subjekt, das keinesfalls ein mögliches Erfahrungsmodell sein kann, und einem tatsächlich erfahrenden Subjekt, von dem man zeigen kann, dass es seine eigene Unfähigkeit erfährt, Verpflichtungen zu erfüllen oder zu erkennen, ist nicht zweifelsfrei und leicht zu treffen, und an einigen Stellen wird im Text zugegebenermaßen nicht klar, wie Hegel diese Möglichkeiten organisiert. Manchmal erscheint die Berufung auf das geistige Leben und die Flüssigkeit der Begriffe bloß wie eine etwas gezwungene *»Personifizierung«* von Positionen in der Epistemologie oder den Freiheitstheorien, in der repräsentative *»Figuren«* für und wider argumentieren. An anderen Stellen scheint Hegel sich stattdessen auf eine Art existenzieller Logik zu berufen oder eine andere Art von Unzulänglichkeit oder Versagen zu demonstrieren, wie in der Darstellung der Französischen Revolution oder von *Rameaus Neffe*. An wieder anderen Stellen scheinen beide Strategien im Spiel zu sein, wie in den Paradoxien der Herrschaft, die sowohl begrifflicher Art (erzwungene Anerkennung ist keine Anerkennung) als auch – in Ermangelung eines besseren Begriffs – existenzieller Art sind (es liegt etwas Unbefriedigendes darin, von jemandem anerkannt zu werden, den man selbst nicht anerkennt).[14]

Formal ist diese Argumentationsweise Hegel jedoch keineswegs fremd. In seiner *Rechtsphilosophie* sind das abstrakte Recht und die Moralität keine unterschiedlichen *Erfahrungs*stufen, keine Teilalternativen zu dem, was sich als Sittlichkeit erweisen wird. Das Versagen solcher begrenzter, vermeintlicher Formen normativer

14 An diesem Punkt könnte man meiner Position gegenüber auch folgenden kritischen Einwand erheben: Wenn Hegel sagen will, dass die *Phänomenologie des Geistes* wirklich erst mit dem sechsten Kapitel beginnt, hatte er das mitteilen können. Ich versuche zu zeigen, daß er in einem gewissen Sinn genau das behauptet.

Gesinnung resultiert genau aus dem zum Scheitern verurteilten Versuch, sie als unabhängig von der Sittlichkeit und ihr vorausliegend zu denken. Am Ende des Teils über Moralität formuliert er im Gegensatz zu einer solchen Auffassung: »Das Rechtliche und das Moralische kann nicht für sich existieren, und sie müssen das Sittliche zum Träger und zur Grundlage haben.«[15] Von diesen früheren Stufen kann man nicht sagen, sie wirkten *wirklich* erzieherisch oder bildend in der Weise, wie man über Erfahrungen in der Familie oder der modernen bürgerlichen Gesellschaft tatsächlich sagen *kann*, sie *bildeten* wirklich einen reichen, lebendigen Sinn der Beziehung zwischen Individualität und Universalität in einer rationalen Lebensform aus. In § 190 geht er so weit, bei der Erklärung der Unterschiede zwischen den Abstraktionen »Person«, »Subjekt« und den konkreten Aspekten der Sittlichkeit zu behaupten, nur in einer fortgeschritteneren Darstellung der Sittlichkeit, in einer besonderen Form der Sozialität – gewissen Beziehungen zwischen Bedürfnissen –, sei es zum ersten Mal sogar möglich, von einem solchen vermeintlichen Rechtsträger als von einem *Menschen* zu sprechen.[16] Und das scheint genau das zu bedeuten, was es sagt: dass vermeintliche Beziehungen bloß des Rechts oder der Moralität für sich genommen nicht als im vollen Sinne menschliche Beziehungen bezeichnet werden können.

Etwas Ähnliches lässt sich in dem wichtigen dritten Absatz des sechsten Kapitels der *Phänomenologie* verfolgen:

> Der Geist ist hiermit das sich selbst tragende, absolute reale Wesen. Alle bisherigen Gestalten des Bewußtseins sind Abstraktionen desselben; sie sind dies, daß er sich analysiert, seine Momente unterscheidet und bei einzelnen verweilt. Dies Isolieren solcher Momente hat ihn selbst zur *Voraussetzung* und zum *Bestehen*, oder es existiert nur in ihm, der die Existenz ist.[17]

Wir müssen nach wie vor in Erfahrung bringen, wie der Geist »sich selbsttragend« und zugleich sich dadurch selbst-negierend oder *sich selbst verwundend* sein kann, aber im Augenblick geht es darum, festzustellen, wie Hegel die Trennung vornimmt zwischen einer Analyse der Momente des Geistes, die sich als untrennbar erweisen

15 G.W.F. Hegel, *Grundlinien der Philosophie des Rechts*, *Werke*, Bd. 7, Frankfurt/M. 1986, S. 291, § 141 Zusatz.

16 Ebd., S. 348.

17 Hegel, *PhG*, S. 325.

und abstrakt als mögliche isolierte Modelle der Erfahrung – *als ob* sie solche wären – betrachtet werden, und der *wirklichen* Erfahrung seiner selbst, wie Hegel es immer wieder formuliert. An diesem Punkt, genau am Ende seiner Darstellung des letztlich unmöglichen Versuchs, die praktische Vernunft isoliert, nämlich als Fähigkeit eines individuellen Subjekts, zu betrachten, formuliert er das Ergebnis folgendermaßen:

Diese Vernunft, die er [der Geist] *hat*, endlich als eine solche von ihm angeschaut, die Vernunft *ist*, oder die Vernunft, die in ihm *wirklich* und die seine Welt ist, so ist er in seiner Wahrheit; er ist der Geist, er ist das *wirkliche sittliche* Wesen.[18]

Eine weitere, sehr merkwürdige Formulierung ist die folgende: der Übergang von einem Subjekt, das Vernunft *hat*, zu einem Subjekt, das sich selbst *als* Vernunft sieht. Aber wie bei vielen anderen Formulierungen zu diesem Bruch im Text (von den Bedingungen, die Bestandteile für die Möglichkeit von Geist sind, zu den Versuchen des wirklichen Geistes, sich selbst zu kennen und zu erkennen) geht es um die Schlüsselbegriffe »Wirklichkeit«, »wirklich« und »verwirklichen«. Derlei Betonungen erstrecken sich bis in die entscheidenden metaphänomenologischen Aussagen am Anfang des Religionskapitels hinein.

Hier unterscheidet Hegel zwischen dem, was phänomenologisch als in der Zeit ablaufend vorgestellt werden sollte und was nicht. Indem er ziemlich genau die oben erläuterte Unterscheidung vornimmt, sagt er ganz explizit, dass »das Dasein« der Momente Bewusstsein, Selbstbewusstsein und Vernunft im Geist und die Vorstellung des Geistes für sich von seiner eigenen Bedeutung in der Religion »nicht in der Zeit vorzustellen« seien.[19] Dies ist nur ein Weg, die Elemente und Möglichkeiten der Erfahrung zu betrachten, die Hegel zwar als vorläufig, aber auch als entscheidend wichtig und unverzichtbar behandelt. Eine derartige Betrachtungsweise voneinander untrennbarer Momente in der Trennung voneinander wird dann von der Vorstellung des *ganzen Geistes* unterschieden.

Der ganze Geist nur ist in der Zeit, und die Gestalten, welche Gestalten des ganzen *Geistes* als solchen sind, stellen sich in einer Aufeinanderfolge dar;

18 Ebd., S. 326.
19 Ebd., S. 498.

denn nur das Ganze hat eigentliche Wirklichkeit und daher die Form der reinen Freiheit gegen Anderes, die sich als Zeit ausdrückt.[20]

Diese interessante, aber sehr komprimierte Stelle verbindet die Themen wirklicher Geist (im Gegensatz zu den möglichen Modellen des Geistes), Zeitlichkeit und Freiheit und liefert so einen Hinweis darauf, wie und warum Hegel sich die Selbstverwirklichung des Geistes in der Zeit als eine Manifestation der Freiheit vorstellt. Im Augenblick ist jedoch Folgendes wichtig: Wenn nur der ganze Geist oder der Geist als Geist in der Zeit ist und daher als solcher untersucht werden muss und wir das bisher *nicht* getan haben, dann haben wir noch nicht einmal angefangen, den Geist in seiner *Wirklichkeit* zu untersuchen. Erst jetzt wird für uns endlich sichtbar, was der Geist als ein tatsächlich erfahrendes Subjekt ist. Selbst das Subjekt des sechsten Kapitels erfährt noch eine beschränkte Behandlung, weil, wie Hegel am Anfang des Religionskapitels sagt, der Geist sich selbst noch nicht als Geist kennt und daher die Religion, die Vorstellung seines (letztlich) absoluten Status, nur als eine distinkte Erfahrungskomponente des Lebens unter anderen betrachtet. Das wird sehr deutlich und endgültig bestätigt, wenn Hegel bei der Beschreibung dessen, worum es in der *Phänomenologie des Geistes* fortan gehen wird, einen Vergleich zu früheren Erörterungen anstellt und sagt:

Diese [Gestalten] unterscheiden sich aber von den vorhergehenden dadurch, daß sie die realen Geister sind, eigentliche Wirklichkeiten, und statt Gestalten nur des Bewußtseins, Gestalten einer Welt.[21]

Mit anderen Worten befinden wir uns in einer Einführung oder einem Propädeutikum, wie Hegel die *Phänomenologie des Geistes* häufig nennt. Denn genau genommen untersuchen wir beim Lesen eines großen Teils der *Phänomenologie des Geistes* nicht den Geist oder gelangen nicht zu einem Verständnis von ihm, sondern wir gelangen zu einem Verständnis dessen, wie ein solcher Selbsterkenntnismodus beschaffen sein müsste, und, um es deutlich auszudrücken, gelangen zu der Einsicht, dass es ein historischer sein muss, *dass der Geist nur das ist, wozu er sich in Wirklichkeit gemacht hat*. Dem Bewusstsein kann nur als einem historischen Bewusstsein »die Form freier Wirklichkeit« gegeben werden, nur so kann es als

20 Ebd.

21 Ebd., S. 326.

Geist verstanden werden, und »nur der Geist, der sich als absoluter Geist Gegenstand ist, ist sich eine ebenso freie Wirklichkeit, als er darin seiner selbst bewußt bleibt«.[22] Versteht man den Geist, der sich selbst zum Gegenstand wird, als absoluten Geist, ist die Annahme vielleicht nicht verfrüht, dass *diese* Erkenntnis der Notwendigkeit, den Geist in seiner Wirklichkeit zu verstehen, etwas mit dem Erwerb absoluten Wissens zu tun hat.

Und doch ist diese Annahme etwas verfrüht. Wir müssen noch einmal zur Frage der selbst zugefügten Wunden zurückkehren. Die Vorstellung, dass sich die menschliche Subjektivität nach Hegel im Laufe der Zeit selbst erschafft und dass den Kern eines solchen Schaffens und Umschaffens gemeinschaftlich vertretene oder soziale Formen von Selbstverständnis ausmachen, die Zyklen des Gewinns oder des Verlusts gesellschaftlicher Autorität unterliegen, sind bekannte Aspekte so genannter linkshegelianischer Interpretationen. Zwei Aspekte von Hegels Position haben aber eine stärkere Resonanz für seine grundlegende Vorstellung in der Gegenwart verhindert: zum einen die (heute naiv erscheinende) Vorstellung, dass dieser Selbsterschaffung eine feste teleologische Richtung zugrunde liegt, und zum anderen, dass es sich bei diesem Ziel oder Telos um eines handelt, das in der westlichen Moderne im einen oder andern Sinn allmählich erreicht wird. Hierbei handelt es sich um eine andere Formulierung dafür, dass Hegel mit seiner Berufung auf die Erfahrung, welche die Flüssigkeit und das geistige Leben der Begriffe manifestiert, etwas einführt, das heute fast jeder als vollkommen *a-logisch* ansieht, bloß als die ungezähmte und blinde Kontingenz des historischen Lebens einer partikularen Kultur und ihrer verschiedenen internen Dispute über autoritative Normen. Die Vorstellung, dass sich die Philosophie *damit* befassen könnte, ja sogar müsste, wird nicht als zeitgemäße Option betrachtet.

III.

Diese Zweifel führen uns wieder zurück zu der Frage nach dem *Erleiden von Gewalt gegen sich selbst*, dem *Verweilen beim Negativen* und den selbst zugefügten Wunden als dem Motor, der diese Ent-

22 Ebd., S. 498.

wicklung vorantreibt, und zwar in einer Weise, die Hegel für rational und, weil rational, für eine Verwirklichung der Freiheit hält. Im letzten Kapitel über das absolute Wissen versucht Hegel zum letzten Mal Licht in diese *Logik der Erfahrung* zu bringen, auf die er sich immer wieder bezogen hat. Man kann den Eindruck gewinnen, dass diese Logik bloß die Überprüfung verschiedener Normen des Erkennens und Handelns *gegen* die Erfahrung als einer Art unabhängigen Gutachters umfasst, ein sich *Ausliefern* der möglichen Negation oder ein Maßstab der Erfahrung, die Veränderungen der früheren Selbstgewissheit erzwingt. Aber in diesem Kapitel beginnt Hegel im Detail zu erläutern, warum das eine viel zu einfache Sicht dessen wäre, was vor sich geht. Die *Entäußerung* bestimmter Selbstentwürfe oder normativer Verpflichtungen (worunter er auch die *Negation* dessen versteht, was als bloß subjektive Gewissheit beginnt) wird vielmehr *von innen* angetrieben. Eine derartige Erfahrung fungiert nicht wie ein unabhängiger Gutachter oder äußerer Test, sondern als Hilfe bei der Festlegung, Verwirklichung oder »Erfüllung« der Bestimmung eines gewissen Selbstverständnisses oder *begrifflichen Inhalts*.[23] Manifestationen der Erfahrung sind keine *Beispiele* für einen derartigen Inhalt, solche Dimensionen *machen* den Inhalt des Begriffs *aus*.[24] Hegel hebt hervor, dass es gerade der Irrtum der schönen Seele und eines strikten Moralismus der reinen Pflicht war, sich selbst in Opposition zur äußeren öffentlichen Welt zu betrachten, die, da sie von den Deutungen anderer und den Implikationen für andere abhängig ist, ein Subjekt nicht kontrollieren und daher nicht länger als *seine* anerkennen könne. Wenn er zu erklären versucht, was es bedeuten würde, eine solche Haltung aufzugeben, beginnt er mit der Beschreibung der für ihn eindeutig wichtigsten *Bewegung* in der ganzen *Phänomenologie des*

23 Jede umfassende Diskussion dieser Frage müsste Hegels Kritik an Kants Unterscheidung von Begriff und Anschauung in der *Kritik der reinen Vernunft* berücksichtigen. Anders ausgedrückt: Was ich in diesem Abschnitt behaupte, ist, dass *diese* Implikationen jede strenge Trennung von Begriff und Anschauung ablehnen.

24 Das ist eine krude und vereinfachende Zusammenfassung. Hegel ist kein Nominalist. Er scheint seine Positionen zu Universalien und Partikularitäten als die »immanentistische« Anti-Chorismos-Position von Aristoteles zu verstehen, mit der entscheidenden und weitreichenden Zusatzbehauptung, dass solche Universalien sich in der Zeit »bewegen«, sich verändern.

Geistes. Wie er diese Erklärung sprachlich einführt, ist so bezeichnend, dass ein ausführliches Zitat gerechtfertigt ist:

Indem dieser Begriff sich seiner Realisierung entgegengesetzt festhält, ist er die einseitige Gestalt, deren Verschwinden in leeren Dunst, aber auch ihre positive Entäußerung und Fortbewegung wir sahen. Durch diese Realisierung hebt sich das Aufsichbeharren dieses gegenstandslosen Selbstbewußtseins, die *Bestimmtheit* des Begriffs gegen seine *Erfüllung* auf, sein Selbstbewußtsein gewinnt die Form der Allgemeinheit, und was ihm bleibt, ist sein wahrhafter Begriff oder der Begriff, der seine Realisierung gewonnen; es ist er in seiner Wahrheit, nämlich in der Einheit mit seiner Entäußerung.[25]

In diesem Abschnitt werden Formulierungen eingeführt, die in Hegels Werk kanonischen Charakter erlangen, besonders sein Beharren darauf, dass wir einen Begriff in seiner *Wirklichkeit* verstehen müssen, dass erst ein solches Verstehen des begrifflichen Inhalts wahres Verstehen, ein Begreifen der Idee ist, Idee als Einheit des Begriffs und seiner Wirklichkeit definiert. Und er formuliert den Anspruch der *Phänomenologie des Geistes*, Begriffe in ihrem »geistigen Leben« und als sich ständig »bewegend« zu verstehen, sowie auch den Anspruch, dass der Begriff eines »lebendigen« Inhalts das Ergebnis einer Inhalte konstituierenden, unvermeidlichen Entäußerung des Selbst ist, und nicht die Unterwerfung eines *ex ante* bestimmten Inhalts unter eine äußere Überprüfung durch die Erfahrung.

IV.

So weit scheinen hier nur Neuformulierungen des Problems vorzuliegen, und sie dienen vor allem als Mahnung, wie viel und welche Art von Aufmerksamkeit man dem historischen Wandel schenken muss, um sowohl den Inhalt als auch die Autorität *starker* Begriffe wie *Freiheit*, *Gerechtigkeit*, *Erklärung*, *schön*, *fromm* usw. angemessen verstehen zu können. Aber im folgenden Absatz macht Hegel einen Riesenschritt hin zu größerer Klarheit, wenn er uns mitteilt – und das dann in diesem zentralen Kapitel mehrfach wiederholt –, ›dass ein paradigmatisches Beispiel für die Logik der Selbst-Entäußerung

25 Hegel, *PhG*, S. 580.

und damit für die Erfüllung und Wiedervereinigung mit dem Äußeren »der *handelnde,* seiner selbst gewisse Geist« ist.[26] Er beruft sich hier meiner Meinung nach auf die beiden wichtigsten Erörterungen des Handelns in der *Phänomenologie des Geistes,* V. C.: »Die Individualität, welche sich an und für sich reell ist« (eine Stelle, an der Hegel zeigen will, dass Individualität *nicht* »sich an und für sich reell« sein kann) und IV.C.: »Der seiner selbst gewisse Geist. Die Moralität.« (Auch hier will er zeigen, dass ein Subjekt eine bloß selbstgewisse Konzeption von sich selbst *nicht* kohärent durchführen kann.) An beiden Stellen liefert Hegel eine Phänomenologie des üblichen, nicht weiter hinterfragten Verständnisses der Unterscheidung zwischen Handlungen und Ereignissen in der modernen westlichen Tradition sowie der Beziehung zwischen Individuum und Tat, und er macht deren Grenzen in einer Weise deutlich, die für die Frage des absoluten Wissens letztlich von großer Bedeutung ist.

Die nicht weiter hinterfragte moderne Unterscheidung versteht Handlungen als Dinge, die von Individuen intentional, absichtlich, zu einem bestimmten Zweck getan werden. Gelegentlich wird behauptet, das bedeute: von einer Intention ausgehend handeln, aufgrund einer Intention oder infolge einer Intention handeln. Oder: Unter den vielen möglichen Beschreibungen eines Vorkommnisses liegt dann eine Handlung vor, wenn es eine wahre Beschreibung gibt, nach der das Vorkommnis intentional ist. Die Beziehung zwischen einem Individuum und seiner Tat wird, sowohl in der von Hume wie in der von Kant ausgehenden modernen Traditionslinie, *kausal* verstanden. Bei Hume handelt es sich um natürliche Kausalität, bei Kant um eine noumenale Kausalität, aber in beiden Fällen liegt die Annahme zugrunde, dass es keine Handlung gegeben hätte, wenn nicht ein besonderes mentales Ereignis eine Körperbewegung ausgelöst hätte, und dass sich der angemessene Fokus zur Erklärung einer Handlung auf den kausal wirksamen, bestimmten, vorausliegenden mentalen Zustand oder die Intention richten muss, sei diese eine Leidenschaft oder eine Maxime.

In beiden relevanten Abteilungen der *Phänomenologie des Geistes* versucht Hegel, die schwerwiegende Begrenztheit dieser Position phänomenologisch aufzuzeigen, und er schlägt im Unterschied

26 Vgl. ebd., S. 477.

dazu vor, nicht auf einzelne, kausal initiierte Phasen einer Handlung und nicht auf die kausal bedingten Ergebnisse eines besonderen Vorkommnisses zu schauen, sondern Handlungen als den sich entwickelnden und verändernden Ausdruck der Intentionen eines Subjekts in der Zeit anzusehen, die nur in der ausgedehnten Konfrontation und Reaktion im *sozialen Raum* festgelegt sind, wie Terry Pinkard dies nennt. Das heißt, Hegel bestreitet, dass der richtige Weg, um die Bestimmtheit einer Handlung festzulegen, um genau zu bestimmen, was getan worden ist, darin besteht, ausschließlich auf die von einem Subjekt *ex ante* formulierte Intention zu schauen. Er besteht darauf, dass solche vermeintlichen Intentionen, wenn sie als *wirkliche* Intentionen verstanden werden sollen, von ihrem Ausdruck in der Handlung zeitlich nicht getrennt werden können, dass solche subjektiven Formulierungen und Überlegungen sich im Verlauf der Tat wandeln und es durchaus möglich ist, dass Personen sich über ihre tatsächlichen Intentionen und Motive täuschen, dass nur an der Tat im öffentlichen, sozialen Raum deutlich wird, woran sich die Person gebunden fühlt und – manchmal – auch warum. Das ist eine Position, die unserer Erwartung widerspricht. Sie bedeutet, dass ein Subjekt häufig nur *aus der Tat erfahren kann*, wie Hegel sagt, was genau es getan hat, und worum es ihm in seinem Tun tatsächlich ging, und sie impliziert eine tiefe Abhängigkeit von der Rezeption der Tat in der Gesellschaft, die ihrerseits dazu beiträgt, mit Bestimmtheit festzustellen, was tatsächlich getan wurde. In unserem Zusammenhang macht diese Position aber intuitiv klarer, aus welchem Grund Hegel so häufig auf diese Position verweist, um zu erklären, warum es keine strikte Trennung zwischen einem Begriff und seiner *Verwirklichung* oder *Erfüllung* gibt, warum das Erfassen des begrifflichen Inhalts es erforderlich macht, die Aufmerksamkeit auf die *Flüssigkeit* und die *lebendige Geistigkeit* einer Norm zu richten, was ich als den Kern der in der *Phänomenologie des Geistes* vertretenen Position bestimmt habe. In den dafür relevanten Teilen der *Phänomenologie des Geistes* heißt eine Intention zu haben nach Hegel, dass man darum kämpft, diese Intention in einer öffentlichen und öffentlich anfechtbaren Tat auszudrücken, die großer zeitlicher Flüssigkeit und den Aneignungen und Interpretationen anderer unterworfen ist, durch die das Verständnis der eigenen Absicht stark verändert werden kann.

Das bedeutet, um Hegels Formulierung zu verwenden, die

Reinheit und Gewissheit (und damit die Sicherheit) des eigenen Selbstverständnisses zu *»opfern«* und sich den Reaktionen, Gegenansprüchen und Herausforderungen der anderen zu unterwerfen. Bliebe man in der inneren Zitadelle der subjektiven Gewissheit oder hielte man sich nur an das, was formal definiert werden kann, müsste das eigene Selbstverständnis zweifelhaft bleiben – die Frage, ob ich wirklich dem verbunden bin, dem ich verbunden zu sein glaube, die Frage nach der Wirklichkeit jedes Selbstbildes oder jedes Anspruchs auf normative Richtigkeit bliebe in der Schwebe – und könnte deswegen genauso gut für die Fantasievorstellung eines Entschlusses, einer Intention oder einer Verpflichtung gehalten werden wie für etwas Echtes. In diesem Sinn muss Handeln als Selbst-Negation verstanden werden, als Negation des Anspruchs des Subjekts auf vollständige Verfügungsgewalt über Natur und Bedeutung seiner Tat. Daraus resultiert das Teilen von Autorität mit anderen oder auch die Opferung der Philosophie als einer ahistorischen, einer deduktiven Disziplin im traditionellen, sowohl platonischen als auch kantischen Sinn. All das kann wie der »Weg der Verzweiflung« in Hegels Sinn erscheinen, wie »der Verlust seiner selbst«.[27] Aber wie dies bei vielen anderen Beispielen in Hegels christlicher Bilderwelt der Fall ist, kann die Bildung durch Erfahrung zeigen, dass man durch den Verlust dieser falschen Unabhängigkeit und Herrschaft wahre Unabhängigkeit gewonnen hat, auf die in der *Rechtsphilosophie* als ein »in diesem Anderen bei sich selbst« sein verwiesen wird.[28]

27 Insbesondere im Hinblick auf die spekulative Identität, die Hegel zwischen innerer und äußerer Handlung behauptet: »Die Kraft des Geistes ist nur so groß als ihre Äußerung, seine Tiefe nur so tief als er in seiner Auslegung sich auszubreiten und sich zu verlieren getraut« (*PhG*, S. 18).

28 Hegel, *Grundlinien*, S. 57, § 7 Zusatz. Hegel trifft eine in seinem Sinn »logische« Feststellung zu den wichtigen Ereignissen in »beiden« Bibeln. Die Schöpfungsgeschichte der hebräischen Bibel zeigt die Unzulänglichkeit eines Gottes, der nur mit sich selbst befasst ist und sich deswegen in der Schöpfung der Welt »entäußern« muss. (Es bestehen kaum Zweifel, dass Hegel Luthers Deutung dieses Wortes akzeptiert – Luthers Übersetzung für *kenosis* – und darüber hinausgeht, indem er behauptet, das Bild bedeute, dass Gott sich entäußern oder verlieren oder sich nach außen in das wenden musste, was anders ist als er, um endlich Gott zu sein. Ich folge hier der Übersetzung und Interpretation Terry Pinkards in seiner in Kürze erscheinenden Übersetzung der *Phänomenologie des Geistes*.) Und die Bilderwelt des Neuen Testaments ist noch hegelianischer. Der Gottvater ist zu seinem eigenen Sohn geworden, in die Welt getreten und für ihn (für sich

V.

Mehrfach verwendet Hegel in dem Kapitel über das absolute Wissen Formulierungen der folgenden Art. Er bemerkt:

Durch diese Bewegung des Handelns ist der Geist – der so erst Geist ist, daß er da ist, sein Dasein in den *Gedanken* und dadurch in die absolute *Entgegensetzung* erhebt und aus dieser eben durch sie und in ihr selbst zurückkehrt – als reine Allgemeinheit des Wissens, welches Selbstbewußtsein ist, als Selbstbewußtsein, das einfache Einheit des Wissens ist, hervorgetreten.[29]

Was Hegel in seiner Darstellung der Natur des Handelns hervorhebt, was er für die logische Form der »versöhnten« Erfahrung und der Erkenntnis dieses Erfordernisses (das heißt das absolute Wissen) für paradigmatisch hält, beschreibt er folgendermaßen:

Dies Ablassen ist dasselbe Verzichttun auf die Einseitigkeit des Begriffs, das *an sich* den Anfang ausmachte; aber es ist nunmehr *sein* Verzichttun, so wie der Begriff, auf welchen es Verzicht tut, der seinige ist.[30]

[Und so] *die Unmittelbarkeit des Ansich* [...] in Bewegung zu setzen oder umgekehrt, das Ansich als das *Innerliche* genommen, das, was erst *innerlich* ist, zu realisieren und zu offenbaren, d. h. es der Gewißheit seiner selbst zu vindizieren.[31]

In diesem Zusammenhang nimmt er die Opfermetaphern wieder auf. Dabei stellt er fest, dass sich sagen lässt, jede Seite der folgenden Gegensatzpaare würde für die je andere *sterben*, das heißt, sich opfern: formale Universalität gegen reichen, lebendigen Inhalt oder die rein selbstgewisse Formulierung der subjektiven Intention als Essenz einer Handlung gegen die Bedeutung und den Umfang der Verantwortung, wie sie einem von anderen zugeschrieben wird, oder reine Pflicht gegen die unentrinnbare Relevanz aller, nur allzu menschlicher, vernünftiger Motivationen. Das Bild des Paradig-

selbst) verloren und bereitet den Weg für Versöhnung oder den Heiligen Geist vor. Die tieferliegende Frage ist hier, so würde ich behaupten, eine ethisch-politische: Der ikonische Status von Christus als Herr und Knecht, als sein eigener Vater und gleichzeitig sein eigener Sohn.

29 Hegel, *PhG*, S. 582.

30 Ebd., S. 581.

31 Ebd., S. 585.

mas, auf das er immer wieder zurückgreift, ist das eines handelnden Subjekts, das so starr auf der entscheidenden Rolle seiner subjektiv formulierten Intention beharrt, so sehr auf der Autorität des Individuums insistiert, um den bestimmten Inhalt dessen, was getan wurde, und die Reichweite der Handlung zu bestimmen, dass der tatsächliche Übergang von der Intention zur Handlung als eine bedauerliche Einschränkung und eine Störung solcher Reinheit erfahren wird. Die Ausführung einer Intention ist ebenso sehr eine Verletzung wie eine Äußerung. Die Rezeption und die Reaktion anderer wird als irritierende und letztlich irrelevante Störung der eigenen Angelegenheiten durch andere angesehen, wie »die Fliegen zu frisch aufgestellter Milch«, wie es in V.C. heißt.[32] Hegel zeigt, dass dies in eine *Erfahrungs-Sackgasse* führt, die verschiedene existenzielle Pathologien erzeugt: »das Gesetz des Herzens, der Wahnsinn des Eigendünkels«, »das geistige Tierreich und der Betrug oder die Sache selbst« und »die schöne Seele, das Böse«. Keine Seite dieser Fantasiewelt, weder die Vorstellung von sich selbst als einer kontingent motivierten, Leidenschaften befriedigenden Maschine noch eines reinen, sich selbst Gesetze gebenden, noumenalen Subjekts, kann gemäß seinem Selbstentwurf »wirklich« *handeln* und würde daher, ohne das Moment der Versöhnung und des *Opfers*, auf das Hegel hinweist, eine Art lebendigen Todes sterben.

Vom Standpunkt einer anfänglichen subjektiven Selbstgewissheit sieht das Handeln wie eine Selbst-Negation aus, wie eine Verletzung der Reinheit und exklusiven Verfügungsgewalt über die Tat, die als Bedingung dafür gedacht wird, dass ich mich selbst in der Tat sehe, und also für die Freiheit. Aber Hegel versucht, die enorme Bürde zu beleuchten, die ein solches Selbstverständnis zu tragen hat, er versucht, die Behauptung empirisch plausibel zu machen, dass eine derartige Starre schließlich unter einer solchen Bürde *zerbrechen* wird (wie im »Brechen des harten Herzens« im Kapitel über das Gewissen)[33] und dass ein solches Subjekt letztlich die Negation seiner eigenen reinen Subjektivität als wahre *Verwirklichung* seiner Subjektivität verstehen wird. Diese Bürde ist nicht allein und nicht einmal vorwiegend eine Sache logisch unvereinbarer Verpflichtun-

32 Vgl. ebd., S. 310.

33 Hierbei handelt es sich um denselben Absatz, in dem Hegel die Bemerkung macht: »Die Wunden des Geistes heilen, ohne daß Narben bleiben«, vgl. Hegel, *PhG*, S. 492.

gen, und das *Brechen* ist nicht bloß die begriffliche Lösung solcher Unvereinbarkeiten. Eine solche Denkweise würde die Einseitigkeit, deren Gewalt die *Phänomenologie des Geistes* zu brechen versucht, nur aufrechterhalten.

Ich denke, dass Hegel recht hat, wenn er annimmt, dass dieses Vertrauen auf die Handlungsanalyse, um die zentrale *Bewegung der Phänomenologie* zu beleuchten, hilfreich ist. Wenn man das berücksichtigt, werden Stellen wie die folgende klarer. Den Inhalt der Selbsterkenntnis eines Ichs kommentierend bemerkt Hegel:

> [...] der Inhalt ist allein dadurch *begriffen*, daß Ich in seinem Anderssein bei sich selbst ist. Dieser Inhalt, bestimmter angegeben, ist nichts anderes als die soeben ausgesprochene Bewegung selbst; denn er ist der Geist, der sich selbst und zwar *für sich* als Geist durchläuft, dadurch, daß er die Gestalt des Begriffs in seiner Gegenständlichkeit hat.[34]

Aber mit dieser Berufung Hegels auf seine Auffassung des Handelns stellt sich die Frage, warum er der Ansicht ist, dass diese Auffassung derart wichtige Implikationen für die Auffassung des Begrifflichen in der *Phänomenologie* enthält. Das ist ein weites Feld, aber ich würde vermuten, dass Hegel das Problem des Begrifflichen so behandelt, wie er das Problem der Normativität im Allgemeinen behandelt, und das heißt schlicht: Die Frage ist, was getan werden sollte, um ein Phänomen verständlich zu machen, und wie Handlungen gerechtfertigt werden sollten (was gedacht und was getan werden sollte, könnte man sagen), und nicht wie das Gehirn Informationen verarbeitet oder was den Menschen wirklich motiviert. Ein gewisser Interpret jüngster Zeit (Brandom) hat recht, wenn er sagt, dass für Hegel das *Reich des Geistigen* die *normative Ordnung* ist, und es ist heute wohlbekannt und weithin anerkannt, dass Hegel in einer höchst aufsehenerregenden Weise auf die Bühne der gegenwärtigen, und insbesondere der anglophonen, Welt zurückkatapultiert worden ist, weil er den zentralen modernen Dualismus nicht als metaphysische Frage, von Natur und Freiheit oder von Materialismus und Immaterialismus, sondern als *logische* oder kategoriale Frage des Natürlichen und des Normativen oder des Raumes der Ursachen und des Raumes der Gründe begreift. Es trifft auch zu, dass Hegel Begriffe oder Normen im Sinne Kants

34 Ebd., S. 583.

funktional, als Prädikate möglicher Urteile denkt, und dann viel weiter geht als Kant, indem er jedes mögliche Erfassen eines begrifflichen oder normativen Inhalts mit dem wirklichen Gebrauch innerhalb einer sprachlich und normativ verbundenen oder *urteilenden* Gemeinschaft verknüpft. Die Frage, um die es dabei geht, ist zu umfassend, als dass sie hier behandelt werden könnte, denn die Richtung, in die diese Interpretation zielt, verlangt letztlich, dass die Natur der Autorität solcher normativer Einschränkungen und Ideale auf »Selbstgesetzgebung« beruht, dass Hegels Reden von Selbsthervorbringung (vom Geist als einem Erzeugnis seiner selbst) nicht das Tor zu einer philosophischen Anthropologie ist, sondern den Anfang einer Darstellung der Natur einer solchen Autorität bedeutet und Kants berühmte Forderung aus der *Grundlegung* anklingen lässt, dass wir die Urheber aller Gesetze sein müssen, denen wir unterworfen sind und denen wir uns selbst unterwerfen.[35] Unter diesen Voraussetzungen wird die Ausübung normativer Autorität sehr ähnlich aufgefasst wie der Ausdruck einer Intention in einem öffentlichen, gesellschaftlichen Raum, die nur dann als Autorität funktioniert, wenn es einen hinreichend harmonischen sozialen, bedeutungsvollen Kontext gibt, der in der richtigen Weise auf mögliche Infragestellungen dieser Autorität reagiert.[36]

VI.

Hegels Angriff auf die Einseitigkeit der intentionalistischen und kausalistischen Auffassungen und auf sämtliche Vorstellungen eines begrifflichen Formalismus ist jedoch keine Einladung zum Behaviorismus, als bestimmten *andere*, unabhängig von der Auffassung des Subjekts darüber, was geschieht, warum es geschieht und was getan worden ist. Dasselbe gilt für die allgemeine Position, der die Handlungstheorie als Vergleich dient. Hegels Position ist kein Prolegomenon für eine Transformation der Philosophie in bloßen Konventionalismus oder eine Wissenssoziologie.

Und zwar aus zwei Gründen. Der wichtigste ist: Hegel verbindet die Verständlichkeit normativer Ansprüche mit einem Prozess

35 Siehe meinen Aufsatz »Über Selbstgesetzgebung«, in diesem Band S. 52-84.

36 In der »Vorrede« wird »die Vernunft« als »das zweckmäßige Tun« erläutert; vgl. Hegel, *PhG*, S. 26.

der Rationalisierung für die in Rede stehenden Individuen und Gemeinschaften, und das heißt, dass für uns oder jeden, der diese Ansprüche auf Rechtfertigung phänomenologisch betrachtet, die folgende These gilt: Wir müssen in der Lage sein, sowohl die Grundlagen solcher Ansprüche *für die Beteiligten* zu verstehen (warum und in welchem Sinn sie diese Ansprüche als gerechtfertigt ansehen), und wir müssen auch in hinreichend umfassender Weise verstehen, wie die *Rechtfertigung* funktioniert, um das Scheitern oder Zusammenbrechen solcher Gründe angebender und Gründe verlangender Praktiken zu verstehen. Und das heißt zweitens, dass Hegel die Fähigkeit, auch die bestimmte Partikularität solcher normativen Prinzipien und damit den *philosophischen* Grund für ihr Zusammenbrechen zu verstehen, als eine Bedingung solchen Begreifens ansieht. (Für Hegel besteht zwischen dem Verstehen dessen, was man für eine Rechtfertigung hält, und der Frage nach der Qualität dieses Anspruchs keine Kluft. Uns interessiert nicht, welche Verlautbarungen Subjekte von sich geben, wenn sie in Frage gestellt werden, sondern ob, und wenn ja, warum, ihre Äußerungen für sie als Rechtfertigung gelten.)

Diese skizzenhafte Zusammenfassung setzt zugegebenermaßen sehr vieles voraus. Ja, sie enthält in der Tat höchst strittige Punkte. Auch die Vorstellung, dass eine Form von Irrationalität als eine Art Leiden erfahren werden kann, ein Leiden, das bestimmt genug ist, um in der normativen Geschichte einer Gemeinschaft die Zyklen von Autorität und Autoritätsverlust zu erklären, ist ungemein umstritten. Die empirischen Belege dafür, dass Menschen mit der vermeintlichen Bürde der Irrationalität oder Unbestimmtheit recht lange leben können, sind recht zahlreich.

Aber Hegel behauptet nicht, seine Auffassung sei vorausschauend. Es handelt sich eindeutig um eine retrospektive und rekonstruierende Teleologie, und diese zielt lediglich auf eine Kommentierung *jener wirklichen* Momente, in denen eine Korrektur der abstrakten Opposition zwischen einem vermeintlich normativen Inhalt und seiner *Entäußerung* in einer Weise erfahren wird, die einem solchen Dualismus weniger unterworfen ist, sowie auch darauf, die Bedeutung solcher Momente innerhalb einer umfassenden Auffassung der Selbsterkenntnis des Geistes zu erläutern. Selbstverständlich würde es verschiedener Untersuchungen und zweifelsohne mehrerer Bücher bedürfen, um die Details dieser Auffassung der

Bestimmtheit herauszuarbeiten, die als eine Art Selbst-Negation oder Selbst-Entäußerung verstanden wird, und nicht nur zugesteht, dass ein kohärenter sozialer Kontext sowie eine angemessene soziale Rezeption notwendig sind, damit etwas Bedeutung erhält, sondern auch, dass sich zeigen lässt, dass die Auseinandersetzungen, die einem solchen Kontext inhärent sind, eine verständliche Form besitzen. Schließlich benötigt man noch einige weitere Untersuchungen, um zu verstehen, warum Hegel denkt, seine Auffassung sei der kantischen Lehre von Begriff und Anschauung, Fichtes Selbstsetzung des Nicht-Ich oder Schellings Indifferenzpunkt, der allen Unterscheidungen vorausliegt, überlegen.

VII.

Hegels Darstellung enthält, wenn man sie in der vorgeschlagenen Weise versteht, zwei weitreichende Implikationen für ein Verständnis des Anspruchs auf absolutes Wissen. Die erste hat mit dem berüchtigten Abgeschlossenheits-Problem und folglich mit der Frage zu tun, welche Art von Vollständigkeit am Ende der *Phänomenologie des Geistes* erreicht wird. Hegel bemerkt hier:

> Die Vereinigung beider Seiten [Hegel scheint hier das »reine« Wissen des Geistes von sich selbst im Auge zu haben, und eine vermeintlich äußere Beschränkung, Grenze und Gegensatz zu einem solchen Selbstverständnis in der öffentlichen, gesellschaftlichen Welt, einen schließlich aufgehobenen Gegensatz] ist noch nicht aufgezeigt [Hegel scheint zu meinen, im Selbstverständnis der Religion]; sie [anscheinend die in diesem Kapitel erreichte Vereinigung im absoluten Wissen] ist es, welche diese Reihe der Gestaltungen des Geistes beschließt [...].[37]

Und im nächsten Absatz spricht er von einer gewissen »Vollständigkeit« bei der Präsentation des Inhalts des selbstbewussten Geistes.[38]

Aber im Allgemeinen gibt es wirklich nicht viel *Inhalt*, der als Inhalt eines phänomenologischen Begriffs des absoluten Wissens präsentiert wird, und die Vollständigkeit ist die Vollständigkeit einer Einführung. Der thematische Gehalt des für das absolute Wissen erhobenen Anspruchs liegt für den Geist einfach darin, an

37 Hegel, *PhG*, S. 579.
38 Vgl. ebd., S. 580.

einem Punkt angelangt zu sein, an dem er dazu kommt, »sich zu wissen nicht nur wie er *an sich*, oder nach seinem absoluten *Inhalte*, noch nur wie er *für sich* nach seiner inhaltslosen Form oder nach der Seite des Selbstbewußtseins, sondern wie er *an und für sich* ist«.[39] Das bereitet uns lediglich darauf vor, einen besonderen Anspruch auf einen legitimen normativen Inhalt zu verstehen. Bis zu diesem Punkt wird in der *Phänomenologie des Geistes* kein solcher Anspruch erhoben. (Es gibt keine Darstellung des modernen objektiven Geistes oder der Sittlichkeit, das ist bekannt und durchaus konsistent.)[40] Die Untersuchung eines *verwirklichten* Geistes wäre eine wahrhaft *wissenschaftliche* Untersuchung, und das führt uns zum zweiten Punkt, der aus dieser Interpretation folgt.

Normalerweise bieten die Kommentatoren eine verständliche Interpretation des Bezugs auf die Wissenschaft an Stellen wie der folgenden an:

> Dadurch ist dasjenige zum Elemente des Daseins oder *zur Form der Gegenständlichkeit* für das Bewußtsein geworden, was das Wesen selbst ist, nämlich der *Begriff*. Der Geist, in diesem Elemente dem Bewußtsein *erscheinend* oder, was hier dasselbe ist, darin von ihm hervorgebracht, *ist die Wissenschaft*.[41]

Gelegentlich sagt man, dieser Verweis müsse sich auf Hegels *Wissenschaft der Logik* beziehen, auf das Buch, das die Grundlage seines Systems bildet und ein paar Jahre später in Nürnberg geschrieben wurde. Angesichts dessen, was Hegel am Ende der »Vorrede« sagt, ist dies verständlich.[42]

Aus allem, was wir gesehen haben, folgt jedoch, dass dieser Bezug zu eng wäre. Wir müssen uns auch daran erinnern, was er-

39 Ebd., S. 579.

40 Dass die »handlungstheoretische« Orientierung der Darstellung des absoluten Wissens nicht rein exemplarisch ist, sondern essenziell, findet eine teilweise Bestätigung in der Jenaer Geistphilosophie von 1805/1806, wo das »sittliche Gemeinwesen« als das »Dasein des absoluten Geistes« bezeichnet wird. Siehe Siep, *Der Weg der Phänomenologie des Geistes*, S. 247. Siep hebt auch die verblüffende Tatsache hervor, dass das absolute Wissen als praktisches Selbstbewusstsein eingeführt wird, verbindet aber die Fragen nicht mit Hegels Handlungstheorie, wie hier vorgeschlagen.

41 Hegel, *PhG*, S. 583.

42 Vgl. die Bemerkung über »Logik oder spekulative Philosophie« (S. 39).

forderlich ist, um »die Bewegung der reinen Wesenheiten«[43] angemessen zu verstehen (und dies nicht wieder von vornherein als »reinen« oder unabhängigen, sich selbst bewegenden Gedanken zu mystifizieren).[44] Schließlich läuft die erreichte Position auf den Anspruch hinaus, dass der Begriff »in seiner Wahrheit« immer »in der Einheit mit seiner Entäußerung« verstanden werden muss.[45] Das muss bedeuten, dass diejenigen, die glauben, eine Theorie unabhängiger Kategorien oder die Lehre von einer sich selbst bewegenden, begrifflichen oder wirklich noetischen, der sichtbaren Welt zugrunde liegenden Struktur stelle die grundlegende Position Hegels dar, die wichtigste Lehre der *Phänomenologie des Geistes* überhört haben – dass sie nicht angemessen durch sie gebildet wurden. Hegel muss sich im Gegenteil auf die Totalität der Selbsterkenntnis des Geistes beziehen, die durch das Wissen davon, was »der Geist an und für sich selbst« ist, ermöglicht wird, und das meint nicht nur die *Enzyklopädie* als Ganzes, sondern ihre angemessene phänomenologische Vorbereitung und die Realphilosophie, die sie ermöglicht; die Entäußerungen, die in der Geschichte der Kunst, der Religion, der Politik und der Weltgeschichte manifest werden. Die *Wissenschaft der Logik* selbst verkörpert diese Warnung vor partikularen und »logisierenden« Lesarten Hegels. Zumindest die Stelle vom Anfang der *Begriffslogik* macht offenbar, was für Hegel die unvergessliche und nicht isolierbare Lektion der *Phänomenologie des Geistes* ist, und das wird noch dazu in einer bildhaften Weise ausgedrückt, die der *Phänomenologie des Geistes* entspricht:

Das Allgemeine [...] ist es selbst und greift über sein Anderes über; aber nicht als ein *Gewaltsames*, sondern das vielmehr in demselben ruhig und *bei sich selbst* ist. Wie es die freie Macht genannt worden, so könnte es auch die *freie Liebe* und *schrankenlose Seligkeit* genannt werden, denn es ist ein Verhalten seiner zu dem *Unterschiedenen* nur als *zu sich selbst* in demselben ist es zu sich selbst zurückgekehrt.[46]

43 Hegel, *PhG*, S. 37.

44 Siehe hierzu besonders die hilfreichen Bemerkungen in Siep, *Der Weg der Phänomenologie des Geistes*, S. 256 f.

45 Hegel, *PhG*, S. 580.

46 G.W.F. Hegel, *Wissenschaft der Logik II*, *Werke*, Bd. 6, Frankfurt/M. 1986, S. 277.

10.
Brandoms Hegel

Bob Brandoms herausragendes Werk *Tales of the Mighty Dead* ist ein Werk der »rekonstruktiven Metaphysik«, mit besonderem Augenmerk auf der Metaphysik der Intentionalität. So verwundert es kaum, dass Brandom sich zu früheren impliziten Versionen seiner eigenen Theorie der wesentlichen Elemente einer erfolgreichen Erläuterung der Intentionalität hingezogen sieht: Laut Brandom sollte eine solche Erläuterung funktionalistisch, inferentialistisch, holistisch, normativ, sozial-pragmatistisch und, wie wir inzwischen deutlicher sehen können, geschichtlich vermittelt sein. Brandom selbst möchte zeigen, dass die Intentionalität nicht das grundlegende Phänomen menschlicher Geistigkeit ist. Vielmehr sei sie ein abgeleitetes Phänomen, das von Normativität sowie von der Erlangung sozial anerkannter normativer Status abhänge, die durch normative Einstellungen konstituiert werden. Vor diesem Hintergrund muss Brandoms Hegel sich als der vielversprechendste »Brandomianer« *avant la lettre* erweisen. »Es explizit zu machen« ist für Hegel genauso wichtig wie für Brandom; daher spielen die folgenden hegelschen Gedanken (und noch viele weitere) auch in Brandoms Theorie eine wichtige Rolle: das Für-sich-selbst-Sein und das Für-andere-Sein sowie deren Untrennbarkeit; der Gegensatz zwischen Gewissheit und Wahrheit; der Angriff auf jede Form des logischen oder empiristischen Atomismus; das Bestehen auf dem Holismus; die Zurückweisung eines jeden Cartesischen Dualismus von Körper und Geist zugunsten einer vereinbaren und systematisch verknüpften Unterscheidung des Faktischen und des Normativen;[1] und schließlich die Unabdingbarkeit des Erreichens

1 Meiner Meinung nach hat Brandom vollkommen recht, wenn er darauf hinweist, dass die Sphäre des Geistigen für Hegel die »normative Ordnung« darstellt. Siehe dazu: Robert B. Brandom, »Reason, Expression and the Philosophical Enterprise, in: C.P. Ragland, Sarah Heidt (Hg.), *What is Philosophy?*, New Haven 2001, S. 74-95. Siehe auch: Robert B. Pippin, »Naturalness and Mindedness. Hegel's Compatibilism«, in: *The European Journal of Philosophy* 7 (1999), S. 194-212, sowie: Robert B. Brandom, *Expressive Vernunft. Begründung, Repräsentation und diskursive Festlegung*, Frankfurt/M. 2000, S. 72ff. und S. 864ff.

sozial anerkannter Status für die Möglichkeit der Verständlichkeit und des Verstehens.

Im Folgenden möchte ich eine Reihe von Fragen zu Brandoms Hegel aufwerfen, doch ich muss gleich zu Beginn einräumen, dass die Relevanz dieser Fragen davon abhängt, was Brandom mit der »de re«-Methode der Interpretation meint, die er am Anfang von *Tales of the Mighty Dead* verteidigt.[2] Mir ist klar, dass Brandom einerseits zugibt, dass seine Methodik »Selektion, Ergänzung und Annäherung«[3] beinhaltet, wobei »Selektion« eine Quelle potenzieller Kontroversen ist, da man sich leicht vorstellen kann, dass sie als *Passepartout* genutzt wird, wann immer sich Fragen bezüglich der Texttreue ergeben. Das Thema der »Selektion« ist außerdem besonders heikel, denn wie Brandom natürlich weiß, ist Hegels Theorie der Normativität in dessen *Phänomenologie* erheblich um-

2 Robert B. Brandom, *Tales of the Mighty Dead. Historical Essays in the Metaphysics of Intentionality*, Cambridge 2002; im Folgenden ›*TMD*‹. Brandoms Verständnis philosophischer Texte steht im Einklang mit seinem Verständnis des Verstehens: die Bedeutung solcher Texte ist eine Frage inferenziell artikulierter Verpflichtungen; wir verstehen die Bedeutung eines Begriffs in einem bestimmten Text, indem wir nachvollziehen, wie er von einem Autor verwendet wird, welche Manöver er ermöglicht, was er vorschreibt und wie er von der Gemeinschaft zu einer gegebenen Zeit verstanden (verwendet) werden würde. Alternativ können wir versuchen zu verstehen, wie ein ursprünglicher Begriff in einem späteren Kontext verwendet werden würde, wie zum Beispiel in unserem Kontext. In diesem letzteren Fall fragt man nicht, was die Autorin glaubte, das auf ihre Prämissen folge, sondern was *tatsächlich* auf sie folgt. Man kann darauf fokussieren, wovon der begriffliche Gehalt handelt; worauf die Autorin sich verpflichten muss, wenn die Wahrheit – unter Berücksichtigung dessen, was man inzwischen weiß, oder gegeben die logisch expressiven Ressourcen, über die man inzwischen verfügt – bewahrt werden soll. Dies ist ungefähr das, was Brandom mit dem Unterschied zwischen Interpretationen beziehungsweise ›Spezifikationen begrifflichen Gehalts‹ beziehungsweise ›diskursivem Score Keeping‹, *de dicto* und *de re,* meint. Die Einführung seines eigenen semantischen Arsenals, inklusive der essenziellen Unterscheidung zwischen dem Eingehen und dem Zuschreiben von Verpflichtungen, dient Brandoms hermeneutischen Absichten auf ausgezeichnete Weise. Wie das meisterhafte achte Kapitel seiner *Expressiven Vernunft* illustriert, handelt es sich bei diesen beiden Spezifikationen nicht um Zuschreibungen verschiedener Überzeugungen, von Überzeugungen mit verschiedenem Inhalt. Vielmehr »spezifizieren [sie] einen einzigen begrifflichen Inhalt einer einzigen Überzeugung auf zwei verschiedene Weisen, aus zwei verschiedenen Perspektiven, in zwei verschiedenen Kontexten von Neben-Verpflichtungen« (*TMD*, S. 102).

3 Brandom, *TMD*, S. 111.

spannender, als die hegelschen Themen, zu denen Brandom sich, zumindest bisher, äußert. So umfasst Hegels Theorie Themen wie Religion, Kunst, Bestattungsriten, die Kreuzzüge, Sklaverei, Phrenologie, Hedonismus, Moralität und Vergebung. In der Tat scheint Hegels Version der Theorie genau das zu leisten, was Chomsky beschäftigte, als er Davidson (den ehemaligen Empfänger des »Internationalen Hegelpreises«) kritisierte. Wenn Chomsky Davidson beschuldigt, »die Grenze zwischen der Kenntnis einer Sprache und der Kenntnis unserer Orientierung in der Welt überhaupt auszulöschen«, und moniert, dass dies das Studium der Sprache (verstanden entweder im Sinne Davidsons oder aber holistisch im Sinne Brandoms und Hegels) in eine »Theorie von Allem und Jedem« verwandeln würde, dann würde Hegel wohl einfach nicken, zustimmen und abwarten, ob noch etwas nachkommen werde, was er als eine Art Kritik anerkennen könnte.[4] Denn es heißt ja: *»Das Wahre* ist *das Ganze«.*[5] Es ist natürlich möglich, den größten Teil von Hegels Ansatz »gezielt zu selektieren«, um sich auf das zu konzentrieren, was genau *»von Hegels idealistischem, pragmatischem, historizistischem Holismus für eine Theorie des begrifflichen Gehalts relevant ist«*. Jedoch stellt sich dabei zumindest die Frage, ob diese Elemente des hegelschen Denkens derart isolierbar sind, und ob, im Lichte von Hegels vollständiger *Theorie der Normativität* und insbesondere seiner *Theorie des normativen Wandels* (also letztlich im Lichte dessen, was Hegel als seine philosophische »Theorie von Allem und Jedem« verstand),[6] diese Begriffe nicht sogar innerhalb einer Theorie des begrifflichen Gehalts anders aussehen müssten.

Es besteht also eine gewisse Gefahr, dass die etwas umfassenderen Fragen, die ich stellen möchte, mit Blick auf den besonderen Zweck, zu dem Brandom Hegels »objektiven Idealismus« ins Spiel bringt, unwichtig erscheinen, oder dass sie zum Gegenstand wei-

4 Noam Chomsky, *New Horizons in the Study of Language and Mind*, Cambridge 2000, S. 146. Siehe auch Richard Rortys sehr wertvolle (nicht hegelsche) Antwort auf Probleme dieser Art in »The Brain as Hardware, Culture as Software«, in: *Inquiry* 47 (2004), S. 219-235.

5 G.W.F. Hegel, *Phänomenologie des Geistes*, Werke, Bd. 3, Frankfurt/M. 1986, S. 24, im Folgenden ›*PhG*‹ (Hervorhebung R.P.).

6 Chomsky glaubt freilich, dass sich Vertreter einer holistischen Semantik begrifflicher Rollen auf eine naturwissenschaftliche »Theorie von Allem« festlegen müssten und dass ihr Verständnis der Sprache kein eigenständiges Forschungsprogramm für moderne Neurolinguisten übriglassen würde.

terer Untersuchungen erklärt werden, sobald wir uns über die Natur des Begrifflichen klar geworden sind. Ich glaube jedoch nicht, dass beide Aufgaben in dieser Weise getrennt werden können, und meine Position in dieser Frage gründet in Brandoms eigenen, selbstauferlegten Bedingungen. Beispielsweise stellt er Fragen wie: »Passen die Begriffe des objektiven Idealismus und die begrifflichen Bestimmungen, die in den zwei Hegel-Kapiteln [von *TMD*] vorgenommen werden, zu anderen Aussagen Hegels?«[7] Ebendiese Frage möchte auch ich stellen,[8] vor allem, weil ich mir unsicher bin, ob Brandom mit Hegel tatsächlich erreichen kann, worauf er hinauswill, ohne dass sich zwangsläufig Fragen ergeben, die eine hegelsche »Theorie von Allem und Jedem« betreffen. (Außerdem scheint mir

7 Brandom, *TMD*, S. 114.

8 Diese Frage der »Verantwortung« dem Text gegenüber stellt ein verzwicktes Problem dar, denn unabhängig davon, wie man es fasst, läuft man stets Gefahr, den Eindruck zu erwecken, dass man auf irgendeiner Art Priorität einer *de-dicto*-Interpretation besteht, und dies ist nicht, so scheint mir, was Brandom sagen will. Diese Annahme würde uns wieder zu dem Gedanken einer im Text eingeschlossenen, ursprünglichen oder essenziellen Bedeutung zurückbringen, und also weg von dem prozessartigen, inferenziellen Bild, das Brandom nahelegt. Die *de-re*-Interpretation ist etwas ganz anderes, davon Verschiedenes, und philosophisch genauso respektabel. Sobald zum Beispiel Strawson das Problem der Rechtfertigung von synthetischen Urteilen a priori als auch die Behauptung des kantischen Idealismus, wir kennten nur Erscheinungen, verworfen hat, bleibt nicht viel von seiner *de-re*-Rekonstruktion übrig, das Kant als verbindlich hätte anerkennen können. Aber es bleibt *etwas* von Kant zurück in einer ›Selektion‹ und ›Ergänzung‹, eine Weise, wie *Kant innerhalb* des neuen Kontexts der strawsonschen deskriptiven Metaphysik wirklich aussieht. Was bleibt, ist die Unterscheidung zwischen Begriffen und Anschauungen, die Diskursivität des menschlichen Intellekts und die Idee, dass es ›Grenzen‹ jedweder Erfahrung gibt, die für uns verständlich ist. Die *de-re*-Interpretation ist ein Prozess, eine Art und Weise in *unserem* Territorium zu navigieren, doch gelenkt von *irgendeiner* Einsicht eines historischen Urhebers. Selbst wenn Interpretation auf diese Weise verstanden wird, muss es auch diese Führung *geben*, diese Rücksicht auf, zum Beispiel, *Hegels* Verständnis von begrifflichem Gehalt, selbst wenn dieses durchgehend in einem nicht-hegelianischen, neuen, ›logisch expressiven‹ Vokabular gefasst wird. (Dies ist bereits eine Variante einer weit verbreiteten und sehr groben intuitiven Reaktion auf Brandoms Inferenzialismus: dass das Verstehen des Gehalts eines Begriffs nicht nur das Verstehen seiner inferenziellen Artikulation sein kann, da diese materialen Implikationen und Inkompatibilitäten selbst bereits angeleitet (legitimiert) sein müssen durch die Berufung auf ein Erfassen von etwas, das wiederum solche inferenziellen Prozesse leitet. Brandom stehen verschiedene Antworten auf diesen Vorwurf zur Verfügung. Dieses Problem wird im weiteren Verlauf noch öfter auftauchen.)

eine Auseinandersetzung mit Brandoms Hegel unmöglich, ohne einen beträchtlichen Anteil von Brandoms Brandom – aus *Expressive Vernunft* – ins Spiel zu bringen.)[9]

Es gibt zahlreiche Beispiele dafür, wie dieses Problem entsteht. Ich kann in diesem begrenzten Rahmen aber nur vier wohlbekannte hegelsche Behauptungen und Brandoms Verständnis (beziehungsweise mangelndes Verständnis) dieser Behauptungen besprechen. Und wie in derartigen Untersuchungen üblich, bleibt leider kein Platz, um angemessen darzustellen, wie viel ich aus diesen hervorragenden und inspirierenden Aufsätzen gelernt habe. Die vier Behauptungen, denen ich mich hier widmen will, lauten: (I) Hegels Philosophie ist ein Idealismus. (II) Dieser Idealismus ist ein Holismus. (III) Rationale Normen müssen als im Laufe der Zeit *sozial* instituiert verstanden werden. Dies bedeutet, dass ihre bindende Kraft daher rührt, dass wir uns ihnen unterworfen haben (sie sind »selbst-gesetzt«) und dass spätere Normen als das *Resultat* verschiedener Zusammenbrüche und Krisen früherer, vorhergehender Institutionen verstanden werden können. Tatsächlich ist unsere Fähigkeit, Normen als eben solche Reaktionen zu verstehen, nach Hegel ein wesentlicher Bestandteil der Behauptung, dass spätere Normen eine entwickeltere, erfolgreichere Verwirklichung dessen darstellen, dass wir uns in menschlichen Angelegenheiten auf unsere Vernunft berufen und dass sie somit eine stetig größere Verwirklichung der Freiheit ermöglichen. Ein grundlegender Aspekt dieser Entwicklung besteht nach Hegel in einer Art gesellschaftlichem »Kampf um Anerkennung«, der sich manchmal gewaltsam vollzieht und, wenn überhaupt, nur in einem Zustand wahrhafter Gegenseitigkeit beigelegt werden kann. Und schließlich: (IV) Die Philosophie ist historisch, grundlegend und ausschließlich »Kind ihrer Zeit«, wobei dies verschiedene kontroverse Dinge bedeutet. Den kontroversesten Punkt habe ich bereits genannt: Die menschliche Geschichte soll als eine fortschreitende Verwirklichung der Freiheit verstanden werden, und zwar aufgrund der Tatsache, dass die Vernunft in menschlichen Angelegenheiten immer »wirklicher« wird und dass die Freiheit eine Selbstbeherrschung gemäß Vernunftgesetzen ist.

In jedem dieser vier Fälle werden Hegels weitreichendere Absichten von Brandom nicht nur beschnitten, sondern führt das

9 Vgl. Brandom, *Expressive Vernunft*.

Fehlen dieser umfassenden Ziele auch dazu, dass sich für Brandoms Projekt Fragen ergeben, die mit den ihm verfügbaren Ressourcen nicht beantwortet werden können.

I.

Das erste dieser Probleme ist der *Idealismus*, ein Ausdruck, den Hegel auf vielerlei Weisen verwendet.[10] Unabhängig von der Bedeutung, die Hegel diesem Ausdruck ansonsten beimisst, möchte er mit ihm sicherlich auch einen Angriff auf wenigstens eines der Dogmen des Empirismus andeuten. Die ersten drei Kapitel der *Phänomenologie des Geistes* zielen klar und deutlich auf das Argument ab, dass keine Geschichte über den Ursprung von Begriffen und keine Verwendung einer solchen Geschichte zur Verteidigung der Objektivität von Begriffen sich auf irgendeinen vermeintlich unmittelbar gegebenen oder nicht-inferenziell begründeten Inhalt, sei dieser sinnlich oder von anderer Art, als begründende oder richtende Instanz berufen kann. Dass selbst im Begriffsrealismus oder innerhalb rationalistischer Auffassungen der *noesis* keinerlei unmittelbar anschaulicher Inhalt verfügbar ist, bedeutet, dass wir eine andere Art von Erklärung benötigen, um die normativen Beschränkungen, denen die Entstehung und Erklärung urteilender Behauptungen untersteht, zu rechtfertigen, wo diese gerechtfertigt werden können. Dies bedeutet nicht, dass nicht eine dieser normativen Beschränkungen auch in etwas bestehen könnte, »was uns die Erfahrung nicht zu sagen erlaubt«, aber die Natur und Funktionsweise dieser Beschränkung muss dennoch von jeder Berufung auf Unmittelbarkeit, auf das Gegebene usw. verschieden sein.

Dies nun kann freilich als Idealismus bezeichnet werden, da es die Möglichkeit der Erfahrung, des erfahrungsbasierten Wissens, und den entsprechenden explanatorischen Erfolg von begrifflichen Regeln *abhängig* macht, die ihrerseits nicht aus der Erfahrung stam-

10 Manchmal ist »Idealismus« nur ein anderes Wort für Philosophie, manchmal (so wird behauptet) wird er heraufbeschworen, um jegliche ontologische Bindung an endliche Einzelgegenstände anzugreifen (vgl. G.W.F. Hegel, *Wissenschaft der Logik I, Werke*, Bd. 6, Frankfurt/M. 1986, S. 172); manchmal (so wird behauptet) bedeutet es so viel wie die platonische Behauptung, dass alle Realität wirklich eine Manifestation der »absoluten Idee« darstellt.

men – gegeben, dass schon die Möglichkeit empirischer Erfahrung auf derartigen Unterscheidungsfähigkeiten beruht. Man kann also sagen, dass solche erforderlichen Unterscheidungsfähigkeiten und -prozesse »von uns beigesteuert werden« und dass sie nur kraft ihrer Rolle innerhalb unserer Praktiken gehaltvoll sind, nicht kraft irgendeiner Erklärung, die bis zu einem Punkt zurückreicht, an dem wir auf etwas stoßen, das uns in der Erfahrung direkt verfügbar wäre.[11] Da viele Interpreten Kants Version dieser Behauptung jahrelang so verstanden haben, als besage sie, dass diese Abhängigkeit darauf hinausläuft, dass wir keine äußeren Objekte im eigentlichen Sinne, sondern lediglich verstandesabhängige Dinge, Erscheinungen erfahren können, und da Hegel dies, ungeachtet seiner übrigen Aussagen, eindeutig nicht behauptet, müssen wir zumindest im Falle Hegels Vorsicht walten lassen, wenn es darum geht zu bestimmen, was es mit der besagten Abhängigkeit auf sich hat.

Brandom bietet an dieser Stelle eine hilfreiche Unterscheidung an. Er empfiehlt uns, zwischen einer Abhängigkeit des Sinns und einer Abhängigkeit der Bedeutung zu unterscheiden und legt nahe, dies ließe uns erkennen, dass es keinen Beleg dafür gibt, dass Hegel seine eigene Behauptung der Abhängigkeit nicht ausschließlich in der Bedeutung einer Sinnabhängigkeit verstand; dass er demnach nicht glaubte, sämtliche endlichen Einzelgegenstände hingen existenziell von Begriffen ab, durch welche sie herausgegriffen werden könnten, oder dass solche Gegenstände etwa nur existieren könnten, insofern und solange sie von einem menschlichen oder göttlichen Verstand gedacht werden. In Brandoms Beispielen sind die Begriffe des *singulären Ausdrucks* und des *Objekts* vielmehr reziprok sinnabhängig. Man kann keinen dieser Begriffe verstehen, ohne zumindest implizit auch den je anderen sowie die basalen Beziehungen zwischen beiden zu verstehen. Ebenso verhält es sich mit »Tatsache« und »was als Proposition behauptet werden kann«; sowie mit dem Begriff des Gesetzes und der Notwendigkeit auf der einen und dem der kontrafaktisch robusten Inferenz auf der anderen

11 In Hegels radikaler Sprache sind Begriffe »selbst-bestimmend«. Er argumentiert durchgehend, dass der Begriff sich seinen eigenen Inhalt gibt. Siehe Robert B. Pippin, »Die Begriffslogik als die Logik der Freiheit«, in: Anton Koch u. a. (Hg.), *Der Begriff der Wahrheit: Zum Anspruch der Hegelschen Logik*, Paderborn/München 2003, S. 223-237.

Seite.[12] Reziproke Sinnabhängigkeiten wie diese – die im Wesentlichen zwischen modal robusten, materialen Ausschlüssen in der Wirklichkeit und den subjektiven Prozessen der Identifikation solcher Ausschlüsse sowie des Versuchs, inkompatible Verpflichtungen zu vermeiden, andererseits bestehen – sind somit hilfreich, um einige der wohlbekannten Schlachtrufe, mit denen Hegel seinem Idealismus Ausdruck verleiht, zu deuten; so zum Beispiel den folgenden Satz seiner *Differenzschrift*: »[D]as Prinzip der Spekulation ist die Identität von Subjekt und Objekt«,[13] das heißt, das Prinzip des spekulativen Idealismus besteht in der reziproken Sinnabhängigkeit subjektiver Prozesse und bedeutungsvoller Behauptungen über Objekte.[14]

Diese Interpretation des »objektiven Idealismus«, die Behauptung, die Verstehbarkeit des Begriffs einer objektiven Welt hänge ab von beziehungsweise sei nur verständlich im Lichte subjektiver Prozesse der Anerkennung des Irrtums in der Erfahrung oder der Zurückweisung inkompatibler Verpflichtungen, ist gewiss eine Spielart, wenngleich eine nur leicht modifizierte Spielart, von Kants radikaler, transzendentaler Wende, der Auffassung, dass »Objektsprache« (der einzige bestimmte, empirische Gehalt, der diese Bezeichnung verdient) letztlich allein regelgeleitete synthetische Einheit sei, dass also ein Objekt schlicht »dasjenige [sei], in dessen Begriff das Mannigfaltige vereint ist«. Doch dieses kantische Erbe scheint unausweichlich zu der kantischen Frage danach zu

12 Eine weit umfangreichere Verteidigung derartiger Auffassungen, besonders bezüglich der Rolle singulärer Ausdrücke, findet sich im vierten Kapitel von Brandoms *Expressiver Vernunft*. Der große Vorteil von Brandoms Version des Problems des Idealismus besteht darin, dass sie den Begriff der normativen Tatsache demystifiziert. Siehe Brandom, *Expressive Vernunft*, S. 865, und besonders Jürgen Habermas, »From Kant to Hegel: On Robert Brandom's Pragmatic Philosophy of Language«, in: *European Journal of Philosophy* 8 (2000), S. 322-346, sowie Brandoms Antwort in: »Facts, Norms, and Normative Facts: A Reply to Habermas«, in: *European Journal of Philosophy* 8 (2000), S. 356-368.

13 G.W.F. Hegel, »Differenz des Fichte'schen und Schelling'schen Systems der Philosophie«, in: *Jenaer Schriften 1801-1807*, Werke, Bd. 2, Frankfurt/M. 1986, S. 10.

14 Es gibt eine Form der Bedeutungsabhängigkeit in Brandoms umfangreicherer Theorie, aber diese ist, wie er sagt, »asymmetrisch«. Es könnte keine Begriffe verwendenden, urteilenden Subjekte geben, wenn die Realität nicht eben auf die Weise begrifflich artikulierbar wäre, wie Brandom vorschlägt, aber nicht andersherum.

führen, wie robust Brandoms Auffassung dieser Abhängigkeit ist – die ich als eine leicht modifizierte Spielart Kants bezeichnet habe.[15]

Das heißt, wenn Kant behauptet, es gebe eine »Sinnabhängigkeit« zwischen einem Begriff wie dem des *Ereignisses* und dem Begriff der *Fähigkeit zwischen der Sukzession von Vorstellungen und der Vorstellung von Sukzession zu unterscheiden,* dass diese Unterscheidungsfähigkeit ihrerseits möglich sein muss, da es andernfalls keine Einheit der Apperzeption gebe, und dass die Einheit der Apperzeption wiederum nur möglich *sei* unter der Bedingung, dass sämtliche Elemente einer Mannigfaltigkeit, die sukzessive angeschaut werden, gemäß einer Regel (mit Notwendigkeit) aufeinander (auf irgendeines der Elemente) folgen, dann macht Kant hier nicht die eher triviale Beobachtung, dass die Bedeutung einer jeden Behauptung über Unterschiedenheit und Einheit innerhalb unserer Erfahrung davon abhängt, was für uns – egal, welche Unterscheidungsfähigkeiten wir auch immer besitzen mögen – als unterscheidbar gilt, und dass also, welche Unterscheidungsfähigkeiten wir auch immer besitzen mögen, diese in irgendeiner Weise bestimmen, was es für uns sinnvollerweise heißt, verständliche Aussagen über unterscheidbare Objekte zu treffen. *Diese* Art von Beobachtung erhält Witz nur im Lichte einer Position wie dem Psychologismus oder der positivistischen Idee des Verifikationismus oder im Kontext von Kants transzendentalem Projekt »notwendiger Möglichkeitsbedingungen der Erfahrung« – sowie dem einhergehenden Erfordernis der Deduktion – oder auch im Kontext von Wittgensteins traktarianischem Idealismus, der die Grenzen der Welt mit den Grenzen der Sprache *identifiziert*. Und bisher sehe ich noch nicht recht, wodurch Brandoms Spielart ihren Witz erhält, wodurch sie dem Verdacht der Trivialität entgeht. Da für Kant Objektsprache außerdem von unseren epistemischen Bedingungen sinnabhängig ist, glaubt Kant die Frage aufwerfen zu müssen: »Wenn gilt, dass dies die für uns einzige Weise ist, den empirischen Sinn von ›Er-

15 All diese Phrasen sind relativ. In anderer Hinsicht ist Brandoms Spielart viel stärker als Kants, da er die inferenziellen Praktiken, von denen das Sprechen über Objekte (symmetrisch) abhängt, als wesentlich sozial versteht; er glaubt, dass sie Verpflichtungen einschließen, die eingegangen und von anderen zugeschrieben werden. So zumindest interpretiert Brandom Hegels allgemeine Bemerkungen, die die Struktur des Subjekts an die Struktur des Begriffs binden, vgl. *TMD*, S. 216 ff.

eignis‹ zu fassen, wie verhält es sich dann mit Ereignissen an sich, wenn man sie unabhängig von *unseren* Bedingungen sinnvoller Behauptungen über Ereignisse versteht?« Solcherlei Fragen zu stellen, mag bereits verfehlt sein (Hegel freilich war dieser Überzeugung), doch es ist nicht klar, warum oder in welchem Sinne sich dies nach Brandom ergibt. Allein die hohe Allgemeinheit der Behauptungen über Objekte, Tatsachen und Gesetze macht eine solche Frage für Brandom müßig – das heißt, wer würde der Behauptung widersprechen, dass die Weise des *Verstehens* von Tatsachen damit zusammenhängt, was man unter dem Inhalt von Aussagen *versteht*?[16]

Dieser Gedanke ist in einem hegelschen Kontext insofern von Bedeutung, als Hegel an einen radikalen begrifflichen Wandel auf derjenigen Ebene glaubte, die Kant (entsetzt) für eine kategorische beziehungsweise konstitutive, empirisch unantastbare Ebene gehalten hätte. Das heißt, es muss möglich sein, dass sich eine Art Lücke innerhalb einer sinnstiftenden Praxis zu öffnen scheint, eine scheinbare Lücke zwischen dem, was Hegel als (subjektive) Gewissheit bezeichnet, und dem, was er »Wahrheit« nennt. Dies können wir vorläufig einfach als den Beginn einer Art Ungenügen einer bis dahin reibungslosen Praxis bezeichnen. Diese Lücke ist einer Praxis *intern*; sie stellt also keine empirische Unzulänglichkeit oder einen skeptischen Zweifel über die Beschaffenheit von Gegenständen an sich dar. Folgen wir Brandoms Rekonstruktion, so müssen wir dies als eine Art »Zusammenbruch der Bedeutung« verstehen. All dies legt nahe, dass das Mindeste, das wir sagen sollten, darin besteht, dass jedes mögliche subjektive Vermögen beziehungsweise jeder Prozess, den wir als »alles, was ein Objekt oder eine objektive Struktur oder eine Wertaussage oder eine Aussage über Verpflichtungen für uns bedeuten *könnte«*, zu identifizieren *versuchen, vorläufig* sein muss; und dass wir eine Erklärung des Wesens dieser Vorläufigkeit benötigen. Die Betonung von Hegels Interesse an einem grundlegenden historischen Wandel konstitutiver, nor-

16 Streng kantisch formuliert, mag es bei Brandom so aussehen, als könnten wir uns mit einer »empirischen Deduktion« begnügen (was tatsächlich eine Art historisch offener Ansatz ohne deutliche Trennung zwischen reinen und empirischen Begriffen ist), und als bräuchten wir keine »transzendentale Deduktion«. Und wenn Hegel die *Phänomenologie* eine »Deduktion« des Standpunktes der philosophischen Wissenschaft nennt, scheint er mehr im Sinn zu haben als diese allgemeine Behauptung über Abhängigkeit.

mativer Verpflichtungen muss nicht unbedingt unvereinbar sein mit der Weise, in der sich Brandom Hegel nähert. Allerdings empfinde ich es als bezeichnend, dass Hegel diesen Punkt zu machen versucht, indem er das Verhältnis zwischen »dem Dieses« und der sinnlichen Gewissheit, »dem Ding und den vielen Eigenschaften« und der Wahrnehmung, zwischen »Kraft« und Verstand, »Leben« und Selbstbewusstsein, Vernunft und Selbst usw. diskutiert; dass er kein Argument für die generelle Abhängigkeit von unterscheidbaren und unterscheidenden Fähigkeiten formuliert. Es gibt also eine bestimmte Auffassung dessen, worin diese Sinnabhängigkeit tatsächlich bestehen könnte und wie diese Ko-Variationen aussehen könnten; und es ist insbesondere bemerkenswert, dass Hegel die Geschichte dieser vermeintlichen Abhängigkeiten und der »Erfahrung« ihres Ungenügens in Form einer Art idealisierten *Erzählung* mitteilt. Damit Hegels Geschichte des objektiven Idealismus schließlich auch von einer wahrhaft historischen Entwicklung geprägt ist, muss die in Rede stehende konstitutive (und gesellschaftlich institutionalisierte) Abhängigkeit außerdem mit viel substanzielleren Aussagen anheben, sodass diversen historischen Fehlschlägen (besonders Fehlschlägen, die nicht auf empirischen Entdeckungen beruhen) Rechnung getragen werden kann.

Das Thema des normativen Wandels wird uns noch einige Male begegnen. Für den Moment können wir nur feststellen, dass wir, nachdem uns Brandom darin unterstützt hat zu erkennen, inwiefern sich Kants Augenmerk verschoben hat – nämlich von der Weise und der Qualität unseres Zugriffs auf Begriffe hin zu der Frage, wie Begriffe uns normativ packen beziehungsweise im Griff haben –, nun außerdem verstehen müssen, wie Hegel diese Frage *wiederum* in ein anderes Licht rückt, indem er es als von größter Wichtigkeit ansah, wie ein Begriff diesen normativen Griff wieder lockern kann. Wie für Hegel typisch, gilt, dass wir ohnehin erst dann verstehen, inwiefern Begriffe uns im Griff haben, wenn wir *dies* verstanden haben.[17]

Dieser Punkt ist auch wichtig, wenn es um dichte normative Begriffe und die Art der bindenden Kraft geht, die wir ihnen mit Hegel zuschreiben können. Denn auch die grundlegenden ethischen Begriffe, an denen Hegel interessiert ist, gelten als instituiert (mehr gemacht als vorgefunden) und konstitutiv. Zu einem Bür-

17 Hegel, *PhG*, S. 74.

ger wird man, indem man als ein solcher aufgefasst und anerkannt wird; es *gibt* Bürger nur insofern, als es diese Regeln *gibt*, die in der Unterscheidung sozialer Rollen angewendet werden. Dennoch ist es immer noch möglich, dass eine solche Praxis auf irgendeine Art zu scheitern beginnt, die weder damit zu tun hat, was für das »Bürgersein-an-sich« wesentlich wäre und das einer vorherigen Praxis schlicht »entgangen« wäre (wie zum Beispiel in Hegels Auffassung des Scheiterns des römischen oder jakobinischen Bürgertums), noch (um dies erneut zu antizipieren) simpliciter damit, was eine zeitlich spätere Gemeinschaft dann tatsächlich als bürgerlich »wiedereinsetzt«. Gewiss, da Brandom sich mit Quine gegen Carnap stellt, kann er sich gut damit abfinden, selbst radikalen Bedeutungswandel »in« der Erfahrung zuzugestehen, und er zieht seine ganz eigene gewohnheitsrechtliche Analogie heran, um diesen Wandel mitsamt seinem progressiven Charakter zu erklären. Näheres dazu folgt weiter unten, im letzten Abschnitt dieses Aufsatzes.

II.

Brandoms Holismus ist bereits zur Sprache gekommen. Er wird paradigmatischerweise durch seine »materialen Ausschlüsse« konstituiert: Ausgeschlossen ist jeder strenge Dualismus von Begriff und Anschauung beziehungsweise von Begriffs-Schema und Inhalt sowie jeder Atomismus des begrifflichen Gehalts. Brandom bietet uns verschiedene Formulierungen dieser Position an, davon viele sehr erhellend bezüglich historischer Wandlungen des modernen Begriffs der Repräsentation (wie etwa im Falle der dämmernden Einsicht, dass »die vertikalen Beziehungen zwischen Gedanken und Dingen entscheidend von den horizontalen Beziehungen zwischen Gedanken und Gedanken abhängen«[18]). Dieses hegelsche Motiv bringt uns zum Herzstück von Brandoms eigener Theorie der inferenzialistischen Rationalität, zu seiner Auffassung des doppelten deontischen Score-Keepings, und zu seiner reichen Darstellung einer Vielfalt material-inferenzieller Beziehungen.[19] Es ist

18 Brandom, *TMD*, S. 26.

19 Siehe die bündige Zusammenfassung in seinem einführenden Kapitel von *TMD*, »Fünf Konzeptionen der Rationalität«, sowie Robert Brandom, *Begründen und Begreifen. Eine Einführung in den Inferentialismus*, Frankfurt/M. 2001.

unmöglich, den Einzelheiten seiner Ausführungen dazu gerecht zu werden, wie sich diese Theorie seiner Ansicht nach im Werk Hegels niederschlägt, und es ist ebenso unmöglich angemessen deutlich zu machen, wie überaus lehrreich weite Teile dieser Ausführungen sind. Ich muss mich hier auf das potenzielle Hauptproblem konzentrieren, das Brandom in Hegels Version des Holismus ausmacht.[20]

Das Problem liegt hier: Brandom unterscheidet zwischen einem »schwachen individuationalen Holismus« und einem »starken individuationalen Holismus«. Ersterer besagt, eine notwendige Möglichkeitsbedingung der bestimmten Gehaltsamkeit von Begriffen bestehe in der »Artikulation durch Beziehungen materialer Unvereinbarkeit« (mit diesen Beziehungen meint Brandom, wenn man seinen Abhängigkeitssatz berücksichtigt, sowohl solche zwischen Eigenschaften und Tatsachen als auch solche zwischen Sätzen und Prädikaten). Der starke Holismus besagt, dass Artikulationen durch materiale Unvereinbarkeit für Bestimmtheit *hinreichend* sind.[21] Da Hegel nicht mit einer vorausgesetzten Menge an Möglichkeiten zu beginnen scheint, sodass es helfen würde zu wissen, was ein Begriff ausschließt, um so etwas wie die Position eines solchen Begriffes im logischen Raum zu bestimmen (etwa anhand eines disjunktiven Syllogismus), und da Hegel außerdem meint, Unmittelbarkeit als Unmittelbarkeit (wie etwa direkte rezeptive Unmittelbarkeit) sei unbestimmt (dies ist die Annahme, die Brandom »ergänzen« beziehungsweise ändern will), scheint Hegel Bestimmtheit als etwas ver-

20 Hier ist eine Anmerkung angebracht, die ein Thema anschneidet, das mir in diesem Zusammenhang zu groß zu sein scheint. Wenn Hegel »Das Wahre ist das Ganze« sagt, meint er oft keinen Holismus in Brandoms Sinne, sondern eine Art Vollständigkeit, die die deutsche Literatur als die »Abgeschlossenheit« des hegelschen Systems bezeichnet. Dies schließt die Behauptung ein, dass vollständige Bestimmtheit (und wir können uns nie mit irgendetwas anderem zufrieden geben) einer Art von Begriff (zum Beispiel, welcher Art das Subjekt der *Wissenschaft der Logik* ist) ein Verständnis der vollständigen inferenziellen Artikulationen eines jeden Begriffs innerhalb eines Systems, das selbst vollständig oder abgeschlossen ist, voraussetzt. (Siehe G.W.F. Hegel, *Wissenschaft der Logik II*, *Werke*, Bd. 6, Frankfurt/M. 1986, S. 98/99.) Brandom hat diese Bedingung (auf weise Art, wie mir scheint) gelockert, aber wie am Anfang bemerkt, gibt es noch einen weiteren Sinn, in dem Hegel eine Theorie der linguistischen Bedeutung mit einer »Theorie von Allem und Jedem« verbindet.

21 Vgl. Brandom, *TMD*, S. 183.

stehen zu können, das *allein* Sache dieser Beziehungen materialer Exklusion ist, beziehungsweise dessen, was Brandom als »symmetrische relative Individuation« bezeichnet. Wenn jedoch *alles* durch Beziehungen materialen Ausschlusses bestimmt ist, dann »gehen die Relata gewissermaßen in den zwischen ihnen bestehenden Beziehungen auf«, und wir sind mit dem offenkundigen Problem konfrontiert: »Beziehungen *wozwischen*«?[22] (Dies ist in der Tat ein altes Problem der Diskussionen um Hegel. Die frühere und sehr einflussreiche Etablierung Hegels als eines starken individuationalistischen Holisten war die britische, monistische Variante »interner Beziehungen« in Hegels Metaphysik.)

Dieser Frage liegt jedoch eine Annahme zugrunde, die mir unhegelianisch erscheint, eine Art irreführender, ausschließender entweder/oder-Disjunktion. Es erscheint plausibel anzunehmen, dass wir uns, wenn wir im Zuge empirischer Entdeckungen oder sich wandelnder normativer Praktiken zu einem stetig besseren Verständnis eines begrifflichen Gehalts gelangen, mit einer provisorischen, fixierten Kennzeichnung der Relata zufrieden geben können, das heißt, entweder mit einer vorläufigen Definition oder mit einem richtungweisenden Musterbeispiel, das sich im Lichte einer umfassenderen, inferenziellen Artikulation selbst wandeln, und sogar erheblich verändern, kann. Wir könnten sogar eine kleine Menge eindeutiger inferenzieller Artikulationen isolieren, die uns als privilegiert gelten, und die das, was wir als die Relata betrachten, an Ort und Stelle halten, damit wir verschiedene andere inferenzielle Artikulationen (*dessen,* des so lose und doch wirksam definierten Relatums) entdecken können. Wir können dies auf rein pragmatische Weise tun, ohne dass wir uns dem Essenzialismus oder der Analytizität verschreiben und ohne dass es wirklich eine privilegierte Menge inferenzieller Beziehungen *gibt.* Der Begriff der menschlichen Subjektivität etwa, der ursprünglich durch ein einfaches Bewusstsein gekennzeichnet war – bei Hegel die Möglichkeit, dass ein Subjekt ein Objekt im Blick hat –, erhält im Verlaufe der *Phänomenologie* letztlich einen »Inhalt«, der eine Funktion sehr vieler verschiedener reflexiver, sozialer und ethischer Fähigkeiten ist, die laut Hegel (*unfasslicherweise*) ultimativ notwendige Bedingungen der Möglichkeit selbst des einfachen Erfassens von Objek-

22 Ebd., S. 187.

ten sind. Sobald wir dieses Spektrum an Befähigungen verstanden haben, sehe ich keinen Grund zu der Annahme, dass uns Hegel, um eine derartige Theorie vorzustellen, eine Antwort auf die Frage schuldet: Ja, aber was ist hier das Relatum, was ist *dasjenige,* das diese Fähigkeiten hat oder diese inferenziellen Möglichkeiten in sich trägt? Es ist immer möglich, Designata auf vorläufige Weise herauszugreifen, um ein reicheres Vermögen einzuführen. Jedoch kann uns nur eine grammatische Illusion (ein »Paralogismus«, wie Kant in diesem speziellen Fall sagt), die von dem Ausdruck »dasjenige, das« hervorgerufen wird, verleiten zu glauben, dass wir ein durchgehend feststehendes Relatum benötigen. (Selbst Kants eigene »Merkmale«-Theorie der Begriffsbestimmtheit erlaubt große Flexibilität dabei, Begriffsbestimmtheiten festzulegen.)[23]

Ich vermute, dass Brandom diese Frage stellt und zu beantworten sucht, weil er Sorge hat, er würde Hegels objektiven Idealismus mit einer Art direkter Beschränkung durch die sinnliche Welt vereinbar machen (eine Möglichkeit, die Relata in inferenziellen Beziehungen auf eine Weise zu fixieren, die keinen Akt des Vorstellens, des Behauptens oder irgendeinen Inhalt einschließt, die unsere Begriffsverwendung jedoch an etwas in der Sinnlichkeit Gegebenes bindet); weil er auf eine stark intuitive Weise eine strenge Ko-Varianz von subjektiven Prozessen, objektiven Fakten und Objekten bewahren will (Relationen ohne fixierte Relata sind vor diesem Hintergrund offenbar kontraintuitiv), und weil er ein seiner Ansicht nach sellarssches Bild davon vor Augen hat, wie dies geschieht. An dieser Stelle soll helfen, worauf sich Brandom häufig mit dem Ausdruck »Harman«-Punkt bezieht – die Unterscheidung zwischen inferenziellen *Beziehungen* und inferenziellen *Prozessen.*[24] Wie Brandom sagt: »Inferenz ist ein Prozess; Implikation ist eine

23 Siehe die Besprechung empirischer Begriffe in der zweiten Hälfte des vierten Kapitels von: Robert B. Pippin, *Kant's Theory of Form: An Essay on the »Critique of Pure Reason«*, New Haven 1982. Siehe auch John McDowells Kritik an Brandoms Idee der Begriffsbestimmung in: John McDowell, »Comment on Robert Brandom's »Some Pragmatist Themes in Hegel's Idealism«, in: *European Journal of Philosophy* 7 (1999).

24 Das heißt, um Brandoms Bild zu verwenden: Der Modus ponens instruiert uns nicht dahingehend, dass wir von »Wenn *p*, dann *q*; und *p*« auf *q* schließen sollen. Man könnte bessere Gründe haben, nicht auf q zu schließen. Der Modus ponens drückt nur eine logische Beziehung aus, die einschränkt, was wir tun sollten (nämlich niemals: alle *p*; wenn *p*, dann *q*; und ~q).

Beziehung«.[25] Diese Unterscheidung wird uns gestatten, noch genauer zu verstehen, was wir meinen, wenn wir begrifflichen Gehalt mit »Beziehungen« materialer Exklusion in Verbindung bringen. Nach Hegel heißt dies, dass wir nicht darauf verfallen sollten, materiale Ausschlüsse allenthalben als Relata zu betrachten, die schlicht in Relationen zueinander stehen (oder die, *per impossibile*, in nichts anderem als in Beziehungen bestehen). Objektive Beziehungen der Unvereinbarkeit können, laut Brandoms Behauptung einer Sinnabhängigkeit, nur verstanden werden als Prozesse der Auflösung und Vermeidung subjektiv unvereinbarer Verpflichtungen, und fixierte Begriffsbestimmtheit muss sich unter diesen »objektiv-idealistischen« Bedingungen erläutern lassen. Sobald wir verstehen, dass die fraglichen Beziehungen schlicht dadurch als Implikationsbeziehungen gelten, dass sie den Wandel vernünftiger Überzeugungen beschränken, dass sie diese Rolle im Verlaufe eines anhaltenden inferenziellen Prozesses spielen, und wenn wir verstehen, wie dieser Prozess funktioniert, dann wird unsere anfängliche Sorge bezüglich Hegels starkem Holismus nicht mehr ganz so argwöhnisch erscheinen.

Denn nach Brandom müssen wir in unseren diskursiven Praktiken stets mit irgendeiner Art *vorgängig* unterschiedener Gegebenheit beginnen – er schlägt *Zeichen* wie propositionale Buchstaben vor. (Dies soll unsere Intuitionen auf der »Objektseite« befriedigen.) Diese Analogie beruht auf »orthodoxer mathematischer Abstraktion durch die Ausbildung von Äquivalenz-Klassen«. Ich glaube, dass sein Punkt in seiner Zusammenfassung von Hegels Ausführungen über Wahrnehmung deutlicher hervortritt.

In seinem hegelschen Beispiel der Eigenschaftsbestimmtheit versucht Brandom, sein Modell der holistischen Rollenabstraktion zu konkretisieren, indem er die angenommenen »Etappen« von Hegels Auffassung durchläuft, der gemäß Eigenschaften zunächst atomistisch, als unabhängig von jeder Beziehung untereinander bestimmt, und anschließend – angesichts der Unbestimmtheit dieses Ergebnisses – vollständig im Sinne des Ausschlusses inkompatibler materialer Beziehungen gedacht werden, ein Stadium, in dem laut Brandom die Auflösung der Relata droht, wie oben erwähnt. *Diese* Beziehungen zwischen Rollen nun können als vollständig in Bezie-

25 Brandom, *TMD*, S. 192.

hungen bestehend gedacht werden, da die »Unmittelbarkeit« – die den Inhalt der Erfahrung, auf den unterscheidend reagiert wird, als eine Art Zeichen kennzeichnet – es bereits ermöglicht hat, eine Klasse oder Menge solcher Kennzeichnungen ausfindig zu machen, auch wenn diese je für sich ein *je ne sais quoi* bleiben. Das Entscheidende ist (und man kann dies schwerlich überbetonen), dass diese Unmittelbarkeit nicht *repräsentational* ist, kein Zeichen für etwas anderes. Unser Vermögen, schlicht differenziell und nicht-inferenziell zu reagieren, trägt zu den Prozessen der Inhaltsbestimmung bei (zu dem, das in Beziehung steht), zunächst jedoch nur innerhalb unserer unterscheidenden Reaktionsfähigkeit und bei solchen Dingen, in denen sich eine potenziell höhere Ordnung inferenzieller Unterschiedenheit ausdrückt, die implizit in der Unterscheidbarkeit des Dings enthalten, aber nicht direkt als solche erfassbar ist. *Wir* müssen in diesem Prozess die Arbeit der Bestimmung leisten. »[...] [M]an muss die holistischen Rollen schrittweise bilden, indem man mit etwas beginnt, das als unmittelbar aufgefasst wird, und dann die Vermittlung nachvollzieht, die darin implizit ist, dass man es als etwas Bestimmtes versteht.«[26]

Dieses Verständnis des Verhältnisses von Unmittelbarkeit und Vermittlung (und das Bestehen darauf, dass die Unmittelbarkeit eine so geartete Rolle in der Erfahrung spielt) kommt mir ziemlich sellarsianisch vor (zumindest wie Brandom Sellars interpretiert) und führt zu demselben Problem, das sich auch in (Brandoms) Sellars findet. Das Problem betrifft die unhegelianische Rede von »Stufen« statt »Momenten« sowie die Weise, in der uns dies durch lediglich kausal ausgelöste Reaktionen mit der Sinnenwelt in Verbindung bringt. Das Kapitel, in dem sich Brandom mit Sellars befasst, heißt »Die Zentralität von Sellars' Zwei-Stufen-Theorie der Beobachtung«, und die »Zweiheit«, um die es hier geht, entspricht ungefähr dem soeben Zusammengefassten. Die erste Stufe ist Resultat der »verlässlich unterscheidenden Reaktionsdisposition« (VURD). Mit nicht-menschlichen Tieren, einigen Maschinen und sogar manchen gewöhnlichen Gegenständen teilen wir die Fähigkeit, unterscheidend und verlässlich auf bestimmte Umweltreize zu reagieren. Diese Reaktionen aber sind selbst dann, wenn sie die

26 Brandom, *TMD*, S. 206. Die Formulierung »als unmittelbar aufgefasst« gibt bereits sehr viel preis.

Äußerung eines Wortes einschließen, nicht repräsentational, haben noch keinen Gehalt, und dies gilt insbesondere für Sellars, da hier noch keine *Verpflichtung* auf irgendetwas erfolgt ist. Dies geschieht erst in der Anwendung von Begriffen und der Zuschreibung einer Verpflichtung durch andere Subjekte. (Zu diesem Thema finden sich zahlreiche mehrdeutige Formulierungen. Im zweiten Hegel-Kapitel sagt Brandom hinsichtlich der Unmittelbarkeit ausgelöster Reaktionen, in diesen Fällen würden Einzelgegenstände »Autorität auf die Universalien beziehungsweise Begriffe ausüben, unter die sie fallen«.[27] Doch da diese Reaktionen lediglich ausgelöst werden beziehungsweise uns »abgerungen« wurden, dürfte die Frage der Autorität gar nicht *aufkommen*. Nach Brandom ist Autorität beziehungsweise sind normative Ansprüche generell etwas, das *gewährt* und nicht ausgelöst wird.)

Ein größeres Problem entsteht, sobald man versucht, einen Zusammenhang zwischen diesen beiden Dimensionen herzustellen, da die erste Dimension Sache dessen ist, was schlicht kausal ausgelöst wird, und die zweite Dimension eine normative Verpflichtung einschließt, die vermutlich nicht einfach hervorgerufen, verursacht oder von den VURDs direkt ausgelöst wird. Reaktionen dieser Art scheinen daher nicht daran beteiligt zu sein, einen »anzuleiten«, und wenn man sie *nur* als VURDs betrachtet, scheinen sie mit Blick auf das, worauf ich schließlich verpflichtet bin, normativ träge zu sein.[28] Wenn selbst die Wahrnehmung »durch und durch normativ ist« (und »verlässlich« deutet dies bereits an), dann erscheinen diese kausalen Episoden ausgelöster Reaktionen wie Schönfärberei zur Beschwichtigung potenzieller Reliabilisten, Externalisten und Kognitivisten. Brandom meint, obwohl manches davon zutreffen mag, könne es keine *globale* Unabhängigkeit von Beobachtungsreaktionen und der Verwendung von Begriffen geben, und er bemerkt, dass »rein theoretische Begriffe kein autonomes Sprachspiel konstituieren, ein Spiel, das man spielen könnte, ohne irgendein anderes zu spielen«.[29] Jedoch lautet der unmittelbare Grund, den er dafür benennt, dass »man in der Lage sein muss, begrifflich auf die Aussa-

27 Ebd., S. 224.

28 Ein solcher Ansatz findet sich in Sellars' Werk, aber dort hängt er von zwei Begriffen ab – dem des Abbildens und dem der Analogie –, am besten ausgearbeitet in: Wilfrid Sellars, *Science, Perception and Reality*, New York 1963.

29 Brandom, *TMD*, S. 366.

gen anderer zu antworten, um überhaupt als jemand gelten zu können, der spricht«.[30] Damit aber gesteht man beinahe zu, dass das, was gemeinhin als *verlässliche* Reaktionsfähigkeit gilt (etwas, das etabliert sein muss, damit es eine Beziehung zwischen den beiden »Stufen« geben kann), selbst durch jene soziale Normativität vermittelt ist, die Brandom an anderen Stellen so eindringlich betont. Wenn andere Mitglieder der diskursiven Gemeinschaft so etwas wie Zuschreibungen von »Verlässlichkeit« verwalten, wird ein Teil des Gehalts solch einer Norm auch für einzelne Individuen schließlich als Norm zu fungieren beginnen, die den Unterscheidungsprozessen selbst, als Konstituenten des sinnlich Erfassten, intern sind. Brandom gibt also zu, dass sich sagen lässt, schon unsere Dispositionen wandelten sich als Resultat systematischer Quellen des Irrtums.[31] Und Brandom selbst gibt ebenfalls zu, dass gerade im Falle dichter moralischer Begriffe zwei solcher separaten Stränge schwer vorstellbar sind – als würde man etwa in einer lediglich kausal ausgelösten Weise unterscheidend auf Instanzen von Mut oder Grausamkeit reagieren.[32] Da Hegels Philosophie, egal, was sie ansonsten sein mag, zweifelsohne systematisch ist, kann man sich schwerlich vorstellen, dass die Nichtanwendbarkeit des von Brandom vorgeschlagenen Bildes eines stufenweisen Aufbaus des Verhältnisses von Unmittelbarkeit und Vermittlung auf diesen Fall nicht anzeigt, dass etwas im Kern dieses Bildes nicht stimmen kann.

Die hieraus zu ziehende Lehre scheint mir vielmehr zu sein, dass man sich Brandoms Interpretation von Hegels Begriff der Unmittelbarkeit noch einmal genauer ansehen muss. Anstatt dass es hier zwei »Stufen« gibt – die in irgendeiner Weise den zwei Stufen von Sellars nachempfunden sind, denen zufolge man zunächst ein verlässlich Reagierender und dann ein normativ verpflichteter Beobachter ist –, scheint mir Hegels Position in einem eher durchgehend »prozessualen« Holismus zu bestehen. Seine Auffassung, selbst eines vermittelten Charakters der sinnlichen Erfahrung, läuft weder Gefahr, in einem »starken individuationalen Holismus« zu kollabieren, noch zwingt sie ihn in ein brandomsches Stufen-Modell. Vielmehr zielt sie darauf ab, die Trennbarkeit von unmittelbaren und vermittelten Elementen zu bestreiten, und dennoch auf

30 Ebd.

31 Vgl. ebd., S. 366-367.

32 Vgl. ebd., S. 367.

dem Beitrag beider zu bestehen. Im Sinne Hegels und in Brandoms Worten formuliert, schlage ich Folgendes vor: Das Scheitern einer atomistisch verstandenen Eigenschaftsbestimmtheit, zeigt nicht an, dass unsere unmittelbar ausgelösten Wahrnehmungsreaktionen stattdessen als nicht-repräsentationale, zeichenartig unterscheidbare Dinge aufgefasst werden sollten, die so etwas wie das Fundament einer Abstraktion von Rollen darstellen, die inferenziell artikuliert *werden*, sondern es zeigt an, dass wir ein reicheres, adäquateres Bild dieser ein-stufigen, aber komplex und unauftrennbar strukturierten Dimension der Erfahrung benötigen.[33] Zugegebenermaßen scheint uns dies mit einem viel weniger robusten Bild unserer Ansprechbarkeit auf die Welt auszustatten, außerdem auch mit einer gesteigerten Wichtigkeit der Rolle der Ansprechbarkeit aufeinander. Da jedoch nach Brandom kein unmittelbares Element der Erfahrung die Anwendung von Begriffen verursacht oder allein beschränkt, besteht für ihn dieses Problem ohnehin. Nachdem Brandom in seinem Sellars-Kapitel das grundlegendste Motiv seines Inferenzialismus definiert hat – indem er sagt, »Das Erfassen eines jeden Begriffs erfordert das Erfassen mehrerer Begriffe«[34] –, muss er eine Frage stellen, die durch seine elaborierte Auffassung der holistischen Rollenabstraktion nicht schon beantwortet ist. Diese Frage lautet: »Wie gut muss man im Unterscheiden sein [...], um als jemand zu gelten, der einen Begriff erfasst?«[35] Er antwortet, dies sei vollkommen davon abhängig, wie man von anderen Mitgliedern der Sprachgemeinschaft behandelt wird, davon, dass man einen »sozialen Status« erlangt, indem man als jemand anerkannt wird, der einen solchen Status erlangt hat. Dies unterminiert

33 Vgl. Hegels Bemerkung, »daß die Kantischen Formen der Anschauung und die Formen des Denkens gar nicht als besondere isolierte Vermögen auseinanderliegen, wie man es sich gewöhnlich vorstellt. Eine und ebendieselbe synthetische Einheit [...] ist das Prinzip des Anschauens und des Verstandes« (Hegel, »Glauben und Wissen«, in: *Jenaer Schriften 1801-1807*, *Werke*, Bd. 2, Frankfurt/M. 1986, S. 305). Ein offensichtliches Zugeständnis findet sich hier: Dies – »ein vollständigeres, angemesseneres Bild, etc.« – ist leicht versprochen, aber schwer eingelöst Brandom hat *wie niemand sonst* deutlich gemacht, wie schwierig und kompliziert die Probleme des wahrnehmungsbasierten Wissens, der singulären Referenz und Modalität sind, denen sich eine inferenzialistische, rationalistische, sozialpragmatische Position stellen muss, sei es Hegels oder Brandoms.

34 Brandom, *TMD*, S. 361.

35 Ebd.

meiner Meinung nach die reale Funktion, die eine Berufung auf unsere unmittelbare Ansprechbarkeit auf die Welt in der diskursiven Praxis hat, und wirft auch das Problem des inferenzialistischen Positivismus erneut auf. Unser gesunder Menschenverstand und unsere einigermaßen realistischen Intuitionen verlangen hier immer noch nach *irgendeiner* Antwort auf die Frage, w*orauf* sich die Gemeinschaft stützt, wenn sie solch einen Status gewährt? Stützt sie sich einfach darauf, wie künftige Gemeinschaften vielleicht, wahrscheinlich, entscheiden würden? Und wodurch wird das Gewähren eines solchen Status beschränkt?[36] Wird so die Grundfrage nicht einfach ein Stück weiter nach hinten verschoben? Hegel hat hierauf eine Antwort parat, doch diese beinhaltet jene ambitionierte Theorie der Verwirklichung der Freiheit und der »Bedeutungszusammenbrüche«, die ich oben bereits erwähnt habe, und die ich nun wieder ins Zentrum rücke.

III.

Dieser letzte Punkt – unsere kollektive Verantwortung für unsere Normen – wirft offensichtlich die Frage nach dem Wesen des »Brandomschen Sozialismus« auf, den er als »semantischen Pragmatismus« bezeichnet und der für seine Theorie der Normativität – mithin für seine Theorie möglichen begrifflichen Gehalts – zentral ist, sowie auch für Brandoms Verständnis der Historizität von Normen und des normativen Wandels. Ich möchte argumentieren, dass Brandom in keinem dieser Fälle die hegelschen Begriffe der

36 Dies ist in etwa das Problem, das in der Auseinandersetzung zwischen Brandom und McDowell auftritt. McDowell stellt typischerweise den Begriff der Selbstgesetzgebung in Frage, indem er behauptet, dass »die Quelle der Normen in uns liegt«, in dem Sinne nämlich, dass die Normen »konstitutiv für die Praxis des Denkens sind«, und: »Wir können uns nicht dazu entscheiden, Denker sein zu wollen« (John McDowell, »Selbstbestimmende Subjektivität und äußere Beschränkung«, in: ders., *Die Welt im Blick*, Berlin 2015, S. 154). Doch der Einwand, dass jeder Gesetzgebende von eben den Rationalitätsnormen gelenkt wird, die vermeintlich erst »übertragen« werden müssen, kann von allen möglichen Standpunkten aus gemacht werden. So etwa Habermas, »From Kant to Hegel: On Robert Brandom's Pragmatic Philosophy of Language«, S. 324. Ich glaube nicht, dass Hegel dieses Paradoxes beschuldigt werden kann. Siehe die Verweise in Fn. 39.

Sozialität und der Historizität »ausreichend« berücksichtigt. Im Folgenden eine kurze Zusammenfassung seiner Behauptung der Sozialität von Normen:

> Was wir benötigen, ist eine der grundlegendsten hegelschen Korrekturen von Kants normativem Rationalismus: ein Verständnis normativer Status, wie etwa Verpflichtung, Verantwortung und der Autorität als sozialer Errungenschaften. Hegel fasst das sich durch die Anwendung eines Begriffes erfolgende Binden an Normen als das Einnehmen eines bestimmten sozialen Standpunktes auf.[37]

All dies scheint mir ziemlich richtig zu sein und eine substanzielle und äußerst wertvolle Reformulierung des Verhältnisses von Kant und Hegel darzustellen. Sobald Brandom jedoch mit seiner Diskussion des Wesens dieses gesellschaftlichen Status fortfährt, erscheinen mir seine Ausführungen, wenngleich nicht unbedingt falsch, so doch auf bedenkliche Weise unvollständig. Gemäß Brandoms eigenem Ansatz (und auch innerhalb seiner Darstellung der Position Hegels) hängen die Verpflichtungen, die man eingeht, von einem selbst ab. Der *Inhalt* dieser Verpflichtungen allerdings – das, *worauf* man sich genau festlegt, indem man sich etwa auf die Behauptung *p* festlegt, hängt nicht von einem selbst ab, sondern wird von anderen »verwaltet«. (»Ich verpflichte mich selbst, aber dann sorgen *sie* dafür, dass ich mich daran halte«.[38]) Diese anderen »Score Keeper« bestimmen auch, welche Verpflichtungen man eingehen *darf*, unabhängig davon, was man selbst zu dürfen behauptet. Was es heißt, den sozialen Status eines kompetenten begriffsverwendenden Subjekts erlangt zu haben, hängt, wie vorhin gesehen, allein und ausschließlich davon ab, ob man von anderen »Score Keepern« als ein solches anerkannt wird.

Brandoms Rede davon, dass normative Verpflichtung eine Sache des »Sich-Selbst-Bindens« sei, bleibt sehr nah bei der zutiefst kantischen Auffassung der Normativität als notwendig selbstgesetzt, die Hegel aufgenommen und großzügig erweitert hat, wobei er seinerseits vielen entscheidenden Korrekturen dieses Begriffs folgt, die von Fichte stammen. Ich könnte nicht emphatischer beipflichten, dass dies das zentrale Herzstück ist, das den Rationalismus der kantischen und post-kantischen deutschen Tradition von seinen ratio-

37 Brandom, *TDM*, S. 32.
38 Ebd., S. 220.

nalistischen Vorgängern scheidet.[39] Kants Idee, dass wir nur an das gebunden sind, woran wir uns selbst binden, findet sich überall in dem wieder, was wir den Deutschen Idealismus nennen – bei Fichte taucht sie in Gestalt des Begriffs der Selbstsetzung auf; bei Hegel manifestiert sie sich deutlich in seinen ansonsten rätselhaften Behauptungen, der Geist sei ein ›Produkt seiner selbst‹ oder der Begriff gebe »sich selbst seine Wirklichkeit«.[40] Bei allen drei Denkern ist dies allerdings eine *hochgradig* metaphorische Vorstellung; ein ursprüngliches Moment der Selbst-Verpflichtung gibt es ebenso wenig wie es ein fichtesches Ich gibt, das die Erfahrung durch Setzung eines Nicht-Ich *de novo* initiiert. Die Metapher lässt sich auch nur schwer diskursiv deuten; daher mag es so erscheinen, als verpflichte sich Brandom, wie McDowell es formuliert hat, zu einer Theorie, »die Normen aus einem normativen Nichts zur Existenz bringt.«[41]

Da jedoch Hegel diese Behauptung in der ersten Person Plural fasst und zudem als etwas, das im Laufe der Zeit geschieht, ist für ihn jede Sorge hinsichtlich eines Übergangs von einer normfreien hin zu einer normativen Situation weit weniger relevant. Es gibt

39 Diese Interpretation post-kantianischer Philosophie habe ich seit den späteren 1990er Jahren in zahlreichen Artikeln verteidigt, besonders in der Dotterer-Vorlesung an der Universität von Pennsylvania, die in deutscher Fassung unter dem Titel »Über Selbstgesetzgebung« erschienen, und im vorliegenden Band wiederabgedruckt ist; siehe auch Robert B. Pippin, »Fichtes Alleged One-Sided, Subjective, Psychological Idealism«, in: Sally Sedgwick (Hg.), *The Reception of Kant's Critical Philosophy. Fichte, Schelling and Hegel*, Cambridge 2000, S. 147-170, Robert B. Pippin, »The Realization of Freedom. Hegel's Practical Philosophy«, in: Karl Ameriks (Hg.): *The Cambridge Companion to German Idealism*, Cambridge, MA 2000, S. 180-200, und, wie gesagt, »Über Selbstgesetzgebung« in diesem Band, S. 52-84. Bei all diesen Aufsätzen handelt es sich um vorläufige Kapitel von *Hegel's Practical Philosophy. Rational Agency as Ethical Life*, Cambridge 2008. Siehe auch Terry Pinkard, *German Philosophy 1760-1860*, Cambridge 2002, zu einer Darstellung desjenigen Teils der deutschen Philosophie, die Entwicklungen und Antworten auf diese Frage zu geben versucht.

40 Michael J. Petry (Hg.), *Hegels Philosophie des subjektiven Geistes*, Dordrecht 1978, S. 6.

41 Nicholas H. Smith (Hg.), *Reading McDowell: Essays on Mind and World*, New York, London 2002, S. 277. Ich antworte detaillierter auf McDowells Sorgen bezüglich dieses Problems in, »Postscript: On McDowell's Response to ›Leaving Nature Behind‹«, in: Robert B. Pippin, *The Persistence of Subjectivity: On the Kantian Aftermath*, Cambridge 2005, S. 206-220.

keine ursprünglich normfreie Situation, sondern nur einen fortschreitenden, kontinuierlichen, historischen Prozess der Initiation oder der Sozialisierung in die normativen Praktiken einer Gemeinschaft, der Loyalität auf vielerlei praktische, engagierte und großenteils implizite Weise erfordert und diese in Gestalt einer ähnlich umfassenden Anzahl an Praktiken der Zustimmung, der Bestätigung, des Unterhalts und durch vielfältige Modalitäten der Selbstgesetzgebung und der Selbstverpflichtung erhält.[42] Hegel hält zum Beispiel Kunst für so eine Modalität. Doch wie schon gesagt: Wenn die »Autonomie-These« lautet »Was sie [die Normen] verbindlich *macht*, ist der Umstand, dass man sie als verbindlich *ansieht*«,[43] dann ist es *extrem schwierig,* eine nicht-metaphorische Darstellung dieser Selbst-Auferlegung zu entwickeln. Sobald wir uns über explizit assertorische Urteile (»Dies Metall ist Molybdän«)[44] und explizite Performanzen (»Ich verspreche, dich morgen früh zum Flughafen zu fahren«[45]) hinaus begeben, sind praktischere und implizitere Formen der »Verpflichtung« viel schwieriger erkennbar; und dies gilt sowohl für ein Individuum als auch für einen möglichen Score Keeper. (Die Taten einer Person und das, was sie darüber hinaus zu sagen bereit ist oder gesagt hat, geben uns einen *gewissen* Aufschluss, doch sobald wir uns jenseits von Aussagen über Molybdän oder eines Transportversprechens aufhalten, wird die Situation sofort sehr kompliziert.) Ebenso wichtig ist darüber hinaus, dass, gerade weil diese Praktiken wenig explizit oder hinsichtlich ihres Anwendungsbereiches wohldefiniert sind, auch eine fortwährende, unvermeidliche *Auseinandersetzung* um Behauptungen stattfindet, die im Laufe der Geschichte bezüglich solcher Regeln gemacht werden, sowie um affirmative und verneinende Behauptungen bezüglich Zuschreibung und Berechtigung, da sich der Kontext ihrer Anwendung wandelt und damit das ursprüngliche Verständnis strapaziert. Hegel interessiert sich am meisten dafür, was wir heute

42 Dies ist einer der Gründe, warum Brandoms Bezugnahme auf Pufendorf und die starke Metapher der »Aufzwingung« – er spricht von einem »Mantel, der über ihre [der natürlichen Welt] Nacktheit geworfen ist« – aus hegelianischer Perspektive irreführend subjektivistisch ist (siehe Brandom, *Expressive Vernunft*, S. 96-97).

43 Brandom, *TMD*, S. 219.

44 Ebd., S. 221.

45 Ebd.

als den grundlegenden Unterschied (falls es einen gibt) zwischen *Praktiken der Score-Keeping-Aufsicht, die den historischen Tatbestand normieren* einerseits und einer Art *progressiver normativer Entwicklung* andererseits bezeichnen würden. Und selbst dies lässt noch viel Metaphorik zu, da – in den Worten Haugelands gesprochen, die Brandom von ihm borgt – »transzendentale Konstitution« stets »soziale Institution« ist[46] und es keine eindeutig nicht-metaphorische Lesart dessen gibt, *wie* ›Gesellschaften‹ irgendetwas »institutieren« (oder, vor allem, wie sie dies versuchen und dennoch daran scheitern, woraufhin es zur bloßen, zwangsweisen Durchsetzung Weniger gegen Viele oder Vieler gegen Wenige kommt, anstatt zu etwas, das man als den Akt einer Selbst-Verpflichtung auf selbstgesetzte Regeln verstehen könnte). Zumindest aber gibt es keinen Grund zu glauben, dies geschehe im Rahmen einer Art konstitutioneller Versammlung, in der ursprüngliche, grundlegende Regeln aufgestellt und Loyalitätsbekundungen geleistet werden; und andererseits zahlreiche Gründe zu glauben, dass wir es hier mit einem Problem zu tun haben, das eine Antwort verlangt, wenn wir über genuin normative, soziale Aktivitäten sprechen, und nicht schlicht über Sozialisierungserfolge auf Basis des Prinzips »Zuckerbrot und Peitsche«.

Hegel glaubt in der Tat, dass sich ein systematisches Verständnis der Kontinuitäten und Krisen in dem Bemühen der Einrichtung und Erhaltung von Loyalität gewinnen lässt: »Großhandel« anstatt »Einzelhandel«, um eine Ausdrucksweise Brandoms zu bemühen. Ohne ein solches, systematisches Verständnis, so glaubte Hegel, sind wir außerstande, späteren normativen Fortschritt von späteren Rekonfigurationen sozialer Macht im Dienste der Unterstützung neuer Regime zu unterscheiden.[47] Und ohne dieses ambitioniertere Unterfangen lässt sich ein sozial-pragmatistischer, inferenzieller Holismus wie der Brandoms nicht von einem ›inferenziellen Po-

46 John Haugeland, »Heidegger on Being a Person«, in: *Noûs* 16 (1982), S. 15-26.

47 Hegel glaubt, dass Mitglieder historischer Gemeinschaften auf verschiedene Arten und Weisen an Unvernunft leiden können – was Brandom inkompatible Verpflichtungen nennt. Ferner argumentiert er, dass diese Art des Leidens den wichtigsten begrifflich-normativen Wandel erklären und ihn als progressiv (wo es dies zu leisten imstande ist) ausweisen kann. Er glaubt, dass Berufungen auf die Vernunft eine soziale Macht haben, die von der bloßen Ausübung sozialer Macht, die als adäquate Vernunft auftritt, unterschieden werden muss – selbst wenn Philosophen diese Unterscheidung nur rückblickend leisten können.

sitivismus‹ unterscheiden. Das heißt, obgleich Brandom den von ihm so genannten Regularismus vermeiden kann beziehungsweise stets zu rechtfertigen vermag, dass er einer Gemeinschaft eine ursprüngliche Intentionalität zuzuspricht, anstatt bloß Verhaltenskonformitäten zu konstatieren (das heißt, er kann die Behauptung rechtfertigen, dass die Mitglieder der Gemeinschaft das normative Spiel des Begründens und Forderns von Begründungen spielen und somit Verpflichtungen anderer sowohl installieren als ihnen diese auch zusprechen und sie bewerten), erklärt dies noch nicht, *wie* ein Interpret von außen oder ein Mitglied der Gemeinschaft von innen die Autorität jener Normen, auf Grundlage deren die Zuschreibungen und Bewertungen vorgenommen werden, angemessen angreifen kann, oder auch, wie jene Normen darin scheitern können, solchen Angriffen standzuhalten. Brandom kann zwar beschreiben, *was geschieht,* wenn solch ein Angriff stattfindet, doch er versucht sich einer Antwort auf die Frage nach dem vermeintlichen Wert von Kritik im Allgemeinen zu enthalten. Dies müssen die Teilnehmer unter sich ausmachen, und Brandoms eigene Darstellung bleibt somit »phänomenalistisch«.[48] Ohne dieses weitergehende Verständnis aber bleiben wir bloße historische Soziologen (oder unterbeschäftigte Explizit-Macher) – Explizit-Macher zwar dessen, was Teilnehmern als das *distinkt Normative* und seine Geschichte gilt, doch zufrieden damit zu *dokumentieren*, welche Arten der Kritik und Verteidigung sie zu gegebener Zeit an einem gegebenen Ort für geeignet halten. Wir können sogar Punkte auf unserer

48 Für Brandom ist Intentionalität derivativ und hängt in ihrer Erklärbarkeit von Normativität ab. Diese Normativität ist als eine deontische Angelegenheit eine Sache des normativen Status zu verstehen, der wiederum von deontischen Einstellungen eingesetzt ist. Die Abhängigkeit der Normen von Einsetzung oder von Auferlegung, die aus solchen Einstellungen resultiert, ist der normative Phänomenalismus. So viel – dass normative Status wie zum Beispiel Verpflichtungen Produkte sozialer, praktischer Einstellungen sind – steht außer Frage. Die Forderung lautet, dass sie nicht *nur* und allein solche Produkte sein können, und nichts weiter. Denn der Inhalt der Einstellungen muss zudem auch erklärt werden, und laut Hegel zieht dies eine Behauptung über die Priorität des »objektiven Geistes« gegenüber dem »subjektiven Geist« beziehungsweise gegenüber einer Priorität der »Einsetzung von Bedeutung« nach sich. Etwas gilt als Geschenk nicht nur wegen der Einstellung der Teilnehmer, die die Einrichtung des Geschenkemachens am Leben erhalten, da diese Einstellung bereits die institutionellen Regeln der Praxis widerspiegelt, in die die Individuen hineinsozialisiert wurden.

aktuellen Scorecard vermerken, jedoch ohne eine Erklärung dafür zu haben, wie »sie« zu »uns« wurden. Anders gesagt: Obwohl illegitime Ansprüche auf normative Autorität eindeutig immer noch vermeintliche Normen darstellen, und obwohl das Spiel des Begründens und des Forderns von Gründen begonnen hat, sobald man sich auf diese Normen beruft, wird die Unterscheidung von manipuliertem oder erzwungenem Verhalten und norm-gerechten Vollzügen leer sein, solange wir es nicht schaffen, den Unterschied zwischen bloß vermeintlichen und wirklichen Autoritätsansprüchen zu fundieren. Der Umstand, dass ich dich bedrohe, stellt für dich in einem *gewissen* Sinne einen Grund dar, mir zu gehorchen, und in einem *gewissen* Sinne wäre dein Gehorsam ein Antworten auf einen Grund, nämlich auf dein Interesse an deiner Gesundheit. Doch es ist nicht leicht zu sehen, wie man dies als ein Antworten deinerseits auf einen Anspruch distinkt normativer Autorität beschreiben können sollte.[49] (»Positivismus« ist hierfür ein treffender Ausdruck, nicht nur weil Brandoms Verständnis des Idealismus zuweilen ein wenig nach Verifikationismus klingt,[50] sondern weil das von Hegel selbst-identifizierte Hauptproblem in der Frage der Normativität – angefangen bei seinen ersten Schriften über das Christentum und die frühe Christenheit bis hin zu seinen späten Schriften über Politik – in der von ihm so genannten »Positivität« bestand. Hiermit meinte er die erfolgreiche Verwaltung dessen, was als Norm erscheint, jedoch trotz der tatsächlichen Anerkennung und unterstützenden Haltung von Individuen, immer noch als etwas gilt, dem ein entscheidendes Element fehlt, durch das sich eine entfremdete von einer wirklich affirmativen [selbstauferlegten] Beziehung zum Gesetz unterscheiden würde.)

49 Es steht Brandom frei, offen zuzugeben, dass Score-Keeping-Praktiken zusammenbrechen können, sich wandeln können etc. Aber falls dies alles sein sollte, was wir darüber zu sagen haben, sieht dies wie etwas aus, das den Teilnehmern zustößt, anstatt wie etwas, das sie tun; was sie sich selbst antun, und zwar mit Absicht. Ersteres mag tatsächlich alles sein, was wir letztlich sagen können, aber Letzteres ist Hegels narrativer Anspruch.

50 Zu Brandoms Unterscheidung seiner eigenen Position vom Verifikationismus siehe Brandom, *Expressive Vernunft*, S. 193 ff. Unter Berufung auf Dummetts Unterscheidung argumentiert Brandom, dass sie, die Verifikationisten, recht damit haben, Bedeutung an Umstände zu binden, unter denen ein Ausdruck verwendet werden kann. Aber sie vernachlässigen dabei die Tatsache, dass die angemessenen Konsequenzen seiner Verwendung ebenfalls relevant sind.

Ich möchte auf keinen Fall den Eindruck erwecken, Brandom wäre der von ihm so bezeichneten »Ich-Wir«-Konzeption der Sozialität verpflichtet.[51] In den Kapiteln eins und acht von *Expressive Vernunft* zeigt er klar und deutlich, dass dies nicht der Fall ist und dass sein Sozialitätsverständnis von der »Ich-Du«-Art ist. Wenn ich von »Score-Keeping-Aufsicht« spreche, dann meine ich das, was für die meisten Score Keeper – deren jeder den Unterschied zwischen dem, was andere für geboten halten und dem, was geboten ist, trifft – letztendlich *bestimmt*, wie sie diese Unterscheidung auf eine Weise treffen können, die von anderen geteilt wird, und die also »bestimmt, wie sich die Einstellungen derer, die über einander Konto führen, nach den Tatsachen zu richten haben.«[52] Wie bereits erwähnt, will Brandom nicht bis dorthin vordringen, nicht weiter als bis zu diesem Punkt. Er glaubt, die Bedingungen für den Erfolg seiner Theorie seien erfüllt, wenn er erklärt, *worin* »Objektivität« im Rahmen seiner inferentialistischen Semantik *besteht* (nämlich darin, in der Lage zu sein, zwischen einem normativen Status [objektiv richtig] und einer normativen Einstellung [für richtig halten] zu unterscheiden). Alles andere fällt nach Brandom in den Bereich der wirren Behauptung, die Philosophie könne nicht urteilen.[53] Wir müssen bei diesem Verständnis der Objektivität als »ein[es] strukturell[en] Aspekt[s] der sozial-perspektivischen *Form* begrifflicher Gehalte«[54] enden. Wir sollten uns philosophisch mit der Behauptung begnügen, dass »[i]n die sozial-inferentielle Gliederung der Begriffe [...] die ständige Möglichkeit einer Unterscheidung zwischen dem, wie die Dinge *sind*, und dem, wie sie von einem Gesprächspartner *gesehen* werden, eingelassen [ist]«.[55] Dieser Forma-

51 Dies ist ein weiteres bücherfüllendes Thema der brandomschen Hegelinterpretation. Hegel spricht von einem »Ich, das Wir« geworden ist (vgl. Hegel, *PhG*, S. 145), aber er meint damit nicht, dass das, was eine »Gemeinschaft« tatsächlich als wahr oder verpflichtend versteht, dadurch ein Kriterium der Wahrheit oder des Rechts oder verpflichtend oder gut für jedes individuelle »Ich« ist. Dies ist genau das, worum Brandom sich in seiner »Ich-Wir«-Sprache sorgt.

52 Brandom, *Expressive Vernunft*, S. 876.

53 Vgl. ebd., S. 833-834. Siehe auch Gideon Rosen, »Who Makes the Rules Around Here?«, in: *Philosophy and Phenomenological Research* LVII (1997), S. 163-171 sowie Brandoms Antwort in »Replies«, in: *Philosophy and Phenomenological Research* LVII (1997), S. 189-204.

54 Brandom, *Expressive Vernunft*, S. 828.

55 Ebd., S. 828-829.

lismus ist der wohl unhegelschste Aspekt von Brandoms Theorie. Aus Hegels Perspektive werden wir nie wirklich wissen, was genau es damit auf sich hat, entsprechend unterscheiden zu können (im Gegensatz etwa dazu, was individuelle, perspektivisch gebundene Score Keeper zu verschiedenen Zeiten und an verschiedenen Orten für diese Unterscheidung *gehalten* haben), außer wir betrachten die Unterscheidung genauer, wenn sie sich konkret ›verwirklicht‹ und finden dann einen Weg sie uns verständlich zu machen, wenn wir besser darin geworden sind, sie zu treffen. (Wenn wir dies nicht tun, exemplifizieren wir das, was ich als inferenzialistischen Positivismus bezeichnet habe.)[56] Auf eine Formel gebracht: Brandom glaubt, dass Bedeutung beziehungsweise begrifflicher Gehalt eine Frage des Gebrauchs ist, eine Frage inferenzieller Artikulationen innerhalb des sozialen Spiels des Begründens und des Forderns von Gründen. Er hat recht, wenn er sagt, dass Hegel dem zustimmt, aber Hegel behauptet auch, dass die Frage nach der Autorität der Artikulationen, die zu einer gegebenen Zeit auf bestimmte Weise punkten, unabdingbar für die Frage dieses Gehalts ist, und dass wir diese Dimension nicht verstehen können, außer insofern die möglichen Artikulationen, wie er allenthalben sagt, *»verwirklicht«* sind.[57]

56 Noch einmal: Ich hoffe, dass deutlich geworden ist, dass ich damit Brandom nicht vorwerfen will, was er »Regularismus« nennt, also eine Reduktion von Normen auf bloße Regelmäßigkeiten einer Praxis. Wir können den Unterschied zwischen der Berufung auf Normen und einer Zusammenfassung dessen, »wie wir meistens vorgehen«, verstehen (zum Beispiel kann Letzteres nur unter sehr seltsamen Umständen als Grund angeboten werden; außerdem müssen, in Brandoms Sprache ausgedrückt, Verpflichtungen als durch Regeln des Score-Keepings eingesetzt verstanden werden, nicht als Produkte aktualen Score-Keepings) und trotzdem darüber verwirrt sein, wie man die Berufung auf eine autoritative Norm vom bloßen Schein einer Berufung unterscheiden soll.

57 Es gibt verschiedene Arten, diesen Begriff der Verwirklichung auszubuchstabieren. Eine davon wäre die traditionellere pragmatistische Betonung eines Tests des »Erfolgreich-mit-der-Wirklichkeit-fertig-Werdens«, in dem man es, ausgerüstet mit verschiedenen kognitiven Ansprüchen, nicht schafft, praktische Zwecke zu erreichen; dies ist der paradigmatische Fall einer empirischen Lernerfahrung. Siehe Habermas, »From Kant to Hegel: On Robert Brandom's Pragmatic Philosophy of Language«, S. 330. Es gibt eine Anzahl an falschen Voraussetzungen in diesem Ansatz, aber generell betrachtet steht er Hegels Theorie näher als Brandoms – wie etwa in Hegels Jenaer Schriften über Arbeit, der Theorie der Begierde in der *Phänomenologie* und an dem erforderlichen Übergang zwischen beobachtender und praktischer Vernunft im dortigen Vernunftkapitel zu erkennen ist.

(Beispielsweise gilt nach Hegel, dass die Einsicht darein, dass die basalen Normen der Sittlichkeit im antiken Griechenland scheiterten, wie sie es taten, dass sie also ihre Wirksamkeit verloren, uns etwas über den Unterschied zwischen der vermeintlichen Autorität einer Berufung auf eine Norm und ihrer wirklichen Autorität lehrt, das wir wissen müssen und auf keine andere Weise hätten erfahren können.) Wie wir gleich sehen werden, knüpft dies Hegels Begriff der Philosophie *viel* enger an die Geschichte, als Brandom dies tut.

Ich behaupte, dass das Problem von Brandoms Ansatz aus einer hegelschen Perspektive weniger in einer Leerstelle, einer Lücke besteht, die offenzulassen für Brandom offenbar keine Beunruhigung darstellt (man vergleiche die frühere Diskussion der ›Selektion‹ nur einiger der hegelschen Themen), die er jedoch unbedingt zu brauchen scheint. Dies mag ein wenig unfair erscheinen. Schließlich hat Brandom Hegel in ein außerordentliches und beeindruckendes Projekt einbezogen, das sowohl für sich genommen als auch als Erläuterung von Hegels Position sehr weit reicht: Es macht ein Verständnis von Score-Keeping-Praktiken verfügbar, die ausreichen, um viele verschiedene Arten begrifflichen Gehalts zu konstituieren. Dazu zählt zum Beispiel nicht-logischer propositionaler Gehalt, Gehalt, der mit Prädikaten und singulären Ausdrücken, Pronomen, Demonstrativa und Eigennamen assoziiert wird und sogar der logisch-expressive Gehalt des Konditionals, der Negation, Quantifikatoren usw. Und hier habe ich noch gar nicht die scharfsinnige Demonstration dessen erwähnt, wie anaphorische Ketten zum kommunikativen Erfolg beitragen oder wie sowohl Ko-Referenz als Wiederholbarkeit »durch die unterschiedlichen Repertoires von Festlegungen verschiedener Gesprächspartner«[58] gewährleistet ist. Und dennoch, so undankbar dies anmuten mag, so gibt es etwas Entscheidendes in Hegels Projekt, das bei Brandom oder in Brandoms Hegel nicht auftaucht. Dieser Punkt ist dort am offensichtlichsten, wo sich Brandoms Hauptproblem – das Problem der begrifflichen Bestimmtheit und des begrifflichen Gehalts – mit der Frage der begrifflichen Autorität überschneidet – Fälle, in denen jeder versteht, worauf sich ein Begriff bezieht oder zu beziehen beansprucht (der vorgebliche Gehalt ist bestimmt), aber in denen ernsthafte Uneinigkeit darüber entsteht, ob dieser

58 Brandom, *Expressive Vernunft*, S. 816.

deutliche Anspruch des Begriffs *erfüllt*, gerechtfertigt oder legitim ist, ob also der Begriff wirklich irgendetwas ›herausgreift‹. (Da jede Begriffsanwendung mit einem normativen Anspruch verbunden ist, und zwar nicht mit dem Anspruch, dass dies und jenes als zusammengehörig gedacht wird, sondern dass dies und jenes zusammen gedacht werden sollte oder sogar muss, sind diese beiden Dimensionen des Problems offensichtlich nicht zu trennen.) Für diese Unterscheidung interessiert sich Hegel dort am meisten, wo es um Wandel oder einen partiellen Zusammenbruch der fundamentalen, paradigmatisch-normativen Prinzipien geht, *auf die Score Keeper sich berufen,* wenn sie zwischen dem unterscheiden, was ein anderer zu tun berechtigt zu sein glaubt, und dem, was zu tun er wirklich berechtigt ist (beziehungsweise was ihm verboten oder geboten ist) – in Fällen des göttlichen oder menschlichen Rechts, Ansprüchen des Glaubens und der Aufklärung, des Naturrechts, der moralischen Freiheit, revolutionärer politischer Autorität oder moralischer Reinheit. (Wenn Score Keeper die normative Welt auf bestimmte Weise aufteilen, indem sie etwa zwischen dem »Gesetz des Herzens« und dem ›Wahn des Selbstbetrugs‹ unterscheiden, bedeutet ihr Punktestand *bereits* etwas; er trägt materiale, normative Implikationen, die von den anderen Parteien, die im Spiel sind, nicht angetastet werden können, die den eigenen Absichten oftmals direkt entgegengesetzt sind, und die auch nicht einfach davon abhängen, wie zukünftige Score Keeper diese Implikationen ihrer Verpflichtungen historisch tatsächlich erweitern, ergänzen und verändern werden. Es stellt eine Beschränkung von Brandoms Ansatz dar, und kennzeichnet das, worin er sich von Hegel unterscheidet, dass seine Theorie der ›Normativität von Bedeutung‹ in dieser Weise reduktionistisch ist; dass sie dieses Phänomen auf die jeweiligen Einstellungen von Individuen zurückführt.)[59]

59 Viele von Hegels Argumenten für den Vorrang der Sozialität sind mittlerweile bekannt. Die Teilnahme an einer bestimmten Form von gesellschaftlichem Leben ist ebenso *transformativ* wie instrumentell nützlich, und dementsprechend gibt es einen zu großen Unterschied zwischen dem, was ein Individuum durch diese Teilnahme wird, und dem, was es ohne sie wäre, als dass das prä-institutionelle Individuum als Standard für die Rationalität und Autorität der Institution fungieren könnte. Solche gesellschaftlichen Institutionen verhalten sich auch ursprünglich *formativ* hinsichtlich individueller Identitäten, und also Bedingungen selbst der möglichen Entwicklung rationaler Egoisten und rational egoistischer »Kultur«. Somit können sie nicht, nicht einmal idealerweise, als das Produkt sol-

Die intuitiv deutlichste Manifestation dieser Einschränkung und des daraus resultierenden Positivismus zeigt sich in Kapitel drei des ersten Teils von *Expressive Vernunft,* und zwar am Beispiel des »Schillings der Königin«. Brandom erinnert hier an die Praxis des achtzehnten Jahrhunderts, als das bloße Akzeptieren eines solchen angebotenen Schillings schon den Eintritt in die königliche Marine bedeutete. Diese Praxis sollte für Analphabeten, die nicht in der Lage waren, einen Vertrag zu unterzeichnen, als öffentliches Zeichen der Akzeptanz fungieren. Doch diese Praxis wurde häufig von Anwerbern missbraucht, um betrunkenen Opfern in Hafenspelunken ihre Zustimmung zu entlocken. Brandom schreibt: »Diejenigen, die annahmen, lernten die Bedeutung dessen, was sie getan hatten – die Festlegung, die sie auf sich *genommen hatten,* und somit die Änderung ihres Status – erst kennen, nachdem sie ihren Rausch ausgeschlafen hatten.«[60] Ich glaube, die meisten von uns würden intuitiv sagen, dass die bloße Tatsache, dass andere einem Individuum solch eine Verpflichtung zuschrieben, noch lange nicht bedeuten musste, dass das Individuum, im Sinne einer normativen Tatsache, wahrhaft an sie gebunden war und dass die Praxis hier etwas illegitimerweise als Verpflichtung wertete, was eigentlich gar nicht als Verpflichtung gelten kann. Aber nach Brandom bedeutet das Eingehen einer Verpflichtung für ein Individuum *lediglich*, irgendetwas zu tun, was es anderen angemessen erscheinen lässt, diesem Individuum eine Verpflichtung zuzuschreiben – wobei »Angemessenheit« hier eine Frage der bestehenden, wirklichen Praxis ist. Brandoms Ansatz erlaubt es zwar, zu unterscheiden, was als Verpflichtung erscheint, aber in Wirklichkeit keine ist (etwa wenn der Anwerber versehentlich die falsche Münze verwendet), doch er macht keinen Unterschied zwischen dem, was andere als eine Statusänderung werten und dem, was wirklich eine Statusänderung

cher Individuen angesehen werden. Ebenso können die Institutionen, die instrumentell notwendig sind, um individuellen Egoismus oder Gewissens-Befolgung zu schützen und zu garantieren, *selbst* auch nicht effektiv erhalten werden, ohne Verhältnisse des Vertrauens und der Solidarität, welche nicht von Überlegungen des individuellen Interesses oder des individuellen Gewissens unterstützt werden können. Vgl. Kapitel I.8 in Rousseaus *Gesellschaftsvertrag* (Jean-Jacques Rousseau, *Vom Gesellschaftsvertrag,* Frankfurt/M. 2000) und Robert B. Pippin, »Hegel on Institutional Rationality«, in: *The Southern Journal of Philosophy* XXXIX, Supplement, »The Contemporary Relevance of Hegel's Philosophy of Right« (2001).

60 Brandom, *Expressive Vernunft*, S. 247, Hervorhebung R. P.

ausmacht. *Alles*, was es nach Brandom für Letzteres braucht, ist eine Veränderung in den Einstellungen anderer, und diese Auffassung lässt das Problem, das Hegel seine ganze Karriere lang beschäftigte, nicht einmal aufkommen: das Problem der »Positivität«, einer sich mit angemessenen, öffentlich anerkannten Praktiken in Einklang stehenden Unterwerfung durch andere unter einen Status »übernommener Verpflichtungen«, die von dem unterworfenen Individuum nicht als solche anerkannt werden. Was Hegel als zutiefst problematisch erachtete, ist für Brandom ein völlig unproblematisches Beispiel für die Zuschreibung von Verpflichtungen. (In dieser Hinsicht ist Brandoms Zugeständnis, dass sich ›die ganze Gemeinschaft‹ in ihrer Art und Weise des Score-Keepings irren könne, und dies selbst »im Lichte ihrer eigenen Maßstäbe«, eine leere Geste. Wie Brandom selbst sagen würde: Wenn wir nicht wissen, was dieses Zugeständnis ein- und was es ausschließt und wie wir in solchen Fällen wirklich von ihm Gebrauch machen können, dann ist das Zugeständnis *ohne Inhalt*. Und die Tatsache, dass Brandom willens ist zuzustimmen, dass unser armer, betrunkener Matrose in der Tat *normativ* daran gebunden *ist*, in der königlichen Marine zu dienen – dass *er* diese Verbindlichkeit wirklich *eingegangen* ist –, stimmt einen nicht gerade hoffnungsvoll bezüglich dessen, worin dieser Inhalt bestehen könnte.)[61] Obwohl Brandom manchmal den Eindruck erweckt, dass seine in *Expressive Vernunft* verteidigte Position beziehungsweise die Position, die er Hegel zuschreibt, Fragen bezüglich tatsächlicher – im Gegensatz zu illusorischen – Ansprüche auf normative Autorität einfach offenlässt, würde ich behaupten,

61 Siehe Brandoms Ausführungen über Dummetts Besprechung des Ausdrucks *Boche* (Brandom, *Expressive Vernunft*, S. 197 ff.). Brandom hat recht, wenn er sagt, dass die explikative Aufgabe der Philosophie dabei helfen kann, deutlich zu machen, dass die Konsequenzen, die durch die Verwendung eines Ausdrucks (wie *Boche*) impliziert werden, material gesehen schlechte Inferenzen offenbaren (dass alle Deutschen ungewöhnlich aggressiv und kriegsliebend sind), aber er beruft sich hier auf eine Inferenz, die alle (oder die meisten) als empirisch schlicht falsch bezeichnen würden. Im Großen und Ganzen ist dies aber nichts, was »entdeckt« wird oder was an einer Aussage relevant ist, nämlich dass der Status eines Herrschers, oder die Natur der Ehre, oder der private Besitz von Kapital alle material schlechte Inferenzen implizieren, als ob die Schlechtigkeit der Inferenz in diesem empirischen Sinne entdeckt werden könnte. Selbst hinsichtlich des Ausdrucks *Boche* ist es sehr unwahrscheinlich, dass seine Verwendung unziemlich wurde, als seine empirische Falschheit schließlich aufgezeigt worden war.

dass er sich in Sachen Normativität, Verbindlichkeit, Berechtigung und Pflicht bereits positioniert; und wie seine Position in diesen Dingen lautet, ist im vorliegenden Abschnitt deutlich geworden.

Entscheidend ist letztlich die Frage, wie und in welchem Ausmaß man eine gewisse Dimension menschlicher Sozialität – das Einrichten, den Erhalt, die Sanktionierung, und das Verwalten normativer Verpflichtungen – zum wesentlichen Bestandteil der eigenen Semantik machen kann, ohne eine viel umfangreichere Gesellschaftstheorie, eine vollständige Perspektive auf soziale Bindungen oder eine ausgereifte normative Theorie anbieten zu müssen – eine Theorie dessen, worin der Unterschied zwischen »der Ausübung normativer Autorität« und »der Ausübung von Zwangsgewalt« besteht.[62] Bestimmt ist Brandom überzeugt, ein allgemeingültiges Verständnis der Normativität und eine angemessene Auffassung der Sozialität entwickelt zu haben. Bezüglich des Ersteren beruft er sich oft auf »Kants Unterscheidung zwischen dem Raum der Natur und dem Raum der Freiheit, dessen Bewohner eher durch ihre Auffassung von Regeln gebunden sind – das heißt, durch Regeln, durch die sie nur gebunden sein können, weil sie sie als verbindlich anerkennen«.[63] Wie gesagt, hilft uns dies nicht viel in dem Versuch zu verstehen, was als ein solches Tun *gilt* (»das Anerkennen von *Autorität«*) und was die Frage nach dem Umfang und dem Inhalt dessen, woran ich mich binde, beantwortet.[64] Wenn

62 Es gibt hier eine Parallele zu einer Bemerkung, die Brandom in *Begründen und Begreifen* macht, dass »es [...] mir gelungen [ist], eine Menge über den begrifflichen Gehalt zu sagen, ohne auch nur ein Wort darüber zu verlieren, was durch solche Gehalte repräsentiert wird« (Brandom, *Begründen und Begreifen*, S. 104). Man könnte sagen, es sei Brandom gelungen, eine Menge über die soziale Verwaltung von Normen zu sagen, ohne uns viel darüber zu verraten, was eine Norm ist (was sie material ausschließt) oder was eine Gesellschaft oder gesellschaftliche Verwaltung ist.

63 Brandom, *TMD*, S. 219.

64 Es gibt auch Textpassagen in *TMD*, die einen über die Festigkeit der Unterscheidung zwischen Natur und Norm, Tatsache und Sollen nachdenken lassen. Im Sellars-Aufsatz schlägt Brandom vor, dass die Ansprechbarkeit auf Normen mit einer kausal ausgelösten, verlässlich unterscheidenden Reaktionsdisposition verglichen werden beziehungsweise dass sie schlicht als eine andere Weise der Manifestation einer solchen verstanden werden kann und sie also keine Anerkennung dessen ist, was man begründeterweise sagen kann. Siehe TMD, S. 360: »Außer diesen Spracheinstiegsmanövern muss der Sprachschüler auch die inferenziellen

Brandom behauptet, dass Letzteres eine Angelegenheit sei, die von anderen verwaltet wird, lassen sich leicht Fälle vorstellen, in denen eine solche Berufung nichts entscheidet und nur zu weiteren Kontroversen führt (zum Beispiel wenn eine vermeintlich repräsentative Gruppierung in meinem Namen handelt oder wenn andere mir Verpflichtungen auf Grundlage dessen zuschreiben – gegeben die institutionellen Regeln der Wahl und Vertretung –, worauf ich mich augenscheinlich verpflichtet habe).

Außerdem ist es genau diese *Unbestimmtheit*, die für Hegel wichtig ist. Seine Theorie, insbesondere der praktischen Vernunft, ist eine so radikale Theorie des historischen Schließens, dass wesentliche Elemente verloren gehen würden (wie zum Beispiel der unvermeidliche Konflikt), wenn wir uns an Brandoms Idee der »Verhandlung« zwischen »jenen, die eine Verpflichtung zuschreiben, und demjenigen, der sie anerkennt«[65] hielten. In einer Fußnote macht Brandom deutlich, dass er sich dieses Problems wohlbewusst ist.

> Die Rede von Verhandlung mutet zu friedfertig an, um als Beschreibung der Art von Auseinandersetzung und Konfrontation inkonsistenter Forderungen durchzugehen, die Hegel darstellt. Doch, obwohl ich dies hier nicht weiter verfolgen kann, glaube ich, dass es gute Gründe gibt, die von Hegel so geschätzte martialische, kompromisslose Sprache an diesem Punkt als irreführend anzusehen. Für ihn ist nichts jemals wirklich jenseitig [*other*], noch gibt es irgendwelche schlechthin inkonsistenten Ansprüche oder Begriffe. Es sind stets materiale Unvereinbarkeiten des Inhalts (statt formaler Inkonsistenzen), deren gegenseitige Konfrontation einen Wandel von Verpflichtungen verlangt.[66]

Manöver in der Umgebung von »grün« meistern: Zum Beispiel, dass der Schritt von grün zu »farbig« legitim ist, der Schritt zu »rot« nicht usw. Die Einübung dieser grundlegenden Sprache-Sprache-Manöver besteht in dem Erwerb weiterer verlässlich unterscheidender Reaktionsdispositionen, nur dass nun die Stimuli, ebenso wie die Antworten, Äußerungen sind.« Dies klingt nach Quine, wenn er am behavioristischsten ist, und nicht so, als hätte es mit Kant oder Hegel zu tun. Man bemerke jedoch die Aussage über irreduzible Normativität, S. 867 unten von *Expressive Vernunft*. Kann ein antrainiertes Sprache-Sprache-Manöver, das wesentlich durch einen Stimulus wie dem einer Äußerung ausgelöst wird, als normative Verpflichtung gelten?

65 Brandom, *TMD*, S. 221.

66 Ebd., S. 388.

Dieser Abschnitt macht einen seltsamen Eindruck. Wie Brandom explizit vermutet, lässt er hier *in der Tat* einen Meliorismus oder Irenismus nach dem Motto »Können wir uns nicht einfach alle vertragen?« anklingen, der überhaupt nicht zur *Phänomenologie* passt. Beinahe möchte man sagen: Hätte Hegel Brandoms inferenzielle Semantik besser verstanden (entsprechende Ressourcen sind implizit bereits in anderen Aspekten von Hegels Projekt vorhanden) und hätte er somit nicht zuweilen verhandelbare materiale Inkompatibilitäten mit formalen Inkonsistenzen oder mit dem Aufeinanderprallen schierer Andersheit verwechselt, hätte er sich nicht zu solchen »kriegerischen« Tendenzen hinreißen lassen. Mir ist jedoch kein Beleg dafür bekannt, auch keiner, den Brandom liefert, dass Hegels Betonung der »Gewalt«, die das Bewusstsein durch eigene Hand erfährt, nur das Ergebnis einer solchen Auffassung schierer Andersheit oder formaler Inkonsistenzen ist. Wenn man diese beiden Punkte zugesteht, bleibt immer noch viel Raum für das, was Hegel oft als tragischen Konflikt bezeichnet.[67]

Außerdem sind Hegels Reden von einer »Schlachtbank der Geschichte« nicht Resultat von Verpflichtungen innerhalb einer philosophischen Anthropologie (in der, angeblich, ein gewaltsamer Kampf um Ansehen und letztlich Anerkennung als wesentliche Aspekte der menschlichen Natur zur Erklärung gesellschaftlichen und normativen Wandels herangezogen werden). Es gibt einen anderen Grund dafür, dass Hegel innerhalb jeder Beschreibung sozialer Vermittlung, die für kommunikativen Erfolg, politische Stabilität oder Sittlichkeit[68] nötig ist, so daran gelegen ist, dass man zu keiner Zeit von der Tatsache abstrahieren beziehungsweise ignorieren sollte, dass wir es nie schlicht mit menschlichen Akteuren oder Subjekten zu tun haben, dass ein jedes dieser Subjekte immer zunächst als dem Willen eines anderen unterworfen oder als fähig, andere dem eigenen Willen zu unterwerfen, angesehen werden muss. Je-

67 Antigone und Kreon stimmen überein, dass es sowohl ein göttliches als auch ein menschliches Gesetz gibt und dass jedes an seinem Platz bleiben sollte. Ihr Streit ist »material« und beruht auch nicht auf bloßer Andersheit, aber er ist trotzdem tragisch. Nach Hegels Lesart haben beide recht.

68 Das Bild, das Brandom manchmal heraufbeschwört, ist Fred Astaires und Ginger Rogers »Tanz« der Sozialität, in dem es verschränkte, geteilte Verpflichtungen gibt, während trotzdem beiden jeweils verschiedene Bewegungen, und somit individuelle Besonderheit, gestattet sind. Siehe auch seinen Austausch mit Habermas.

des Subjekt ist Knecht oder Herr. Dies ist der Fall, da der Status einer Person oder eines freien Akteurs, der in der Lage ist, sein eigenes Leben zu führen und sich in seinen Taten zu erkennen, wie Brandom richtig bemerkt, für Hegel tatsächlich keine ontologische Kategorie darstellt, sondern vielmehr eine historische und soziale Errungenschaft. Die zentrale Funktion dieser Errungenschaft ist es, den Unterschied zu bestimmen, den wir an früherer Stelle als die Differenz zwischen der Verwaltung sozialer Macht (im vollen Sinne vielleicht die ›willentliche‹ Unterwerfung fügsamer Subjekte) und dem Erreichen einer Lebensform, in der die Freiheit des einzelnen von der Freiheit aller abhängt, identifiziert hatten. Letztlich kommt bei Hegel alles darauf an, ob er tatsächlich einen historischen, entwicklungstheoretischen Weg entdeckt hat, auf dem sich dafür argumentieren lässt, dass diese Unterscheidung gemacht werden *kann* (und zwar ohne jede Form des moralischen Realismus oder des Universalismus des kantischen »Moralgesetzes«), einen Weg, den wir gehen können, um zu bestimmen, welche institutionelle Lebensform diese Desiderata wirklich erfüllt. Weiterhin kommt es darauf an, ob Hegel in der Lage ist zu zeigen, dass es die unvollendete und sich noch immer entwickelnde Leistung der Moderne ist, dies alles begonnen zu haben. Hegels Anspruch auf philosophische Unsterblichkeit beruht auf diesem neuartigen Versuch zwischen vermeintlichen Ansprüchen normativer Legitimität, die in Wirklichkeit Ausübungen von Zwangsgewalt zugunsten ungleicher Vorteile (nicht-reziproke anerkennende Status) sind, und erfolgreichen Ansprüchen normativer Legitimität zu unterscheiden. Er tut dies, indem er mit dem Bild einer Situation beginnt, die allein durch die Ausübung von Macht geregelt ist, und zeigt, dass die letztliche Unhaltbarkeit solcher Verhältnisse »erfahrungsmäßig« oder ›intern‹ demonstriert werden kann sowie dass die ultimative Erlangung des Status eines Akteurs einen sozialen Status der Anerkennung erfordert, der nicht allein durch die Ausübung von Macht erlangt werden kann.[69] Als Herzstück dieses intern selbst-negierenden

69 Brandom ist sicher gewillt zuzugeben, dass die gesamte Gemeinschaft bezüglich der Verpflichtungen, zu denen sie berechtigt ist, falsch liegen könnte. Falls dies so sein sollte, kann dies nur »im Lichte ihrer eigenen Maßstäbe« falsch sein, also »falsch angesichts dessen, wie sie sich festgelegt haben, um solche Fragen angemessen zu beantworten und die Antworten zu bewerten«. Diese Auffassung findet sich in Fußnote 29 in Kapitel 3 von *Expressive Vernunft*, S. 926. Aber He-

Entwicklungsprozesses wird sich schließlich Hegels Theorie der Freiheit erweisen, die zum einen für eine erfolgreiche normative Selbstregulierung erforderlich ist, die andererseits aber durch jene Formen institutioneller Praxis behindert oder negiert wird, die diesen Status (des freien Subjekts) implizit verlangen.

Dies erweist sich als ein sehr langer Weg, und ich bin mir bewusst, dass Brandom denkt, seine Version decke das Meiste davon ab. In einem anderen Aufsatz zu Hegel, der hier nicht berücksichtigt ist, entwickelt er in der Tat eine reiche und anspruchsvolle Lesart von Hegels Behauptungen darüber, dass sich Anerkennungsbeziehungen aus erotischen Beziehungen »entwickeln«, dass ein reflexives Selbstverhältnis von der Fähigkeit abhängt, anderen normative Einstellungen zuzuschreiben, und schließlich, dass ich nur dann ein Subjekt bin, *für* das Dinge sein können, wenn ich jene anerkenne, die mich anerkennen, wenn ich meinerseits von jenen anerkannt werde, die ich anerkenne, und wenn ich jene anerkenne, die jene, die ich anerkenne, anerkennen (was ingeniöserweise auch mich selbst einschließt). Dies ist seine Erklärung dessen, wie man »die entscheidende Grenze zwischen dem bloß Natürlichen und dem beginnenden Normativen« überschreitet.[70] Doch auch hier besteht der letztendlich wichtigste Zug im Grunde erneut darin, anderen Subjekten Verpflichtungen oder normative Einstellungen im Zuge der Befriedigung von Bedürfnissen zuzuschreiben. Ich verstehe den Anderen als ein Subjekt, das dieses Objekt als zur eigenen Bedürfnisbefriedigung angemessen *ansieht*, und nicht als ein Wesen, das bloß verlässlich unterscheidend auf das reagiert, was diese Reaktion hervorruft. Und dies wiederum bedeutet, dem anderen Subjekt eine mögliche Unterscheidbarkeit dessen zuzuschreiben, was für eine angemessene Befriedigung etwa von Hunger gehalten wird, einerseits und dem, »was wirklich eine solche *ist*«, andererseits. Und einmal mehr macht uns dies nicht nur mit der

gel behandelt dies nicht als etwas, das von einem außenstehenden Interpreten entdeckt werden kann. Er (Hegel) will verstehen, was *innerhalb* des wirklichen Spiels des Gebens und Forderns von Gründen schiefläuft, wenn die Dinge beginnen, »im Lichte ihrer eigenen Maßstäbe« falsch zu laufen. Worin diese Erfahrung des »Falschlaufens« besteht, spielt eine Rolle darin, festzulegen, was »Richtiglaufen« wäre.

70 Vgl. Robert B. Brandom, »Selbstbewusstsein und Selbst-Konstitution«, in: Christoph Halbig u. a. (Hg.), *Hegels Erbe*, Frankfurt/M. 2004, S. 46-77.

grundlegenden Bedingung dafür *bekannt,* dass die Einstellung als normativ gilt (die Bedingung für einen Unterschied zwischen dem, was als K angesehen wird, und dem, was K ist), durch Berufung auf das, was sich unproblematischerweise als empirisch unbefriedigend erweist (ein Mensch kann keine Steine essen); diese einfache empirische Widerlegung bleibt das einzige deutliche Beispiel dafür, wie sich dieser Unterschied niederschlägt. Das Fehlen eines jeden solchen unproblematischen ›entscheidenden Kriteriums‹ für irgendeinen komplexeren menschlichen Anspruch auf Angemessenheit oder Korrektheit ist der Grund dafür, dass, so möchte ich behaupten, Hegels Interesse sich so schnell dem Thema des *Kampfes** zuwendet, dem Kampf beziehungswweise Ringen um Anerkennung – wiederum ein Thema, das Brandom ignoriert.[71] Dies ist auch der Grund dafür, warum in Brandoms Ansatz das Problem des Anspruchs des Herrn auf Herrschaft lediglich eine Frage der herrschaftlichen »Über-Generalisierung« der menschlichen Fähigkeit zur Selbst-Konstitution ist, da es dem Herrn an Sensibilität bezüglich der Wichtigkeit des Unterschiedes zwischen dem, wie ich die Dinge sehe, und dem, wie sie sind, mangelt.[72] Aber der Herr in Hegels Drama hat nicht nur einen *Fehler gemacht.* Er stellt unmittelbar eine Option im unvermeidlichen Kampf darum dar, zu bestimmen, wie wir diese Unterscheidung treffen sollen, sobald wir uns jenseits der Sphäre des Essbaren und des Ungenießbaren, und Ähnlichem, bewegen.

Diese hegelsche Streitfrage scheint mir auch nicht durch die Idee fortwährender Verhandlungen zwischen Individuen und Score-Keepern erfasst zu werden. Erstens gibt es keinen Grund zu erwarten, dass es einen ›neutralen‹ Begriff dessen gibt, was als eine angemessene beiden Parteien verfügbare Verhandlung zählt.

* Hier und im Folgenden: im Orig. deutsch.

71 In Brandom, »Selbstbewusstsein und Selbst-Konstitution«, sagt er tatsächlich, dass eine Verpflichtung, besonders eine grundlegende, oder identitätskonstituierende, etwas sei, für das man Opfer bringen müsse, aber er behandelt die Rede von Lebensgefahr als ein »Metonym« dieses Opfers.

72 Es ist mir nicht klar, warum sich Brandom angesichts seiner Prämissen zu dieser kompromisslosen Behauptung einer »Übergeneralisierung« berechtigt fühlt. Man erwäge die empirische Tatsache, dass alle anderen Score Keeper übereinstimmen, dass der Herr vollkommen berechtigt ist, sich so zu konstituieren, wie es ihm beliebt. Was rechtfertigt dann Brandoms Behauptung einer »Übergeneralisierung«?

Die relevante Unterscheidung ist daher, um eine kantische und sellarssche Redeweise zu bemühen, nicht so sehr diejenige zwischen dem Raum des Kausalen und dem Raum der Gründe, zwischen der Subsumtion unter das Gesetz und der Anerkennung des Begriffs eines Gesetzes, sondern zwischen der illusorischen Berufung auf Legitimität und Autorität einerseits und einer zu rechtfertigenden Berufung andererseits, sozusagen zwischen dem Faktum der Macht und dem Faktum der Vernunft. Das Fehlen eines solchen gemeinsamen Maßstabs in dem, was als Aushandeln zählt, ist einer der Gründe, warum die Frage nach einer angemessenen Unterscheidung zwischen dem Faktum der Macht und dem Faktum der Vernunft immer von Neuem aufkommt und warum sie das narrative Herzstück von Hegels *Phänomenologie* bildet. (Ich will anmerken, dass Brandom sich dessen sicherlich bewusst ist und dieses »Foucault'sche« Problem in seiner Antwort auf Habermas zur Sprache bringt. Doch auch hier wieder stellt er lediglich fest, dass das Spielen des Spiels des Begründens und Forderns von Gründen sich kategorisch davon unterscheidet, dass man Dinge, wie etwa das Ausüben von Macht, mit Worten tut, ohne uns zu erklären, *wie* man diese Unterscheidung treffen soll und ob Letzteres nicht gut getarnt als Ersteres auftreten könnte, wie es dies, wie der frühe Foucault sagt, immer tut.)[73]

IV.

Brandoms Ansichten darüber, was er zur menschlichen Sozialität sagen muss, um den Anforderungen seiner Theorie begrifflichen Gehalts zu genügen, sind sicherlich nicht derart, dass sie keinen Raum für jene »Herausforderungen« ließen, die »Verhandlung« anregen.[74] Außerdem macht er eine Weise des Nachdenkens über den Entwicklungsprozess verfügbar, der aus solchen Herausforderungen und den entsprechenden Reaktionen resultiert. Ich habe bereits Zweifel geäußert, dass uns das »Verhandlungs«-Modell auf hegelschen Gleisen voranbringt, aber dieses Bild verlangt nach einer unvoreingenommenen Betrachtung. Zunächst müssen wir zwei Prämissen in Augenschein nehmen.

73 Brandom, »Facts, Norms, and Normative Facts: A Reply to Habermas«, S. 360.
74 Vgl. Brandom, *Expressive Vernunft*, S. 268.

Brandom interpretiert Hegels auffällige Bemerkung, dass das »Ich«, also das selbstbewusste Subjekt der Erfahrung, *der Begriff sei,* der »zur Existenz gediehen ist«,[75] als eine Affirmation des Gedankens, dass, ebenso wie man nur im Rahmen anerkennender Beziehungen zu anderen zu einem gehaltvollen Selbst wird, auch Begriffe nur im gesellschaftlichen Spiel des Begründens und Forderns von Gründen gehaltvoll sind, das heißt, innerhalb des doppelten Spiels des Score-Keepings der Zuschreibung und Bewertung von Verpflichtungen. Der Geist als Ganzes wird entsprechend dem Modell eines Selbst gefasst, und das bedeutet, dass er die »anerkennende Gemeinschaft all jener, die über einen solchen normativen Status verfügen, und all ihrer normativ signifikanten Aktivitäten«[76] ist. Diese Interpretation wird dann mit einem fundamental brandomschen Leitmotiv verknüpft.

> Alles, was zum Zweck der Institutionalisierung begrifflicher Normen, das heißt bei der Bestimmung dessen, worauf wir uns mit der Anwendung von Begriffen verpflichtet haben, erforderlich ist, sind andere Anwendungen des fraglichen Begriffs [...]. Die Verwendungen des Begriffs [...], die bereits vorgenommen werden, üben daher bereits eine bestimmte Art der Autorität über mögliche zukünftige Begriffsverwendungen aus [...].[77]

Aber ebenso gilt:

> Die Autorität der vergangenen Begriffsverwendungen, welche die begriffliche Norm instituiert haben, wird ihrerseits durch künftige Verwendungen verwaltet, die wiederum Bewertungen vergangener Verwendungen einschließen.[78]

Das Modell hierfür sind gewohnheitsrechtliche Anwendungen des Präzedenzrechts, die darin bestehen, dass jeder Richter eine Tradition vergangener Entscheidungen, die in bestimmten Fällen getroffen wurden, erbt und sich auf diese vergangenen Fälle berufen muss, sich *nur* auf sie berufen *kann,* um über neue, und manchmal radikal neue Fälle zu entscheiden. Die Autorität der Tradition »besteht hierbei in dem Umstand, dass die *einzigen Gründe,* auf die sich ein Richter berufen kann, um seine Entscheidung zu rechtfer-

75 Brandom, *TMD*, S. 226.
76 Ebd., S. 227.
77 Ebd., S. 229.
78 Ebd.

tigen, prozeduraler Natur sind«.[79] Brandom hält dies für ein gutes Modell der dialektischen Auffassungen Hegels zu Kontinuität und Wandel normativer Traditionen, ein Modell dafür, dass normativer Fortschritt in einem Sinne »entdeckt« und in einem anderen Sinne »gemacht« wird. Dieses Modell passt gut zu Brandoms eigener Theorie, und auch zu Aspekten der Theorie Hegels, da es beiden Philosophen wichtig ist, dass die normative Bedeutung einer Handlung oder eine Verpflichtung, die ich eingehe, beinahe immer das »überholt«, was ich vielleicht bewusst für etwas halte, dem ich verpflichtet bin; und dieses »Einholen«, meine Fähigkeit, diese weiteren Aspekte expliziter zu machen, mag der hegelschen Idee der »Entwicklung« oder der »*Bildung*« recht ähnlich sehen.[80]

Dieses Modell hat angeblich auch den zusätzlichen Vorteil, dass es erklärt, was Brandom ansonsten für unerklärlich hält: nämlich, wie Hegel von der menschlichen Gemeinschaft, vom Geist als ganzen, als einem »Selbst« sprechen, aber dennoch auf dem irreduzibel sozialen Charakter dieses Selbst bestehen kann. Von wem könnte man behaupten, dass er den *Geist als Ganzen* in diesem Sinne für sich selbst verantwortlich hält, da es kein anderes soziales Subjekt außerhalb des Geistes gibt, das in einem Verhältnis der Anerkennung zu ihm steht. Die verschiedenen *Zeitabschnitte* sollen die Lösung dieses Problems darstellen. »[D]ie Gegenwart erkennt die Autorität der Vergangenheit an, und übt ihrerseits eine Autorität über sie aus, wobei die Aushandlung der Konflikte zwischen den beiden von der Zukunft verwaltet wird.«[81]

Brandom ist somit darauf aus, ein Problem zu lösen, das Hegel gar nicht hat (ebenso wenig wie Brandom), und die Lösung, die Analogie zum Gewohnheitsrecht, reicht trotz ihres in vielerlei Hinsicht erkenntnisfördernden Charakters nicht weit genug um zu erfassen, was Hegel mit seiner Verquickung von ›normativem Leben‹ und historischer Zeit beabsichtigt. Das Problem besteht einmal mehr darin, dass Hegels Position viel substanzieller ist, viel

79 Ebd., S. 231.

80 Brandom nennt diesen Aspekt seines Projektes »semantischen Externalismus«. Siehe Robert B. Brandom, »From a Critique of Cognitive Internalism to a Conception of Objective Spirit: Reflections on Descombes's Anthropological Holism«, in: *Inquiry* 47 (2004), S. 250, für eine interessante Verwendung dieses Begriffs.

81 Brandom, *TMD*, S. 234.

weniger formal, als jene, die Brandom ihm zuschreibt. Dies liegt daran, dass einer der Aspekte dessen, was im Verlaufe der historischen Zeit explizit gemacht wird, nicht nur eine Menge bestimmter normativer Verpflichtungen ist (die von einer nachfolgenden ethischen Gemeinschaft verwaltet, verändert und vielleicht substanziell revidiert werden), *sondern die Natur der normativen Autorität selbst,* die »Wahrheit«, dass solche Autorität sozial instituiert und an Forderungen der Vernunft gebunden ist, die sich im Lichte sozialer, in Institutionen eingebetteter Rollen herauskristallisieren – im Rahmen von Institutionen, deren Grundstrukturen sich schließlich zunehmend in Einklang mit, und nicht in unterschwelliger Spannung zu, der wahren Natur normativer Autorität zu entwickeln beginnen. Die Gegenseitigkeit des anerkennenden Status (der wahren Quelle normativer Autorität) manifestiert sich laut Hegel in zahlreichen modernen Institutionen (dem die Rechte wahrenden, repräsentativen modernen Staat, der modernen Kernfamilie, die sowohl auf romantischer als auch auf elterlicher Liebe fußt, der modernen, eigentumsbasierten Marktwirtschaft und bürgerlichen Gesellschaft, sowie schließlich auch in der späten protestantischen Religion, Theologie und im lyrischen Romantizismus, dem finalen Höhepunkt der Kunst). Diese betrachtet Hegel nicht als *gerechte* Vorschläge künftiger Verwaltung und Veränderung. Brandoms Gewohnheitsrechts-Modell funktioniert gut, wenn wir überlegen, wie man Hegels substanzielle, institutionelle Erklärung »auf den neuesten Stand bringen« und den Anwendungsbereich solch eines zivilen und ethischen Status auf Frauen und eigentumslose Bürger erweitern könnte. Es funktioniert jedoch nicht mit Blick auf die Behauptungen, die Hegel bezüglich der Autorität dieser grundlegenden Rollen und Funktionen selbst formulieren will.[82] Ihre

82 Außerdem ist die gewohnheitsrechtliche Praxis hier unvollständig beschrieben. Manche glauben, ein zeitgenössischer Richter versuche, indem er den Präzedenzfall auf einen neuen Fall überträgt, dem zugrunde liegenden moralischen Prinzip treu zu bleiben, da es sich hier vermeintlich um dasselbe Prinzip handelt, das schon die vorherigen Entscheidungen motivierte. Andere meinen, wenn die Frage ist, was der Entscheidungsträger des ersten Falles »inzwischen vernünftig finden würde«, dann liege hier ein Modell der Vernunft zugrunde, wonach deren Aufgabe darin besteht, »sicherzustellen, dass jeder schließlich in einem ökonomischen Sinne besser dran ist«. In anderen Fällen versucht man sehr angestrengt, sich einfach auszumalen, was der Urheber einer Verfassung oder ein früherer Richter selbst (die wirkliche Person) inzwischen faktisch entscheiden würde.

Autorität entstammt der entwicklungsartigen Rechtfertigung, die Hegel für seine besondere Auffassung der Natur und der Autorität der Freiheit (»dies Würdigste und Heiligste im Menschen«)[83] anbietet. All dies verhält sich parallel zu der Weise, in der Brandoms eigene Theorie des begrifflichen Gehalts ihrerseits eine normative Behauptung darstellt, die Behauptung, dass die Sache auf diese Weise explizit gemacht werden sollte, als einer Sache inferenzieller Artikulation, instituierter sozialer Status, und dergleichen, und nicht als die bloße Fortsetzung einer philosophischen Tradition (einer unter vielen), die später der »Autorität der Zukunft« untersteht. Wenn man davon ausgeht, dass Brandoms Ansatz selbst als eine philosophische Behauptung gemeint ist und nicht nur in der Interpretation und Anwendung anderer Behauptungen besteht, hat sein Ansatz wohl eine eigene Autorität inne.[84]

Aus demselben Grund ist die Analogie des Gewohnheitsrechts zu schwach, um Hegels Auffassung des begrifflichen Wandels einzufangen. Wie bereits erwähnt, versucht Hegel ein Verständnis der Weise, wie normative Begriffe ihre Autorität zu verlieren beginnen können – wie sie als von zunehmend schwächerer Autorität erfahren werden –, in eine besondere Art der historischen Erklärung einzuführen. Diese Erklärung fasst Krisen, wie auch inkompatible Verpflichtungen oder tragische Dilemmata, als etwas auf, das *innerhalb* der eigenen Erfahrungen der Gemeinschaft entsteht und nicht als Resultat kontingenter neuartiger Umstände. Es ist möglich, dass einige dieser Krisen sich ergeben, wenn man versucht, eine vertraute Norm auf einen neuen, problematischen Fall anzuwenden, aber in beinahe allen bedeutenden Beispielen in Hegels *Phänomenologie* ist dies nicht der Fall, und das Verständnis der zugrunde liegenden Krise deutet auf eine entwicklungstheoretische Auffassung der Beziehung zwischen Freiheit und Autorität hin, die den hauptsächlichen ›Plot‹ des Buches darstellt. Anders gesagt, werden gegenwärti-

83 G.W.F. Hegel, *Grundlinien der Philosophie des Rechts, Werke*, Bd. 7, Frankfurt/M. 1986, S. 368.

84 Ich halte es für offensichtlich, dass Brandoms antirealistischer, rationalistischer, konstruktivistischer Ansatz der Normen überhaupt verschiedenste Auswirkungen in der wirklichen Welt haben würde, wenn man diesem Ansatz Glauben schenken oder ihn verwirklichen würde – beginnend mit alltäglichen sozialen Praktiken bis hin zum Recht (mit Blick worauf seine Position, noch einmal, nach einem Rechtspositivismus klingt).

ge begriffsverwendende Subjekte nicht nur von vergangenen Fällen geleitet, sondern auch dadurch beschränkt, dass sie der Beurteilung künftig richtender Subjekte unterstehen. Es ist also vor allem die Natur der normativen Autorität selbst, die sich entwickelt; und die Burke-Whiggische Behauptung, dass diese Autorität jederzeit am besten als durch die Geschichte vermittelt verstanden wird, dass die Geschichte Autorität über die Gegenwart ausübt, muss somit als eine *Episode* dieser Auseinandersetzung gelten und sollte nicht als die allgemeine *Form* einer jeden solchen Auseinandersetzung angesehen werden.

Aus dem Amerikanischen von
Carolin Böse-Sprenger und Sebastian Stein

11.
McDowells Idealisten

I.

1. Das allgemeine Problem

Wie McDowell in seinem Aufsatz »Zu Pippins Postskriptum« und in vielen anderen Arbeiten deutlich macht, stellt die interpretative Frage, um die es in unserem Austausch geht – die Frage nämlich, wie die Beziehung zwischen Kant und Hegel, insbesondere bezüglich Kants zentralem »Deduktions«-Argument in der *Kritik der reinen Vernunft*, zu verstehen ist[1] –, ein noch größeres Problem in den Vordergrund, von dem alle anderen abhängen: Wie ist das Verhältnis zwischen dem aktiven oder spontanen Denken und unserer rezeptiven und körperlichen Sinnlichkeit sowie unserer leiblichen Verkörperung auf der allgemeinsten Ebene richtig zu verstehen? Seit *Geist und Welt* hat McDowell darauf hingewiesen, dass dieses Problem tatsächlich so umfassend ist, dass es die theoretische und die praktische Philosophie gemein haben; dass die Frage, wie das Denken unsere Sinnlichkeit prägt, im Grunde dieselbe ist (dieselben logischen und begrifflichen Fragen aufwirft) wie die Frage, wie man vom Denken sagen könne, es präge unsere körperlichen Handlun-

1 Ich habe in *Hegel's Idealism* (Robert B. Pippin, *Hegel's Idealism: The Satisfactions of Self-Consciousness*, Cambridge 1989) dafür argumentiert, dass man mit diesem Fokus Hegels Leistung am besten würdigt. Wie ich McDowell verstehe, stimmt er mit der Wahl dieses Blickpunkts überein, doch ist er anderer Meinung darüber, was es ist, das dabei in den Fokus gerät. Ich verstehe diesen Dissens so, dass er von der Natur der *quid-iuris*-These abhängt (so sie aufgestellt wird), die sich für die charakteristisch philosophische Reflexion über die normative Dimension der Erfahrung (empirischer Erkenntnis) ergibt. Und *das* ist auch die zentralste Problematik jeder Interpretation von Hegels *Phänomenologie des Geistes* und damit der Frage, wie Hegel das Problem des »Skeptizismus« in diesem Werk insgesamt versteht. Die Frage ist, was er meint, wenn er ihn als einen »sich vollbringende[n] Skeptizismus« und sogar als den »Weg des Zweifels [...] oder eigentlicher als de[n] Weg der Verzweiflung« bezeichnet, und was er mit Behauptungen wie der folgenden meint, dieser Weg sei »die bewußte Einsicht in die Unwahrheit des erscheinenden Wissens, dem dasjenige das Reellste ist, was in Wahrheit vielmehr nur der nicht realisierte Begriff ist« (G.W.F. Hegel, *Phänomenologie des Geistes, Werke*, Bd. 3, Frankfurt/M. 1986, S. 72, im Folgenden ›*PhG*‹).

gen oder sei »in« ihnen wirksam; dass wir demselben schädlichen, irreführenden Bild aufsitzen könnten, wenn wir erklären wollen, *was es heißt, eine Intention auszuführen oder Wahrnehmungswissen zu erlangen.*[2] Ich stimme ihm darin zu und folge seinem Beispiel, den grundlegenden Rahmen für die einzelnen Fragen auf gerade diese Weise abzustecken. So verstanden gibt es hauptsächlich zwei Bereiche, über die Uneinigkeit herrscht: (i) wie die Rolle von Begriffen, und insbesondere begrifflicher Tätigkeit, im Zusammenhang der sinnlichen Auffassung der Welt zu verstehen ist und (ii) was von Hegels Behauptung einer spekulativen »Identität« des Inneren und Äußeren im Handeln zu halten ist beziehungsweise wie die Rolle von Intentionen in unserer körperlichen Tätigkeit zu verstehen ist. McDowell denkt, dass ich in beiden Fällen zu weit gehe: sowohl hinsichtlich der Frage, was philosophisch zutreffend ist, als auch indem ich diese Positionen Hegel zuschreibe. In diesem Austausch geht es um Ersteres, doch Letzteres tritt teilweise ebenfalls zu Tage. Zunächst gibt es einen anhaltenden Streitpunkt, der auf unseren ersten Austausch in *Reading McDowell* zurückgeht.

2. Natur

Dort hatte ich behauptet, McDowells Bezug auf eine »zweite Natur« scheine nur dann wirklich etwas zu leisten, wenn er sich gegen einen recht plumpen Naturalisten richtet; einen solchen nämlich, der glaubt, wir bräuchten uns bei der Erklärung der Möglichkeit von Wahrnehmungswissen nur auf biologische, neurophysiologische, biochemische und dergleichen Eigenschaften *als solche* zu beziehen, mit denen jeder Wahrnehmende gegenwärtig ausgestattet ist. McDowell bestreitet dies und behauptet, der Bezug auf eine zweite Natur im Rahmen einer Erklärung von Phänomenen wie der Empfänglichkeit für Gründe sei solcher Art, dass er *allein* es be-

2 Vgl. »Um die Reize eines entspannten Naturalismus zu propagieren, habe ich die philosophischen Probleme der Sinneswahrnehmung ausgenutzt. Doch diese Einschränkung war nicht wesentlich, da diese Schwierigkeiten nur der Ausdruck einer ganzen Gattung von Schwierigkeiten sind.« (John McDowell, *Geist und Welt*, Frankfurt/M., 1996, S. 115; vgl. auch S. 116.) Eine naheliegende Weise, den angesprochenen Problemtypus zusammenzufassen, ist diese: Wie können wir in beiden Kontexten den *Mythos des Gegebenen* vermeiden beziehungsweise wie können wir der Versuchung widerstehen, uns bei der Erklärung von Wahrnehmungen beziehungsweise Handlungen auf etwas Außer- oder Vorbegriffliches zu berufen.

reits dem extremen Naturalisten unmöglich mache, sich die Rede von einer zweiten Natur zu eigen zu machen und sie mit der Rede von sozialer Konditionierung oder trainierten neuronalen Netzen zu verbinden. Ein solcher Versuch wäre, wie er sagt, »zu spät« dran.

Ich sehe das Problem folgendermaßen: Wenn die zweite Natur nicht tief greifend mit der ersten zusammenhängt (also »*ebenfalls* Natur« ist), dann kann McDowells hier geäußerte »Mahnung« nicht das »austreiben«, was er gerne ausschließen möchte. Jede Diskontinuität würde zu einem Dualismus oder zu ontologischen Problemen führen. Hingen beide jedoch hinreichend miteinander zusammen, um jeden Verdacht des Un- oder Übernatürlichen abzuwehren, ließe sich schwer einsehen, warum sich unser Naturalist nicht einfach der zweiten Natur bedienen sollte, um damit – wie wir es entsprechend der gegenwärtigen naturwissenschaftlichen Orthodoxie erwarten dürften – eine Theorie der psycho-sozio-biologischen Entwicklung (nennen wir es »Bio-Bildung«*), Konditionierung und Ausbildung zu entwickeln. Was genau *unterscheidet* die zweite von der ersten Natur auf eine solche Art und Weise, die Bedenken bezüglich eines »absoluten« Naturalismus aus dem Weg geht?

Die Mehrdeutigkeit, die sich meiner Ansicht nach durch McDowells Formulierungen ergibt, besteht darin, dass seine Erwiderungen auf zwei verschiedene Gruppen von Kritikern in unterschiedlichen Registern vorgetragen werden. Es ist sicher wahr, dass man, indem man etwas (»Empfänglichkeit für Gründe«) außerhalb des naturwissenschaftlichen *Verständnis*horizonts stellt, noch überhaupt nicht darauf festgelegt sein muss, dieses Phänomen auch *außerhalb der Natur* zu verorten.[3] Zweite Natur ist immer auch Natur. So viel zu jeglichen Un- oder Über-Naturalisten, die sich McDowells Programm anzuschließen wünschen. Doch jene, die dies als bloß vorübergehendes Ergebnis der gegenwärtigen Grenzen naturwissenschaftlicher Verständlichkeit anerkennen, weist er darauf hin, dass etwas an manchen menschlichen Fähigkeiten ist, das, obwohl Teil der Natur, *niemals* naturwissenschaftlich erklärbar sein wird – ganz egal wie viel wir irgendwann einmal von Feedback-

* Im Orig. deutsch.

3 John McDowell: »Zu Pippins Postskriptum«, in: ders., *Die Welt im Blick*, Berlin 2015, S. 265: »[Wir sind] in keiner Weise verpflichtet […], die Natur mit einem naturwissenschaftlichen Verständnishorizont zu identifizieren.«

schleifen oder der Reorganisation des Gehirns wissen mögen. So viel zum plumpen Naturalisten. Die *zweite* Natur ist Natur, und sie ist nicht allein mit Bezug auf die erste Natur verständlich und kann es auch nicht sein. Es ist dieses, *hinsichtlich des Problems der Natur formulierte*, Ergebnis, das wie eine Position im Sinne eines »Wasch mir den Pelz, aber mach mich nicht nass« klingen kann. Es ist verständlich, dass sich ein moderner Naturalist fragt, *warum* dem letztendlich so sein sollte, wenn doch die zweite Natur *tatsächlich* »ebenfalls Natur« ist und wir *diesen* Bereich – die erste Natur – den Naturwissenschaftlern zugestanden haben.[4] Wenn das Gehirn – die *»Meat Machine«* – dieses und jenes und alles Mögliche kann, dann wird die Erforschung dieser Maschine uns letztlich sagen können, wie sie das macht.

Mit verschiedenen Registern meine ich, dass sich die eine Erwiderung ontologischen Fragen zuwendet (der Natur von Natur) und eine andere erkenntnistheoretischen Belangen (den Bedingungen erfolgreicher Erklärungen). Ich glaube, die richtige Reaktion besteht darin, sich auf Letzteres zu konzentrieren und darauf zu bestehen, dass das Grundproblem die allgemeinen Kriterien explanatorischer Adäquatheit, die angemessene Form des *Explanans*, und nicht die Natur des *Explanandums* betrifft. (Die beiden *mögen* logisch miteinander verbunden sein, und man *mag* auch darauf bestehen, dass jede Antwort bezüglich Letzterem notwendigerweise die Bedingungen für Erstere vorgibt. Aber unser extremer Naturalist darf das nicht voraussetzen. Das ist es gerade, was in Frage steht. Vielleicht meint McDowell das, wenn er dem Naturalisten zu Beginn der Diskussion nicht zugesteht, in irgendeiner Form die »Ausgangsposition« [*default position*] einzunehmen.) Was wir hier suchen ist kompliziert und schwer fassbar, nämlich eine Antwort auf die Frage, was als explanatorische Adäquatheit oder gar als explanatorische »Erfüllung« gilt, und also warum die zweifellos möglichen neurologischen Beschreibungen unserer kognitiven Fähigkeiten beziehungsweise die evolutionär-biologischen Beschreibungen unserer »ethischen Dispositionen« zwar nicht falsch, aber unvollständig, und deshalb irreführend und inadäquat sind.

4 Natürlich können wir auch *das* – also die Unterscheidung zwischen erster und zweiter Natur sowie die Behauptung der vollständigen und absoluten explanatorischen Adäquatheit der modernen Naturwissenschaften hinsichtlich der ersten Natur – bestreiten. Das wäre eine andere Geschichte.

(Die Frage also, die mich beunruhigt, ist nicht, wie die Vernunft »kausal wirksam« sein kann,[5] sondern was die Grundlage für die Behauptung der Autonomie des »Raums der Gründe« ist.) Diese Frage der explanatorischen Erfüllung ist letztlich eine Frage über uns und nicht über die Natur,[6] weshalb ich noch immer nicht erkennen kann, dass wir viel durch die Hinweise gewinnen, dass die »zweite Natur ebenfalls Natur« sei beziehungsweise dass die zweite Natur sich nicht als erste Natur erklären lasse und nie als solche erklärbar sein könne. Die wichtige Frage hat (letztlich) nichts mit Natur zu tun.[7] Es gibt zahlreiche vorstellbare Weisen, sich die mögliche Ausübung unserer spontanen, vernünftigen und also freien Fähigkeiten im Zusammenhang einer jeden »Auffassung« von der Welt beziehungsweise derjenigen körperlichen Bewegungen, die als Handlungen gelten, auszumalen. Was wir wollen, ist ein Bild derjenigen Beziehung, in der wir zu dem »Input« unseres Wahrnehmungswissens sowie dem »Output« unserer Handlungen stehen, welches auch die Begründung und Erklärung liefert, die wir von ihm verlangen. Und obwohl es sicher notwendige physiologische Bedingungen einer jeglichen solchen geistigen Tätigkeit gibt, muss sich die Frage, die wir stellen, nicht mit den Eigenschaften der *Meat Machine* beschäftigen. Mahnungen, die zweite Natur sei ebenfalls Natur, fordern nur wieder unseren extremen Naturalisten zu einer Diskussion heraus, von der ihn die richtige Formulierung der normativen Frage hätte ausschließen sollen.[8]

5 McDowell, »Zu Pippins Postskriptum«, S. 263.

6 Um ein wenig vorzugreifen: Ich glaube, dass es genau dies ist, wovon die *Phänomenologie* handelt.

7 Wie McDowells Verwendung von Ausdrücken wie »Mahnung« (*reminder*) und »Austreibung« (*exorcism*) nahelegt, könnten wir all dies als *bloß* rhetorische oder strategische Frage betrachten. Sollte die Mahnung bezüglich der zweiten Natur den reduktiven und eliminativistischen Geist des extremen Naturalisten *tatsächlich* befrieden können, dann sollte sich niemand beschweren. Doch es erscheint sehr wahrscheinlich, dass wir an einen Punkt gelangen werden, an dem die Behauptung, organische Wesen könnten in einer Komplexität und einer nicht hinreichend durch den Bezug auf die natürlichen Eigenschaften des Organismus erklärbaren Weise Praktiken schaffen, Institutionen errichten und sich gegenseitig zur Rechenschaft ziehen, prinzipiell in Frage gestellt wird.

8 Kant befürchtete bekanntermaßen einen moralischen Skeptizismus, dem zufolge die Moral bloß eine Erfindung des Gehirns sei, und von dem er dachte, dass er widerlegt werden müsse. In der ersten Kritik äußert er jedoch nie die Sorge, dass auch unsere kognitiven Fähigkeiten eine Erfindung des Gehirns sein könnten;

3. Der Ort der Spontaneität

Eine wichtige Frage ist, wie man das Projekt der Darstellung der zur Sinnlichkeit gehörenden Bedingungen der Erfahrung als nicht unabhängig von seinen verstandesbezogenen Bedingungen richtig formulieren soll beziehungsweise wie man (mit Sellars wie Hegel) verstehen soll, dass die Unterscheidung zwischen aktiv und passiv nicht mit der zwischen Spontaneität und Rezeptivität übereinstimmt, und wie man daher für genuine »Rezeptivität« aufkommen kann, die gleichzeitig nicht *bloßer* Passivität gleichkommt (wie bei nicht-begrifflichem Gehalt, der eine begriffliche Aktivierung auslöst). Auf die eine oder andere Weise wird diese Frage im Folgenden immer wieder zur Sprache kommen. In dieser Hinsicht wendet sich McDowell gegen meine Charakterisierung seines Standpunkts zu Kant, als ginge dieser nicht so weit, dass ihm zufolge apperzeptive Spontaneität in sinnlicher Anschauung »wirksam« wäre. (Ich hatte angenommen, dass McDowell, indem er der Sinnlichkeit Aktivität *durch das Subjekt* abspricht, sich bloß auf ein relativ schwaches Argument bezogen haben konnte: dass man nämlich zeigen könne, dass wir zu der Annahme berechtigt sind, dass die sinnliche Mannigfaltigkeit die für den Verstand erforderliche Unterscheidbarkeit aufweisen muss, damit es überhaupt Erfahrung geben kann.)[9] In

dass unser erfahrungsmäßiger Austausch mit der Welt, aufgrund der Körperlichkeit der menschlichen Sinnlichkeit und tatsächlich des erkennenden Menschen, als Teil der natürlichen Welt erklärt werden müsste – im Raum der Ursachen, nicht dem der Gründe, wie wir jetzt in Sellars' Worten sagen könnten. Und wie er in seinen berühmten Bemerkungen über Locke deutlich macht, ist er nicht deshalb anderer Meinung als Locke, weil dieser von falschen Tatsachen ausgeht, sondern weil er die falsche Frage stellt. Außerdem – und das ist am Interessantesten – behandelt er die Möglichkeit einer spontanen Urteilskraft nicht als unerkennbare »noumenale« Fähigkeit. Worin auch immer dieser »dritte Weg« bestehen mag (weder naturalistisch erklärbar, noch eine Manifestation noumenaler Unwissenheit, die das Postulat einer Fähigkeit verlangt) – ich habe dafür argumentiert, dass es Hegel ist, der diesen Weg eingeschlagen hat –, er erklärt, warum Kant keiner Mahnung an die zweite Natur bedarf. Vgl. Robert B. Pippin, »Kant on the Spontaneity of Mind«, in: ders., *Idealism as Modernism: Hegelian Variations,* Cambridge 1997, S. 29-55.

9 Dieses Argument ist »schwach«, weil es alle möglichen Weisen gibt, auf die wir eine Mannigfaltigkeit als solche auffassen können, die die für uns »erforderlichen« Unterscheidungen aufweist, wie zum Beispiel wenn wir eine Mannigfaltigkeit metaphorisch so auffassen, als »erlaube« sie uns mit ihr zu tun, was auch

seiner Erwiderung sagt er jedoch, dass er Anschauung *sehr wohl* so auffasst, als sei apperzeptive Spontaneität in ihr wirksam,[10] und zwar in einem solchen Maße, dass meine Lesart der Deduktion (die auf einer Art gedanklicher Trennbarkeit von sinnlichen und begrifflichen Elementen in der Anschauung angewiesen ist – wenn auch eine, die lediglich in Erwägung gezogen wird, um zurückgewiesen zu werden)[11] für McDowell bereits von vornherein zum Scheitern verurteilt ist. McDowell meint mit seiner eigenen Ablehnung einer strengen Trennbarkeit also nicht, dass die sinnliche Auffassung der Welt einem *urteilenden* Ordnen gleichkommt. (Und mittlerweile sagt er, dass er nicht so verstanden werden möchte, als behaupte er, anschaulicher Gehalt sei propositionaler oder »fragmentarisch« dis-

immer wir möchten. Ich habe diese Möglichkeit aufgezeigt, obwohl mir klar war, dass McDowell in *Geist und Welt* solche Dinge sagt wie, »Falls wir versuchen, ganz ohne Spontaneität auszukommen und dennoch von begrifflichen Fähigkeiten sprechen, die in der Erfahrung wirksam sind, dann ist die Rede von begrifflichen Fähigkeiten ein bloßes Spiel mit Worten« (McDowell, *Geist und Welt*, S. 37, dt. Übers. leicht verändert, A. d. Ü.). Vgl. auch den Kontrast zwischen dem, was er in »Having the World in View: Sellars, Kant, and Intentionality« einerseits die »Verwirklichung« oder »Aktualisierung begrifflicher Fähigkeiten und andererseits ihre »Ausübung« nennt (in: *The Journal of Philosophy*, XCV [1998], S. 439-440).

10 Die genaue Formulierung ist hier natürlich sowohl wichtig als auch schwierig. In »Zu Pippins Postskriptum« schreibt er sowohl, dass er »nichts dagegen einzuwenden [habe], dass Kant Anschauungen als Manifestationen apperzeptiver Spontaneität auffasst«, aber auch, »dass wir [in der Anschauung der Welt] nicht aktiv urteilen oder spontan damit befasst sind«. McDowell glaubt, dass beide Behauptungen miteinander vereinbar sind, weil die richtige Formulierung die folgende sei: »Fähigkeiten [...], die unserer Spontaneität angehören, werden in der Anschauung aktualisiert.« (McDowell, »Zu Pippins Postskriptum«, S. 267).

11 Und von der Kant tatsächlich nie herausfindet, wie er sie überhaupt *erwägen* soll, wenn er sie schließlich doch *zurückweist*. Letztlich behaupte ich, dass der Erfolg der üblichen Lesart der Deduktion – der Beweis der objektiven Gültigkeit der reinen Verstandesbegriffe – davon abhängt, das Problem im Sinne einer Trennbarkeit von reinen Anschauungsformen und reinen Begriffen zu verstehen. Diese Trennbarkeit wird durch den versuchten Beweis selbst untergraben, so dass die übliche Formulierung seines Ziels ziemlich irreführend wird. Da McDowell nicht so sehr am Problem des synthetischen Apriori oder dem üblichen transzendentalen Idealismus interessiert ist, und da er Kants »Anordnung« – seine Annahme einer solchen Trennung von reinen Anschauungsformen – als (im schlechten Sinn) »idealisierend« und als Fehler kritisiert, nehme ich an, dass er *irgendeiner* Lesart dieser allgemeinen Behauptung zustimmt. Welche das ist, ist gerade die Frage.

kursiver Gehalt, wie in Sellars' Ausdruck von »diesem Würfel«.)[12] Doch glaubt er, es gebe noch eine weitere (nicht-urteilende) Form der apperzeptiven Spontaneität, die zwar nicht urteilend oder auch nur proto-diskursiv, aber dennoch begrifflich und aktiv ist. Ich bin mir nicht sicher, worauf das hinausläuft. In *Geist und Welt* führte es McDowell zu solch Formulierungen wie, »Erfahrungen sind Aktualisierungen unserer empfindungsfähigen Natur, in die begriffliche Fähigkeiten unauflöslich verwickelt sind«.[13] In einer jüngeren Arbeit sagt er, »Anschauungen zeigen unmittelbar, dass die Dinge so sind, wie man behauptet, dass sie sind, nämlich in Behauptungen, die nicht mehr sind als die diskursive Verwendung von einigem des Gehalts der fraglichen Anschauungen«[14] und,

[w]enn anschaulicher Gehalt nicht diskursiv ist, warum soll man dann darauf beharren, dass er begrifflich ist? Weil jeder Aspekt des Gehalts einer Anschauung in einer Form gegenwärtig ist, in der er bereits geeignet ist, ein mit einer diskursiven Fähigkeit verknüpfter Gehalt zu sein, sofern er nicht – wenigstens noch nicht – tatsächlich mit einer solchen verknüpft ist.[15]

Worin sich »begrifflich geprägte« sinnliche Auseinandersetzungen mit der Welt offensichtlich von Urteilsakten unterscheiden, ist, dass man von Ersteren zuweilen sagt, sie seien uns »abgerungen« oder »unwillkürlich«, als wäre in ihnen die sinnliche Welt dem Geist gegenwärtig und der Wahrnehmende könne sie im Anschluss (urteilend) bestätigen oder nicht, oder – mit noch feineren Erkenntnisfähigkeiten – über sie hinausgehen.[16] Doch im Allgemei-

12 Vgl. John McDowell, »Wie man den Mythos des Gegebenen vermeidet«, in: ders., *Die Welt im Blick*, S. 359-380.

13 McDowell, *Geist und Welt*, S. 116.

14 McDowell, »Wie man den Mythos des Gegebenen vermeidet«, S. 373.

15 Ebd., S. 369. Ich weise darauf hin, dass in diesen beiden Passagen die schwächere These – dass Anschauungen bloß die für den Verstand erforderliche Unterscheidbarkeit aufweisen müssen – zu überwiegen scheint. Ich bin mir nicht sicher, was das für uns bedeutet.

16 Nichts an McDowells Position hat ihn je auf die einfache These festgelegt, wir seien irgendwie innerhalb eines Blickwinkels gefangen, der – sogar in der Wahrnehmung – durch die Begriffe festgelegt wäre, die wir nun einmal haben. Und die Tatsache, dass Erfahrung nicht als Vorstellung verstanden werden soll, durch die ein nichtbegrifflicher Gehalt verständlich wird, bedeutet nicht, dass es nicht der Fall sein kann, dass Wahrnehmende mit passenderem Erkenntniswerkzeug mehr aus dem »machen« können, was sie sehen. Der Punkt ist nur, dass wenn

nen – sofern McDowell in seiner Beschreibung dieser begrifflichen Auseinandersetzung nicht etwas im Sinn hat, was Sellars »relative Spontaneität«[17] genannt hat (und ich glaube nicht, dass das der Fall ist) – bin ich noch immer nicht sicher, ob ich verstehe, was er unter Fähigkeiten versteht, die »am Werk« sind, während wir es nicht sind.[18] Ersteres scheint mit der einen Hand zu geben, was Letzteres mit der anderen nimmt. Doch dieses Problem wird noch oft und in unterschiedlicher Gestalt auftauchen, und vielleicht ist es besser, sich ihm indirekt zu nähern.

man dies zugesteht, man damit nicht auch einen Modus des Gegebenseins zugesteht, dem zufolge nichts mehr eine Rolle *als* Nichtbegriffliches spielt (zumindest für epistemisch Wahrnehmende, wie wir es sind).

17 Wilfrid Sellars, »… this I or he or it (the thing) which thinks …«, in: *Proceedings of the American Philosophical Association*, 44 (1971), S. 20.

18 Der Grundgedanke ist klar. Es erscheint nicht richtig zu bestreiten, dass ein relativ reichhaltiges und bestimmtes »die-Welt-im-Blick-haben« (McDowell) im sinnlichen Austausch mit der Welt direkt in den Fokus gelangen kann, ohne dass ich schon in der Lage wäre zu entscheiden, was genau ich sehe – ohne also mein affirmatives Urteil. Aber ich glaube, dass man diese anfänglichen Präsentationen eines solchen Blicks nur unzulässig als uns *einfach* »abgerungen« beschreiben kann. Meiner Meinung nach können wir einen solchen Blick »eine Weise, wie die Welt aufgefasst wird« nennen, ohne befürchten zu müssen, dass wir so klingen, als handelte es sich um Auffassungen einer unabhängig gegebenen sinnlichen »Materie«. In solch sinnlicher Auffassung *sind* wir aktiv, und daher – zugegebenermaßen – viel weiter von einem auch nur reformierten Empirismus entfernt als in McDowells Lesart. Damit möchte ich jedoch überhaupt nicht sagen, dass wir diese Aktivität nach dem Modell des Urteilens zu verstehen haben (was wohl ein äußerst rasches Urteilen wäre), ebenso wenig glaube ich, dass für die intentionale Natur zuschreibbarer Handlungen explizite Überlegungen, selbstbewusste Verpflichtungen oder Akte des Willens erforderlich sind. Diese Behauptung einer *in* der Anschauung wirksamen »begrifflichen Aktivität, ohne zu urteilen« – im Kontrast zu »begrifflichen Fähigkeiten, die darin am Werk sind, während wir es nicht sind« (eine Alternative, die jeden, der sich an einem überintellektualistischen Verständnis der Wahrnehmung stört, zu einem »Zum Teufel beider Sippschaft« herausfordern muss) –, bedürfte einer wesentlich ausführlicheren Auseinandersetzung. Ich glaube, dass wir ziemlich weit kommen, wenn wir festhalten, dass wir einige Elemente der Erfahrung *unterscheiden* können, die sich, in McDowells Worten, bezüglich ihrer Rolle in der Erfahrung nicht einmal »gedanklich trennen« lassen. Vgl. Robert B. Pippin, »Concept and Intuition: Distinguishability and Separability«, *Hegel-Studien*, 39/40 (2004/2005), S. 25-40.

4. Wie Kants Deduktion zu lesen ist

McDowell versteht meine Lesart so, als sei ihr springender Punkt, uns zu vergewissern, dass unsere Art, Dinge zu kategorisieren, mit der Weise übereinstimmt, wie sich Gegenstände unseren Sinnen präsentieren. McDowell ist hingegen der Meinung, dass das Projekt der Deduktion ein radikaleres ist. Es bestehe nämlich darin, überhaupt die bloße Möglichkeit objektiven Gehalts zu untersuchen, die bloße Möglichkeit also, dass das Denken – repräsentationale Tätigkeit – einen bestimmten Gehalt haben *kann* (und insbesondere zu zeigen, dass das spontane Denken und seine reinen Begriffe, entgegen all unserer *Common-Sense*-Intuitionen, für dieses Ergebnis erforderlich ist).

> Kants Frage ist diese: Wie können wir, unter der Voraussetzung, dass unsere intellektuelle Auseinandersetzung mit der Wirklichkeit verlangt, dass Gegenstände sinnlich gegeben sind, a priori wissen, dass Manifestationen der Formen, die der reine Verstand verlangt, kraft dieser Formen einen Anspruch auf Objektivität erheben?[19]

Die »Gefahr«, um die es in der Deduktion geht, ist die, dass uns »Gegenstände allein dadurch sinnlich gegeben sein [könnten], dass die Forderungen der Sinnlichkeit erfüllt sind, und zwar zunächst unabhängig davon, dass irgendeine Bedingung erfüllt ist, die Denkbarkeit einschließt«.[20] Und während ich in McDowells Augen von der eben genannten falschen Lesart einer Vergewisserung meinen Ausgang nehme, und darüber hinaus auch noch *Hegel* ein hoffnungsloses skeptisches Projekt unterschiebe – die Sorge nämlich, dass unsere Form der Geistigkeit lediglich *unsere* Form der Geistigkeit, und nicht die Form der Dinge ist –, will McDowell Hegel innerhalb des kantischen Projekts – so wie er es auffasst – behalten, da Kant zeigen wolle, »wie a priori garantiert sein kann, dass die Formen des reinen Verstandes Formen des Geistigen sind – Formen eines Denkens der Wirklichkeit überhaupt, sei dieses richtig oder falsch«.[21] (Das führt McDowell letztlich dazu zu sagen, dass in

19 McDowell, »Zu Pippins Postskriptum«, S. 269.
20 Ebd., S. 271.
21 Ebd., S. 277.

diesem hegelschen Lichte der Unterschied zwischen einer transzendentalen Logik und der Logik schlechthin unnötig wird.)[22]

Ich bin mir nicht sicher, wo hier die für uns relevante Grenze zwischen dem historischen und dem verbesserten, sehr radikalen Kant gezogen wird. Das erklärte Ziel der Deduktion ist der Beweis der objektiven Gültigkeit der reinen Verstandesbegriffe, was so viel bedeutet wie zu beweisen, dass die Gegenstände der Erfahrung notwendigerweise und allgemein diesen kategorischen Forderungen entsprechen. Das ergäbe wenig Sinn, wenn nicht die Gefahr bestünde, dass sie (diese Gegenstände) ihnen *nicht* entsprechen. Wir wollen also folgende Frage beantworten: Mit welchem Recht behaupten wir, dass die (erfahrene) Wirklichkeit kategorische Unterschiede aufweist, die nicht selbst von der Erfahrung dieser Wirklichkeit abgeleitet sind? Der wichtige Punkt ist zu beweisen, dass es synthetisch apriorisches Wissen gibt – um nämlich auf Hume und andere antworten zu können. Man bedenke: »[...] es könnten wohl allenfalls Erscheinungen so beschaffen sein, daß der Verstand sie den Bedingungen seiner Einheit gar nicht gemäß fände.«[23] Wir müssen zeigen, dass dem nicht so ist. Selbst wenn das bedeutet, dass wir zeigen müssen, dass dies (die *vermeintliche* strikte Trennbarkeit der sinnlich bereitgestellten Mannigfaltigkeit der Erscheinungen und der begrifflichen Bedingungen der Einheit) in Wirklichkeit *keine* Möglichkeit darstellt. Es muss dennoch gezeigt werden. (Kant muss sich zu der berühmten Behauptung in A79 *berechtigen*: »Dieselbe Funktion, welche den verschiedenen Vorstellungen *in einem Urteile* Einheit gibt, die gibt auch der bloßen Synthesis verschiedener Vorstellungen *in einer Anschauung* Einheit [...]«) Außerdem gibt es die (zumindest von mir) oft zitierte Passage in B138: »Die synthetische Einheit des Bewusstseins ist also eine objektive Bedingung aller Erkenntnis, nicht deren ich bloß selbst bedarf, um ein Objekt zu erkennen, sondern unter der jede Anschauung stehen muss, *um für mich Objekt zu werden* [...]«[24]

22 »Hegel muss sich gar nicht erst darum bemühen, der transzendentalen Logik Platz zu schaffen, denn in seinem Bild gehört die Untersuchung der reinen Formen des Denkens schlicht als solche zu einer Logik, die im kantischen Sinne transzendental ist« (McDowell, »Zu Pippins Postskriptum«, S. 281).

23 Immanuel Kant, *Kritik der reinen Vernunft*, Hamburg 1998, A90/B123.

24 Alles, was ich also behaupten will, ist, dass (a) Kant erkennt, dass sein transzendentaler Ansatz den Eindruck erweckt, er werde auf diese Weise die objektive

So wie ich dies verstehe, handelt es sich hierbei jedoch um keine Theorie, die mit McDowells radikalerer in Konkurrenz stünde. Sie (diese Version) hängt wesentlich von der Klärung gerade der Frage ab, die McDowell Kant stellen lässt: Wie genau ist objektiver Gehalt – die Tatsache, dass das Denken von Dingen handelt – überhaupt erst möglich? Der Schlüssel zum Zusammenhang zwischen den beiden Fragen findet sich im letzten Teil der Passage in B138: »[...] um für mich Objekt zu werden«. Die Möglichkeit besteht nicht, dass die Kategorien bloß subjektive Voraussetzungen des Denkens sind, die der »Materie« sinnlicher Anschauung nur auferlegt wären. Denn die bloße Möglichkeit bestimmten begrifflichen Gehalts erfordert – selbst in der anschaulichen Gegenwart der Welt für das Bewusstsein – sowohl kategorische wie anschauliche Bedingungen. Und das läuft (letztlich) auf eine Unterscheidung zwischen einer objektiven und einer subjektiven zeitlichen Ordnung hinaus, die Kant zufolge nicht durch die Erfahrung bereitgestellt sein kann. Es könnte »nichts« geben, das von diesen Bedingungen abweichen würde, weil eine solche vermeintliche Ausnahme nicht einmal der Gehalt eines Gedankens sein könnte, und so »weniger als ein Traum« wäre.[25] Ein Gegenstand ist schlicht das, »in dessen Begriff das Mannigfaltige einer gegebenen Anschauung vereinigt ist« (B137), die Repräsentation eines Gegenstands ist schlicht die regelgeleitete Einheit des Bewusstseins. Und das soll sich unabhängig davon als wahr erweisen, ob wir eine sinnliche Mannigfaltigkeit betrachten, die bereits in ihrer anschaulichen Form bereitsteht, oder als eine, die uns gerade bereitgestellt wird. (Daher auch die zwei Teile der B-Deduktion; noch eine lange Geschichte.)

Tatsächlich akzeptiert McDowell, soweit ich ihn verstehe, genau so etwas wie diese Verknüpfung: dass nämlich die Sorge über die Möglichkeit, dass die Kategorien den sinnlichen Bedingungen »äu-

Gültigkeit beweisen, (b) dass er zeigen muss, dass dem nicht so ist, und (c) dass das nach »unter der jede Anschauung stehen muss« formulierte Ziel den zweiten Teil der zweiteiligen B-Deduktion erklärt.

25 Das ist natürlich alles eine schrecklich komprimierte Zusammenfassung. Eine solche vermeintliche Ausnahme könnte letztlich kein gedanklicher Gehalt sein, weil ihn sich ein apperzeptives Subjekt in all seiner durchgängigen Erfahrung nicht selbst zuschreiben könnte. Die Funktion dieser Art von Behauptung aufzuzeigen, zielt auf den Kern von vielem, was die Deduktion leistet, und es bedürfte offensichtlich eines ganzen Buches, um dies auszubuchstabieren und zu verteidigen.

ßerlich« sein könnten, schlichtweg die Sorge *ist, dass sie bloß subjektive Auflagen einer exogenen Materie sind*, und dass Gegenstände also keine kategoriale Einheit aufweisen müssen, um dem Geist als Gegenstände der Erfahrung gegenwärtig zu sein. Wenn er schreibt, dass Kants Frage die folgende sei,

> Wie können wir a priori wissen, dass die Formen des reinen Verstandes einen Anteil daran haben, dass objektiver Inhalt möglich ist? Diese Frage stellt sich, weil Kant davon ausgeht, dass Gegenstände sinnlich gegeben sein müssen, damit uns eine intellektuelle Auseinandersetzung mit der Wirklichkeit möglich ist.[26]

dann zieht er, meiner Lesart zufolge, eine Kluft nur in Erwägung, um ihre Existenz zu bestreiten. Das ist die Hauptaufgabe der Deduktion, auch wenn sie mit einer anderen, üblicheren Lesart von Kants Überlegungen in Konkurrenz steht. Diese üblichere Lesart ist eine Theorie des »Überbrückens« der Kluft, die »radikalere« eine des Bestreitens einer solchen. Trotzdem liefert letztere eine Rechtfertigung für kategoriale Objektivität.

Sollte sich herausstellen, wie es sich in der B-Deduktion anzudeuten scheint, dass es unmöglich ist, die anschauliche Mannigfaltigkeit »rein« und als separable Komponente jeden Wissensanspruchs zu betrachten, wenn das, »was sich den Sinnen präsentiert«, immer schon als begrifflich gegliedert gedacht werden muss und eine begriffliche Gliederung nicht als unmittelbar *gegebener* Aspekt der Mannigfaltigkeit an sich verstanden werden kann, dann kann keine Apriori-Aussage über die festen notwendigen Bedingungen der Rezeptivität, und damit von starker Objektivität der Erfahrung (gemäß der Rede von einer »Entsprechung« [*fit*] und dass »unser Geist nicht anders beschaffen sein kann«) unter den von Kant ursprünglich vorgeschlagenen Bestimmungen getroffen werden. In Hegels Worten bedeutet das, dass es keine feste, a priori bestimmbare Trennung des Subjekts der Erfahrung einerseits und einer formalen Betrachtung all dessen, was die Erfahrung möglicherweise bereitstellt, andererseits geben kann; oder, vielleicht vertrauter: Die Subjekt- und die Objektseite dieser Gleichung greifen viel zu sehr ineinander, als dass man sagen könnte, dass, was die Subjektseite von der Objektseite erfordert, niemals in Widerspruch stehen

26 McDowell, »Zu Pippins Postskriptum«, S. 275.

könnte zu dem, was die Objektseite bereitstellt. Die interessante Frage ist, was daraus folgt, wenn – wie McDowell sagt – der tiefer gehende Punkt darin besteht zu zeigen, dass die »Rezeptivität einen nicht einmal definitorisch abtrennbaren Beitrag zu dieser Kooperation« (des Begrifflichen und des Sinnlichen) leistet.[27] Das ist eine besonders interessante Frage, da es Hegel (zusammen mit Fichte) war, der erkannte, wie viel in der Version der Deduktion, die mit der Bemerkung bei B160 ihren Anfang nimmt, auf dem Spiel steht.[28] Ich sehe bisher noch nicht – abgesehen von Uneindeutigkeiten in manchen Formulierungen –, warum McDowell darauf besteht, dass es hier eine solch tiefe Uneinigkeit geben soll.

Anders ausgedrückt (und auch das ist eine Formulierung, die Hegel wichtig ist) besteht die humesche Sorge, die die *Kritik der reinen Vernunft* motiviert, nicht darin, dass es eine bessere oder zutreffendere Weise geben könnte, wie man den Zugriff des Denkens auf die Welt charakterisieren könnte – dass unser Geist besser beschaffen sein könnte, als er es ist –, sondern dass es sein könnte, dass es *überhaupt keine* empirisch unabhängige, doch epistemisch gerechtfertigte Bestimmung einer solchen begrifflichen Prägung gibt; was der Ablehnung der Vorstellung gleichkäme, dass eine begriffliche Bestimmung, die nicht auf Grundlage von Erfahrung formuliert ist, dennoch auf alle möglichen Gegenstände der Erfahrung anwendbar sein könnte.[29] Ich stimme zu, dass die »Garantie einer Entsprechung« mit der Mannigfaltigkeit eine unangemessene Formulierung ist, gerade weil es sich herausstellt – wie Kant gemäß der Logik seines eigenen Arguments behauptet –, dass die Annahme einer »Trennbarkeit«, auf der diese Strategie beruht, unmöglich ist. Aber, wie ich bereits gesagt habe, in Kants Vorgehensweise wird die Möglichkeit einer solchen Trennbarkeit erwogen (wie in A90/B123 und B138), um sie letztendlich auszuschließen. Und *die Art und Weise, wie sie ausgeschlossen wird*, führt zu Problemen für das, was ich die übliche Lesart der Deduktion genannt habe. Er

27 McDowell, *Geist und Welt*, S. 33.

28 Vgl. Kap. 2 und 3 in *Hegel's Idealism* für eine Verteidigung dieser These sowie in Bezug auf Fichte: Robert B. Pippin, »Fichte's Alleged One-Sided, Subjective, Psychological Idealism«, in: Sally Sedgwick (Hg.), *The Reception of Kant's Critical Philosophy: Fichte, Schelling and Hegel*, Cambridge 2000, S. 140-170.

29 Weil dies, wie bereits gesagt, konstitutiv für ein Denken über Gegenstände überhaupt ist.

schließt sie auf eine Weise aus, die das, was McDowell die radikalere Dimension der »Möglichkeit objektiven Gehalts« nennt, verbindet mit der konventionelleren Auffassung des Problems der objektiven Gültigkeit reiner Begriffe und dem, wie wir danach das Problem verstehen, sobald wir die miteinander verflochtene Natur von Begriff und Anschauung ganz bedacht haben.[30] Es ist wahr, dass Kant die skeptischen Zweifel bezüglich der Möglichkeit a priori synthetischer Erkenntnis beantworten möchte, indem er darauf besteht, dass wir zunächst zeigen müssen, dass das Denken überhaupt Gehalt haben kann (*die Bedingungen der Möglichkeit von Erfahrung*). Doch Letzteres ist dennoch eine Strategie, die zumindest der Lösung einer Version der ersteren Frage dient (*die Bedingungen der Möglichkeit von Gegenständen der Erfahrung*). Ich ignoriere also nicht die radikalere Frage zugunsten einer irreführenden skeptischen Sorge. Ich versuche die Rolle von Kants radikaler Frage im Zusammenhang seiner allgemeinen Strategie für einen Beweis der Legitimität empirisch nicht-abgeleiteter begrifflicher Bestimmungen zu verstehen. Ich versuche, so wie Hegel, die »Identitätsbehauptung« im Zentrum des kantischen Projekts, das »oberste Principium aller synthetischen Urteile« zu verstehen: »Die Bedingungen der Möglichkeit der Erfahrung überhaupt sind zugleich Bedingungen der Möglichkeit der Gegenstände der Erfahrung« (B197). Es ist richtig, dass, sobald Kant mit der strikten Trennung von Begriff und Anschauung ins Wanken gerät, *seine* konventionelle Strategie zum Beweis objektiver Gültigkeit nicht mehr zur Verfügung steht. Aber die Frage nicht-empirischer Rechtfertigung für nicht-abgeleitete Aussagen über Begriffe verschwindet so nicht und taucht in anderer Form bei Hegel wieder auf. Es ist, mit anderen Worten, nicht ausreichend, die Deduktion als ein Argument

30 Dieses neue Verständnis wäre thematisch entsprechend auf die Frage gewendet, was wir wahrerweise von jener Gestalt oder Prägung unserer Erfahrung (der Geist-Welt-Relation) sagen können, von der wir unabhängig von unserer Erfahrung beanspruchen können zu wissen, was notwendigerweise von so einer »Gestalt« zu gelten habe. Diese Frage hat sowohl eine formal-logische Ebene (auf der wir etwa für die Unannehmbarkeit einer jeden Art von Subjekt-Objekt-Kluft argumentieren würden, deren Existenz das Problem eröffnen würde, diese zu überbrücken) als auch eine bestimmte »phänomenologische« Ebene, auf der die von einer »Gestalt des Geistes« – wie dem Verstand oder der beobachtenden Vernunft – vorausgesetzten Form der Erfahrung phänomenologisch getestet und als »durchlebt« vorgestellt werden kann.

zu verstehen, das zeigt, dass die Verstandestätigkeit notwendigerweise an der Möglichkeit objektiven Gehalts beteiligt ist. (Das zu zeigen, ist viel. Angesichts der sinnvollen Überzeugung, dass uns Gegenstände nur durch die Sinne zugänglich sind, ist es eine große Leistung – mit einigen Implikationen –, zu zeigen, dass sinnliche Zustände bloß als solche, ohne die Beteiligung begrifflicher Tätigkeit, nicht auf etwas gerichtet oder von etwas handeln, und also keinen Gehalt haben könnten.) Um jedoch Hegel (und einen Gutteil des historischen, wenn auch geläuterten Kants) in dieses Bild zu setzen, müssen wir bemerken, dass eine solche Behauptung die Tür öffnet für eine nicht-empirische Bestimmung des »Denkens von sich selbst«, wie Hegel es sagen würde.

Und sobald wir die Ebene erreichen, auf der wir uns der Frage der unterschiedlichen Status von einerseits Begriffen – deren Gehalt und Autorität sich der Erfahrung verdankt – und andererseits der begrifflichen Form der Erfahrung stellen – deren Inhalt und Autorität sich nicht darauf gründet und nicht darauf gründen kann –, gelangen wir zu der Frage, die Kant und Hegel verbindet. Es ist die Tatsache, dass es Raum für Zweifel und Ungewissheit darüber gibt, was genau »die« Formen jeder diskursiven Auseinandersetzung mit der Wirklichkeit sind, die zu den verschiedenen *Gestalten des Geistes* führen, welche Hegel als Möglichkeiten in der *Phänomenologie* in Erwägung zieht.

5. Implikationen der Frage der Deduktion

An dieser Stelle können wir einfach geltend machen, dass wir uns auf den Kant konzentrieren, »mit dem wir etwas anfangen können«, und darauf hinweisen, dass der hauptsächliche Wert dieses Bildes einer begrifflich gegliederten sinnlichen Auffassung (wobei der Einsatz von Begriffen in Empfindungen kein vollwertiges Urteilen bedeutet) darin besteht, deutlich zu machen, warum wir weder zu einer kausalen Theorie des Wahrnehmungswissens und einem Bild nicht-begrifflichen Inhalts verurteilt sind, das nicht mit der normativen Natur des Schließens und Urteilens vereinbar ist, noch – im anderen Extrem – zu einem »reibungslosen Rotieren im luftleeren Raum«, einem Kohärentismus à la Davidson. Wenn man Kant in diese »Hegel zuneigende« Richtung versteht, ergibt sich einfach ein besseres Gesamtbild davon, wie *empirisches Wissen* unter der nicht-kantischen und nicht-hegelschen Annahme funktioniert, dass dies letztendlich die einzige Art von Wissen ist, die es gibt. Wahrnehmungswissen ist natürlich auch ein körperlicher Prozess, doch das muss uns nicht auf den Pfad hin zu einer Neuroepistemologie und zu einem harten Naturalismus führen, solange wir nur bedenken, dass die menschliche Natur auch eine zweite Natur ist, dass unserer Seh- und Unterscheidungsfähigkeit beigebracht werden kann, das zu erkennen, was es zu erkennen gilt.

Wenn wir aber den hegelschen Pfad von diesen Überlegungen ausgehend zurückverfolgen wollen, dann brauchen wir ein Element, das bei McDowell keine herausragende Rolle spielt. Denn auch wenn Hegel praktisch die kantische Strategie für den Nachweis der objektiven Gültigkeit einer festen Menge von Kategorien aufgegeben hat, so hält er doch – wie ich im »Postskriptum« argumentiert habe – daran fest, dass wir, um die bloße Möglichkeit objektiven Gehalts verstehen zu können, bestimmte begriffliche Projektionen möglicher Erfahrung (gewissermaßen Arten, die Beziehung von Begriff und Sinnlichkeit als Ganze zu entwickeln) betrachten müssen, deren normative Autorität an keine empirische Ableitung gebunden sein kann. Hegel glaubt ebenso, dass *Handlungs*prinzipien oder -normen weder irgendwie rationalisierte Strategien zur Erfüllung »gegebener« Wünsche oder Interessen, noch formale Gesetzgebungen der reinen praktischen Vernunft sind, die für das »Material« motivierender Neigungen gelten. Und das bedeutet genauso, dass wir mögliche »Modelle« der Beziehung zwischen Intention und körperlicher Handlung betrachten müssen, um – auf die übliche »dialektische« Weise – zu einem zufriedenstellenden (nicht-dualistischen) Modell zu gelangen. Sobald sich Hegels Geist-Welt-Modell von dem Kants wegbewegt (beziehungsweise sobald er den wahren »Geist« Kants hervorhebt), erstreckt sich die Frage der Autorität oder Legitimität nicht-abgeleiteter (und nicht-instrumenteller) Normen bei ihm sehr weit. Die *quid-iuris*-Frage bleibt bei Hegel bestehen, auch wenn sie sich bei ihm nicht auf eine »Deduktionsstrategie« richtet, die sich auf separate reine Anschauungsformen gründet. Bedeutet das, dass wir es nur noch mit einer (für Hegel quasi-psychologischen oder gar quasi-sozialen) Behauptung über subjektive Unverzichtbarkeit (*indispensability*), einem Unternehmen reibungslosen Rotierens zu tun haben? Oder mit einer metaphysischen Behauptung über die »begriffliche Struktur« der Wirklichkeit an sich? Sie sollte in keine dieser Richtungen führen, da das Ergebnis von Hegels Sicht auf die Deduktion ein auf solche Weise verändertes Verständnis der Subjekt-Objekt-Relation mit sich bringen soll, dem zufolge solche Interpretationen erscheinen, als machten sie mehrere verfälschende Annahmen. Der Verlauf seines Versuchs, uns davon zu überzeugen und diesen veränderten Sinn der Geist-Welt-Relation zu beleuchten, ist es, worin – wie ich argumentiert habe – die Aufgabe der *Phänomenologie des Geistes* besteht. Darauf wird auch in Zusammenfassungen wie dieser in der *Enzyklopädie* hingewiesen:

> Indem die Philosophie so ihre Entwicklung den empirischen Wissenschaften verdankt, gibt sie deren Inhalten die wesentlichste Gestalt der *Freiheit* (des *Apriorischen*) des Denkens und die *Bewährung* der *Notwendigkeit*, statt der Beglaubigung des Vorfindens und der erfahrenen Tatsache, daß die Tatsache zur Darstellung und Nachbildung der ursprünglichen und vollkommen selbständigen Tätigkeit des Denkens werde.[31]

Auch wenn Passagen wie diese verdeutlichen, dass Hegel nie auf die Idee gekommen wäre, dass man ihn so verstehen würde, als stelle sich das Denken selbst seinen eigenen *empirischen* Gehalt bereit, stellt sich dennoch die Frage, warum Hegel in dieser Weise über »Entwicklung« spricht, und was »die Philosophie« dem hinzufügt, was die »Beglaubigung des Vorfindens und der erfahrenen Tatsache« zeigt. Meiner Ansicht nach müssen wir von diesen Fragen einen noch größeren Schritt zurück machen, um das Ganze erkennen zu können.

II.

1. Hegel

Jemand, der bestreitet, dass es eindeutige Repräsentationen mit nichtbegrifflichem Gehalt gibt, die eine kognitiv signifikante Rolle in der Erfahrung spielen, wird auch bestreiten wollen, dass solche Repräsentationen von außen Gedankeninhalte »liefern« können. (Wie sollten sie, wenn es keine solchen separaten Elemente gibt?)

31 G.W.F. Hegel, *Enzyklopädie der philosophischen Wissenschaften im Grundrisse*, *Werke*, Bd. 8, Frankfurt/M. 1989, S. 58.

Die natürliche Schlussfolgerung ist, dass aus dieser Position folgen müsse, dass das Denken diesen Gehalt aus sich heraus »auffüllen« muss, dass es sich stattdessen »selbst Gehalt gibt«. Und Hegel spricht *tatsächlich* genau so, weshalb es nicht verwunderlich ist, wenn mancher an dieser Stelle verzweifelt die Arme in die Luft wirft. Doch die Verzweiflung ist voreilig.

Hegel spricht beispielsweise häufig von der Selbstbestimmung des Begriffs, dass der Begriff sich selbst seinen eigenen Inhalt verleihe, ja sogar dass die Logik des Begriffs die Logik der Freiheit (als Autonomie) sei. Die poetischste, mitreißendste Stelle, an der das zum Ausdruck kommt, ist diese:

> Dieses reine Beisichsein gehört zum freien Denken, dem ins Freie Ausschiffen, wo nichts unter uns und über uns ist und wir in der Einsamkeit mit uns allein dastehen.[32]

McDowells Ausdruck für all dies, den er in der zweiten Vorlesung von *Geist und Welt* prägt (beziehungsweise was zumindest ich als Anmerkung zu dieser Art von Behauptungen interpretiere), ist ein sehr guter: die »Ungebundenheit des Begrifflichen«. Vielen Lesern (wie z. B. Michael Friedman)[33] suggerierte dies, dass er, entgegen eigener Bekundungen, in ein Modell des »reibungslosen Rotierens« zurückgefallen ist. Das Gleiche wird (wieder von Friedman, aber auch anderen) von Hegel behauptet. In beiden Fällen sind diese Vorwürfe vorschnell; so als würde Untrennbarkeit wieder mit einer Behauptung der Ununterscheidbarkeit verwechselt. (So als würde die Tatsache, dass sich das von der Sinnlichkeit Bereitgestellte nicht sauber als das trennen lässt, was eine eigene kognitive Aufgabe zu erfüllen hat, bedeuten, dass es keinen Unterschied zwischen Rezeptivität und Spontaneität gäbe.) Solange man diese Unterscheidung beachtet, laufen diese hegelschen Behauptungen zunächst nur darauf hinaus, dass eine Beziehung zu Gegenständen nicht *allein* durch die Rezeptivität, das von der Sinnlichkeit Bereitgestellte »sichergestellt« wird. Die Behauptung der Ungebundenheit besagt bloß, dass das so Bereitgestellte nur deshalb eine *rechtfertigende* Rolle einnehmen kann, weil unsere Auffassung der sinnlichen Welt bereits begrifflich gegliedert ist. (Tatsächlich könn-

32 Hegel, *Enzyklopädie*, S. 98.

33 Michael Friedman, »Exorcising the Philosophical Tradition«, in: Nicholas Smith (Hg.), *Reading McDowell*, New York 2002, S. 25-57.

te diese Behauptung genauso gut als realistische verstanden werden, da die sinnliche Welt eine unmittelbare Sicht auf die Welt darstellt; die Wirklichkeit selbst sei im folgenden Sinne begrifflich: Sie bietet uns an, »was als der Fall aufgefasst werden kann«. In der Sprache des *Tractatus*, die McDowell zuweilen verwendet, macht das Denken nicht vor der Welt halt; eine Weise von einem Gegenstand zu denken (ein *Sinn*) ist keine intermediäre Entität zwischen uns und den Dingen, auf die sich unsere Gedanken beziehen. Es ist eine Weise, die Welt zu sehen.) In diesem Bild gibt es in der Erfahrung noch immer reichlich substanziellen Gehalt und empirisches Geleitet-Werden. Die deutlichste Art und Weise, diesen Punkt anders zu formulieren, ist einfach die bekannte These der Autonomie des Bereichs des Normativen. Prinzipien, die vorgeben, was wir glauben sollten, was als möglicher Gegenstand der Erfahrung oder als zufriedenstellende Erklärung gelten könnte oder was wir tun sollen, sind gänzlich unabhängig von Behauptungen darüber, wie der Geist funktioniert oder was Menschen im Allgemeinen tun. Fichte hat diesen Punkt in seiner ganzen Tiefe erfasst und seine gesamte Philosophie um ihn herum errichtet. In all diesen Angelegenheiten sehe ich mich im Einverständnis mit McDowells Auffassung und von ihr geleitet.

Wenn, bei all dem Gesagten, das Begriffliche (von irgendetwas Nichtbegrifflichem) ungebunden und der Bereich des Normativen autonom ist, was hilft uns dann bei der Erklärung der bestimmten Prinzipien, die unser Denken und Handeln (normativ) einschränken und leiten? Was ist der nicht-metaphorische Gehalt der Vorstellung der »Selbstbestimmung« des Begriffs (und in Kants Vokabular der *Grundlegung*: unserer eigenen Urheberschaft des Gesetzes)?[34] Doch diese Frage hängt von einer anderen ab. Wenn wir alles auf diese Weise formulieren, ist diese Version Hegels überhaupt ein Idealismus? Und wenn ja, in welchem Sinne?

Die weitreichendste von McDowell zuweilen verwendete Zusammenfassung dieser Behauptungen ist, *dass die Urteilsformen – die Formen des Denkens – die Formen der Dinge sind – der Gegenstände und Ereignisse*.[35] In dieser extremen Höhenlage fühlt man sich an ähnlich kontroverse Behauptungen Wittgensteins im *Trac-*

34 Robert B. Pippin, »Über Selbstgesetzgebung«, in diesem Band S. 52-84.

35 Dies war der Hauptdiskussionspunkt bei dem zweiten der drei Humboldt-Trans-Coop-Workshops in Chicago, die den Hintergrund dieses Austauschs abgeben.

tatus erinnert, wie z. B. bei 5.6, »*Die Genzen meiner Sprache* bedeuten die Grenzen meiner Welt«, etwas, das Wittgenstein provokativ die »Wahrheit des Solipsimus« nennt, und in 5.61 folgendermaßen ausführt: »Was wir nicht denken können, das können wir nicht denken; wir können also auch nicht *sagen*, was wir nicht denken können.« Und in dieser Höhenlage gibt es auch Parallelen in den Diskussionen, die diese ähnlichen Behauptungen ausgelöst haben. Es gibt Parallelen zwischen Wittgensteins unterschiedlichen Verwendungsweisen von »meiner« und »wir« und Kants »Subjekt der Erfahrung« und »subjektiv« (sowie dem »Ich« in »Das: Ich denke, muß alle meine Vorstellungen begleiten können« [B113 f.]). Für beide beziehen sich diese Ausdrücke auf nichts in der Welt, sondern bringen die Grenzen der Welt zum Ausdruck; setzen die Grenzen dessen, was eine Welt sein kann. Jede Begegnung mit irgendetwas in der Welt setzt ein solches Subjekt bereits voraus, und kann es nicht »entdecken«.

Wenn man die Dinge nun so betrachtet, gibt es tatsächlich einen harmlosen Sinn, in dem die Vorstellung von einer Welt »begrenzt« sein könnte. Die in Frage stehende Grenze ist dabei genau der Unterschied zwischen dem, was als Welt gelten kann, und was nicht. Letzteres (was nicht als Welt gelten kann) ist nicht eine Art Welt »jenseits« dessen, was für uns vorstellbar ist. Es ist schlicht keine Welt. (Dadurch, dass wir nicht in der Lage sind, das als Welt zu verstehen, was keine mögliche Welt sein kann, sind wir nicht »begrenzt«.)

Für beide gilt auch, dass die Behauptung entweder als Tautologie oder, wie McDowell es nennt, als Gemeinplatz zu erscheinen droht, denn dieser letzte Punkt bedeutet, dass die Grundaussage des Idealismus keinen Bezug auf ein empirisches psychologisches oder ein tatsächliches soziales Subjekt beinhaltet (also nicht zu der Sorte von Whorf'schen Behauptungen über Sprache und Weltbilder gehört, wie Williams bemerkt)[36] beziehungsweise der Idealismus hier nicht als Erklärung fungieren muss: Die Form des Denkens oder der Sprache *erklärt* nicht, »warum wir die Welt so wahrnehmen, wie wir es tun«. Die natürliche Versuchung ist es, die gesamte Rede von nicht-empirisch gerechtfertigten »Prägungen« unserer Erfahrung, von Voraussetzungen normativer Autorität,

36 Vgl. Bernard Williams, »Wittgenstein and Idealism«, in: ders., *Moral Luck. Philosophical Papers 1973-1980*, Cambridge 1983, S. 144-163.

von Erklärung, von Projektionen der Relation von Geist und Welt sowie der von Handelndem und Handlung – von welcher auf solch tief greifende Weise ausgegangen wird, dass die Rede von »Voraussetzung« unangemessen erscheint – insgesamt als Vorarbeit zu einer Behauptung von Relativismus und Inkommensurabilität zu verstehen. Dieser Punkt – dass »Gestalten des Geistes« keine Gegenstände sind, die in irgendeinem Sinne »in« der Welt wären, und daher auch keine festen »Grenzen« mit einem »Außen« haben – soll uns von einem solchen Schluss abhalten, und findet seinen lauten Nachhall in Kant, Fichte, Hegel und dann wieder in Wittgenstein und McDowell. Aber es ist ein schwer fassbarer und schwierig zu formulierender Punkt, und man kommt fast nicht umhin darauf hinzudeuten, dass es sich dabei um überhaupt keine »Behauptung« handelt.

Die erstere Gefahr, nämlich die einer »Tautologie« oder einer Trivialität der Formulierungen, ist eindeutig. Die Grundaussage scheint Folgendes zum Ausdruck zu bringen: Das, was wir verstehen und aussagen können, können wir verstehen und aussagen; das, was nicht, nicht. (Diese Gefahr der Trivialität besteht offensichtlich auch für Interpretationen, die Kant so deuten, als »beschränke« er Erkenntnis auf unsere »epistemischen Bedingungen«. Jede Position dieser Art, die *keine* Tautologie wäre, liefe Gefahr, ein substanzielles oder empirisches Subjekt, und damit eine substanzielle oder materiale Idee von »Grenze« einzuführen.)

Letztere Möglichkeit hingegen – dass die Grundaussage überhaupt keine Behauptung ist, aber uns trotzdem etwas zeigt – scheint Wittgensteins Verständnis von ihr zu sein. Dies eröffnet jedoch eine potenzielle Disanalogie zwischen Kant und Wittgenstein. Wie weit diese geht und wie relevant sie für Hegel ist, sind schwierige Fragen. Zu verstehen, worauf es *für uns* hinausläuft, etwa »die Bedeutung eines Ausdrucks zu erfassen«, besteht für Wittgenstein nicht in einer empirischen Darstellung dessen, wie wir dabei vorgehen. Es besteht darin, zu verstehen, was das Erfassen der Bedeutung eines Ausdrucks oder einer Regel *sein könnte*. (Die kantische Parallele wäre: *alles*, was es sein könnte, ein Gegenstand unserer Erfahrung zu sein. Der entscheidende Punkt ist derselbe wie der bezüglich einer möglichen Welt.) Auch wenn Wittgenstein wohl später die Möglichkeit von Wesen mit einer anderen Geistigkeit als der unseren in Erwägung zieht (im Modus Hegels: die

Möglichkeit, dass wir anders geistig wären, als wir es jetzt sind), scheint sein Punkt zu sein, zeigen zu können, dass es letztlich keine Wesen geben kann, die geistig anders beschaffen wären als wir, dass dies nicht verständlich wäre. Wenn wir insistieren, dass die Unmöglichkeit der Vorstellung solcher Wesen mit einer anderen geistigen Beschaffenheit nur aus *unserer* Sicht, nur für uns gelte, dann haben wir nicht verstanden, was gerade erklärt wurde: dass es kein Wir oder Ich *in* der Welt gibt, »für« das Dinge sind; dass der Punkt der Einführung der Idee von »unseren« *Formen des Denkens* darin besteht, uns erkennen zu lassen, dass es, wenn es Formen des Denkens sein sollen, nichts anderes als »unsere« Formen geben kann. Die Wahrheit des Solipsismus ist – in dem bekannten, an Hegel erinnernden wittgensteinschen Twist – die Wahrheit des Realismus; das »Wir« ist, in Jonathan Lears Worten, sobald es richtig verstanden ist, ein »verschwindendes Wir«.[37] Kants Idealismus ist ein stabiler empirischer Realismus; die Vorstellung einer anschaulichen, aber nicht diskursiven Intelligenz lässt unsere Formen des Denkens nicht als »Grenzen« erscheinen, hinter denen es etwas gibt, das zwar im Prinzip, aber nicht für uns erkennbar wäre.

Doch an dieser Stelle beginnt die Disanalogie (mit Kant und, letztlich, mit Hegel). Wittgenstein möchte eindeutig nicht, dass die Grenzen der Sprache als diejenige Art von Grenzen verstanden werden, die eine andere Seite haben – Grenzen, wie Zäune oder Schranken es sind. Dennoch deutet eine Wendung wie »die Grenzen meiner Sprache« auf *irgendeine* Art von Einschränkung. Aus diesem Grund ist Wittgensteins Version der Grundaussage keine Tautologie, wenn auch keine Behauptung im üblichen Sinn (keine, wie sich vielleicht deutlicher sagen ließe, *Erklärung* der Formen der Dinge mit Bezug auf die Formen des Denkens. In demselben Sinne zielt die Behauptung, Geistigkeit bedürfe einer »Spontaneität«, nicht auf eine nicht-kausale Kraft ab, um *mentale Tätigkeit erklären* zu können).[38] Es *gibt* einen Punkt, an dem der Unsinn beginnt; etwas, dem wir keinen Sinn abgewinnen, das wir aber als unsinnig erkennen können. Diese Einschränkung steht uns jedoch nur »von innen« zur Verfügung, wie Bernard Williams es formuliert, indem »wir lernen, uns innerhalb unserer eigenen

37 Jonathan Lear, »The Disappearing ›We‹«, in: *Proceedings of the Aristotelian Society, Supplementary Volume*, 58 (1984), S. 219-42.

38 Vgl. Robert B. Pippin, »Kant on the Spontaneity of Mind«.

Sichtweise zurechtzufinden, indem wir uns dahin vortasten, wo wir sie allmählich nicht mehr zu fassen bekommen (und sie ihren Einfluss auf uns verliert) und die Dinge uns allmählich hoffnungslos fremd erscheinen.«[39]

Kant scheint die Dinge nicht auf die gleiche Weise zu sehen, und *sehr wohl* die Vorstellung einer Grenze als Schranke zu einer anderen Seite zu beanspruchen. Dafür hat Hegel ihn sich bekanntermaßen vorgenommen. (Man muss über die Grenze hinwegschreiten und auf beiden Seiten stehen, um sie als Grenze in diesem Sinne zu verstehen. In dem Fall ist es jedoch gar keine Grenze in diesem Sinne mehr.) Dies schien nicht nur daran zu liegen, dass wir nun einmal mit unterschiedlichen Anschauungsformen auftreten, sondern daran, dass aus der Tatsache, dass wir in Subjekt-Objektbeziehungsweise hypothetischer Form urteilen, es nicht einfach ohne Probleme folgt, dass die Erfahrungsgehalte Substanzen und Eigenschaften sowie Ursachen und Wirkungen beinhalten müssen. Im Nachweis dieser Behauptung erscheint ihre objektive Gültigkeit allein aufgrund der besonderen Weise, auf die sie nur nachgewiesen werden kann, als eingeschränkt oder begrenzt. Sie kann nämlich nicht »an sich« nachgewiesen werden. Die Frage ist also, ob das – bei aller Sympathie Hegels mit dieser Art der Kritik an Grenz-Vorstellungen – bedeutet, dass wir Hegels »Idealismus« nicht so wie denjenigen Kants, sondern eher als eine so wenig substanzielle Aussage wie die Wittgensteins verstehen sollten: als Möglichkeit, das *Verschwinden* der Relevanz eines jeden »Wir« aufzuzeigen.

Die richtige Antwort ist hier, »langfristig, ja«. Doch wohin wir langfristig gelangen, lässt sich nicht klar und belastbar sagen, ohne diese lange Frist abzuwarten. (Zumindest verstehe ich so McDowells richtige Behauptung, es brauche »einiges an Arbeit, bis sich der Gedanke [der gleichzeitigen Identität und Verschiedenheit des Denkens und der Wirklichkeit] als die Trivialität präsentieren kann, die er ist«.)[40] Wenn wir uns mit der Frage der Bestimmtheit der behaupteten Kandidaten für »Formen des Denkens einer jeden Welt« auseinandersetzen, sowie mit der Tatsache, dass uns Kants separate Anschauungsformen nicht zur Verfügung stehen, dann tritt eine neue Form des Skeptizismus hervor, nämlich derjenige Skeptizismus, der das Herz und die Seele der *Phänomenologie* aus-

39 Bernard Williams, »Wittgenstein and Idealism«, S. 160 (dt. Übers. v. B.B.).
40 McDowell, »Zu Pippins Postskriptum«, S. 279.

macht (der »Weg des Zweifels und der Verzweiflung«). Das heißt nun – um auf schnellstem Wege zu Hegels Anliegen zu gelangen –, dass, wenn eine Bedingung möglichen objektiven Gehalts in irgendeiner Art einer, der Erfahrung vorgängigen, Projektion von Möglichkeit besteht – dabei handelt es sich also um Bedingungen, die weder empirisch erklärt noch durch reine Vernunft von der bloßen Möglichkeit des Denkens abgeleitet werden können, um normative Einschränkungen dessen, was begrifflicher Gehalt und selbstbewusste Beschäftigung mit der Wirklichkeit überhaupt sein kann –, dann müssen wir auch dafür aufkommen können, dass die normative Autorität solcher Prinzipien nicht nur durch keine Deduktion endgültig nachgewiesen werden kann, sondern dass eine solche Autorität auch (»intern«) zusammenbrechen kann und historisch zusammengebrochen ist. Ich stimme zu, dass die Bestätigung, derer wir angesichts dieser Möglichkeit und dieser Tatsache bedürfen, keinesfalls in der Bestätigung bestehen kann, dass Gegenstände – unabhängig von solchen Bedingungen betrachtet – dem entsprechen, wessen wir bedürfen. Doch heißt das nicht, dass es hier kein »skeptisches« Problem zu lösen gäbe; zumindest nicht, wenn man zahlreichen Passagen der Einleitung der *Phänomenologie* folgt. In dem, was wir »normale« Erfahrung nennen können – innerhalb dessen, was Hegel eine »Gestalt des Geistes« nennt (eine »Lebensform« vielleicht) –, gibt es Normen, die nicht in Frage gestellt werden können, da sie die Grundlage der Möglichkeit jeglichen In-Frage-Stellens sind; Normen, von denen sowohl Hegel als auch Wittgenstein sagen, dass wir ihrer »gewiss« sind. Dass dem Bewusstsein direkt und unmittelbar bestimmte Gegenstände vorliegen, die es herausgreifen und darauf indexikalisch Bezug nehmen kann, ist keine Theorie oder Aussage über Gegenstände in der Welt. Es ist vielmehr so etwas wie ein Bild davon, was Erfahrung sein könnte, worin die Relation zwischen Geist und Welt, Handelndem und Handlung besteht. Und, ebenso wie in den Bemerkungen über das Subjekt der Erfahrung, ist dies kein Gegenstand in der Welt. Dass eine solche Form des Denkens in diesem Kontext die Form von Gegenständen ist (Gegenständlichkeit konstituiert), muss als Gemeinplatz fungieren. (Aber nur, wie er sagt, »für Bewusstsein« auf dieser Stufe oder zu dieser Zeit.) Und Hegel »untersucht« dessen Zulänglichkeit, indem er, wie er sagt, »zusieht«, ob eine so geprägte Erfahrung gemäß ihren eigenen

»Bedingungen der Möglichkeit« sagen kann, was sie weiß. Kann sie es nicht, so wird ein anderes Bild eingeführt.

Ich denke nicht, dass wir, was hier passiert, folgendermaßen beschreiben sollten: dass solche »Modelle« als eine Reihe hypothetischer Möglichkeiten bezüglich der Relation von Begriff und Sinnlichkeit eingeführt werden und dass uns gezeigt wird, wie sich die Versuchung, dabei alles auf irgendeine Form der Unmittelbarkeit oder des Gegebenen zu stützen, immer wieder aufdrängt. So als wäre diese Versuchung stets unwiderstehlich, und als würden wir andauernd vergessen, was uns gerade Probleme bereitet hat. Der Ablauf ist hier systematischer und die Bildung des Bewusstseins fortschreitend zunehmend. In den Kapiteln über Bewusstsein, Selbstbewusstsein und Vernunft präsentiert Hegel zwar ein idealisiertes Bild der Bildung des Bewusstseins bezüglich seiner eigenen Möglichkeit, weshalb er auch stark idealisierte und einseitige Dimensionen der Erfahrung des Geistes betrachtet – alles nur, um diese Einseitigkeit und Unvollständigkeit aufzuzeigen. Aber der Punkt, an den diese Bildung führt, ist eine Art letzter Konsequenz aus der Untrennbarkeit von Geist und Welt, die der zentrale Punkt in Hegels Aneignung von Kants Deduktion ist. Diese Untrennbarkeit bedeutet nicht, dass die transzendentale Logik die Logik schlechthin ist, dass sie konstituiert, was die Form von Gegenständen sein kann. Tatsächlich geht Hegel in die entgegengesetzte Richtung. Eine Logik ist mit einer Lebensform verflochten, der Form eines tatsächlichen, historischen Lebens, die nicht unabhängig von dem »Leben« verstanden werden kann, das sie ordnet. Und diese Formen oder Normen brechen mit der Zeit zusammen. Es ist dieser Zusammenbruch der Autorität, dieser Verlust des Bezugs zur tatsächlichen Welt, der den Verdacht bloß subjektiver Formen der Geistigkeit erregt und daher der Ursprung des tief greifenden Skeptizismus, ja sogar der »Verzweiflung« ist, von der in der Einleitung der *Phänomenologie* gesprochen wird. Man könnte es auch so formulieren, dass dieser Verlust der Autorität und die Skepsis gegenüber »bloß unserer Art vorzugehen«, die Logik des ständig wieder erscheinenden »Wir« ist.

Hegel hat eine Geschichte über solche Zusammenbrüche zu erzählen, und ich denke sie hat im Wesentlichen mit den unterschiedlichen Weisen unserer wechselseitigen Verantwortlichkeit in normativen Diskursen und Praktiken zu tun, und dass diese Frage der sozialen Grundlage normativer Autorität sogar für Fragen relevant ist, wie die, was als glaubhaftes empirisches Wissen gilt. Hier werfe ich aus großer Höhe einen Blick auf die Aufgabe, die sich Hegels revolutionäres Buch stellt.

Offiziell ist die *Phänomenologie* die »Wissenschaft der Erfahrung des Bewußtseins«, wie auch ihr anderer Titel lautete.[41] Die Erfahrung kann jedoch nicht mit einem Blick von der Seite beziehungsweise aus der dritten Person beschrieben werden. Will man sie uns vergegenwärtigen, muss sie gewissermaßen nachgestellt werden, so als nähmen wir die Perspektive des wahrnehmenden Subjekts ein. Sie muss in einer »Phänomenologie« dargestellt werden. (Diese Art des Nachstellens muss eine dramatische Übung sein, weshalb die *Phänomenologie* nicht umsonst häufig als *Bildungsroman* bezeichnet wird.)[42] Man muss uns – in einer bekannten Formulierung der subjektiven Perspektive – erklären, »wie es ist« (*what it is like*), Geist zu sein. Zugleich gilt diese Erfahrung als Entwicklung. Man kann nicht schlechthin von einem »wie es ist, Geist zu sein« sprechen. Abgesehen von den verschiedenen Dimensionen, die unter einen solch offenen Ausdruck fallen (z. B. wie es ist, wahrzunehmen, zu wünschen, Ziele zu verfolgen, Kunst zu machen oder ein religiöser Geist zu sein), kann die Frage (letztlich, sobald die nicht-eliminierbaren Dimensionen des Geistes an sich in ihrer Einheit verstanden sind)[43] immer nur so gestellt werden: Wie ist es, zu einem Zeit-

41 Hegel, *PhG*, S. 80.

42 Beispielsweise von Josiah Royce (Josiah Royce, *Lectures on Modern Idealism*, New Haven 1919, S. 147-156).

43 Ich beziehe mich hier auf die umstrittene Beziehung zwischen den ersten fünf Kapiteln der *Phänomenologie*, über die Dimensionen des Bewusstseins, des Selbstbewusstseins, der Vernunft sowie die historischen Kapitel über Geist und Religion. Ich verstehe erstere so, dass sie uns auf die These bezüglich des notwendig historischen Charakters menschlicher Subjektivität vorbereiten, wenn dieser schließlich an sich in all seinen relevanten Dimensionen in den Blick kommt. Letztere sollen diese Forderung erfüllen, indem sie uns eine tatsächliche Phänomenologie der Erfahrung des Geistes von sich selbst bieten. Ich glaube, Hegel

punkt, in Relation zu einer bestimmten Vergangenheit, projiziert in eine mögliche Zukunft, Geist zu sein? Hegel beansprucht, einen allgemeinen Ansatz für all diese Fragen zu finden, indem er sie alle als Erfahrungen eines Versuchs betrachtet, Normen zu realisieren. Wie es ist, in all diesen Dimensionen Geist zu sein, bedeutet von einem »Sollen« durchdrungen, und ein Behauptungen aufstellendes und handlungsleitendes Wesen zu sein, das beständig Herausforderungen bezüglich solcher normativen Vorgaben und Anweisungen unterliegt. Die Erfahrung des Geistes selbst gilt als die Bildung eines »natürlichen Bewusstseins«, das mit zahlreichen Dualismen beladen ist, welche die Erfahrung stören, wie es wäre zu »leben«; eine Erfahrung, die auf diese Weise beschränkt und geleitet wird (Subjekt und Objekt, Selbst und Anderes, Individuum und Gemeinschaft, Innen und Außen, menschlich und göttlich) bis hin zu dem Standpunkt »absoluten Wissens«, welches genau deshalb absolut ist, weil es ein Verständnis der menschlichen Erfahrung (und dadurch eine Weise des Erfahrens) erreicht hat, das solche Dualismen überwunden hat, ohne zusammenzubrechen. Der »Motor«, der diese Entwicklung vorantreibt, wird abstrakt als »das Negative« beschrieben, und poetischer als eine Art von »Gewalt« bezeichnet, die das Bewusstsein durch sich selbst erleidet, während es mit seinem grundlegenden Problem ringt: seinem Versuch des Sichselbstwissens.[44]

Das ist alles ein bisschen hastig, aber der allgemeine Punkt ist dieser: Sobald Hegel uns die interne Unzulänglichkeit des einfachen Modells des »Bewusstseins« aufgezeigt hat (als ob das Geist-Welt- beziehungsweise Subjekt-Objekt-Modell der Erfahrung als Modell genügen würde, als ob individuelle Erfahrende als monadische Einheiten Informationen verarbeiteten und Theorien aufstellten, und als ob das eine »Welt« sein könnte), zeigt sich, dass die bloße Möglichkeit der Geistigkeit (beziehungsweise objektiven Gehalts)

sagt so etwas an mehreren Stellen (vgl. die folgende Fußnote). Aber natürlich kann man hier unterschiedlicher Meinung sein, und dies ist ein Bereich, in dem sehr große Uneinigkeit mit McDowell herrscht. Für eine Verteidigung dieser Lesart vgl. Robert B. Pippin, »›You Can't Get There From Here‹: Transition Problems in Hegel's *Phenomenology of Spirit*«, in: Frederick Beiser (Hg.), *The Cambridge Companion to Hegel*, Cambridge 1993, sowie Robert B. Pippin, *Idealism as Modernism*, Cambridge 1997.

44 Für Hegels Sicht auf die Beziehung der *Phänomenologie* zur Historie vgl. Hegel, *PhG*, S. 495-503.

von Formen sozialer Selbstregulierung bezüglich aller normativen Angelegenheiten abhängt; von Formen, die zwar theoretisch davon unterschieden werden können, dass die Welt in der Wahrnehmung direkt in den Blick gerät, die aber nie als separate Beiträge dazu verstanden werden können; von Formen, die in einer besonderen Weise »fehlschlagen« können. Das sieht anders aus, wenn Fragen bezüglich normativer Korrektheit Fragen bezüglich bestimmter Arten normativen Denkens sind (verstanden als Bedingungen der Verständlichkeit, und nicht als bestimmte Überzeugungen), und damit solche bezüglich der Ausübung von Macht in der Politik, religiöser Schuldigsprechung, Begutachtung von Kunst, der Bestätigung von Experten und autoritativen Modellen der Erkenntnis. Doch Hegel ist ein sozialer Holist und der Meinung, dass solche Ansprüche auf Autorität etwas Wesentliches miteinander und mit einem bestimmten Zeitpunkt zu tun haben. Mir ist klar, wie viele Probleme mit dieser Behauptung einhergehen, aber ich versuche über diesen Umweg bloß zu bekennen, dass McDowells ungläubige Frage, »Sollte man etwa annehmen, dass Mitglieder einer unterdrückten Minderheit oder diejenigen, die sie unterdrücken, nicht der rationalen Kontrolle wahrgenommener Gegenstände unterstehen können, wenn sie empirisch urteilen?«[45] – und zwar deshalb, weil sie nicht zu einer Gemeinschaft gehören, die durch eine gegenseitige Anerkennung unter freien, rationalen Wesen geformt ist –, schlicht mit »Ja, natürlich« zu beantworten ist. McDowell betont es selbst, wie anders wir die Auswirkung und Rolle des von der Sinnlichkeit Bereitgestellten in der Erfahrung zu verstehen haben, wenn das Subjekt ein rationales, selbstbewusstes (und ich würde hinzufügen: wesentlich historisches) Wesen ist. Wie auch immer die Untrennbarkeit der begrifflichen und sinnlichen Elemente des »in den Blick Kommens« der Welt richtig zu formulieren ist, sobald wir die Frage des bestimmten begrifflichen Werkzeugs aufwerfen, das in dieser sinnlichen Auffassung »am Werk« ist, wird es sehr schwierig, die Position des Common Sense aufrechtzuerhalten, dass etwa griechische Sklaven und heutige Programmierer, wenn sie auf die Ägäis blicken, irgendwie eine gemeinsame Wahrnehmungswelt haben müssen, die der »Kontrolle von Gegenständen« unterliegt, die auf die gleiche Weise gesehen werden. Wer in einer

45 McDowell, »Zu Pippins Postskriptum«, S. 282.

Welt lebt, in der überall intentionale Naturgewalten wirken, *»sieht«* ihre Auswirkungen; für jemanden, der in einer Gesellschaft mit einer feudalen Ordnung sozialisiert wurde, gibt es sichtbare erbliche Blutseigenschaften, die eine Familie dazu berechtigen, über mehrere Generationen hinweg zu herrschen; wenn es eine große Kette des Seins gibt, dann sind ihre Stufen der Wirklichkeit für jeden, »der Augen im Kopf hat«, offenkundig; wenn Seelen wiedergeboren werden, können ihre Auswirkungen überall wahrgenommen werden; man »sieht« die Seele an Beulen auf dem Kopf; usf. Für Hegel sind das alles nicht einfach empirische Irrtümer oder schlechte Wissenschaft, auch keine Überzeugungen, die über die richtige Art des (unwillkürlich) »Gegebenen« hinausgehen, noch theoretische Deutungen einer empirischen Erfahrung, die jedem mit einem angemessenen Wahrnehmungsapparat überall und zu jeder Zeit zugänglich ist.[46] Das ist der Preis dafür, die »Grenze zwischen Begriff

46 Man muss bei diesem Punkt vorsichtig sein. Zum einen bedürfte es hier einiger Arbeit, um verschiedene Überzeugungen unterscheiden zu können, die man darüber haben kann, »was man sieht«, beziehungsweise über Schlüsse, die man daraus zieht, was man sieht, sowie die unterschiedlichen Wahrnehmungsmodalitäten selbst. Zum zweiten ist die Verbindung zwischen der Möglichkeit, zu handeln oder zu erkennen, und der historischen Wirklichkeit in meiner Lesart von Hegel nicht so gemeint, dass sie zur Folge hätte, dass etwa ein griechischer Sklave im Vergleich zu uns ein substanziell unzulänglich Wahrnehmender oder Erkennender wäre, oder dass seine Fähigkeit intentional zu handeln bloß ein Schatten der unseren wäre; so, als gehörte er einer niedrigeren Gattung an. Was auch immer es bedeutet, etwas wahrzunehmen, zu handeln oder dass jemandes Gehirn richtig funktioniert: Ein griechischer Sklave nimmt in diesem Sinne genauso wahr wie wir und handelt auch so wie wir. Hegel möchte jedoch viel aus der Möglichkeit machen, dass sie auf einer tiefen impliziten Ebene (und für ihn heißt das, auf einer Ebene geteilter Geistigkeit) angesichts der historisch verorteten »Form des Geistes«, an der sie teilhaben (ich wiederhole: implizit und nicht-thematisch), missverstehen, was es bedeutet, wahrzunehmen und zu handeln, beziehungsweise auf eine solche Weise glauben Normen zu folgen, die nicht damit verträglich ist, was es tatsächlich bedeutet Normen zu folgen etc.; und dass sich diese Form eines unvollständigen Selbstverständnisses in ihrem Wahrnehmungsleben widerspiegelt und daher genauso relevant dafür ist, »was sie erfahren«, wie der Zustand ihrer Sehnerven. Das eröffnet einen Konflikt zwischen dem, was Hegel »an sich« und »für sich« nennt, der, wie er argumentiert, zu einer bestimmten Art des Zusammenbruchs führt. Im Grunde läuft die Behauptung darauf hinaus, dass – worin auch immer die richtige Wahrnehmungs- und Handlungstheorie bestehen mag – wir jetzt in der Lage sind, diese als richtig zu erkennen, ohne »den Weg des Zweifels und der Verzweiflung« zu verstehen,

und Sinnlichkeit zu verwischen«, wie es von Hegel bis Heidegger der Fall ist (und was natürlich für die empirisch Hartnäckigen als *reductio ad absurdum* dieses Verwischens gilt). Was hier der »rationalen Kontrolle von Gegenständen zu unterliegen« heißt, ist selbst nicht einfach ein weiteres Ereignis in der Welt, sondern ein Aspekt einer komplexen Norm, die sich nicht von der Praktik des Gebens und Forderns von Gründen über einen Zeitraum in einer Gemeinschaft trennen lässt.[47] Offensichtlich bedürfte es der Arbeit vieler Bücher, wollte man von Fragen bezüglich wahrgenommener Würfel und von Farbprädikaten zu solchen berauschenden Aussagen gelangen. Und wenn man es so unverblümt sagt, scheint man die Wiederaufnahme einer schalen kulturanthropologischen Debatte vorzuschlagen. Doch dieser Schritt (oder dieses Gleiten) ist meiner Meinung nach unausweichlich.

Wir können dieses Ergebnis in den Worten der früheren Erörterung der Frage der Untrennbarkeit formulieren. Die Aussagen sind folgende:

(i) Die Möglichkeit bewusster Intentionalität erfordert eine Art relativ unreflektierter (aber dennoch potenziell apperzeptiver) begrifflicher Vereinigung, um auch nur einen minimalen Blick auf die Welt einzunehmen – kein Urteil, »hinter dem ich stehe«, sondern einen vorläufigen Blick. Auch wenn die begrifflichen und sinnlich-materialen Elemente dieses Blicks unterschieden werden können, kann – wenn wir uns an McDowells Behauptung erinnern – keine Erklärung sie so verstehen, als wären die Rollen, die sie jeweils spielen, auch nur gedanklich voneinander zu trennen.

(ii) Dann ist die Frage, wie die besondere Weise zu verstehen ist, auf die solche anschaulichen, minimal begrifflichen Blicke (die als Vereinigungen, als eine Art von Ordnung gelten

der von der früheren Auffassung der Dinge zu einer späteren »selbstbewussteren« führt.

47 Diese Redeweise Brandoms soll nicht so verstanden werden, als würde ich mit Brandoms zweistufiger Theorie der Beziehung zwischen seinem sinnlichen Austausch und sozialer Normativität übereinstimmen. Vgl. Robert B. Pippin, »Brandoms Hegel«, in diesem Band, S. 245-289. Vgl. auch McDowells Erörterung (insbesondere der so genannten »Chicken Sexer«) in John McDowell, »Brandom on Observation«, in: *Reading Brandom. On Making it Explicit,* Oxford 2010, S. 129-144.

müssen) in einem sinnlich Wahrnehmenden verkörpert sein können; anstatt sie als Begriffe zu verstehen, die etwas von ihnen Getrenntem auferlegt wären, oder als wahnsinnig rasche Urteile, die zwar begrifflich, aber – wie McDowell betont – nicht urteilend, nicht einmal partiell diskursiv wären.

(iii) Um diese beiden Punkte deutlicher zu machen und die Aussage darüber, »wie hoch der Preis dafür ist«, zu betonen, betrachten Sie ein praktisches Beispiel einer solchen »verkörperten Ausprägung« der Erfahrung. Stellen Sie sich ein heutiges Personalbüro eines großen Unternehmens vor. Eine Kandidatin wird für eine leitende Stelle interviewt. Im Laufe des Interviews – während die Vertreterin des Unternehmens sich nach den Referenzen der Kandidatin erkundigt, eine Reihe von hypothetischen Fragen stellt, bezüglich ihrer Erfahrungen in früheren Unternehmen nachhakt – kommt es der Fragenden nicht ein einziges Mal in den Sinn – und wird also nie geäußert –, dass die Kandidatin eine afroamerikanische Frau ist. Diese Frage war (in unserer gedachten Welt) ein so wenig hervorstechendes Merkmal wie die Augenfarbe oder die Schuhgröße. Unsere Fragende hat nie über die Bedeutung von Chancengleichheit nachgedacht, hatte nie Anlass, ein Prinzip der Gleichheit zum Ausdruck zu bringen usw. Sie ist in einer (von uns gedachten) Welt aufgewachsen, in der Fragen der Rasse oder des Geschlechts keinen Einfluss auf Überlegungen bezüglich der Qualifikation von Kandidaten haben. Nehmen wir an, sie sieht diese Merkmale in der betrachteten Welt nicht als relevant an (anstatt sie als relevant anzusehen, aber zu ignorieren). Obwohl sie in einem Sinne »einer Regel blind folgt«, glaube ich, dass wir dennoch sagen sollten, dass sie etwas normativ Korrektes beachtet und ihr ein gerechtes Handeln zugutegehalten werden kann.[48] (Würde jemand beispielsweise

48 Ein weiteres, sehr bekanntes und umstrittenes Beispiel wäre die »reflektierende« Weise, in der man laut Kants dritter *Kritik* in der ästhetischen Wahrnehmung befasst ist, und in der man der Norm des Schönen unterliegt und berechtigt ist, dies auch von anderen zu verlangen, ohne dass dies eine Frage der Anwendung eines Begriffs oder einer bloßen sinnlichen Absorption wäre. Die Rolle eines *Sensus Communis* in diesem Zusammenhang wäre ein wichtiges Analogon zu dem hier vorgestellten Beispiel.

die Frage als relevant aufwerfen, würde sie sofort protestieren.) Ihre Welt ist geprägt von begrifflichen Normen, die sie mit anderen teilt, und unser Bild legt – ganz im Gegensatz zu der Kritik McDowells – keine »Überintellektualisierung« ihres Blicks auf die praktische Arbeitswelt nahe. Ganz im Gegenteil.[49]

Ich hoffe, dass die Bedeutung dieses Falls für unseren griechischen Sklaven deutlich wird. Sobald wir die Behauptung der »Untrennbarkeit« betonen, dabei deutlich machen, dass es sich um keine Behauptung der »Ununterscheidbarkeit« handelt, und sobald wir *irgendeine* Vorstellung der begrifflichen Prägung unseres anschaulichen Zugangs, die über »Denkbarkeit im Sinne allgemeiner Logik« hinausgeht, irgendwie unterfüttern, sind wir an einem Punkt, der dem Fall des Sklaven und dem gerade beschriebenen gemein ist. Sobald man beginnt, über die begriffliche »Prägung« unserer anschaulichen Auffassung der Welt zu sprechen, sehe ich nicht, wie man diese Ausweitung verhindern könnte.[50]

49 Dieser Punkt kommt sehr gut in McDowells »Wie man den Mythos des Gegebenen vermeidet« zum Ausdruck. Ebenso ist er relevant für seinen Austausch mit Hubert Dreyfus (*Inquiry* 50, 4 (2007), S. 338-365). McDowell möchte sagen, das, was Dreyfus »verkörperte Bewältigung« (*embodied coping*) nennt, genauso begrifflich durchdrungen von Rationalität ist wie die Wahrnehmung, aber dass dies weder beinhaltet, eine allgemeine Regel auf eine bestimmte Situation anzuwenden – eine Regel, die man angeben kann, unabhängig von der Situation, in der man sich befindet –, noch ein ständig zur Verfügung stehendes selbstbewusstes Explizit-Machen der eigenen rationalen Verpflichtungen.

50 Ich glaube, dass das hinsichtlich eines interessanten Punkts relevant ist, den McDowell (in McDowell, »Wie man den Mythos des Gegebenen vermeidet«, S. 366) macht, indem er sich auf Michael Thompsons Behauptung bezieht, dass unsere Unterscheidung von Sachen und lebenden Wesen keine Frage des Erkennens von empirisch verschiedenen Kennzeichen als Inhalten in unserer Erfahrung sei, dass Gedanken über Leben eine andere Form von Gedanken seien, die ihre eigene »Logik« hätten (vgl. Michael Thompson, »The Representation of Life«, in: Rosalind Hursthouse, Gavin Lawrence, Warren Quinn (Hg.), *Virtues and Reasons: Philippa Foot and Moral Theory*, Oxford 1995). Im Zusammenhang seiner Erörterung der bewussten Wahrnehmung eines Vogels bemerkt McDowell: »Aber vielleicht können wir sagen, in einer solchen Erfahrung ist mir gegeben – es ist also nicht nur etwas, das ich erkenne, indem ich eine begriffliche Fähigkeit auf das anwende, was ich ohnehin sehe –, dass das, was ich sehe, ein Lebewesen ist. [... N]icht, weil ›Lebewesen‹ einen Teil des Gehalts ausdrückt, der in der Erfahrung gemäß einer bestimmten Form anschaulicher Einheit vereinigt ist, sondern weil ›Lebewesen‹ die kategoriale Form dieser Anschauung ein

Die Angelegenheit geht auf natürliche Weise über in McDowells Bedenken bezüglich der Selbstgesetzgebung sowie der sozialen Seite seiner Theorie des Normativen.

3. Selbstgesetzgebung

Nun zu einigen Punkten, über die wir uns einig sind. Jedes Modell eines selbstgesetzgebenden Ursprungs von Werten und Pflichten muss ein »Element der Rezeptivität« beinhalten. Das heißt nichts anderes, als dass keine Darstellung eines solchen selbstgesetzgebenden Ursprungs zulassen darf, dass dieser entweder in seinem Beginn oder seiner Aufrechterhaltung willkürlich wäre. Es gibt also kein, »Ich bin nur verpflichtet, weil ich mich selbst verpflichtet habe, also löse ich hiermit meine Verpflichtung selbst«. Das wäre so, als würde jemand beim Schach mit seinem Turm diagonal ziehen und seine Berechtigung dazu auf die gleiche Weise begründen wollen. Der Punkt ist nicht, dass er dabei gegen einen von allen wahrgenommenen idealen Gegenstand »Schach« verstieße, sondern dass er dabei *sich selbst* widerspricht; seiner eigenen Zustimmung zum Schachspiel und allem, wozu ihn das verpflichtet. Der einzige Zweck, die Behauptung der starken Selbstgesetzgebung aufzustellen, könnte darin bestehen, darauf aufmerksam zu machen, dass dieses Zugeständnis (keine Willkür und daher ein »Element der Rezeptivität«) keinen objektiven Werten, Naturgesetzen oder irgendeiner anderen naturalistischen oder realistischen Theorie die Tür öffnet – so als ob Selbstgesetzgebung lediglich bedeutete, dass ich die Wahrheit über moralische Tatsachen nach rationaler Überlegung für mich selbst bestimmen würde, und mich dabei allein darauf verließe. Sobald Praktiken aber *tatsächlich* instituiert sind, »sehen« die Menschen natürlich, was zu tun ist, und müssen dabei keinen Prozess der Werterzeugung und Selbstverpflichtung durchlaufen. Sobald es eine Praxis gibt, gibt es Gründe, etwas zu tun, die unabhängig von irgendeinem Individuum oder einer Gruppe existieren, die ständig

fängt [...].« Ich möchte dazu bemerken, dass wenn »Lebewesen« die kategoriale Form einer Anschauung sein kann, dann das Gleiche – wenn auch nur teilweise und ohne es in einer auf diese Weise gesehenen Erfahrung aufrechterhalten zu können – für Götter, Dämonen, höhere und niedrigere Stufen von Wesen gilt, und so fort.

und explizit diese Gründe bestätigen; Gründe, für die die Teilnehmer wirklich empfänglich sind.

Ebenso stimme ich mit dem überein, was McDowell die plausible Version der Aussage nennt, dass Werte und Gründe, (darauf zu verzichten) etwas zu tun, von historisch instituierten und aufrechterhaltenen sozialen Praktiken abhängen und dass Veränderungen in diesen Praktiken natürlich von niemandem intendiert sein müssen. (Das »nicht müssen« ist hier wichtig, denn manchmal ist der Versuch einer solchen Veränderung nur allzu beabsichtigt, wie z. B. im Fall der Jakobiner oder der Leninisten.[51] Manchmal ist das Verleihen von Autorität explizit und beabsichtigt, wenn man beispielsweise ein Treuhandverhältnis herstellt oder einem Schiedsverfahren zustimmt, und manchmal ist es quasi-explizit, wenn man beispielsweise an einem Spiel teilnimmt, bei dem es einen Schiedsrichter gibt, usf.) Ich meinte gewiss nicht, dass es meinem Hegel zufolge irgendeine Art von regelmäßiger expliziter, beabsichtigter, bewusster, ermächtigender, selbstverpflichtender Zeremonien geben muss, um die Autorität jeglicher Normen erklären zu können. Die sukzessive Erfindung etwa der Oper ist nichts, bei dem irgendjemand oder irgendeine Gruppe etwas absichtlich als solches erfunden hätte. Aber die Oper *wurde* erfunden, und zwar »von« Menschen.[52] Und sich den Werten der Oper zu verschreiben, bedarf keines »hiermit verschreibe ich mich ...« etc. Doch die Werte der Oper verpflichten nur den, der sich ihnen tatsächlich verschreibt, der sich ihnen ergibt, zum Beispiel indem er versucht, in einer Oper zu singen.

Manchmal scheint McDowell lediglich zugestehen zu wollen, dass man Autorität rational anerkennen können muss, dass sie kritisierbar sein muss etc., damit sie als genuin normative Autorität gelten kann. Das ließe die Frage offen, ob eine solche Ausübung der Vernunft beispielsweise »die« normative Struktur der Welt entdecken könnte. Auch wenn dies in der Hegel-Forschung sehr kontrovers diskutiert wird, glaube ich, dass Hegel diese Option

51 Oder er ist explizit, wie zum Beispiel bei Descartes und Hobbes, die Naturwissenschaftler explizit dazu aufforderten, keine scholastische Wissenschaft mehr zu betreiben.

52 Ich sage mehr zu dieser Frage (und oft in Bezug auf dieses Beispiel) in meiner Replik auf Joseph Raz' *Tanner Lectures* (vgl. »Über Selbstgesetzgebung« in diesem Band, S. 52-84).

ausschließt, und einige von McDowells Aussagen noch weiter als diese Option zu gehen scheinen, indem sie einräumen, dass eine solche Autorität auch noch *instituiert* ist und sein muss, und zwar auf eine Weise, die bedeutet, dass eine solche Autorität *fehlschlagen* kann. (Wie ich bereits gesagt habe, soll all das nicht heißen, dass sie einfach so, in einem Akt des schieren Willens, aus dem nicht-normativen Schlamm, oder absichtlich und explizit instituiert ist.) Für mich – und ich glaube für Hegel – ist das der interessanteste und aufschlussreichste Aspekt der normativen Autorität: dass sie fehlschlagen kann. (Tatsächlich ist ein solches Fehlschlagen ein wichtiges Nebenmotiv in all diesen Bemerkungen. Es ist der Grund, warum es notwendig ist, über ein *wieder*-erscheinendes Wir«, über eine Angst bezüglich »bloßer« Selbstgesetzgebung zu reden.) Im einfachsten Fall bedeutet ihr Fehlschlagen nur, dass sie von einem solch breiten Spektrum von Teilnehmern einer Gemeinschaft nicht mehr als autoritativ anerkannt wird, dass ihre fortdauernde Durchsetzung und Billigung nach einem solchen Zusammenbruch eine bloße Machtausübung darstellen würde. Aber das ist nur der einfachste Sinn. Natürlich möchten wir Unterscheidungen treffen, wie die zwischen einem kontingenten »Fehlschlag« (weltgeschichtlich unbedeutend, da möglicherweise eine Folge von Hunger, Dekadenz oder kollektiver Irrationalität) und der Art von Zusammenbrüchen, auf die Hegel so viel Zeit in der *Phänomenologie* verwendet, wie beispielsweise der Zusammenbruch, den er in dem individualistischen Moralismus aufkommen sah, den er für den Kern zentraler westlicher Institutionen hielt. Doch das würde uns zu einem viel weiteren und eigenständigen Thema führen.[53]

Aus dem Amerikanischen von Björn Brodowski

53 Dieser Austausch erwuchs aus drei Treffen – zwei davon in Chicago und einem in Potsdam –, die unter der Förderung des Alexander von Humboldt »TransCoop«-Programms von Jim Conant und Sebastian Rödl organisiert wurden. Das Thema der Treffen war »Transzendentale Logik von Kant bis Wittgenstein«. Ich bedanke mich für die Möglichkeit, diese Themen bei diesen Gelegenheiten zu diskutieren, für mehrere Unterhaltungen und die Korrespondenz mit John McDowell sowie die zahlreichen Unterhaltungen und Seminardiskussionen in den letzten Jahren mit Jim Conant.

III. Moderne und Subjektivität

12.
Der Status der Literatur in Hegels *Phänomenologie des Geistes*

Über das Leben der Begriffe

I.

Meine Frage ist simpel und vielleicht nicht sehr bedeutend: Warum stellt Hegel ans Ende seines aufregendsten und originellsten Werks, der Jenaer *Phänomenologie des Geistes*, ans Ende eines Kapitels, das den Titel »Das absolute Wissen« trägt, ein Zitat oder vielmehr das signifikant falsche Zitat eines Dichters? (Bei dem Dichter handelt es sich um Schiller, bei dem Gedicht um »Die Freundschaft« von 1782.) Daraus ergeben sich unmittelbar zwei weitere Fragen: Warum beendet Hegel den Text nicht mit seinen eigenen Worten, und warum verwendet er *stattdessen* Worte eines Dichters?

Ich werde mich gleich den Details dieser Frage zuwenden, aber, wie bereits bemerkt, ist eine solche Untersuchung vielleicht gar nicht der Mühe wert. Manche Autoren, selbst Philosophen (die mit ganz wenigen Ausnahmen nicht gerade für einen erlesenen Stil bekannt sind), zitieren Dichter und andere Schriftsteller gerne, um Aussagen zusammenzufassen oder ein Argument mit einem dramatischen Gestus zu beenden, um ihre Gelehrsamkeit unter Beweis zu stellen oder einfach, um die Bürde einer langwierigen und schwierigen Analyse zu mindern. Es könnte sich also einfach um einen rhetorischen Kunstgriff handeln. Zudem waren die meisten Autoren zu Hegels Zeiten so belesen und mit den bedeutenden Schriftstellern vertraut, dass sie ganz unbefangen aus dem Gedächtnis zitierten, häufig jedoch nachlässig und ungenau. Ein anderes sehr bekanntes, von Hegel verwendetes Dichter-Zitat, auch dieses fehlerhaft, steht in dem Kapitel »Die Lust und die Notwendigkeit«; es handelt sich dabei um vier Zeilen aus Goethes so genanntem »Faust-Fragment« von 1790, doch auch in diesem Fall sind die Veränderungen philosophisch signifikant. Vielleicht ist aber alles doch nur Nachlässigkeit?

Ehe man jedoch die Frage in dieser Weise kurzerhand abtut, sollte man einen Augenblick innehalten. Hegel zitiert hier nicht zum ersten Mal ein literarisches Werk, und daher stellt sich im Zusammenhang mit den Zitaten eine allgemeine und keine besondere Frage. In der *Phänomenologie des Geistes* finden sich zahlreiche Beispiele für Zitate (neben Schiller gehören Goethe, Sophokles, Diderot und Jacobi dazu), und die Berufung auf sie erscheint keineswegs als reine Illustration oder Zusammenfassung. Sie gehören als ein Beweismittel besonderer Art zu Hegels Text, der ein ungewöhnliches Thema zum Gegenstand hat – die »Selbsterfahrung des Geistes«. In der Erörterung der *Sittlichkeit** der Griechen oder des »wahren Geistes« dient die Sophokleische Tragödie nicht bloß zur Illustration eines Phänomens, das Hegel interessiert, sondern sie *ist* das Phänomen selbst, und man kann sich schwerlich vorstellen, dass Hegel hätte sagen können, was er über den Zusammenbruch der Autorität sittlicher Normen sagen wollte, ohne die attische Tragödie ins Zentrum seiner Diskussion zu rücken. (Die Textstellen werfen jedoch die Frage auf, ob ihre Bedeutung – wie es den Anschein hat – darin liegt, dass es sich hier um *ästhetische* Phänomene handelt, um Werke der Imagination, und nicht um historische oder gesellschaftliche Ereignisse.) Zum anderen handelte es sich hier um eine außergewöhnliche Epoche in der Entwicklung der deutschen Ästhetik, denkt man an die Positionen Lessings, Novalis', Schillers, Schlegels und vieler anderer, die bereits kursierten oder kurz vor der Veröffentlichung standen, und es wäre durchaus ungewöhnlich, wenn sich bei Hegel nicht wenigstens Ansätze einer Theorie zum Verhältnis von Literatur (oder den schönen Künsten im Allgemeinen) und Philosophie finden würden; ebenso ungewöhnlich wäre es auch, wenn sich nicht wenigstens einige Elemente einer solche Theorie auf die Darstellung der Literatur innerhalb der *Phänomenologie des Geistes* ausgewirkt hätten. Selbstverständlich wird vieles erst später, in den *Vorlesungen über die Ästhetik*, die Hegel in den 1820er Jahren viermal vortrug, deutlich formuliert, aber einige Bestandteile finden sich explizit bereits in der *Phänomenologie des Geistes*, und damit gibt das abschließende Zitat noch mehr Rätsel auf. Ich denke dabei zum Beispiel an die dramatischen Bemerkungen in der Vorrede, die von der Rolle der Schönheit in Hegels Werk handeln. Der Abschnitt ist so erstaunlich, dass ich mir gestatte, ihn hier in voller Länge zu zitieren.

* Hier und im Folgenden: im Orig. deutsch.

Die Tätigkeit des Scheidens ist die Kraft und Arbeit des *Verstandes*, der verwundersamsten und größten oder vielmehr der absoluten Macht. Der Kreis, der in sich geschlossen ruht und als Substanz seine Momente hält, ist das unmittelbare und darum nicht verwundersame Verhältnis. Aber daß das von seinem Umfange getrennte Akzidentelle als solches, das Gebundene und nur in seinem Zusammenhange mit anderem Wirkliche ein eigenes Dasein und abgesonderte Freiheit gewinnt, ist die ungeheure Macht des Negativen; es ist die Energie des Denkens, des reinen Ichs. Der Tod, wenn wir jene Unwirklichkeit so nennen wollen, ist das Furchtbarste, und das Tote fest zu halten das, was die größte Kraft erfordert. [Und nun folgt die entscheidende Bemerkung:] *Die kraftlose Schönheit haßt den Verstand*, weil er ihr dies zumutet, was sie nicht vermag. Aber nicht das Leben, das sich vor dem Tode scheut und von der Verwüstung rein bewahrt, sondern das ihn erträgt, und in ihm sich erhält, ist das Leben des Geistes. Er gewinnt seine Wahrheit nur, indem er in der absoluten Zerrissenheit sich selbst findet.[1]

Diesen Passus könnte man im Einklang mit Hegels Kritik und seinem tiefen Argwohn gegenüber Schlegels Bemühen sehen, die Grenzen zwischen Philosophie und Dichtung zu verwischen, und auch im Einklang mit Hegels abweisender Haltung gegenüber denjenigen, die sich zu sehr in dem verlieren, was er als »mythische« Dimensionen der platonischen Dialoge bezeichnet. Aber im Lichte der *Phänomenologie des Geistes* als ganzer betrachtet, muss man den Passus für eine Übertreibung halten, für zu einseitig. Die »scheidende« Kraft des analytischen Verstehens, harmonische Einheiten wie die des sittlichen Lebens aufzulösen, ja sie zu »zerreißen« und zu töten, wird hier in *so hohem Maß* gepriesen, dass man sich bei der Fokussierung auf einen isolierten Abschnitt wie diesen nur schwerlich vorstellen kann, wie Hegel je in den Ruf kommen konnte, ein *Versöhnungsphilosoph**, ein Philosoph der Schlichtung zu sein. Wie Adorno scheint er eine vollkommene »negative Dialektik« *avant la lettre* zu vertreten. Das heißt, dass in derartigen Formulierungen die Möglichkeit der Reintegration, *Aufhebung** und Bejahung nicht so evident ist, wie sie es sein könnte. Klar scheint zu sein, dass es dieser Gegensatz zwischen Schönheit und Verstand ist, der uns letztlich auf den Standpunkt der Vernunft vorbereitet, einen Standpunkt, auf dem die Einseitigkeit und Getrenntheit des Gegensatzes überwunden werden kann. Klar ist auch, dass die

1 G.W.F. Hegel, *Phänomenologie des Geistes, Werke*, Bd. 3, Frankfurt/M. 1986, S. 36. (Im Folgenden ›*PhG*‹.)

Überbetonung dieses Standpunktes korrigiert worden ist, ehe wir das Ende des Werks erreichen, und dass der Umstand, dass das »letzte Wort« dem Dichter überlassen bleibt, großes Vertrauen in dessen Kraft ausdrückt. Und dann ist da noch das Faktum, dass der extreme Gegensatz wie ein psychologisches Drama zwischen Schönheit und Verstand dargestellt wird (das heißt, in einem schönen poetischen Bild), nämlich durch die personifizierte metaphorische Behauptung, die Schönheit »hasse« den Verstand, weil er ihr zumute, was sie nicht vermag.

Was aber ist es, das die Schönheit nicht vermag? Und warum mutet der Verstand der Schönheit wie eine tyrannische Figur in einem Drama etwas zu, was sie nicht vermag? Was sind dies für Fragen? Wenn wir einfach für einen Augenblick die Sprache des Bildes übernehmen, dann ist das, was die Schönheit nicht vermag, offenbar das »Verweilen beim Negativen«, das Dem-Negativen-in-die-Augen-Schauen, das Ertragen des sich auflösenden Charakters der menschlichen Erfahrung des Menschlichen. (Hier wird die Erinnerung an Novalis' Behauptung geweckt, dass die griechische Kunst den Tod und das »Negative« ästhetisiert und unterdrückt habe.) Das sind sonderbare Behauptungen, aber sie sind typisch und für Hegels Idealismus in gewisser Weise notwendig, weil Desintegration und Tod *von einem ästhetischen Standpunkt aus* nicht angemessen verstanden werden können und daher als kontingentes, unüberbrückbares Ereignis, als irrationale Größe erfahren werden. Angesichts der überragenden Bedeutung der ästhetischen Theorien von Kant und Schiller liegt darin jedoch eine wenig überraschende Annahme: Die besondere Funktion der Werke und Dinge der Schönheit besteht im *Widerstand* gegen die Desintegration und in der *Schöpfung* von Harmonie und Einheit.

Andererseits – und das ist vielleicht von größerer Bedeutung – impliziert der Passus in *recht subtiler Weise* eine gewisse Beschränktheit *seitens des analytischen Verstandes*. Verlangt man von der *Schönheit** etwas zu tun, das sie nicht vermag, ist das doch ein vernünftiger Grund für die Entrüstung der *Schönheit* und verweist auf den beschränkten Standpunkt des *Verstandes**, der auch andere Erörterungen Hegels zu diesem Vermögen in seinem übrigen Werk beherrscht (wie seine Kritik der modernen Philosophien der Reflexion (Locke, Kant) und die Gegenüberstellung von *Verstand* und *Vernunft**).

Hierbei handelt es sich lediglich um Hinweise auf die Verbindung zwischen imaginativen, ästhetischen Phänomenen, die Hegel mit einer Art lebendiger Einheit oder dem Widerstand gegen Desintegration verknüpft, und den Grenzen des analytischen Verstehens. (Da es heißt, die Schönheit sei »kraftlos«, egal, um welche Verbindung es geht, wird sie [die Kunst] nicht die Kraft sein, die das, was auseinandergerissen wurde, zusammenbringt, sie ist aber offensichtlich gut geeignet, solche neuen lebendigen Einheiten zu verkörpern und zu manifestieren, wenn diese sich entwickeln oder in anderer Weise zustande kommen.) Zumindest aber enthalten die Hinweise einige Andeutungen hinsichtlich des Ortes, den *die Schönheit* (und von nun an will ich mich auf Werke zur Literatur konzentrieren) in einer philosophischen Darstellung wie der Hegels einnimmt, und vielleicht auch hinsichtlich der viel stärkeren Behauptung der Unmöglichkeit, einen Versuch wie den Hegels zu unternehmen, ohne sich zumindest gelegentlich auf literarische Phänomene zu stützen.

II.

Was also versucht Hegel in der *Phänomenologie des Geistes*? Offiziell ist sie die »Wissenschaft der Erfahrung des Bewußtseins«, wie der ursprüngliche Zwischentitel lautet. Erfahrung kann jedoch nicht aus der Außenperspektive oder aus der Sicht einer dritten Person beschrieben werden. Wenn sie uns vergegenwärtigt werden soll, muss sie in gewisser Weise *vom Standpunkt des erfahrenden Subjekts aus* neu-inszeniert werden. (Das führt uns schon dicht an unser Thema heran. Eine solche *Neu-Inszenierung* muss eine Art dramatischer Übung sein. Nicht ohne Grund hat man daher die *Phänomenologie des Geistes* häufig als *Bildungsroman** bezeichnet.)[2] Wir müssen erfahren, »was es heißt«, *Geist** zu sein. Aber von dieser Erfahrung heißt es auch, sie sei sich entwickelnd. Die Erfahrung selbst gilt als Bildung eines »natürlichen Bewusstseins«, das die Bürde vieler Dualismen trägt (Subjekt und Objekt, das Selbst und die anderen, Individuum und Gemeinschaft, Innen und Außen, Menschliches und Göttliches), bis hin zum Standpunkt des »absoluten Wissens«, das absolut ist, weil es einen Weg gefunden hat, die menschliche

2 Wie zum Beispiel Josiah Royce in: *Lectures on Modern Idealism*, New Haven 1919, S. 147-156.

Erfahrung zu verstehen (und damit einen Weg des Erfahrens), welche diese Dualismen überwunden hat, ohne sie zusammenfallen zu lassen. Die »Maschine«, die diese Entwicklung vorantreibt, wird abstrakt als »das Negative« beschrieben. Poetischer heißt es, sie sei eine Art »Gewalt«, die das Bewusstsein durch sich selbst erleidet, wenn es mit dem elementarsten Problem kämpft – dem Versuch, Selbsterkenntnis zu erlangen.

Solche vertrauten Beschreibungen werfen ein ganzes Bündel von Interpretationsfragen auf, doch es gibt eine allgemeinere Beschreibung von Hegels Anliegen, die uns der Funktion der Literatur näherbringt. Es handelt sich hierbei um einen Passus, der kurz auf die oben zitierte ungewöhnliche Schilderung des Hasses der Schönheit auf den Verstand folgt.

> Die Art des Studiums der alten Zeit hat diese Verschiedenheit von dem der neueren, daß jenes die eigentliche Durchbildung des natürlichen Bewußtseins war. An jedem Teile seines Daseins sich besonders versuchend und über alles vorkommende philosophierend, erzeugte es sich zu einer durch und durch betätigten Allgemeinheit. In der neueren Zeit hingegen findet das Individuum die abstrakte Form vorbereitet; die Anstrengung, sie zu ergreifen und sich zu Eigen zu machen, ist mehr das unvermittelte Hervortreiben des Innern und abgeschnittene Erzeugen des Allgemeinen, als ein Hervorgehen desselben aus dem Konkreten und der Mannigfaltigkeit des Daseins. Jetzt besteht darum die Arbeit nicht so sehr darin, das Individuum aus der unmittelbaren sinnlichen Weise zu reinigen und es zur gedachten und denkenden Substanz zu machen, als vielmehr in dem entgegensetzten, durch das Aufheben der festen bestimmten Gedanken das Allgemeine zu verwirklichen und zu begeisten.[3]

Diese Behauptung über die Verwirklichung, insbesondere über die »Begeistung« und Belebung des Allgemeinen stellt, so vermute ich, einen wertvollen Hinweis dar und ist gleichzeitig eine sehr treffende Charakterisierung der Aufgabe der *Phänomenologie des Geistes*. Die interessanteste Möglichkeit, dies zu verdeutlichen, ist vom wissenschaftlichen Standpunkt aus etwas riskant. Man müsste dazu nämlich den frühen Hegel zumindest teilweise und vorläufig im Licht des späten lesen. Ich meine damit den Berliner Hegel von 1820 und den Autor der vier Vorlesungsreihen zur Ästhetik (1820, 1823, 1826, 1828). Ich habe keinerlei Belege dafür, dass Hegel die

3 Hegel, *PhG*, S. 36/37.

wichtigsten Thesen dieser Vorlesungen während der Jenaer Zeit auch nur in Ansätzen ausgearbeitet hat, aber es ist verblüffend, dass eine der Aufgaben, die er der Philosophie schon sehr früh zuweist – die »Belebung« von Begriffen oder Normen – in diesen Vorlesungen eine so entscheidende Rolle spielt.[4] Vielleicht betrifft die zentrale begriffliche Behauptung der Ästhetik-Vorlesungen die Frage der *Lebendigkeit**. Versteht man deren Rolle, so trägt das meiner Meinung nach dazu bei, die Berufung auf die Literatur in der *Phänomenologie des Geistes* zu erklären.

Die Betonung der *Lebendigkeit* findet sich bereits in den frühen Vorlesungen der 1820er Jahre, setzt sich dann weiter fort und tritt in der Zusammenstellung von Hotho besonders hervor. Und obwohl Hegel Kant seine Anerkennung erweist, weil dieser erkannt hatte, dass die Kernfrage für ein Verstehen des ästhetischen Bereichs ein Problem der Reflexion, des Urteilens ist (und nicht bloß »des Sinnlichen« oder des bloßen Gefühls), kann man sagen, es sei die Bedeutung der *Lebendigkeit*, nicht die *Zweckmäßigkeit ohne Zweck** oder die Harmonie als solche, die den angemessenen Fokus für eine jede philosophische Ästhetik darstellt. Eine typische Erläuterung zum Schönheitsbegriff betont zum Beispiel »[…] den Anblick der selbständigen und totalen Lebendigkeit und Freiheit, welche beim Begriffe der Schönheit zugrunde liegt«,[5] und es ist für Hegel nicht ungewöhnlich, wenn er bei der Diskussion der einzelnen Künste, besonders der Malerei und Lyrik, feststellt, dass »Lebendigkeit« und »die Freudigkeit des selbständigen Daseins« die wahren Gegenstände der Kunst heißen sollten.[6] Einige seiner Aussagen sind sehr weit reichend und sowohl im Hinblick auf die Künste als auch im Hinblick auf die Struktur von Hegels System kontrovers.

Die folgenden Textstellen betonen die Bedeutung des vermittelnden Standpunktes, den die schönen Künste hinsichtlich der menschlichen Erfahrung einnehmen.

4 Ich behaupte damit nicht, dass die Berliner Vorlesungen immer in dieser Weise verwendet werden können. Es bestehen auch große Unterschiede. Zum Beispiel in der Antigone-Interpretation. Siehe Allen Speight, *Hegel. Literature and the Problem of Agency*, Cambridge 2001, S. 52.

5 G.W.F. Hegel, *Vorlesungen über die Ästhetik I, Werke*, Bd. 13, Frankfurt/M. 1986, S. 198.

6 Vgl. G.W.F. Hegel, *Vorlesungen über die Ästhetik II, Werke*, Bd. 15, Frankfurt/M. 1986, S. 62.

Deshalb ist das Sinnliche im Kunstwerk im Vergleich mit dem unmittelbaren Dasein der Naturdinge, zum bloßen *Schein* erhoben, und das Kunstwerk steht in der *Mitte* zwischen der unmittelbaren Sittlichkeit und dem ideellen Gedanken. Es ist *noch nicht* reiner Gedanke, aber seiner Sinnlichkeit zum Trotz auch *nicht mehr* bloßes materielles Dasein.[7]

Und:

Daher ist ihre [hier meint er die griechische Kunst] Weltanschauung eben die Mitte, in welcher die Schönheit ihr wahres Leben beginnt und ihr heiteres Reich aufschlägt; die Mitte freier Lebendigkeit, die nicht nur unmittelbar und natürlich da ist, sondern aus der geistigen Anschauung erzeugt, durch die Kunst verklärt wird; die Mitte einer Bildung der Reflexion und zugleich einer Reflexionslosigkeit, welche das Individuum weder isoliert, noch aber auch dessen Negativität, Schmerz, Unglück zur positiven Einheit und Versöhnung zurückzubringen vermag [...].[8]

Nun ist im hegelschen Universum die »Mitte« keine schlechte Position, und Hegel hebt dieses Vermögen der Künste so rühmend hervor, dass man zu überlegen beginnt, was die offizielle Struktur des Systems der *Enzyklopädie* wohl sein mag.

Das Denken aber hat nur Gedanken zu seinem Resultat; es verflüchtigt die Form der Realität zur Form des reinen Begriffs, und wenn es auch die wirklichen Dinge in ihrer wesentlichen Besonderheit und ihrem wirklichen Dasein faßt und erkennt, so erhebt es dennoch auch dies Besondere in das allgemeine ideelle Element, in welchem allein das Denken bei sich selber ist. [...] Das Denken ist nur *eine* Versöhnung des Wahren und der Realität im *Denken*, das poetische Schaffen und Bilden aber eine Versöhnung in der wenn auch nur geistig vorgestellten Form *realer Erscheinung* selber.[9]

Oder man bedenke den Satz: »In dieser Weise ist das Sinnliche in der Kunst *vergeistigt*, da das *Geistige* in ihr als versinnlicht erscheint.«[10]

In der Diskussion der Poesie finden sich sogar zwei Textstellen, die in der Tat *sehr* weit gehen, wenn sie betonen, dass die ästhetische Dimension nicht bloß Vorbereitung oder Propädeutikum oder Vorstellung ist, sondern für den angemessenen Ausdruck der

7 Hegel, *Ästhetik I,* S. 60.

8 Hegel, *Ästhetik II*, S. 26.

9 G.W.F. Hegel, *Vorlesungen über die Ästhetik III, Werke*, Bd. 15, Frankfurt/M. 1986, S. 244.

10 Hegel, *Ästhetik I,* S. 61.

philosophischen Wissenschaft *innerlich unentbehrlich* ist, und sie erhellen hierdurch die damit korrespondierende Unentbehrlichkeit der *Phänomenologie des Geistes* selbst. (Meine These ist hier also, dass die beiden bekannten Kontroversen – über die »Entbehrlichkeit« der Kunst in der Moderne und über die Entbehrlichkeit der *Phänomenologie* für das »System« – eng miteinander verbunden sind.) Bei der Erörterung der Rolle der Dichtung in einem prosaischen Zeitalter, das mit Trennungen und Dualismen belastet ist (das heißt, in unserem Zeitalter, das seit der *Differenzschrift* als solches bestimmt ist), bemerkt Hegel Folgendes:

> Hier bedarf nun die Poesie einer absichtlicheren Energie, um sich aus der gewohnten Abstraktion des Vorstellens in die konkrete Lebendigkeit einzuarbeiten. Erreicht sie aber dies Ziel, so erlöst sie sich nicht nur von jener Trennung des Denkens, das aufs Allgemeine geht, und der Anschauung und Empfindung, welche das Einzelne auffassen, sondern befreit zugleich diese letzteren Formen sowie deren Stoff und Inhalt aus ihrer bloßen Dienstbarkeit und führt sie der Versöhnung mit dem in sich Allgemeinen siegreich entgegen.[11]

Nachdem Hegel an anderer Stelle die »Phantasie des Gemüts« in gewohnter Weise von der Form des Geistes unterschieden hat, die sich mit der »durchgreifenden Allgemeinheit« und dem »notwendigeren Zusammenhange zum freien Selbstbewusstsein«, das heißt, mit der Philosophie befasst, fährt er folgendermaßen fort:

> Umgekehrt jedoch ist diese Form andererseits mit der Abstraktion behaftet, sich nur in dem Elemente des Denkens als der bloß ideellen Allgemeinheit zu entwickeln, so daß der konkrete Mensch sich nun auch gedrungen finden kann, den Inhalt und die Resultate seines philosophischen Bewußtseins in konkreter Weise, als durchdrungen von Gemüt und Anschauung, Phantasie und Empfindung, auszusprechen, um darin einen totalen Ausdruck des ganzen Inneren zu haben und zu geben.[12]

Ich bin sicher, dass Formulierungen wie »mit der Abstraktion *behaftet*« und »*nur* in dem Elemente des Denkens« nicht nur mich überraschen; sie klingen als sei die traditionelle Auffassung der Bedeutung des Ausdrucks »absolutes Wissen« – dass er sich auf die Selbstbestimmung des »Denkens« in der *Wissenschaft der Logik* be-

11 Hegel, *Ästhetik III*, S. 282.
12 Ebd., S. 437.

zieht – schon an sich einseitig und unvollständig, wenn er nicht mit der »konkreten Weise« des Ausdrucks des Denkens zusammen gedacht wird. Die Textstelle lässt vermuten, dass viele Hegel-Kommentatoren durch seine Behauptungen über die »Unvollständigkeit« und Befangenheit religiöser und ästhetischer Repräsentation ein Stück weit irregeführt worden sind, als zeichnete Hegel ein Bild des schlichten Aufstiegs zum Vollendeten und Unendlichen, der alles zurücklässt, das nicht so ist. Selbst auf den ersten Blick jedoch ist dies ein nicht-dialektisches und wenig überzeugendes Bild vom »Reich« des absoluten Geistes.

Außerdem handelt es sich hierbei um eine entscheidende Frage, die zumindest bis zu *Glauben und Wissen* zurückreicht und das ganze hegelsche Projekt wesentlich bestimmt. Das heißt also, die Frage, wie wir die Unentbehrlichkeit ästhetischer Repräsentation bei der Darlegung und Veranschaulichung der Wahrheit des Begriffs verstehen, spielt schon beim frühen Hegel eine wichtige Rolle, wenn er betont, dass Kant von seiner größten Einsicht abwich, als er eine abstrakte Trennung der Beiträge, die Begriff und Anschauung zur Erfahrung leisten, vornahm. Die entsprechenden Textstellen sind vertraut und zu Recht weithin bekannt. Hegel stellt seine eigene »organische Idee der produktiven Einbildungskraft« dem gegenüber, was er als die Idee Kants ansieht:

> [...] das mechanische Verhältnis einer Einheit des Selbstbewußtseins, die im Gegensatz gegen die empirische Mannigfaltigkeit und für sie bestimmend oder über sie reflektierend ist.[13]

Und er fährt damit fort, dass Kant selbst (in der Deduktion der zweiten Auflage) seine eigenen offiziellen Behauptungen über die Genauigkeit der epistemischen Trennbarkeit zwischen Begriffen und Anschauungen in der Erfahrung unterminiert.[14]

Wenn man Bemerkungen dieser Art im Lichte von Hegels Darstellung der Unentbehrlichkeit ästhetischer Repräsentation in der Formulierung philosophischer Wahrheit betrachtet, sowie auch im Lichte seines Beharrens auf der Notwendigkeit, unsere Begriffe zu »begeisten und zu beleben«, die er in der *Phänomenologie* ausspricht, dann liegt die Vermutung nahe, ein besseres Verständnis

13 G.W.F. Hegel, »Glauben und Wissen«, in: *Jenaer Schriften 1801-1807, Werke*, Bd. 2, Frankfurt/M. 1986, S. 328.

14 Vgl. ebd., S. 304/305.

Hegels verlange, in seiner Berufung auf Kunst und Literatur sehr viel mehr als die bloße Invokation reicher, lebendiger Beispiele zu sehen und sie klar von einer bloßen Propädeutik zu trennen, die schließlich zum *Aufgeben* gerade solcher Ausdrucksformen führt. Die der sinnlichen Erfahrung inhärente Begrifflichkeit, die sowohl von einer »Gedankenbestimmung« als auch von jeder vermeintlich sinnlichen Unmittelbarkeit verschieden ist, scheint genauso auf dem Spiel zu stehen wie die Annahme, leibliche, öffentliche Handlungen enthielten oder manifestierten praktische Intentionen, die »Logik« der Beziehung zwischen Intentionen und Handlungen. Was wohl könnte das Schlusswort der *Phänomenologie* zu diesem Problem beitragen?

III.

Zunächst benötigen wir einige Details aus den letzten Abschnitten des letzten Kapitels. Der in allgemeiner Hinsicht wichtigste Punkt ist, dass die Diskussion in diesen Abschnitten ständig darauf hinweist, wie irreführend es ist, wenn man die *Phänomenologie des Geistes* mit Hilfe des wittgensteinschen Bildes versteht, das so oft in den Auseinandersetzungen um dieses Buch heraufbeschworen wird – dass die *Phänomenologie* eine Leiter sei, die man wegstoßen muss, sobald man sie erklommen hat. Natürlich trifft es zu, dass Hegel selbst dieses Bild verwendet:

> Die Wissenschaft verlangt von ihrer Seite an das Selbstbewußtsein, daß es in diesen Äther sich erhoben habe, um mit ihr und in ihr leben zu können und zu leben. Umgekehrt hat das Individuum das Recht zu fordern, daß die Wissenschaft ihm die Leiter wenigstens zu diesem Standpunkte reiche.[15]

(Hier deutet sich bereits das Problem an, wie man leben kann, sowie das Problem des Lebens selbst.) Der Punkt der besprochenen Textstellen ist, dass es ganz falsch wäre, aus diesem Bild zu schließen, man könne eine solche Leiter »wegstoßen«. Das Ergebnis wäre, dass der Standpunkt gewissermaßen »zu Boden fällt«, »zusammenbricht«. Ein derartiger Irrtum entspräche dem Gedanken, die *Wissenschaft der Logik* liefere so etwas wie ein begriffliches »Fun-

15 Hegel, *PhG*, S. 29.

dament« oder liege *der wirklichen Struktur der Welt und ihren Erscheinungsformen* zugrunde.[16] In diesen Abschnitten ist die Sprache ungemein komprimiert, aber selbst in den abstraktesten Formulierungen spürt man, worauf Hegel hinaus will. Zum Beispiel hier:

Es muß aus diesem Grunde gesagt werden, daß nichts *gewußt* wird, was nicht in der *Erfahrung* ist, oder wie dasselbe auch ausgedrückt wird, was nicht *als gefühlte Wahrheit*, als *innerlich geoffenbartes Ewiges*, als *geglaubtes* Heiliges [...] vorhanden ist. Denn die Erfahrung ist eben dies, daß der Inhalt – und er ist der Geist – *an sich*, Substanz und also *Gegenstand* des *Bewußtseins* ist. Diese Substanz aber, die der Geist ist, ist das *Werden* seiner zu dem, was er *an sich* ist; und erst als dies sich in sich reflektierende Werden ist er an sich in Wahrheit der *Geist*.[17]

Formelhafter ausgedrückt:

Wie der daseiende Geist nicht reicher ist, als sie [das heißt die Wissenschaft], so ist er in seinem Inhalte auch nicht ärmer.[18]

Und in einer fast biblisch anmutenden Textstelle:

Die andere Seite aber seines Werdens [das heißt des Subjekts], die *Geschichte*, ist das *wissende* sich *vermittelnde* Werden – der an die Zeit entäußerte Geist; aber diese Entäußerung ist ebenso die Entäußerung ihrer selbst; das Negative ist das Negative seiner selbst.[19]

(Ich verwende den Ausdruck ›biblisch‹, weil »Entäußerung« in Luthers Bibelübersetzung der Ausdruck für »kenosis« ist, und Miller, der englische Übersetzer, Entäußerung tatsächlich mit dem transliterierten Wort »kenosis«, neben »externalization«, wiedergibt.[20] Auch der religiöse Begriff der »Entäußerung« Gottes in der Welt,

16 Auch hier findet sich, möchte ich behaupten, wieder derselbe Denkfehler: Weil Hegel in seinen Ästhetik-Vorlesungen behauptet, die Kunst könne nicht länger allein die höchsten Wahrheiten des Geistes über sich vermitteln, könne die Kunst entweder *keine* relevanten oder wichtigen Wahrheiten darstellen oder könnten die vermeintlich »höheren« Wahrheiten der Philosophie vollständig und vollkommen in Begriffsausdrücken allein artikuliert werden, ohne dass die *Wirklichkeit** des Begriffs, seine Wirksamkeit, hier im Spiel wäre. Aber dies ist definitiv ein anderes Thema.

17 Hegel, *PhG*, S. 585.

18 Ebd., S. 589.

19 Ebd., S. 590.

20 Ich danke Terry Pinkard für Gespräche zu diesem Thema. Seine Übersetzung der *Phänomenologie* wird in Kürze erscheinen.

verstanden nicht als Verlust (begrifflich verstanden etwa als Verlust der Bestimmtheit), sondern als Selbstverwirklichung, spielt für Hegels poetisches Ende eine große Rolle.

Gemeinsam mit den Bemerkungen über Schönheit und Verstand, mit der Betonung der Belebung und Begeistung und mit der Rolle, die dieser Belebung in den Ästhetik-Vorlesungen zugeschrieben wird, bereiten uns diese Formulierungen auf den Schlusspassus vor.

Den Vierzeiler, der die *Phänomenologie* beendet, entnimmt Hegel der ersten Version von Schillers Gedicht »Die Freundschaft« von 1782. Wie bereits gesagt, und wie wir noch genauer sehen werden, hat Hegel das Reimpaar falsch zitiert. Überdies zitiert er es ohne jeden Kontext, da das Gedicht insgesamt von der Freundschaft zwischen zwei Personen handelt, die im Gedicht als Beispiel oder Bild sowohl für eine mögliche Versöhnung des *Geisterreichs** mit dem *Körperweltgewühle** als auch des isolierten Selbst mit einem Anderen behandelt wird. Hegel beschränkt seine Aufmerksamkeit ausschließlich auf den göttlichen Aspekt dieses Themas. Ein übergreifender Gedanke des Gedichts, für den Hegel sich besonders interessierte, ist, dass Freundschaft Ausdruck einer, wie wir sagen könnten, göttlichen Logik der Welt ist, der zufolge man sich selbst nur kennt und liebt, da man sich in einem anderen spiegelt (»Nur in dir bestaune ich mich«, Strophe fünf), und dass dies auch auf die Beziehung des göttlichen Schöpfers zu seinen Schöpfungen zutrifft, allerdings mit dem entscheidenden Unterschied, dass ein »Weltenmeister« niemanden finden kann, der ihm ebenbürtig ist, der einen angemessenen Spiegel seiner selbst abgibt. So blickt er stattdessen einer »schäumenden« Unendlichkeit ins Auge. Liebende Menschen *können* eine göttliche »süße Sympathie« für einander empfinden. (Einer der besten Reime lautet: »Tote Gruppen sind wir – wenn wir hassen / Götter – wenn wir liebend uns umfassen.«) Hier nun die ursprüngliche letzte Strophe von Schillers Gedicht:

Freundlos war der große Weltenmeister,
Fühlte *Mangel* – darum schuf er Geister,
Sel'ge Spiegel *seiner* Seligkeit! –
Fand das höchste Wesen schon kein gleiches,
Aus dem Kelch des ganzen Seelenreiches
Schäumt *ihm* – die Unendlichkeit.

Hegel zitiert jedoch nur zwei Zeilen:

> aus dem Kelche dieses Geisterreiches
> schäumt ihm seine Unendlichkeit.

Diese kurzen Zeilen weisen mehrere Abweichungen vom Original auf, die sämtlich bewirken, dass es so scheint, als käme in Schillers Werk Hegels eigene Theorie zum Ausdruck. (1) In den abschließenden Sätzen des Kapitels, unmittelbar vor dem Zitat, bezieht Hegel sich auf den *Weltenmeister**, als bezöge er sich auf den »absoluten Geist«, und er legt nahe, dass dieses Göttliche »leblos und einsam« wäre (auch hier findet sich wieder der Bezug auf die *Lebendigkeit*), wenn es da nicht dieses »Aufschäumen« *seiner eigenen* Unendlichkeit gäbe, die von Hegel als die »Erinnerung« an seine *eigene, tatsächliche Geschichte, seine Wirklichkeit* interpretiert wird. Die beiden Zeilen, die Hegel in anderen Worten reformuliert, legen eine befriedigende Selbsterkenntnis und offenkundige Selbstzufriedenheit in den Produkten des Geistes nahe. (2) und (3) wird der »Kelch des *ganzen Seelenreiches*« zum »Kelche *dieses Geister*reiches«. Und (4) wird »die Unendlichkeit« zu »*seine* Unendlichkeit«. Um es zu wiederholen: Das Originalzitat drückt aus, dass der Mensch in der Liebe und in der Freundschaft Einheit und Trost finden kann – etwas, das jedes göttliche Wesen, so göttlich es auch sein mag, ebenfalls braucht. Hegels Version aber verlagert das Gewicht auf die Erlangung der Perspektive eines »absoluten Geistes«, sowie auf die Erfahrung dieses Subjekts von *sich selbst* in der Unendlichkeit seiner Welt. Wenngleich Schiller an anderer Stelle, in Strophe acht, auf »zahlenlose Geister« verweist, werden diese letzten Zeilen dadurch »hegelianisiert«, dass der Geist an die Stelle der Seele tritt; was dazu führt, dass hier nun nach der Erfahrung des *Geistes* von sich in *seinen eigenen Schöpfungen* gefragt wird – in der historischen Errungenschaft von Formen nicht entfremdender Praktiken und Institutionen, dem *Geisterreich* –, statt nach »der« Unendlichkeit einer unabhängigen (in Hegels Anthropologie »natürlichen«) Seelenwelt. Und hier geht es nicht nur um terminologische Fragen, sondern wir finden hierin eine Antwort auf unsere anfängliche Frage, ob Kunstwerke den Zielen, die Hegel in der *Phänomenologie* verfolgt, in besonderer Weise angemessen sind. Das *Reich des Geistes** ist das *Reich* der Produkte des *Geistes* und insbesondere des reflexiven Strebens nach Selbstwissen. Der *Geist* ist sich paradoxerweise, so heißt es bei Hegel, »das Resultat seiner selbst«. Er ist, als was auch immer er selbst sich versteht, wenn er sich so versteht, dass er sich in seinen Produkten ausdrückt.

IV.

Das Zitat und Hegels Modifikationen führen zu verschiedenen Problemen, ich möchte aber abschließend nur zwei erwähnen. Erstens: Die Textstellen machen uns mit der Sprache vertraut, in der Hegel den zentralen Kern seiner Philosophie am häufigsten charakterisiert. Dieser Kern ist das Problem der Freiheit oder der Selbstbestimmung des *Geistes* und dessen, was als die wahre *Verwirklichung* der Freiheit gelten kann. Zum einen besteht das Problem darin, zu verstehen, wie die freie Aktivität des Urteilens, mit der man gewissermaßen Stellung dazu bezieht, wie die Dinge sind (statt kausal in einen doxastischen Zustand versetzt worden zu sein), den erforderten Objektivitätsanspruch, eine Gerichtetheit auf Objekte haben kann, die für solches Urteilen notwendig ist. Es stellt sich demnach auch die Frage nach der normativen Berechtigung zu diesen Urteilen. Wenn sie »frei« hervorgebracht sind, und keine geistigen Ereignisse, die uns widerfahren, wie begründen wir dann vor uns und anderen das Erheben solcher Ansprüche? Diese Frage betrifft auch die Wechselbeziehungen zwischen empirischem, nicht-empirischem, dem ästhetischen und praktischen Urteilen. Zweitens bestehen dieselben Probleme auch dort, wo Hegel die Frage nach dem absichtlichen Handeln stellt. Wie soll man die Ausbildung und die Umsetzung von Absichten verstehen, wenn sie doch eine allein »innere« Angelegenheit reflexiver Überlegung zu sein scheinen, und wie verstehen wir ihr »Anderes« – die »äußeren« Bewegungen im öffentlichen Raum, die aus solchem Nachdenken hervorzugehen scheinen? In beiden Fällen antworten wir auf Gründe dafür, was man glauben und was man tun soll, und diese Ansprechbarkeit auf Gründe wird in der postkantischen Tradition mit der Ausübung rationalen und also freien Handelns gleichgesetzt. Das Problem besteht bekanntlich darin, dass wir nicht nur oder ausschließlich auf Gründe antworten. In der Ausübung unserer sinnlichen Fähigkeiten unterstehen wir auch Naturgesetzen, ebenso im Sturm unserer Leidenschaften und Instinkte sowie bei unseren Bewegungen im Raum. In beiden Fällen, so legt Hegel häufig nahe, besteht das grundlegende »logische« oder begriffliche Problem darin, die logische oder begriffliche Beziehung zwischen dem »Inneren« und dem »Äußeren« (was wir als das Verhältnis von Geist und Welt im Denken und Handeln bezeichnen können) angemessen zu verstehen, und in beiden Fällen teilt er uns wiederholt mit, dass man diese Angelegenheit nicht als Dualität, sondern als eine Art spekulativer Identität auffassen solle.

Angesichts dieser Formulierungen klingt jede Zusammenfassung von Hegels Position zur spekulativen Identität genauso metaphorisch und opak wie seine Rede von einem göttlichen Wesen, welches das Aufschäumen seiner eigenen Unendlichkeit aus einem Kelch erfährt. Denn er sagt Dinge wie: Begriffe und Mannigfaltiges sollte man nicht so verstehen, als geschehe die Bildung oder die Anwendung eines Begriffs in der Weise, dass eine solche Norm durch exogenes »Material« beschränkt, bedingt oder direkt und unmittelbar geleitet werde. Vielmehr »negiert« der Begriff seinen eigenen separaten oder logisch distinkten Status, und »negiert« damit sich selbst oder, wie man vielleicht sogar sagen sollte, »gibt sich seinen eigenen Inhalt«.[21] Da diese Rede eine merkwürdige Abhängigkeit der Welt und des leiblichen Handelns von der »Selbstbestimmung des Denkens« nahezulegen scheint, widersetzt sie sich auch weiterhin solchen Interpretationen, die es gestatten würden, Hegel eine Rolle innerhalb zeitgenössischer Diskussionen dieser Fragen zuzuschreiben. Die Formulierungen sind in der Tat so opak, dass man sie nicht einmal als ausgestorbene historische Positionen bezeichnen könnte. Was für »Positionen«?

Zumindest jedoch ist die Relevanz des poetischen Anspruchs für Hegels ausgereifte Position unschwer nachzuweisen. Schillers Gedicht handelt von Freundschaft und an einem Punkt (in Strophe acht) auch von Liebe, und diese Themen sind nicht nur für die

21 Im Folgenden findet sich eine typische Aussage zur Negation, die für den heutigen Interpreten ebenso provokant klingen muss wie für die Hörer und ersten Leser damals: »Ich ist nun diese Subjektivität, diese unendliche Beziehung auf sich, aber darin liegt, nämlich in dieser Subjektivität, die negative Beziehung auf sich, die Diremtion, das Unterscheiden, das Urteil. Ich urteilt, dies macht dasselbe zum Bewußtsein, stößt sich von sich ab, dies ist eine logische Bestimmung.« (Vgl. Hegel, *Vorlesungen über die Philosophie des subjektiven Geistes*, GW 25,1, Hamburg 2008, S. 417; Hegel, *Enzyklopädie der philosophischen Wissenschaften im Grundrisse*, Frankfurt/M. 1986, § 413, Zusatz; vgl. auch Hegel, *The Berlin Phenomenology*, hg. v. M. J. Petry, Dordrecht 1981, S. 2.)

praktische Philosophie der Schriften des jungen Hegel zum Christentum von Bedeutung, sondern sie spielen auch eine wichtige Rolle in Hegels Versuch, den Kern seiner theoretischen Philosophie, der *Wissenschaft der Logik*, zu erläutern. In seiner *Begriffslogik*, wo er den »allgemeinen Begriff« erörtert und behauptet »das Allgemeine ist daher die *freie Macht*«, beeilt er sich darauf hinzuweisen, dass man darunter nicht so etwas wie die Ausübung der organisierenden und abstrahierenden Macht des Subjekts *über* etwas Verschiedenes und Widerständiges verstehen soll. (Wie man etwa die Herrschaft eines göttlichen *Weltenmeisters* auffassen könnte.) Was »anders« ist als der Begriff, kann seine Rolle als dies andere nur spielen, wenn es als solches begriffen wird. Um zu erklären, was er damit meint, schreibt Hegel (gleichsam im Rückblick auf Schillers Gedicht):

> Wie es die freie Macht genannt worden, so könnte es auch die *freie Liebe* und *schrankenlose Seligkeit* genannt werden, denn es ist ein Verhalten seiner zu dem *Unterschiedenen* nur als *zu sich selbst*; in demselben ist es zu sich selbst zurückgekehrt.[22]

Hier handelt es sich um keine, im poetischen Sinne, legislative Gewalt, die auf einem unabhängigen Thron sitzt und der Welt Gesetze gibt. Die Annahme, dass die Logik der Geist-Welt-Beziehung einer »Logik der Liebe« gleicht, bleibt ein seltsames und abstoßendes Bild, aber man erhält einen gewissen Eindruck davon, wie Hegel die Verhältnisse von Abhängigkeit und Unabhängigkeit der menschlichen Erfahrung verstehen will, wenn sie schließlich im *absoluten Wissen* richtig verstanden sind.

Überdies kehrt Hegel im ganzen letzten Kapitel der *Phänomenologie* immer wieder zu seiner Auffassung der Natur des Handelns zurück, um den Standpunkt, der vom absoluten Wissen erreicht wird, zu erläutern. In den beiden relevanten Abschnitten der *Phänomenologie* (V.C. und VI.C.) versucht Hegel, die schwerwiegende Begrenztheit dieses Standpunkts phänomenologisch aufzuzeigen, und schlägt stattdessen vor, nicht auf mehrere verschiedene, kausal initiierte Phasen einer Handlung zu schauen, sondern eine Handlung je als den sich entwickelnden und verändernden Ausdruck der Absichten eines Subjekts in der Zeit anzusehen – nicht als das kausale Resultat eines einzelnen Ereignisses –, der nur in der aus-

22 G.W.F. Hegel, *Wissenschaft der Logik II, Werke*, Bd. 6, Frankfurt/M. 1986, S. 277.

gedehnten Konfrontation und Reaktion innerhalb eines »sozialen Raums« bestimmt ist.[23] Das heißt, Hegel bestreitet, dass der richtige Weg, um die Bestimmtheit einer Handlung zu fixieren, um also zu bestimmen, was genau getan wurde, darin liegt, ausschließlich auf die von einem Subjekt *ex ante* formulierte Absicht zu schauen. Er besteht darauf, dass solche vermeintlichen Absichten, wenn sie als »wirkliche« Absichten verstanden werden sollen, von ihrem Ausdruck in der Handlung zeitlich nicht getrennt werden können, dass solche subjektiven Formulierungen und Gründe sich im Verlauf der Tat wandeln und es durchaus möglich ist, dass Personen sich über ihre tatsächlichen Intentionen und Motive irren, dass nur an der Tat im öffentlichen, sozialen Raum deutlich wird, woran sich die Person gebunden fühlt und – manchmal – auch warum. Das ist eine kontraintuitive Position. Sie läuft darauf hinaus, dass ein Subjekt häufig nur »aus der Tat erfahren kann«, wie Hegel sagt, was genau es getan hat, und worum es ihm in seinem Tun tatsächlich ging; und sie impliziert eine tiefe Abhängigkeit von der Rezeption der Tat in der Gesellschaft, die wiederum dazu beiträgt, mit Bestimmtheit festzustellen, was tatsächlich getan wurde. In unserem Zusammenhang macht diese Position aber intuitiv klarer, warum Hegel so häufig auf diese Position verweist, um zu erklären, warum es keine strikte Trennung zwischen einem Begriff und seiner »Verwirklichung« oder »Befriedigung« gibt, warum das Erfassen eines begrifflichen Gehalts es erforderlich macht, die Aufmerksamkeit auf die »Flüssigkeit« und die »lebendige Geistigkeit« einer Norm zu richten – was ich als den Kern der in der *Phänomenologie des Geistes* vertretenen Position bestimmt habe. In den dafür relevanten Teilen des Werkes heißt »eine Absicht haben« nach Hegel, dass man darum kämpft, diese Absicht in einer öffentlichen und öffentlich anfechtbaren Tat auszudrücken, die großer zeitlicher Flüssigkeit sowie der Aneignung und Interpretation anderer unterworfen ist, durch die das Verständnis der eigenen Absichten stark verändert werden kann.

23 So drückt sich Terry Pinkard oft aus.

V.

Was also würde es heißen, den absoluten Geist *nicht* als »großen Weltenmeister« oder unabhängigen, aber einsamen »Wesenlenker« zu denken? Ich habe versucht nahezulegen, dass das abschließende Bild der *Phänomenologie des Geistes* nicht auf eine pantheistische Metaphysik oder eine neuplatonische Auffassung von einem zugrunde liegenden »göttlichen Verstand« oder »kosmischen Geist« verweist, von dem alles Natürliche und *Geistige* ein Ausdruck ist. Hegel bedient sich der Metaphorik solcher Positionen, um eine radikal andere Sicht auf die Beziehung zwischen frei Handelnden und der Welt einzuführen, der zufolge solches Handeln weder göttlich souverän noch von natürlichen Kräften hierhin und dorthin gezogen oder gestoßen, sondern leibhaftig und expressiv ist. Nur *darum* geht es in Hegels Philosophie, das ist meine Behauptung. Immer wieder, besonders im letzten Kapitel, kommt er auf die Analogie zur Logik des Handelns zu sprechen, um seinen Standpunkt deutlich zu machen, und das ist sehr aufschlussreich.

Vom Standpunkt einer anfänglichen subjektiven Selbstgewissheit aus erscheint das Handeln als Selbst-Negation, als Verletzung der Reinheit und exklusiven Verfügungsgewalt über die Tat, die als Bedingung dafür gedacht wird, dass ich mich selbst in der Tat erkenne, und also als Bedingung der Freiheit. Doch Hegel versucht, die enorme Bürde zu beleuchten, die ein solches Selbstverständnis zu tragen hat. Er versucht, die Behauptung erfahrungsmäßig plausibel zu machen, dass eine derartige Unnachgiebigkeit schließlich unter dieser Bürde »brechen« wird (wie im »Brechen des harten Herzens« in der *Moralität*)[24] und dass ein solches Subjekt schließlich dahin gelangt, die Negation seiner eigenen reinen Subjektivität als die wahre *Verwirklichung* seiner Subjektivität zu verstehen. Diese Bürde ist nicht allein und nicht einmal vorwiegend eine Angelegenheit logisch unvereinbarer Verpflichtungen, und das »Brechen« ist nicht bloß die begriffliche Auflösung solcher Unvereinbarkeiten. Eine solche Denkweise würde die Einseitigkeit, deren Gewalt die *Phänomenologie des Geistes* zu brechen versucht, nur fortsetzen.

24 Hierbei handelt es sich um denselben Absatz, in dem Hegel die Bemerkung macht: »Die Wunden des Geistes heilen, ohne daß Narben bleiben« (*PhG*, S. 492).

Aber wenn dies alles zutrifft oder zumindest einleuchtet, was bedeutet das dann für den Status der Literatur in der *Phänomenologie des Geistes*? Die Analogie, die wir hergestellt haben, würde beinhalten, dass es eine Begriffsverwirrung wäre, die Taten eines Handelnden so zu betrachten, als wären sie ein irgendwie unvollkommener Ausdruck von etwas rein Intendiertem, dass die wahre Bedeutung des Handelns in der reinen Absicht des Handelnden liege, als müsse man den ganzen Rest, die tatsächlichen Resultate, als Ergebnis dazwischenfahrender Kontingenzen ansehen. Stattdessen, so sollte man sagen, erlangt die Absicht, da sie sich über die Zeit hinweg in der Tat entfaltet, die einzig bestimmte Gestalt, die sie hätte haben können. Dieser Gedanke ist für Hegel schwer vermittelbar. Denn diese Auffassung legt nahe, dass die Absicht, die Beteiligung des Subjekts an seiner Tat sowie sein Verständnis von der Tat »in« der komplexen Tat selbst »lebt«, als welche sie den Interpretationen und Reaktionen anderer ausgesetzt ist. Wir aber sind im Gegenteil fest mit der Auffassung einer »früheren« Absicht verwachsen, die für die Tat »verantwortlich« ist. Ebenso wenig sollten wir auch mit Blick auf den bestimmten Gehalt der Normen, die das Denken und Handeln leiten – Normen wie *Freiheit*, *Recht*, *Schönheit*, *Liebe* oder auch *Wahrheit* – sagen, dass es sich bei den Manifestationen dieser Normen in der Dichtung, im Theater, als Skulpturen, in Musik, Malerei und in Romanen (oder auch in Politik und Religion) um Expressionen unabhängiger Verpflichtungen und also bloße Illustrationen handelt. Nur *in* solchen darstellenden Versuchen Selbsterkenntnis zu erlangen sind diese Normen überhaupt »lebendig«.

Hegels Schillerzitat (selbst bereits so etwas wie ein Ausdruck von *Freundschaft**) sowie seine Modifikation dienen also passenderweise einem doppelten Zweck. Das *Zitat* dient als Beleg für die Unentbehrlichkeit der lebendigen ästhetischen Dimension der Erfahrung innerhalb einer jeden philosophischen Auffassung von Normen, all das auf Grundlage der oben angesprochenen Theorien des begrifflichen und absichtsvollen Gehalts; die *Modifikation* ist, so könnte man sagen, gleichfalls Beleg dafür, dass die Vollendung und *Aufhebung** der ästhetischen Darstellung durch philosophische Reflexion ebenso unentbehrlich ist. Das letzte Wort der *Phänomenologie* erweist sich somit weder allein als das Wort Schillers noch als das Hegels, sondern es ist bereits darin, dass es dort steht, Argument dafür, dass ein reflektiertes und philosophisch informiertes Hinsehen auf die historische und lebendige *geistige Wirklichkeit** für jede echte Philosophie, die diesen Namen verdient, unentbehrlich ist.

13.
Ästhetik ohne Ästhetik
Zu Hegels Philosophie der Kunst

Presentness is grace.
Michael Fried[1]

I.

Ein zentrales Thema der modernen Ästhetik nach Kant ist das Problem des ästhetischen Urteils. Die Frage betrifft das angemessene Verständnis der logischen Form solcher Urteile (wie etwa »Das ist schön«) und die Möglichkeit ihrer Objektivität. Doch Hegel legt an keiner Stelle seiner Erörterungen über die schönen Künste eine erkennbare Theorie des ästhetischen Urteils vor.[2] Nicht einmal eine

1 Michael Fried, »Art and Objecthood«, in: ders., *Art and Objecthood. Essays and Reviews*, Chicago 1998, S. 148-172, hier: S. 168.

2 Es gibt tatsächlich nur zwei *loci classici* für Hegels Kunsttheorie (neben den theoretischen Bindungen, die in Hegels Verwendung von Literatur in Werken wie der *Phänomenologie des Geistes* impliziert sind [vgl. Robert B. Pippin, »Der Status der Literatur in Hegels *Phänomenologie des Geistes*«, in diesem Band S. 329-349], und marginalen Aufsätzen wie *Hamanns Schriften*). Es handelt sich um die §§ 556 bis 564 in der *Enzyklopädie* über den absoluten Geist (vgl. G.W.F. Hegel, *Enzyklopädie der philosophischen Wissenschaften III*, *Werke*, Bd. 10, Frankfurt/M. 1986) und die vier Vorlesungen über die schönen Künste (vgl. G.W.F. Hegel, *Vorlesungen über die Ästhetik I-III*, *Werke*, Bd. 13-15, Frankfurt/M. 1986). Im Jahre 1835 (und in einer zweiten Ausgabe von 1842) stellte einer seiner Studenten, H.G. Hotho, auf der Grundlage von Notizen Hegels (die heute verloren sind) und Mitschriften von Studenten eine Edition zusammen, die (offenbar) auf den drei letzten Vorlesungen dieser Reihe basiert. Sie wurde in der von Eva Moldenhauer und Karl Markus Michel betreuten Werkausgabe neu herausgegeben und war Grundlage für Knox' englische Übersetzung. Seit über 25 Jahren wird Hothos Edition von Annemarie Gethmann-Siefert, der Herausgeberin der kritischen Ausgabe dieser Vorlesungen, heftig angegriffen. (Sie gliedert im Wesentlichen die studentischen Aufzeichnungen aus und behauptet seit langem, dass das, was man für Hegels Ästhetik halte, tatsächlich Hothos Ästhetik sei.) Vgl. Annemarie Gethmann-Siefert, »H. G. Hotho: Kunst als Bildungserlebnis und Kunsthistorie in systematischer Absicht«, in: *Hegel-Studien*. Beiheft 22 (1983), S. 229-261, hier: S. 237, und insbesondere dies., »Ästhetik oder Philosophie der Kunst: Die Nachschriften und

klar umrissene Darstellung der ästhetischen Erfahrung arbeitet er aus. Diese Abweichung von den meisten modernen Theorien zur Ästhetik lässt sich vor allem auf die Komplexität seines Kunstbegriffs zurückführen. Denn, wie man weiß, ist Hegels Herangehensweise eine historische, die Darstellung der Natur der Kunst eher narrativ als analytisch.[3] Infolge dieser narrativen Darstellung gelangt er zu einer äußerst paradoxen Schlussfolgerung: Vieles von dem, was wir als nachklassische Kunst betrachten (was Hegel als »romantische« Kunst bezeichnet),[4] wird als Kunst in einem Prozess des »Hinausgehens der Kunst über sich selbst« behandelt, als ein »Gegen-sich-selbst-gerichtet-Sein« der Kunst als Kunst, und ist ebenso sehr eine Bekundung der »Grenzen« und des zunehmend unbefriedigten »Lebens« der Produktion und der Bewertung von Kunst wie Teil einer fortbestehenden Tradition. (Ein noch größeres Paradox liegt darin, dass die romantische Kunst alles dies »als Kunst« ist.) Weniger dramatisch ausgedrückt heißt das, dass Hegel die Autonomie – oder zumindest die völlige Autonomie – des Äs-

Zeugnisse zu Hegels Berliner Vorlesungen«, in: *Hegel-Studien* 26 (1991), S. 92-110. Auch wenn es einige Hinweise dafür gibt, dass Hothos Edition hie und da manche seiner eigenen Schwärmereien für verschiedene Kunstobjekte enthält (vgl. Lydia Goehr, »The Ode to Joy. Music and Musicality in Tragic Culture«, in: *International Yearbook of German Idealism* 4 [2006], S. 57-90, hier: S. 83-86; über Hegels Musikgeschmack und ähnliche Behauptungen vgl. Annemarie Gethmann-Siefert, »Das »moderne« Gesamtkunstwerk: Die Oper«, in: dies. [Hg.], *Phänomen versus System. Zum Verhältnis von philosophischer Systematik und Kunsturteil in Hegels Berliner Vorlesungen über Ästhetik oder Philosophie der Kunst*. Bonn 1992, S. 165-230, hier: S. 197 ff.) und er Hegel so übertragen hat, wie er ihn interpretierte (wie könnte es auch anders sein?), ist mir kein Nachweis bekannt, der belegen würde, dass sie ernstlich unzuverlässig ist oder eine Art Fälschung darstellt, zumindest nicht im Hinblick auf die grundlegenden Fragen, die hier behandelt werden. Es gibt eine ernsthafte Streitfrage, aber die scheint mir unlösbar zu sein (vgl. dazu Anm. 5).

3 Anerkannterweise ist sie beides: narrativ in den Vorlesungen (vgl. Hegel, *Vorlesungen über die Ästhetik I-III*) und systematisch in der *Enzyklopädie* (vgl. ders., *Enzyklopädie III*). Hier machen jedoch die §§ 561 und 562 deutlich, dass die Darstellung von der historischen Unterscheidung zwischen symbolisch, klassisch und romantisch abhängt. Zur systematischen Bedeutung dieser Unterteilungen siehe Terry Pinkard, »Symbolic, Classical, and Romantic Art«, in: Stephen Houlgate (Hg.): *Hegel and the Arts*, Evanston 2007, S. 3-18.

4 Man sollte betonen, dass Hegel nur an einer Theorie der *großen* Kunst interessiert und sein Interesse an der streng ontologischen Frage nach der Kunst »bloß als Kunst« eher gering ist.

thetischen bestreitet, dass Kunst als eine gesellschaftliche Institution angesehen werden muss, die mit der Entwicklung der Normen und Werte einer Gesellschaft insgesamt verbunden ist, und dass sie am besten anhand ihrer Ähnlichkeiten mit der Religion und der Philosophie verstanden werden kann.

Hegels Ansatz bleibt ziemlich kontrovers.[5] Jemand, der die Autonomie der Kunst bestreitet, scheint im Begriff zu stehen, Kunst zu einem Mittel für etwas anderes oder zur Bekundung einer tieferen Realität zu machen: zum Zeichen der Widersprüche in der kapitalistischen Gesellschaft, zur formalistischen Widerlegung der Kulturindustrie, zum Ort negativen Widerstands gegen die Ausbreitung des »Identitätsdenkens« usw. Solche Ansätze erklären Kunst oft eher weg, als dass sie sie als Kunst verständlicher machen. Doch die Tatsache, dass Hegel die Frage der logischen Besonderheiten ästhetischer Urteile und ihrer möglichen Gültigkeit weithin ignoriert, hebt auch zwei potenzielle Vorteile seines Ansatzes hervor. Erstens eröffnet er die Möglichkeit, die Frage nach der Bedeutung einer radikalen normativen Veränderung bei der Herstellung und Bewertung von Kunst aufzugreifen. (Wenn sich der begriffliche Gehalt des »Ästhetischen« verändern kann, und zwar radikal verändern kann, dann gibt es keinen eindeutigen Weg, »die« Natur des ästhetischen Urteils und der ästhetischen Erfahrung logisch zu isolieren. Das *alles* verändert sich dann auch.) Zweitens könnte Hegels Ansatz uns in die Lage versetzen, die Bedeutung der bei Weitem größten Revolution in der Geschichte der Kunst zu verstehen – der Moderne.

Im Folgenden will ich genauer darlegen, dass Hegels Darstellung der Kunst auf zwei seiner interessantesten und herausforderndsten Behauptungen beruht: seinem Verständnis der Beziehung zwischen Denken und Empfinden in der Erfahrung und seinem Verständnis der von ihm so genannten »Innen-Außen-Beziehung« in seiner

5 Eine der Hauptkontroversen in Bezug auf die Interpretation ist folgende: Glaubt Hegel, dass Kunst zugunsten einer durch und durch reflektierenden philosophischen Darstellung (des »Absoluten«) vollkommen entbehrlich ist, oder ist sie nur als *primärer* Modus menschlicher Selbsterkenntnis (eine Position, die im Grunde nur einmal, im Athen des fünften Jahrhunderts v. Chr., vertreten wurde) zu überwinden? Meiner Auffassung nach ist evident, dass er Letzteres meinte. Eine Darstellung, die mit diesem Urteil übereinstimmt – eine Darstellung der »nichttranszendenten« Auffassung der Errungenschaften des absoluten Geistes –, findet sich bei Angelica Nuzzo, Hegel's »›Aesthetics‹ as a Theory of Absolute Spirit«, in: *International Yearbook of German Idealism* 4 (2006), S. 291-310, hier: S. 303.

Theorie des Handelns. In beiden Fällen weist Hegel eine strikte Dualität zurück, besonders in seiner Darstellung des Handelns, wo das Modell, nach welchem innere Zustände äußeres körperliches Handeln verursachen, abgelehnt wird. Die Folgen dieser Behauptungen für seine Darstellung der Kunst könnten zur Formulierung des Problems der Kunst nach Hegel beitragen.

II.

Da Hegels Position insgesamt – seine Behauptung, dass Kunst die sinnliche Erscheinung oder das »Scheinen der Idee«[6] sei – nicht so bekannt ist wie viele andere Grundzüge seiner Philosophie der Kunst, möchte ich mit einer summarischen Zusammenfassung dessen beginnen, was ich unter Hegels Theorie der schönen Künste verstehe. Ich muss mich dabei kurz fassen. Man wird schnell erkennen, dass eine solche Zusammenfassung nicht möglich ist, ohne eine Interpretation von Hegels ungemein anspruchsvoller allgemeiner philosophischer Position einzubeziehen, weshalb ich im nächsten Abschnitt auch dazu etwas sagen werde. Danach können wir zu den oben gestellten Fragen zurückkehren. Es sind vier Punkte, die ich in diesem Abschnitt näher betrachte.

1. Ein Punkt, der Hegel von vielen modernen Kunstphilosophen unterscheidet, ist die zentrale Bedeutung, die er in seiner Darstellung erfolgreicher und besonders großer Kunst dem *ästhetischen Gehalt* beimisst. Im Gegensatz zum nach-kantischen Formalismus der philosophischen Ästhetik und Kritik ist für Hegel ein unangemessenes Verständnis des Gehalts (der »Idee«) gleichbedeutend mit schlechter Kunst. »Je vortrefflicher in diesem Sinne die Kunstwerke werden, von desto tieferer innerer Wahrheit ist auch ihr Inhalt und Gedanke.«[7] Der große Feind sind Unbestimmtheit, bloße Gesten gegenüber einem Jenseitigen oder andächtige Ehrfurcht vor dem

6 Wie oben bereits bemerkt, stellt die Formulierung »das sinnliche Scheinen der Idee« das schwerwiegendste Problem hinsichtlich Hothos Zuverlässigkeit dar. Sie taucht nur in seiner Edition, nicht aber in den vorhandenen studentischen Transkriptionen auf. Vgl. Annemarie Gethmann-Siefert, *Einführung in Hegels Ästhetik*. München 2005, S. 241 ff.

7 Hegel, *Vorlesungen über die Ästhetik I*, S. 105; vgl. ebenso ders., *Enzyklopädie III*, § 562 Anm., S. 370-372.

Unsagbaren. Daher Hegels Feindseligkeit gegenüber dem Erhabenen, das er als regressiv begreift.

Was versteht er unter Gehalt? Der Grund, warum man Kunst, Religion und Philosophie als zusammengehörig ansehen soll, liegt an dem ihnen gemeinsamen Gehalt, der darin bestehe, »das Göttliche [...] zum Bewusstsein zu bringen und auszusprechen« (*Ästhetik I,* S. 21).[8] Doch wenn er diese Behauptung in der Einleitung einführt, lässt er ihr eine Reihe von Zusätzen und Einschränkungen folgen, die sie der traditionellen religiösen Verbindung berauben, was seine ersten Zuhörer etwas ratlos zurückgelassen haben muss. Er schreibt vom künstlerischen Gehalt als dem »*Göttlichen*« (und nicht Gott), den »tiefsten Interessen des Menschen« und den »umfassendsten Wahrheiten des Geistes« (*Ästhetik I,* S. 21). Kunst, heißt es, teilt mit der Religion und der Philosophie den Versuch, das auszudrücken, was man schlicht als »*das Höchste*« (*Ästhetik I,* S. 21; Hervorhebung R.P.) bezeichnet. Man könnte darunter einfach das Offensichtliche verstehen: dass es in der großen Kunst immer um Fragen von äußerstem Ernst und höchster Wichtigkeit geht: um Gerechtigkeit versus Rache, um die konkurrierenden Ziele des Gemeinwesens, um Religion und Familie, die Götter, menschliche Vollkommenheit, darum, was es heißt, mit dem blinden Schicksal und moralischem Glück gut zu leben, und um den Tod – vielleicht auch um die »Bedeutung des Seins«. Aus Hegels anderen Werken aber wissen wir, dass für ihn der höchste Wert oder das höchste Bestreben in der Freiheit liegt, dass Freiheit eine Form rationalen Handelns darstellt – die Verwirklichung der Vernunft –,[9] dass eine solche Responsivität für Vernunft konstitutiv für jede Intelligibilität ist und dass er alle früheren Ausdrucksversuche des »Höchsten« als unvollständige Bekundungen einer solchen Freiheit behandelt.

8 Vgl. auch Hegel, *Vorlesungen über die Ästhetik II*, S. 237: »[...] das Göttliche an und für sich [ist] Gegenstand der Kunst.« Man beachte auch, dass Hegel unmittelbar darauf sagt: »Dies Göttliche nun aber hatte sich zu objektivieren, zu bestimmen, und damit aus sich zum weltlichen Gehalt der Subjektivität fortzugehn.« Hegels *Vorlesungen über die Ästhetik I-III* werden im Folgenden als *Ästhetik* abgekürzt und unter Angabe des Bandes und der Seitenzahl zitiert. (A. d. Ü.).

9 Von der Dichtung heißt es zum Beispiel, sie sei »das individualisierte Vernünftige« (*Ästhetik III*, S. 245). Das Glied zwischen Freiheit und Vernunft, wie Hegel es auffasst, ist kein kantianisches, es beinhaltet nicht einfach die Ausübung einer individuellen Fähigkeit. Vgl. Robert B. Pippin, *Hegel's Practical Philosophy. Rational Agency as Ethical Life*, Cambridge 2008.

Das ist sehr viel anspruchsvoller als die Rede von den »wichtigen Dingen, um die es geht«.

In den Vorlesungen behauptet er häufig, dass das »Bedürfnis« nach Kunst einem Bedürfnis der Menschen entspringe, sich in der öffentlichen Welt »entäußern« und sich damit in der Welt, in den Objekten und in anderen Menschen, denen sich jedes Subjekt gegenübersieht, wiedererkennen zu können. (Dieses Bedürfnis nach *Entäußerung* – Luthers Übersetzung der biblischen *kenosis* – bei jeder tatsächlichen Ausübung der Freiheit spielt, wie wir sehen werden, für alle Aspekte seiner Theorie eine entscheidende Rolle.)[10] Nun fügt Hegel hinzu, dass diese Entäußerung und Selbsterkenntnis in der Kunst (wie in der Religion und der Philosophie) die »höchsten Dinge« betrifft. Auch hier meint er wieder Selbsterkenntnis über die Natur und die »Wirklichkeit« der Freiheit. Eine solche höchste Wahrheit bezeichnet man für gewöhnlich als »Idee«, die er in seinen Bemerkungen zu Solger einfach und wenig hilfreich als »unendliche absolute Negativität« bezeichnet, als »die Tätigkeit der Idee, sich als das Unendliche und Allgemeine zu negieren zur Endlichkeit und Besonderheit« (*Ästhetik I,* S. 98 f.). Wenn Hegel damit eine religiöse Auffassung ausdrückte, könnte man ziemlich sicher sein, dass er damit Mitglied einer christlichen Sekte mit einem einzigen Mitglied wäre. (Ohne die verblüffende Behauptung in § 560 der *Enzyklopädie* auch nur zu erwähnen: »Das Kunstwerk ist daher ebensosehr ein Werk der freien Willkür und der Künstler der Meister des Gottes.«)

2. Die Frage nach der Beziehung zwischen der Schönheit und den für die schönen Künste relevanten Normen wird von Hegel nicht deutlich formuliert. In Hothos Edition kündigt er seinen Gegenstand zunächst als das »Reich des Schönen« (*Ästhetik I,* S. 13) an, sagt aber unmittelbar danach, dass sich der Gegenstand bei näherer Betrachtung als die Kunst erweise, und fügt hinzu, dass er die *schöne Kunst* meine, als bezeuge sie das *kalos k'agathos* der Antike. Hegels offizielle Position ist, dass die Schönheit der Natur kein angemessener oder wichtiger Gegenstand der Reflexion sei (die Natur ist »geistlos« und natürliche Schönheit im Großen und Ganzen schlicht bedeutungslos) und dass die schöne Kunst ihren

10 In Hegels ungewöhnlicher Theologie sind sowohl die Darstellung der Schöpfung in der hebräischen Bibel als auch die christliche Inkarnationslehre »Bilder« der »logischen« Notwendigkeit einer solchen *Entäußerung*.

Gipfel in der griechischen Antike erreicht habe. Griechische Architektur, Plastik und Literatur seien mit dem Höhepunkt und der Vollkommenheit dessen gleichzusetzen, was Kunst als Kunst sei: schön. Etwas inkonsistent verweist er auch auf die Aufgabe, das geistige, innere Reich der romantischen Kunst zu einem schönen zu machen (»und wird zur *geistigen* Schönheit des an und für sich Inneren als der in sich unendlichen geistigen Subjektivität«), obwohl er auf eine derartige Schönheit auch als auf »etwas Untergeordnetes« verweist und bemerkt, dass die romantische Kunst nach mehr »Substanziellem« streben müsse, nach der Sphäre des Geistes »als sich selbst wissendes und wollendes Subjekt« (*Ästhetik II*, S. 129) – die er nicht als schön bezeichnet. In der Zusammenfassung lautet seine offizielle Behauptung: »Daher ist ihre [der Griechen] Weltanschauung eben die Mitte, in welcher die Schönheit ihr wahres Leben beginnt und ihr heiteres Reich aufschlägt; die Mitte freier Lebendigkeit, die nicht nur unmittelbar und natürlich da ist, sondern aus der geistigen Anschauung erzeugt, durch die Kunst verklärt wird; die Mitte einer Bildung der Reflexion und zugleich einer Reflexionslosigkeit, welche das Individuum weder isoliert, noch aber auch dessen Negativität, Schmerz, Unglück zur positiven Einheit und Versöhnung zurückzubringen vermag.« (*Ästhetik II*, S. 26)

Die Kunst nach dem Schönen (die Hegel als »romantische« Kunst bezeichnet) ist nicht schöner, sondern, wie Hegel häufig sagt, »besser« oder »vortrefflicher«, wenn auch keine bessere Kunst.[11] Er bemerkt weiter, dass das, was in der klassischen Kunst fehle oder unvollkommen sei, eben das sei, was der Kunst an sich fehle (vgl. *Ästhetik I,* S. 111), und er weist mehrfach darauf hin, dass dieser Mangel in eben der Annahme bestehe, die für die Kunst konstitutiv sei: dass das »Ideale« (die wahre Natur der Realität) eine angemessene sinnliche Form haben *kann*. Die romantische Kunst muss also eine Kunst sein, in der die Grenze der Kunst als eines Mittels der Selbsterkenntnis ausgedrückt und in gewisser Weise überschritten wird und in der sie nicht nur als *Scheitern*, als negative Grenze oder nostalgische Sehnsucht oder ein sublimes Geheimnis präsent ist.

11 Die Schönheit selbst wird meist in Bezug auf Hegels systematisches Projekt definiert und klingt »klassisch«, so eine bekannte Kritik an Hegel. »[...] der schöne Gegenstand läßt in seiner Existenz seinen eigenen Begriff als realisiert erscheinen und zeigt an ihm selbst die subjektive Einheit und Lebendigkeit« (*Ästhetik I,* S. 155).

Seine verblüffende Formel dafür ist: »In dieser Weise ist die romantische Kunst das Hinausgehen der Kunst über sich selbst, doch innerhalb ihres eigenen Gebiets und in Form der Kunst selber« (*Ästhetik I*, S. 112). Natürlich wirft eine solche Behauptung die Frage auf: Was *ist* Kunst, wenn sie zu ihrem eigenen Über-sich-Hinausgehen geworden ist? Hegel gibt eine Reihe von Antworten, die sich von der Philosophie über die Religion bis zu den Erscheinungsformen von Virtuosität, zu einer Kunst des Gedenkens oder auch nur der Erinnerung erstrecken, aber ich glaube, es ist zulässig, zumindest eine mögliche Antwort vorzuschlagen: die europäische Moderne.

Freilich weist Hegel trotz seines Philhellenismus auch daraufhin, dass die Grenzen des Schönen als eines ästhetischen Ideals bereits im griechischen Drama, in der Tragödie, dramatisch lebendig präsent waren – was wieder einmal bezeugt, dass jede summarische Aussage im Hinblick auf Hegel mehrfach modifiziert werden muss.[12] Bereits für die Tragödie trifft zu, »daß nun die Kunst auch über sich selbst hinaus[steigt], indem sie das Element versöhnter Versinnlichung des Geistes verläßt und aus der Poesie der Vorstellung in die Prosa des Denkens hinübertritt« (*Ästhetik I*, S. 123). Die Unmöglichkeit einer Versöhnung und einer Harmonie, wie sie für das Schöne notwendig sind, damit es als Ideal fungieren kann, und die Betonung der prosaischen Natur der bürgerlichen Moderne spielen für Hegels Darstellung der Spätromantik und so auch für seine Ansichten zur Kunst in der Moderne eine große Rolle. In der Vorrede zur *Phänomenologie* findet sich eine Stelle, die diesen Punkt sehr anschaulich zusammenfasst: »Der Tod, wenn wir jene Unwirklichkeit so nennen wollen, ist das Furchtbarste, und das Tote festzuhalten das, was die größte Kraft erfordert. *Die kraftlose Schönheit haßt den Verstand*, weil er ihr dies zumutet, was sie nicht vermag. Aber nicht das Leben, das sich vor dem Tode scheut und von der Verwüstung rein bewahrt, sondern das ihn erträgt und in ihm sich erhält, ist das Leben des Geistes. Er gewinnt seine Wahrheit nur, indem er in der absoluten Zerrissenheit sich selbst findet.«[13]

12 Tatsächlich ist es Schiller und nicht Hegel, der die Schönheit aller griechischen Kunst idealisiert, und Hegel scheint Novalis' Kritik (vgl. *Hymnen an die Nacht*) an solcher Schönheitsverehrung zu teilen, und zwar mit Bezug sowohl auf die Griechen (die Leid und Tod »ästhetisierten«, dem »Negativen« im Leben des Menschen keinen Raum einräumten) als auch den deutschen Philhellenismus.

13 G.W.F. Hegel, *Phänomenologie des Geistes*, *Werke*, Bd. 3, Frankfurt/M. 1986, S. 36.

3. Die beiden Schlüsselbegriffe in Hegels Darstellung der Schönheit und der schönen Künste sind die Begriffe des *Scheins* oder *Erscheinens* – ein Zeigen oder häufig einfach ein sichtbares Scheinen sowie Variationen von Lebendigkeit, Leben, beleben usw. »Das Schöne bestimmt sich«, so Hegel, »als das sinnliche Scheinen der Idee« (*Ästhetik I,* S. 151). In einer von ihm häufig gebrauchten Wendung heißt es (*Ästhetik I,* S. 205): [...] das Äußere muß mit einem Inneren zusammenstimmen, das in sich selbst zusammenstimmt und eben dadurch sich als sich selbst im Äußeren offenbaren kann.« Die Bekundung (oder das Scheinen) der Idee im sinnlichen Material ist jedoch keineswegs einem kognitiven Bewusstsein vergleichbar, und mit dem Versuch, dies zu erklären, kommt Hegel einer Darstellung distinkt ästhetischer Erfahrung so nahe wie nirgends sonst.[14] Die Schönheit der Kunst soll in uns anders als das kognitive Bewusstsein eine gefühlsmäßige und begeisterte Reaktion auf alles wachrufen, was im menschlichen Geist einen Ort hat (Hegel zitiert Terentius' Satz »Nihil humani a me alienum puto«). Zusammenfassend stellt er fest: »Ihr [der Kunst] Zweck wird daher dareingesetzt: die schlummernden Gefühle, Neigungen und Leidenschaften aller Art zu wecken und zu beleben, das Herz zu erfüllen und den Menschen, entwickelt oder noch unentwickelt, alles durchfühlen zu lassen, was das menschliche Gemüt in seinem Innersten und Geheimsten tragen, erfahren und hervorbringen kann, was die Menschenbrust in ihrer Tiefe und ihren mannigfaltigen Möglichkeiten und Seiten zu bewegen und aufzuregen vermag und was sonst der Geist in seinem Denken und in der Idee Wesentliches und Hohes habe [...]« (*Ästhetik I,* S. 70 f.).

Solche Behauptungen können leicht wie ein romantischer Stereotyp klingen, wenn wir nicht erkennen, dass Hegel glaubt, die verschiedenen »höchsten« Normen, welche akzeptable und autoritative Erkenntnisziele oder das praktische, ethische und politische

(Im Folgenden ›*PhG*‹) So würde Hegel nie so weit gehen wie Barnett Newman: »Die Triebkraft der modernen Kunst bestand darin, die Schönheit zu zerstören. Es muss nichts zerstört werden. Die Zeit des Schönen als Ideal der hohen Kunst ist einfach vorbei.« (Barnett Newman, »The Sublime is Now«, in: *The Tiger's Eye* 6 (1948), S. 51, zitiert in: Alexander Nehamas, *Only a Promise of Happiness. The Place of Beauty in a World of Art.* Princeton 2007.)

14 Sie ist aber nicht ohne Weiteres eine Theorie, weil sich das, was als eingespielte Responsivität gilt, auch verändert.

Leben bestimmen, könnten tatsächlich in einer bestimmten Weise »absterben«, könnten tatsächlich so funktionieren, dass sie Ansprüche von Autoritäten und Verhaltensweisen einschränken; sie tun dies aber, wie er es formuliert, »positiv«, lediglich als eine »äußere« leblose Autorität.[15] In einem solchen Kontext hat dieses fast schillersche Interesse mit seiner belebenden Funktion seine eigenen objektiven gesellschaftlichen Bedingungen einer erfolgreichen Verwirklichung. In der Tat soll diese für die Kunst zentrale Fähigkeit, das »Leben« der höchsten Normen (wenn sie so erfolgreich bestätigt werden können) zu stützen (indem sie es ausdrückt), für die Autorität der Normen selbst essenziell sein. So heißt es in einer bekannten Passage aus der Jenaer *Phänomenologie des Geistes* zu dieser Frage:

Die Art des Studiums der alten Zeit hat diese Verschiedenheit von dem der neueren, daß jenes die eigentliche Durchbildung des natürlichen Bewußtseins war. An jedem Teile seines Daseins sich besonders versuchend und über alles Vorkommende philosophierend, erzeugte es sich zu einer durch und durch betätigten Allgemeinheit. In der neueren Zeit hingegen findet das Individuum die abstrakte Form vorbereitet; die Anstrengung, sie zu ergreifen und sich zu Eigen zu machen, ist mehr das unvermittelte Hervortreiben des Innern und abgeschnittene Erzeugen des Allgemeinen als ein Hervorgehen desselben aus dem Konkreten und der Mannigfaltigkeit des Daseins. Jetzt besteht darum die Arbeit nicht so sehr darin, das Individuum aus der unmittelbaren sinnlichen Weise zu reinigen und es zur gedachten und denkenden Substanz zu machen, als vielmehr in dem Entgegengesetzten, durch das Aufheben der festen bestimmten Gedanken das Allgemeine zu verwirklichen und zu begeisten.[16]

15 Hegels Interesse am »Leben« von Normen, Regeln, Prinzipien und Idealen oder vielmehr am Leben und am Tod solcher Normen muss zu seinen wichtigsten Interessen zählen. Es zeigt sich bereits früh in seiner Darstellung der Liebe in der christlichen Gemeinschaft, entwickelt sich zu einer allgemeinen Auffassung des »Lebens« und gipfelt in der reifen Theorie des Geistes. Diese Liebe-Leben-Geist-Entwicklungslinie wurde zuerst von Dilthey gesehen (vgl. Wilhelm Dilthey, »Die Jugendgeschichte Hegels«, in: *Gesammelte Schriften: Die Jugendgeschichte Hegels und andere Abhandlungen zur Geschichte des Deutschen Idealismus*, Göttingen 1990, S. 5-190) und taucht bei Kommentatoren wie Harris (vgl. Henry S. Harris, *Hegel's Development. Toward the Sunlight 1770-1801*, Oxford 1972) und Henrich (vgl. Dieter Henrich, *Hegel im Kontext*, Frankfurt/M. 1971) wieder auf.

16 Hegel, *PhG*, S. 36 f. Dieselbe Sprache findet sich in den *Vorlesungen über die Ästhetik*. Man beachte besonders, dass er in die Aufzählung der modernen Oppositionen den Widerspruch zwischen dem »toten, in sich leeren Begriff« und der

Es wäre keine Übertreibung zu sagen, dass Hegels Philosophie der Kunst keine Theorie der Repräsentation oder des Ausdrucks darstellt, keine klassische Theorie der Mimesis und keine nachchristliche Theorie der Schöpfung (Genie),[17] sondern eine Theorie des »Belebens«, sobald wir ebenfalls zur Kenntnis nehmen, dass ein solches Beleben ein entscheidendes Element der Bedingungen ist, die es den Normen ermöglichen, auf diejenigen Einfluss auszuüben, die an sie gebunden sind, und dass dieser Einfluss lockerer werden oder nachlassen kann und somit etwas anderes als Kunst erfordert. (Das heißt, man kann sagen, dass eine solche Entäußerung dazu beiträgt, Normen, Prinzipien und Werte *»zum Leben zu erwecken«* und nicht bloß deren Leben auszudrücken. Das sinnliche Scheinen der Idee ist kein Versuch, ein Beispiel oder einen paradigmatischen Fall zu liefern, sondern das Universale selbst zu verwirklichen.[18] Ich werde im Anschluss unter Verwendung von Hegels Darstellung des Handelns und der Verwirklichung von Intentionen versuchen, dies deutlicher zu machen.) Mit einem Wort, wenn wir Werte in Kunst-

»vollen konkreten Lebendigkeit« aufnimmt (*Ästhetik I*, S. 80; vgl. auch *Ästhetik III*, S. 282). Da man vermutlich die Dinge in ihrem richtigen Leben, nicht tot oder leer, verstehen will, impliziert dies paradoxerweise im Vergleich zur Philosophie einen höheren Status der Kunst als angemessen. Siehe zur Erörterung dieser Frage mein »Der Status der Literatur in Hegels *Phänomenologie des Geistes*«, in diesem Band, S. 329-349.

17 Da Hegel Hegel ist, kann man selbstverständlich auch sagen, dass für ihn Kunst alle Alternativen umfasst, dass man aber bei allen zeigen kann, dass sie unvollständige Manifestationen des vollständigen Begriffs von Kunst als einem belebenden Erscheinen und solche unvollständigen Manifestationen ihrerseits an ein unvollständiges (nicht falsches) Selbstverständnis von Freiheit gebunden sind.

18 Hier zeigt sich eine Besonderheit in Hegels Darstellung der Kunst, die für Dieter Henrich sehr wichtig ist. Das Ende oder das Ziel der Kunst wird nicht als Vollendung oder als die vollkommenste Verwirklichung von Möglichkeiten behandelt wie der moderne repräsentative Staat oder der Lutheranismus oder sein eigener systematischer Idealismus. Das Ende der Kunst ist vielmehr, um mit Henrich zu sprechen, ein Zerfall, eine Art Niedergang, als seien die Möglichkeiten der Kunst erschöpft, als sei, so könnte man sagen, das Leben aus ihnen gewichen. Selbst in den Vorlesungen zur Kunstgeschichte ist das Ende der symbolischen und der klassischen Kunst eine Übergangsform, was aber nicht für das Ende der romantischen Kunst zutrifft. Vgl. Dieter Henrich, »Zerfall und Zukunft. Hegels Theoreme über das Ende der Kunst«, in: ders., *Fixpunkte. Abhandlungen und Essays zur Theorie der Kunst*, Frankfurt/M. 2003, S. 65-125, hier: S. 82 f. und S. 96.

werken entäußert sehen, lernen wir etwas über ihr »Leben«, und wir lernen es auf eine Weise, die einzig der Kunst eigen ist.

4. Abgesehen von diesen Gesten des Belebens gibt es bei Hegel keine besonders reiche oder ausgefeilte Theorie der ästhetischen Erfahrung. Meistens spricht er recht nüchtern von »Kunstbetrachtung« und scheint mit Schlegel übereinzustimmen, dass der Kritiker sich nicht als Richter verstehen sollte, als Avatar eines exemplarischen Geschmacks, sondern als Interpret. (Was das »Beleben« anregt, ist nicht Bewertung, sondern das, was wir heute als Kritik bezeichnen.) Hegel distanziert sich von jedem Glauben an die – wie er es nennt – »bloße Subjektivität« und »Affektion« der künstlerischen Antwort und spricht stattdessen vom Versuch, sich in »das Kunstwerk zu versenken und zu vertiefen« (*Ästhetik I*, S. 54). Er sagt auch, dass die »Betrachtung des Schönen liberaler Art« sei, »ein Gewährenlassen der Gegenstände als in sich freier und unendlicher« (*Ästhetik I*, 155). Damit wird das Problem der Autonomie im ästhetischen Bereich ebenso berührt wie das Problem der Beziehung zwischen diesen Vorlesungen und Hegels grundlegender Position.[19]

III.

Ich habe zu Beginn darauf hingewiesen, dass wir in Bezug auf Hegels Standpunkt zuallererst verstehen müssen, dass die »Ästhetik« in seiner Behandlung des Schönen und der schönen Künste »abwesend« ist. Damit ist bereits recht offensichtlich, dass er an einem ganzen Bündel von Fragen interessiert ist, die nicht mehr viel mit den philosophischen Fragen der Ästhetik zu tun haben, die im 18. Jahrhundert zunehmend wichtig wurden, nachdem Baumgartens Verwendung dieses Begriffs eine Art philosophische Unterdis-

19 Vgl. hierzu die Diskussion in Rüdiger Bubner, »Is There a Hegelian Theory of Aesthetic Experience?«, in: ders., *The Innovations of Idealism*, Cambridge 2003, S. 216-230. Bubner nähert sich den »Spuren« einer Theorie der ästhetischen Erfahrung bei Hegel auf der Grundlage von dessen Aussagen zur symbolischen Kunst. Vieles von dem, was er über Erfahrung sagt, weist auf die Kategorie der modernen Kunst hin.

ziplin etabliert hatte.[20] Ich will damit nicht behaupten, Hegel habe die Bedeutung des Sinnlichen als der primären Modalität der Erfahrung des Schönen und der schönen Künste nicht richtig gewürdigt. Er hat sie selbst mehrfach betont. Aber eine primäre Modalität ist für Hegel keine unabhängige Modalität, und damit beginnt die hegelsche Erzählung, an deren Ende die Kunst mit Religion und Philosophie verbunden ist und die die Grundlage für seine Behauptung über die essenzielle Historizität der Kunst liefert. Seine deutlichste Aussage findet sich in der Einleitung: »Das Kunstwerk bietet sich also allerdings für das sinnliche Auffassen dar. Es ist für die sinnliche Empfindung, äußerliche oder innerliche, für die sinnliche Anschauung und Vorstellung hingestellt, wie die äußere, uns umgebende oder wie unsere eigene innerliche empfindende Natur. [...] Dessenungeachtet ist aber das Kunstwerk nicht nur für die *sinnliche* Auffassung, als sinnlicher Gegenstand, sondern seine Stellung ist von der Art, daß es als Sinnliches zugleich wesentlich für den Geist ist, der Geist davon affiziert werden und irgendeine Befriedigung darin finden soll.« (*Ästhetik I*, S. 56 f.)

Später formuliert Hegel seine eigene Version von Kants Forderung nach Interesselosigkeit und beharrt darauf, dass ein Kunstwerk nicht zur Befriedigung irgendeiner Begierde, sondern »nur für die theoretische Seite des Geistes« existiere und »nur geistige Interessen befriedigen« solle (*Ästhetik I*, S. 58).

Aber Hegel versteht unter der »theoretischen Seite« nicht »die Theorie«, was die Komplexität weiter steigert. Der »Schein« des Idealen *soll* etwas distinkt Ästhetisches haben, selbst wenn eine solche Erfahrung weder autonom noch ein ganz für sich allein stehender Erfahrungsbereich ist. An einer Stelle schlägt Hegel vor, Kunst als etwas aufzufassen, das »jedes ihrer Gebilde zu einem tausendäugigen Argus« mache, jede menschliche Handlung, jedes Ereignis, jede Rede und jeden Ton »zum Auge werden [lasse], in welchem sich die freie Seele in ihrer inneren Unendlichkeit zu erkennen gibt« (*Ästhetik I*, S. 203 f.). Das ist ein Hinweis darauf, dass die Darstellung einer Tat oder einer Rede im Kunstwerk, egal wie sinnlich man es auffasst, in besonderer Weise zu einem nachhaltigen, nachdenklichen und engagierten – »lebendigen« – Hinterfragen auffordert und somit auch darauf hinweist, dass die Kunstwerke

20 Eine nützliche, kurze Zusammenfassung der Baumgarten-Hegel-Geschichte enthält Nuzzo, »Hegel's ›Aesthetics‹ as a Theory of Absolute Spirit«, S. 293-295.

wie das Auge und die menschliche Seele sowohl zum Mittel der Wahrnehmung werden, durch das wir sehen, als auch zu dem, worin die Seele, menschliche Bedeutung der Handlung oder Sprache, gesehen werden kann.[21]

Gewiss: Weder Kants noch Schillers Ästhetik, die beide den allergrößten Einfluss auf Hegel ausübten, waren sensualistisch oder empirisch, aber Kants Behauptung über die Bedeutung der Zweckgerichtetheit der ästhetischen Erfahrung und Schillers Interesse an der Bedeutung unserer moralischen Bestimmung trafen nicht das, was Hegel vorschwebte. Der Punkt, um den es sich handelt, gehört zu den von Hegel am häufigsten wiederholten Aussagen, die uns seit der *Differenzschrift* und *Glauben und Wissen* vertraut sind. Und ich halte ihn für Hegels Kritik an der vermeintlichen Unabhängigkeit der ästhetischen Erfahrung für zentral, obwohl es zugegebenermaßen *sehr* schwierig ist, ihn angemessen zu formulieren. Es geht darum, dass die Unterscheidbarkeit von Begriff und Anschauung in der Erfahrung – die Hegel gerne eingesteht – nicht dasselbe ist wie die Trennbarkeit von Begriff und Anschauung in ihrem voneinander *unabhängigen* Beitrag zur Erfahrung und diese auch nicht umfasst.[22] Entgegen mancher Kritik gibt es keinen Grund zur Annahme, dass Hegel die Unterscheidung zwischen den sinnlichen (oder passiven) und den begrifflichen (oder aktiven) Elementen der Erkenntnis vermischt oder aufhebt. Seine Position ist

21 Vgl. Maurice Merleau-Ponty, *L'Oeil et l'esprit*, Paris 1964, S. 23: »Denn ich schaue ihn nicht an wie man eine Sache anschaut, ich fixiere ihn nicht an seinem Ort, mein Blick irrt in ihm umher wie im Glanz, der das Sein umgibt, ich sehe ihm gemäß oder mit ihm eher als dass ich ihn sehe.« *L'Oeil et l'esprit* ist in mehrfacher Hinsicht eine kraftvolle Neuformulierung zahlreicher hegelscher Themen. Die Kritik an Descartes' Optik gleicht in vielem Hegels Ablehnung eines »zweistufigen« Prozesses der Wahrnehmung, was Merleau-Ponty »un mystère de passivité« (ein Mysterium von Passivität) der Wahrnehmung nennt, passiv, aber nicht vollständig rezeptiv (ebd., S. 52). Ein wichtiger Unterschied: Hegel betont die gesellschaftliche Dimension der Bedeutung der Kunst stärker.

22 Kants strikte Unterscheidung zwischen diesen beiden »Quellen« (Immanuel Kant, *Kritik der reinen Vernunft*, *Werke*, Bd. 3/4, Frankfurt/M. 1974, A51/B75) bildete die Grundlage für seine Kritik an der gesamten früheren philosophischen Tradition, von denen einige Teile, so seine berühmte Behauptung, entweder »die Verstandesbegriffe sensifizierten« oder die Erscheinungen »intellektuierten« (ebd., A271/B327) – auch wenn er auf seine eigene Art Hegels dialektischen Punkt, dass sie in der Erkenntnis notwendig ineinander verflochten, ja untrennbar sind, hervorhebt (vgl. ebd.).

viel komplizierter. Es gibt nicht mehr Grund zu der Annahme, er vermische die beiden Begriffe, als es Grund zu der Annahme gibt, dass jemand, der behauptet, »Anschauungen könnten keine repräsentative Bedeutung haben, es sei denn als Begriff«, auch behaupten könnte: »Es gibt keine Anschauungen, es gibt nur eine begriffsbildende Aktivität«, oder: Die Behauptung, »die Anschauung spielt nicht *ganz allein* eine repräsentative, bedeutsame Rolle«, heißt so viel wie, »sie spielt *überhaupt* keine Rolle, sie hat keine Funktion innerhalb von Erkenntnisansprüchen«.[23]

Allgemeiner gesagt: Dass Hegel eine im System enthaltene Unterscheidung bestreitet, heißt, dass für ihn die Frage, wie diskursives Denken unsere Sinnlichkeit beim Erwerb von Wissen durch Wahrnehmung beeinflusst, dieselbe logische Form besitzt wie die Frage danach, in welcher Weise das Denken oder die innere Anschauung körperliches Handeln beeinflusst oder sich in ihm manifestiert.[24] In keinem Fall gibt es einen »zweistufigen« Prozess, weder die begriffliche Erfassung von unabhängig erworbenem, sinnlichem Material noch eine innere Intention, die als distinkte Ursache wirkt und nachfolgend eine körperliche Bewegung auslöst,

23 Für Hegel wie für den Wittgenstein des Traktats hört das Denken nicht »jäh« vor der Welt auf, das Nachdenken über ein Objekt (einen *Sinn*) ist keine vermittelnde Einheit zwischen uns und dem Bezugspunkt des Denkens; es ist eine Art Weltsicht. Dieses Bild enthält in Bezug auf die Erfahrung immer noch viel substanziellen Inhalt und empirische Gelenktheit. Wiederum wird nur behauptet, dass die Beziehung des Denkens zu den Objekten nicht gesichert und auch nicht intuitiv fixiert werden kann allein durch die Äußerungen der Sinnlichkeit. Der einfachste Weg, um den Punkt neu zu formulieren, besteht schlicht darin, dass das Gebiet des Normativen – in diesem Fall das, was behauptet werden sollte – autonom ist. Prinzipien, die einschränken, was wir glauben sollten, was zu den möglichen Gegenständen der Erfahrung zählen könnte oder was man tun sollte, sind ganz und gar unabhängig von Behauptungen darüber, wie der Geist arbeitet oder was die Menschen im Allgemeinen tun oder was die Welt uns zu denken bestimmt. Fichte schätzte diesen Punkt am meisten und errichtete seine ganze Philosophie um ihn herum.

24 Die ästhetische Fassung des Punktes: Kunst besteht »überhaupt gerade in der Beziehung, Verwandtschaft und dem konkreten Ineinander von Bedeutung und Gestalt« (*Ästhetik I*, S. 395).

so wie man einen Ball anstößt, um ihn ins Rollen zu bringen. In diesem Sinne ist das seine Urfrage. Hegels Versuch, die Implikationen seiner Behauptung – Sinnlichkeit ist die *primäre*, aber keine *unabhängige* ästhetische Modalität, so wie Begriff und Anschauung zu *unterscheiden*, wenn auch nicht zu *trennen* sind, so wie eine Intention nicht auf körperliche Bewegungen *zurückzuführen* ist, auch wenn sie keine unabhängige *Ursache* für eine solche Bewegung ist – richtig darzustellen, ist ein Versuch, der auf fast jeder Seite seines Werkes, sei es des frühen oder des späten, auftaucht.[25] Das hauptsächliche Bild in fast allen diesen Erörterungen haben wir bereits gesehen, und es ist ebenfalls nicht leicht verständlich: Die Innen-Außen-Beziehung, die in allen Fällen dieser Art am Werk ist, ist wie eine spekulative Innen-Außen-»Identität« zu verstehen, wenn man sie richtig versteht. Dieses summarische Bild taucht so häufig auf, dass man erwarten kann, dass es auch Hegels Darstellung der schönen Künste beeinflusst, und das stellt sich als richtig heraus. (Eine verständlichere Formulierung lautet: »Das allgemeine Bedürfnis zur Kunst also ist das vernünftige, daß der Mensch die innere und äußere Welt sich zum geistigen Bewußtsein als einen Gegenstand zu erheben hat, in welchem er *sein eigenes Selbst* wiedererkennt« (*Ästhetik I*, S. 52; Hervorhebung R. P.). Die Beziehung zwischen dem Künstler und seinem Erzeugnis (dem Inneren zum Äußeren) und zwischen Kunstgegenstand und menschlicher Rezeption (dem Äußeren zum Inneren) soll eine solche »Identität« enthalten, wobei Letztere häufig als Geist (sowohl Erzeuger als auch Bewerter) ausgedrückt wird, der »sich selbst« im Kunstgegenstand wiederfindet. Die entscheidenden Diskussionen über das Ende der symbolischen Kunst (im Epigramm) und der klassischen Kunst (in der römischen Satire) werden in die Begrifflichkeit eines ungelösten und letztlich unerträglich entstellten Selbstverständnisses dieser Innen-Außen-Beziehung gekleidet. Die ziemlich großartige und viel weniger verständliche, aber kanonische Formulierung aus der *Enzyklopädie* (die Formulierung, die die Vorlesungen zur Ästhetik etwas unglücklich wie eine Richtschnur leitet) lautet: »Was daher *nur* ein

25 Vgl. McDowells passende Formulierung in *Geist und Welt*: »Absichten ohne öffentliche Aktivitäten [laufen] leer und die Bewegungen unserer Glieder ohne Begriffe sind bloße Geschehnisse, keine Ausdrücke des Handelns« (John McDowell, *Geist und Welt*, Frankfurt/M. 1996, S. 116).

Innerliches ist, ist auch damit *nur* ein *Äußerliches*; und was *nur* ein Äußerliches ist, ist auch *nur* erst ein Innerliches.«[26]

Deutlich wird ebenfalls, dass in Hegels Darstellung der Kunst diese wechselseitige Abhängigkeit eine große Rolle spielt. »In dieser Weise«, sagt er von der Kunst, »ist das Sinnliche in der Kunst *vergeistigt*, da das Geistige in ihr als *versinnlicht* erscheint.« (*Ästhetik I*, S. 61) Das Kunstwerk, so heißt es, »will sinnliche Gegenwart, die zwar sinnlich bleiben, aber ebensosehr von dem Gerüste seiner bloßen Materialität befreit werden soll. Deshalb ist das Sinnliche im Kunstwerk im Vergleich mit dem unmittelbaren Dasein der Naturdinge zum bloßen *Schein* erhoben, und das Kunstwerk steht in der *Mitte* zwischen der unmittelbaren Sinnlichkeit und dem ideellen Gedanken. Es ist *noch nicht* reiner Gedanke, aber seiner Sinnlichkeit zum Trotz auch *nicht mehr* bloßes materielles Dasein, [...] sondern das Sinnliche im Kunstwerk ist selbst ein ideelles.« (*Ästhetik I*, S. 60) Und: »Die Kunst durch ihre Darstellungen befreit innerhalb der sinnlichen Sphäre zugleich von der Macht der Sinnlichkeit. [...] [D]ie Kunst [...] hebt ihn [sc. den Menschen] mit milden Händen über die Naturbefangenheit hinweg.« (*Ästhetik I*, S. 74 f.)[27]

Wiederum heißt hier die konventionelle Auffassung, wozu He-

26 G.W.F. Hegel, *Enzyklopädie der philosophischen Wissenschaften I, Werke*, Bd. 8, Frankfurt/M. 1986, § 140, S. 274.

27 Es sollte festgehalten werden, dass Hegel der Meinung war, Kant sei der Erkenntnis der Natur der wahren Beziehung zwischen Unmittelbarkeit und Vermittlung im Allgemeinen in seiner Ästhetik viel näher gekommen als an irgendeinem anderen Ort. Er stellt fest: »So sieht Kant denn auch das *Kunstschöne* als eine Zusammenstimmung an, in welcher das Besondere selber dem Begriffe gemäß ist. Das Besondere als solches ist zunächst gegeneinander sowohl als auch gegen das Allgemeine zufällig; und dies Zufällige gerade, Sinn, Gefühl, Gemüt, Neigung, wird nun im Kunstschönen nicht nur unter allgemeine Verstandeskategorien *subsumiert* und von dem Freiheitsbegriff in seiner abstrakten Allgemeinheit *beherrscht*, sondern so mit dem Allgemeinen verbunden, daß es sich *demselben* innerlich und an und für sich adäquat zeigt. Dadurch ist im Kunstschönen der Gedanke verkörpert und die Materie von ihm nicht äußerlich bestimmt, sondern existiert selber frei, indem das Natürliche, Sinnliche, Gemüt usf. in sich selbst Maß, Zweck und Übereinstimmung hat und die Anschauung und Empfindung ebenso in geistige Allgemeinheit erhoben ist, als der Gedanke seiner Feindschaft gegen die Natur nicht nur entsagt, sondern sich in ihr erheitert [...]« (*Ästhetik I*, S. 88). Hegel fährt dann mit seiner üblichen Kritik an Kant fort, dessen Konstruktion nur eine »subjektive« Bedeutung habe und nicht »das an und für sich Wahre und Wirkliche selbst« sei (*Ästhetik I*, S. 89).

gel als Nachfolger der »Ästhetik« dränge, sei eine institutionelle oder soziale Theorie der Kunstgegenstände (von manchen Hegel-Kommentatoren so verstanden, dass das, was eine Gemeinschaft, zum Beispiel der Kunstmarkt, als Norm für Kunst und für gute Kunst festlegt, damit auch Kunst und gute Kunst *ist*, dass manche Normen zu einem untrennbaren Element der ästhetischen Erfahrung selbst werden).[28] Viele sehen darin den Beitrag des Idealismus zur Auffassung vom vermittelten, nicht unabhängigen Status der ästhetischen Dimension. Diese Kommentatoren verstehen die Vermittlung als »gesellschaftlich normativ« – in der Weise einer »Umkehrung« Hegels, in der Marx dann die primäre vermittelnde oder bedeutungsschaffende Funktion, einschließlich der ästhetischen, in den modernen Gesellschaften als »Warenform« betrachtet hat. Diese Charakterisierung von Hegels Position hat eine gewisse Berechtigung, doch glaubt Hegel zumindest auch, dass der Übergang zur modernen, romantischen Kunst (und darüber hinaus) einen klaren, verbindlichen Sinn hat (durchaus nicht einem Wechsel der Mode oder einer rein kontingenten Abfolge vergleichbar), und zweifellos will er diesen Übergang als fortschrittlich verstehen, nämlich so, dass die moderne Kunst eine Wahrheit über Normen, Bedeutung und menschliches Handeln »besser« widerspiegelt als die frühere Kunst, wenn auch nicht – wie er oft sagt – besser als »die Kunst«. (An diesem Punkt verlässt Hegel offenkundig die Gesellschaft der »Anything-goes-Version« der gesellschaftlich-institutionellen Kunsttheorie.) Jedenfalls verändert Hegels Ansatz, genau wie die linkshegelianische oder marxistische Interpretation, vollständig den Sinn der Frage, »mit welchem Recht« man denn behaupten könne, dass ein einzelnes Werk besser oder bessere Kunst oder überhaupt Kunst sei. Die Frage kann nicht allein als eine Frage über Kunst beantwortet werden, sicher nicht, wenn sie sich auf ein bestimmtes Werk bezieht, und man kann sich ihr nur nähern, wenn man sie in eine allgemeine Theorie über einen kollektiven Versuch der Selbsterkenntnis und produktive Tätigkeiten einbettet. Die Befürchtung des Skeptikers, dass jede Kategorisierung oder Bewertung von Kunst idiosynkratische, persönliche Vorlieben ausdrücken könnte, setzt viel zu spät an, um interessant oder anregend sein zu können.

28 Einen Überblick zur jüngsten Geschichte (nach 1970) der institutionellen Kunsttheorie gibt David Graves, »The Institutional Theory of Art. A Survey«, in: *Philosophia* 35 (1997), S. 51-67.

Wenn eine solche Frage aufkommt, dann kommt sie »innerhalb« der Praxis der Produktion und Bewertung von Kunst als einer gesellschaftlichen, sich selbst regulierenden Tätigkeit auf und kann den Normen dieser Praxis entsprechend angesprochen werden. Der »Theoretiker« verfügt hinsichtlich dieser Fragen nicht über eine besondere Autorität.

Selbstverständlich können alle derartigen Einschränkungen hinsichtlich der angenommenen Autonomie des Ästhetischen so formuliert werden, dass diese Erwägungen die Distinktheit der *ästhetischen* Manifestation der Idee verbergen. Das ist ein dialektisches Drahtseil, das Hegels »System« durchzieht. (Die Tatsache, dass moralische Erwägungen nur innerhalb und abhängig von einer bestimmten Form ethischen Lebens Gewalt haben – dass sie nicht Ergebnis einer rein praktischen Vernunft sind –, heißt nicht, dass Hegel die Autorität oder Distinktheit moralischer Erwägungen bestreitet, und auch nicht, dass sein Standpunkt der Untrennbarkeit von Begriff und Anschauung die Möglichkeit empirischer Erkenntnis leugnet.) Einfach ausgedrückt: Die sinnlich lebendige Erscheinung der Idee ist eine vitale, aber nicht vollkommen artikulierte Manifestation. Die »ethische Harmonie« des griechischen Geistes ist sinnlich und nach Hegels Auffassung in der griechischen Architektur lebendig, aber nicht in der Weise, wie sie in der griechischen Philosophie und schließlich in seiner Darstellung in der *Phänomenologie* zum Gegenstand des Nachdenkens wird. Die schmerzlichen inneren Spannungen und Unverträglichkeiten jener ethischen Welt sind in der griechischen Tragödie unmittelbar sinnlich wahrnehmbar, aber nicht in der selbst-bewussteren und damit »freieren«) Art, in der sich diese Spannungen in Sokrates' Infragestellungen in den platonischen Dialogen manifestieren.

Die zweite Implikation ist eine durch und durch historisierte Darstellung institutioneller und sozialer Konfigurationen, da Hegel begriffliche Normen als mit der Zeit sich notwendig verändernde Normen behandelt.[29] Seine Argumentation zur geschichtlichen Be-

29 Letzteres gilt häufig als Hegels wesentlicher Beitrag nicht nur zum philosophischen, sondern auch zum akademischen Studium der Kunst, das – weithin dank Hegel – das Problem der Intelligibilität oder der Bedeutung von Kunst innerhalb »kunstgeschichtlicher« Einrichtungen aufwerfen und untersuchen soll. Gombrich hat Hegel in einer berühmten Äußerung »den Vater der Kunstgeschichte« genannt (obwohl man Hegel nicht für alles tadeln sollte, was Gombrich über

dingtheit von Normen ist kompliziert, doch die grundlegende Vorstellung ist etwa die folgende: Bestreitet man die Unterscheidung von Form und Inhalt, sagt man zugleich, dass es keine traditionellen empirischen oder transzendentalen Strategien zur Errichtung normativer Autoritäten für Normen des Denkens oder Handelns gibt. Das Denken formt das Denkmaterial nicht von außen, wird aber auch nicht einfach von ihm geformt; die praktische Vernunft regiert unsere materiellen Impulse nicht, entwickelt aber auch nicht bloß Strategien zu ihrer wirksamen Befriedigung. Begrifflicher und normativer Wandel, ein unvermeidliches Ergebnis menschlicher Endlichkeit, muss folglich »intern« begründet werden. Dieser Wandel wird durch die Endlichkeit und Unvollkommenheit des Versuchs herbeigeführt, das zu regulieren, was wir einander zu sagen und zu tun erlauben, wobei dies wiederum innerhalb einer allgemeinen Darstellung dessen geschieht, wie wir uns gegenseitig Ansprüche und Handlungen erlauben oder verbieten.[30]

IV.

Also hängt Hegels Philosophie der Kunst vor allem von einer Theorie des Geistes ab, von einer Darstellung der kollektiven, von Normen geleiteten menschlichen Geistigkeit (*mindedness*) und einer Darstellung der Endlichkeit oder des Mangels, der die Produktion von Kunstwerken und die gesetzgebende Funktion von Normen bei deren Produktion und Bewertung erklärt. Wir müssen schlicht wissen, wie soziale Normen funktionieren, um zu wissen, wie

Kunstgeschichte oder Kunst gesagt hat). (Vgl. Ernst H. Gombrich, »Hegel und die Kunstgeschichte. Rede anläßlich der Verleihung des Hegel-Preises der Stadt Stuttgart am 28. Januar 1977«, in: *Neue Rundschau* 2 [1977], S. 202-219.)

30 So ist für Hegel die Frage nach dem Status des Schönen nicht lediglich Gegenstand einer Auseinandersetzung innerhalb der ästhetischen Theorie – wie beispielsweise im Disput zwischen Danto, der die »Entdeckung«, dass Kunst, ohne schön zu sein, große Kunst sein könne, als Errungenschaft der modernen Kunst betrachtet (Arthur C. Danto, *The Abuse of Beauty. Aesthetics and the Concept of Art*, Chicago 2003, S. 58.), und Nehamas, der in seinem jüngsten Buch das Gegenteil verteidigt (vgl. Alexander Nehamas, *Only a Promise of Happiness. The Place of Beauty in a World of Art*). Vielmehr gab es eine Zeit, in der ein Kunstwerk schön sein *musste*, um groß zu sein, doch diese Zeit ist vorbei. Dies ist nicht das Ergebnis eines Zeitalters mit einer schlechten oder einer guten Theorie.

künstlerische Normen funktionieren. Die Theorie eines solchen Bedürfnisses und einer solchen Produktion ist wiederum in zweifacher Weise abhängig. Sie ist zunächst abhängig von der »Logik« der Innen-Außen-Beziehung, auf die Hegel ständig verweist und die für ein angemessenes Verständnis des Geistes und seiner Produkte zentral ist. Das distinkte Merkmal dieser Logik ist seine gegen den gesunden Menschenverstand gekehrte Leugnung einer strikten *Trennung* oder »zweistufigen« Auffassung. So schreibt Hegel, wenn er über die *Produktion* von Kunst (in diesem Fall von griechischer Kunst) spricht, über ihre »Vorstellungen« und »Lehren«: »*Und zwar nicht in der Art, daß diese Vorstellungen und Lehren bereits vor der Poesie* in abstrakter Weise des Bewußtseins als allgemeine religiöse Sätze und Bestimmungen des Denkens vorhanden gewesen und von den Künstlern sodann erst in Bilder eingekleidet und mit dem Schmuck der Dichtung äußerlich umgeben worden wären, sondern die Weise des künstlerischen Produzierens war die, daß jene Dichter, was in ihnen gährte, nur in dieser Form der Kunst und Poesie herauszuarbeiten vermochten.« (*Ästhetik I*, S. 141; Hervorhebung R. P.) Und im Hinblick auf die *Rezeption* des Werks: »Das Ich aber in der Beziehung auf das Objekt hört gleichfalls auf, nur die Abstraktion des Aufmerkens, sinnlichen Anschauens, Beobachtens [...] zu sein. Es wird in sich selbst in diesem [schönen] Objekte konkret, indem es die Einheit des Begriffs und der Realität, die Vereinigung der bisher in Ich und Gegenstand getrennten und deshalb abstrakten Seiten in ihrer Konkretion selber für sich macht.«[31]

Auf diese Art und Weise über Inneres und Äußeres zu sprechen – zu sagen, dass die Ideen des Künstlers nicht »vorher« existieren, sondern nur *als* im Produzieren von Kunst »herausgearbeitet« zu bestimmten Ideen werden, und das Subjekt konkret zum Subjekt erst *in* der ästhetischen Bewertung »wird« – ist für die Diskussion essenziell. Die Feststellungen treffen ins Herz des Problems, wie Hegel die Autonomie des Ästhetischen bestreiten kann, ohne die Kunst dadurch zur bloßen Illustration oder zu sinnlichen Beispielen der »Ideen«, der wichtigsten Normen eines Gemeinwesens, zu machen. (Solche Ideale haben keinen begrifflichen Gehalt, sie haben keine »Wirklichkeit«, wenn sie nicht in der künstlerischen Pro-

31 *Ästhetik I*, S. 155; vgl. auch *Ästhetik I*, S. 133: »An sich selbst nämlich, seinem Begriffe nach, ist das Subjekt das *Totale*, nicht das Innere allein, sondern ebenso auch die Realisation dieses Innern am Äußeren und in demselben.«

duktion und Rezeption oder in anderen »Entäußerungen« wie der Religion und dem politischen Leben »herausgearbeitet« werden.)

Es handelt sich dabei um einen Begriff, dem auch Hegels Darstellung des Handelns, wo er das Wichtigste leistet, eine uneingeschränkte und paradoxe Herrschaft einräumt. Und damit kommen wir zur zweiten Abhängigkeit, die Hegel in Sätzen formuliert wie: »Die entwickelte Natur des wirklichen Handelns erfährt nun das sittliche Selbstbewußtsein an seiner Tat«, oder: »Das Individuum kann daher nicht wissen, was es ist, ehe es sich durch das Tun zur Wirklichkeit gebracht hat.«[32] In gleicher Weise versucht Hegel zu sagen, dass wir nicht wissen, nicht wissen können, wer wir sind und wonach wir streben, bis wir einen Weg gefunden haben, um eine Form dieses Wissens – unter anderem in der Kunst – zu entäußern sowie (sehr metaphorisch ausgedrückt) *miteinander* zu ringen und uns auf eine autoritative Ansicht zu einigen.

In dieser Hinsicht (und das ist Hegels anspruchsvollste Behauptung) ist das Herstellen von Kunst kein beiläufiger oder zufälliger oder bloß illustrierender *Ausdruck* einer bereits erreichten Selbsterkenntnis; sie ist dies so wenig wie die Handlung das Ergebnis oder der Ausdruck einer bestimmten inneren Intention.[33] Kunst *ist*

32 Hegel, *PhG*, S. 347 und S. 297; vgl. ebenso ders., *Enzyklopädie I*, § 112 Zusatz, S. 232: »Man pflegt so namentlich zu sagen, es komme bei den Menschen nur auf ihr Wesen an und nicht auf ihr Tun und ihr Betragen. Darin liegt nun zwar das Richtige, daß dasjenige, was ein Mensch tut, nicht in seiner Unmittelbarkeit, sondern nur als vermittelt durch sein Inneres und als Manifestation seines Innern zu betrachten ist. Nur darf dabei nicht übersehen werden, daß das Wesen und dann weiser das Innere sich eben nur dadurch als solche bewähren, daß sie in die Erscheinung heraustreten; wohingegen jener Berufung der Menschen auf ihr von dem Inhalt ihres Tuns unterschiedenes Wesen nur die Absicht zugrunde zu liegen pflegt, ihre bloße Subjektivität geltend zu machen und sich dem, was an und für sich gültig ist, zu entziehen.«

33 Wie schon mehrfach eingeräumt, ist es schwierig, die richtige Formulierung für das zu finden, worauf Hegel hier abzielt, aber die Konsequenzen eines falschen Verstehens bedeuten für die Interpretation eine schwerwiegende Abweichung von Hegel wie etwa de Mans irriges Beharren auf einem psychologischen »inneren Denken«, das sich materiell entäußere. Vgl. Paul de Man, »Sign and Symbol in Hegel's Aesthetics«, in: *Critical Inquiry* 8.4 (1981), S. 761-775. Ich stimme mit Geuss überein, dass de Man auch falsch interpretiert, was Hegel unter »symbolisch« versteht und was er meint, wenn er davon spricht, dass die Kunst für uns der Vergangenheit angehöre. Vgl. Raymond Geuss, »A Response to Paul de Man«, in: *Critical Inquiry* 10.2 (1983), S. 375-382, und de Mans Entgegnung (Paul de Man, »Reply to Raymond Geuss«, in: *Critical Inquiry* 10.2 [1983], S. 383-390).

eine von uns erreichte Form der Selbsterkenntnis, eine Erkenntnis, die wir außerhalb dieser Verwirklichung nicht hätten und nicht haben könnten – genauso wie vorausliegende Formulierungen von Intentionen bloße Fantasien einer erkannten oder »geprüften« Verpflichtung sein können. Auch sie werden nur »in der Tat«, was sie wahrhaft sind. Das ist die Behauptung, die wir verstehen müssen, wenn wir Hegels Kunsttheorie verstehen wollen.[34]

Ferner behandelt Hegel die Existenz eines Handelnden, eines Subjekts, dem Taten zugeschrieben werden können, auf eine Weise, in der sich die zweite Abhängigkeit seiner Philosophie der Kunst manifestiert. Sie hängt damit zusammen, dass die Frage des Subjekts oder des Akteurs von Hegel nicht als eine ontologische oder streng philosophische Kategorie behandelt wird, sondern als ein erreichter gesellschaftlicher Status, wie ihn zum Beispiel ein Bürger oder ein Professor einnimmt, als Produkt oder Ergebnis wechselseitig anerkennenden Verhaltens. Das bedeutet genau das, was es zu bedeuten scheint: dass verschiedene historische Gemeinschaften einen solchen Status auf verschiedene Weise herstellen und es keinen Wahrheits- oder Tatsachenbeweis gibt, der ihn falsch oder zunehmend richtig sein lässt. In gleicher Weise sind Kunstgegenstände keine natürlichen Manifestationen. Es gibt keine irgendwo verborgene Form der Oper, die jemand entdeckte. Der Status eines Kunstgegenstandes ist ein zugeschriebener, historisch erreichter, gesellschaftlich autoritativer Status, und um die Kunst eines Zeitalters zu verstehen, müssen wir die ethische und kulturelle Welt verstehen, in der seine Rezeption Sinn ergibt, eine gewisse Autorität besitzt[35] und damit »zirkulieren« kann.[36]

34 Diese Zusammenfassung ist skizzenhaft, aber sie sollte deutlich machen, dass jeder dieser Punkte viele Fragen aufwirft. Könnte es nicht zum Beispiel sein, dass ein Kunstwerk, das einen angemessenen »lebendigen« Ausdruck, die Verwirklichung eines höchsten Ideals darstellte, das zu Fragen und Bewertungen einlud, die an die fortdauernde Lebendigkeit dieser Norm gebunden waren usw., trotzdem schlechte Kunst war? Hegels Antwort ist »nein«, aber es bedurfte einer davon unabhängigen Diskussion, um diese Behauptung zu verteidigen.

35 »Die Form der romantischen Kunst« soll nach Hegel (*Ästhetik II*, S. 127) sowohl eine neue »Weltanschauung« als auch eine neue »Kunstgestaltung« erforderlich machen.

36 Diese beiden Abhängigkeiten sind für Hegel, was ein Thema von Buchlänge wäre, miteinander verknüpft. Sie sind verbunden, weil das, was Hegel als das relevante »Äußere« in der Darstellung des Geistes und seiner Normen versteht,

Und schließlich möchte Hegel klare Parallelen zwischen allen Beispielen der Innen-Außen-Dialektik herstellen, die in seinen Erörterungen so prominent sind. Das heißt, die Art und Weise, wie man von einer Tat, einer körperlichen Bewegung sagen kann, sie verkörpere die Intention eines Subjekts und erhalte damit eine bestimmte Bedeutung, ist nicht das Ergebnis einer vorausgehenden, bestimmten subjektiven Ursache. Die Intention entfaltet sich im Verlauf der Zeit in der Aktion, sie antwortet ebenso auf das, was sich im Verlauf der Zeit entfaltet, wie sie gegenüber einer ursprünglichen Formulierung »wahr« ist; sie wird zu der Intention, die sie ist, erst, während die Tat sich entwickelt. (Am deutlichsten zeigt sich dies in dem Fall, in dem man angesichts seiner Absicht, jeder Formulierung ex ante zum Trotz, überrascht erkennt, als was sich die eigenen Verpflichtungen am Ende »erweisen«.) Aber diese äußere Dimension dessen, was nur vorläufig innerlich ist, die tatsächliche körperliche Handlung, hängt auch von den bedeutungsschaffenden Praktiken einer Gemeinschaft zu einer bestimmten Zeit ab; es gibt kein privilegiertes »Eigentum« des Subjekts an der Bedeutung der Tat. Die öffentliche autoritative Tatbeschreibung ist auch nicht einfach »von anderen« auferlegt oder willkürlich hergestellt. Damit eine solche Zuschreibung möglich ist, muss ein großes Netzwerk an autoritativen Praktiken vorhanden sein. (Und dieser Prozess kann allmählich zerfallen, wie Hegels Darstellung der Tragödie zeigt.)

Tatsächlich geht es Hegel nicht nur um Parallelen. Er will offenbar, dass man die Produktion von Kunst als eine *Form des Handelns* betrachtet, dass man das »Werk« so versteht, wie man die körperlichen Bewegungen einer Handlung versteht.[37] So wie es eine Zeit (ein heroisches Zeitalter) gegeben haben mag, in der das Schöne die richtige ethische und ästhetische Norm einer Handlung war, so könnte heute etwas wie Authentizität die entsprechende Norm sein (darüber gleich mehr).[38]

eine gesellschaftliche, öffentliche Welt ist, und die Abhängigkeit einer Tat oder eines Kunstprodukts von dieser Welt hinsichtlich ihres Sinns eine Abhängigkeit von einer veränderlichen, sich innerlich »selbst-negierenden«, ruhelos unzufriedenen Welt ist.

37 In der *Phänomenologie des Geistes* bezeichnet Hegel die Tat einer Person häufig als ihr »Werk«. Vgl. zum Beispiel Hegel, *PhG*, S. 242-244.

38 Vgl. Stanley Cavell, »A Matter of Meaning It«, in: ders., *Must We Mean What We*

Ebenso will er sagen, dass einem Kunstwerk nicht als Produkt oder als Ergebnis einer Intention des Künstlers Bedeutung zukommt. Was sich als Intention des Künstlers erweist, ist (selbst für ihn) nur im Werk zugänglich, weil sie dort »verwirklicht« oder »entäußert« ist. Und eine auf diese Weise bestimmte Bedeutung ist selbst wiederum von den autoritativen gesellschaftlichen Normen einer bestimmten Zeit, von den Bedeutung erzeugenden Verfahrensweisen der Kritik, Bewertung, Kategorisierung usw. abhängig, die wie im Fall der Handlung zerfallen oder wie am Ende der klassischen oder romantischen Kunstperiode zu unvereinbaren Verpflichtungen führen können.[39]

V.

Wie steht es nun mit unserer Zeit? Ganz einfach gefasst lautet die Behauptung folgendermaßen: Die Kunst der Moderne (die für Hegel in seiner Zeit – aber nicht für alle Zukunft – die Spätromantik war, vor allem die Lyrik) muss letztlich auch eine Kunst werden, die »über sich selbst als Kunst hinausgeht«, die *sowohl* das Schöne als Ideal, als Mittel der Entäußerung und Anerkennung unserer

Say?, Cambridge 1976, S. 213-237, hier: S. 220, über die »Möglichkeit der Betrügerei« als »Charakteristikum der Moderne«.

39 Hegels Auffassung der Bedeutung von Handlungen ist keine »expressive«, wie sie beispielsweise im Kontext von Herder oder Charles Taylor verstanden würde. (Er glaubt sicherlich nicht, dass Kunst der »Gokart-Geist« ist, wie Danto, *The Abuse of Beauty. Aesthetics and the Concept of Art*, S. 94 meint.) Das liegt daran, dass für Hegel der ganze Prozess der Entäußerung auch Bestandteil einer gesellschaftlichen Praxis des Benennens und Nachfragens von Gründen unter dem Druck eines möglichen gesellschaftlichen Konflikts ist. Mit anderen Worten, solche Entäußerungen gelten als eine Art Angebot an andere, das gemacht wird, wenn Handlungen oder Produkte das berühren, was andere sonst tun könnten. Das ist eine lange Geschichte, aber Hegel versteht die praktische Rationalität als eine »gesellschaftliche Praxis«, oder er versteht sie »pragmatisch«, oder er hat eine »historisierte« Auffassung vom so genannten Appell an die Vernunft. Der Punkt ist, dass er die praktische Vernunft als eine Art Austausch von Rechtfertigungsversuchen zwischen Personen versteht, deren Handlungen das berühren, was andere sonst tun könnten, und zwar in einem Gemeinwesen zu einem bestimmten Zeitpunkt und damit in veränderlicher Weise. Auch die Produktion von Kunst betrachtet er als einen kollektiven Versuch zur wechselseitigen Intelligibilität und Rechtfertigung, der ein Element einer solchen rationalisierenden Praxis darstellt.

höchsten Werte, *als auch* (im von Hegel so genannten »Ende der romantischen Kunst«) das Vertrauen auf Innerlichkeit, Authentizität, Reinheit des Herzens und die erhöhte Bedeutung der Subjektivität in der romantischen Weitsicht als nostalgisch und keinesfalls genuin meidet. (Offensichtlich können Personen, Bauwerke und die Natur noch schön *sein*, der Punkt ist, dass solche Manifestationen sowohl natürlicher als auch künstlerischer Schönheit ihre Bedeutung verloren haben. Die Schönheit spielt *nicht mehr* dieselbe Rolle, die sie früher spielte.) Eine Kunst dieser Art wird – darin von der schönen Kunst notwendigerweise unterschieden – die Abwesenheit einer möglichen Versöhnung, Harmonie und Inspiration, wie sie für die klassische Kunst typisch war,[40] ebenso aufnehmen wie die von Hegel als prototypisch für die Moderne betrachtete romantische Haltung. Hegel beschreibt die nachklassische oder romantische Kunst, die wir im Begriff sind zu »überschreiten«, so: Der Geist wird »aus seiner Versöhnung im Leiblichen auf sich selbst, zur Versöhnung seiner in sich selber zurück[gedrängt]. Die einfache, gediegene Totalität des Ideals löst sich auf und zerfällt in die gedoppelte Totalität des in sich selber seienden Subjektiven und der äußeren Erscheinung, um den Geist durch diese Trennung die tiefere Versöhnung in seinem eigenen Elemente des Inneren erreichen zu lassen« (*Ästhetik II*, S. 127).

Hegel ist kein Befürworter eines derartigen Dualismus, aber er betrachtet diese Haltung (den Verlust der Schönheit als Ideal, so könnte man sagen) als notwendig für die Selbsterziehung des Geistes. Um Hegels narrative Metaphern zu verwenden: Nachdem er entdeckt hat, dass der Mensch keinen festen, zweckmäßigen »Platz« in der Natur, kein natürliches Zuhause hat (dass die Natur entzaubert ist), gibt der Geist seinen Versuch auf, »sich selbst« in der Natur oder in körperlicher Äußerlichkeit »zu sehen« oder »zu finden«, hört auf, »dort« nach einem Zweck und Naturgesetz Ausschau zu halten, und beginnt den Versuch, sich selbst in seinen eigenen *Produkten* zu sehen, einen Weg zu finden, um seine Kultur, Arbeitswelt, Politik, Gesetze und Religion als »seine eigenen« zu verstehen und nicht als eine zufällige Verkettung von Ereignissen,

40 In der klassischen Kunst ist diese Harmonie erworben um den Preis einer zu schwachen, unvollständigen oder unterdrückten Anerkennung menschlicher Subjektivität – Subjektivität verstanden als eine selbstbestimmende und nicht bloß als auf die Natur antwortende oder von ihr bestimmte.

die ihm einfach nur widerfahren, willkürlich erzeugt oder ihm von der Notwendigkeit auferlegt werden. Die romantische Kunst ist demnach sowohl psychologisch sinnlich als auch reflexiv, sie drückt aus, wie eine Erfahrung, eine andere Person, eine Welt »dem Subjekt« als der wichtigsten und am meisten privilegierten Dimension der Erfahrung erscheint oder von ihm empfunden wird.

VI.

Hegel versteht das Streben nach dem Schönen in der klassischen Kunst als etwas, das nur als Teil eines sehr breiten und ehrgeizigen menschlichen Strebens intelligibel ist, eines Strebens, alle Seiten des Menschen im Zusammenhang mit der Natur oder der nichtmenschlichen Welt zu begreifen und angemessen einzuordnen. Er behauptet auch, dass dieses Versprechen nicht eingelöst werden konnte und die Erfahrung von Leid und Tod bereits in der griechischen Tragödie eine Trennung oder Entfremdung von der vorgegebenen natürlichen Welt enthüllte.[41] Die romantische Kunst ist der Beleg einer solchen Ortlosigkeit und ein Beleg sowohl der Erfahrung des Bedürfnisses nach Entäußerung der inneren Erfahrung als auch der Erfahrung der Unzulänglichkeit jeder äußerlichen körperlichen Form, eine Bedeutung anzunehmen.

Aber dieser zurückgenommene Standpunkt führt unvermeidlich zur Ansicht, dass *jede* Entäußerung, jede Körperlichkeit, die öffentliche gesellschaftliche Welt eine »Seite von Geschmack- und Geistlosigkeit«[42] an sich habe; und die erhabene innere Reinheit des Herzens läuft bei Hegel, in den vielen Darstellungen der romantischen Kunst und der Romantik, auf eine Art Pathologie hinaus, die er in der *Phänomenologie* als »Gesetz des Herzens«, »Wahnsinn des Eigendünkels«, »schöne Seele« usw. bezeichnet. Es ist hier nicht möglich, genauer zu untersuchen, warum er diese Implikationen für Pathologien oder warum er die Pathologien für wichtig hält, um zu erklären, weshalb sie nicht aufrechtzuerhalten sind und auch nicht aufrechterhalten werden sollten, weshalb sie in seinem Sinne »irrational« sind. An diesem Punkt interpretiert Hegel die Grenze

41 »Man kann nicht sagen, daß bei den Griechen der Tod in seiner wesentlichen Bedeutung sei aufgefaßt worden« (*Ästhetik II*, S. 134).

42 Hegel, *Enzyklopädie III*, § 562, S. 371.

der romantischen Kunst aber als eine Art letzter Offenbarung der Grenze der Kunst an sich, als ob die Alternativen, sehr krude formuliert, auf Folgendes hinausliefen: ein unergründliches und mysteriöses »Äußeres« ohne viel »Inneres« (zum Beispiel die ägyptische Kunst), ein vollkommen im natürlichen Äußeren ausgedrücktes und dort heimisches »Inneres« (die klassischen Skulpturen) oder ein Inneres, das um seinen Ausdruck im Äußeren kämpft, ihn aber nie erreicht (die romantische Kunst). Alle diese Formulierungen weisen bereits darauf hin, wie zentral das Problem einer natürlich verkörperten oder natürlich ausgedrückten Geistigkeit für Hegels Darstellung der Kunst ist, doch dem Sinn dieser Alternativen entsprechend weist Hegel darauf hin, dass im modernen sittlichen Leben eine Versöhnung von Innerem und Äußerem eigentlich nur in der religiösen Gemeinschaft und letztlich in der philosophischen Selbsterkenntnis stattfinden kann.[43] Die einzigen Kunstformen, die er als »nachromantische« anerkennt, sind hinsichtlich ihres Anspruches und ihrer Wichtigkeit sehr abgeschwächt – eine neue Form der modernen Komödie, »objektiver Humor«,[44] mit einem sakralisierten »Humanus« als Zentrum.

Die allgemeinen Kategorien, die sich aus Hegels Entwicklungsbericht ergeben, scheinen ausschließlich für eine Kunstform »nach dem Schönen« geeignet und aus der romantischen Polarität von innerer Reinheit und »Geschmacklosigkeit« bloß zufälliger äußerer Barrieren gegen die Verwirklichung des Inneren befreit zu sein.[45]

43 Vgl. ebd., §563, S. 372: »Die schöne Kunst (wie deren eigentümliche Religion) hat ihre Zukunft in der wahren Religion.«

44 Hegel hatte eine Schwäche für Laurence Sterne und ärgerte sich ziemlich über die romantische oder »subjektive« Ironie. Aber sein Modell für den objektiven Humor ist sehr seltsam: Goethes *West-östlicher Divan*. Henrich, »Zerfall und Zukunft. Hegels Theoreme über das Ende der Kunst« unternimmt einen heroischen Versuch, den Sinn dieser Vorliebe zu erklären.

45 Es trifft daher zu, dass Hegel an der Oberfläche die »Unvermeidlichkeit des Zusammenbrechens der klassischen Schönheitsmaßstäbe in der Kunst« als »Beweis« dafür nimmt, »dass die Kunst von der Philosophie überwunden werden muss« (Paul Guyer, »Freedom of Imagination. From Beauty to Expression«, in: *International Yearbook of German Idealism* 4 [2006], S. 311-334, hier: S. 324); doch das ist ein zu schneller Sprung, vielleicht nicht für einen Kommentator, aber, so scheint es zumindest, für Hegel. Die Augenblicke romantischer Innerlichkeit erzeugen dieselbe Art von Weltfremdheit in der Philosophie des objektiven Geistes, aber Versöhnung und Reintegration finden dort in der *Sittlichkeit* statt, nicht in einem Sprung in die Religion oder die Philosophie. Ferner zeigt die Existenz

Anstelle von lediglich unzulänglichen öffentlichen und natürlichen Formen einer konkreten hyperreflexiven Gesinntheit könnten wir uns neue Formen solcher Verkörperungen vorstellen wie in den großen Experimenten der Moderne in der bildenden Kunst, der Musik und der Literatur. In der Tat könnte Hegels Ansatz einen wahrhaft umfassenden Versuch darstellen, zu verstehen, warum die westliche Malerei anfing, sich von der figürlichen Darstellung fortzubewegen, warum die Musik begann, nach absoluter Musik zu streben, und warum die Literatur dazu kam, sich so viel mehr mit sich selbst zu beschäftigen. Für andere Zusammenhänge wie das moderne sittliche Leben oder die Religion akzeptiert Hegel mit Sicherheit, dass sich hochentwickelte, reflektierte Formen der Geistigkeit in Gewohnheiten und permanenten täglichen Praktiken verkörpern können, die als Gegenstücke zu den sinnlichen, materiellen Verkörperungen erscheinen, wie Kunst sie verlangt. Zumindest gibt es in seinem systematischen Projekt nichts, was einen erwarten ließe, dass unter allen Projekten des menschlichen Geistes, ja einzig unter den Manifestationen des absoluten Geistes, *allein* die Produktion von Kunst einen solchen Verlust an Vitalität und Bedeutung erleiden und keine Verkörperungsform finden sollte, die Hegels Theorie der modernen Welt angemessen wäre.

Um eine Vorstellung von dem zu erhalten, was Hegel sich offenbar nicht vorstellen konnte, wären leider sehr viel mehr Einzelheiten zu seiner Theorie der westlichen Modernisierung erforderlich und – was noch schwieriger ist – eine umfassende Sicht auf die moderne bildende Kunst, Musik und Literatur. In Bezug auf diese Fragen gibt es wenig Übereinstimmung, aber ich hoffe, dass die

romantischer Kunst über zweitausend Jahre sicherlich, dass es »nicht-schöne« Kunstformen geben kann, weshalb die exklusive Disjunktion, von der die eben zitierte Feststellung abhängt, nicht richtig sein kann. Und schließlich: Da alles, was in jeder Kunst auf dem Spiel steht, die sinnlichen Manifestationen und das Verständnis von Freiheit betrifft, und da Hegels Theorie eine Nicht-Entfremdungs-Theorie der Freiheit ist, mit einer subjektiven und einer objektiven Seite, eine Theorie, in dem das Innere zum Äußeren werden muss, um entschieden ein Inneres zu sein, müssen wir meiner Meinung nach sagen, dass Hegels Unfähigkeit, sich eine nachromantische Kunstform vorzustellen (eine äußere Form für ein nachromantisches Freiheitsverständnis), eben dies ist, nämlich ein Versagen der Imagination, keine systematische oder notwendige Ausschließung. Vgl. Henrich, »Zerfall und Zukunft. Hegels Theoreme über das Ende der Kunst«, S. 100-106: »Synthesis statt Zerfall«.

aufgezeigte Linie in Hegels Darstellung zumindest eine Richtung andeutet. Es ist zum Beispiel möglich, die modernen Romane von James, Proust, Joyce, Woolf, Musil und anderen als historisch distinkte Repräsentationen menschlicher Subjektivität anzusehen, Repräsentationen von noch nie dagewesenen Beziehungen gesellschaftlicher Abhängigkeit und Unabhängigkeit, die nicht einmal von den größten »realistischen« Romanen eingefangen werden können und daher einer bestimmten ästhetischen Form mit wechselnden, instabilen und in hohem Maß vorläufigen Standpunkten und einem beständigem Experimentieren mit auktorialer Autorität und narrativer Kohärenz bedürfen. Ein solches Schreiben ist ein »befragendes« Schreiben, sowohl hinsichtlich der eigenen Möglichkeiten als auch hinsichtlich eines konkreten ästhetischen Ausdrucks und der Verkörperung einer solchen Befragung (die nicht skeptisch ist, sondern eine Weise der Erfahrung, des Lebens, bildet), genauso wie ein Bild gemalt werden kann, indem seine Möglichkeiten aufgehoben und befragt werden, und wie Musik nicht anders ästhetisch präsent sein kann denn als organisierter Klang. In allen Fällen muss eine ästhetische Verkörperung auf hegelsche Weise, wie sie hier entwickelt wurde, verstanden werden, als etwas, das viel mehr ist als bloß Sinnliches und tiefer als alles bloß Formale. In der Tat bietet Hegels Philosophie der Kunst eine viel bessere Position als die nachkantischen formalistischen oder die nachnietzscheanischen experimentellen Ansätze ästhetischer Erfahrung, um uns mit dem zu konfrontieren, was moderne Fragen von uns verlangen: konkretes Denken, um mit einem Begriff Hegels zu sprechen.

Um zu verstehen, warum solche neuen Formen sozialer Beziehungen und das neue Verständnis von Handlungsfähigkeit, das sie erfordern, nur in neuen ästhetischen Formen ihren Ausdruck finden konnten, müssten wir selbstverständlich nicht nur Hegels Theorien moderner Sozialität und modernen Handelns verstehen (sowie die »Logik«, die solche Strukturen nach Hegels Ansicht implizieren), sondern auch vieles von dem, was er sich nicht vorstellen konnte: die Erweiterung seines Ansatzes auf die modernen Massenkonsumgesellschaften, die Technologisierung vieler Bereiche des menschlichen Lebens und die Gefährdungen von Hegels Hoffnung auf eine Art spiritueller »Versöhnung« mit den modernen bürgerlichen Gesellschaften. Sowohl eine *Idee* im Sinne Hegels als auch deren sinnliche Form, ihr *Schein*, scheinen mir in Übereinstimmung mit

Hegels historischer Darstellung der gesellschaftlichen Subjektivität zu stehen beziehungsweise eine Art Implikation darzustellen. Beide verkörpern als Kunst das, was Hegels modernes »Ideal« erfordert und impliziert: ein freies Leben.[46]

Es ist auch möglich, sich eine moderne Form der Kunstbetrachtung vorzustellen, der es nicht um bloße Geschmacksunterschiede geht und die stattdessen einer stets historisch bedingten Interpretation verpflichtet ist, welche unter einer Art Bedrohung steht – einer Bedrohung der Bedeutung und damit der »Tiefe« der Interpretation als einem Wert – und die sich mit einer Theorie der ästhetischen Bewertung befasst, die sich nicht an Schönheit und Freude orientiert,[47] sondern an der Frage der konkreten Bedeutung von Freiheit unter Bedingungen, die sich von denen Hegels unterscheiden. Ich bin im Hinblick auf die moderne Musik kein großer Anhänger von Adorno, aber ich kann erkennen, was er zu tun versucht, und sympathisiere damit; ebenso kann man die Arbeiten Becketts und Benjamins über Proust, Greenbergs über Abstraktion, Clarks über Manet, Frieds über Courbet oder Manet oder Menzel als »hegelianische« Interpretationen moderner Augenblicke betrachten.

Wie es sich im Einzelnen ausnehmen würde, würde man durch eine zwingend nachromantische Kunst unter den Bedingungen von Hyperreflexivität und Selbstbewusstsein bewegt und ergriffen, ist eine andere Frage. Und zwar eine sehr schwierige. Hegel war anscheinend von etwas überzeugt, das sich analog bei Bernard Williams findet, der behauptet, dass »Reflexion die ethische Erkenntnis abtötet« – in diesem Fall, dass in einer Kultur der Reflexion die Beinahe-Unmittelbarkeit (und damit eine Art Ehrlichkeit) ästhetischer Begegnungen schwer denkbar wird. Diese Situation wird durch die Befreiung der Kunst von ihrer Rolle in Politik oder Religion keineswegs besser. Ironischerweise führt die Autonomie der Kunst in

46 Zur Verteidigung dieser Behauptung vgl. Robert B. Pippin, *Moral und Moderne. Die Welt von Henry James*, München 2004, und ders., »On Becoming Who One is (and Failing). Proust's Problematic Selves«, in: ders., *The Persistence of Subjectivity. On the Kantian Aftermath*, Cambridge 2005, S. 27-54.

47 Das sind kantische Begriffe, doch will ich damit nicht sagen, dass man bei Kant nicht bereits große Teile von Hegels Theorie finden könnte, wie etwa in der Frage der Belebung. Vgl. Immanuel Kant, *Kritik der Urteilskraft*, *Werke*, Bd. 10, Frankfurt/M. 1974, § 49.

der Moderne vielmehr dazu, das Problem zu verschlimmern. Von griechischer Architektur und Kirchenmusik kann man sagen, dass sie auf eine Weise in den Alltag verwoben waren, die eine direktere sinnliche, das heißt genuin ästhetische Begegnung ermöglichte. Heute wird Kunst als »*Kunst*« erfahren, eine Kategorisierung, die so viele komplexere Erwartungen und Hemmnisse schafft, dass jede direkte sinnliche Präsenz des Werks nur schwer vorstellbar ist.[48] Man kann radikale Bewegungen vom Impressionismus bis hin zu Pollocks Tropfbildern, Caros abstrakten Stahlskulpturen und Stellas Experimenten mit exzentrischen Polygonen, verformten Leinwänden und dergleichen als Versuch verstehen, diese reflektierte Vermittlung zu durchbrechen und die Kunst unter den veränderten Bedingungen erneut als sinnlich, mediumspezifisch, glaubwürdig und »präsent« zu etablieren.[49]

Tatsächlich ist ein Kunstwerk, das sich gemessen an diesen Bedingungen als falsch erweist – ein Kunstwerk, das als schlichte Übertragung einer Idee oder eines Plans in ein äußeres Objekt erscheint, oder eines, das sich an etwas richtet, was man eindeutig für eine feste gesellschaftliche Konvention hält, eines, das die Vorläufigkeit und Dürftigkeit jedes Anspruchs auf Autorität oder gar Bedeutung bestreitet –, ›ein Kunstgegenstand, der am modernen Versuch, Kunst zu sein, scheitert; es ist Kitsch oder ein Konsumartikel oder Propaganda oder didaktisch oder – am schlimmsten (und am meisten verbreitet) – *Beispiel einer Theorie*. Am schlimmsten deswegen, weil solche Gegenstände *falsch* sind, indem sie die Rolle von Kunst spielen, ohne Kunst zu sein (genau das also, was Hegel Sorgen bereitete). Deshalb ist der neue ästhetische Maßstab in der nachromantischen Kunst, der sich auf Hegel gründet, Authentizität, die Fähigkeit, unter diesen Bedingungen überhaupt eine Überzeugung zu erzwingen, zu richtiger Interpretation und Reflexion aufzufordern. Man könnte ebenso sagen, dass unter solchen Bedin-

48 Das ist in Thomas Struths Museumsfotografien sehr gut eingefangen, die das Problem selbst sinnlich und ästhetisch wiedergeben, selbst wenn sie die Abwesenheit ästhetischer Sinnlichkeit beim Betrachter des Fotos behandeln.

49 Zugegebenermaßen bedeutet dies insgesamt, aus Hegels Vorlesungen Schlüsse zu ziehen, die nicht denen entsprechen, die er selbst anscheinend gezogen hat. Aber Hegel liefert durchaus das Material dafür. Ich habe versucht, meiner Behauptung im Hinblick auf eine Form der Moderne – die Abstraktion – Substanz zu verleihen, in: Robert B. Pippin, »What was Abstract Art? (From the Point of View of Hegel)«, in: *Critical Inquiry* 29.1 (2002), S. 1-24.

gungen ein *Handelnder* falsch handelt, indem er die Normen des Handelns verletzt, auch wenn er sich auf sie verlässt, indem er eine falsche Unabhängigkeit vorgibt oder sich einer exzessiven Abhängigkeit von gesellschaftlichen Maßstäben unterwirft.[50] (Wird ein solcher Test in der Kunst nicht bestanden, bleiben wir bei bloßer »Gegenständlichkeit«, bei einem exemplarischen Versagen, wenn es als solches und als Kunst aufgefasst wird, wie zum Beispiel im Realismus, Minimalismus usw.)[51]

Es bedürfte einer großen Anstrengung, um von diesen sehr vagen Spekulationen zu der Behauptung zu gelangen, alles dies schließe das nachromantische künstlerische Selbstverständnis ein und umfasse selbst die »Weltanschauung« von Wagner oder Cézanne oder Beckett oder Proust oder Miró, ja von ihnen allen zusammen. Ich wollte lediglich deutlich machen, weshalb Hegel das Schöne nicht mehr als glaubwürdiges ästhetisches Ideal betrachtet, weshalb er das Problem des ästhetischen Urteils neu formuliert und weshalb die Abwesenheit von Ästhetik in guter hegelscher Tradition auf den positiven Begriff einer reflexiven und experimentellen Kunst nach der schönen und romantischen Innerlichkeit hinzuweisen vermag.

50 Dieses Problem wird von mir ausführlich erörtert in: Robert B. Pippin, »Authenticity in Painting. Remarks on Michael Fried's Art History«, in: *Critical Inquiry* 31.3 (2005), S. 575-598.

51 Wie viel ich hierbei, in der obigen Diskussion und insgesamt, Michael Frieds *Art and Objecthood* verdanke, ist offenkundig.

14.
Selbstüberwindung, Versöhnung und Modernität bei Nietzsche und Hegel

I.

Eine erneute Zunahme des Interesses an einer möglichen Krise oder sogar einem Ende der »Modernität« hat viele Kommentatoren zurückgeführt zu zwei Denkern aus dem 19. Jahrhundert, nämlich Nietzsche und Hegel. Diese beiden gehören zu den ersten, die die zentralen Aporien des modernen philosophischen Selbstverständnisses benannt haben. Gleichzeitig hat dieses Interesse zu neuen Klassifizierungen ihrer proteischen und schwer fassbaren philosophischen Vorhaben geführt. Von Hegel und Nietzsche wird heutzutage anerkannt, dass sie zu den ersten gehören, die sowohl mit dem begonnen haben, was beide bekanntlich »den Tod Gottes« nennen, als auch damit, das Zusammenbrechen aller traditionellen Begriffe der Transzendenz und des Dualismus zu erkennen und gründlich zu durchdenken, sodass sie die Komplexitäten, die sich mit der Bejahung einer völlig an »dieser Welt« orientierten Philosophie ergeben, verstehen konnten. Beide sind wegen einer umstrittenen Formulierung berühmt, die eine Verweigerung aller möglichen Formen von »Jenseits« folgendermaßen ausdrückt: eine Verherrlichung »der ewigen Wiederkehr des Gleichen« bei Nietzsche und die »Vernünftigkeit der Wirklichkeit« bei Hegel; »keine Rache«; »kein Sollen«. Nietzsche ist heute der erste »Postmoderne« geworden, der erste, der behauptet hat, dass das beschleunigte Abgleiten der europäischen Aufklärung in den Nihilismus eine vollständige Ablehnung der ganzen (postsokratischen) Tradition nötig mache.[1] Oder nach einer berühmten Interpretation sagt man, dass er diesen Bruch fast erreicht habe, dass er aber »der letzte Metaphysiker des Abendlandes« bleibe.[2] Hegels Ruf hat sich ein wenig verbessert unter denjenigen, die ihn jetzt als den ersten sehen, der verstanden

1 Vgl. Jürgen Habermas, *Der philosophische Diskurs der Moderne: Zwölf Vorlesungen*, Frankfurt/M. 1985, S. 104-129.

2 Martin Heidegger, *Nietzsche: Seminare 1937 und 1944*, *Werke*, Bd. 87, Frankfurt/M. 2004. Vgl. auch Gianni Vattimo, *The End of Modernity*, Baltimore 1988.

hat, dass »die Dialektik der Aufklärung« einen Versuch erfordert, die »Aufklärung über sich selber aufzuklären«, das heißt eine Radikalisierung des kritischen Selbstbewusstseins statt seiner Aufgabe, obwohl Hegels eigener Versuch einer solchen Radikalisierung oft als eine Katastrophe betrachtet wird.

In diesem gemeinsamen »Krisenzusammenhang« ist es keine Überraschung, dass gemeinsame Fragen, ähnliche Themen und sogar gelegentlich ähnliche Ansätze betont werden, in einer Art und Weise, die wenig an die traditionellen oberflächlichen Verurteilungen ihrer angeblich unkritischen Bejahung des Wirklichen (»amor fati«), ihres Anti-Liberalismus oder ihres Macht-Fetischismus erinnert. (Es mag sogar möglich sein, ihre Unterschiede in einer Art und Weise aufzuzeigen, die weniger an die Karikaturen von Hegel als einem differenzablehnenden philosophischen Totalitaristen und von Nietzsche als einem antiphilosophischen Ästheten oder Literaten gebunden ist.) Im Folgenden möchte ich eine Interpretation dessen vorschlagen, was beide in ihrer Unzufriedenheit mit der Erbschaft der europäischen Aufklärung gleichzeitig vereinigt und unterscheidet. Der vorliegende Ansatz untersucht das, was traditionell eine gemeinsame ethische Problemstellung in ihrer Arbeit genannt werden würde, obwohl Hegel ein natürlicherer Teilnehmer einer solchen Diskussion zu sein scheint als der große »Immoralist« Nietzsche.

Im Allgemeinen wäre es jedoch gerecht zu sagen, dass in ihrer gemeinsamen Unzufriedenheit mit modernen Versionen des postchristlichen Moralismus viele der griechischen oder der klassischen *ethischen* Einflüsse offensichtlich sind. Dieser Einfluss geht weit über ihre gemeinsame Ehrfurcht vor der griechischen Tragödie und ihre Bewunderung für die Vitalität und Kraft des griechischen öffentlichen Lebens hinaus. Obwohl Hegel mehr Positives über die Erbschaft des Christentums zu sagen hat als Nietzsche, bedauern beide die Folgen dessen, was Hegel »die moralische Weltanschauung« nennt. Für beide ist die moralische Einstellung des frühen Christentums wesentlich die einer »Sklaven-Religion«, ein vergeblicher Versuch der Unterdrückten und Machtlosen, ein inneres Reich unanfechtbarer Werte und Würde zu begründen, einen Bereich der inneren Freiheit, der nicht von der demütigenden Unterwerfung des Körpers unter den Willen eines anderen und von der ständigen Verlagerung der Selbstbestätigung und Autonomie auf ein anderes Leben kompromittiert wird. Viele der christlichen Begriffe der Seele und später des immateriellen Geistes, die auf diese Weise einflussreich im abendländischen politischen und moralischen Denken gewesen sind, werden von beiden nicht als autonome Philosopheme betrachtet, sondern als *Strategien*, als Ausdrücke des »Ressentiments« oder eines ständigen »unglücklichen Bewusstseins«.

Außerdem versuchen beide, die moralischen (christlichen) Begriffe der Pflicht und des allgemeinen Gesetzes (oder allgemeiner gesehen, die engen und exklusiven moralischen Kategorien des Erlaubens, Verbietens und Verpflichtens und einen abstrakten Begriff der Gleichberechtigung) durch viel breitere Themen in ihren Ansätzen der »Bejahung« beziehungsweise der »Versöhnung« zu ersetzen. Das allgemeine Problem für beide ist viel breiter in einer vagen aristotelischen Art und Weise: Die wichtige Frage kann nicht auf »Was soll ich tun?« begrenzt werden, sondern muss mit »Was soll Ich sein?« anfangen. Das grundlegende Problem ist immer noch die klassische Frage, wie man leben soll oder, im weitesten Sinn, worauf man Wert legen soll, wenigstens *jetzt in der modernen Welt*.

Es wäre fair zu sagen, dass beide die offensichtliche, klassische Ansicht dessen, was wir *wissen* müssen, teilen, um auf diese Weise die Frage zu beantworten. Sie würden darin übereinstimmen (obwohl Nietzsche es nie so formulieren würde), dass zu wissen, wie man am besten lebt, erfordert, dass wir wissen, was für Geschöpfe wir sind. Außerdem sind sie darin einig, dass die sozialen Bräuche, das Erziehungssystem und die Institutionen, die unsere kennzeichnenden Vermögen als Menschen am besten widerspiegeln oder verwirklichen, das sind, was das beste oder zufriedenstellendste menschliche Leben möglich macht. Obwohl Nietzsche sehr viele komplexe Unschlüssigkeiten in Bezug auf »den Willen zur Wahrheit« hat, ist sein bekannter Angriff auf viele moderne Institutionen von der Idee inspiriert, dass diesen Institutionen ein völlig inadäquates oder sich selbst täuschendes Selbstverständnis zugrunde liegt, das immer noch von christlichen oder »sklavischen« Sensibilitäten voller Ressentiment dominiert wird.

Wenigstens deutet er oft seine zugrunde liegenden Ansichten über die menschliche Handlung und das moderne Missverständnis oder die Verzerrung dieser Handlung an. In *Also sprach Zarathustra* fragt Zarathustra: »Wenn der Menschheit das Ziel noch fehlt, fehlt da nicht auch – sie selber noch?«[3] Und er schreibt: »Es kommt die Zeit, wo der Mensch nicht mehr den Pfeil seiner Sehnsucht über den Menschen hinaus wirft«, oder: »Es kommt die Zeit, wo der Mensch keinen Stern mehr gebären wird«, und aus diesem Grund werden wir die »Verächtlichsten«, »die letzten Menschen«, die das Glück erfunden haben und »blinzeln«.[4] Im *Nachlass* ist der Nihilismus als ein Zustand erklärt, in dem sich »die obersten Werte entwerten. Es fehlt das Ziel; es fehlt die Antwort auf das ›Warum‹«.[5] Auch in der *Götzen-Dämmerung*, in seiner »Kritik der Modernität«, verbindet Nietzsche Bemerkungen dieser Art über praktische Teleologie und menschliche Zweckmäßigkeit mit breiten sozialen Problemen: »Der ganze Westen hat jene Instinkte nicht mehr, aus denen Institutionen wachsen, aus denen *Zukunft* wächst [...].«[6]

Weder Hegel noch Nietzsche haben in einer solchen Untersuchung eine Wiederaufnahme aristotelischer Darstellung der menschlichen Natur, oder von wesentlichen Vermögen oder von irgendeiner anderen Art metaphysischer Grundlage, vorgeschlagen. Für beide sind menschliche Subjekte in einem radikalen Sinn selbstbestimmend in der Zeit. Genauer gesagt, etablieren sie allmählich in einer komplizierten und kollektiven Art und Weise, in unterschiedlichen Modi und unterschiedlichen historischen Kontexten das, was sie für zentral oder wesentlich für ihre Selbstbestimmung *halten* werden. Keiner von beiden teilt den sozusagen typisch anglo-amerikanischen Glauben, dass der moderne Angriff auf die Metaphysik durch irgendeine ethisch relevante empirische Darstellung von gemeinsamen menschlichen Vermögen, von evolutionärer Angepasstheit oder von irgendeiner »objektiven« Ansicht über Menschen, die den Erfordernissen einer wissenschaftlichen Methodologie, wie bei Hobbes, angemessen ist, ersetzt werden kann.

Und gerade hier, bei diesem einfachen, aber riesigen Problem

3 Friedrich Nietzsche, *Also sprach Zarathustra*, in: ders., *Sämtliche Werke*, Kritische Studienausgabe, Bd. 1, Berlin 1988, S. 76.

4 Ebd., S. 19.

5 Friedrich Nietzsche, »Nachgelassene Fragmente 1885-1887«, in: ders., *Sämtliche Werke*, Kritische Studienausgabe, Bd. 12, Berlin 1988, S. 350.

6 Friedrich Nietzsche, *Götzen-Dämmerung*, in: ders., *Sämtliche Werke*, Kritische Studienausgabe, Bd. 6, Berlin 1988, S. 141.

»was wir modernen Menschen erreicht haben, über uns selber zu wissen«, werden die größten und bekanntesten Unterschiede zwischen Nietzsche und Hegel offensichtlich, da beide sehr unterschiedliche Schlussfolgerungen von einem so ähnlichen Ausgangspunkt aus ziehen, dem »modernen« (das heißt im Grunde genommen postkantischen) antimetaphysischen, antiempirischen Beharren auf Selbstbestimmung. Diese Differenz kann zumindest am Anfang in einer eher einfachen Art und Weise skizziert werden.

Bei Hegel ist das, was die moderne Welt möglich gemacht oder »verwirklicht hat, die Tatsache, dass alle Menschen *freie* selbstbestimmende Handelnde sind und dass ihre Handlung als Vernunft verwirklicht wird. Moderne Institutionen können nach dem Kriterium beurteilt werden, ob sie als Ausdrucksweisen oder Verwirklichungen dieser Art Handlung (natürlich verstanden in einer Art und Weise, die Hegel angemessen ist) gesehen werden können oder ob sie solch ein Vermögen verzerren, begrenzen oder entfremden. Um eine lange Erklärung kurz zusammenzufassen, bedeutet diese Idee in Hegels ethischem Denken eine Betonung der *Selbstidentität* als der Verwirklichung von Freiheit: Ich bin frei, wenn ich mich mit meinen »Unternehmungen«, Maximen und Zwecken mit Erfolg identifiziere, wenn sie als kohärent integriert in einem allgemeinen Selbstverständnis erfahren werden.

Diese Identifizierung und Integration benötigt ihrerseits eine angemessene soziale Struktur, eine, in der die Resultate der Selbstbestimmung des Individuums weder als willkürlich, noch als bloß individuell, als allgemein sanktioniert, als vernünftig in einem »leeren« Sinn, als bloß formal in Einklang stehend mit dem Willen eines jeden verstanden werden. Bei Hegel benötigt dieses Ziel einer harmonischen Selbstverwirklichung, die in sich eine extravagante Hoffnung ist angesichts dessen, was Hegel als die »Zerrissenheit« der Modernität bezeichnet, sozusagen *kollektive Vergewisserung* oder, wie er sagt, eine Art erfolgreicher gegenseitiger »Anerkennung«. Vielleicht findet sich seine präziseste Aussage über ein solches Ziel in seinen berühmten Bemerkungen über Verzeihung an der Stelle, an der er den Begriff des absoluten Geistes in der *Phänomenologie* einführt. »Das Wort der Versöhnung ist der *daseiende* Geist, der das reine Wissen seiner selbst als *allgemeinen* Wesens in seinem Gegenteil; in dem reinen Wissen seiner als der absolut in sich seienden *Einzelheit* anschaut, – ein gegenseitiges Anerkennen, welches der *absolute* Geist ist.«[7]

Ganz gleich, was das letztlich bedeutet – und es gibt viele Kontroversen über alle Aspekte seines Vorhabens –, ist es nur gerecht zu sagen, dass Nietzsche ganz andere Schlüsse aus ihrem gemeinsamen modernen Angriff auf »das Jenseits«, die Transzendenz, die Metaphysik, den Dualismus und den postkantischen Verdacht betreffs des Endlichen oder der perspektivischen Natur der empirischen Behauptungen zieht. Der Unterschied liegt zunächst offenbar in der Differenz zwischen der hegelschen Betonung des Erlangens der Harmonie, der Versöhnung und der Selbstidentität (wie untraditionell er diese Wörter auch verwendet) und dem, was im Allgemeinen der entsprechende Terminus bei Nietzsche ist, nämlich: *Selbstüberwindung*. Wie es in Nietzsches Denken formuliert wird, »konstituiert nur die Nichtidentität eines Individuums mit sich selber seine Individualität«.[8] Die Verwirklichung der Individualität, also die Verwirklichung des Individuums als ein wahrer Akteur, als selbstbestimmend (mindestens in dem Sinn, dass man von anderen und von bloß ererbten Selbstverständnissen nicht bestimmt ist), wird immer als (und nur als) Exzess, Störung, erfolgreiche Vermeidung der Kategorisierung, der sozialen Rolle, der Tradition und der Sprache selber erreicht. (Wahre Individualität kann nur »in einer Aussage, die versagt«,[9] ausgedrückt werden.) In diesem Sinne ist es ein großes Missverständnis, Nietzsches gelegentliche Anrufung eines wirklich postmodernen »Typus« als eine Standardtypologie anzusehen, den Übermenschen als einen historischen Typus zu sehen, der jetzt jenseits des Menschen und daher etwas anderes ist. Er ist eher jemand, der *immer* »über« sich selbst oder jenseits von sich *selbst* ist, nie »der er ist« und so nie »etwas anderes«, das heißt ein anderer Typus.

Also geht es in Nietzsches Experiment um eine Untersuchung der Implikationen einer solchen ständigen »Unermesslichkeit« in unserem Selbstverständnis. Es bleibt immer wahr, dass unsere In-

7 G.W.F. Hegel, *Phänomenologie des Geistes, Werke*, Bd. 3, Frankfurt/M. 1970, S. 493. (Im Folgenden ›*PhG*‹).

8 Werner Hamacher, »Disgregation of the Will: Nietzsche on the Individual and Individuality«, in: T.C. Heller u. a. (Hg.), *Reconstructing Individualism*, Stanford 1986, S. 110.

9 Ebd.

stitutionen und Gebräuche kritisch daraufhin untersucht werden können, wie weit sie verwirklichen, damit übereinstimmen und fordern, »wer wir eigentlich sind«. Aber jetzt geht es für Nietzsche bei dieser Problemstellung um die Implikationen dieses Erlebnisses der Nichtidentität mit dem, »der wir sind«, die Unsagbarkeit der Individualität (die ebenfalls für Kierkegaard wichtig ist) und das Erlebnis einer ständigen »Selbstüberwindung«. Natürlich fallen fast alle modernen Institutionen durch diese Prüfung; sie alle setzen immer noch einen »Willen zur Wahrheit« voraus (letztlich einer Wahrheit über die Natur des Menschen und seine grundlegenden Leidenschaften, oder über die Naturrechte oder moralischen Gesetze) oder eine Hoffnung auf eine kollektive Vergewisserung, die im Widerspruch damit steht, dass man immer »über« sich selbst, jenseits von sich selber und also »nicht« man selbst ist.

Und es sind, vergleichbar mit Hegels Analyse, wichtige soziale Konsequenzen aus dieser Erkenntnis zu ziehen. Die Beständigkeit oder Unvermeidbarkeit dieser Selbstüberwindung oder Nichtidentität bedeutet, dass Versöhnung mit anderen in irgendeiner angeblich stabilen, kollektiven Identität eine ebensolche »Maske«, ebenso »unwahrhaftig« und verzerrend ist wie eine Zufriedenheit in der »Identität« eines Individuums. Wahre Selbstüberwindung benötigt ein ständiges »Pathos, der Distanz« oder die Verwirklichung der radikalen Unabhängigkeit von irgendeinem (nicht-identischen) Individuum. Merkwürdigerweise kann diese berühmte antikollektive, antisoziale Betonung bei Nietzsche genauso gut als ein Antiindividualismus gesehen werden. Die alte (grob gesehen: platonische) Idee von einem Bereich oder »Staat« *innerhalb* des Individuums oder irgendeiner ausgezeichneten individuellen Identität, irgendeiner bedeutungsvollen Einheit, die dem Individualismus zur Geltung verhelfen würde, beruht auf einer Selbsttäuschung und ist so dogmatisch wie die verschiedenen modernen Arten des Kollektivismus und Sozialismus.

II.

Aber alles, was ich bisher gesagt habe, dient nur dazu, das Problem vorzustellen. Während es wichtig ist, eine solche gemeinsame ethische Orientierung aufzuzeigen, handeln die entscheidenden Fragen von den jeweiligen Vorzügen dieser gegensätzlichen Reaktionen auf die Folgen der (letztlich, wenn nicht ursprünglich) modernen Revolution, der postkantischen Einsicht, dass es Apriori-Erkenntnis der Substanz oder ethisch relevantes wissenschaftliches Wissen von der Natur nicht gibt. Bei Hegel bedeutet das, dass eine Art individueller oder kollektiver Versöhnung oder Harmonie oder menschlicher Zufriedenheit, sofern sie existieren würde, letztlich *geschaffen* werden muss und dass *sie sein muss* und dass es außerdem eine »Logik« oder eine unvermeidliche Rationalität für die Ablehnung oder Vermeidung einer solchen Versöhnung gibt. Für Nietzsche würde dies einen verzweifelten und letzten Endes vergeblichen Versuch bedeuten, traditionelle platonische und christliche Desiderata beizubehalten. Die letzte Implikation der Modernität ist keine neue Form einer historisch erreichten »kollektiven Selbstvergewisserung«, sondern überhaupt *keine* Selbstvergewisserung. Alle Institutionen oder Gebräuche, die daran scheitern, dieses Fatum zu verwirklichen, sind nur neue Ausdrücke des Ressentiments gegen eine »Erde«, die nicht so ist, wie wir sie gerne haben wollen. »Kein Trost« ist ein ebenso passendes Epigramm für Nietzsches Denken wie das berühmte »Keine Rache!«.

Die Frage, die ich stellen möchte, behandelt die *Möglichkeit* von Nietzsches Position und damit die Möglichkeit eines ganzen »Gedankenstils«, der für viele zentral ist, die Kants kritischen Angriff auf den Dogmatismus und auf den widersprüchlichen Skeptizismus der frühen Modernität akzeptieren, die aber Kants Selbstkritik und Transzendentalismus als einen neuen Anfang ablehnen. Einige von ihnen haben, allgemein gesehen, hegelsche Intuitionen (skizziert oben) in Bezug auf die angemessene Antwort auf diese Situation, und noch mehr haben das, was wir um des Argumentes willen »Intuitionen von Nietzsche« nennen könnten. Vieles von dem, was hinter den letzteren steckt, deutet auf Nietzsches Verdacht hin, dass *jede* »Philosophie«, sogar eine Philosophie, die an »dieser Welt« orientiert ist, zum Beispiel säkularer Hegelianismus, im Grunde genommen immer noch eine religiöse Unternehmung ist oder dass sie eine Art religiösen Trost, Selbstvergewisserung usw. sucht und dazu verurteilt ist, zu scheitern oder in Nihilismus zu geraten. (Man hat so etwas zum Beispiel oft über den »religiösen« Ton in Marx' Historizismus gesagt: Es spielt ebenfalls eine führende Rolle in Deleuzes berühmter Gegenüberstellung von Nietzsche und Hegel.) Wenn es sich so verhält, dann sollten wir verstehen können, wie im Gegensatz dazu eine nicht vergewisserte Bejahung oder, in Blanchots Ausdruck, Nietzsches »verdoppelte Ablehnung«, die »Ablehnung der Unmittelbarkeit« oder die »Ablehnung der Mittelbarkeit«,[10] aussieht. Ich möchte behaupten, dass wir, wenn wir Nietzsches Darstellung dieses Phänomens betrachten, im Gegensatz zu dem, was er polemisch damit macht oder damit verspricht, viele Dinge finden, die den großen Kontrast zwischen Nietzsche und Hegel weniger stabil beziehungsweise Hegels Verdacht der praktischen Unmöglichkeit einer solchen Selbstüberwindung plausibler machen.

Ich möchte das Problem in der folgenden Art und Weise vorstellen. Sowohl Hegel als auch Nietzsche repräsentieren, wie ich vorgeschlagen habe, eine Ablehnung der transzendentalen kritischen oder formalen Konzeption der philosophischen *Autonomie*, aber beide wollen immerhin irgendwie den modernen Imperativ bestätigen: »Werde [ehrlich, frei], der du bist!« In diesem Zusammenhang hat ein Kommentator argumentiert,[11] dass die Differenz zwischen der Politik bei Nietzsche und der hegelschen liberalen Politik, die als Politik von »Individuen bestimmt wird, die sich selber kennenlernen und die Formen gegenseitiger Anerkennung suchen«, darin besteht, dass »das Problem bei Nietzsche tiefer liegt: Es ist das Haben von einem wahren Selbst überhaupt, das die erste Frage ist«.[12] So würde Nietzsche es wahrscheinlich formulieren, aber es ist zunächst wichtig, darauf aufmerksam zu machen, dass ein solcher von Nietzsche gezogener Schluss *Hegels* berühmte Kritik an der liberal-vertragstheoretischen Tradition und seinen Angriff auf die Möglichkeit der Existenz von atomistischen Individuen in dem Staat konstituiert. Der wesentliche Punkt von Hegels berühmtem Argument in der *Phänomenologie des Geistes* ist es zu zeigen, dass »ein Individuum zu *sein*« mit Notwendigkeit einen »Kampf um Anerkennung« mit den anderen voraussetzt.[13] Der Kern dieser Auseinandersetzung mit Nietzsche ist das folgende Problem: ob *jede* Implikation der Identität des Individuums mit anderen, mit einer

10 Maurice Blanchot, *L'entretien infini*, Paris 1969, S. 244.

11 Tracy B. Strong, »Nietzsches Political Aesthetica«, in: Tracy B. Strong, Michael Gillespie (Hg.), *Nietzsche's New Seas*, Chicago 1988, S. 153-174.

12 Ebd., S. 162.

13 Vgl. Robert B. Pippin, *Hegel's Idealism: The Satisfactions of Self-Consciousness*, Cambridge 1989, Kapitel 6.

kontingenten, spezifischen Gesellschaft, die man einfach erbt, und mit der endlichen Gegenseitigkeit, die sie zu fordern scheint (das Erreichen einer völlig »kollektiven Identität«), letztlich auf eine Schwächung, einen Selbstbetrug, eine Homogenisierung oder ein Niederdrücken eines vitalen Selbst (nach Nietzsches Meinung) hinausläuft oder ob sie letztlich das Selbst erhebt, bereichert oder sogar »*verwirklicht*« und so das *Sein* irgendeiner Art von »Selbst« ermöglicht.

Um mit einer detaillierten Untersuchung fortzufahren, möchte ich um des Arguments willen die folgende Zusammenfassung von Nietzsches Vorhaben voraussetzen. Das Resultat der gründlichen Selbstkritik der Modernität ist, dass alle menschlichen Verständnisverfahren perspektivisch sind. Um die Welt zu beschlagnahmen, mit ihr umzugehen, über sie zu kommunizieren, brauchen wir ein »Netz« von Konzepten und evaluativen Kriterien, deren Struktur nicht von einem Appell an die Welt (oder an das Gute) in sich selbst bestimmt werden kann (einschließlich einer Welt der Zwecke, der Ziele oder der grundlegenden Begierden), weil so eine Welt in sich selbst ein Chaos ist (oder sein würde). Und solche Perspektiven sind *gänzlich* konventionell. Es ist nicht nur wahr, dass es keine realistische oder intuitionalistische oder methodologische Art und Weise gibt, eine solche Struktur abzusichern oder zu verankern; es gibt auch keine guten Gründe dafür (weder transzendentale noch historische), und es kann keine geben. Ein solcher Appell würde nur andere Konventionen widerspiegeln. (Abermals kein Trost.)

Jedoch, wie Nietzsche in seiner berühmten Passage in der *Götzen-Dämmerung* verdeutlicht: »Die wahre Welt haben wir abgeschafft: welche Welt blieb übrig? die scheinbare vielleicht? … Aber nein! *mit der wahren Welt haben wir auch die scheinbare abgeschafft*!«[14]

Schon von einer hegelschen Perspektive aus ergibt sich aus dieser Art von Behauptung ein ernstes »logisches« Problem, ein Problem der »Reflexionslogik«. Einen vorreflektiven Dualismus von »Wesen« und »Erscheinung« abzuschaffen, schafft in der Tat die erscheinende Welt als eine unwirkliche, falsche oder bloß erscheinende Welt ab. Aber nach Hegels Logik der Negation und Opposition wird ein neuer Begriff einer wahren Welt wiederhergestellt:

14 Nietzsche, *Götzen-Dämmerung*, S. 81.

die scheinbare Welt. Nietzsches berühmte »Masken« können nicht mehr gedacht werden als solche, die eine ursprüngliche Welt »verbergen«. Wir haben diesen Sinn von ursprünglich und erscheinend abgeschafft. Aber diese Masken sind das Ursprüngliche *geworden*, »maskieren« *ist* alles, was es überhaupt gibt.

Diese Diskussion führt aber zu Schwierigkeiten, die wir hier nicht diskutieren können. Jedoch führt sie auch ein bekanntes epistemologisches Problem ein, das für unser Thema sehr relevant ist. Nietzsches Position schafft eine Art Unbestimmtheit betreffs der *Bedeutung* der interpretativen Akte, durch die die scheinbare Welt erscheint. Sogar wenn es keinen Kontrast zu einer Welt von »wahrer Bedeutung« gibt, gibt es sicherlich einen möglichen Konflikt oder eine Spannung *zwischen meinen eigenen Ansichten* über die Bedeutung meiner Aktionen oder Schöpfungen. Es gibt keinen Grund zu denken, dass der große »agonistische Denker« am »Ende der Metaphysik« dadurch einen inneren *agon* gelöst haben soll. Ich könnte ohne den Zweifel, der durch das Problem dessen, »Was in Wahrheit oder in sich bejahbar ist«, erzeugt wird, »bejahen«: aber dadurch bin ich nicht vom Zweifel an mir selbst befreit, vom Zweifel an dem, *was* es ist, das ich bejahe, oder *warum* ich es bejahe. (Erstaunlicherweise bringt fast das ganze Werk *Also sprach Zarathustra* dieses Problem an den Tag, zum Beispiel in Zarathustras Zweifel bezüglich der Bedeutung seiner Träume, in seinen Gesprächen mit seinen Tieren und vor allen Dingen mit verschiedenen Schatten, Zwergen und anderen Emanationen von ihm.)

Natürlich ist es nicht überraschend, dass Nietzsche dieses Problem hat, da *keine* Form des modernen Selbstbewusstseins für ihn »das Schicksal der Modernität« oder die »Möglichkeit des Bewertens« *beenden* oder lösen kann oder irgendetwas entscheidend lösen kann, wenn das »Problem des Dogmatismus« richtiggestellt worden ist. Es kann nur durch eine Art fichteschen Bestehens auf einer »ursprünglichen« absoluten Selbstbestimmung gelöst werden, die schon durch Nietzsches Genealogie unterminiert oder bloßgestellt worden ist.

Diese Art Überlegung deutet daraufhin, dass Nietzsche, um den Zweifel an der Bedeutung und der Möglichkeit der Selbstinterpretation beziehungsweise den Zweifel an der Kraft, Stichhaltigkeit und Ehrlichkeit der einzelnen Interpretationen auszuräumen, an irgendeine Art »Außerhalb« oder, in einigen Passagen, an *ein Pu-*

blikum appellieren muss, um es anzusprechen, ein Aspekt, den wir bald untersuchen werden.

Es ist auch wahr, dass viele Leute glauben, dass Nietzsche das Schicksal der modernistischen Problemstellung in der folgenden Art und Weise verkörpert: Es gibt keinen Grund oder keine äußerliche Grundlage für die Selbstvergewisserung der Modernität, unabhängig von ihrer Manifestation. Wir sollten uns vielmehr mit ästhetischen Unternehmungen, Bildern, Metaphern, Skizzen des zukünftigen Lebens, kreativen Nacherzählungen der Vergangenheit, zwingenden und konkurrierenden Darstellungen davon, welches »edle« Leben jetzt möglich sein mag, zufriedengeben. Diese kreativen Projektionen schlagen Wurzeln in den Individuen oder in einem Publikum und schaffen das Programm einer postmodernen Zeit, wenn auch nur zufälligerweise. Wenn die Rhetorik oder Metaphorik solcher Unternehmungen es schafft, ein empfängliches Publikum, eine »kollektive Identität« hervorzubringen, welche stark genug ist, etwas zu riskieren und zu opfern, nur dann kann man in einer zerbrechlichen und dünnen Art und Weise seiner eigenen Identität, des Sinnes von Wert oder kreativer Hoffnungen »vergewissert« sein.

Dieses Eingeständnis eröffnet viele interessante Fragen. Wir müssen uns zuerst daran erinnern, wie viel in Nietzsches Diagnose des modernen Nihilismus von der Behauptung abhängt, dass wir eine Herdengesellschaft geworden sind, erfüllt von sklavischem Mitleid und von unterwürfiger Abhängigkeit voneinander. Wir haben uns in einer absorbierenden, routinemäßigen Massengesellschaft verloren. Im Allgemeinen lautet die Frage, was es bedeuten würde, »nicht mehr modern zu sein«, einfach, was es bedeuten würde, eine solche Abhängigkeit aufzugeben und die Unabhängigkeit zu erreichen. Eine radikale oder, vollständige Geltendmachung der Unabhängigkeit eröffnet aber das oben erwähnte Problem, nämlich die Gefahr für mich, dass ich ein bloßes Gefühl von Unabhängigkeit feiere und dass ich so in Selbsttäuschung gerate. Wie wir gesehen haben, sind die klarsten Beispiele für eine solche Selbstschöpfung nach Nietzsche (zumindest in Büchern wie *Zur Genealogie der Moral*) nicht nur in literarischen Schöpfern zu finden, sondern auch in vormodernen, besonders in griechischen Formen »edler« Unabhängigkeit. Da solche Beispiele unmittelbar und klarer viele soziale Fragen eröffnen, werden sie uns vielleicht bei der Lösung dieses Problems helfen.

In *Jenseits von Gut und Böse* und anderswo betont Nietzsche oft seine grundsätzliche Sichtweise, dass es nur ein »sklavischer« oder schwacher Typus ist, der sich um »die Meinungen der anderen« sorgt. Er betont, »es ist das eigentliche *Herrenrecht*, Werthe zu schaffen«, und er behauptet, dass es nur »der gewöhnliche Mensch« ist, der »immer erst auf eine Meinung über sich *wartet* und sich dann derselben instinktiv unterwirft«.[15] In *Zur Genealogie der Moral* wird von den »Vornehmen« oder »Hochgesinnten« gesagt, dass sie »sich selbst und ihr Tun als gut, nämlich als ersten Rang empfanden und ansetzten«. Er schreibt weiter: »Aus diesem *Pathos der Distanz* heraus haben sie das Recht, Werthe zu schaffen, Namen der Werthe auszuprägen.«[16] Während es ein Kennzeichen von Ressentiment ist zu versuchen, solche gesetzten Werte zu begründen oder zu rechtfertigen, oder sogar zu versuchen, sich einzureden, glücklich zu *sein*, oder sich zu belügen,[17] führt Nietzsche immer noch Ausdrücke wie »Beschlagnahmung des *Rechts« an, die durch die große »Distanz« zwischen den Typen »gerechtfertigt« ist.*

Das soll uns ein klareres, wenn auch gröberes Bild geben von dem, was interpretative Selbstschöpfung (hier: »das Setzen der Werte«) eigentlich heißt, da sie die Aufmerksamkeit auf den von solcher Aktivität verursachten Konflikt zieht. In *Jenseits von Gut und Böse* sagt Nietzsche eindeutig, dass dieses ursprüngliche »*Pathos der Distanz*« auch ein »Nieder- und Fernhalten«[18] benötigt und dass das »Recht«, Werthe zu schaffen und zu verwirklichen, zum Teil die Fähigkeit zur erfolgreichen Machtausübung bedeutet (sogar wenn es heutzutage eine literarische oder rhetorische Macht ist). Der Status als ein Herr-Schöpfer wird in der Tat einigermaßen von »außerhalb« bestätigt, insofern man das Absorbiertwerden von den Sorgen der anderen oder die Abhängigkeit von den Meinungen der anderen vermeidet oder insofern man es erfolgreich verhindert, dass die Vielen sich in das eigene Streben nach Idealen einmischen.

15 Friedrich Nietzsche, *Jenseits von Gut und Böse*, in: ders., *Sämtliche Werke,* Kritische Studienausgabe, Bd. 5, Berlin 1988, S. 213.

16 Friedrich Nietzsche, *Zur Genealogie der Moral*, in: ders. *Sämtliche Werke*, Kritische Studienausgabe, Bd. 5, Berlin 1988, S. 259. Vgl. auch Volker Gerhardt, *Pathos und Distanz*, Stuttgart 1988, S. 5-11.

17 Vgl. Nietzsche, *Zur Genealogie der Moral*, S. 272.

18 Nietzsche, *Jenseits von Gut und Böse*, S. 205.

Es gibt bereits historische Probleme mit Nietzsches Verwendung dieses »aktiv/reaktiven« Schemas bei der Interpretation des Altertums. Es gibt keine Personen aus der griechischen Literatur oder Geschichte, auf die dieses Schema genau zutrifft. Obwohl es wahr ist, dass es Achill oder Odysseus oder Antigone oder den Personen des Thukydides gleichgültig ist, ob die Werte, nach denen sie streben, allgemein sind oder für alle vernünftigen Akteure gelten (es ist klar, dass sie nur für Griechen einer bestimmten Klasse gelten), folgt daraus nicht, dass sie die »Rechte des Individuums, Werthe zu schaffen«, geltend machen. Es gibt keine aktive Selbstgesetzgebung dieser Personen. Die Bedeutung der Werte für sie ist »abhängig« von einer größeren Idee ihrer Rolle innerhalb eines Ganzen. Sie sind immer sehr sensibel in der Rechtfertigung ihrer Werte, und sie glauben nicht, dass sie sich einfach »glücklich fühlen«. Ihr Sonderrecht stammt aus einem Sinn der Funktion eines Führers in einem Heer oder aus einer allgemeinen Idee von menschlicher Natur, von Blut, von Tradition, von den Vorfahren, von den Göttern usw. Das gilt auch für die Skandinavier, die Römer, die Barbaren und die anderen, die Nietzsche als Beispiele verwendet, um seine Argumentation zu unterstützen.

Das sollte uns sofort misstrauisch machen bezüglich des Begriffs von einem »Pathos der Distanz« und bezüglich des Begriffs von einer letztlich selbständigen Bejahung, einer Bejahung ohne Zweifel (Zweifel zum Beispiel darüber, ob man wirklich glücklich *ist*), die durch ein Minimum von Selbstbewusstsein verursacht wird. Zunächst ist der Sinn von Nobilität, der von einem solchen Pathos begründet oder *bestätigt* wird, immer noch eine Form der »Abhängigkeit«, ein Zeichen des »charakteristischen Rechts, Werthe zu schaffen« mittels einer *erfolgreichen* Opposition oder Negation der anderen. Es ist klar, dass Nietzsche es ableugnen will, dass die Tatsache der bloßen Herrschaft in einem philosophischen Sinne die »Gewinner berechtigt« zu regieren. Ihr Sieg heißt nur, *dass* sie regieren und dass sie die Werte selber bestimmen, und jeder andere Wert, wie zum Beispiel die Forderung nach einer legitimen Berechtigung, ist eine Reaktion auf diesen Sieg, eine kontingente Strategie der Opposition. Aber das erfordert, dass es andere dieser Art *gibt* und dass sie sich in irgendeiner Art und Weise fügen oder kooperieren, vor allen Dingen dadurch, dass sie sich in die Verwirklichung der Werte des Herrn nicht einmischen; das ist etwas, so nehme ich an, das durch

Machtausübung gesichert wird. Während es dem Herrn, Nietzsches großem ursprünglichen Drama entsprechend, gleichgültig ist, ob die Sklaven sein Recht zur Herrschaft anerkennen, er also nicht von ihren Meinungen (oder von der allgemeinen Gültigkeit der Werte, die er setzt) abhängig ist, wird seine eigene Gewissheit bezüglich seines »Rechts« und seines Status von anderen vermittelt.

Wie Hegel vor langer Zeit gezeigt hat, ist ein solches Pathos der Distanz ein sehr instabiler Begriff. Um Hegels Sprache zu benutzen, »erkennt« man sich selbst als höherstehend und berechtigt zur Wertschaffung nur im Gegensatz zu denen an, *die man nicht anerkennt.* Das Pathos der Distanz, »aus dem« man das Recht bezieht, Werte zu schaffen, ist für den Herrn bedeutungslos. Er bestätigt sich selbst durch eine Gegenüberstellung mit denjenigen, die sein Spiel nicht mitmachen wollen, und daher ist sein wirklicher Erfolg, das Sklavische entfernt zu halten, wertlos oder bestenfalls eine minimale Leistung. Weder bestätigt, noch berechtigt oder begründet es »ein Recht«, Werte zu schaffen. Genauer gesagt, schiebt man einfach die Hindernisse, die der Verwirklichung der Werte im Wege stehen, zur Seite, wobei man das Recht auf jene Werte schon vorher festgelegt oder sich dessen vergewissert haben muss.[19]

Wie Hegel ebenfalls gezeigt hat, soll das unsere Aufmerksamkeit auf den Konflikt zwischen denjenigen, die auf ihrer Unabhängigkeit bestehen, auf den unvermeidbaren Kampf zwischen den Herren, lenken. Hier hat Nietzsche viel zu sagen, aber es ist immer noch zutiefst zweideutig. In einer Passage der *Genealogie der Moral*, die diese Problemstellung betrifft, betont er nochmals seine typische Beschreibung des Herr-Schöpfers als völlig spontan, aktiv und unabhängig. Das bedeutet, es ist ein »Zeichen starker voller Naturen, in denen ein Überschuss plastischer, nachbildender, ausheilender, auch vergessen machender Kraft ist«, »seine Feinde, seine Unfälle, seine *Unthaten* selbst nicht lange ernst nehmen können«.[20] Man handelt mit völliger Gleichgültigkeit anderen gegenüber (sogar sich selbst und seiner Vergangenheit gegenüber), sogar anderen gegenüber, die sich dem eigenen Streben entgegenstellen. Jedoch

19 Vgl. Wolfgang Müller-Lauter, *Nietzsche: Seine Philosophie der Gegensätze und die Gegensätze seiner Philosophie,* Berlin 1971. Über Deleuze und sein Missverständnis von Nietzsches Lehre, vgl. Daniel Breazeale, »The Hegel-Nietzsche Problem«, in: *Nietzche-Studien* 4 (1975), S. 146-164.

20 Nietzsche, *Zur Genealogie der Moral,* S. 273.

wird diese Betonung fast sofort durch eine andere Idee in demselben Absatz neutralisiert: »Wie viel Ehrfurcht vor seinen Feinden hat schon ein vornehmer Mensch! – und eine solche Ehrfurcht ist schon eine Brücke zur Liebe ... Er verlangt ja seinen Feind für sich, als seine Auszeichnung, er hält ja keinen andren Feind aus, als einen solchen, an dem Nichts zu verachten und *sehr* viel zu ehren ist!«[21]

Diese Passage modifiziert zum großen Teil seine anerkannteren Behauptungen einer ästhetischen Version des modernen Traums von *Autochthonie* oder Selbstschöpfung. Wie in dieser Passage impliziert wird, können hier die Werte, die man sich durch seine eigene Selbstdarstellung schafft, nur eine »Würde« besitzen, wenn sie durch die Opposition eines würdigen Feindes »widergespiegelt« werden, eine Opposition, die auch eine gemeinsame Idee von dem widerspiegelt, was erstrebens- oder erkämpfenswert ist, sogar, wie Nietzsche es andeutet, eine gemeinsame »Liebe« zu den Werten und so zueinander. Ohne diese gemeinsame Idee und ohne einen edlen, agonistischen Sinn von Schöpfung, wie diese Passage impliziert, gibt es keine Möglichkeit für ein Individuum, den Wert oder die Ernsthaftigkeit seiner Werte zu erfahren, oder was und wie viel es riskieren muss, wenn es nach ihnen strebt. Es gibt nur das »Gefühl« von Geltendmachung oder Macht und eine große potenzielle Lücke zwischen diesem Gefühl und den »Tatsachen«.

Aber man kann Nietzsche nur begrenzt in dieser hegelschen Art und Weise interpretieren, einer Art und Weise, in der der »Weg zu dem Selbst durch das andere führt«. Wie wir so oft gesehen haben, betont er ebenfalls häufig die Spontaneität des edlen Typus und seine sozusagen ungehemmte affirmative Einstellung. Aber es ist nicht schwierig, die Möglichkeit einer solchen zweiten Unschuld oder einer neuen Form der fröhlichen Unmittelbarkeit zu bezweifeln. Diese Seite Nietzsches, wie einige Passagen in seinen eigenen Werken andeuten, scheint eine Sackgasse zu sein, ein Rutsch in die »Positivität« und das Vorkritische. Nietzsches eigener Widerwille gegen soziale oder intersubjektive Versionen der Rechtfertigung des Vernünftigen oder des Guten ist so stark, dass die Hinweise auf die Abhängigkeit von der sozialen Sphäre in Passagen wie dieser nur begrenzt interpretiert werden können, wenn wir Nietzsche als »Nietzsche« erhalten wollen.

21 Ebd.

Außerdem ist es auch unklar, wie viel wir eigentlich gewinnen, wenn wir uns auf eine kleine Elite von sich gegenseitig anerkennenden Herren konzentrieren. Kollektive Selbstbejahung steht nicht weniger in der Gefahr der Selbsttäuschung als individuelle Selbstbejahung. Und die Dynamik einer solchen gegenseitigen Anerkennung ist aus Nietzsches Perspektive schwer zu verstehen. Entweder gelingt es einem, dass die eigenen Ansichten von anderen erkannt werden, und auf diese Weise werden die anderen abhängig und daher unwürdige Gegner. Oder im Laufe der Zeit spiegeln die eigenen Werte einen allgemein akzeptierten Wert wider, und man wird abhängig, und dadurch wird der Zustand beendet, in dem »man wird, wer man ist«, und stattdessen »wird man, was sie sind«. Oder man begibt sich in einen endlosen Kampf, und damit sind wir wieder bei dem Problem, dass es nichts »außerhalb« der Selbstgewissheit gibt.

III.

Diese Aporien in Nietzsches Denken in dieser Art und Weise zu beschreiben, das heißt mit Bezug auf hegelsche Fragen, ist dem Geist Nietzsches gegenüber einigermaßen ungerecht. Wir sind fast dabei, »Nietzsches Theorie der Handlung« oder der »praktischen Teleologie« zu diskutieren, und es gibt gewiss etwas Verzerrendes in einer solchen akademischen Klassifizierung. Aber obwohl diese Fragen zu Nietzsches Stil oder Geist sehr wichtig sind, müssen sie erst einmal beiseitegelassen werden. Zum Schluss sollten wir uns Hegels Alternative zuwenden. Zumindest Folgendes müssen wir über die historische Tradition sagen, die die beiden geerbt haben.

Wie bereits angedeutet, stellt sich beiden die zentrale Frage nach einem *modernen* Verständnis der menschlichen Handlung, das mit, so könnte man sagen, dem »Tod Gottes« oder zumindest dem Verdächtig-Werden eines objektiven Maßstabes der Zwecke, nach denen der menschliche Akteur streben soll, in Einklang zu bringen ist. Die ersten Schlüsse aus dieser Ablehnung jeder vormodernen Ansicht einer objektiven Harmonie der möglichen menschlichen Zwecke oder der natürlichen Zweckmäßigkeit wurden erst von Hobbes gezogen. Er stellt drei grundlegende Behauptungen auf, die noch immer den Ausgangspunkt vieler anglo-amerikanischer politischer

Denkrichtungen bilden: dass Wert im Allgemeinen Nützlichkeit ist (das heißt subjektive Vorliebe für Werte, nur weil Menschen kontingent Wert auf verschiedene Dinge legen), dass Vernunft die Maximierung (solcher Interessen) ist und dass man nicht davon ausgehen kann, dass interagierende Akteure irgendein ursprüngliches Interesse an den Interessen der anderen haben. Die erste Behauptung, die durch Hobbes' Versuch, sie mit einer angemessenen wissenschaftlichen Weltanschauung zu verbinden, zum großen Teil unterstützt wird, wurde von Rousseau stark und vernichtend angegriffen. Das führte schließlich zu Kants praktischer Entsprechung der kopernikanischen Wende. Rousseau begann zuerst zu zeigen, dass es, wenn ich nicht verstehen kann, dass eine Vorliebe oder ein Interesse in der Tat *von mir* ist, dass sie von mir »freilich« für *erstrebenswert* gehalten wird und dass sie nicht nur eine starke Neigung ist, die ich zufälligerweise besitze, schwer ist zu begreifen, in welcher Weise subjektive Nützlichkeit oder die Zufriedenstellung meiner Vorlieben mir selbst wichtig wären, und es findet sich in Hobbes' Theorie der praktischen Zweckmäßigkeit wenig, das solche Intentionalität erklären würde. Letztlich führte diese Ablehnung der möglichen Rolle der Natur oder der menschlichen Leidenschaften als primär oder ursprünglich zu Kants allgemeinem Idealismus und zu einem sehr unterschiedlichen Verständnis einer solchen Teleologie. Kant hat darauf bestanden, dass ein menschlicher Wille nur wahrhaft selbstbestimmend und dadurch wahrhaft wertsetzend sein kann, wenn »der Wille sich selbst will«. So kann es sich nicht verhalten mit einem »objektiven« oder passiv erfahrenen Zweck, oder wenn ein vernünftiger Akteur, nach Kants Verständnis, nach dem Zweck der völlig vernünftigen Handlung selbst strebt (das heißt nach Kant, in einer Art und Weise zu handeln, die formal mit der Handlung aller übereinstimmt, und dabei diesen Zweck als »Handlungsgrund« zu haben).

Selbstverständlich haben Nietzsche und Hegel kein Verständnis für diesen »formalen« Begriff einer völlig selbstbestimmenden Handlung, aber, wie es hier dargestellt wird, erben sie dasselbe Problem der Handlung und dieselbe Abneigung gegen moderne, naturalistische Formen des Egoismus (wie wir gesehen haben, bezweifeln beide, dass irgendein modernes Ego oder Selbst seine »wahren Interessen« oder Vorlieben problemlos oder unmittelbar wissen kann) und dieselbe Unzufriedenheit mit »dem großen Chinesen von Königsberg«.

Aber unter dieser gemeinsamen Voraussetzung, dass es eine Bedingung ist, um einen Zweck setzen und danach streben zu können, den Zweck als erstrebenswert, als wertvoll für mich interpretieren zu können, und unabhängig davon, ob nur verhältnismäßig oder in sich selbst, muss dann etwas darüber gesagt werden, *wie* ein Akteur eine solche Rechtfertigung *erreichen* könnte, wie er überzeugt werden könnte, dass dieser Zweck legitim selbstbestimmt ist, das heißt *sein* Zweck ist, und dass er von zureichendem Wert ist, dass er sein Engagement verdient. Wie in den von Nietzsche untersuchten Fällen, muss diese Art Frage nicht notwendig infolge dogmatischer oder illegitimer philosophischer Voraussetzungen aufkommen. Es gibt nichts in dem Prozess meiner Selbstinterpretation oder in mir als einem unabhängigen selbstgesetzgebenden Schöpfer, das eigentlich absichert, dass ich ein derartiger bin. Eine solche Behauptung der autonomen Selbstschöpfung ist durch den jetzt berühmten »Blick des anderen« immer und überall anfechtbar.

Aber das führt nur das Problem ein, dass die Autonomie, auf der man in der Modernität besteht, weder von den Vertragsteilnehmern bei Hobbes noch durch den moralischen Willen bei Kant, noch durch das »Pathos der Distanz« bei Nietzsche erreicht werden kann; und es deutet sich nur indirekt und durch negierte Alternativen an, warum ein hegelscher Begriff eine Art sozialer Vergewisserung oder sogar Versöhnung, letztlich eine ursprünglich unsichere, unbestimmte selbstbestimmende menschliche Handlung verwirklichen statt unterminieren könnte. Wir haben wenig von Hegels Argumentation für die Behauptung gesehen, dass eine solche Vergewisserung unter bestimmten historischen oder institutionellen Bedingungen »vernünftig« genannt werden könnte und dass eine Einheit der subjektiven Selbstgewissheit und objektiven Werte behauptet werden könnte. Von Nietzsches Standpunkt aus könnte man sagen, dass die hier diskutierten »Probleme« (Selbstzweifel, Ungewissheit, das paradoxe und instabile Verhältnis zu anderen usw.) eher bloßen *Mut* statt »vermittelt« Resolution brauchen. Es gibt sicherlich keinen Grund zu glauben, dass Hegel die diesen Bemerkungen innewohnende Versprechung erfüllen kann. »Das versöhnende Ja, worin beide Ich von ihrem entgegensetzten *Dasein* ablassen, ist das *Dasein* des zur Zweiheit ausgedehnten *Ichs*, das darin sich gleich bleibt und in seiner vollkommenen Entäußerung und Gegenteile die Gewißheit seiner selbst hat; – es ist der erscheinende Gott mitten unter ihnen, die sich als das reine Wissen wissen.«[22]

Aber vielleicht entspricht es letztlich am meisten »dem Geist Nietzsches«, diese hegelschen Vorschläge erst einmal so indirekt vorgebracht zu haben und sie unverbindlich, experimentell, als bloß vorgeschlagen stehen zu lassen.

22 Hegel, *PhG*, S. 494.

15.
Zurück zu Hegel?
Slavoj Žižek: *Weniger als nichts. Hegel und der Schatten des dialektischen Materialismus**

I.

Einem Buch von diesem Umfang den Titel »Weniger als nichts« zu geben, braucht Mut. »Es ist drin, was draufsteht.« Egal wer sein Buch rezensieren würde, Žižek musste wissen, wie groß die Versuchung dieses ersten Satzes sogar noch vor der Lektüre sein würde. So hat das Buch schon Anlass zu ablehnenden Rezensionen in leserstarken Publikationen gegeben, Ablehnungen, die sich auf Žižek selbst zu beziehen scheinen (oder auf das Phänomen Žižek, den symbolischen Žižek) und die seinem Wälzer zumeist wenig Beachtung schenken. Das Buch aber stellt den ernstzunehmenden Versuch einer Reanimierung oder Reaktualisierung Hegels dar (im Lichte der lacanianischen Metapsychologie und damit im Sinne dessen, was Žižek »materialistisch« nennen will), und den begrenzten Raum, der mir hier zur Verfügung steht, möchte ich nutzen, um Žižeks Vorschlag zusammenzufassen und dasjenige anzusprechen, womit ich nicht einverstanden bin.

Die Frage nach der möglichen Relevanz Hegels für zeitgenössische Anliegen unterteilt sich in zwei Fragen und ist umgehend mit zwei Einwänden konfrontiert, die schon lange eine tiefe Anziehungskraft auf viele ausüben. Es gibt da erstens die Frage danach, was über Hegels »System« gesagt werden kann. Dieses gilt als Ausdruck eines hypertroph rationalistischen Holismus, dessen zentrale These in der Behauptung besteht, das Absolute (in etwa das, was Kant das Unbedingte nannte) sei die Idee und alles, was es gibt, könne als Aktualisierung der Idee, in der Natur und im Verlauf der Geschichte, verstanden werden. (Und natürlich, gegen Kant, behauptet Hegel dabei, just das zu wissen, von dem Kant behaup-

* Slavoj Žižek, *Weniger als nichts. Hegel und der Schatten des dialektischen Materialismus*, Frankfurt/M. 2014. Im Folgenden werden Zitate aus diesem Buch mit den Seitenzahlen direkt nach dem Zitat angegeben.

tet hatte, dass es unmöglich zu wissen sei.) Zweitens gibt es da die Frage nach Hegel als dem *Versöhnungsphilosophen*. Es gibt einige, die diese Seite von Hegels Projekt als die Überzeugung Hegels auffassen, »das Ende der Geschichte« sei erreicht – sowohl in der Philosophie (Hegels eigene Position habe erfolgreich alle möglichen philosophischen Positionen in ihrer gegenseitigen Verwiesenheit erfasst) als auch in der Politik, der Kunst und der Religion. Freiheit sei realisiert im dogmatisch eher blassen protestantischen Humanismus, den Hegel favorisierte, durch den modernen Staat, wie Hegels *Grundlinien der Philosophie des Rechts* ihn beschreiben, und in der romantischen Kunst, als einer Form der Kunst im Prozess der Überschreitung ihrer selbst, durch die sich Kunst in einer Weise aktualisiert, die ihr Ende als bedeutendes Mittel menschlichen Selbstwissens anzeige. (Der Zusammenhang zwischen den zwei Aspekten von Hegels Position wird als seine Theodizee aufgefasst, die Rolle der Selbst-Aktualisierung des Absoluten – oder Gottes – in der Zeit als Rechenschaft für die Rationalität und Kulmination der politischen und intellektuellen Geschichte.)

Die Einwände gegen diese beiden Versionen von Hegellektüren oder Hegelianismen sind wohlbekannt. Gegen den hegelianisch-rationalistischen Holismus gibt es eine Unmenge an Einwänden von empiristischen, wissenschaftlich-naturalistischen und (sprach-)analytischen Ansätzen in der Philosophie. (Die angelsächsische Version der letzteren Schule entsprang bekanntlich einer Zurückweisung von Hegel.) Demgegenüber waren die Einwände auf dem europäischen Kontinent gegen Hegels kompromisslosen und angeblich »totalisierenden« Rationalismus gerichtet: dessen Unvermögen, so lautete die Anklage, der konkreten Besonderheit menschlicher Existenz, der menschlichen Individualität, die sich jedem Versuch, sie begrifflich zu fassen, entzieht, der Rolle des Unvernünftigen als menschlichem Antrieb, der Kontingenz historischen Wandels und den interessantesten Entdeckungen in der Psychoanalyse, wie Wiederholungszwang und Todestrieb, hinreichend gerecht werden zu können. Einwände der zweiten Art sind facettenreicher und interessanter, weil es Hegel gelungen war, sogar viele seiner Kritiker (wie zum Beispiel die Junghegelianer) davon zu überzeugen, dass die Philosophie im Wesentlichen ein historisch-diagnostisches Ziel verfolgt (sie muss »ihre eigene Zeit in Gedanken erfassen«), obwohl viele im gleichen Zug Hegels »idealistische« Variante eines solchen

Projekts und seine Schlussfolgerung, wo wir uns in diesem Prozess befänden, zurückwiesen. Andere verwiesen ganz einfach auf die Tatsache, dass es niemandem gelungen sei, die *Phänomenologie des Geistes, zweiter Teil,* zu schreiben. Die historische Welt, die sich nach 1831 entwickelt hatte, und das 20. Jahrhundert – die Welt der Massenkonsumgesellschaften, der postkolonialen Staaten, des globalisierten Kapitalismus und der damit stark geschwächten Nationalstaaten, der Kulturindustrie, der durchschlagenden Abhängigkeit von Technologie in allen Lebensbelangen usw. – könne, so die Annahme, in hegelscher Begrifflichkeit nicht richtig verstanden werden. Darüber hinaus, so wird argumentiert, sei es nicht möglich, die hegelsche Analyse auch nur näherungsweise auszuweiten auf derart versöhnungslose, vernunft-abschaffende Erscheinungen wie den Nationalsozialismus, den Holocaust, die Verbrechen Stalins oder ein kommunistisches China voller Milliardäre.[1]

Um es einfach zu sagen: Es ist Žižeks ambitiöses Ziel, dafür zu argumentieren, dass jene Charakterisierung von Hegel einen Strohmann angreift und dass, wenn man sich das nur genau vor Augen hält, der vermeintliche europäische Bruch mit Hegel von der Art Schellings, Kierkegaards, Nietzsches, Deleuzes und der Freudianer ein ganz anderes Gesicht zeigt, mit deutlich mehr Gemeinsamem als Fremdem. Das erlaubt eine von dem Hegel zugeschriebenen Triumphismus sehr verschiedene historische Diagnose. (Eine der Überraschungen dieses Buchs ist, dass Žižek trotz dessen Umfangs darin zu großen Teilen mehr an den theoretischen Voraussetzungen einer solchen Diagnose interessiert ist als am Detail der Diagnose selbst.)[2]

1 Vgl. Žižeks Bemerkungen zu Hegel und dem zeitgenössischen Finanzkapitalismus in Žižek, *Weniger als nichts*, S. 336. Zadie Smiths messerscharfe Zusammenfassung ist vielleicht die beste: Staaten sind nun dabei »zu de-regulieren, um Gewinne zu re-privatisieren, und zu re-regulieren, um Verluste zu nationalisieren«. *NYR BLOG*, ⟨http://www.nybooks.com/blogs/nyrblog/⟩, 02. 06. 2012.

2 Es gibt eine nüchterne und klare Aussage dazu, was wir aus einer hegelschen Perspektive jetzt benötigen: »den kapitalistischen Horizont wirklich überschreiten [...], ohne den Fehler zu machen, auf das überaus vormoderne Modell einer ausgeglichenen, (sich selbst) zurückhaltenden Gesellschaft zurückzufallen [...]« (Žižek, *Weniger als nichts*, S. 356). Sobald er aber dazu übergeht, seine Position zu erklären, erweist sich deren Kern als das Folgende: »Das Subjekt muss in seiner Entfremdung von der Substanz die Entfremdung der Substanz von sich selbst erkennen« (ebd., S. 357). Es war mir nicht möglich zu verstehen, wie uns das Letz-

Der Aufbau des Buchs ist ungewöhnlich. Er beruht auf dem Spruch, dass die zweit- und drittschönsten Dinge auf der Welt der Drink davor und die Zigarette danach sind. Folglich bekommen wir »Den Drink davor«, den vor-hegelschen Kontext für das Verständnis von Hegels Vorschlag (viel Aufmerksamkeit erhalten Platons Parmenides, das Christentum, der Tod Gottes und Fichte); »Die Sache selbst« (zweimal!, einmal mit Hegel, einmal mit Lacan); und »Die Zigarette danach« (Heidegger, Levinas, Badiou und ein abschließendes Kapitel über »Die Ontologie der Quantenphysik«). Vieles davon, besonders gelegentliche Abschweifungen über Buddhismus und die Interpretation der Quantenphysik, ganz zu schweigen von den Feinheiten bei Lacan, überschreitet meine Gehaltsklasse deutlich, so dass ich mich im Folgenden beschränken will auf die Interpretation von Hegel und die Schlüsse, die Žižek aus ihr zieht.

II.

Stellen wir als erstes das Grundproblem heraus, das Žižeks Buch als ontologisches Problem der »Subjektivität« anspricht: Was bedeutet es, ein denkendes, wissendes und ebenso handelndes und interagierendes Subjekt in einer materiellen Welt zu sein? Žižek eröffnet mit der Behauptung, dass das gängige »ideologisch-philosophische Feld« vier Hauptarten der Beantwortung dieser Frage enthält: (i) wissenschaftlicher Naturalismus (Neurowissenschaften, Darwinismus); (ii) diskursiver Historizismus (Foucault, Dekonstruktion); (iii) der ›New Age Buddhismus‹ des Westens; (iv) eine Art transzendentaler Endlichkeit (kulminierend in Heidegger).[3] Es ist Žižeks These, dass diesen Optionen die richtige Wahl entgeht, die

tere dabei helfen soll zu tun, worauf die erste, nüchterne Aussage besteht. Das ist ein Problem, das im Weiteren regelmäßig wiederkehren wird.

3 Hier ist eine Menge an Abschweifungen und Qualifizierungen möglich. Ich vermag nicht zu sehen, warum jemand (iii) ernstnehmen würde. Ich würde »Dekonstruktion« zu (iv), nicht zu (ii) zählen, würde mehr Kategorien einfordern (Pragmatismus in der analytischen [brandomianischen], rortyanischen oder habermasianischen Spielart; anomaler Monismus; die Phänomenologie ist in manchen Ecken noch immer quicklebendig; Wittgensteins Zugang) und ich würde eine hegelsche Version des Kompatibilismus verteidigen. Wichtig ist hier aber, für was Žižek einsteht, seine eigene Position.

er als die Idee eines »vortranszendentalen Spalts, dessen freudianischer Name ›Trieb‹ lautet«, bezeichnet, und dass dieser theoretische Rahmen eigentlich »den innersten Kern der modernen Subjektivität [kennzeichnet]« (19).

Das alles wird der Erörterung ein sehr hohes Abstraktionsniveau abverlangen und eine schwierige Zusammenfassung der Grundpositionen der ›Viererbande‹ (Kant, Fichte, Schelling und Hegel) erforderlich machen, die Žižek nötig zu haben glaubt, um die zentralen Themen präsentieren zu können, die er behandeln will. In der von dieser Tradition entwickelten Sprache, auf diesem hohen Niveau der Abstraktion, ist das Problem dasjenige des ontologischen Stellenwerts der »Negativität«, das Nichtsein, das, was nicht ist (oder nicht einfach die Fülle oder Präsenz, positiv zu sein, ist). Auf einer ersten Ebene sprechen wir vom intentionalen Bewusstsein, beispielsweise in der Wahrnehmung oder in empirischen Urteilen, und dem ontologischen Stellenwert praktischen Handelns. Bewusstsein ist kein durchgängig »positives« Phänomen aus dieser (kantischen oder nachkantischen) Sicht. Wenn es das wäre, dann wäre es nur so etwas wie eine Einrichtung zu komplexem Registrieren und Reagieren (mit dem ontologischen Stellenwert eines Thermometers). Aber ein empirisches Urteil über die Welt (»Da ist ein rotes Buch auf dem Tisch«) wird einem nicht einfach durch eine Wahrnehmungsepisode abgerungen. Man ist *nicht* einfach durchgängig absorbiert von der Gegenwart der Welt, und dieses »*nicht*« ist der Anfang all der deutschen Probleme, die Žižek aufspüren will, um zu seiner eigenen Deutung zu gelangen. Dadurch, dass ich irgendein derartiges Urteil fälle, »negiere« ich die bloße Unmittelbarkeit oder Gegebenheit des Wahrnehmungsgehalts, negiere ihn als unmittelbar und vermeintlich gegeben und nehme eine Haltung zu dem ein, was da ist.[4] Und in meinem praktischen Handeln reagiere ich nicht einfach kausal auf Neigungen und Wünsche; auch hier

4 In einer ausführlicheren und damit vorsichtigeren Erörterung wären hier verschiedene Einschränkungen nötig. Der Fall von selbstbewussten Wahrnehmungen (*perceptual consciousness, while apperceptive*) ist offensichtlich von derselben logischen Art wie ein Urteil, ein empirischer Wissensanspruch, und mehr Vorsicht wäre angebracht, um der Rolle der Spontaneität Rechnung zu tragen. Aber selbstbewusstes Wahrnehmen ist nicht bloß differenzielle Responsivität, und das ist es, was wir für das Problem der »Negativität« benötigen. Siehe dazu meine Besprechung dieses Sachverhalts in »Brandoms Hegel«, in diesem Band, S. 245-289.

gibt es keine Fülle positiven Seins. Ich unterbreche oder verneine bloß positives Sein (was ich mich zu tun geneigt fühle oder was ich als das erfahre, was ich will), indem ich erwäge und entscheide, was zu tun ist. Keine solche Neigung kann als ein Grund für eine Handlung zählen, wenn sie nicht in eine Maxime – eine allgemeine Verfahrensweise, über die jemand für Handlungen dieser Art verfügt – »integriert« ist.[5]

Wenn Hegel uns also in der Einleitung der *Phänomenologie des Geistes* daran erinnert, dass wir die »Substanz« »auch als Subjekt« denken müssen, dann scheint das nicht zu bedeuten, dass wir das Subjekt nur als Eigenschaft der Substanz zu denken haben oder als eine Erscheinung dessen, was eigentlich Substanz bleibt, oder als ein Epiphänomen der Substanz.[6] Der ganze Witz des spekulati-

5 Die »Inkorporationsthese«, so benannt durch den Kant-Forscher Henry Allison, erscheint erst spät in Kants Werk als ausdrückliches Thema (vgl. Immanuel Kant, *Die Religion innerhalb der Grenzen der bloßen Vernunft*, *Werke*, Bd. 8, Frankfurt/M. 2009, S. 645-879), und sie meint nicht, dass »Ursachen mich nur insofern [affizieren], als ich ihnen gestatte, mich zu affizieren« (Žižek, *Weniger als nichts*, S. 236). »Nur sofern ich sie als vernünftige Gründe, etwas zu tun, zählen kann«, wäre genauer, und Neigungen affizieren mich in der Tat kausal (ich kann sehr stark dazu neigen, etwas zu tun). Was von Neigungen nicht gesagt werden kann, ist, dass sie diejenige körperliche Bewegung erzeugen, die als Handlung gezählt werden soll. Es gibt nicht viele von diesen Fehlern und Ausrutschern, aber sie sind irritierend, wenn sie auftreten. Die *Kritik der reinen Vernunft* erschien 1781, nicht 1787 (ebd., S. 21); Henrichs berühmter Aufsatz bezog sich auf »Fichtes ursprüngliche Einsicht«, nicht auf seine »Grundeinsicht« (ebd., S. 26; A.d.Ü.: In der deutschen Ausgabe ist dieser Lapsus korrigiert). Und (für mich am bezeichnendsten) der Zeitungsredakteur am Ende von *The Man Who Shot Liberty Valance* sagte nicht, »wenn die Realität nicht mit der Legende übereinstimmt, dann druck die Legende« (ebd., S. 577). Er sagte etwas für Žižeks Anliegen viel Relevanteres: »Das ist der Westen, mein Herr. Wenn die Legende zur Tatsache wird, drucken Sie die Legende.« (A.d.Ü.: Das Zitat in der deutschen Ausgabe von Žižeks Buch entspricht der Pointe nach dem Vorschlag von Pippin.)

6 Ich sage »es scheint so«, um dem Rechnung zu tragen, dass wir aus Žižeks Sicht so etwas sagen sollten wie: Die »Substanz« negiert sich selbst, erzeugt eine Art von »Leerstelle« und Unvollständigkeit, und dass dieser »Raum« das Subjekt ist. (Aber in welchem Sinn könnte vom Subjekt gesagt werden, dass es »sich selbst substanzialisiere«? Sich selbst negieren als Subjekt, einfach indem es Substanz ist?) Wie dem auch sei, Žižek meint nicht, dass ein Subjekt einfach eine Art von Eigenschaft einer materiellen Substanz ist. Ich meine zu verstehen, was die Leerstelle oder Selbstverneinung in freudscher Begrifflichkeit bedeuten würde – dass natürliche, sogar biologische Reifung sich selbst als ein Subjekt erzeugt, das

ven Idealismus besteht darin, die Substanz als Nicht-bloß-Substanz zu denken, als die Negation bloßer Substanz als solcher; und das Subjekt als Substanz zu denken, als das, was Nicht-bloß-Subjekt ist, sondern, letztlich, immer wieder Substanz. Ein ziemlicher Anspruch. Die erstbeste Annäherung an das, was er damit meint, ist aristotelisch: Subjektivität (normgemäßes Denken und Handeln) ist das spezifische Am-Werk-Sein (*being-at-work*, *energeia*, hegelsche Wirklichkeit) derjenigen biologischen Lebensform, die die menschliche Substanz ist. Im selben Sinne sagt Aristoteles, dass, wenn das Auge ein Leib wäre, das *Sehen* seine Form wäre, sein spezifisches Am-Werk-Sein. (Spontan vermitteltes Bewusstsein ist das spezifische Am-Werk-Sein der menschlichen Substanz, ihre Aktualisierung.) Dieses Am-Werk-Sein ist die Form, in der diese substanzielle Lebensform erscheint, und nicht irgendein Beleg für einen selbst-negierenden Spalt, der die Substanz ist. (Hier stimme ich nicht überein mit Žižeks lacanianischer Interpretation, wie, *inter alia*, 522-523).[7]

Schon Žižeks Fragestellung enthüllt also von Anfang an eine zutiefst schellingianische Ausrichtung, die sich durch das ganze Buch zieht. (Das wird niemanden überraschen, der *Tarrying with the Negative* oder *The Parallax View* gelesen hat.) Will sagen, die durch diese Beobachtung aufgeworfene Frage lautet: Was könnte ein solches Subjekt, mit einer solchen Fähigkeit zu negieren, *sein*? Und noch etwas dramatischer: Was muss das *Sein* sein, sodass es »positive« Seiende und solche »Negierende« gibt, geben kann? Für den frühen Schelling führte dies zu der Schlussfolgerung, dass die Unterscheidung zwischen Subjekten und Objekten weder eine objektive noch eine subjektive Unterscheidung sein könnte, womit der »Grund« der Möglichkeit der Unterscheidung ein »Indifferenzpunkt« sein muss, weder Subjekt noch Objekt (was Hegel zu seiner

gespalten ist gegenüber sich selbst, unfähig, primäre Prozesse zu realisieren und zu befriedigen –, aber dies trifft nur auf menschliche Substanzen zu, und ich denke nicht, dass es dieses Problem war, das die Nach-Kantianer angesprochen haben, und werde weiter unten zu sagen versuchen, weshalb.

7 Ich habe keinen Platz, um Žižeks interessante Parallellektüre von Substanz-Subjekt und Es-Ich zu besprechen, außer um meine Zustimmung dazu zu geben, dass in keinem Fall die Formulierung »Wo es war, soll ich werden« in einer rationalen Aneignung oder Beherrschung oder einfach Versöhnung mit dem »Nicht-Ich« gipfelt. Siehe dazu Žižek, *Weniger als nichts*, S. 534ff.

berühmten Bemerkung veranlasste, dass »in der Nacht alle Kühe schwarz« seien, die die Freundschaft der beiden zerstörte).[8]

Und in dem, was man eine schellingianische Tradition nennen könnte, gab es lange die Vermutung, dass weder Kant noch Fichte eine passende Antwort auf diese Frage hatten, ja haben konnten, weil für sie »Sein« »sekundär« sei und nicht primär (eine »Erscheinung« oder ein gesetztes »Nicht-Ich«) und das »Absolute« solch ein »grundlos« oder vermeintlich (aber unmöglich) selbst-begründendes Subjekt.[9] Die interessante Frage war immer, wie der reife Hegel in diesem Feld von Möglichkeiten zu verorten sei.[10] Wie schon erwähnt beinhaltet für Žižek jene Position das Bekenntnis zu einem »Spalt« oder einem »Bruch« im Sein. »(D)ie Sprache [setzt] einen Mangel/ein Loch in der positiven Seinsordnung (voraus).« (109) »Die Leere unseres Erkennens korrespondiert mit einer Leere im Sein selbst, mit der ontologischen Unvollständigkeit der Realität.« (208) Es gibt viele solcher Formulierungen.[11]

Das alles unterhält tiefliegende Verbindungen mit dem ursprünglich eleatischen Problem des Nicht-Seins (wie ist es möglich,

8 G. W. F. Hegel, *Phänomenologie des Geistes*, *Werke*, Bd. 3, Frankfurt/M. 1986, S. 22. (Im Folgenden ›*PhG*‹.)

9 Keine unvernünftige Sicht der Dinge. Vgl. Johann Gottlieb Fichte, »Zweite Einleitung in die Wissenschaftslehre«, in: Immanuel H. Fichte (Hg.), *Fichtes Werke*, Bd. I, Berlin 1971, S. 498-499.

10 Gemäß Žižek (*Weniger als nichts*, S. 201) besteht die Einzigartigkeit von Hegels Position darin, zu bestreiten, dass wir irgendeine Art »Drittes« benötigen, um sowohl Subjekt als auch Objekt zu begründen (*to ground*). »Ihm geht es gerade darum, dass es *keine Notwendigkeit für ein drittes Element*, ein Medium oder einen Grund jenseits von Subjekt- und Objekt-Substanz gibt. Am Anfang steht die Objektivität und das Subjekt ist nichts als die Selbstvermittlung der Objektivität.« Das aber ist ganz einfach objektiver Idealismus und reicht, wie ich zeigen will, noch nicht aus, um Hegels Position hinreichend von diesem abzugrenzen.

11 Vgl. Žižeks Behauptung, dass Marx und Freud den »Antagonismus« nur als soziale oder psychische Wirklichkeit begreifen können und nicht »wirklich in der Lage sind, den Antagonismus zu denken. Beide reduzieren ihn letztlich auf eine Eigenschaft der (gesellschaftlichen respektive psychischen) Realität und können ihn nicht als konstitutiv für die Realität selbst, als die Unmöglichkeit, um die herum die Realität gebaut ist, artikulieren [...]« (ebd., S. 346). Ich halte es hier mit Marx und Freud (und, wie ich denke, auch mit Hegel). Das berührt den für mich problematischsten Punkt des Buches, der im Titel angekündigt wird, nämlich dass die Wirklichkeit »weniger als nichts« sei. Die offizielle Erklärung des Titels erscheint auf S. 679 (ebd.). Ich werde im letzten Abschnitt unten besprechen, was ich davon verstanden habe, wie man »*von Nichts dessen Nichtheit selbst subtrahieren*« kann.

dass ich sage, »was nicht ist«, wenn ich Falschheiten äußere; ein Problem, das entsteht, weil das, was nicht *ist, nicht ist*, demnach nicht möglich ist), woraus sich Žižeks anhaltende Aufmerksamkeit für die zweite Hälfte von Platons *Parmenides* ergibt. Aber in seiner deutschen Version hat das Problem eine einzigartige Dimension, und diese Dimension ist der Ausgangspunkt meiner grundlegendsten Meinungsverschiedenheit mit Žižek. Um das Problem zu sehen (oder es so zu sehen, wie ich es sehe), sollte man in Betracht ziehen, worauf Hegel unsere Aufmerksamkeit lenkt, wenn er sein eigenes Verständnis seiner grundlegendsten Beziehung zu Kant herausstellt:

Es gehört zu den tiefsten und richtigsten Einsichten, die sich in der Kritik der Vernunft finden, dass die Einheit, die das Wesen des Begriffs ausmacht, als die ursprünglich-synthetische Einheit der Apperzeption, als Einheit des: Ich denke, oder des Selbstbewusstseins erkannt wird. – Dieser Satz macht die so genannte transzendentale Deduktion der Kategorie aus; sie hat aber von jeher für eines der schwersten Stücke der Kantischen Philosophie gegolten […].[12]

Aus diesem Grund – der apperzeptiven Natur des Begreifens, der Tatsache, dass Begreifen Apperzipieren (mit Bewusstsein erfassen) ist – können Wahrnehmung (*perceptual awareness*), Urteil, praktische Handlungen, jegliches bestimmte intentionale Gewahrwerden nicht als ein Bewusstseinszustand beschrieben werden, in dem man bloß ist (als eine Fülle oder Positivität des Seins von der Art, in der wir sagen würden, dass ein Computer »rechnet«). Denn in der Wahrnehmung bin ich mir auch meines Wahrnehmens, meiner selbst als eines Wahrnehmenden, bewusst. Darin, dass ich von etwas überzeugt bin, bin ich mir bewusst, überzeugt zu sein, bin ich mir meiner selbst als auf eine Überzeugung festgelegt bewusst. Im Falle einer Handlung wäre ich nicht handelnd, wenn ich mir nicht meiner selbst als handelnd bewusst wäre. (Eine Handlung ist nicht etwas, das weitergeht, ob ich mir dessen bewusst bin oder nicht, wie etwa das Kochen von Wasser. Sie ist nur dann Handlung, wenn ich mir meiner selbst als handelnd bewusst bin.)

12 G. W. F. Hegel, *Wissenschaft der Logik II*, *Werke*, Bd. 6, Frankfurt/M. 1986, S. 254. Allein schon dieses Zitat scheint mir Žižeks Bemerkung zur Beziehung zwischen Kant und Hegel bezüglich der Apperzeption auszuräumen (Žižek, *Weniger als nichts*, S. 394).

Für eine solche Sichtweise ergeben sich dann die folgenden beiden Komplikationen, die zwar nach ausführlicher Erörterung verlangen, aber hier nur erwähnt werden können. Die erste: Wie Sebastian Rödl in seinem Buch über Selbstbewusstsein öfters bemerkt, soll das Obige nicht suggerieren, wie es die Grammatik möglicherweise tut, dass hier zwei Geistesakte involviert sind.[13] Es gibt nur einen. Handeln ist Bewusstsein des Handelns; es gibt keine Handlung, außer ich bin mir meiner selbst als handelnd bewusst.[14] Die zweite: Die Apperzeption ist keine zweistellige Relation. Ich bin nicht selbstbewusst in der Weise, in der ich mir eines Gegenstands bewusst bin (oder es würde ein offensichtlicher Regress drohen). Man könnte sagen, dass ich mir eines Gegenstands apperzeptiv oder selbstbewusst bewusst bin; niemals, dass ich mir eines Gegenstands bewusst bin und auch mir selbst als eines zweiten Gegenstands bewusst bin.[15] (Deshalb ist direkte Selbstkenntnis nicht beobachtend oder inferenziell [nicht von einem Gegenstand handelnd, der »bereits da ist«], sondern *konstitutiv*.[16] In allen für meine praktische Identität relevanten Hinsichten [und nicht, was

13 Sebastian Rödl, *Selbstbewusstsein*, Frankfurt/M. 2011, S. 33-92.

14 Vgl. dazu Rödl über »nicht-empirische Erkenntnis materieller Realität« ebd., S. 164; siehe auch die Seiten 175-176, 178 f., 185.

15 Mit anderen Worten ist es das Selbstbewusstsein als notwendige Bedingung jeglichen menschlichen Handelns oder Denkens, das hinweist auf jemandes Handeln und Denken, gleichsam adverbial, ohne Introspektion zu beinhalten. Siehe Robert B. Pippin, *Kant's Theory of Form*, New Haven 1982, Kapitel 6 sowie S. 151-187. Man tut, was man tut, man ist sich bewusst, wessen man sich bewusst ist, man denkt, was man denkt – *wissend*, also so, dass man es weiß. Vgl. anlässlich dieser Debatte Fichtes Formulierung in der *Wissenschaftslehre*: »dass Ich und *in sich zurückkehrendes Handeln* völlig identische Begriffe sind« (Fichte, »Zweite Einleitung in die Wissenschaftslehre«, S. 462). Und: »Sie ist das unmittelbare Bewusstseyn, dass ich handle, und was ich handle: sie ist das, wodurch ich etwas weiß, weil ich es thue« (ebd., S. 463). Oder: »Ohne Selbstbewusstseyn ist überhaupt kein Bewusstseyn; das Selbstbewusstseyn ist aber nur möglich auf die angezeigte Weise: ich bin nur thätig« (ebd. S. 466).

16 Eben darauf will Žižek selbst, wie ich meine zu Recht, in seiner zustimmenden Zusammenfassung von Lukács hinaus (Žižek, *Weniger als nichts*, S. 304). Siehe dazu auch Hegel in der *Wissenschaft der Logik*: »Der wichtigste Punkt für die Natur des Geistes ist das Verhältnis nicht nur dessen, was er an sich ist, zu dem, was er wirklich ist, sondern dessen, als was er sich weiß; dieses Sichwissen ist darum, weil er wesentlich Bewusstsein, Grundbestimmung seiner Wirklichkeit.« G.W.F. Hegel, *Wissenschaft der Logik I, Werke*, Bd. 5, Frankfurt/M. 1986, S. 27.

etwaige empirische Eigenschaften angeht] bin ich das, für das ich mich selbst halte [Professor, Bürger, Sozialdemokrat]. Zumindest bin ich das vorläufig; ich muss auch darstellen, für was ich mich halte, oder es wird zu bloßem Geschwätz oder einem unerprobten Eid darauf, was ich zu tun gedenke. In žižekscher Sprache gesprochen: Es gibt kein Selbst außer als gesetztes und aufgeführtes, und das offenbare Paradox hier [Wer vollzieht das Setzen?] ist kein Paradox.)[17]

Wenn Žižek sich in seiner eigenen Begrifflichkeit der Apperzeptions-Forderung zuwendet (476-478), bemerkt er, wie unplausibel es ist, zu denken, dass jeder Bewusstseinsakt ein Akt des Selbstbewusstseins ist. Das scheint empirisch ganz einfach falsch zu sein. Aber dem ist nur so, weil von zwei Akten ausgegangen wird, Bewusstsein des Gegenstands und Bewusstsein des den Gegenstand gewahrenden Subjekts, und die wichtigste Forderung in der idealistischen Behandlung dieser Sache ist, dass dies nicht der Fall ist. Es gibt nur einen Akt. Selbstbewusstsein ist kein Bewusstsein eines *Objekts*. Wir brauchen keine deleuzianische »Virtualität« oder eine Ontologie mit einer »Aktualität des Möglichen«, um dem Rechnung zu tragen. Und es gibt keine Verbindung der Behandlung dieser Sache bei Kant, Fichte und Hegel zu Žižeks eigener negativer Ontologie, seiner Forderung, dass das, »was es letztlich ›gibt‹, [...] nur die absolute Differenz [ist], die sich von sich selbst abstoßende Lücke« (520).[18] Was es gibt, im Sinne dieser Untersuchung, ist ein möglicher Raum der Gründe, worin Personen, vielleicht,

17 Das ist deshalb kein Paradox, weil es kein ursprüngliches Moment des Selbst-Entspringens (*self origination*) gibt. Man ist immer schon in eine Position des Selbst-Setzens (*self-positing*) geraten, ist immer schon dabei zu werden, wer man ist. Das, denke ich, ist es, was Hegel meint, wenn er, zitiert in Žižek, *Weniger als nichts*, S. 648, in den *Vorlesungen über die Geschichte der Philosophie* behauptet, dass man »nicht von der Einheit anfangen und zur Zweiheit übergehen« solle, und nicht, wie Žižek sagt, eine »inhärente Selbstdistanzierung des Einen« (ebd., S. 649). Über dieses Problem wäre vieles mehr zu sagen. Für eine Erörterung einer kleinen Teilmenge dieser Zusammenhänge siehe die Kapitel 3 und 4 in Robert B. Pippin, *Hegel's Idealism: The Satisfactions of Self-Consciousness*, Cambridge 1989, und das Kapitel 3 in ders., *Hegel's Pracitcal Philosophy: Rational Agency as Ethical Life*, Cambridge 2008.

18 Und dennoch scheint Žižek in anderen Zusammenhängen – wenn er zum Beispiel das »Selbstbewusstsein« des Staats bespricht – genau dasselbe zu sagen, was hier gerade entwickelt wurde. Siehe Žižek, *Weniger als nichts*, S. 559 ff.

sozialisiert werden und in dem beständige Selbstkorrektur, *Selbst*-»Negation«, möglich ist.

Das mag bereits »zu viel Information« sein für einen Leser, der daran interessiert ist, wie Žižeks Vorschlag einer erneuerten Variante des dialektischen Materialismus und damit einer kritischen Theorie des modernen Spätkapitalismus aussieht. Aber dieser Zugang durch den Deutschen Idealismus ist der Zugang, den er gewählt hat, und es ist wichtig zu erfahren, ob seine Variante gangbar ist. Hätten wir mehr Platz zur Verfügung, wäre zu zeigen, dass die Pointe der obigen Formulierung darin besteht, ein anderes Verständnis des Problems der »Negativität« in jener Tradition nahezulegen, das uns nicht zu Lücken oder Leerstellen oder Löchern im Sein führen wird (oder »grundlosen Handlungen« in der Abwesenheit »des großen Anderen«). Ich verstehe Behauptungen über Löcher im Gewebe des Seins nicht wirklich und, so viel ist sicher, wir brauchen diese Behauptung nicht, wenn wir die von mir vorgeschlagene Richtung einschlagen.

Denn wenn jene Formulierung der Apperzeption korrekt ist, dann bedeutet dies, dass wir in der Lage sind, die Unangemessenheit psychologischer oder naturalistischer Auffassungen solcher geistigen Zustände auszuweisen, und zwar ganz ohne lückenhafte Ontologie (in dem Sinne, wenn nicht sogar in derselben Art und Weise, wie Frege und der frühe Husserl den Psychologismus kritisiert hatten, ohne eine alternative Ontologie zu beanspruchen). Wenn eine Überzeugung zu haben dasselbe ist, wie sich dessen bewusst zu sein, eine Überzeugung zu haben, dann ist es unmöglich, einfach und bloß in dem Zustand zu »sein«, eine Überzeugung zu haben. Denn: Mir meines Überzeugtseins von etwas bewusst zu sein ist dasselbe, wie mir bewusst zu sein, warum ich davon überzeugt bin, wovon ich überzeugt bin (wie fragmentarisch, verwirrt oder unwissentlich ungereimt meine Gründe dafür auch immer sein mögen). Wann immer ich wissen will, wovon ich überzeugt bin, werde ich darüber nachdenken, wovon ich überzeugt sein sollte.[19] Solche Gründe mögen unvollständig sein oder einen auf Behauptungen festlegen, derer man nicht gewahr gewesen ist, und eine Menge Überzeugungen sind gewohnheitsmäßig und größtenteils unreflektiert, doch

19 Eine der geläufigsten Formulierungen und Verteidigungen dieser »Transparenzbedingung« stellt Richard Morans *Authority and Estrangement: An Essay on Self-Knowledge*, Princeton 2001, dar. Siehe auch Rödl, *Selbsbewusstsein*, Kapitel 3.

kann dies niemals ganz und durchgängig der Fall sein. Andernfalls hätte ich keine Überzeugung, sondern bloß eine Meinung, der ich anhinge. Das Gleiche gilt für Handlungen. Für Handlungen ist es konstitutiv, dass der Handelnde empfänglich ist für das »Weshalb« seiner Handlung und das ist gleichbedeutend damit, in der Lage zu sein, einen Grund für die Handlung anzugeben. (Wiederum gilt, dass ein Austausch von der Art: »Weshalb hast du das getan?«, »Ich weiß nicht, einfach so«, keine Möglichkeit darstellt. Wenn so etwas der Fall ist, dann mag sich dein Körper bewegt haben, aber du hast gar nichts bewegt.)[20] So sind also Zustände des Meinens, des Erkennens und des Beabsichtigens »im Raum der Gründe« angesiedelt, und das Fragen nach, sagen wir, neuro-psychologischen Ursachen für solche Zustände und die Tatsache, dass wir uns in ihnen befinden, kommt einem Kategorienfehler gleich; es zeigt, dass wir die Frage missverstehen, dass wir etwas anbieten, das für uns nutzlos ist. Solche Ursachen haben keinerlei Relevanz für mein Verfügen über die Gründe, die ich habe (bei Hegel das »Für-Sich« in jedwedem »An-Sich«), und dein Verstehen meiner Gründe, die sämtlich erstpersonal ausgedrückt und gestützt sein müssen. Keine Lücken im Sein brauchen hier Anwendung zu finden; genauso wenig wie die Möglichkeit für Menschen, Bridge zu spielen, indem sie den Regeln des Bridge folgen und Gewinnstrategien ergründen, uns nötigt, irgendeine lückenhafte Ontologie anzunehmen, um dem Regelfolgen im Bridgespiel Rechnung tragen zu können. Jegliches Spielen des Spiels heißt, nicht nur auf Stimuli zu reagieren, sondern sich während des Spielens und Zügemachens immer die Möglichkeit »offen zu halten«, seine Strategie zu überprüfen, die Auslegung der Regeln in Frage zu stellen usw. Das ist es, was es

20 Dieser Problemzusammenhang, genauso wie jeder andere in diesem Absatz, ist wesentlich komplizierter, als was sich in dieser Zusammenfassung erfassen lässt. Was den letzten Punkt hier angeht, so machen die ansprechenden Filme der Dardenne-Brüder deutlich, wie viel mehr es noch darüber zu sagen gäbe. In allen ihren Filmen sieht es so aus, als ob ihre Figuren schauspielern würden, ohne dass sich sagen ließe, weshalb. Besonders interessant ist, dass es ihnen dabei gelingt, eine Verbindung zwischen der einnehmenden Undurchsichtigkeit und dem desintegrierenden Gewebe des spätkapitalistischen Lebens der Arbeiterklasse zu suggerieren. Sie fügen diese philosophisch-psychologischen Elemente und das Soziale in unscheinbarer und brillanter Weise zusammen. Siehe dazu besonders *Le fils* (2002).

heißt, Regeln zu folgen und nicht Gesetze zu instantiieren.[21] Dieses Vermögen ist möglich, denn gewiss ist es wirklich, und das bedeutet, dass materiell verkörperte Wesen fähig sind, komplexe, regelgeleitete Praktiken auszuüben, zu deren Erklärung die Berufung auf ihre neurologischen Eigenschaften nichts beiträgt. (In seiner *Phänomenologie* formuliert Hegel die Art logischer Negativität, von der das Bewusstsein ist, als etwas, das »immer über sich selbst hinaus« ist, und er charakterisiert Bewusstsein aus diesem Grund regelmäßig als Selbstnegation.)[22]

Nun hat Žižek die Möglichkeit zu sagen, dass ebendies, diese Möglichkeit eines Empfänglichseins für Normen, die Unmöglichkeit, eine materiell verkörperte Fähigkeit in materialistischen Termini auszudrücken, nichts anderes ist als die Kluft oder Leere

21 Das ist auch von Relevanz für die Frage, inwiefern das Vorstellungsvermögen von Tieren von dem unsrigen verschieden ist. Das ihrige ist intentional auf seine eigene Weise, aber es liefert keine Vorstellungen, die den Stellenwert von Erkenntnissen (*cognitions*) beanspruchen können, wie das die unsrigen tun. Ein Hund mag auf eine bestimmte Weise einen entfernten menschlichen Umriss sehen (sagen wir: vor dem Wind) und, sobald er eine unbekannte Person sieht, zu bellen beginnen, nur um etwas später damit anzufangen, mit seinem Schwanz zu wedeln, weil ihm die Person als die bekannte Person, die sie in Wirklichkeit ist, in den Blick gerät. *Aber der Hund hat sich nicht selbst verbessert.* Hier möchten wir sagen, dass zuerst ein Wahrnehmungsreiz (*perceptual cue*) eine Antwort (die man sogar als rationale Antwort bezeichnen könnte) hervorgerufen hat und dann ein weiterer Wahrnehmungsreiz (der detailliertere visuelle Eigenschaften in den Blick gebracht hat) eine andere Reaktion des Verhaltens hervorgerufen hat. Die Fülle des positiven Seins, könnten wir sagen. (Mir wäre beispielsweise nie aufgefallen, dass meiner Hündin das Unterlaufen eines solchen Fehlers – etwas, das ihr öfter passiert – peinlich gewesen wäre, denn sie hat keine Möglichkeit, zu wissen, dass sie einen Fehler begangen hat, den es zu korrigieren gälte. Das ist einfach nicht, wie sie die Sache sieht; sie sieht eine Menge von Reizen und dann eine andere Menge von Reizen. Das wäre eine Art und Weise auszudrücken, dass sie über keine Einheit der Apperzeption verfügt.)

22 »Das Bewusstsein aber ist für sich selbst sein *Begriff*, dadurch unmittelbar das Hinausgehen über das Beschränkte und, da ihm dies Beschränkte angehört, über sich selbst […]« (Hegel, *PhG*, S. 74). Die »logische« Formulierung dieses Zusammenhangs lautet in der so genannten *Berliner Phänomenologie*: »Ich ist nun diese Subjektivität, diese unendliche Beziehung auf sich, aber darin liegt, nämlich in dieser Subjektivität, die negative Beziehung auf sich, die Diremption, das Unterscheiden, das Urtheil. Ich urtheilt, dieß macht dasselbe zum Bewusstsein, stößt sich von sich ab, dieß ist eine logische Bestimmung.« G.W.F. Hegel, *The Berlin Phenomenology*, hg. von Michael J. Petry, Dordrecht 1981, § 413, S. 2.

oder Selbstnegation, die er Hegels Ontologie zuschreiben will, das »mehr als materiell, ohne immateriell zu sein«.[23] Das aber scheint zu analgetisch zu sein für das, was er sagen will, und für die Verbindung, die er zu Lacan ziehen will. Denn es gibt aus dieser Perspektive keinen Grund für eine paradoxe negative Ontologie. Es ist natürlich möglich und wichtig, dass Forscher eines Tages entdecken werden, weshalb Tiere mit menschlichen Gehirnen jene Dinge tun können und Tiere ohne menschliche Gehirne nicht, und irgendeine Kombination von Astrophysik und Evolutionstheorie wird zu erklären in der Lage sein, weshalb menschliche Wesen die Gehirne haben, die sie haben. Aber das sind keine philosophischen Probleme und sie erzeugen auch keine philosophischen Probleme.[24] (Solche Probleme wären: Was ist ein einnehmender Grund und weshalb? Unter welchen Bedingungen sind die Gründe, die von Leuten dafür angegeben werden, was sie tun, »ihre eigenen« Gründe, Gründe und Verfahrensweisen, mit denen sie sich aufrichtig »identifizieren« können?)[25]

23 So lautet Adrian Johnstons Formulierung in »Slavoj Žižeks Hegelian Reformation: Giving a Hearing to *The Parallax View*«, in: *Diacritics* 37.1 (2008), S. 3-20. Das ist in etwa die Position, die sich Žižek zugestehen lässt, wenn wir den Raum des Symbolischen (im lacanianischen Sinne) als den Raum des Normativen und folglich den Raum der Gründe begreifen. Siehe seine Interpretation von Freuds kontroverser Bemerkung darüber, dass die »Anatomie« »Schicksal« sei, »mithin ein symbolisches Gebilde«, ein Schicksal, das wir herzustellen hätten (Žižek, *Weniger als nichts*, S. 300).

24 Nicht dass solche Entdeckungen für die Philosophie nicht von Relevanz sein könnten. Sicherlich sind sie es für Hegel. In § 12 der *Logik* aus der *Enzyklopädie* sagt Hegel, »dass der Erfahrung die Entwicklung der Philosophie zu verdanken ist« (vgl. G.W.F. Hegel, *Enzyklopädie der philosophischen Wissenschaften I, Werke*, Bd. 8, Frankfurt/M. 1986, S. 58); und im Kommentar zum § 246 der *Naturphilosophie* sagt er, dass die Philosophie der Natur die Erfahrungslehre »zur Voraussetzung und Bedingung« hat (vgl. ders., *Enzyklopädie der philosophischen Wissenschaften II, Werke*, Bd. 9, Frankfurt/M. 1986, S. 15). Siehe auch den Zusatz zu § 381 in der Einleitung zur *Philosophie des Geistes* (vgl. ders., *Enzyklopädie der philosophischen Wissenschaften III, Werke*, Bd. 10, Frankfurt/M. 1986, S. 17-25). Diese Stellen sind allesamt von Relevanz für die Fragen, die Žižek auf S. 627 und S. 633 in *Weniger als nichts* aufwirft.

25 Beim Anschneiden dieses Problemzusammenhangs nimmt Žižek eine nietzscheanische Haltung ein, die mir unmotiviert und fragwürdig erscheint. Von welcher Art ist die Macht (oder Autorität), die sich selbst nur rechtfertigen kann, indem sie sich auf die Interessen derer beruft, die sie beherrscht, eine Macht, die die Notwendigkeit anerkennt, Gründe als ihre Daseinsberechtigung anzubieten?

Um es anders auszudrücken: Žižek liegt ganz richtig damit, den Stellenwert der Verlagerung vom frühen auf den späten Hegel herauszustreichen, deren Kern in Hegels Einsicht besteht, dass »Logik« keine Vorbereitung für »Metaphysik« darstellt, sondern dass Logik Metaphysik ist. Aber das bedeutet, dass eine Betrachtung des Seins-in-seiner-Verständlichkeit die einzig mögliche Art der Metaphysik ist (zu sein bedeutet, begreifbar, intelligibel zu sein – das ist etwa das Motto der griechischen Philosophie und damit der Anfang der Philosophie).[26] Aber das bedeutet auch, dass die »Bewegung« in Hegels Enzyklopädie von einer »Logik der Natur« hin zu einer »Logik des Geistes« nichts mit irgendeinem »materialistischen Evolutionismus« (329) zu tun hat. Hegels Metaphysik ist eine Logik und die Intelligibilität der Natur, lax gesprochen, erschöpft sich irgendwann, ist aus sich selbst heraus nicht in der Lage, den komplexen, regelgeleiteten Tätigkeiten, derer materiell verkörperte Wesen mächtig sind, Rechnung zu tragen. Dies ist kein neues, nicht-natürliches Vermögen, das mit der Zeit entsteht, sondern ein Vermögen, das im Zuge einer systematischen Erwägung der Ressourcen des Verständlichmachens entsteht, die zur Verfügung stünden, wenn sie auf naturwissenschaftliche *Ansätze* beschränkt wären.

Es gibt bei Hegel einen phänomenologischen Ansatz für den Rahmen, in welchem materiell verkörperte organische Wesen, lebendige Wesen, die in einem minimalen Selbstverhältnis stehen (ein Selbstgefühl, das benötigt wird für die Selbsterhaltung des Lebens),

Untergräbt sich ein solcher Begriff von Macht nicht selbst (ebd., S. 589)? Im Weitergehen bezeichnet er ein solches Regime als »politikfeindlich« und »›technokratisch‹«. Sich auf Eigeninteresse zu berufen, ist aber nur eine Art von Begründung (*reason*), und die Beschränkungen, die mit solchen Anforderungen eingeführt werden, untergraben, wenn sie überhaupt etwas untergraben, den Begriff der Beherrschung (*the notion of mastery and rule*) selbst. Ihre Aufgabe ist es nicht, einem derartigen Begriff zuzudienen, sondern die Begriffe der Autorität zu ersetzen.

26 Die skeptische Angst, die wir dadurch als nur von unserem endlichen Standpunkt her verständlich behandeln würden, ist die illusionäre Angst, von der Hegel denkt, dass er sie in der *Phänomenologie* methodisch zerstört hat, als der »Deduktion«, wie er sagt, des Standpunkts der *Logik*. Die außerordentlich einflussreiche heideggersche Angst, dass all dies das Aufdrücken des menschlichen Willens auf die Frage nach dem Sein bedeute, ist Gegenstand einer anderen Debatte. Siehe Martin Heidegger, *Nietzsche: Seminare 1937 und 1944*, *Werke*, Bd. 87, Frankfurt/M. 2004, und Robert B. Pippin, »Heidegger on Nietzsche on Nihilism«, in: Thomas Pangle, J. Harvey Lomax (Hg.), *Political Philosophy Cross-Examined*, New York 2013, S. 173-187.

als interagierend vorgestellt werden können in einer Art und Weise, dass ihr »Für-sich« bloße Selbstversorgung überschreitet – ein »Zug«, der nicht verstehbar sein wird als ein Zug in der zweckhaften Aktivität bloßen tierischen Lebens. Das ist der berühmte Ansatz aus Kapitel IV der *Phänomenologie des Geistes* von 1807. Die Schwierigkeit besteht darin, sich solche Lebewesen als in einem, falls nötig, Kampf auf Leben und Tod begriffen vorzustellen, etwa um Ressourcen, wenn gleichzeitig die Möglichkeit eingeführt wird, dass eine Partei ihrem Leben gegenüber gleichgültig ist, und zwar im Dienste einer Forderung nach Anerkennung (einer »nicht-natürlichen« Norm), und wenn das, was hier gefordert ist, nicht die bloße Unterwerfung ist, sondern ein Gelöbnis zu dienen, die Anerkennung der Berechtigung eines je anderen. »Geist« entsteht in dieser vorgestellten sozialen Auseinandersetzung, darin, was wir voneinander fordern, nicht in den Zwischenräumen des Seins. Das entspricht einer phänomenologischen Auffassung (der Frage, was es bedeutet, »Geist« zu sein und zu werden) und nicht einer enzyklopädischen Logik, aber es führt zugleich die hegelsche Auffassung von Vernunft ein. Wir sehen, dass diese nicht verstanden werden kann als bloßes Vermögen der Berechnung oder strategischen Überlegung, sondern als eine sozial-geschichtliche Praxis – etwas, das Brandom das gegenseitige »Spiel des Gebens und Forderns von Gründen« nennt[27] –, und sie führt die zentrale Frage von Hegels historischem Narrativ ein: Ist es plausibel, zu behaupten, dass wir besser darin werden, uns einander gegenüber zu rechtfertigen, oder nicht?[28]

Dies und dass der obige Zugang nicht der von Žižek eingeschlagenen Richtung entspricht, wird ersichtlich an seiner detaillierten Behandlung von Fichte.[29] Žižek orientiert sich eng an einem Ver-

27 Robert B. Brandom, *Expressive Vernunft: Begründung, Repräsentation und diskursive Festlegung*, Frankfurt/M. 2000.

28 In kantischer Begrifflichkeit ergibt sich die Rolle der Vernunft, ständig nach der »Bedingung« für irgendetwas »Unbedingtes« zu suchen, aus jedem Versuch, ein »gerechtfertigtes« (und damit freies) Leben zu führen. Siehe meine Erörterung dieses Zusammenhangs bei Kant in Robert B. Pippin, *Hegel on Self-Consciousness: Desire and Death in the Phenomenology of Spirit*, Princeton 2011, S. 55-58.

29 Zudem ist es so, dass eine derartige Interpretation in direktem Gegensatz zu Žižeks Charakterisierung davon stehen würde, wie all dies in Kant seinen Anfang genommen hat. Es ist nicht so, dass Kant und die Idealisten das Subjekt als »›spontane[s]‹ (…) *synthetische[s]* Handeln, die Kraft der Vereinigung des Zusammenbringens der Fülle von sinnlichen Daten, mit denen wir bombardiert

ständnis Fichtes, das kürzlich veröffentlichten Vorlesungen Dieter Henrichs entstammt, die dieser in den 1970er Jahren vor jungen Harvard-Studenten hielt; und das führt zu zwei Problemen.[30] Erstens vermischt Henrich das Problem des apperzeptiven Bewusstseins in der Erfahrung und im Handeln mit dem Problem reflexiver Selbstidentifikation, der Frage, wie mein einziges Selbst zu finden und zu identifizieren sei. Das sind zwei verschiedene Probleme und es gibt keine Hinweise dafür, dass Fichte sie durcheinandergebracht hätte, jedoch haufenweise Belege dafür, dass er sich ihres Unterschieds bewusst war.[31] Zweitens akzeptiert Žižek Henrichs Anklage, Fichte habe »logische« und »reale« Opposition durcheinandergebracht, vom einen zum anderen springend und also daran scheiternd, einen befriedigenden Zugang zum Verhältnis des Ichs zum Nicht-Ich zu liefern. Aber Fichte war ziemlich klar, was jene Differenz angeht, und seine Bemerkungen führen nahe an die Bemerkungen von oben zum Stellenwert des Normativen bei Kant und den frühen Idealisten. Einige wenige Beispiele müssen hier genügen. Hier ist Fichte in einer seiner typischen Darstellungen oberster Grundsätze:

werden, in eine einheitliche Darstellung der Objekte« (Žižek, *Weniger als nichts*, S. 150), begriffen hätten. (Siehe auch ebd., S. 208.) Sicherlich war das nicht so bei Hegel; siehe sein *Glauben und Wissen*, S. 295-305. Es ist auch nicht so, dass die »Apperzeption [...] den wirren Fluss von Eindrücken in eine ›Realität‹ verwandelt, die notwendigen Gesetzen gehorcht« (vgl. Slavoj Žižeks, *Die Tücke des Subjekts*, Frankfurt/M. 2010, S. 63). Zuallererst sagt Kant häufig, dass diese Art der Eindrucks-Lehre genau die Position ist, die er zurückweist, die dem Skeptiker »gerade das ist, was der Skeptiker am meisten wünscht« (Immanuel Kant, *Kritik der reinen Vernunft*, *Werke*, Bd. 3/4, Frankfurt/M. 1974, B168; im Folgenden ›*KrV*‹). Siehe auch B138, die Fußnote B160 und die »dieselbe Funktion«-Passage in *KrV*, B105/A79. Zweitens ist es nicht so, dass diese synthetische Einheit »eine Lücke/Differenz in der substanziellen Realität [erzeugt]« (Žižek, *Weniger als nichts*, S. 151). Die in Rede stehende Negativität (»kein bloßes Sein«) ist eine Sache der normativen Dimension apperzeptiven Erfahrens und Handelns. Ich schätze, dass man das als »Lücke im Sein« bezeichnen könnte, aber dies schiene mir das Ganze unnötigerweise zu mystifizieren.

30 Dieter Henrich, *Between Kant and Hegel: Lectures on German Idealism*, Cambridge 2008. Ein ungewöhnlicher Charakterzug von Žižeks Buch ist es, wie schwer in ihm die ausgewählte Sekundärliteratur wiegt, »durch alle Zeilen hindurch«, mit wenigen Ausnahmen (Lebrun ist einer, mit dem Žižek nicht einverstanden ist). Auf Henrich, Malabou, Miller, Lebrun muss er sich am meisten stützen.

31 Die Belege hierzu lege ich vor in Kapitel 3 von *Hegel's Idealism*.

Die Grundbehauptung des Philosophen, als eines solchen, ist diese: So wie das Ich nur für sich selbst sei, entstehe ihm zugleich notwendig ein Sein außer ihm; der Grund des letzteren liege im ersteren, das letztere sei durch das erstere bedingt: Selbstbewußtsein, und Bewußtsein eines Etwas, das nicht wir selbst – sein solle, sei notwendig verbunden; das erstere aber sei anzusehen als das Bedingende, und das letztere als das Bedingte.[32]

Aber wir wissen daraus nicht schon, was »Bedingung« bedeutet und vor allem, in welchem Verhältnis sie zum Schlüsselbegriff steht: »Setzen«, dem Setzen des Nicht-Ich.

Wenn er aber zu erklären versucht, was er meint, kehrt er zurück zur »Autonomie des Normativen«-Terminologie, auf die oben zurückgegriffen wurde. In den Einführungen in die *Wissenschaftslehre* von 1797 lesen wir:

Überhaupt, welches ist denn der Inhalt der Wissenschaftslehre in zwei Worten? Dieser: die Vernunft ist absolut selbstständig; sie ist nur für sich; aber für sie ist auch nur sie. Alles sonach, was sie ist, muss in ihr selbst begründet sein, und nur aus ihr selbst, nicht aber aus etwas außer ihr erklärt werden, zu welchem, außer ihr, sie nicht gelangen könnte, ohne sich selbst aufzugeben, Kurz: die Wissenschaftslehre ist transzendentaler Idealismus.[33]

Und in der »Zweiten Einleitung« zur *Wissenschaftslehre* (*nova methodo*) von 1796/1799 heißt es:

[D]er Ideal[ist] bemerkt[,] dass die ganze Erfahrung nichts sei als ein Handeln des Vernunftwesen[s].

Dann folgt eine Bemerkung zum »Gesichtspunkt des Idealismus«:

[D]er Idealist sieht, wie dem Individuum die Dinge werden müssen, die Sache ist also für das Individuum anders als für den Philosophen; für das Individuum nun sind die Dinge[,] Menschen u.s.w. unabhängig von ihm vorhanden. Der Ideal[ist] aber sagt[:] Dinge[,] außer mir, und unabhängig von mir vorhanden[,] giebt es nicht. Beide sagen also das Gegentheil und widersprechen sich doch nicht, denn der Idealist zeigt von seinem Gesichtspuncte aus die Nothw[endigkeit] der Ansicht der Individuen, wenn der Ideal[ist] sagt[:] außer mir, so heißt dies[:] außer der Vernunft, bei dem Individuum heißt es[:] außer der Person.[34]

32 Fichte, »Zweite Einleitung in die Wissenschaftslehre«, S. 457 f.

33 Ebd., S. 474.

34 Johann Gottlieb Fichte, *Wissenschaftslehre nova methodo, Kollegnachschrift K. Chr. Fr. Krause 1798/99*, hg. von Erich Fuchs, Hamburg 1994, 24/25. (A. d. Ü.: Pip-

Und schließlich heißt es in einer noch pointierteren Behauptung aus Fichtes Aufzeichnungen: »Das Ich ist die Vernunft.«[35]

Ebendiese rationale Selbstbefriedigung ist etwas, das wir gemäß Fichte nur unendlich »erstreben« können, aber der größere Punkt ist der für Žižeks Lesart relevantere. Dieser Punkt betrifft die notwendige Verbindung zwischen dem selbstbewussten Charakter von Erfahrung und Handlung, so verstanden, und der »Vernunft«, einer Norm, die keinerlei prominente Rolle spielt in Žižeks schellingianischem Ansatz. (Die andere hegelsche Sache, die keine große Rolle für Žižek spielt, ist Sozialität, »Geist«, und diese Dinge hängen, wie ich im nächsten Abschnitt zeigen werde, zusammen.) Der Zustand des modernen Atheismus bedeutet für Žižek, dass es, in lacanianischer Begrifflichkeit, keinen »großen Anderen«, irgendeine Art von Garant für, zumindest, die Möglichkeit einer Auflösung normativer Skepsis oder Konflikte gibt und geben kann. Aber keinen transzendentalen Garanten zu haben bedeutet nicht, dass wir uns in unseren eigenen Überlegungen und in unseren Forderungen anderen gegenüber nicht auf die Vernunft verlassen könnten. Sogar eine Position, welche (wie zum Beispiel diejenige Nietzsches) die meisten unserer bewussten Berufungen auf Vernunft zu Symp-

pin verwendet als Datierung 1796/1799 gemäß seiner englischen Ausgabe. Die *Wissenschaftslehre nova methodo* ist nur in Vorlesungsnachschriften von Fichtes Hörern erhalten, wobei der sicherste Textbestand in Krauses Version aus dem WS 1798/1799 besteht. Es sind aber auch weitere Nachschriften, unter anderem aus dem WS 1796/1797 überliefert. Pippin bezieht sich auf folgende englische Edition und Übersetzung des Textes: Johann Gottlieb Fichte, *Foundations of Transcendental Philosophy (Wissenschaftslehre nova methodo)* (1796/99), übers. und hg. von Daniel Breazeale, Ithaca 1992, S. 105-106.)

35 Das ist aus den Aufzeichnungen zu seiner berühmten *Aenesidemus*-Rezension, in Johann Gottlieb Fichte, *Gesamtausgabe der Bayerischen Akademie der Wissenschaften*, hg. von Reinhard Lauth und Hans Jacob, Stuttgart 1965, II, 1, S. 287. Es ist wichtig, diesen Aspekt von Fichte richtig zu verstehen, um solche Festlegungen zu vermeiden, wie Žižeks sie auf S. 390 in *Weniger als nichts* macht, wo wir wieder von der »Selbstbegrenzung« der Erscheinungen zu hören bekommen, der »›ontologischen Unvollständigkeit‹ der phänomenalen Wirklichkeit« und dem Gründen (*ground*) der Freiheit in »der ontologischen Unvollständigkeit der Realität selbst« (ebd., S. 391). Soweit ich diese Behauptungen verstehe, sind sie ebenso regressiv und dogmatisch metaphysisch wie die »unsäglichen Partikularisten«, die Verehrer des »Anderen«, die Žižek zu Recht kritisiert. Die Verbindung zwischen Selbstbewusstsein, Vernunft und Freiheit ruht nicht auf solchen Anrufungen.

tomen erklären würde und behauptete, dass die wahre Vernunft anderswo läge (nicht die Tugendhaftigkeit des Sklaven sondern sein *Ressentiment* motiviert die Unterwerfung), bekennt sich zu dieser Verbindung. (*Ressentiment* ist für den Sklaven ein Grund, von dem er, in einem Akt der Selbsttäuschung, meint, er begründe sein Handeln, die Unterwerfung und moralistische Aburteilung seines Herrn. Andernfalls läge keine Befriedigung in seinem Tun.) Einen Anspruch auf etwas zu erheben oder etwas zu tun bedeutet, Gründe für den Anspruch oder die Tat anzugeben, und wenn es Gründe gibt, entweder die Gründe oder den Anspruch auf Wahrhaftigkeit zurückzuweisen, dann befinden wir uns noch immer im Raum der Gründe, wir können ihn nicht verlassen. (Eine unmittelbare Konsequenz davon ist: Der erste Satz von Žižeks Schluss [»Die politische Suspension des Ethischen«] – »Die Nichtexistenz des großen Anderen signalisiert, dass jedes ethische beziehungsweise moralische Gebäude auf einen abgründigen Akt gegründet werden muss, der im radikalsten Sinne *politisch* ist.« – ergibt null hegelschen Sinn. Das Handeln eines Akteurs, verstanden als »abgründiger« Akt, ist ein Trugbild, das Pathos aufgeblasenen und aufgesetzten Heroismus, ein Gestus, der in den hegelschen Zoo gehört zusammen mit der *schönen Seele, dem Ritter der Tugend* und insbesondere dem *Wahnsinn des Eigendünkels*.[36] Falls der Akt »abgründig« ist, dann bedeutet »Politik« ganz einfach »Macht«, Macht, die auf nichts anderem beruht als auf Entschlossenheit und Willkür und der aller Wahrscheinlichkeit nach mit nichts anderem begegnet wird als Entschlossenheit und Willkür.)

Um, im Gegensatz hierzu, die Bedeutung der Verbindung zwi-

36 Wenn sie so beschrieben wird, wie Žižek sie, offenbar zustimmend in *Weniger als nichts*, S. 586-587, beschreibt, dann ist eine wahrhaft badiouanische Tat, der »Akt«, eine »Geste der radikalen und gewaltsamen Vereinfachung, ein [... zu vollziehender] Einschnitt wie beim sprichwörtlichen gordischen Knoten: de[r] magische [...] Augenblick, in dem sich das unendliche Abwägen zu einem schlichten ›Ja‹ oder ›Nein‹ kristallisiert.« »Magisch« ist das richtige Wort; nahe daran, mystifizierend und unverständlich zu sein. Es schaudert einem vor dem Gedanken, wie viele solcher narzisstischen Täter es auskosten, wie das »Unendliche« sich in *ihnen* kristallisiert. (Dahinter steckt die Idee, dass die Stiftung einer neuen ethischen Ordnung zwangsläufig »abgründig« sein muss, ungegründet [*ungrounded*] und kontingent [ebd., S. 460], dass es kein 1789 ohne 1793 gibt [ebd., S. 438] usw. Aber das ist ein völlig nicht-hegelscher Begriff von »neu« und damit von »Kontingenz«.)

schen Selbstbewusstsein und Vernunft für Žižeks Projekt im Buch zu sehen, müssen wir uns seiner langen, expliziten Besprechung von Hegel zuwenden.

III.

> In diesem Sinne ist die nachhegelianische Wende zur ›konkreten, nicht auf begriffliche Vermittlung reduzierbaren Realität‹ eher als verzweifelte späte Rache der Metaphysik zu sehen, als Versuch, diese zu reinstallieren, wenn auch in der umgekehrten Form des Primats der konkreten Realität. (331)

Wahreres wurde in Hegels Namen nie gesprochen. Žižeks Ausführungen jener Behauptung enthalten eine Anzahl triftiger Aussagen. Zum Beispiel ist das mit Bemerkenswerteste an Hegels Grundposition, dass sie sehr gut zusammengefasst werden kann in dem Satz, dass es keine unabhängige, rein positive Position geben kann. Vielmehr ist sie das richtige Verständnis aller anderen logisch möglichen Positionen. Žižek stellt diesen Aspekt von Hegel völlig richtig dar (vgl. 532 ff.) und hat mehrere hilfreiche Worte über ihn und seine Implikationen zu verlieren. Darüber hinaus führt ihn sein Interesse an Lacan zu drei weiteren Aspekten von Hegel, die ziemlich wichtig sind und häufig vernachlässigt werden, sowohl in gängigen Interpretationen (die Žižek ›Lehrbuch‹-Interpretationen nennt) als auch in mehr ›auf den Stand gebrachten‹, zeitgenössischen Rekonstruktionen. Gemeint ist erstens die Dimension der »Retroaktivität«, manchmal auch Nachträglichkeit genannt, oder dessen, was Žižek zu Recht beschreibt als Hegels Bestehen auf der Logik der Tat (*deed*) oder der Beanspruchung (*claim*) oder des Ereignisses (*event*), von dem gesagt werden kann, dass es rückwirkend »seine eigenen Voraussetzungen setzt«. (Die Bedeutung eines Traums wird von dessen Erzählung konstituiert; sie wird nicht »wiederhergestellt«. Ein Trauma wird zu dem Trauma, das es ist, erst rückwirkend in seiner Befragung.) Am meisten Bedeutung hat der Begriff bei Hegel in seinem Zugang zu Handlungsbeschreibungen und Intentionen. Es gibt keine Rückwärtsverursachung im buchstäblichen Sinne, aber was es ist, das wir taten, und warum wir es taten, von dem kann gesagt werden, dass es zu dem wird, was es ist, einzig nachdem wir es getan haben (nachdem wir gesehen haben, was zu tun wir uns eigentlich verpflichtet hatten; das, was getan zu haben andere uns zugestehen oder nicht).[37] Zweitens und damit zusammenhängend nimmt Žižek die ungewöhnliche und erst einmal paradoxe These, dass der Geist als »Produkt seiner selbst« verstanden werden muss, viel ernster als die meisten anderen Kommentatoren. Žižeks Ausführungen all dieser Themen sind, meiner Meinung nach, angebracht und wertvoll.[38] Darüber hinaus kann er, drittens, gerade weil er diesen Themen, insbesondere dem zuletzt erwähnten, gerecht wird, dasjenige Bild einer hegelschen historischen Tat zurückweisen, das so bekannt ist aus der Kritik seitens der Kritischen Theorie, insbesondere seitens Adorno und der Adorniten. Es ist das Bild des Geistes als sich in seinen Erzeugnissen Entäußerndes (seiner »Selbst-Negation«), sich dabei von ihnen entfremdend, bis er »in sich zurückkehren« kann in seiner Äußerlichkeit, seine Andersheit verneinen und damit versöhnt werden mit sich selbst in einer aufgehobenen Selbstidentität (der Negation der Negation). Es ist auch das Bild Hegels als des »großen narzisstischen Verschlingers«, die Andersheit fressend und vereinend in einem verrückten Vorhaben, alles zu werden, das überzeichnete und überwiegend ungerechte Bild, das Adorno so lieb war in seiner Absage an Hegel als der Verkörperung des »Identitätsdenkens« (vgl. 413). Aber wie berechtigt auch immer seine Zurückweisung dieser Karikatur ist, so scheint mir Žižeks eigenes Verständnis doch zu sehr beeinflusst zu sein durch sein Verständnis von Lacan (ganz zu schweigen vom mittleren Schelling), sodass es der wahrhaft hegelschen Alternative unter diesen sehr abstrakten Möglichkeiten nicht erlaubt, hervorzutreten, insbesondere was das Problem der Vernunft (von Hegels »großem Anderen«) und der Sozialität (der *Sittlichkeit*, einer weiteren Version von Hegels großem Anderen, der »verwirklichten Vernunft«) angeht.

In Anbetracht des bisher Gesagten können wir dieses Hegel-

37 Alle Handlungen haben solche Ex-ante-Intentionen, die aber provisorisch bleiben, bis sie in der Tat verwirklicht werden. Ein weiteres weites Feld. Siehe meine Schrift *Hegel's Practical Philosophy*, Kapitel 6.

38 Siehe besonders seine Zurückweisung des »organischen Modells« hegelschen geschichtlichen Wandels (375) und solche Bemerkungen wie die auf S. 538. (Ich denke, dass die Unterscheidung zwischen natürlicher und vernünftiger Notwendigkeit in diesen Formulierungen viel deutlicher sein könnte. Ebenso verhält es sich mit den ausgeteilten Rügen »Notwendigkeit der Kontingenz« und »Autopoesie« auf S. 640.)

Lacan-Problem zusammenfassen, indem wir uns Hegels außergewöhnliche (und wenn man will lacanianische) Behauptung in Erinnerung rufen, dass Geist eine »Bresche« oder »Wunde« sei, aber eine selbstzugefügte (das heißt sie ist Resultat; kein ontologischer Riss im Gewebe des Seins als solchem) und eine, die der Geist heilen kann, sogar ohne »Narben« zu hinterlassen.[39] (Ein in keiner Weise freudianischer Gedanke. Über den hegelschen Begriff der Versöhnung müsste ein Vielfaches mehr gesagt werden, als hier möglich ist.) Etwas allgemeiner ausgedrückt: Der Eintritt in den Bereich des Bezeichnens, den Raum der Bedeutungen, ist für Hegel notwendigerweise zugleich der Einritt in den Raum der Gründe, weil Bedeutung grundlegend sozial ist; weil Bedeutungen in einer größeren sozialen Ökonomie zirkulieren müssen, einer Ökonomie, die stets eine Ökonomie der Ansprüche, Zurückweisungen, Herausforderungen, Kämpfe und Lösungen (selbstzugefügter Wunden) ist und nicht nur persönlich oder libidinös. Dies aber ist eine Ökonomie, die zutiefst historisch ist und also nicht durch eine mythische/archetypische Meta-Psychologie erfasst werden kann, die sich auf eine primär individuelle Ontogenese beschränkt.[40]

IV.

Das bringt uns mit anderen Worten zu der etwas praktischeren und »kritischen« Frage danach, »wie man heute Hegelianer sein kann«, so Žižek. Es bringt uns also zu der Frage, ob das möglich ist, was Žižeks Interpretation desjenigen Begriffs impliziert, den er im Zentrum seines Hegelianismus platziert: den Begriff einer »selbstnegierenden« oder »lückenhaften« phänomenalen Wirklichkeit. Vor dem Hintergrund dieser Ontologie soll Philosophie ihre »Zeit in Gedanken erfasst« sein. Unsere Zeit ist immer noch die Zeit des bürgerlichen Kapitalismus und seiner zentralen Institutionen:

39 G. W. F. Hegel, *Vorlesungen über die Ästhetik I, Werke*, Bd. 13, Frankfurt/M. 1970, S. 21. Siehe auch ders., *PhG*, S. 492.

40 Nichts an diesem Bild braucht angepasst zu werden, selbst wenn wir zugeben, dass eine jegliche solche Bezeichnung ihren eigenen »Überschuss« erzeugt, ihren unvermittelten und zerreißenden »Überrest«. Dem mag so sein, es stellt aber nur eine weitere Problematik menschlicher Bezeichnungspraktiken dar, und nicht das ganze Problem.

Privateigentum, Handelsrepubliken, auf individuellen Rechten basierende rechtliche Institutionen, die Privatisierung der Religion und das Ideal religiöser Toleranz, romantische Liebe, Liebesheirat, Kleinfamilien und die (angebliche) Trennung von Staat und Zivilgesellschaft. Was »umfasst« das »begreifende Denken« – in diesem Fall das »dialektische« Denken?

Ein von Žižek und den meisten »Hegelianern« breit geteilter Ausgangspunkt für einen so verstandenen Hegelianismus wäre das Bekenntnis zur Geschichtlichkeit von Normen, aber ohne historischen Relativismus, als ob wir in besonderen Annahmen gefangen wären und uns keinen Weg aus ihnen heraus denken könnten. Das Allgemeine – dessen klarster Name einfach die »Freiheit« wäre – ist bei Hegel aber immer nur als »konkretes Allgemeines« zugänglich, ein Allgemeines verstanden als flektiert von einer Zeit und einem Ort, partiell und unvollkommen, der Interpretation und Re-Interpretation und dialektischen Erweiterung bedürftig. Wollen wir beispielsweise verstehen, warum die geschlechterbasierte Teilung der Arbeit im letzten Drittel des zwanzigsten Jahrhunderts zu einer so unglaubwürdigen Norm geworden ist, und das ausschließlich in den technologisch fortgeschrittenen Wirtschaftsrepubliken des Westens, dann beginnt man »Hegelianer« zu werden durch die simple Einsicht, wie unplausibel das Beharren darauf wäre, die Ungerechtigkeit der Grundlage einer solchen Arbeitsteilung, also die Gründe, eine solche Praxis zurückzuweisen, sei im Prinzip seit Anbeginn der menschlichen Versuche, ihre Praktiken zu rechtfertigen, immer zugänglich gewesen und irgendwann in den frühen 1970ern »entdeckt« worden. Trotzdem ist unser Bekenntnis zur Zurückweisung einer solchen Praxis weitaus stärker als »eine bloß neue Entwicklung dessen, wie wir voranschreiten«. Die vergangene Praxis ist unvernünftig und damit ungerecht, wie auch immer historisch indiziert die »Fassbarkeit« eines solchen Anspruchs klarerweise ist.

Žižeks Vorschlag ist es, einen Hegel zu verteidigen, für den jedwede Behauptung über geschichtliche Rationalität (wie die obige) immer retrospektiv und niemals prospektiv und voraussagend ist, und er liegt mit diesem nach vorne hin offenen Hegel sicher richtig. (Häufig wird übersehen, dass Hegels berühmte Behauptung, dass die Eule der Minerva ihren Flug erst bei Dämmerung beginne, dass die Philosophie ihr Grau in Grau erst zu malen beginnen könne, wenn eine Lebensform gealtert ist, die Ankündigung bedeutet, dass die »in Gedanken erfasste« Lebensform der *Philosophie des Rechts* gealtert ist, im Sterben liegt und nur deshalb jetzt von Hegel begriffen werden kann. Wollte man behaupten, dass wir eine Utopie der verwirklichten Vernunft erreicht hätten, würde man wohl kaum dieses Bild vorschlagen [vgl. 366].) Hinzu kommt, dass die retrospektive Dimension ziemlich wichtig ist. Erst nach dem weltgeschichtlichen Einfluss des Christentums konnte die griechische Philosophie dazu unfähig erscheinen, die Ressourcen für ein Verständnis dessen zu enthalten, was einmal die christliche Innerlichkeit, Subjektivität und damit ein sehr verschiedener Blick auf praktisches Handeln werden würde. Es gibt in diesem Bild keinen Weltgeist als Puppenspieler.

Allerdings muss die Alternative zu jedem »Schatten des dialektischen Materialismus« so etwas wie ein »dialektischer Idealismus« sein. Das heißt freilich schlicht, dass es keinerlei »materielle Widersprüche« gibt.[41] Widersprüche sind das Resultat der Selbstentgegensetzung in einer Handlung oder Praxis, die von einem Subjekt dirigiert wird. Sie können die Form »performativer Widersprüche« in Sprechakten oder praktischer Widersprüche in Handlungen annehmen. (Hobbes hat uns für letztere ein gelungenes Beispiel gegeben: Im Naturzustand führt die Verfolgung dessen, was vom individuellen Gesichtspunkt aus maximal rational ist, durch jeden Einzelnen – nämlich die anderen präventiv anzugreifen – zu dem Ergebnis, welches das für alle schlimmstmögliche ist. Akteure widersprechen sich *selbst*, indem sie rational handeln.) Unter der Annahme kollektiver Subjektivität (*Geist*) kann man sich vorstellen, wie es zu zeigen möglich wäre, dass die instrumentelle Praxis einer Lebensform in den von ihr rationalerweise gewählten Mitteln den übergreifenden Zwecken, die diese Gesellschaft ihrem Wesen nach verfolgt, »widerspricht«. All dies hängt davon ab, was sich zeigen lässt und was nicht; ob sich von einer sozialen Folgeform sagen

41 Ich sehe nichts, das Žižek gesagt hätte, um dem zu entgegnen, worauf die Tradition besteht: dass keine Aussage über einen solchen materialen Widerspruch in der Lage sei, irgendetwas auszusagen, ja überhaupt eine Aussage zu sein. Das Argument scheint zu sein, dass dies umso mehr gegen die Logik spräche, weil es solche Widersprüche tatsächliche gebe. Aber das beantwortet die Frage nicht. Siehe Charles Taylor, »Dialektik heute, oder: Strukturen der Selbstnegation«, in: Dieter Henrich (Hg.), *Hegels Wissenschaft der Logik: Formation und Rekonstruktion*, Stuttgart 1986, S. 141-153.

lässt, dass sie erfolgreicher darin ist, zu erreichen, was eine vorangehende soziale Form zu erreichen versucht hat, oder nicht: bestimmte Negation also, interne Kritik, all die hegelschen Desiderata. (Geschlechterbasierte Arbeitsteilung wurde allmählich als inkonsistent mit dem bereits existierenden Ideal der Gleichheit vor dem Recht und meritokratischer sozialer Mobilität verstanden, und zwar zu einer Zeit, in der Veränderungen in der Technologie der Produktion und der Bedarf an viel mehr Arbeitskraft in der größten Periode wirtschaftlicher Prosperität, die die Geschichte gesehen hat, eine solche Einsicht möglich machten.)

Wir sind mit Sicherheit weit genug entfernt von der (»toten«) besonderen historischen Form bürgerlicher Gesellschaft, die Hegel vermeinte in Gedanken erfasst zu haben, und unsere eigene Lebensform kann vor unseren Augen plausiblerweise ihrerseits als »gealtert« genug bezeichnet werden (als dysfunktional genug zumindest), um uns fragen zu lassen: Was ist der hegelsche Zugang zum großen Zusammenbruch der Unterscheidung zwischen Staat und Zivilgesellschaft, an der ihm so viel lag, zur Desintegration der Stände und ihrer Ordnung, die so zentral ist für sein Verständnis politischer Partizipation, zum Aufkommen von Gesellschaften des Massenkonsums, so ganz und gar verschieden von allem in Hegels politischer Philosophie, zu Veränderungen der Kriegstechnologie, die die Idee gelegentlicher Kriegsführung, um uns aus unserer prosaischen Beschaulichkeit aufzurütteln, als selbstmörderisch erscheinen lassen (ganz zu schweigen vom Ende der Bürgerarmeen), zur Erzeugung eines globalen Finanzsystems, das sogar die Idee von »Eigentümern« der Produktionsmittel obsolet werden lässt, und weiter und weiter in dieser Manier?

Žižeks Antwort ist nicht überraschend, und diese Antwort lässt die weitestreichendste Frage von allen aufkommen, die zugleich diejenige ist, die ich am unbefriedigendsten angesprochen finde. Wie viele andere will er sagen, dass die bürgerliche Gesellschaft wesentlich selbstwidersprüchlich sei, und ich gehe davon aus, dass das ihre »Unreformierbarkeit« bedeutet. Wir brauchen eine völlig neue ethische Ordnung und das bedeutet »die Tat«. Das Vorgeben der bürgerlichen Gesellschaft, eine vernünftige Form zu sein, wird von der Existenz eines bloß Partikularen unterwandert, einer Galionsfigur an der Spitze, dem Monarchen. (Eine bessere Frage scheint mir zu sein, warum das Hegel überhaupt kümmert, angesichts dessen, wie rein symbolisch und gar sinnlos ein solcher Tupfen auf dem i letztlich ist.)[42] Und wie viele andere behauptet Žižek, dass die zugegeben aporetische Rolle, die »der Pöbel« bei Hegel spielt, als etwas, das eine permanente Unterklasse der Armen zu sein scheint, ein weiteres Merkmal der wesentlichen Irrationalität der hegelschen Darstellung modernen ethischen Lebens (*Sittlichkeit*) ist. Er stimmt der Analyse eines Autors jüngeren Datums, Frank Ruda, zu und sagt, dass Ruda »vollkommen Recht [hat], wenn er Hegels kurze Passage über den Pöbel in den *Grundlinien der Philosophie des Rechts* als symptomatisch für dessen gesamte Rechtsphilosophie, wenn nicht sein ganzes System deutet« (592). In anderen Zusammenhängen behauptet Žižek, dass die moderne säkulare Kultur und der Spätkapitalismus ihre eigenen Gegenteile, zum Beispiel den evangelikalen Fundamentalismus, erzeugen, für die es keine »Aufhebung« gibt, keine Rückkehr zu einer erhöhten Form bürgerlicher Politik und reformiertem Kapitalismus. (Dies alles verhält sich ganz lacanianisch, indem das, was unterdrückt wird, durch ebendiesen Akt der Repression »erzeugt« wird.)

Ob diese vergleichsweise kurzen Zwischenspiele zeigen können, dass bürgerliche Gesellschaft und ein kapitalistisches Produktionssystem selbst im oben skizzierten idealistischen Sinne wesentlich widersprüchlich sind und damit alles Rufen nach Reform von der gleichen Absurdität wäre wie das Verbleiben im Naturzustand bei gleichzeitiger »Reformierung desselben« unter hobbesschen Vorzeichen, ist ein für diese kurze Besprechung zu weites Feld. Ich kann nur sagen, dass ich, zumindest angesichts der hier gelegentlich auftauchenden Bemerkungen, keinen Grund dafür sehe, dies anzunehmen, wenn die grundlegende Norm einer solchen Gesellschaft, Hegel gemäß, ein institutionell gesicherter Zustand gleichberechtigter Anerkennung ist, wobei das zugleich direkte politische Aufmerksamkeit gegenüber den materiellen (familiären, kulturellen, wirtschaftlichen) Bedingungen für deren Ermöglichung oder eine Art egalitärer Idee von Freiheit heißt (niemand kann frei sein, solange nicht alle frei sind). Die Tatsache, dass der politische Wille

42 Das eigentliche Problem von Hegels politischer Philosophie besteht in der gänzlichen Abwesenheit eines Zugangs zum politischen Willen und zur politischen Willensbildung. Der Gesetzgeber bestätigt ganz einfach nur, was bereits entschieden wurde. Siehe Michael B. Foresters unschätzbares und vernachlässigtes Buch *The Political Philosophies of Plato and Hegel,* Oxford 1935.

zur Sorge um solch ein gemeinsames Gut, wie beispielsweise in den Vereinigten Staaten, immer mehr zu schwächeln beginnt (und das sogar im Fall von öffentlichen Schulen, die langsam, aber sicher zu einer Zielscheibe der immer mächtigeren extremen Rechten werden), ist mit ziemlicher Sicherheit eine Pathologie, die der Erklärung bedarf.[43] Vielleicht brauchen wir die Hilfe der Lacanianer, um das zu leisten (obwohl Hegel selbst sich damit zufrieden gab, einfach auf die Gefahren und die Irrationalität des romantischen Nationalismus seiner Tage hinzuweisen), aber der große Traum der Sozialdemokratie aller Herren Länder – »Das Schweden der 60er!« – scheint mir nicht etwas zu sein, das unvermeidbar seine eigene irrationale und unversöhnbare Unvernunft oder sein eigenes Anderes produziert. Mehr Anwälte für die Armen in Texas, zahlbare Kinderbetreuung, allgemeine Krankenversicherung, weniger Flugzeugträger, mehr Kontrolle der Arbeiter über ihre eigenen Arbeitsbedingungen, unter Umständen reguliert durch Nationalbanken, sind allesamt Ausdehnungen jener bürgerlichen Idee selbst, wie krank und oftmals entstellt die bürgerliche moderne Gesellschaft auch immer geworden ist. (*Citizens United* war kein logisch unentrinnbares Ergebnis kapitalistischer Logik. Es war das Resultat des irren Geredes mehrerer durchgedrehter Richter. Wir sind die einzige fortgeschrittene kapitalistische Demokratie auf der Erde, die legalisierte Erpressung erlaubt.) Aber diese Themen sind für einen anderen Zusammenhang (und für die Tribüne eines Straßenredners) bestimmt. Ich werde mit einer Reflexion in žižekschem Geiste schließen.

43 Wenn Žižek eine Liste der Dinge gibt, »die Hegel ›nicht denken kann‹« (eingeschränkt durch eine Anzahl von »ja, aber …«-Vorschlägen), bestehend aus Dingen wie Wiederholung, dem Unbewussten, Klassenkampf, sexueller Differenz usw. (Žižek, *Weniger als nichts*, S. 623), so sehe ich keinen Grund, warum Hegel irgendein größeres Problem mit solchen Fragen und Problemzusammenhängen haben sollte als damit, Analysen und Diagnosen für etliche individuelle und soziale Pathologien zu liefern. Das sind nicht seine Fragen. Eine Plage kann das ethische Leben einer Gemeinschaft völlig abtragen und es kann für Jahrhunderte derart verwüstet bleiben. Dasselbe gilt für ein immer rasenderes und hysterischeres Konsumverhalten; genauso wie für die etwaige Todesspirale des globalen Kapitalismus (siehe David Harvey, *The Enigma of Capital and the Crises of Capitalism*, Oxford 2010) und den Anfang einer jahrhundertelangen Umweltkatastrophe.

V.

Žižek liefert uns zwei Bilder, ein literarisches und ein cineastisches, die uns dabei helfen sollen, die in seinem Reaktualisierungsversuch von Hegel für zeitgenössische Anliegen eingebrachte dialektische Gymnastik zu verstehen. Das erste betrifft das Problem hegelscher »Versöhnung« und das Beispiel ist das des rätselhaften und bewegenden Endes von J.M. Coetzees Roman *Disgrace*. Žižek führt die basale logische Struktur ein, die er sein ganzes Buch hindurch verwendet, um »Negativität« begreiflich zu machen. David Lurie scheint den Status quo zu »negieren«, den großen Anderen der Vernunft, das Vertrauen in die Polizei, die die Einzelnen haftbar macht für ihre Taten und an Einzelnen getanes Unrecht zu entschädigen sucht (Justiz), weil er einsehen musste, wie unangebracht ein solcher Glaube in der bestehenden Nach-Apartheid-Wirklichkeit Südafrikas ist. Seine »Negation« all dessen besteht schlicht darin, zu tun, was immer er kann, um die Erniedrigung euthanasierter Hunde zu minimieren, zufrieden mit seiner Geste der Gewährleistung einer respektvollen Beseitigung. Das ist natürlich bemitleidenswert und befindet sich auf keinem Weg der Versöhnung. Er scheint die schuldbeladene Aussöhnung seiner Tochter mit der Beteiligung ihres Nachbarn an ihrer eigenen Vergewaltigung zu akzeptieren und diese auf seine eigene Weise als den Preis zu verinnerlichen, den es zu zahlen gilt, um das Leben in Südafrika mit (in Žižeks Worten) »ethischer Würde« fortführen zu können. In der Welt unvermeidbarer Komplizenschaft mit dem Verbrechen in Südafrika ist der Verlust von *Allem* der Einsatz dafür, dass »dieser vollständige Verlust selbst in eine gewisse Art von ethischer Würde verwandelt werden wird« (448).

Aber Žižek behauptet, dass in diesem Ende »etwas fehlt«, eine Geste des Trotzes und der Revolte, die »Negation der Negation« genannt werden könnte, irgendeine »kaum wahrnehmbare Geste des Widerstands […], eine reine Figur des untoten Triebes« (448), womit er eine »Versagung« meint, eine Zurückweisung, die uns nicht zurückwürfe in den Status quo *ex ante*, sondern woraus eine Verwirklichung entspränge und »der phantasmatische Status des *objet a* (der Fantasierahmen, der das Begehren des Subjekts aufrechterhält) verlorengeht, sodass die *Versagung* dem Akt des Durchquerens des Phantasmas gleichkommt und den Freiraum schafft, durch den der reine Trieb jenseits des Phantasmas hervortreten kann« (448). Die natürliche Entgegnung auf diesen Vorschlag ist, dass eine jedwede solche Geste, die erfüllen würde, worum es Žižek geht, voraussetzte, dass alles an Davids ursprünglicher Position aus einem »Fantasierahmen« bestünde, dass es keinen großen Anderen gibt und dass eine Aufklärung unserer selbst über diese Täuschung uns in die Position brächte, dem Erscheinen eines »reinen« Triebs jenseits des Phantasmas Raum zu geben. Das aber klingt nachgerade wie Davids ursprüngliche romantische Fantasie selbst, dass er ein Byronscher Diener des Eros sei, dass er die Heuchelei und Falschheit der konventionellen Moral des großen Anderen durchschaue usw. Das ist das Phantasma, dem er sich selbst entrissen hat und dessentwegen seine Geste gänzlich symbolischer Großzügigkeit zugleich so affirmativ und anmutig und so schwülstig und so begrenzt ist. Es gibt da keinerlei žižeksche Geste des Trotzes, weil David die gefährliche Selbsttäuschung durchschaut hat, die in der Annahme liegt, man sei »der, der es wissen sollte«. Seine Mithilfe bei Bevs Euthanasierung der Hunde und der Entsorgung ihrer Überreste ist in einer anderen als der von Žižek erwarteten Weise eine »Negation seiner ersten Negation«, eine Zurückweisung bloßer Akzeptanz seines und seiner Tochter Schicksal. In der letzten Geste des Romans »gibt er auf«, anstatt wie von Bev erwartet den Hund zu retten, so wie er auch sich selbst in sein Schicksal »ergeben« hat und es nicht nur erleidet. Mit anderen Worten gibt es letztlich nichts unhegelscheres als die Idee eines Hervortretens »des reinen Triebs jenseits des Phantasmas«. Davids Geste bedeutet, dass er das Subjekt dessen bleibt, von was auch immer er getrieben wird, diesem eben nicht unterworfen. Die Idee von »reinen« Trieben (oder von irgendetwas »Reinem«) gehört in den vorhin erwähnten hegelschen Zoo.

Das zweite Beispiel ist ebenso interessant: Hitchcocks *Vertigo*. Hier ist die Idee einer Negation, und einer Negation der Negation, leichter zu verfolgen. Scottie verliert Madeleine, oder die Frau, die er für Madeleine hielt; sie stirbt. Doch das war alles nur eine Inszenierung von Elster, um seine Frau zu ermorden. Madeleine war nicht Madeleine, sondern Judy, eine Frau aus der Arbeiterklasse, die von Elster in seine Inszenierung eingeweiht war. In dem Moment, in dem Scottie das herausfindet, kann von ihm behauptet werden, dass er seinen Verlust verloren hat, dass er die Bedeutung seines Verlusts verloren hat. Er hatte nicht Madeleine verloren, denn Madeleine war Judy. Er erkennt die bittere ironische Wahrheit, dass die Frau, die er sich zu einer falschen Madeleine »zurechtzumachen« versuchte, in Wirklichkeit die eigentliche Madeleine war (ist), denn seine ursprüngliche Madeleine war eine Fälschung. Wie in *Disgrace* ergibt sich ein ambiges Ende: Scottie blickt »in den Abgrund«, der gefallenen Judy nachsehend, und ist entweder ein gebrochener Mann, all den Idealisierungen und Fantasien entrissen, die die Liebe nähren, oder ein »neuer« Mann, befreit von seinen Illusionen und versöhnt mit seinem neuen Realismus. Žižek benutzt diese Struktur, um eine Begrenztheit einer hegelschen »Negation der Negation« nahezulegen, derart, dass die beiden nahegelegten Lesarten von Scottie etwas vermissen lassen, dass sie den in Frage stehenden »Antagonismus« noch immer zu »formal« verstehen (was ich zuvor als »dialektischen Idealismus« eingeführt und verteidigt hatte). Žižek drängt hier darauf, dass wir demjenigen gerecht zu werden haben, das »aus« beiden Auflösungen herausfällt, einem »Überschuss«, einem »kontingenten Überbleibsel«, einem »kleinen Stück Realität«.

Wenn Žižek zur Erklärung übergeht, was er damit meint, scheint er mir in die Art von Positivismus und pseudo-realistischer Metaphysik zurückzufallen, die er zu Recht zurückgewiesen hatte. (Man vergleiche das Zitat zu Beginn von Abschnitt III, S. 424.) Und die Rede von Exzess und Überbleibseln lässt es irrelevant werden, dass Žižek nicht etwas meint, das »der dialektischen Vermittlung einfach entgeht«, sondern ein »Produkt dieser Vermittlung« ist (658). Solch ein Exzess oder Überbleibsel fungiert in seiner Kritik noch immer »unvermittelt« und dieser Begriff bleibt zutiefst unhegelsch, aus Gründen, um deren Darstellung ich mich hier die ganze Zeit bemüht habe.

Aber, so möchte ich behaupten, etwas an der *Vertigo*-Struktur ist durchaus von Relevanz für die deutsche Tradition, wie Hegel sie sehen würde. Denn sicherlich ist der Begriff der Modernität selbst in dieser Tradition als »Verlust« enthalten. Es fallen einem Hölderlin und Schiller ein und die Trauer um die verlorene »Schönheit« der griechischen Welt, ein trefflicher Spiegel für Scotties Gram über die verlorene Madeleine-Version von Judy. So lässt sich sagen, dass Hegel zu Hegel wurde, als für ihn jener Verlust verloren war, jene Negation negiert, mit einem viel prosaischeren Blick auf die griechischen Errungenschaften. Ich meine die Einsicht, zu der er unter dem Einfluss der Denker der schottischen Aufklärung kam, die Einsicht, dass kein simpler Verlust im Ende des griechischen Ideals lag und dass der Verlust dieses Begriffs des Verlusts ein Gewinn war, in dem Moment, als er die Entwicklung der modernen bürgerlichen Gesellschaft zu schätzen und das Fehlerhafte im Fantasieren über den Verlust einer natürlicheren Harmonie einzuschätzen lernte.[44] Die Helen-gleiche »Madeleine« war die ganze Zeit über in Wirklichkeit »Judy«. (Dies bestätigt auf eigene Weise Žižeks Pochen darauf, dass hegelsche Vermittlung keine »dritte«, synthetische Position ins Spiel bringt, sondern auf einem richtigen Verständnis des Antagonismus zwischen der »Negation« und der »Negation der Negation« beruht.) Das lässt sich sogar in der Begrifflichkeit von Hegels säkularisiertem Christentum ausdrücken – Madeleine war in Wirklichkeit Judy, oder Judy war für Scottie erfolgreich zu Madeleine geworden, ihr klagendes »Wieso kannst du mich nicht einfach als die lieben, die ich bin?« veranlassend. Jedes »Judy« ist ebenso ein »Madeleine«; jedes »Madeleine« in Wirklichkeit ein »Judy« in dieser egalitären, christlichen Vision.

Das kann von Scottie natürlich nicht geschätzt werden, aus Gründen, die auch für Hegel relevant sind. Denn es ist just die Struktur von Judys Erscheinung als Madeleine, die von Elster in einer Art und Weise zu dessen Gunsten manipuliert wird, die parallel läuft zu den ideologisch verzerrten und so falschen Vorgaben der erreichten Gleichheit in den zeitgenössischen bürgerlichen Gesellschaften (»Gerechter Tausch zwischen Arbeit und Kapital auf dem Marktplatz«). Die Wahrheit der Identität war ruiniert, unwahr gemacht, weil sie *inszeniert* war. Was Hegel für die größte Errungenschaft der modernen bürgerlichen Gesellschaft hielt – ihre Fähigkeit, ihre Bürger heranzubilden zu Gleichheit und grundlegender gegenseitiger Abhängigkeit und sie damit zu bilden in den Tugenden der Zivilisiertheit und Vertrauenswürdigkeit –, ist zu einer Lüge geworden (falls es jemals die Wahrheit war), und die Reedereibesitzer und Magnaten vom Schlage Elsters »steuern« diese *Bildung* auf eine letztlich völlig theatralische Art, vergleichbar dem »Madeleine-Theater«, das speziell zu Scotties Wohlbefinden aufgeführt wurde und um ihn zu manipulieren. Wegen dieser Verdrehung kann er nicht zur Wahrheit des spekulativen Satzes heran-

44 Den dafür unentbehrlichen Zugang bietet Laurence Dickey, *Hegel: Religion, Economics, and the Politics of Spirit, 1770-1807*, Cambridge 1987.

gebildet werden, dass »Judy Madeleine ist«, dass das Wesen seine eigene Erscheinung ist. Dementsprechend entpuppen sich Scotties Versuche, Judy in Madeleine zurückzuverwandeln – statt eine Weise zu sein, in der er realisiert, dass Judy schon Madeleine ist –, als genauso manipulativ und verdinglichend wie die von Elster. (Eine weitere, noch deprimierendere Identität: Scottie und Elster, beide Schöpfer einer falschen Madeleine.)

Das erzwingt die Frage, ob da noch etwas übrig ist in der zeitgenössischen Gesellschaft, das auf irgendeine Weise die materielle Basis zu liefern vermöchte für Hegels Ansprüche an jene potenziell transformierenden und bildenden Fähigkeiten moderner bürgerlicher Gesellschaft. Niemand kann diesbezüglich etwas anderes als zutiefst pessimistisch sein, aber das Forschen nach solchen möglichen »Spuren der Vernunft« scheint mir eine weit hegel-getreuere und noch immer mögliche Aussicht zu sein als alles, was sich aus »abgründigen Akten« ergeben könnte.[45]

Aus dem Amerikanischen von Marco Toscano

45 Rüdiger Bubners Formulierung aus »Was ist kritische Theorie?«, in: Jürgen Habermas, Dieter Henrich (Hg.), *Hermeneutik und Ideologiekritik*, Frankfurt/M. 1971, S. 160-209.

Textnachweise

1. Die Form der Vernunft – zuerst erschienen in: Julian Nida-Rümelin, Elif Özmen (Hg.), *Welt der Gründe. Deutsches Jahrbuch der Philosophie*, Band 4, Hamburg 2012, S. 1291-1308.

2. Über Selbstgesetzgebung – zuerst erschienen in: *Deutsche Zeitschrift für Philosophie* 51, 6 (2003), S. 905-926.

3. Die Freiheit als Schicksal: Verwirklichung und Geschichte bei Hegel – zuerst erschienen in: Rüdiger Bubner, Walter Mesch (Hg.), *Die Weltgeschichte – das Weltgericht? Veröffentlichungen der internationalen Hegel-Vereinigung*, Bd. 22, Stuttgart 2001, S. 208-217.

4. Moralität: Die subjektive Seite der Sittlichkeit? – zuerst erschienen in: Rüdiger Bubner, Gunnar Hindrichs (Hg.), *Von der Logik zur Sprache: Veröffentlichungen der internationalen Hegel-Vereinigung*, Bd. 24, Stuttgart 2007, S. 564-577.

5. Zu Hegels Behauptung, Selbstbewusstsein sei »Begierde überhaupt« – zuerst erschienen in: Rainer Forst u. a. (Hg.), *Sozialphilosophie und Kritik*, Frankfurt/M. 2009, S. 134-156.

8. Die Logik der Negation bei Hegel – zuerst erschienen in: Anton Friedrich Koch u. a. (Hg.), *Hegel – 200 Jahre Wissenschaft der Logik*, Hamburg 2014, S. 87-110.

9. Eine *Logik der Erfahrung?* – Über Hegels *Phänomenologie des Geistes* – zuerst erschienen in: Klaus Vieweg, Wolfgang Welsch (Hg.), *Hegels Phänomenologie des Geistes: Ein kooperativer Kommentar zu einem Schlüsselwerk der Moderne*, Frankfurt/M. 2008, S. 13-36.

10. Brandoms Hegel – zuerst erschienen als »Brandom's Hegel« in: *European Journal of Philosophy* 13:3 (2005), S. 381-408 (zuerst auf Deutsch in: Thomas Wyrwich (Hg.), *Hegel Studien – Hegel in der neueren Philosophie*, Beiheft 55, Hamburg 2011, S. 369-407).

11. McDowells Idealisten – zuerst erschienen als »McDowell's Germans: Response to ›On Pippin's Postscript‹«, in: *European Journal of Philosophy* 15:3 (2007), S. 411-434.

12. Der Status der Literatur in Hegels *Phänomenologie des Geistes* – Über das Leben von Begriffen – zuerst erschienen in: Birgit Sandkaulen u. a. (Hg.), *Hegel-Studien – Gestalten des Bewusstseins: Genealogisches Denken im Kontext Hegels*, Beiheft 52, Hamburg 2009, S. 248-265.

13. Ästhetik ohne Ästhetik. Zu Hegels Philosophie der Kunst – zuerst erschienen als »The Absence of Aesthetics in Hegel's Aesthetics«, in: Frederick C. Beiser (Hg.), *The Cambridge Companion to Hegel and Nineteenth Century Philosophy*, Cambridge 2008, S. 394-418 (zuerst auf Deutsch in: *WestEnd* 1 [2009]).

14. Selbstüberwindung, Versöhnung und Modernität bei Nietzsche und Hegel – zuerst erschienen in: Mihailo Djurić, Josef Simon (Hg.), *Nietzsche und Hegel: Nietzsche in der Diskussion*, Würzburg 1992, S. 130-145.

15. Zurück zu Hegel? Slavoj Žižek: *Weniger als nichts. Hegel und der Schatten des dialektischen Materialismus* – zuerst erschienen als »Back to Hegel? On Slavoj Zizek's Less than Nothing, *Mediations* 26.2 (2012).

Sämtliche Texte wurden für den vorliegenden Band überarbeitet.

Namenregister

Adorno, Theodor 331 Fn, 380, 425
Allison, Henry E. 408 Fn
Ameriks, Karl 53 Fn, 79 Fn, 267 Fn
Anscombe, G.E.M. 21
Aristoteles 17, 39, 87, 130 Fn, 142, 168, 171, 174, 178, 187, 188, 189 Fn, 196, 198 Fn, 232 Fn, 409
Arnauld, Antoine 164

Badiou, Alain 406, 423 Fn
Baumgarten, Alexander Gottlieb 361, 362 Fn
Beckett, Samuel 380, 382
Benjamin, Walter 380
Berkeley, George 168 Fn
Blanchot, Maurice 391
Bowman, Brady 208 Fn
Brandom, Robert B. 22, 117, 127, 130, 132, 133, 134 Fn, 239, 245, 289, 320 Fn, 406 Fn, 407 Fn, 419
Breazeale, Daniel 397 Fn, 422 Fn
Brentano, Franz Clemens 185
Bubner, Rüdiger 210, 361 Fn, 436 Fn

Carnap, Rudolph 256
Caro, Anthony 381
Cavell, Stanley 373 Fn
Cézanne, Paul 382
Chomsky, Noam 247
Clark, T.J. 380
Coetzee, John Maxwell 432
Conant, James 175 Fn, 180 Fn, 325 Fn
Courbet, Gustave 380
Crusius, Christian August 217

Danto, Arthur C. 369 Fn, 374 Fn
Davidson, Donald 247, 305 Fn
Deleuze, Gilles 390, 397 Fn, 405
Descartes, René 16, 164, 175 Fn, 324 Fn, 363 Fn
Dickey, Laurence 435 Fn
Diderot, Denis 92, 153, 330
Dilthey, Wilhelm 359 Fn
Dreyfus, Hubert 322 Fn
Dummett, Michael 271 Fn, 277 Fn

Falk, Hans-Peter 203 Fn
Fichte, Johann Gottlieb 20, 63, 74, 79, 87, 122, 195 Fn, 196, 242, 266-267, 303, 309, 311, 364 Fn, 393, 406-407, 408 Fn, 410, 412 Fn, 413, 419-420, 422
Forester, Michael B. 430
Förster, Eckart 13, 164 Fn
Frege, Gottlob 164, 166, 170, 175 Fn, 178 Fn, 179, 199, 414
Freud, Sigmund 405, 407, 408 Fn, 410 Fn, 417 Fn, 426
Fried, Michael 350, 380, 382 Fn
Friedman, Michael 308

Gadamer, Hans-Georg 135 Fn
Gerhardt, Volker 395 Fn
Gethman-Siefert, Annemarie 350-351 Fn, 353 Fn
Geuss, Raymond 371 Fn
Goehr, Lydia 351
Goethe, Johann Wolfgang von 329-330, 377 Fn
Gombrich, Ernst H. 368 Fn
Graves, David 367 Fn
Greenberg, Clement 380
Guyer, Paul 377 Fn

Habermas, Jürgen 252 Fn, 265 Fn, 273 Fn, 280 Fn, 284, 383 Fn, 406 Fn

Hamacher, Werner 388 Fn
Hamann, Johann Georg 350 Fn
Harris, Henry S. 359 Fn
Hartmann, Klaus 187
Harvey, David 431 Fn
Haugeland, John 269
Hegel G.F.W. *passim*
Heidegger, Martin 24, 125, 141, 201, 320, 383 Fn, 406, 418 Fn
Henrich, Dieter 66 Fn, 197 Fn, 200 Fn, 359 Fn, 360 Fn, 377-378 Fn, 408 Fn, 420, 428 Fn
Heraklit 219
Herder, Johann Gottfried 374 Fn
Hill, Tom 72 Fn
Hobbes, Thomas 17, 324 Fn, 386, 399, 401, 428, 430
Hölderlin, Friedrich 197 Fn, 434
Honneth, Axel 21, 132 Fn
Horstmann, Rolf-Peter 187 Fn
Hotho, Heinrich Gustav 335, 350-351 Fn, 353 Fn, 355
Houlgate, Stephen 200 Fn, 351 Fn
Hume, David 65, 67-68, 72, 75 Fn, 234, 300, 303
Husserl, Edmund 185 Fn, 414

Ikäheimo, Heikki 131 Fn

Jacobi, Friedrich Heinrich 330
James, Henry 379
Johnston, Adrian 417 Fn
Joyce, James 379

Kant, Immanuel *passim*
Kierkegaard, Søren 156, 389, 405
Kneale, Martha und William 177 Fn
Knox, T. M. 350 Fn
Kojève, Alexandre 116
Korsgaard, Christine 56, 59, 61 Fn, 63, 67, 69, 71, 82

Lacan, Jacques 403, 406, 409, 417, 422, 424, 426, 430-431
Laitinen, Arto 131 Fn
Lear, Jonathan 312
Lebrun, Gérard 420 Fn
Leibniz, Gottfried Wilhelm 164, 170, 209 Fn
Lessing, Gotthold Ephraim 330
Lévinas, Emmanuel 406
Lewis, David 189 Fn
Locke, John 295 Fn, 332
Longuenesse, Béatrice 181 Fn
Lukács, Georg 412 Fn
Lurie, David 432
Luther, Martin 236 Fn, 340, 355, 360 Fn

Malabou, Catherine 420 Fn
Man, Paul de 371 Fn
Manet, Édouard 380
Marx, Karl 367, 390, 410 Fn
McDowell, John 22-23, 189 Fn, 194 Fn, 201 Fn, 202 Fn, 259 Fn, 265 Fn, 267, 290, 325, 365 Fn
McFarlane, John 178 Fn
Menzel, Adolph 380
Merleau-Ponty, Maurice 363 Fn
Michel, Karl Markus 350 Fn
Miller, A.V. 420 Fn
Miró, Joan 382
Moldenhauer, Eva 350 Fn
Moore, Adrian 172-173, 175, 177
Moran, Richard 414 Fn
Müller-Lauter, Wolfgang 397 Fn
Musil, Robert 379

Nagel, Thomas 59 Fn, 70, 80
Nehamas, Alexander 358 Fn, 369 Fn
Newman, Barnett 358 Fn
Nicole, Pierre 164
Nietzsche, Friedrich 24, 61, 379, 383, 402, 405, 417 Fn, 422

Novalis 330, 332, 357 Fn
Nuzzo, Angelica 352 Fn, 362 Fn

Patzig, Günther 209 Fn
Pettit, Philip 145148
Pinkard, Terry 135 Fn, 213 Fn, 235-236, 267 Fn, 340 Fn, 346 Fn, 351 Fn
Platon 16-17, 98, 135 Fn, 148, 167, 173 Fn, 187, 236, 250 Fn, 331, 347, 368, 389/390, 406, 411
Pollock, Jackson 351
Proust, Marcel 379-380, 382
Pufendorf, Samuel Freiherr von 57 Fn, 268 Fn

Quine, Willard Van Orman 193 Fn, 211 Fn, 256, 279 Fn

Rawls, John 52, 59 Fn, 81
Raz, Joseph 324 Fn
Redding, Paul 212 Fn, 219 Fn
Rödl, Sebastian 193 Fn, 202 Fn, 325 Fn, 412, 414 Fn
Rorty, Richard 247 Fn, 406 Fn
Rosen, Gideon 272 Fn
Rousseau, Jean-Jacques 276 Fn, 400
Royce, Josiah 316 Fn, 333 Fn

Sartre, Jean-Paul 115
Schelling, Friedrich Wilhelm Joseph 242, 252 Fn, 405, 407, 409-410, 422, 425
Schiller, Friedrich 48, 329-330, 332, 341/342, 344-345, 348, 357 Fn, 359, 363, 434
Schlegel, Friedrich 330-331, 361
Schneewind, Jerome B. 57 Fn
Sedgwick, Sally 195 Fn, 197 Fn, 267 Fn, 303 Fn
Sellars, Wilfrid 35, 40, 128, 165, 185 Fn, 189 Fn, 259, 261264, 278 Fn, 284, 295298
Siep, Ludwig 56 Fn, 224, 243 Fn, 244 Fn
Smith, Zadie 405 Fn
Sokrates 112, 148, 173 Fn, 178, 368
Solger, Karl Wilhelm Ferdinand 355
Sophokles 92, 330
Speight, Allen 335 Fn
Stella, Frank 381
Sterne, Laurence 377 Fn
Strawson, Peter F. 189 Fn, 248 Fn
Strong, Tracy B. 391 Fn
Struth, Thomas 381 Fn

Taylor, Charles 208 Fn, 374 Fn, 428 Fn
Terentius (Terenz) 358
Theunissen, Michael 187
Thompson, Michael 322 Fn
Tiles, Mary 165, 169 Fn, 183, 185
Tolley, Clinton 178 Fn, 180 Fn, 184-185 Fn
Trendelenburg, Friedrich 208 Fn

Vattimo, Gianni 383 Fn

Wagner, Richard 382
Williams, Bernard 155, 157-158, 310, 312, 313, 380
Winnicott, Donald 132 Fn
Wittgenstein, Ludwig 141, 175, 225, 253, 309, 314, 339, 364 Fn, 406 Fn
Wolff, Christian 60, 164-165, 199
Wolff, Michael 86 Fn, 179 Fn, 180 Fn, 182 Fn, 197 Fn, 208 Fn, 209, 213 Fn, 214 Fn, 215, 219
Wood, Allen 63, 64 Fn, 78 Fn
Woolf, Virginia 379

Yeomans, Christopher 199 Fn

Žižek, Slavoj 403, 436

Georg Wilhelm Friedrich Hegel im Suhrkamp Verlag

stw-Werkausgabe in zwanzig Bänden. Redaktion: Eva Moldenhauer und Karl Markus Michel. Mit einem Registerband. (Die Ausgabe ist text- und seitenidentisch mit der 1969 ff. erschienenen Theorie-Werkausgabe.) 12618 Seiten

Die Bände sind auch einzeln lieferbar

1: Frühe Schriften. stw 601. 637 Seiten

2: Jenaer Schriften. 1801-1807. stw 602. 593 Seiten

3: Phänomenologie des Geistes. stw 603. 599 Seiten

4: Nürnberger und Heidelberger Schriften 1808-1817. stw 604. 623 Seiten

5: Wissenschaft der Logik I. Erster Teil. Die objektive Logik. Erstes Buch. stw 605. 457 Seiten

6: Wissenschaft der Logik II. Erster Teil. Die objektive Logik. Zweites Buch. Zweiter Teil. Die subjektive Logik. stw 606. 575 Seiten

7: Grundlinien der Philosophie des Rechts oder Naturrecht und Staatswissenschaft im Grundrisse. Mit Hegels eigenhändigen Notizen und den mündlichen Zusätzen. stw 607. 531 Seiten

8: Enzyklopädie der philosophischen Wissenschaften im Grundrisse 1830. Erster Teil. Die Wissenschaft der Logik. Mit den mündlichen Zusätzen. stw 608. 393 Seiten

NF 115/1/6.09

9: Enzyklopädie der philosophischen Wissenschaften im Grundrisse 1830. Zweiter Teil. Die Naturphilosophie. Mit den mündlichen Zusätzen. stw 609. 539 Seiten

10: Enzyklopädie der philosophischen Wissenschaften im Grundrisse 1830. Zweiter Teil. Die Naturphilosophie. Dritter Teil. Die Philosophie des Geistes. Mit den mündlichen Zusätzen. stw 610. 432 Seiten

11: Berliner Schriften 1818-1831. stw 611. 432 Seiten

12: Vorlesungen über die Philosophie der Geschichte. stw 612. 568 Seiten

13: Vorlesungen über die Ästhetik I. stw 613. 546 Seiten

14: Vorlesungen über die Ästhetik II. stw 614. 462 Seiten

15: Vorlesungen über die Ästhetik III. stw 615. 578 Seiten

16: Vorlesungen über die Philosophie der Religion I. stw 616. 442 Seiten

17: Vorlesungen über die Philosophie der Religion II. Vorlesungen über die Beweise vom Dasein Gottes. stw 617. 540 Seiten

18: Vorlesungen über die Geschichte der Philosophie I. stw 618. 560 Seiten

19: Vorlesungen über die Geschichte der Philosophie II. stw 619. 600 Seiten

20: Vorlesungen über die Geschichte der Philosophie III. stw 620. 566 Seiten

NF 115/2/6.09

Einzelausgaben

Die Philosophie der Kunst. Vorlesung von 1826. Herausgegeben von Annemarie Gethmann-Siefert, Jeong-Im Kwon und Karsten Berr. stw 1722. 297 Seiten

Die Philosophie des Rechts. Vorlesung von 1821/22. Herausgegeben von Hansgeorg Hoppe. stw 1721. 237 Seiten

Zu Georg Wilhelm Friedrich Hegel
Eine Auswahl

Materialien zu Hegels ›Phänomenologie des Geistes‹. Herausgegeben von Hans Friedrich Fulda und Dieter Henrich. stw 9. 445 Seiten

Materialien zu Hegels Rechtsphilosophie. Herausgegeben von Manfred Riedel. Band 1. stw 88. 437 Seiten

Der Weg zum System. Materialien zum jungen Hegel. Herausgegeben von Christoph Jamme und Helmut Schneider. stw 763. 307 Seiten

Herbert Schnädelbach (Hg.). Hegels Philosophie – Kommentare zu den Hauptwerken. Drei Bände.
stw 1475-1477. 1500 Seiten
- Band 1: Ludwig Siep, der Weg der »Phänomenologie des Geistes«. stw 1475 384 Seiten
- Band 2: Herbert Schnädelbach, Hegels praktische Philosophie. stw 1476. 400 Seiten
- Band 3: Hegels »Enzyklopädie der philosophischen Wissenschaften« (1830). Von Hermann Drüe, Annemarie Gethmann-Siefert, Christa Hackenesch, Walter Jaeschke, Wolfgang Neuser und Herbert Schnädelbach. stw 1477. 568 Seiten

NF 115/3/6.09

Immanuel Kant
im Suhrkamp Verlag

Werkausgabe

stw-Werkausgabe in zwölf Bänden. Herausgegeben von Wilhelm Weischedel. (Die Ausgabe ist text- und seitenidentisch mit der 1968 erschienenen zwölfbändigen Theorie-Werkausgabe.) 12 Bände mit Gesamtregister in Kassette. 5245 Seiten. Die Bände sind auch einzeln lieferbar

- Band I: Vorkritische Schriften bis 1768/1. stw 186. 524 Seiten
- Band II: Vorkritische Schriften bis 1768/2. stw 187. 519 Seiten
- Band III/IV: Kritik der reinen Vernunft. Zwei Bände. stw 55. 724 Seiten
- Band V: Schriften zur Metaphysik und Logik 1. stw 188. 384 Seiten
- Band VI: Schriften zur Metaphysik und Logik 2. stw 189. 327 Seiten
- Band VII: Kritik der praktischen Vernunft. Grundlegung zur Metaphysik der Sitten. stw 56. 302 Seiten
- Band VIII: Die Metaphysik der Sitten. stw 190. 896 Seiten
- Band IX: Schriften zur Naturphilosophie. stw 191. 172 Seiten
- Band X: Kritik der Urteilskraft. stw 57. 468 Seiten

NF 130/1/6.09

- Band XI: Schriften zur Anthropologie, Geschichtsphilosophie, Politik und Pädagogik 1. stw 192. 404 Seiten

- Band XII: Schriften zur Anthropologie, Geschichtsphilosophie, Politik und Pädagogik 2. Register. stw 193. 532 Seiten

Schriften zur Ästhetik und Naturphilosophie. Herausgegeben von Manfred Frank und Véronique Zanetti. Zwei Bände und ein Kommentarband. stw 1517. 1400 Seiten

Theoretische Philosophie. Textausgabe und Kommentar. Herausgegeben von Georg Mohr. Drei Bände und ein Kommentarband. stw 1518. 1500 Seiten

NF 130/2/6.09